O LIVRO COMPLETO DAS CORRESPONDÊNCIAS MÁGICAS

SANDRA KYNES

O LIVRO COMPLETO DAS CORRESPONDÊNCIAS MÁGICAS

Um Guia Prático de Referências Cruzadas Sobre Tarô, Runas, Astrologia, Pedras, Plantas, Deusas, Deuses e Muito Mais

Tradução

Denise de C. Rocha

Editora
Pensamento
SÃO PAULO

Título original: *Complete Book of Correspondences.*

Publicado originalmente por Llewellyn's Publications, Woodbury, MMS 55125 USA www.llewellyn.com.

Texto de acordo com as novas regras ortográficas da língua portuguesa.

1ª edição 2016.

Editor: Adilson Silva Ramachandra
Editora de texto: Denise de C. Rocha Delela
Coordenação editorial: Roseli de S. Ferraz
Preparadora de textos: Maria Tereza Ornellas
Produção editorial: Indiara Faria Kayo
Editoração eletrônica: Join Bureau
Revisão: Yociko Oikawa
Ilustrações internas: Llewellyn Art Departament

CIP-Brasil Catalogação na Publicação
Sindicato Nacional dos Editores de Livros, RJ

Kynes, Sandra
O livro completo das correspondências mágicas : um guia prático de referências cruzadas sobre tarô, runas, astrologia, pedras, plantas, deusas, deuses e muito mais / Sandra Kynes ; tradução Denise de C. Rocha. – São Paulo : Pensamento, 2016.

Título original: Complete book of correspondences.
Bibliografia.
ISBN 978-85-315-1914-7

1. Correspondências mágicas I. Título.

16-05334 CDD-133.43

Índices para catálogo sistemático:
1. Correspondências : Magia : Ocultismo 133.43

Direitos de tradução para o Brasil adquiridos com exclusividade pela
EDITORA PENSAMENTO-CULTRIX LTDA., que se reserva a
propriedade literária desta tradução.
Rua Dr. Mário Vicente, 368 – 04270-000 – São Paulo – SP
Fone: (11) 2066-9000 – Fax: (11) 2066-9008
http://www.editorapensamento.com.br
E-mail: atendimento@editorapensamento.com.br
Foi feito o depósito legal.

Dedicatória

Este livro é dedicado com muito carinho à minha mãe, que seguiu um caminho espiritual muito diferente, mas sempre respeitou o meu.

Sumário

Agradecimentos

Quero agradecer às muitas pessoas que, ao longo dos anos, compartilharam e acumularam conhecimento comigo para criar rituais cheios de significado. Em especial: Sarah, Paul e Shannon, que continuamente me oferecem incentivo.

Também quero agradecer à minha editora na Llewellyn, Elysia Gallo, pela orientação, bem como por ser minha caixa de ressonância. E, claro, aos membros da minha família Lyle Koehnlein e Jessica Weiser, que me dão um imenso apoio mesmo quando sigo em várias direções ao mesmo tempo.

Introdução

A primeira pergunta que você pode se fazer a respeito deste livro é: se já existe na internet, em livros e revistas, tantas listas e tabelas de correspondências mágicas, então por que um livro inteiro sobre o assunto? Em primeiro lugar, eu queria correlacionar a maior quantidade possível de informações e dispô-las de uma forma organizada, objetiva e descomplicada. Em segundo lugar, a minha meta é me afastar da ideia de tabelas e me aproximar do conceito de uma teia em que as correspondências que usamos não estão apenas associadas a uma finalidade, mas também têm uma relação entre si. Vou dar mais detalhes sobre isso posteriormente nesta introdução.

Pessoalmente, sou fascinada pelas correspondências porque elas são fundamentais para o modo como vejo o mundo. Há ligações em todos os lugares; nada existe isoladamente e tudo está associado a alguma outra coisa. Nos tempos de escola, eu gostava muito das aulas de História, porque elas ilustravam como as civilizações (e tudo o que elas implicam), mantinham conexões tanto óbvias quanto obscuras entre si, como numa tapeçaria.

Muitas vezes, quando me deparo com alguma conexão, gosto de usá-la de maneiras que me ajudem a interagir com o mundo ao meu redor. Esta tem sido a base de vários dos meus livros, entre eles *Change at Hand*. Para mim havia conexões óbvias entre a quiromancia e a reflexologia, que combinei num método de trabalho energético com base nos quatro Elementos. Foi um fluxo natural de associações que se encaixaram perfeitamente. Na verdade, o uso de conexões e associações é fundamental para formatar a maneira como todos nós pensamos.

No que diz respeito a correspondências mágicas, descobri que o uso de diferentes correspondências, de tempos em tempos, propicia uma maneira de se conseguir uma precisão maior nos rituais e, especialmente, nos encantamentos. Embora o poder de fato seja construído ao longo do tempo pelo uso repetitivo de alguma coisa, a magia na verdade acontece quando nos afastamos dos caminhos batidos para explorar diferentes abordagens. Por um tempo baseei meu método de adivinhação pessoal no simbolismo das cores; no entanto, as cores que eu usava tinham que provir de penas de pássaros. Neste momento eu não me lembro por que as penas tinham de ser a fonte das cores, mas isso era importante para mim na época. Poucas semanas depois de embarcar nessa aventura aviária, fiquei espantada não só com a quantidade de penas que comecei a encontrar, mas também com a gama de cores. Repentinamente, do nada, uma amiga me presenteou com várias penas brilhantes do seu papagaio. Senti que a magia estava definitivamente andando com as suas próprias pernas, ou seria melhor dizer: voando com as próprias asas?

Para mim sempre foi importante integrar minha espiritualidade com a vida cotidiana, e o uso de correspondências mágicas me ajudou nesse sentido. Isso foi especialmente verdadeiro anos atrás, quando eu trabalhava no mundo corporativo e precisei revelar meu lado "bruxa" e começar a lançar mão da magia. Isso não me tolheu completamente, mas eu tinha que manter uma certa discrição. Quando estava batalhando para conquistar uma promoção, mantinha um vasinho de hera sobre a mesa para dissipar as energias negativas. Coloquei-o num pires azul-esverdeado, porque essa é uma cor que atrai a prosperidade. Para aumentar as minhas probabilidades, também escondi uma ágata com bandas vermelhas sob as folhas da hera e coloquei a planta no lado norte da minha escrivaninha, para manter as minhas intenções de obter sucesso.

A ocasião em que busquei uma promoção não foi a única em que lancei mão das correspondências mágicas para me ajudar na prática de magia no escritório. Por um breve período, houve uma pessoa extremamente negativa na empresa, e tive que erguer barreiras energéticas para me proteger da sua influência. Escondi outro cristal sob as folhas da hera na minha escrivaninha – desta vez uma ponta de quartzo para evitar a negatividade –, e pendurei um cordão de contas de ágata azul do tamanho de uma pulseira no meu quadro de avisos, para acalmar e aterrar a energia em meu espaço. Embora tivesse um espaço pequeno em minha escrivaninha, coloquei ao lado da hera uma concha de Naticidae e uma estatueta de urso feita de turmalina preta, para proteção. Funcionou tão bem que um colega comentou que eu parecia ter saído do radar do Sr. Negativo.

Como, naquela época, só se encontravam noções superficiais de correspondências mágicas nos livros, comecei a compilar as minhas próprias descobertas. Eu não chegaria ao ponto de chamar essa compilação de grimório, mas ela se tornou uma espécie de repositório de ideias. Essas anotações foram o início do livro que você tem nas mãos. Além das minhas próprias descobertas, reuni material dos livros mencionados na bibliografia. Isso me leva à palavra "completo" do título e a algumas ideias para quem este livro se destina.

Apesar do título, a compilação de uma obra de referência para correspondências mágicas pode acabar facilmente incluindo uma enormidade de livros, por isso tive que estabelecer limites enquanto abrangia vários assuntos. Tentei me concentrar em coisas que parecem ser usadas com mais frequência em rituais e trabalhos mágicos, e por isso este livro é para pagãos e wiccanos em geral, e não para praticantes de magia avançada ou cerimonial, ou para aqueles que se aventuram no lado mais sombrio da magia. Embora não achasse que monstros e criaturas geralmente destrutivas tivessem um lugar neste livro, também não tinha a intenção de apresentar uma versão cor-de-rosa do Paganismo, cheia de *glitter* e unicórnios. Meu objetivo era ser prática. E, apesar de existir uma infinidade de criaturas míticas e seres mágicos, escolhi alguns com base na frequência com que encontrava correspondências para eles nas minhas fontes. Achei que essa era uma indicação relevante da frequência com que eram usados em rituais e trabalhos de magia.

Daria para preencher um livro inteiro com correspondências apenas para plantas ou divindades, mas ele seria limitado e menos útil. Como tenho origem celta e experiência nas práticas mágicas desse povo, quis incluir alguns dos heróis e heroínas dessa rica mitologia. Para manter as coisas equilibradas eu precisaria incluir também as mitologias nórdica, grega, romana e muitas outras, mas simplesmente não havia espaço suficiente.

Equilíbrio foi um fator importantíssimo na hora de decidir o que incluir e, com muito poucas exceções, você vai descobrir que cada item registrado como uma correspondência tem a sua própria entrada e correspondências associadas. Se você seguir o fio de uma correspondência, ele pode levá-lo a novas descobertas que colaborem para tornar as suas intenções mais precisas.

Por exemplo, se sua atenção for atraída para a palavra "pintassilgo" na entrada "Comunicação" e essa correspondência ressoar em você, você pode consultar a entrada "pintassilgo". Se fizer isso, vai descobrir que esse pássaro também está associado com o poder da voz e da família, o que pode ajudá-lo a definir com mais precisão o seu propósito mágico. Por essa razão optei por incluir itens com correspondências que os ligavam com outros itens, para ajudá-lo a manter o foco e expandir o seu leque de opções. Em vez de incluir o maior número possível de animais, divindades ou plantas, o meu objetivo foi selecionar aqueles que promoviam o conceito de criação de uma teia de correspondências que desse respaldo à intenção mágica.

Equilíbrio e espaço ditaram a extensão de algumas entradas tais como ametista, Ísis, lobo e várias outras. Nesses casos, foram tantas as correspondências que as limitei às mais predominantes. Embora também quisesse incluir algumas divindades afro-caribenhas, distinguir divindades importantes de orixás e loas estava além da minha competência, assim como não havia espaço para lhes fazer justiça. Do mesmo modo, as celebrações que incluí foram selecionadas com base na sua relevância para os pagãos modernos. Além disso, o meio-termo que busquei não vai agradar cabalistas, pois os números incluídos neste livro vão só de 1 a 13. Achei que 13 seria um bom número simbólico. Afinal, são 13 as Luas cheias do ano e 13 é o número tradicional de membros num coven. Percebi que não poderia agradar a todos, nem oferecer num único livro informações detalhadas sobre todas as especialidades. Embora não ache que exista algo chamado "média" wiccana ou pagã, acredito que exista um meio-termo capaz de atingir muitas pessoas que achem esta obra um acréscimo útil à sua biblioteca.

Este livro pretende ser uma complementação a muitos outros sobre rituais e trabalhos de magia. Ele também tem como objetivo incentivar o autoconhecimento. Familiarize-se com as divindades, plantas e outras coisas que lhe interessam, como o tarô ou o alfabeto celta das árvores, e você vai encontrar muitas razões por trás da inter-relação de correspondências. Você provavelmente também vai criar novas correspondências que tenham um significado especial para você.

Por que usamos correspondências mágicas?

É comum imaginar que as correspondências mágicas nos ajudam a concentrar a intenção e a dirigir a energia, mas sempre achei que a ideia é um pouco mais complexa do que isso e que o uso das correspondências se dá num nível mais profundo. Como pagãos, muitas vezes comentamos sobre a teia da vida e, quando pensamos na interconexão entre correspondências mágicas como uma teia, descobrimos que ela fornece uma estrutura sobre a qual podemos tecer nossas intenções.

De certo modo, as correspondências servem como uma ligação com o passado e, por extensão, com mitos e divindades antigas, bem como com o folclore transmitido de séculos não tão distantes. Apesar de toda a nossa sofisticação moderna, essas associações são muito importantes porque nos levam a uma profunda compreensão do lugar a que pertencemos neste mundo. O uso das correspondências entrelaça nossas ideias, crenças e energias e fornece um significado psicológico mais profundo para os nossos rituais e trabalhos de magia, à medida que unimos individualidade a um propósito maior.

As correspondências funcionam como chaves que se combinam para desbloquear e ajustar as energias que ajudam a expressar as nossas intenções. O uso de correspondências abrange tanto a energia física quanto a energia simbólica, e fornece meios para unirmos os mundos visível e invisível, organizando aspectos inter-relacionados de certas coisas. Em seu livro *The Magician's Companion*, Bill Whitcomb observou que a magia usa a "relação entre a consciência (saber), a informação (ser) e a energia (fazer)" e, quando se trabalha com símbolos, "diferentes atribuições podem ser consideradas expressões dos espíritos desses símbolos"[1].

Como observou o autor pagão Isaac Bonewits, embora tenha sido chamada de magia simpática, saber como ela funciona é fundamental: "O poder de uma coisa pode ser usado através de outra coisa ligada ou associada a ela, porque os nossos cérebros funcionam por meio de associações"[2]. Vamos dar uma olhada na razão pela qual a utilização de correspondências é básica na natureza humana.

Ela faz parte da nossa natureza porque o nosso cérebro identifica e processa informações por associação. Segundo o professor e cientista cognitivo Michael Dawson, essa ideia remonta à lei de Aristóteles de associação por contiguidade, que pode ser resumida assim: as associações conectam ideias que formam padrões que, por sua vez, criam novas associações. Uma maneira pela qual esses vínculos são criados ocorre quando dois estímulos chegam ao cérebro ao mesmo tempo ou um imediatamente após o outro – eles se tornarão associados na mente da pessoa[3]. Os vínculos que são significativos formam as associações mais fortes. Por exemplo, o cheiro de eucalipto pode trazer uma enxurrada de lembranças de férias de inverno relativas à família, à comida e a acontecimentos agradáveis.

De acordo com o autor Peter Atkins, o cérebro também cria vínculos quando recebe um estímulo e tenta adaptar a nova informação a um padrão de associações com os dados que já tem. Isso acontece porque o nosso cérebro organiza e armazena informações por meio de padrões de associação[4], que operam em muitos níveis – emocional, mental, social e espiritual.

À medida que novas informações são recebidas, o cérebro as liga com padrões existentes, ampliando sua rede de associações.

Isso nos leva de volta, como num círculo completo, ao conceito de teia. Nos livros, é muito mais fácil apresentar informações em forma de tabelas, o que, naturalmente, é algo bastante linear. No entanto, podemos pensar nas correspondências em termos de teia. Isso não só nos permite expandir as ligações entre os atributos, mas também personalizar a maneira como usamos as correspondências mágicas. A Figura 1 ilustra vários tipos de correspondências (Elemento, cor, direção, deusa, etc.) e suas ligações com a intenção "amor".

Tendo em mente a ideia de uma teia, buscamos diferentes tipos de correspondências que não apenas se vinculam com a intenção, mas também entre si. As inter-relações entre as correspondências para a intenção "amor", mostradas na Figura 1, estão ilustradas na Figura 2, juntamente com alguns acréscimos.

1 Whitcomb, *The Magician's Companion*, 5 e 24.

2 Bonewits, *Real Magic*, 7.

3 Dawson, *Minds and Machines*, 138.

4 Atkins, *Memory and Liturgy*, 9.

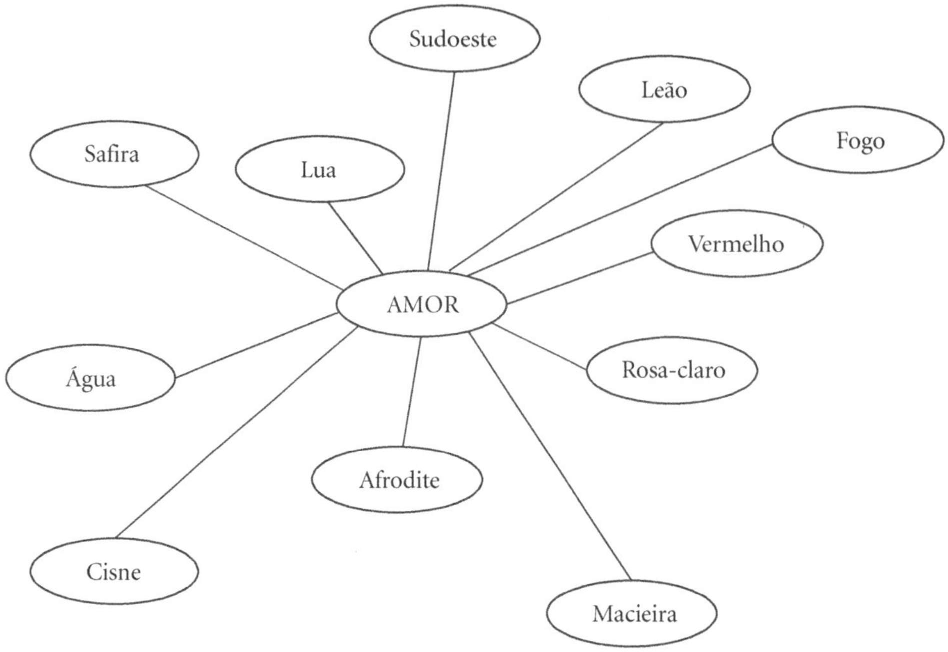

Figura 1: A intenção "amor" e várias correspondências

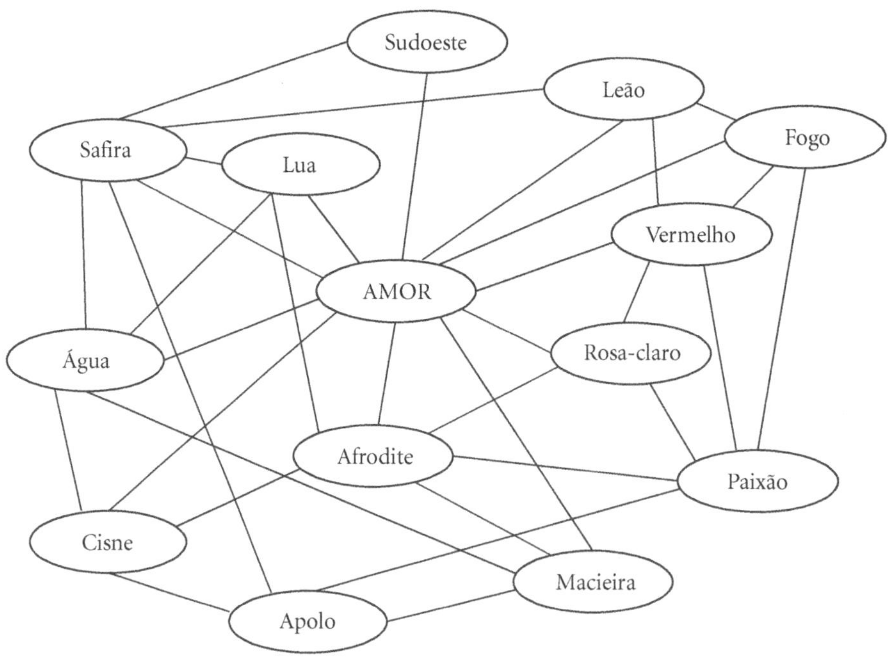

Figura 2: A inter-relação de correspondências

A utilização de várias correspondências pode amplificar a intenção, mas acaba se tornando contraproducente se usarmos coisas que não estão inter-relacionadas. Utilizando ainda o exemplo ilustrado da intenção "amor", eu poderia usar várias pedras preciosas que correspondem ao amor, mas elas não iriam criar uma teia de associações inter-relacionadas. No entanto, com um pouco de esforço, posso escolher correspondências que são associadas entre si e, ocasionalmente, combiná-las num objeto. Nesse exemplo, eu poderia usar uma vela vermelha com perfume de rosas, escrever nela o nome Afrodite e, em seguida, colocá-la num castiçal em forma de cisne. Nesse caso, estou usando um Elemento, uma cor, uma planta, uma deusa e uma ave, o que amplia o alcance da energia que estou colocando em minha intenção, mantendo-a focada. Nos bastidores, por assim dizer, as correspondências para a minha intenção estão relacionadas umas às outras: o Elemento Fogo está ligado ao vermelho; o vermelho está ligado à rosa; a rosa, a Afrodite e Afrodite, ao cisne.

Não estou sugerindo que não devamos usar mais do que um tipo de correspondência. Na verdade, o uso de vários tipos de correspondências muitas vezes pode promover o conceito de criação de uma teia. Continuando com o exemplo do "amor", se adicionasse o Elemento Água, eu poderia criar mais inter-relações entre as correspondências, porque a Água não só está associada ao amor, como também está associada a Afrodite, ao cisne e à rosa. (O vínculo com a rosa não foi mostrado na Figura 2, para evitar que a ilustração ficasse muito confusa).

Outra abordagem para o uso do conceito de teia é desenhar uma como a ilustrada na Figura 2, para simbolizar as correspondências com as quais você quer trabalhar. Tenha em mente que não precisamos nem sempre podemos trabalhar com objetos físicos específicos. No entanto, os símbolos têm grande poder e funcionam bem como substitutos. Isso é particularmente importante quando se trata de plantas venenosas, animais ou coisas que não estão ao nosso alcance.

Além da magia e dos rituais, as correspondências podem fazer parte da nossa vida diária por meio de escolhas cotidianas simples, desde as nossas joias até as cores das flores com que enfeitamos a nossa casa. Dessa maneira podemos manter nossas intenções fortes e nossa magia sempre presente.

Espero que este livro incentive você a explorar, experimentar e descobrir maneiras originais de combinar correspondências para fortalecer e enriquecer sua prática mágica, bem como melhorar sua vida.

Como este livro está organizado

A primeira seção deste livro é uma lista enciclopédica de questões, intenções e poderes, associadas com as suas correspondências. As seções subsequentes são referências cruzadas relativas a plantas, minerais, divindades, animais, dados astrológicos e outras coisas. Esse tipo de referência cruzada vai lhe dar mais flexibilidade, seja qual for a maneira pela qual você prefira trabalhar. Embora, na maioria das vezes, possamos iniciar o trabalho de magia com uma intenção ou tema, há momentos em que começamos de um ângulo diferente. Por exemplo, numa casa em que morei, havia um maravilhoso salgueiro no jardim da frente, e eu quis concentrar alguns dos meus trabalhos energéticos e rituais em torno dessa árvore. Podemos também descobrir que isso nos ajuda a criar uma tapeçaria mais rica para manifestar nossas intenções, como no exemplo do pintassilgo. Dessa forma podemos tecer uma magia única e poderosa.

Cada seção deste livro é dividida em subseções, para facilitar seu uso. Alguém que queira trabalhar apenas com árvores ou com ervas e plantas de jardim vai encontrá-las separadas em suas próprias subseções. Tendo em vista que os títulos de algumas subsecções são abreviados nas listagens, a seguir há uma explicação a respeito de cada um deles.

O Reino Vegetal

As plantas são divididas em três subseções, e admito que essa categorização é, em parte, baseada em meus pontos de vista pessoais e experiência com jardinagem.

Se você não sabe muito bem em qual categoria procurar, o Apêndice A fornece uma lista alfabética de todas as plantas deste livro e indica onde você vai encontrá-las.

- *Árvores:* Por causa de seu uso no antigo alfabeto celta, incluí o azevinho e o sabugueiro nessa categoria, mesmo que, tecnicamente, eles sejam arbustos.
- *Ervas e Jardim:* arbustos, ervas, flores; plantas típicas que você encontraria em uma loja de jardinagem.
- *Plantas:* Especiarias, ervas medicinais vendidas sem receita médica, cultivadas numa horta, e plantas exóticas e silvestres.

O Reino Mineral

Essa seção tem três subseções, uma das quais são as conchas, pois elas são feitas de minerais.

- *Gemas e Minerais:* Incluí madeira petrificada nesta categoria porque ela é muitas vezes rolada e usada como um mineral.
- *Metais:* Metais e ligas.
- *Do Mar:* Apesar de o coral e as pérolas serem geralmente considerados pedras preciosas, coloquei-os aqui com as conchas juntamente com várias dádivas do Pai Oceano que não são conchas, como a bolacha-do-mar e a madrepérola.

O Reino Animal

Esta seção poderia ter muitas mais subseções, mas eu preferi mantê-la simples. Espero que pagãos e wiccanos com orientação científica não se ofendam.

- *Animais:* Mamíferos terrestres, marsupiais e morcegos.
- *Aves:* Aqui, apenas aves mesmo.
- *Vida Marinha:* Peixes, mamíferos marinhos e crustáceos.

- *Répteis:* Anfíbios são listados junto com os répteis.
- *Insetos diversos:* Aranhas, insetos, escorpiões, caracóis e outros bichinhos que causam arrepios.
- *Seres Míticos:* criaturas míticas da mitologia de civilizações clássicas, celta e nativo-americanas.

Divindades e Outros Seres

Esta seção é composta por quatro subseções. A maioria das entradas inclui uma breve descrição do que eles são, juntamente com o seu país ou região.

- *Deusas:* Apenas deusas.
- *Deuses:* Embora tecnicamente não sejam deuses, o Homem Verde e Buda são listados aqui.
- *Seres Mágicos:* Os seres e espíritos mágicos, incluindo os quatro elementais.
- *Anjos:* Como eles muitas vezes são evocados nos trabalhos pagãos, incluí quatro dos anjos mais conhecidos.

Cálculos Astrológicos e Contagem do Tempo

O ogham é incluído aqui por causa da sua relação com o calendário celta das árvores. As runas também estão listadas porque muitas vezes são designadas como meses rúnicos, que correspondem à metade de um mês solar.

- *Signos*
- *Sistema Solar*
- *Fases da Lua:* Os quatro conceitos básicos de cheia, minguante, nova e crescente.
- *Luas Cheias*
- *Estações*
- *Dias da Semana*
- *Horas do dia:* Quatro divisões: amanhecer, meio-dia, crepúsculo e meia-noite
- *Celebrações:* Sabás, aniversários de algumas divindades e outros festivais importantes.
- *Ogham:* o calendário celta e os caracteres ogham.
- *Runas:* As runas nórdicas e suas quinzenas.

Diversos

Embora essa seja uma seção bastante diversificada, suas categorias não são menos importantes do que as das outras.

- *Elementos:* Os quatro elementos.
- *Direções:* Os quatro pontos cardeais e as quatro direções ordinais.
- *Cores*
- *Energias: Yin e Yang:* Escolhi essa terminologia para evitar o preconceito de gênero, bem como para abranger o aspecto mais completo de cada energia.
- *Chakras:* Embora não seja particularmente pagão, este sistema de trabalho com a energia pessoal tem sido frequente em nossas práticas.
- *Números:* 1 a 13. Como mencionei anteriormente, tinha que parar em algum momento e senti que o número 13 tinha um simbolismo relevante.
- *Tarô*

Como interpretar as entradas

Como há muitas informações a transmitir, tive que buscar uma maneira de especificá-las do modo mais simples possível. Muitas das entradas da seção "Questões, Intenções e Poderes" têm verbos para esclarecer seus significados. Por exemplo, você verá uma entrada como a seguir: "Negatividade (evitar, banir, liberar)". Ao longo do livro, sempre que a negatividade for citada, você deve entender que alguma coisa, como a lavanda, por exemplo, pode ser utilizada para evitar, banir ou liberar a negatividade, dependendo de como você queira lidar com ela.

Em alguns casos, uma entrada pode ser diferente do(s) verbo(s) indicado(s), caso em que a derivação é indicada entre parênteses. Por exemplo, na entrada "negatividade" você vai encontrar: "Latão (voltar para a origem)". Isso significa que o metal latão é útil caso você queira devolver a negatividade para a pessoa que a mandou, e não simplesmente, bani-la ou liberá-la. Outro exemplo é a solidão e o Quartzo Rosa. Na entrada "Solidão (aliviar)", você vai encontrar "Quartzo Rosa (fim)", o que significa que, além de aliviar a solidão, o Quartzo Rosa ajuda você a acabar com ela.

Nas entradas em que *nenhum* verbo específico for citado, deve-se entender que a lista vai ajudá-lo a descobrir, desenvolver, construir ou fortalecer a questão, intenção ou poder mencionado. Por exemplo, o alecrim é citado em capacidades psíquicas, o que significa que essa erva pode ser usada caso você queira desenvolver e/ou fortalecer essas capacidades.

Como as derivações das questões, intenções ou poderes, descrições adicionais como um tipo de gema ou espécie de árvore também são registradas entre parênteses. Para distinguir esses detalhes, derivações de questões, intenções e poderes são grafadas em caracteres redondos, enquanto as descrições aparecem em *itálico*. Seguem-se exemplos e explicações para ajudá-lo a se orientar.

A gema "Ágata (com *bandas vermelhas*)" indica que a ágata com bandas vermelhas é o tipo específico de ágata associado com a entrada em que ela aparece. Na seção "Gemas e Minerais", você vai encontrar essa pedra listada em "Ágata". Por outro lado, pelo fato de a Ágata Laço Azul ser muito conhecida, essa pedra é listada separadamente e citada ao longo do livro como "Ágata Rendada Azul" em vez de "Ágata (*rendada azul*)". Na seção Gemas e Minerais, você vai encontrar essa ágata com a sua própria entrada: "Ágata Rendada Azul", e não sob a entrada "Ágata". Isso vale para a Ágata Musgo, o Quartzo Rosa, a Lágrima de Apache e muitas outras pedras.

Em vários casos, especialmente quando se trata de gemas, mais de um tipo específico de pedra pode ser usado, por isso você vai encontrar entradas como esta: "Turmalina (*vermelha, melancia*)", o que significa que tanto a Turmalina Vermelha quanto a Turmalina Melancia são apropriadas para essa questão, intenção ou poder em particular. Do mesmo modo, eis outro exemplo de situações em que mais de um poder específico é aplicável: na entrada "Freixo", você vai encontrar "Fadas (proteção das, para ver)", o que significa que se pode usar o freixo para invocar as fadas para proteção, e também quando se quer desenvolver a capacidade de vê-las.

Há também situações em que é necessário transmitir tanto uma descrição quanto informações específicas sobre uma entrada e por isso você vai encontrar algo assim: "Abeto (*prateado*/espiritual)". Aqui, *prateado* descreve o tipo de abeto e "espiritual" especifica o tipo de questão, intenção ou poder, que no caso é "Percepção Consciente".

Em alguns casos você vai encontrar mais de uma lista para algo que tem uma única entrada. Por exemplo, na entrada "Amor", você vai encontrar: "Rosa, Rosa (*vermelha*/apaixonado)". A primeira "Rosa" indica que as rosas em geral estão associadas com o amor. A segunda entrada descreve rosas vermelhas como sendo associadas com o amor apaixonado.

Este é outro tipo de detalhe que aparece na entrada para uma deusa: "Magia (em geral, lunar)". Significa que essa deusa pode ser invocada para ajudar na magia em geral, mas ela é particularmente poderosa na magia lunar.

As listagens "*Animais:* Todos" ou "*Plantas:* Todas" são anotações gerais usadas em vários lugares, mas não são detalhadas em cada entrada individual. Por exemplo, "*Animais:* Todos" aparece em "Magia Animal", mas a magia não é especificada em cada animal individualmente, pois presume-se conhecimento.

Um último exemplo dos tipos de listagens que você vai encontrar é "Rosa (atrair)" e "Craveiro (*cor-de-rosa*)", ambas na entrada "Afeto". Faz sentido que "atrair" se refira a afeto e cor-de-rosa descreva o craveiro. Depois de folhear brevemente este livro, esse método para acréscimo e registro de informações específicas deve se tornar autoexplicativo.

Capítulo Um

Questões, Intenções e Poderes

Questões, Intenções e Poderes é uma expressão geral para descrever as entradas dessa seção; no entanto, é a sua magia individual que lhes dá forma. Enquanto o "Amor" pode ser classificado muito claramente como uma intenção, "Beleza" pode ser entendida como um atributo ou qualidade, embora também possa servir como uma intenção (ou seja, para ficar mais bonita ou desenvolver beleza interior). Além disso, como atributo ela pode ser associada a alguém ou algo. Por exemplo, pode-se dizer que Vênus é associada à beleza e podemos evocar essa deusa para apoiar as nossas intenções em matéria de beleza.

As ligações e associações que criamos em nossa mente são únicas e formam a base para uma riquíssima variedade de rituais e magias. O uso de correspondências mágicas nos ajuda a definir as nossas intenções e poderes, para que possamos obter uma visão mais clara do que queremos realizar ou de como queremos lidar com um problema. Embora algumas das entradas, como "Criatividade" ou "Sucesso" possam parecer gerais, é a forma como as percebemos e moldamos que as faz se manifestar nas nossas circunstâncias pessoais. Usar as correspondências que ressoam em nós e seguir os fios que as conectam nos ajudam a visualizar, criar e manifestar o resultado que buscamos.

ABUNDÂNCIA (ATRAIR, MANTER)

Signo: Virgem	*Sistema Solar:* Júpiter
Fases da Lua: Cheia, Crescente	*Luas Cheias:* Agosto, Junho
Estação: Outono	*Dia:* Quinta-feira
Ogham: Ruis	*Runa:* Feoh
Elemento: Terra	*Direção:* Norte
Cores: Dourado, Verde, Laranja	*Chakra:* Sacro
Número: 8	*Plantas:* Grãos, Mirra
Árvores: Algarobeira, Bordo, Carvalho, Castanheiro, Oliveira, Palmeira, Pinheiro, Sabugueiro, Plátano	
Ervas e Jardim: Campainha, Madressilva, Parreira	
Gemas e Minerais: Ágata (árvore), Ágata Musgo, Apatita, Aventurina, Citrino, Crisoberilo, Crisópraso, Dioptásio, Jade, Heliotrópio, Malaquita, Peridoto, Rodocrosita, Quartzo, Quartzo-enfumaçado, Sal, Olho de Tigre, Topázio, Turmalina (*verde, melancia*), Zircônia	
Do Mar: Abalone, Búzio, Amêijoa, Mexilhão, Ostra	
Deusas: Aine, Artio, Astarte, Bast, Ceres, Ceridwen, Coventina, Danu, Deméter, Epona, Fortuna, Frigga, Gaia, Ganga, Héstia, Holle, Inanna, Ísis, Lakshmi, Maia, Reia, Rhiannon, Sedna	
Deuses: Cernunos, Dagda, Enki, Homem Verde, Hades, Júpiter, Pushan, Saturno, Vertumnus, Zeus	
Animais: Búfalo/Bisão, Bovinos (*vaca, boi),* Tâmia, Bode/Cabra, Cavalo, Coelho, Esquilo, Rena, Ovinos, Porco	
Vida Marinha: Salmão	*Aves:* Galináceos, Grou, Pato, Garçota, Flamingo, Ganso, Garça, Íbis, Martim-pescador, Bacurauzinho, Águia-pescadora, Papagaio, Pavão, Pelicano (usar com sabedoria), Maçarico-das-rochas, Gaivota, Peru
Insetos diversos: Abelha, Gafanhoto, Mariposa (*bicho-da-seda*)	*Répteis e Anfíbios:* Crocodilo, Rã, Tartaruga (aquática)

AÇÃO (EMPREENDER)

Sistema Solar: Marte, Lua, Sol	*Signos:* Áries, Leão
Fases da Lua: Cheia	*Dias:* Domingo, Terça-feira
Elementos: Ar, Fogo	*Números:* 1, 3, 5, 13
Cores: Verde, Laranja, Vermelho, Amarelo	*Tarô:* A Força, A Temperança, Paus
Árvores: Macieira, Cerejeira, Junípero	

Ervas e Jardim: Campainha, Giesta, Gardênia, Gerânio, Hortelã-pimenta	
Plantas: Canela, Grãos (*milho*), Junco, Cardo	
Gemas e Minerais: Ágata (*vermelha*), Jaspe, Pedra do Sol, Tanzanita, Zoisita	
Deusas: Anat, Ceres, Deméter, Ishtar, Kali, Minerva, Morrigan, Nêmesis, Sekhmet	
Deuses: Ares, Marte, Posêidon, Surya, Zeus	*Seres Mágicos:* Salamandras, Sílfides
Animais: Antílope, Texugo, Castor (sonhos em realidade), Caribu, Hipopótamo, Cavalo (rápida ou imediata), Esquilo, Tigre, Lobo	
Réptil: Cobra-real	
Aves: Chapim, Condor, Ganso, Águia-Pescadora, Gaivota	
Insetos diversos: Formiga, Mariposa	

ACEITAÇÃO (TER, CULTIVAR, OFERECER)

Elementos: Ar, Terra	*Cores:* Preto, Verde, Cor-de-rosa
Ervas e Jardim: Angélica, Gatária, Trevo, Íris	*Árvore:* Cipreste
Plantas: Mostarda (de algo difícil)	
Gemas e Minerais: Angelita (do eu), Apatita, Aragonita, Berilo, Larimar, Quartzo Rosa, Rubi, Olho de Tigre, Turmalina (*verde*), Zircônia (*verde, vermelha*)	
Deusas: Ceres, Deméter, Ísis, Macha, Nanna, Nêmesis, Perséfone	
Deuses: Hades, Loki, Plutão	
Animais: Coiote (da transformação), Lobo (dos outros)	

ADAPTABILIDADE

Signos: Gêmeos, Peixes	*Sistema Solar:* Mercúrio
Ogham: Ngetal, Saille	*Elemento:* Água
Cores: Verde, Laranja, Pêssego	*Número:* 2
Tarô: A Temperança	*Árvores:* Abeto-vermelho, Salgueiro, Teixo
Ervas e Jardim: Urze, Madressilva, Lilás, Tomilho	
Planta: Bambu	
Gemas e Minerais: Heliotrópio, Crisópraso, Granada, Hematita, Jade (*marrom*), Opala, Selenita, Sodalita, Topázio	

Do Mar: Coral, Múrice, Mexilhão, Caramujo, Lapa	
Animais: Antílope, Urso, Bovinos (*touro*), Guepardo, Coiote, Cervo, Dingo, Raposa, Gorila, Hiena, Canguru, Macaco, Rato-almiscarado, Panda, Guaxinim, Rato	
Aves: Albatroz, Gaio-azul, Gralha, Cuco, Águia, Milhafre, Pega, Bacurauzinho, Estorninho, Carriça	
Répteis: Jacaré, Camaleão	*Vida Marinha:* Caranguejo, Enguia, Tubarão
Insetos diversos: Aranha (*de-água*)	

ADIVINHAÇÃO

Sistema Solar: Mercúrio, Lua	*Fases da Lua:* Cheia, Nova, Minguante, Crescente
Luas Cheias: Maio, Novembro	*Dia:* Quarta-feira
Celebrações: Caça da Carriça, Imbolc, Litha, Samhain, Walpurgis, Yule	
Elementos: Ar, Fogo, Água	*Direção:* Leste
Cores: Preto, Dourado, Índigo, Lavanda, Roxo, Prateado, Violeta, Branco	
Árvores: Acácia, Amieiro, Macieira, Freixo, Álamo, Bétula, Cedro, Cerejeira, Cipreste, Abeto, Aveleira, Castanheiro-da-índia, Junípero, Loureiro, Tília, Bordo, Romãzeira, Choupo, Sorveira-brava, Evônimo, Salgueiro (*gato*), Hamamélis (amor), Teixo	
Ervas e Jardim: Angélica, Manjericão, Giesta, Margarida, Dente-de-leão, Carqueja, Hibisco, Madressilva, Hera, Lavanda, Lilás, Cravo-de-defunto, Ipomeia, Artemísia, Hortelã-pimenta, Rosa, Arruda, Sálvia, Erva-de-são-joão, Morango, Aspérula, Tomilho, Verbena, Milefólio	
Plantas: Anis, Bambu, Sanguinária-do-canadá, Cardamomo, Canela, Potentilha, Cravo-da-índia, Ditamno, Eufrásia, Olíbano, Ginseng, Solidago, Meimendro, Jalapa, Mandrágora, Filipêndula, Visco, Lunária, Verbasco, Noz-moscada, Raiz de Íris, Patchuli, Sândalo, Anis-estrelado, Estramônio, Absinto	
Metais: Ouro, Chumbo, Prata, Estanho	
Gemas e Minerais: Ametista, Azurita, Fluorita, Hematita, Jaspe (*vermelho*), Azeviche, Lápis-lazúli, Malaquita, Pedra da Lua, Obsidiana, Pirita, Quartzo (*transparente*), Olho de Tigre, Topázio	
Do Mar: Cauri, Madrepérola	*Seres Mágicos:* Parcas, Nórnias, Ondinas
Deusas: Astarte, Badb, Brígida, Ceridwen, Coventina, Fortuna, Freya, Gaia, Hécate, Inanna, Ishtar, Ísis, Kali, Kuan Yin, Néftis, Febe	
Deuses: Anúbis, Apolo, Arawn, Hermes, Mercúrio, Netuno, Odin, Ogma, Posêidon, Thoth, Zeus	

Anjos: Uriel, Gabriel, Miguel
Animais: Tatu, Cão, Cavalo, Hiena, Lince-canadense, Coelho
Aves: Galináceos, Grou, Gralha, Ganso, Milhafre, Abibe-comum, Pega, Corvo, Andorinha, Cisne, Abutre, Carriça
Réptil: Lagarto
Vida Marinha: Carpa, Golfinho, Salmão (entendimento)

AFETO (DAR, RECEBER)

<table>
<tr><td>Signos: Leão, Touro</td><td>Sistema Solar: Vênus</td></tr>
<tr><td>Cores: Laranja, Cor-de-rosa</td><td>Chakra: Coração</td></tr>
<tr><td>Números: 6, 7</td><td>Árvore: Cedro</td></tr>
<tr><td colspan="2">Ervas e Jardim: Craveiro (cor-de-rosa), Carqueja, Madressilva, Jacinto, Jasmim (branco), Cravo-de--defunto, Ipomeia (rosa), Rosa (atrair)</td></tr>
<tr><td>Gemas e Minerais: Pedra da Lua, Topázio</td><td>Do Mar: Mexilhão</td></tr>
<tr><td colspan="2">Deusas: Aine, Afrodite, Astarte, Atena, Brígida, Ceres, Danu, Deméter, Devi, Gaia, Héstia, Reia, Vênus (atrair)</td></tr>
<tr><td colspan="2">Deus: Cupido</td></tr>
<tr><td>Animais: Gato, Cervo, Elefante, Leão, Cão-da-pradaria</td><td>Aves: Pato, Bico-grosso-tricolor, Coruja, Corvo (família)</td></tr>
</table>

AGRESSÃO (PROTEGER CONTRA)

<table>
<tr><td>Sistema Solar: Marte</td><td>Dia: Terça-feira</td></tr>
<tr><td>Elemento: Fogo</td><td>Direção: Leste</td></tr>
<tr><td>Árvore: Cedro</td><td>Planta: Patchuli</td></tr>
<tr><td colspan="2">Ervas e Jardim: Erva-doce, Alho, Hortelã-verde, Milefólio</td></tr>
<tr><td colspan="2">Gemas e Minerais: Heliotrópio, Cornalina, Obsidiana, Quartzo Rosa</td></tr>
<tr><td>Deusas: Cibele, Epona, Ishtar</td><td>Deuses: Ares, Baal</td></tr>
<tr><td colspan="2">Animais: Tatu, Chimpanzé (equilíbrio), Cão, Gorila, Porco-espinho, Jaritataca, Lobo, Carcaju</td></tr>
<tr><td>Aves: Garça (grande azul), Pinguim</td><td>Vida Marinha: Polvo</td></tr>
<tr><td colspan="2">Insetos diversos: Joaninha</td></tr>
</table>

AGRICULTURA (FAZENDA, JARDINAGEM)

Sistema Solar: Terra, Lua, Saturno, Sol, Vênus	*Luas Cheias:* de Abril a Outubro
Celebrações: Dia da Terra, Lughnasadh, Mabon, Ostara, Rosália	
Elementos: Terra, Água	*Cores:* Marrom, Verde
Plantas: Todas as plantas utilizadas para alimentação, aromas e curas	
Celebrações: Beltane, Dia da Terra, Litha, Lughnasadh, Mabon, Rosália, Walpurgis	
Gemas e Minerais: Ágata (árvore), Diamante de Herkimer, Jade, Jaspe, Malaquita, Pedra da Lua, Ágata Musgo, Rubi	
Deusas: Aine, Amaterasu, Anat, Ariadne, Artio (colheita), Bertha, Brígida, Ceres, Coatlicue, Deméter, Epona, Flora, Gaia, Iduna, Inanna, Ísis, Koré, Kupala (ervas), Maia, Modron (colheita), Perséfone, Reia, Vênus, Xochiquetzal (flores)	
Deuses: Adônis, Amon, Attis, Baco, Belobog (boa colheita), Dionísio, Dumuzi, Homem Verde, Hélio, Inari, Júpiter, Lugh (colheita), Krishna, Marte, Mitra, Osíris, Quetzalcoatl, Ra, Saturno, Shiva, Silvano, Surya, Vertumnus	
Seres Mágicos: Dríades, Fadas, Gnomos	
Animais: Morcego, Coiote, Cão (estimular o crescimento), Raposa	
Ave: Coruja	*Réptil e Anfíbio:* Lagarto, Sapo
Insetos diversos: Abelha, Borboleta, Joaninha, Louva-a-deus, Aranha, Minhoca	
Fertilidade da Terra	
Deuses: Fauno, Enki	*Animais:* Tatu, Bovinos (*touro*)

ALEGRIA

Sistema Solar: Sol	*Elemento:* Fogo
Cor: Amarelo	*Árvore:* Cerejeira
Ervas e Jardim: Manjericão, Crisântemo, Margarida, Girassol	
Gemas e Minerais: Apofilita, Cornalina, Citrino, Fluorita, Sardônix, Olho de Tigre, Turmalina, Turquesa, Zircônia	
Deusa: Sekhmet	
Deuses: Hermes, Mercúrio	*Animais:* Macaco, Porco
Aves: Chapim, Cotovia-ocidental, Papa-figos	*Insetos diversos:* Grilo, Gafanhoto

AMABILIDADE

<table>
<tr><td>Signo: Peixes</td><td>Sistema Solar: Júpiter, Vênus</td></tr>
<tr><td>Cores: Azul (claro), Verde, Laranja</td><td>Número: 6</td></tr>
<tr><td>Árvore: Faia</td><td>Plantas: Pimenta-da-jamaica, Linho</td></tr>
<tr><td colspan="2">Ervas e Jardim: Campainha, Trevo, Jacinto</td></tr>
<tr><td colspan="2">Gemas e Minerais: Crisópraso, Jade, Rodocrosita</td></tr>
<tr><td colspan="2">Deusas: Bast, Cailleach Bheur, Íris, Ishtar, Juno, Kuan Yin, Lakshmi</td></tr>
<tr><td>Deuses: Buda, Hermes, Mitra, Thor</td><td>Animais: Bovinos (boi), Cervo, Panda</td></tr>
<tr><td>Aves: Galináceos (galo), Pelicano</td><td>Vida Marinha: Golfinho</td></tr>
</table>

AMBIÇÃO

Signos: Aquário, Áries, Capricórnio, Leão	*Sistema Solar:* Saturno, Urano
Elemento: Fogo	*Dia:* Domingo
Direção: Sul	*Números:* 1, 3, 8
Cores: Verde (*escuro*), Índigo, Laranja, Vermelho, Prateado	*Tarô:* O Imperador, A Torre
Árvore: Freixo	*Metal:* Prata
Gemas e Minerais: Âmbar, Granada	*Deusas:* Durga, Inanna, Ishtar, Ísis
Deuses: Vertumnus, Zeus	*Anjo*: Gabriel
Animal: Lebre	*Ser Mítico:* Dragão

AMIGO/AMIZADE (SER AMIGO, ENCONTRAR, COMPARTILHAR, MANTER)

<table>
<tr><td>Signos: Aquário, Leão</td><td>Sistema Solar: Sol, Vênus</td></tr>
<tr><td>Fases da Lua: Crescente</td><td>Estação: Verão</td></tr>
<tr><td>Dias: Sexta-feira, Domingo</td><td>Runa: Wyn</td></tr>
<tr><td>Elemento: Água</td><td>Números: 2, 3, 6</td></tr>
<tr><td colspan="2">Cores: Azul, Marrom, Dourado, Rosa-claro, Amarelo</td></tr>
<tr><td colspan="2">Árvores: Acácia, Macieira, Faia (companheirismo), Cedro, Alfarrobeira, Pinheiro</td></tr>
</table>

Ervas e Jardim: Anêmona (*vermelha*), Angélica, Manjericão, Campainha, Gatária, Trevo, Narciso, Gardênia, Gerânio, Madressilva, Hera, Jasmim (*branco*), Lavanda, Lilás, Passiflora, Pervinca, Prímula, Rosa (*cor-de-rosa*), Alecrim, Morango, Aspérula, Milefólio	
Plantas: Pimenta-da-jamaica, Babosa, Cravo-da-índia, Visco	
Gemas e Minerais: Ágata, Aventurina, Berilo, Ágata Rendada Azul, Esmeralda, Granada, Lápis-lazúli, Magnetita, Pedra da Lua, Quartzo (*transparente*), Rodocrosita, Quartzo Rosa, Safira, Sárdio, Smithsonita, Turquesa	
Do Mar: Caramujo	
Deusas: Ártemis, Diana, Fides	*Deuses:* Balder, Hanuman, Surya
Animais: Gato, Dingo, Cão, Alce, Lebre, Cavalo, Lontra	
Aves: Canário (companheiro), Cardeal, Gaivota	*Ser Mítico:* Dragão
Atrair	
Cor: Cor-de-rosa	*Ervas e Jardim:* Craveiro (*cor-de-rosa*)
Gemas e Minerais: Crisópraso, Ágata Musgo, Turmalina (*cor-de-rosa)*	

AMOR

Signos: Câncer, Capricórnio, Leão, Libra, Escorpião, Touro, Virgem	
Sistema Solar: Mercúrio, Lua, Vênus	*Fases da Lua:* Cheia, Crescente
Luas Cheias: Dezembro, Junho, Maio	*Estação:* Verão
Dias: Sexta-feira, Segunda-feira	*Celebração:* Ostara
Ogham: Quert	*Runa:* Ing (familiar)
Elemento: Fogo	*Direções:* Sul, Sudoeste, Oeste
Chakra: Coração	*Números:* 2, 3, 5, 6, 7, 9
Cores: Verde, Malva, Cor-de-rosa, Vermelho, Rosa-claro, Branco	*Tarô:* Os Enamorados, A Temperança
Árvores: Acácia (platônico), Macieira, Cerejeira (estimular o), Castanheiro, Sabugueiro, Olmo, Pilriteiro, Junípero (físico), Alfarrobeira (platônico), Magnólia, Bordo (infinito), Mimosa, Oliveira (seguro), Romãzeira (sem limites), Plátano, Salgueiro (abandonado)	
Ervas e Jardim: Manjericão (reconciliar-se), Craveiro (profundidade), Crisântemo (*vermelho*), Aquilégia, Narciso (não correspondido), Margarida, Endro, Samambaia (*aspídio*), Matricária, Urze, Heliotrópio, Madressilva (dedicado), Íris, Hera, Alquemila, Lilás, Lírio-do-Vale, Cravo-de--defunto, Manjerona, Artemísia, Poejo, Pervinca, Papoula, Rosa, Rosa (*vermelha*/apaixonado), Arruda, Sálvia, Hortelã-verde, Tomilho, Valeriana, Violeta, Milefólio	

Plantas: Babosa, Anis, Betônica, Erva-de-são-cristovão, Sanguinária-do-canadá, Bardana, Cardamomo, Milefólio, Tussilagem (aumentar), Cominho, Genciana-verde, Heléboro-amarelo, Olíbano, Galanga, Gengibre, Lunária, Verbasco, Mostarda, Mirra, Noz-moscada, Raiz de Íris (manter), Açafrão, Sândalo, Solidéu, Espicanardo, Nenúfar, Absinto	
Gemas e Minerais: Ágata (*verde, vermelha*), Alexandrita, Amazonita (universal), Ametista (manifestar), Aventurina (influência), Heliotrópio, Calcita (*cor-de-rosa*), Rosa do Deserto, Diamante (*cor-de-rosa*), Diopsídio, Esmeralda (seguro), Granada (*rodolita*), Jaspe (*cor-de-rosa*), Lepidolita, Magnetita, Malaquita (dar), Rodocrosita (novo), Safira (*cor-de-rosa*), Sárdio, Sardônix, Sugilita (universal), Tanzanita (influência), Turmalina (*vermelha, melancia*), Tsavorita, Turquesa, Zoisita	
Do Mar: Amêijoa, Berbigão, Concha-rainha, Coral, Cauri, Madrepérola (materno)	
Deusas: Aine, Amaterasu, Anat, Afrodite, Ártemis, Asherah, Astarte, Brígida, Chalchiuhtlicue, Diana, Fides, Flora, Freya, Frigga, Gaia, Hathor, Hécate, Hera, Holle, Inanna, Ishtar, Ísis, Kuan Yin, Lakshmi, Luna, Maia, Nanna, Ostara, Reia, Sekhmet, Vênus, Xochiquetzal	
Deuses: Adônis, Amon, Angus, Attis, Cernunos, Cupido, Dumuzi, Eros, Fauno, Krishna, Pan, Pushan, Shiva, Surya, Vishnu	
Animais: Gato, Bovinos (*vaca*), Cavalo, Lince-canadense	*Vida Marinha:* Carpa, Golfinho
Aves: Azulão, Canário, Cardeal, Gralha, Pomba-branca (*rolinha*), Ganso, Tetraz, Beija-flor, Martim-pescador, Periquito, Pinguim, Pombo-comum, Pardal, Andorinha (novo), Cisne	
Insetos diversos: Borboleta, Mariposa (místico)	*Ser Mítico:* Unicórnio (cortês)
Atrair o Amor	
Árvores: Cedro, Murta, Palmeira (*sangue de dragão*)	
Ervas e Jardim: Gatária, Camomila, Trevo, Hibisco, Jacinto (*cor-de-rosa*), Jasmim, Lavanda, Lírio (*branco*), Ligústica, Morango	
Plantas: Canela, Cravo-da-índia, Coentro, Ginseng, Meimendro, Jalapa, Mandrágora, Visco, Patchuli, Baunilha	
Metais: Cobre, Ouro, Prata	
Gemas: Âmbar, Berilo, Crisocola, Dioptásio, Lápis-lazúli, Pedra da Lua, Morganita, Quartzo (*transparente*), Quartzo Rosa, Topázio, Zircônia	
Do Mar: Pérola	*Animal:* Coelho
Incentivar o Amor	
Ervas e Jardim: Pimenta, Framboesa	*Planta:* Filipêndula

<table>
<tr><td colspan="2">Abrir-se ao Amor</td></tr>
<tr><td>Árvore: Tília</td><td>Planta: Lótus</td></tr>
<tr><td colspan="2">Ervas e Jardim: Bergamota, Gerânio, Erva-cidreira</td></tr>
<tr><td colspan="2">Gemas e Minerais: Apatita, Labradorita, Pedra da Lua, Opala, Quartzo (transparente), Quartzo Rosa, Rubi, Turmalina (azul, cor-de-rosa)</td></tr>
<tr><td colspan="2">Amor por si próprio</td></tr>
<tr><td colspan="2">Gemas e Minerais: Água-marinha, Danburita, Rodonita</td></tr>
<tr><td colspan="2">Amor Verdadeiro</td></tr>
<tr><td>Ervas e Jardim: Gardênia, Alecrim</td><td>Árvore: Bétula</td></tr>
<tr><td colspan="2">Ave: Perdiz</td></tr>
<tr><td colspan="2">Amor Incondicional</td></tr>
<tr><td>Ervas e Jardim: Áster, Campainha, Prímula</td><td>Gemas e Minerais: Jade, Kunzita</td></tr>
<tr><td>Do Mar: Ostra</td><td>Animais: Cervo, Cão</td></tr>
</table>

ANIMAIS (CUIDAR DE, TRABALHAR COM, CAÇAR)

<table>
<tr><td>Luas Cheias: Outubro, Novembro</td><td>Celebração: Imbolc</td></tr>
<tr><td>Ervas e Jardim: Gatária, Artemísia (proteger-se de)</td><td>Árvore: Sabugueiro</td></tr>
<tr><td colspan="2">Plantas: Genciana-verde, Grãos, Verbasco (proteger-se de), Absinto</td></tr>
<tr><td colspan="2">Gemas e Minerais: Ágata (pele de cobra), Olho de Gato, Olho de Falcão, Jaspe (pele de leopardo), Labradorita, Olho de Tigre</td></tr>
<tr><td colspan="2">Deusas: Aine (proteger), Artio, Bast, Cibele, Diana, Epona, Juno, Kali, Maeve (caça), Rhiannon</td></tr>
<tr><td colspan="2">Ser Mágico: Fadas</td></tr>
<tr><td colspan="2">Deuses: Cernunos, Dumuzi (pastores), Hermes, Júpiter, Pan, Pushan (guardar de bovinos), Saturno, Shiva, Silvano</td></tr>
<tr><td colspan="2">Animais: Todos</td></tr>
<tr><td colspan="2">Fertilidade Animal</td></tr>
<tr><td>Celebração: Lupercália</td><td>Deusas: Ártemis, Brígida, Ishtar, Ostara</td></tr>
<tr><td colspan="2">Deuses: Baco, Cernunos, Dumuzi, Fauno, Khnum, Pan, Posêidon</td></tr>
<tr><td colspan="2">Caçar Animais</td></tr>
<tr><td>Deusas: Ártemis, Bertha, Coatlicue</td><td>Deuses: Arawn, Cernunos, Fauno, Mabon</td></tr>
</table>

Proteger Animais	
Ervas e Jardim: Hera, Erva-de-são-joão	*Planta:* Prímula-silvestre
Deusa: Brigantia	
Veja **Magia** para ***Magia Animal***	

ANSIEDADE (ALIVIAR, LIBERAR)

Elemento: Terra	*Cor:* Cor-de-rosa
Número: 6	
Árvores: Álamo, Bétula, Cipreste, Mimosa, Palmeira (*tamareira*), Abeto-vermelho, Plátano, Hamamélis	
Ervas e Jardim: Bergamota, Camomila, Aquilégia, Alho, Gerânio, Jasmim, Lavanda, Erva-cidreira, Acônito, Passiflora, Poejo, Peônia, Prímula, Valeriana, Verbena	
Plantas: Betônica, Olíbano, Absinto	
Gemas e Minerais: Ágata, Amazonita, Angelita, Aventurina (*verde*), Azurita, Crisocola, Crisópraso, Hematita, Howlita, Cianita, Smithsonita	
Animal: Coelho	

APOIO (RECEBER, DAR)

Signo: Câncer	*Runa:* Ehwaz
Elemento: Terra	*Chakra:* Raiz
Número: 2	*Cores:* Laranja, Amarelo
Árvores: Bétula, Abeto, Aveleira (de fadas), Azevinho, Tília, Bordo (problemas familiares), Pinheiro, Plátano	
Ervas e Jardim: Angélica, Bergamota, Camomila, Endro, Jasmim, Lavanda, Acônito, Papoula, Hortelã-verde, Verbena	
Plantas: Babosa, Heléboro-amarelo (de fadas), Galanga, Jalapa, Verbasco, Sândalo	
Gemas e Minerais: Ágata (*preta*), Apatita, Aragonita, Calcita, Danburita (angelical), Diamante (*branco*), Hematita, Jaspe, Pedra da Lua, Obsidiana, Rodocrosita (durante as transições), Rubi, Esfeno, Turmalina (*preta*), Turquesa	
Do Mar: Asa-de-anjo, Múrice, Lapa	*Metal:* Aço
Deusas: Íris, Ísis, Kuan Yin, Néftis	*Anjo:* Rafael

<table>
<tr><td colspan="2">Deuses: Apolo, Baco, Belobog, Ea, Hermes, Loki, Shiva</td></tr>
<tr><td colspan="2">Animais: Camelo (para cargas), Cervo (veado), Dingo, Cão, Alce, Bode/Cabra, Gorila, Lontra, Cão-da-pradaria, Ovinos</td></tr>
<tr><td>Vida Marinha: Salmão, Baleia</td><td>Répteis: Jacaré, Salamandra, Tartaruga (terrestre)</td></tr>
<tr><td colspan="2">Aves: Melro, Grou, Pato, Águia, Ganso (em geral, de outros durante a cura), Coruja, Periquito, Pelicano, Cisne (durante as transições)</td></tr>
<tr><td colspan="2">Insetos diversos: Abelha</td></tr>
<tr><td colspan="2">Apoio Emocional</td></tr>
<tr><td colspan="2">Ervas e Jardim: Gardênia</td></tr>
<tr><td colspan="2">Gemas e Minerais: Granada (hessonita), Kunzita, Rodonita</td></tr>
</table>

APRENDIZAGEM

<table>
<tr><td>Sistema Solar: Mercúrio</td><td>Ogham: Gort, Ailm (do passado)</td></tr>
<tr><td>Elemento: Ar</td><td>Direção: Oeste</td></tr>
<tr><td>Cores: Cinza, Amarelo</td><td>Tarô: Espadas</td></tr>
<tr><td colspan="2">Árvores: Macieira, Bétula, Cerejeira, Cipreste, Junípero, Pinheiro, Sorveira-brava, Plátano, Hamamélis</td></tr>
<tr><td colspan="2">Ervas e Jardim: Urze, Madressilva, Alecrim, Valeriana, Verbena</td></tr>
<tr><td colspan="2">Gemas e Minerais: Angelita, Água-marinha, Berilo (dourado), Caroíta, Danburita</td></tr>
<tr><td colspan="2">Do Mar: Concha-rainha</td></tr>
<tr><td colspan="2">Deusas: Arianrhod, Brígida, Ceridwen, Deméter, Freya, Kuan Yin, Kupala, Maeve, Minerva, Nanna, Sarasvati, Seshat</td></tr>
<tr><td colspan="2">Deuses: Balder, Ganesha, Gwydion, Hanuman, Krishna, Loki, Ogma, Osíris, Posêidon, Quetzalcoatl, Saturno, Shiva, Thoth</td></tr>
<tr><td colspan="2">Animais: Lince, Coiote, Dingo, Burro, Elefante, Alce (controlar-se), Gazela</td></tr>
<tr><td colspan="2">Aves: Grou, Gralha, Falcão, Garça, Beija-flor, Pega, Coruja (buraqueira), Corvo, Maçarico-das--rochas, Gaivota</td></tr>
<tr><td colspan="2">Réptil: Lagarto</td></tr>
<tr><td colspan="2">Ensinar</td></tr>
<tr><td>Número: 9</td><td>Tarô: Espadas</td></tr>
<tr><td>Deusa: Ísis</td><td>Anjo: Uriel</td></tr>
<tr><td>Animal: Elefante</td><td>Ave: Falcão</td></tr>
</table>

APRIMORAMENTO (BUSCAR, FAZER)

<table>
<tr><td>Signo: Sagitário</td><td>Sistema Solar: Mercúrio, Sol, Urano</td></tr>
<tr><td>Fases da Lua: Nova</td><td>Runa: Ehwaz</td></tr>
<tr><td>Ervas e Jardim: Alho, Girassol, Verbena</td><td>Árvore: Pilriteiro (mental)</td></tr>
<tr><td colspan="2">Plantas: Eufrásia, Gengibre, Ginseng (mental), Baunilha, Absinto</td></tr>
<tr><td colspan="2">Gemas e Minerais: Amazonita, Esmeralda, Fluorita, Lápis-lazúli, Safira, Zircônia, Turquesa</td></tr>
<tr><td colspan="2">Metal: Prata</td></tr>
<tr><td>Do Mar: Cauri, Búzio</td><td>Deusas: Héstia, Kuan Yin</td></tr>
<tr><td>Animal: Texugo</td><td>Vida Marinha: Golfinho</td></tr>
<tr><td colspan="2">Aprimoramento do eu</td></tr>
<tr><td>Dia: Quarta-feira</td><td>Tarô: O Enforcado</td></tr>
<tr><td colspan="2">Gemas e Minerais: Apatita (da imagem), Quartzo Rosa (da imagem), Quartzo-enfumaçado</td></tr>
</table>

ASSERTIVIDADE (DESENVOLVER, USAR DE FORMA EFICAZ)

<table>
<tr><td>Signo: Áries</td><td>Sistema Solar: Marte</td></tr>
<tr><td>Dia: Terça-feira</td><td>Cor: Vermelho</td></tr>
<tr><td>Número: 1</td><td>Árvores: Macieira, Faia, Cipreste</td></tr>
<tr><td colspan="2">Ervas e Jardim: Manjericão, Bergamota, Papoula, Boca-de-leão</td></tr>
<tr><td colspan="2">Planta: Assa-fétida</td></tr>
<tr><td colspan="2">Deusas: Bast, Durga, Inanna, Ishtar, Kali, Sekhmet</td></tr>
<tr><td>Deuses: Ares, Marduk, Marte, Zeus</td><td>Ser Mágico: Sereias</td></tr>
<tr><td>Animais: Texugo, Javali, Leopardo, Pantera</td><td>Réptil: Cobra (cabeça-de-cobre)</td></tr>
<tr><td colspan="2">Aves: Gaio-azul, Gralha, Garça (grande azul), Coruja (pequena), Pardal, Estorninho, Pica-pau, Carriça</td></tr>
<tr><td colspan="2">Insetos diversos: Aranha</td></tr>
</table>

ASTÚCIA

Celebração: Caça da Carriça	*Ser Mágico:* Pixies (maliciosa)
Deusas: Anat, Frigga, Hathor, Ísis, Macha	
Deuses: Ea, Enki, Hermes, Loki, Mercúrio, Odin, Set	
Animais: Texugo, Urso, Javali, Puma, Raposa, Leopardo, Camundongo, Rato, Lobo	
Aves: Abibe-comum, Perdiz	*Réptil:* Cobra

ATENÇÃO PLENA

Celebração: Dia da Terra	*Chakra:* Coração
Árvore: Bétula	*Ervas e Jardim:* Manjericão-sagrado
Plantas: Lótus, Açafrão	*Ave:* Codorniz
Gemas e Minerais: Azurita, Labradorita	
Deusas: Devi, Kuan Yin, Lakshmi, Parvati, Sarasvati	
Deuses: Brahma, Buda, Ganesha, Hanuman, Krishna, Shiva, Vishnu	

ATERRAMENTO (ATERRAR E CENTRAR A ENERGIA)

Signos: Capricórnio, Touro, Virgem	*Sistema Solar:* Terra, Saturno
Estação: Inverno	*Celebrações:* Dia da Terra, Mabon
Ogham: Fearn	*Elemento:* Terra
Cores: Preto, Marrom, Verde, Branco, Amarelo	*Chakra:* Raiz
Árvores: Cipreste, Sabugueiro, Olmo, Junípero, Pinheiro, Romãzeira, Sorveira-brava, Abeto-vermelho	
Ervas e Jardim: Amora-silvestre, Camomila, Trevo (*vermelho*), Lavanda, Sálvia, Verbena	
Plantas: Mirra, Patchuli, Sândalo, Nenúfar	
Gemas e Minerais: Ágata, Amazonita, Ametista, Andaluzita, Lágrima de Apache, Aragonita, Ágata Azul Rendada, Calcita (*cor-de-rosa*), Cerussita, Crisocola, Fluorita, Granada (*preta*), Hematita, Diamante de Herkimer , Jade (*marrom*), Jaspe (*marrom, verde, vermelho*), Azeviche, Kunzita, Magnetita, Malaquita, Obsidiana, Ônix, Peridoto, Madeira Petrificada, Sal, Quartzo-enfumaçado, Estaurolita, Sugilita, Olho de Tigre, Turmalina (*preta, verde, laranja*), Tsavorita, Turquesa, Unaquita, Wulfenita, Zircônia (*marrom*)	

Metal: Ferro	
Do Mar: Berbigão, Caramujo, Vieira	
Deusas: Coatlicue, Deméter, Gaia, Kuan Yin, Reia	
Deuses: Enki, Geb, Homem Verde, Silvano	*Ser Mágico:* Gnomos
Animais: Babuíno, Texugo, Búfalo/Bisão, Girafa, Gorila	
Aves: Pomba-branca, Águia, Gavião (*harrier*), Cotovia-ocidental, Trepadeira-azul, Avestruz, Coruja (*buraqueira*), Pardal, Carriça	
Vida Marinha: Golfinho, Peixe-boi, Foca	
Répteis: Tartaruga (terrestre), Tartaruga (aquática)	*Insetos diversos:* Formiga, Larva (*minhoca*)

ATIVAR/DESPERTAR

Sistema Solar: Sol	*Estação:* Primavera
Fases da Lua: Cheia	*Celebração:* Imbolc
Horas do dia: Amanhecer	*Ogham:* Luis
Runa: Hagal	*Elemento:* Fogo
Direção: Leste	*Cores:* Cor-de-rosa, Rosa-claro, Branco
Ervas e Jardim: Erva-cidreira, Hortelã-pimenta, Tomilho (a mente)	
Plantas: Ginseng, Visco, Patchuli, Sândalo	
Árvores: Figueira-sagrada, Cerejeira, Pinheiro	*Do Mar:* Pérola
Gemas e Minerais: Âmbar (suavemente), Aventurina, Crisópraso, Fluorita, Hematita, Iolita, Kunzita, Fenacita, Quartzo (*transparente*), Rodocrosita, Rodonita, Quartzo Rosa	
Deusas: Durga, Éos, Sekhmet	*Deus:* Dionísio
Animais: Babuíno, Morcego, Urso (potenciais), Coiote (sabedoria infantil), Cervo (novas aventuras), Burro (sabedoria), Tigre	
Aves: Azulão, Canário (voz interior), Chapim, Galináceos (*galo*), Águia, Pintassilgo, Pardal, Cisne (poder do eu), Pica-pau, Carriça	
Vida Marinha: Baleia (profundezas interiores)	
Insetos diversos: Grilo, Vaga-lume	

ATRAÇÃO

Signo: Libra	*Sistema Solar:* Sol, Vênus
Fases da Lua: Crescente	*Dia:* Domingo
Cores: Dourado, Verde, Laranja, Cor-de-rosa	*Números:* 4, 5
Tarô: Os Enamorados	
Árvores: Macieira, Cerejeira, Olmo, Tília, Magnólia, Oliveira, Palmeira (*sangue de dragão*)	
Ervas e Jardim: Angélica, Manjericão, Camomila, Margarida, Madressilva, Jacinto, Hera, Jasmim, Lavanda, Lilás, Ligústica, Manjerona, Passiflora, Rosa, Alecrim, Morango, Milefólio	
Plantas: Pimenta-da-jamaica, Canela, Craveiro, Olíbano, Ginseng, Jalapa, Raiz de Íris, Patchuli, Espicanardo, Baunilha	
Gemas e Minerais: Granada, Hematita, Magnetita, Sodalita, Turmalina, Turquesa	
Metal: Prata	*Deusas:* Afrodite, Vênus
Deuses: Angus, Krishna	*Ser Mágico:* Sereias
Animais: Coelho, Jaritataca	*Aves:* Pavão, Faisão

AUMENTAR

Sistema Solar: Sol	*Fases da Lua:* Crescente
Estações: Primavera, Verão	*Direção:* Sul
Cores: Azul (*real*), Marrom, Dourado, Cor-de-rosa	*Números:* 2, 8
Tarô: A Sacerdotisa	*Árvores:* Junípero, Carvalho
Ervas e Jardim: Hidraste, Alecrim, Tomilho	
Plantas: Canela, Cominho, Galanga, Jalapa, Mandrágora, Urtiga, Noz-moscada, Estramônio	
Gemas e Minerais: Âmbar, Berilo, Calcita, Hematita, Peridoto, Rodocrosita, Turmalina	
Deusas: Inanna, Maia	*Deuses:* Ganesha, Hermes
Animais: Búfalo/Bisão	

AUTORIDADE

Signos: Leão, Escorpião	*Sistema Solar:* Júpiter, Saturno, Sol
Dia: Domingo	*Ogham:* Straif
Elemento: Fogo	*Cores:* Preto, Cinza, Laranja, Roxo

Chakra: Plexo Solar	*Números:* 3, 8
Árvores: Amieiro, Abrunheiro, Cedro, Carvalho, Sorveira-brava	*Tarô:* O Imperador, O Hierofante
Ervas e Jardim: Bergamota, Borragem, Craveiro, Margarida, Dente-de-leão, Urze, Heliotrópio, Madressilva, Íris, Cravo-de-defunto, Artemísia, Hortelã-pimenta, Tomilho, Milefólio	
Plantas: Anis, Betônica, Canela, Potentilha, Cravo-da-índia, Genciana-verde, Ditamno, Linho, Olíbano, Galanga, Sapato-de-vênus, Mandrágora, Verbasco, Noz-moscada, Raiz de Íris, Anis-estrelado	
Gemas e Minerais: Água-marinha, Citrino, Magnetita, Ônix, Opala (*preta*), Safira, Sardônix	
Metal: Ouro	
Deusas: Atena, Brigantia, Brígida, Coatlicue, Danu, Diana, Durga, Epona, Frigga, Hécate, Kali, Lakshmi, Nêmesis, Sekhmet, Vênus	
Deuses: Baal, Ea, Enki, Hermes, Hórus, Júpiter, Marduk, Netuno, Nergal, Njord, Odin, Osíris, Poseidon, Zeus	
Animais: Javali (espiritual), Bovinos (*touro*), Leão	*Vida Marinha:* Golfinho
Aves: Águia, Garça (*grande azul*), Águia-pescadora, Coruja	

BANIR

Sistema Solar: Saturno	*Fases da Lua:* Minguante
Luas Cheias: Fevereiro	*Estação:* Inverno
Dia: Sábado	*Horas do dia:* Crepúsculo
Cores: Preto, Verde, Roxo	*Celebração:* Imbolc
Árvores: Amieiro, Bétula, Abrunheiro, Cipreste, Sabugueiro, Azevinho, Castanheiro-da-índia, Junípero, Loureiro, Palmeira (*sangue de dragão*), Pinheiro, Hamamélis	
Ervas e Jardim: Agrimônia (energia negativa), Angélica, Manjericão, Giesta (poltergeists), Trevo, Confrei, Samambaia, Alho, Heliotrópio, Lilás, Artemísia, Peônia, Hortelã-pimenta, Rosa, Alecrim, Arruda, Erva-de-são-joão, Boca-de-leão, Selo-de-salomão, Verbena, Violeta, Milefólio	
Plantas: Assa-fétida, Betônica, Cravo-da-índia, Cominho, Heléboro-amarelo, Olíbano, Galanga, Marroio-branco, Mandrágora, Visco, Verbasco, Mirra, Urtiga, Patchuli, Pimenta, Sândalo, Anis-estrelado, Cardo, Absinto	

Gemas e Minerais: Água-marinha, Aventurina, Berilo, Heliotrópio, Crisópraso, Jaspe (*vermelho*), Rodonita, Sal	
Do Mar: Concha-rainha, Coral	
Deusas: Aine, Banba, Durga, Hera, Kuan Yin, Kupala, Morrigan	
Deuses: Hanuman, Khensu, Krishna	

BATALHA/GUERRA (ENFRENTAR, SERVIR, SOBREVIVER)

Sistema Solar: Marte	*Elemento:* Fogo
Estação: Outono	*Dia:* Terça-feira
Direção: Norte	*Cores:* Vermelho, Branco
Tarô: O Carro, O Imperador, A Torre	*Ervas e Jardim:* Hortelã-verde, Milefólio
Árvores: Amieiro, Freixo, Azevinho, Carvalho, Palmeira (*sangue de dragão*), Sorveira-brava	
Gemas e Minerais: Ágata (*marrom*), Heliotrópio, Opala, Olho de Tigre, Turquesa	
Metais: Ferro, Aço	*Do Mar:* Concha-rainha
Deusas: Anat, Ártemis, Astarte, Atena, Badb, Banba, Brigantia, Cailleach Bheur, Coatlicue, Cibele, Devi, Durga, Epona, Hel, Inanna, Ishtar, Kali, Macha, Maeve, Minerva, Morrigan, Sekhmet, Tiamat	
Deuses: Apolo, Arawn, Ares, Baal, Dagda, Indra, Júpiter, Lugh, Marduk, Marte, Mitra, Nergal, Odin, Osíris, Perun, Thor, Zeus	
Aves: Águia, Gavião, Codorniz (valor)	
Animais: Javali, Cão, Elefante, Cavalo, Carcaju	*Insetos diversos:* Louva-a-deus
Campos de Batalha	
Deusas: Badb, Morrigan	*Aves:* Gralha, Pega, Corvo
Guerreiro	
Runa: Tyr (espiritual)	*Anjo:* Miguel
Animais: Leopardo, Doninha, Lobo (habilidades guerreiras)	*Deus:* Dagda (habilidades guerreiras)

BELEZA

Signos: Libra, Sagitário	*Sistema Solar:* Sol, Vênus
Fases da Lua: Cheia, Nova	*Estação:* Primavera
Dias: Sexta-feira, Domingo	*Celebrações:* Dia da Terra, Ostara, Rosália
Chakra: Coração	*Número:* 3
Cores: Dourado, Verde, Pêssego, Cor-de-rosa	*Tarô:* A Imperatriz, Os Enamorados
Árvores: Macieira, Cerejeira, Sabugueiro, Aveleira, Azevinho, Carvalho, Salgueiro (*chorão*)	
Ervas e Jardim: Anêmona, Angélica, Borragem, Craveiro, Gatária, Camomila, Trevo, Aquilégia, Narciso, Margarida, Gerânio, Hidraste, Jasmim, Lavanda, Lilás, Lírio, Prímula, Framboesa, Rosa (*cor-de-rosa, vermelha*), Morango, Violeta, Milefólio	
Plantas: Babosa, Cravo-da-índia, Prímula-silvestre, Ditamno, Linho, Gengibre, Ginseng, Solidago, Sapato-de-vênus, Visco, Verbasco, Noz-moscada	
Gemas e Minerais: Ágata (*preta com veios brancos*), Alexandrita, Âmbar, Apatita (*azul*), Olho de Gato, Rosa do Deserto, Diamante, Diamante de Herkimer, Jaspe (*vermelho*), Kunzita, Opala, Rodocrosita, Olho de Tigre, Topázio, Turquesa, Zircônia (*azul*)	
Do Mar: Naticidae, Ostra, Vieira	*Seres Mágicos:* Elfos, Sereias, Musas (retratar)
Deusas: Amaterasu, Afrodite, Arianrhod, Atena, Brígida, Chalchiuhtlicue, Devi, Diana, Freya, Hathor, Lakshmi, Nanna, Parvati, Sarasvati, Selene, Vênus	
Deuses: Adônis, Angus, Apolo, Attis, Balder, Hélio, Krishna, Loki, Surya	
Animais: Gazela, Pantera	*Vida Marinha:* Peixe-dourado, Baleia
Aves: Canário, Águia, Falcão, Beija-flor, Martim-pescador, Rouxinol, Perdiz, Pavão, Cisne	
Insetos diversos: Borboleta	*Ser Mítico:* Fênix, Unicórnio

BEM-ESTAR

Signo: Virgem	*Sistema Solar:* Júpiter, Sol
Fases da Lua: Nova	*Luas Cheias:* Maio
Dias: Domingo, Quinta-feira	*Celebrações:* Compitália, Imbolc
Ogham: Ngetal	*Runas:* Sigel (totalidade), Ur
Elementos: Terra, Água	*Direção:* Norte
Números: 4, 6, 7, 8	
Cores: Azul (*claro*), Dourado, Verde, Laranja, Cor-de-rosa, Rosa-claro, Violeta	

Árvores: Macieira, Freixo, Álamo, Bétula, Sabugueiro, Junípero, Carvalho, Oliveira, Pinheiro, Nogueira	
Ervas e Jardim: Anêmona, Craveiro, Samambaia, Alho, Gardênia, Gerânio, Heliotrópio, Madressilva, Jasmim, Alquemila (saúde da mulher), Lavanda, Lilás, Cravo-de-defunto, Manjerona, Alecrim, Arruda, Girassol, Tomilho, Violeta, Milefólio	
Plantas: Anis, Erva-de-são-cristovão, Potentilha, Coentro, Galanga, Gengibre, Ginseng, Jalapa, Mandrágora, Visco, Verbasco, Mirra, Noz-moscada, Açafrão, Sândalo, Espicanardo	
Gemas e Minerais: Ágata (árvore), Ametista, Água-marinha, Aventurina, Berilo, Calcita (*cor-de-rosa*), Cornalina, Dioptásio, Fluorita, Granada, Diamante de Herkimer, Jade, Jaspe (*verde, vermelho*), Azeviche, Ágata Musgo, Peridoto, Rubi, Sal, Estaurolita, Pedra do Sol, Turmalina (*verde*), Turquesa	
Metal: Cobre	*Do Mar:* Amêijoa, Pérola
Deusas: Anat, Ártemis, Bast, Brigantia, Brígida, Coatlicue, Danu, Deméter, Frigga, Gaia, Ganga, Héstia, Inanna, Juno, Kuan Yin, Lakshmi, Reia, Sekhmet	
Deuses: Adônis, Agni, Apolo, Esculápio, Baal, Belenus, Marte, Ra, Zeus	
Ser Mágico: Penates	*Animais:* Elefante, Macaco, Coelho
Aves: Cardeal, Grou, Gralha, Beija-flor, Íbis	*Réptil:* Cobra
Bem-Estar Mental	
Gemas e Minerais: Sugilita, Olho de Tigre	*Ervas e Jardim:* Sálvia, Erva-de-são-joão

BÊNÇÃOS (DAR, RECEBER)

Sistema Solar: Sol	*Ogham:* Luis
Runa: As	*Direção:* Sudeste
Árvores: Acácia, Bétula, Cipreste, Sabugueiro, Loureiro, Carvalho, Pinheiro, Romãzeira, Sorveira-brava, Nogueira, Salgueiro	
Ervas e Jardim: Camomila, Margarida (de fadas), Erva-doce, Artemísia, Prímula, Rosa, Erva-de-são-joão, Valeriana, Teixo	
Plantas: Cardo-bento, Heléboro-amarelo (para crianças), Olíbano, Grãos (*trigo*/da colheita), Jalapa, Lótus, Visco	
Do Mar: Pérola	
Gemas e Minerais: Magnetita, Moldavita, Quartzo (*transparente*), Sardônix, Serpentina, Topázio (*azul*)	
Ave: Peru (compartilhadas)	
Deusas: Brígida, Devi, Fortuna, Gaia, Kuan Yin, Lakshmi, Parvati, Sedna	

BONDADE

Celebração: Dia da Terra	*Cores:* Azul, Verde, Laranja
Número: 7	*Árvores:* Macieira, Cerejeira, Azevinho
Ervas e Jardim: Manjericão, Bergamota, Heliotrópio, Lírio	*Plantas:* Visco, Verbasco
Gemas e Minerais: Berilo, Citrino, Diamante, Jade, Magnetita, Safira, Olho de Tigre, Topázio (*azul*), Turquesa, Zircônia (*amarela*)	
Do Mar: Berbigão	
Deusas: Amaterasu, Afrodite, Bast, Dôn, Juno, Reia	
Deuses: Balder, Belobog, Mitra, Vishnu	*Animais:* Javali, Gorila
Ser Mítico: Unicórnio	

BRUXAS/BRUXARIA

Sistema Solar: Lua	*Celebrações:* Noite de Hécate, Walpurgis
Cor: Preto	*Número:* 13
Árvores: Amieiro, Bétula, Abrunheiro, Cipreste, Sabugueiro, Pilriteiro, Carvalho, Sorveira-brava, Salgueiro, Hamamélis, Teixo	
Plantas: Beladona, Meimendro, Mandrágora, Lunária, Cogumelo	
Ervas e Jardim: Manjericão, Campainha, Giesta, Craveiro (proteger bruxas), Madressilva, Hera, Acônito, Artemísia, Milefólio	
Gemas e Minerais: Azeviche	
Deusas: Ártemis, Bast, Brígida, Cailleach Bheur, Diana, Freya, Frigga, Hécate, Héstia (cozinha), Holle, Morrigan, Vesta (cozinha)	
Deuses: Cernunos, Gwydion	*Aves:* Gralha (*cinzenta*), Pega, Coruja
Animais: Babuíno, Morcego, Gato (*especialmente preto*), Lebre, Hiena, Coelho, Doninha	
Anfíbio: Sapo	*Insetos diversos:* Aranha
Superar	
Árvores: Freixo, Azevinho	*Plantas:* Betônica, Potentilha (evitar)
Ervas e Jardim: Endro (evitar), Erva-doce (evitar ação), Arruda, Erva-de-são-joão (evitar ação), Boca-de-leão (neutralizar), Verbena (evitar)	
Proteger De	
Plantas: Betônica, Linho (*flor*), Visco	*Árvores:* Junípero, Loureiro, Nogueira
Ervas e Jardim: Angélica, Endro, Alho, Carqueja, Manjerona, Arruda, Boca-de-leão	
Gemas e Minerais: Âmbar, Estaurolita	

BUSCAS

<table>
<tr><td>Ogham: Quert</td><td>Runas: Rad, Thorn</td></tr>
<tr><td>Direção: Oeste</td><td>Cores: Cinza, Índigo</td></tr>
<tr><td>Árvore: Bétula</td><td>Planta: Canela</td></tr>
<tr><td colspan="2">Ervas e Jardim: Lírio (tigrino), Sálvia</td></tr>
<tr><td>Deusas: Ariadne, Inanna, Ísis</td><td>Deuses: Mabon, Odin</td></tr>
<tr><td colspan="2">Animais: Cervo (veado branco), Cavalo (espiritual), Pantera, Urso Polar, Ovinos (carneiro/por conhecimento divino)</td></tr>
<tr><td colspan="2">Réptil: Cobra</td></tr>
<tr><td colspan="2">Aves: Albatroz, Falcão (gerifalte), Ganso, Corvo, Cisne</td></tr>
</table>

CALMA

<table>
<tr><td>Signo: Peixes</td><td>Estação: Primavera</td></tr>
<tr><td colspan="2">Número: 4</td></tr>
<tr><td colspan="2">Cores: Azul (claro), Verde (azulado), Cor-de-rosa (pálido), Branco</td></tr>
<tr><td colspan="2">Árvores: Acácia, Cedro, Cipreste, Abeto, Junípero, Tília, Mimosa, Abeto-vermelho</td></tr>
<tr><td colspan="2">Ervas e Jardim: Anêmona, Angélica, Áster, Bergamota, Borragem, Giesta, Craveiro, Trevo (vermelho), Narciso, Margarida, Endro, Heliotrópio, Manjericão-sagrado, Madressilva, Jasmim, Erva-cidreira, Lírio, Lírio-do-vale, Manjerona, Acônito, Passiflora, Rosa, Aspérula, Tomilho, Valeriana, Milefólio</td></tr>
<tr><td colspan="2">Plantas: Assa-fétida, Beladona, Betônica, Erva-de-são-cristovão, Bardana, Cardamomo, Gengibre, Ginseng, Meimendro, Sapato-de-vênus, Visco, Noz-moscada, Açafrão, Sândalo, Solidéu, Baunilha, Nenúfar</td></tr>
<tr><td colspan="2">Gemas e Minerais: Ágata, Alexandrita, Amazonita, Âmbar, Ametista, Angelita, Lágrima de Apache, Água-marinha, Aragonita, Aventurina (verde), Azurita, Calcita (cor-de-rosa), Celestita (espiritual), Crisocola, Granada, Fluorita, Hematita, Iolita, Jade (azul), Azeviche, Kunzita, Cianita, Lápis-lazúli, Larimar, Lepidolita, Malaquita, Pedra da Lua, Morganita, Ágata Musgo, Peridoto, Quartzo (transparente), Rodonita, Quartzo Rosa, Safira (cor-de-rosa), Selenita, Smithsonita, Quartzo-enfumaçado, Sodalita, Olho de Tigre, Topázio (azul), Turmalina (azul, cor-de-rosa), Turquesa</td></tr>
<tr><td>Do Mar: Berbigão, Vieira</td><td>Metal: Prata</td></tr>
<tr><td colspan="2">Deusas: Anfitrite, Gaia, Héstia, Kuan Yin, Selene</td></tr>
<tr><td>Deuses: Njord, Shiva</td><td>Animal: Coala</td></tr>
<tr><td colspan="2">Vida Marinha: Golfinho, Peixe-boi</td></tr>
</table>

Acalmar as Emoções/Calma Emocional
Ervas e Jardim: Camomila, Gerânio, Lavanda, Arruda, Verbena
Planta: Urtiga
Gemas e Minerais: Ágata Rendada Azul, Celestita
Calma Interior
Ervas e Jardim: Manjericão, Lavanda, Poejo, Hortelã-pimenta, Hortelã-verde

CAPACIDADE PSÍQUICA

Signos: Câncer, Capricórnio, Peixes, Escorpião	*Sistema Solar:* Lua, Netuno
Fases da Lua: Cheia, Nova, Crescente	*Dia:* Segunda-feira
Celebração: Beltane	*Elementos:* Ar, Fogo, Água
Direção: Oeste	*Chakra:* Terceiro Olho
Números: 3, 9	*Tarô:* Copas
Cores: Preto, Azul (*real*), Lavanda, Roxo, Prateado, Violeta, Branco, Amarelo	
Árvores: Acácia, Cedro, Junípero, Loureiro, Magnólia, Mimosa, Palmeira (*sangue de dragão*), Sorveira-brava, Teixo	
Ervas e Jardim: Manjericão, Borragem, Gatária, Confrei, Dente-de-leão, Urze, Heliotrópio, Hibisco, Madressilva, Íris, Jasmim, Lavanda, Cravo-de-defunto, Manjerona, Artemísia, Hortelã-pimenta, Rosa, Alecrim, Sálvia, Tomilho, Milefólio	
Plantas: Anis, Canela, Cravo-da-índia, Tussilagem, Genciana-verde, Eufrásia, Linho, Olíbano, Galanga, Jalapa, Lótus, Lunária, Verbasco, Cogumelo, Mirra, Noz-moscada, Açafrão, Sândalo, Anis-estrelado, Nenúfar, Absinto	
Gemas e Minerais: Ametista, Angelita, Lágrima de Apache, Apatita, Água-marinha, Azurita, Berilo, Calcita (*azul*), Citrino, Danburita, Esmeralda, Olho de Falcão, Diamante de Herkimer, Iolita, Azeviche, Lápis-lazúli, Lepidolita, Malaquita, Moldavita, Pedra da Lua, Opala, Pirita, Quartzo (*transparente*), Rubi, Safira, Quartzo-enfumaçado, Sugilita, Tanzanita, Olho de Tigre, Topázio (*azul*), Turmalina, Zoisita	
Metais: Bornita, Ferro, Prata	*Deuses:* Marduk, Mitra, Odin
Animais: Antílope, Lince, Gato, Jaguar, Lobo	*Vida Marinha:* Baleia
Aves: Gaio-azul (dedicar-se a), Águia, Gavião, Coruja, Pavão, Andorinhão-preto	
Répteis: Camaleão, Lagarto, Cobra	

CARIDADE

Signos: Aquário, Peixes	*Cor:* Verde
Ervas e Jardim: Parreira	*Do Mar:* Pérola
Gemas e Minerais: Iolita, Azeviche, Opala, Quartzo, Quartzo Rosa	
Deusas: Héstia, Lakshmi	*Deuses:* Odin, Zeus

CASAMENTO

Signo: Libra	*Luas Cheias:* Junho
Estação: Verão	*Celebração:* Beltane
Runa: Ehwaz	*Número:* 10
Cores: Verde, Índigo, Lavanda, Cor-de-rosa, Vermelho	
Árvores: Macieira, Pilriteiro, Aveleira, Loureiro, Tília, Magnólia, Murta, Oliveira, Salgueiro (*gato*)	
Ervas e Jardim: Craveiro (*cor-de-rosa, vermelho*), Trevo (*vermelho*), Gardênia, Hera, Alquemila, Lavanda, Manjerona, Poejo, Alecrim, Verbena, Violeta, Milefólio	
Plantas: Anis, Genciana-verde, Visco, Açafrão, Baunilha	
Gemas e Minerais: Água-marinha (harmonia), Berilo, Citrino, Magnetita (reconciliar-se), Obsidiana, Ônix, Rodonita, Sardônix	
Metal: Prata	*Do Mar:* Cauri
Deusas: Afrodite, Arianrhod (ritual do *handfasting*, casamento wiccano), Astarte, Brígida, Chalchiuhtlicue, Freya, Frigga, Gaia, Hathor, Hera, Holle, Inanna, Ishtar, Juno, Kuan Yin, Parvati, Vênus, Vesta, Xochiquetzal	
Deuses: Adônis, Dionísio, Dumuzi, Freyr, Ganesha, Júpiter, Osíris, Pushan, Thor, Zeus	
Aves: Pato, Ganso, Martim-pescador (feliz), Sabiá-do-campo, Papa-figos	
Vida Marinha: Carpa	*Ser Mítico:* Fênix (feliz)

CERTEZA

Signos: Áries, Capricórnio, Leão	*Sistema Solar:* Sol
Luas Cheias: Setembro	*Dia:* Domingo
Ogham: Duir	*Elemento:* Fogo
Chakra: Plexo Solar	*Tarô:* O Imperador, Paus
Cores: Azul (*real*), Dourado, Laranja, Pêssego	

<table>
<tr><td colspan="2">Árvores: Cedro, Cipreste, Carvalho, Palmeira (sangue de dragão), Pinheiro</td></tr>
<tr><td colspan="2">Ervas e Jardim: Manjericão, Bergamota, Craveiro, Gerânio, Samambaia, Urze, Madressilva, Passiflora, Rosa, Alecrim, Tomilho, Milefólio</td></tr>
<tr><td colspan="2">Plantas: Cardamomo, Urtiga, Junco, Cardo</td></tr>
<tr><td colspan="2">Gemas e Minerais: Ágata, Aragonita, Aventurina, Heliotrópio, Ágata Rendada Azul, Calcita (laranja), Cornalina, Crisoberilo, Crisocola, Citrino, Diamante, Granada, Hematita, Jade, Labradorita, Larimar, Magnetita, Ágata Musgo, Obsidiana (floco de neve), Ônix, Opala, Rodonita, Quartzo Rosa, Estaurolita, Olho de Tigre, Turmalina, Zircônia (vermelha), Zoisita</td></tr>
<tr><td>Do Mar: Berbigão, Anômia, Búzio-trombeta</td><td>Metal: Ouro</td></tr>
<tr><td>Deuses: Baco, Balder, Lugh</td><td>Ser Mágico: Gnomos</td></tr>
<tr><td colspan="2">Animais: Antílope, Puma, Elefante, Alce-americano, Guaxinim, Ovinos, Jaritataca, Tigre</td></tr>
<tr><td colspan="2">Aves: Azulão (modesto), Galináceos (galo), Águia, Garçota, Pavão, Faisão, Carriça</td></tr>
<tr><td>Vida Marinha: Cavalo-marinho</td><td>Insetos diversos: Borboleta</td></tr>
</table>

CICLOS

<table>
<tr><td>Signos: Capricórnio, Virgem</td><td>Sistema Solar: Lua</td></tr>
<tr><td>Ogham: Ruis</td><td>Runas: Dag, Jera</td></tr>
<tr><td>Elemento: Terra</td><td>Cor: Cor-de-rosa</td></tr>
<tr><td>Números: 3, 10, 12, 13</td><td>Tarô: O Louco, A Sacerdotisa, O Mundo</td></tr>
<tr><td>Árvores: Murta, Pinheiro</td><td>Plantas: Grãos, Cogumelo</td></tr>
<tr><td>Gemas e Minerais: Pedra da Lua</td><td>Do Mar: Naticidae</td></tr>
<tr><td colspan="2">Deusas: Arianrhod, Brigantia, Cailleach Bheur, Ceres, Coatlicue, Cibele, Deméter, Éos, Fortuna, Gaia, Hécate, Holle, Ísis, Juno, Ostara, Perséfone, Febe, Selene, Vênus</td></tr>
<tr><td colspan="2">Deuses: Adônis, Attis, Baal, Cernunos, Dumuzi, Homem Verde, Jano, Khensu, Osíris, Ra, Silvano, Vertumnus</td></tr>
<tr><td colspan="2">Vida Marinha: Golfinho, Salmão, Baleia</td></tr>
<tr><td>Animais: Urso, Cervo, Marmota, Lebre, Jaritataca</td><td>Répteis: Cobra, Tartaruga (aquática)</td></tr>
<tr><td colspan="2">Aves: Grou, Tetraz, Codorniz, Maçarico-das-rochas, Abutre, Pica-pau</td></tr>
<tr><td colspan="2">Insetos diversos: Borboleta, Lagarta, Louva-a-deus, Lesma, Aranha</td></tr>
</table>

CIÚME (EVITAR, LIDAR COM, ELIMINAR)

Signos: Áries, Leão, Escorpião, Touro	*Sistema Solar:* Lua
Cores: Verde (*escuro*), Amarelo (*limão*)	*Direção:* Norte
Árvores: Acácia, Azevinho	
Ervas e Jardim: Alho, Jacinto, Cravo-de-defunto, Rosa (*amarela*)	
Gemas e Minerais: Cornalina, Esmeralda, Sugilita, Zircônia (*azul*)	
Deuses: Ares, Ea, Hefésto, Indra, Marte, Perun, Poseîdon, Set, Shiva, Vulcano, Zeus	
Deusas: Atena, Cibele, Durga, Hera, Juno	*Animais:* Puma, Leão, Lontra
Aves: Cuco, Beija-flor (curar-se de)	*Réptil:* Cobra

CLAREZA

Signo: Peixes	*Ogham:* Ur
Elemento: Ar	*Direção:* Norte
Ogham: Ifin	*Runa:* Ken
Chakra: Terceiro Olho	*Tarô:* A Estrela
Cores: Azul, Índigo, Prateado, Violeta, Branco, Amarelo	
Árvores: Amieiro, Bétula, Cedro, Cipreste, Loureiro, Magnólia, Romãzeira, Abeto-vermelho, Nogueira	
Ervas e Jardim: Manjericão, Dente-de-leão, Parreira, Urze, Madressilva, Íris, Jasmim, Lavanda, Erva-cidreira, Passiflora, Hortelã-pimenta, Pervinca, Framboesa, Rosa (*branca*), Arruda, Girassol	
Plantas: Eufrásia, Olíbano, Marroio-branco, Sândalo	
Gemas e Minerais: Amazonita, Âmbar, Ametrina (mental, espiritual), Lágrima de Apache, Apofilita, Água-marinha (mental), Aventurina, Ágata Rendada Azul, Calcita (*transparente*), Celestita, Cerussita, Crisoberilo, Citrino, Danburita, Diamante (*branco*), Olho de Falcão, Hematita, Jade, Cianita, Labradorita, Obsidiana, Quartzo (*transparente*), Rodonita, Selenita, Olho de Tigre, Topázio (*azul*), Turmalina (*azul*), Turquesa	
Do Mar: Concha-rainha, Naticidae, Pérola, Vieira	
Deus: Thoth	*Vida Marinha:* Caranguejo, Peixe-Boi
Animais: Antílope, Lince, Cervo, Raposa, Girafa, Lêmure, Jaguatirica, Doninha (para significado oculto), Zebra	
Insetos diversos: Libélula	
Aves: Albatroz (com o tempo), Cardeal, Pato (emocional), Águia, Falcão, Gavião, Martim-pescador (emocional), Milhafre, Cotovia-ocidental, Coruja, Corvo, Gaivota	

CLARIAUDIÊNCIA

Chakra: Terceiro Olho	*Ervas e Jardim:* Boca-de-leão
Gemas e Minerais: Apatita, Diamante, Opala (*fogo*), Diamante de Herkimer	
Animais: Lêmure, Alce-americano, Pantera	*Ave:* Coruja
Réptil: Camaleão	

CLARIVIDÊNCIA

Signo: Escorpião	*Sistema Solar:* Netuno
Dia: Segunda-feira	*Elementos:* Ar, Água
Cores: Índigo, Roxo, Prateado, Amarelo	*Chakra:* Terceiro Olho
Número: 7	*Tarô:* A Sacerdotisa
Ervas e Jardim: Manjericão, Dente-de-leão, Heliotrópio, Hibisco, Madressilva, Lilás, Artemísia, Rosa, Sálvia, Tomilho, Milefólio	
Árvores: Acácia, Cedro, Aveleira, Loureiro, Sorveira-brava	*Metal:* Bornita
Plantas: Anis, Canela, Cravo-da-índia, Eufrásia, Olíbano, Lunária, Noz-moscada, Patchuli, Açafrão, Sândalo, Estramônio, Absinto	
Gemas e Minerais: Apatita, Azurita, Crisópraso, Diamante, Esmeralda, Diamante de Herkimer, Jaspe (*verde*), Azeviche, Pedra da Lua, Obsidiana, Opala, Peridoto, Turmalina (*azul*)	
Deusas: Bast, Fortuna, Freya, Frigga, Kuan Yin (aumentar), Perséfone	
Deuses: Loki, Odin	*Animais:* Antílope (ensinar), Cavalo, Lince-canadense
Aves: Gavião, Milhafre, Coruja, Corvo	*Répteis:* Jacaré, Camaleão, Crocodilo

CLIMA (INFLUENCIAR)

Elementos: Ar, Terra, Fogo, Água	*Planta:* Cravo-da-índia
Ervas e Jardim: Alho, Milefólio	*Gemas e Minerais:* Jade
Deusas: Cailleach Bheur, Chalchiuhtlicue, Frigga, Gaia, Inanna, Íris, Kali, Nut, Ran	
Deuses: Baal, Dagda, Freyr, Indra, Júpiter, Manannán, Perun, Thor, Zeus	
Ave: Pica-pau	*Réptil e Anfíbio:* Crocodilo, Rã
Inseto diverso: Lagarta (*taturana*)	*Ser Mítico:* Dragão

Relâmpagos (proteger contra)	
Elementos: Ar, Fogo	
Árvores: Freixo, Sabugueiro, Pilriteiro, Aveleira, Azevinho, Loureiro, Carvalho, Sorveira-brava	
Ervas e Jardim: Artemísia, Erva-de-são-joão	*Planta:* Visco
Gemas e Minerais: Diamante, Granada, Magnetita, Rubi, Zircônia	
Deuses: Agni, Baal, Belenus, Júpiter, Marduk, Perun, Shiva, Thor, Zeus	
Deus: Pele	*Ave:* Martim-pescador
Tempestades	
Elementos: Ar, Água	*Árvore:* Pilriteiro (proteger de)
Ervas e Jardim: Erva-de-são-joão (proteger de)	*Planta:* Gengibre (acalmar)
Gemas e Minerais: Ágata, Berilo, Azeviche	*Do Mar:* Coral
Deusas: Anfitrite (acalmar), Chalchiuhtlicue, Cibele, Hécate, Sekhmet	
Deuses: Aegir, Ares, Baal, Indra, Júpiter, Manannán (no oceano), Marduk, Perun, Posêidon (no oceano), Set (no deserto), Shiva, Thor, Zeus	
Ave: Martim-pescador	
Réptil: Cobra	*Ser Mítico:* Selkies (aumento)

COMEÇOS

Signos: Áries, Câncer, Capricórnio, Virgem	*Sistema Solar:* Marte, Lua, Vênus
Fases da Lua: Nova, Crescente	*Luas Cheias:* Abril, Fevereiro, Janeiro
Estação: Primavera	*Horas do dia:* Amanhecer
Celebrações: Nascimento de Ísis, Imbolc, Dia de Ano Novo	
Ogham: Beithe	*Runas:* Beorc, Dag
Elementos: Ar, Terra, Água	*Números:* 1, 3, 9, 10
Direção: Leste	*Tarô:* O Louco
Cores: Preto, Marrom, Laranja, Prateado, Branco	
Árvores: Macieira, Bétula, Sabugueiro, Olmo, Abeto, Junípero, Algarobeira, Palmeira, Pinheiro, Salgueiro	
Ervas e Jardim: Anêmona, Angélica, Borragem, Gerânio, Artemísia, Prímula, Rosa, Verbena, Milefólio	
Plantas: Cravo-da-índia, Ditamno, Sapato-de-vênus, Visco, Noz-moscada	

<table>
<tr><td colspan="2">Gemas e Minerais: Alexandrita, Ametrina, Apatita (azul), Heliotrópio, Ágata Rendada Azul, Citrino, Fluorita, Iolita, Kunzita, Cianita, Moldavita, Peridoto, Quartzo (transparente), Quartzo Rosa, Safira, Turmalina (azul, verde, cor-de-rosa)</td></tr>
<tr><td colspan="2">Metal: Prata</td></tr>
<tr><td colspan="2">Deuses: Balder, Cernunos, Coiote, Freyr, Ganesha, Geb, Jano, Lugh, Osíris, Ptah, Ra, Saturno, Thor</td></tr>
<tr><td colspan="2">Deusas: Arianrhod, Bast, Chalchiuhtlicue, Coventina, Deméter, Éos, Flora, Freya, Ishtar, Ísis, Juno, Ostara, Sekhmet</td></tr>
<tr><td colspan="2">Seres Mágicos: Parcas, Nórnias</td></tr>
<tr><td colspan="2">Animais: Morcego, Bode/Cabra, Marmota, Leopardo (nova perspectiva), Ovinos</td></tr>
<tr><td colspan="2">Aves: Albatroz, Cuco, Tetraz, Martim-pescador, Cegonha</td></tr>
<tr><td>Réptil e Anfíbio: Crocodilo, Rã (girino)</td><td>Ser Mítico: Fênix</td></tr>
<tr><td colspan="2">Começos Espirituais</td></tr>
<tr><td>Ervas e Jardim: Dente-de-leão, Erva-de-são-joão</td><td>Gemas e Minerais: Ametista</td></tr>
</table>

COMPAIXÃO

<table>
<tr><td>Signos: Aquário, Peixes</td><td>Sistema Solar: Vênus</td></tr>
<tr><td>Elemento: Água</td><td>Direção: Oeste</td></tr>
<tr><td>Cores: Água, Verde, Cor-de-rosa, Branco</td><td>Chakra: Coração</td></tr>
<tr><td>Números: 4, 6, 9</td><td>Tarô: Copas</td></tr>
<tr><td>Árvores: Cerejeira, Sabugueiro, Olmo, Algarobeira</td><td>Ervas e Jardim: Gardênia, Rosa</td></tr>
<tr><td>Plantas: Pimenta-da-jamaica, Lótus</td><td>Do Mar: Amêijoa, Bolacha-do-mar, Vieira</td></tr>
<tr><td colspan="2">Gemas e Minerais: Angelita, Água-marinha, Aragonita (azul), Aventurina, Celestita, Crisoberilo, Crisópraso, Granada, Jaspe (verde, vermelho), Kunzita, Pedra da Lua, Rodocrosita, Quartzo Rosa, Rubi, Turmalina, Turquesa</td></tr>
<tr><td colspan="2">Ser Mágico: Sereias</td></tr>
<tr><td colspan="2">Deusas: Amaterasu, Ceres, Deméter, Ísis, Ishtar, Kuan Yin, Modron, Nanna, Sekhmet</td></tr>
<tr><td>Deuses: Apolo, Buda, Marduk, Mitra, Shiva</td><td>Animal: Chimpanzé</td></tr>
<tr><td>Aves: Cegonha, Abutre</td><td>Ser Mítico: Unicórnio</td></tr>
</table>

COMPREENSÃO INTUITIVA

Estação: Inverno	*Dia:* Quarta-feira
Ogham: Coll, Luis	*Cores:* Lavanda, Prateado, Violeta
Chakra: Terceiro Olho	*Números:* 2, 11
Tarô: A Estrela	*Árvores:* Macieira, Cedro, Abeto (*prateado*), Sorveira-brava
Ervas e Jardim: Angélica, Camomila, Sálvia	*Planta:* Eufrásia
Gemas e Minerais: Água-marinha, Aventurina, Azurita, Calcita (*transparente*), Olho de Gato, Esmeralda, Olho de Falcão, Jaspe (*pele de leopardo*), Lápis-lazúli, Moldavita, Opala, Safira, Sodalita, Tanzanita, Olho de Tigre, Turmalina (*azul, vermelha*)	
Do Mar: Abalone, Naticidae	
Deusas: Ceridwen, Kuan Yin	*Anjo:* Uriel
Deuses: Amon, Hanuman, Hermes, Marduk, Mimir, Ra	
Animais: Coiote, Gazela, Pantera, Rinoceronte	*Vida Marinha:* Salmão
Aves: Condor, Águia-pescadora, Coruja, Codorniz	

COMPROMISSO (COM UM JURAMENTO OU PROMESSA)

Sistema Solar: Saturno	*Fases da Lua:* Minguante
Dia: Sábado	*Cor:* Preto
Árvores: Macieira, Cipreste, Palmeira (*sangue de dragão*), Pinheiro, Sorveira-brava, Salgueiro	
Ervas e Jardim: Angélica, Confrei, Jasmim, Pervinca, Rosa (*branca*), Alecrim	
Plantas: Cravo-da-índia, Linho, Jalapa, Mandrágora, Pimenta (*do reino*), Absinto	
Gemas e Minerais: Diamante de Herkimer (relacionamentos), Azeviche, Magnetita, Obsidiana, Ônix, Sal, Sárdio	
Metal: Chumbo	
Do Mar: Coral	*Deusa:* Ísis
Deuses: Baal, Ea, Hefésto, Júpiter, Nergal, Odin, Vulcano	

COMUNICAÇÃO

<table>
<tr><td>Signo: Gêmeos</td><td>Sistema Solar: Mercúrio</td></tr>
<tr><td>Dia: Quarta-feira</td><td>Ogham: Eadha</td></tr>
<tr><td>Runa: Rad</td><td>Elementos: Ar, Terra, Fogo</td></tr>
<tr><td>Direção: Leste</td><td>Chakra: Garganta</td></tr>
<tr><td>Números: 3, 5</td><td>Tarô: O Mágico</td></tr>
<tr><td colspan="2">Cores: Azul, Índigo (com os espíritos), Laranja, Pêssego, Prateado (com antepassados), Amarelo</td></tr>
<tr><td colspan="2">Árvores: Freixo, Cedro, Aveleira, Tília, Bordo, Murta (resedá), Plátano, Salgueiro, Teixo (com mortos)</td></tr>
<tr><td colspan="2">Ervas e Jardim: Amora-silvestre, Giesta, Craveiro (amarelo), Camomila, Margarida, Dente-de-leão, Erva-doce, Alho, Gerânio, Jasmim, Lavanda, Lírio, Cravo-de-defunto, Alecrim, Valeriana, Violeta (branca)</td></tr>
<tr><td colspan="2">Plantas: Pimenta-da-jamaica, Urtiga, Raiz de Íris, Nenúfar</td></tr>
<tr><td colspan="2">Gemas e Minerais: Ágata (preta), Amazonita, Ametista, Angelita (com reino angélico), Apatita, Água-marinha, Azurita, Berilo, Ágata Rendada Azul, Calcita (transparente), Cerussita, Crisocola, Crisópraso, Danburita, Fluorita, Iolita, Jaspe, Kunzita, Cianita, Lápis-lazúli, Magnetita, Malaquita, Pedra da Lua, Morganita, Ágata Musgo, Quartzo (transparente), Safira, Selenita, Sodalita, Tanzanita, Olho de Tigre, Topázio (azul), Tsavorita, Turquesa</td></tr>
<tr><td>Do Mar: Amêijoa, Concha-rainha, Búzio-trombeta</td><td>Metais: Bornita, Mercúrio, Prata</td></tr>
<tr><td colspan="2">Deusas: Brígida, Dôn, Fides, Hera, Íris, Sarasvati, Seshat (por escrito), Mulher Aranha</td></tr>
<tr><td colspan="2">Deuses: Apolo, Arawn, Balder, Bragi, Loki, Lugh, Mercúrio, Prometeu, Thoth (por escrito)</td></tr>
<tr><td colspan="2">Seres Mágicos: Musas, Sílfides</td></tr>
<tr><td colspan="2">Anfíbio: Rã</td></tr>
<tr><td colspan="2">Animais: Antílope, Urso (com os espíritos), Lince (medida), Chimpanzé, Cervo (fêmea), Elefante (com sutileza), Girafa, Gorila, Cavalo (entre espécies), Hiena, Leopardo, Leão, Macaco, Esquilo</td></tr>
<tr><td colspan="2">Aves: Gralha, Cuco, Pato, Águia (criteriosa), Pintassilgo (em todos os níveis), Ganso, Gavião, Mobelha, Arara, Pega, Sabiá-do-campo, Bacurauzinho, Papagaio, Pombo-comum (entre mundos), Corvo, Gaivota (com divindades), Estorninho</td></tr>
<tr><td colspan="2">Vida Marinha: Golfinho, Polvo, Boto, Baleia</td></tr>
<tr><td colspan="2">Insetos diversos: Abelha (com mortos), Grilo, Vaga-lume, Aranha</td></tr>
</table>

Eloquência	
Signo: Leão	*Deuses:* Ganesha, Hermes, Ogma
Árvore: Álamo	*Planta:* Potentilha
Gemas e Minerais: Ágata, Cornalina (*amarela*), Celestita, Sardônix	
Ave: Rouxinol	

COMUNIDADE

Signos: Aquário (espiritual), Gêmeos, Libra, Peixes	*Sistema Solar:* Netuno, Urano
Celebrações: Dia da Terra, Ganesha Chaturthi	*Direção:* Leste
Cores: Verde, Amarelo	*Número:* 4
Ervas e Jardim: Anêmona, Angélica, Trevo, Alho, Lilás, Manjerona, Artemísia, Poejo, Aspérula, Tomilho	
Árvores: Cedro, Junípero, Evônimo	
Plantas: Coentro, Grãos (*arroz*), Jalapa, Raiz de Íris, Patchuli, Baunilha	
Gemas e Minerais: Ametrina, Angelita, Apatita, Aventurina, Caroíta, Citrino, Diopsídio, Hematita, Azeviche, Cianita, Moldavita, Obsidiana, Ônix, Madeira Petrificada, Fenacita, Quartzo (*transparente*), Rodonita, Rubi, Quartzo-enfumaçado, Sodalita, Olho de Tigre, Turmalina (*preta*)	
Do Mar: Coral, Lapa	*Metal:* Bornita
Deusas: Chalchiuhtlicue, Coatlicue, Hathor, Hera, Minerva, Sekhmet, Vesta	
Deuses: Ganesha, Inari, Manannán, Mercúrio, Mitra, Thor, Vulcano, Zeus	
Animais: Antílope, Morcego, Castor (trabalhar em conjunto), Búfalo/Bisão, Caribu, Bovinos, Guepardo, Chimpanzé, Elefante, Gorila, Marmota, Hiena, Leão, Lontra, Cão-da-pradaria, Rato, Esquilo, Lobo, Zebra	
Aves: Chapim, Galináceos, Cormorão, Gralha, Pato, Flamingo (e propósito pessoal), Pintassilgo, Ganso, Pega, Avestruz, Papagaio, Maçarico-das-rochas, Estorninho, Andorinha, Ampélis-americano	
Vida Marinha: Caranguejo, Golfinho, Baleia	*Insetos diversos:* Formiga, Abelha

CONCENTRAÇÃO/FOCO

<table>
<tr><td>Signo: Capricórnio</td><td>Sistema Solar: Saturno</td></tr>
<tr><td>Elementos: Ar, Fogo</td><td>Número: 4</td></tr>
<tr><td>Cores: Marrom, Vermelho, Violeta, Branco, Amarelo</td><td>Tarô: O Carro</td></tr>
<tr><td colspan="2">Plantas: Cardamomo, Canela, Olíbano, Mirra, Noz-moscada, Junco, Sândalo, Solidéu, Espicanardo, Baunilha</td></tr>
<tr><td>Árvores: Freixo, Bétula, Cedro, Cipreste</td><td>Metal: Cobre</td></tr>
<tr><td colspan="2">Ervas e Jardim: Manjericão, Bergamota, Giesta, Samambaia, Alho, Gerânio, Hibisco, Madressilva, Íris, Lavanda, Erva-cidreira, Lilás, Manjerona, Hortelã-pimenta, Alecrim, Sálvia, Hortelã-verde</td></tr>
<tr><td colspan="2">Gemas e Minerais: Amazonita, Ametista, Ametrina, Apatita, Berilo, Heliotrópio, Calcita (transparente), Cornalina, Fluorita, Hematita, Jade (branco), Jaspe (vermelho), Cianita, Lepidolita, Magnetita, Obsidiana (floco de neve), Pirita, Quartzo (transparente), Sardônix, Topázio (azul), Turmalina (azul, verde, vermelha)</td></tr>
<tr><td>Do Mar: Pérola, Caramujo</td><td>Aves: Grou, Martim-pescador, Milhafre</td></tr>
<tr><td colspan="2">Animais: Texugo, Gato, Guepardo, Ouriço, Lêmure, Leopardo, Camundongo, Esquilo (em soluções)</td></tr>
<tr><td>Vida Marinha: Orca, Foca</td><td>Insetos diversos: Abelha</td></tr>
</table>

CONEXÕES

<table>
<tr><td>Signo: Câncer</td><td>Sistema Solar: Vênus</td></tr>
<tr><td>Celebrações: Lunantishees (com reino das fadas)</td><td>Ogham: Nion</td></tr>
<tr><td>Chakras: Coroa (divinas), Sacro</td><td>Números: 3, 5</td></tr>
<tr><td colspan="2">Cores: Dourado (divinas), Índigo (com antepassados), Violeta (com eu superior)</td></tr>
<tr><td>Árvores: Freixo, Bordo, Salgueiro</td><td>Plantas: Cardo, Nenúfar</td></tr>
<tr><td>Ervas e Jardim: Lavanda, Manjerona, Rosa</td><td>Metais: Alumínio, Cobre</td></tr>
<tr><td colspan="2">Gemas e Minerais: Ágata (com mundo natural), Alexandrita, Ametista (espirituais), Ametrina (espírito e vontade), Apofilita (com mundos interno e externo), Azurita, Danburita (angelicais), Iolita, Jade (cósmicas), Azeviche, Labradorita, Lápis-lazúli (cósmicas), Malaquita, Pedra da Lua (emocionais), Ágata Musgo (com energias da Terra), Obsidiana, Madeira Petrificada, Rodocrosita, Rubi, Zoisita</td></tr>
<tr><td>Do Mar: Pérola</td><td>Deusa: Mulher Aranha</td></tr>
</table>

Animais: Urso, Búfalo/Bisão (mundanas e divinas), Caribu, Gato, Bovinos (*vaca*/deusa mãe), Puma, Elefante (sabedoria antiga), Alce-americano (com os anciãos, internas e mundos exteriores), Jaguatirica (com reino dos espíritos), Carcaju (entre os mundos)	
Aves: Galináceos (*galinha*/com espíritos dos mortos), Condor, Grou (com o outro mundo), Águia (entre mundos), Mobelha (conhecimento antigo), Rouxinol (morte, amor), Coruja (visível e invisível), Papagaio, Corvo (com anciã), Cisne	
Vida Marinha: Golfinho (corpo, mente, espírito)	
Réptil e Anfíbio: Rã, Salamandra (terra e água)	*Insetos diversos:* Aranha
Ser Mítico: Grifo (vida e morte)	
Céu e Terra	
Ave: Gaio-azul	*Insetos diversos:* Abelha
Réptil: Camaleão	*Ser Mítico:* Grifo
Vidas Passadas	
Animais: Tatu, Bovinos (*touro*), Bode/Cabra, Chacal, Rinoceronte, Tigre	
Aves: Canário, Galináceos (*galo*), Grou, Pato, Pavão	

CONFIANÇA

Signo: Escorpião (desconfiança)	*Runa:* Eoh
Direções: Norte, Sul	*Cor:* Verde
Árvore: Pinheiro	*Plantas:* Prímula-silvestre, Cardo
Ervas e Jardim: Manjericão, Urze, Poejo, Hortelã-pimenta, Framboesa, Rosa, Hortelã-verde	
Gemas: Amazonita, Apofilita, Ágata Rendada Azul, Caroíta, Crisópraso, Diamante, Fluorita, Espinélio (*vermelho*), Tanzanita, Zoisita (*verde*)	
Do Mar: Berbigão (no eu), Anômia	
Deusa: Fides	*Deuses:* Marduk, Osíris
Animais: Coiote, Gazela, Hiena, Jaguar, Leopardo (intuição), Porco-espinho, Rinoceronte (instintos), Esquilo, Lobo	
Vida Marinha: Golfinho, Peixe-boi, Boto	
Aves: Gavião (*açor*), Periquito, Cisne, Abutre	
Insetos diversos: Formiga, Borboleta, Grilo, Gafanhoto (voz interior)	

CONFORTO (BUSCAR, OFERECER)

Signo: Touro	*Elemento:* Terra
Cor: Amarelo	*Chakra:* Raiz
Número: 6	
Árvores: Cedro, Cipreste, Abeto, Carvalho (*branco*), Evônimo	
Ervas e Jardim: Gardênia, Gerânio (*vermelho*), Erva-cidreira, Cravo-de-defunto, Manjerona, Alecrim, Sálvia	
Plantas: Cravo-da-índia, Olíbano, Galanga, Mirra, Baunilha	
Gemas e Minerais: Ágata, Calcita, Crisocola, Dioptásio, Jaspe, Peridoto (atrair), Rodocrosita, Quartzo Rosa	
Metal: Ouro	
Deusas: Bast, Danu, Dôn, Hathor, Kuan Yin	*Deuses:* Agni, Dionísio
Animais: Bovinos (*vaca*), Lhama (a outros), Rinoceronte (na solidão), Doninha (na solidão)	
Aves: Galináceos, Pato (emocional), Ganso	*Réptil:* Salamandra

CONHECIMENTO

Signos: Gêmeos, Sagitário	*Sistema Solar:* Saturno
Fases da Lua: Crescente	*Dia:* Quarta-feira
Runa: As	*Elemento:* Ar
Direções: Nordeste, Sul	*Cores:* Preto, Azul, Dourado, Amarelo
Chakra: Coroa	*Números:* 7, 12 (arcano)
Tarô: O Eremita (inutilizado), Ouros, Espadas	
Árvores: Amieiro, Macieira, Freixo (*preto*), Álamo, Faia, Figueira-sagrada, Cerejeira, Sabugueiro, Aveleira, Carvalho, Sorveira-brava, Salgueiro, Teixo	
Ervas e Jardim: Endro, Urze, Hera, Alecrim, Sálvia	
Plantas: Canela, Olíbano, Patchuli	
Gemas e Minerais: Âmbar, Água-marinha, Calcita, Esmeralda, Hematita, Jade, Lápis-lazúli, Pedra da Lua, Fenacita, Quartzo (*transparente*), Sal, Sodalita, Esfeno, Tanzanita, Turmalina (*cor-de-rosa*), Tsavorita	
Metal: Bornita	
Do Mar: Concha-rainha, Coral (*preto*), Madrepérola, Bolacha-do-mar	

<table>
<tr><td colspan="2">Deusas: Anat, Artio, Boann, Brígida, Ceridwen, Danu, Deméter, Diana, Dôn, Frigga, Inanna, Kuan Yin, Minerva, Perséfone, Sarasvati, Seshat (científico)</td></tr>
<tr><td colspan="2">Deuses: Agni, Amon, Esculápio, Cernunos, Dagda, Dionísio, Ganesha, Gwydion, Hanuman, Hermes, Lugh, Mercúrio, Odin, Ra, Shiva, Thoth</td></tr>
<tr><td colspan="2">Anjos: Miguel, Rafael</td></tr>
<tr><td colspan="2">Seres Mágicos: Duendes, Gnomos, Musas, Nórnias (profético)</td></tr>
<tr><td colspan="2">Animais: Texugo (conservar), Búfalo/Bisão, Puma, Cervo (veado), Raposa, Hiena (compreensão), Lêmure (do invisível), Leão (divino), Porco (de vidas passadas), Urso Polar (tradicional), Rena, Esquilo, Lobo</td></tr>
<tr><td colspan="2">Aves: Melro (mundo natural), Gaio-azul (superior), Chapim, Águia, Flamingo, Garça (divino, trajetória de vida), Pega (oculto), Sabiá-do-campo (através da experiência), Avestruz (aplicações práticas), Coruja (intuitiva), Gaivota</td></tr>
<tr><td colspan="2">Répteis: Jacaré, Crocodilo, Tartaruga (aquática)</td></tr>
<tr><td colspan="2">Vida Marinha: Salmão (antigo, espiritual), Foca, Tubarão (sabedoria perdida), Baleia (conservar)</td></tr>
<tr><td>Seres Míticos: Dragão (antigo), Fênix, Esfinge</td><td>Insetos diversos: Abelha, Borboleta</td></tr>
<tr><td colspan="2">Conhecimento Oculto ou Secreto</td></tr>
<tr><td>Ogham: Coll</td><td>Deusa: Seshat</td></tr>
<tr><td>Deus: Mimir</td><td>Aves: Coruja, Pica-pau</td></tr>
<tr><td colspan="2">Animais: Camelo, Coiote, Hiena, Lince-canadense, Toupeira, Guaxinim</td></tr>
<tr><td colspan="2">Ser Mítico: Dragão</td></tr>
<tr><td colspan="2">Procurar o Conhecimento</td></tr>
<tr><td>Do Mar: Naticidae</td><td>Animal: Lince</td></tr>
<tr><td colspan="2">Ave: Cardeal</td></tr>
<tr><td colspan="2">Autoconhecimento</td></tr>
<tr><td colspan="2">Gemas e Minerais: Apofilita, Diamante de Herkimer, Iolita, Turmalina (azul)</td></tr>
<tr><td colspan="2">Animais: Tatu, Urso, Leopardo (imagem do eu), Alce-americano (alma), Rinoceronte</td></tr>
<tr><td>Aves: Grou, Garça</td><td>Vida Marinha: Golfinho</td></tr>
</table>

CONSAGRAR/ABENÇOAR

<table>
<tr><td>Elementos: Ar, Terra, Fogo, Água</td></tr>
<tr><td>Cores: Azul, Dourado, Lavanda, Roxo, Branco, Amarelo</td></tr>
<tr><td>Árvores: Acácia, Macieira, Cedro, Cipreste, Sabugueiro, Azevinho, Mimosa, Carvalho, Oliveira, Palmeira (sangue de dragão), Romãzeira, Nogueira, Salgueiro</td></tr>
</table>

Ervas e Jardim: Angélica, Craveiro, Hibisco, Manjericão-sagrado, Jasmim, Lavanda, Lírio-do-vale, Cravo-de-defunto, Artemísia, Rosa, Alecrim, Arruda, Sálvia, Tomilho, Verbena, Milefólio	
Plantas: Pimenta-da-jamaica, Anis, Cardo-bento, Canela, Potentilha, Coentro, Olíbano, Galanga, Jalapa, Lótus, Visco, Mirra, Patchuli, Sândalo, Espicanardo, Anis-estrelado	
Gemas e Minerais: Heliotrópio, Magnetita, Moldavita, Obsidiana, Ônix, Quartzo (*transparente*), Sal, Sardônix, Serpentina, Topázio (*azul*)	
Do Mar: Pérola	
Deusas: Fortuna, Sedna	*Deus:* Thor
Ave: Canário (através da música)	
Abençoado por Fadas	
Árvore: Sorveira-brava	*Ervas e Jardim:* Margarida, Prímula

CONSCIÊNCIA

Signos: Sagitário, Virgem	*Sistema Solar:* Lua, Sol
Elemento: Terra	*Chakra:* Coroa
Números: 4, 6	*Cores:* Dourado, Índigo, Roxo, Prateado, Branco
Árvores: Bétula, Carvalho, Sabugueiro	*Plantas:* Olíbano, Lótus
Ervas e Jardim: Gardênia, Manjerona, Ipomeia, Passiflora, Sálvia	
Gemas e Minerais: Ágata (elevar), Ametista, Ametrina (superior), Ágata Rendada Azul, Cerussita, Citrino, Diamante, Fluorita, Moldavita (cósmica), Madeira Petrificada, Quartzo (*transparente*), Safira, Quartzo-enfumaçado, Topázio, Turmalina	
Metal: Cobre	
Deusa: Néftis	*Deuses:* Brahma, Buda, Dionísio, Shiva
Ser Mágico: Gnomos	*Réptil:* Lagarto
Animais: Cão, Marmota (exploração em profundidade), Jaguar	
Aves: Tetraz (superior), Mobelha (alcançar novos estados), Coruja, Corvo, Ampélis-americano (mudar)	
Subconsciente	
Signo: Câncer	*Sistema Solar:* Lua, Netuno
Elemento: Água	*Tarô:* O Diabo, Espadas (equilíbrio)
Árvore: Laranjeira	*Planta:* Grãos (*milho*)
Gemas e Minerais: Calcita, Citrino, Obsidiana, Safira (*estrela negra*)	
Metal: Prata	*Deusa:* Hécate
Animais: Morcego, Urso	*Vida Marinha:* Foca
Ser Mítico: Dragão	

CONTROLE

Signo: Escorpião	*Sistema Solar:* Júpiter
Ogham: Luis (de sua vida), Straif	*Número:* 3
Cores: Laranja, Amarelo (raiva)	*Tarô:* O Imperador, O Mago, A Força, Espadas
Ervas e Jardim: Bergamota, Confrei	*Árvores:* Amieiro, Carvalho
Plantas: Ditamno, Mandrágora, Mostarda, Raiz de Íris	
Gemas e Minerais: Água-marinha, Citrino, Ônix (emoções)	
Deusas: Brigantia (de sua vida), Brígida (fogo), Coatlicue, Durga, Frigga, Hécate, Íris, Kali, Nêmesis, Sekhmet, Vênus	
Deuses: Aegir, Enki, Hermes, Marduk, Netuno, Njord, Odin, Posêidon, Zeus	
Ser Mágico: Salamandras	*Ave:* Coruja
Vida Marinha: Golfinho	*Réptil:* Lagarto (sonhos)
Autocontrole	
Cor: Preto	*Árvore:* Cedro
Gemas: Ônix, Opala (*preta*)	

COOPERAÇÃO

Signos: Aquário, Libra	*Sistema Solar:* Urano
Luas Cheias: Novembro	*Celebração:* Dia da Terra
Gemas: Iolita, Jaspe (*oceano*), Espinélio	*Aves:* Águia, Ganso
Animais: Castor, Coiote, Alce, Cavalo, Leão, Rato	

CORAGEM

Signos: Áries, Leão	*Sistema Solar:* Marte
Fases da Lua: Crescente	*Luas Cheias:* Outubro
Dia: Terça-feira	*Ogham:* Duir, Tinne
Elemento: Fogo	*Direção:* Sul
Números: 1, 9	*Cores:* Marrom, Verde, Laranja, Vermelho
Chakra: Plexo Solar	*Tarô:* A Força, A Torre
Árvores: Álamo, Cedro, Azevinho, Loureiro, Carvalho, Palmeira (*coqueiro, sangue de dragão*), Pinheiro, Choupo, Evônimo, Salgueiro, Hamamélis	

Ervas e Jardim: Manjericão, Bergamota, Borragem, Gatária, Aquilégia, Erva-doce, Alho, Gerânio, Heliotrópio, Alquemila, Lavanda, Rosa, Alecrim, Erva-de-são-joão, Tomilho, Milefólio	
Plantas: Pimenta-da-jamaica, Erva-de-são-cristovão, Sanguinária-do-canadá, Cardamomo, Cravo-da-índia, Olíbano, Galanga, Gengibre, Jalapa, Mandrágora, Verbasco, Urtiga, Pimenta, Cardo, Absinto	
Gemas e Minerais: Ágata (*preta, marrom, vermelha, com banda vermelha, pele de cobra*), Amazonita, Âmbar, Água-marinha, Aventurina, Berilo, Heliotrópio, Calcita (*laranja*), Cornalina, Crisópraso, Danburita (espiritual), Diamante, Granada (*hessonita, vermelha*), Hematita, Diamante de Herkimer, Jade, Jaspe, Labradorita, Lápis-lazúli, Rubi, Safira, Sárdio, Sardônix, Espinélio (*vermelho*), Estaurolita, Olho de Tigre, Topázio, Turmalina (*marrom*), Turquesa	
Do Mar: Anômia, Múrice	*Deuses:* Marduk, Marte, Mitra, Odin
Deusas: Artio, Atena, Inanna, Ishtar, Ísis, Morrigan	
Animais: Texugo, Urso, Javali, Búfalo/Bisão, Puma, Cão, Burro, Raposa, Leão, Pantera, Urso Polar, Ovinos, Jaritataca, Tigre, Lobo, Carcaju	
Aves: Melro, Gaio-azul, Galináceos (*galo*), Águia, Gavião, Sabiá-do-campo, Trepadeira-azul, Codorniz, Corvo	
Vida Marinha: Carpa	
Réptil: Tartaruga (aquática)	*Ser Mítico:* Dragão

CORDIALIDADE (OFERECER, SER RECEBIDO COM)

Signos: Áries, Leão	*Sistema Solar:* Sol
Estação: Verão	*Dia:* Domingo
Celebração: Beltane	*Elementos:* Terra, Fogo
Direção: Sul	*Cores:* Laranja, Cor-de-rosa, Amarelo
Ervas e Jardim: Erva-doce, Matricária, Hibisco, Cravo-de-defunto, Manjerona, Hortelã-pimenta, Alecrim, Sálvia, Hortelã-verde	
Árvores: Tília, Bordo, Algarobeira, Carvalho	
Plantas: Cravo-da-índia, Coentro, Olíbano, Gengibre, Mirra	
Gemas e Minerais: Âmbar, Rodocrosita, Sal (*mar*), Pedra do Sol, Wulfenita	
Metal: Cobre	*Do Mar:* Coral, Múrice
Deusas: Amaterasu, Bast, Brígida, Héstia, Vesta	
Deuses: Agni, Amon, Apolo, Belenus, Belobog, Hélio, Lugh, Mitra, Ra, Surya	
Animais: Búfalo/Bisão, Gato, Bovinos (*vaca*), Ovinos (*carneiro*)	
Aves: Martim-pescador, Faisão, Codorniz, Andorinha	

CRESCIMENTO

Signos: Áries, Leão, Sagitário	*Sistema Solar:* Marte, Lua, Sol
Fases da Lua: Cheia, Crescente	*Luas Cheias:* Abril
Estação: Verão	*Celebrações:* Dia da Terra, Ostara
Ogham: Gort, Muin (interior)	*Runas:* Beorc, Ing
Elementos: Terra, Água	*Tarô:* Espadas
Cores: Cobre (profissional), Verde, Roxo, Azul-esverdeado	
Árvores: Bétula, Cedro, Pilriteiro, Magnólia (da consciência)	
Ervas e Jardim: Angélica, Amora-silvestre, Camomila, Gerânio (interior), Parreira, Urze, Hera, Tomilho, Milefólio	
Plantas: Anis, Mandrágora, Patchuli, Junco, Nenúfar	
Gemas e Minerais: Ágata (*com banda, árvore*), Alexandrita, Amazonita, Apofilita (*verde*), Aragonita (*azul*), Azurita, Caroíta, Crisópraso, Fluorita (*verde*), Diamante de Herkimer, Jade, Jaspe (*verde*), Jaspe (*paisagem*/da consciência), Ágata Musgo, Peridoto (psíquico), Fenacita, Rubi, Smithsonita, Topázio (*azul*), Zoisita	
Do Mar: Cauri, Mexilhão, Caramujo	
Ser Mágico: Dríades	
Deuses: Amon, Baal, Belobog, Homem Verde, Hélio, Marduk, Mitra, Osíris, Pushan, Silvano, Surya	
Deusas: Amaterasu, Asherah, Atena, Ceres, Cibele, Flora, Gaia, Ísis, Koré (plantas e animais), Lakshmi, Maia, Ostara	
Animais: Antílope, Morcego, Puma, Cão	
Aves: Gralha, Cuco, Ganso, Pega, Corvo, Pintarroxo, Peru, Pica-pau	
Vida Marinha: Caranguejo	*Réptil:* Lagarto
Emocional	
Cor: Azul (*claro*)	*Planta:* Sândalo
Gemas e Minerais: Peridoto	
Intelectual	
Gemas e Minerais: Lápis-lazúli, Safira, Turmalina (*preta*)	
Do Mar: Coral	
Pessoal	
Dia: Domingo	*Do Mar:* Pérola
Gemas e Minerais: Hematita, Kunzita, Labradorita, Obsidiana, Ônix, Pedra do Sol, Turmalina (*verde, rosa*)	
Ave: Falcão	

Espiritual	
Ogham: Ur	*Cor:* Lavanda
Plantas: Olíbano, Lótus, Mirra, Sândalo	
Árvores: Abeto, Pinheiro	*Animal:* Urso
Aves: Azulão, Abutre	*Vida Marinha:* Baleia
Gemas e Minerais: Âmbar, Ametista, Ametrina, Berilo, Calcita (*cor-de-rosa, vermelha*), Celestita, Citrino, Diopsídio, Iolita, Lápis-lazúli, Malaquita, Sugilita, Zircônia	

CRIATIVIDADE

Signos: Aquário, Gêmeos, Leão, Peixes, Escorpião	*Fases da Lua:* Cheia, Minguante, Crescente
Sistema Solar: Terra, Mercúrio, Lua, Netuno, Sol, Vênus	
Dias: Segunda-feira, Domingo, Quarta-feira	*Celebração:* Beltane
Ogham: Coll, Nion, Oir	*Runas:* Feoh, Ken, Lagu, Man
Elementos: Água, Ar, Terra, Fogo	*Direções:* Leste, Sul, Oeste
Chakras: Sacro, Garganta	*Números:* 1, 3, 4, 6, 9
Tarô: A Imperatriz, O Mago, Espadas	
Cores: Preto, Dourado, Verde, Laranja, Cor-de-rosa, Vermelho, Prateado, Azul-esverdeado, Violeta, Branco, Amarelo	
Árvores: Macieira, Freixo, Faia, Bétula, Cerejeira, Sabugueiro, Abeto, Pilriteiro, Aveleira, Bordo, Murta, Pinheiro, Romãzeira	
Ervas e Jardim: Giesta, Craveiro, Camomila, Margarida, Madressilva, Íris, Jasmim (*amarelo*), Lavanda, Lilás, Lírio, Hortelã-pimenta, Rosa, Alecrim, Valeriana, Verbena	
Plantas: Cardamomo, Canela, Cravo-da-índia, Ginseng, Lótus, Visco, Cogumelo, Noz-moscada, Raiz de Íris, Patchuli, Sândalo, Solidéu, Espicanardo	
Gemas e Minerais: Ágata, Âmbar, Ametista, Angelita, Apatita, Água-marinha, Aventurina (*verde*), Calcita (*laranja*), Cornalina, Olho de Gato, Crisocola, Citrino, Esmeralda, Fluorita, Granada (*vermelha*), Diamante de Herkimer, Howlita, Jaspe (*paisagem*), Cianita, Lápis-lazúli, Larimar, Pedra da Lua, Ágata Musgo, Obsidiana, Opala, Quartzo (*rutilado, branco*), Rubi, Serpentina, Quartzo-enfumaçado, Olho de Tigre, Topázio (*azul*), Turmalina (*azul, melancia verde, cor-de-rosa, vermelha*), Turquesa	
Metais: Bornita, Prata	*Do Mar:* Concha-rainha, Coral

Deusas: Astarte, Atena, Brígida, Ceridwen, Kali, Lakshmi, Maia, Minerva, Rhiannon, Sarasvati, Seshat	
Deuses: Angus, Apolo, Bragi, Coiote, Dionísio, Ea, Enki, Eros, Fauno, Heféstο, Júpiter, Khnum, Lugh, Marduk, Mercúrio, Mimir, Odin, Ogma, Prometeu, Ptah, Thoth, Vulcano, Zeus	
Seres Mágicos: Fadas, Parcas, Musas, Nórnias, Duendes, Sílfides	
Animais: Castor (com os recursos disponíveis), Coiote, Raposa, Lebre, Hipopótamo, Doninha	
Aves: Albatroz, Azulão, Canário, Cardeal, Grou, Gralha, Águia, Gavião, Arara, Papagaio, Estorninho, Cegonha	
Répteis: Camaleão, Salamandra, Cobra, Tartaruga (terrestre), Tartaruga (aquática)	
Insetos diversos: Besouro (*escaravelho*), Vaga-lume, Aranha, Lagarta (*bicho-da-seda*)	
Vida Marinha: Caranguejo, Cavalo-marinho, Foca, Baleia	*Ser Mítico:* Dragão

CUIDADOS (OFERECER, RECEBER)

Signos: Câncer, Virgem	*Sistema Solar:* Terra, Sol
Fases da Lua: Cheia	*Estação:* Verão
Horas do dia: Amanhecer	*Elementos:* Terra, Água
Cores: Marrom, Verde, Cor-de-rosa, Amarelo	*Chakra:* Coração
Tarô: Copas, A Imperatriz	*Árvores:* Tília, Salgueiro
Plantas: Potentilha, Sapato-de-vênus, Verbasco	*Ervas e Jardim:* Lírio, Rosa (*silvestre*)
Gemas e Minerais: Aragonita, Granada (*rodolita*), Jade, Kunzita, Malaquita, Quartzo (*transparente*), Quartzo Rosa, Selenita, Turquesa	
Do Mar: Múrice	
Deusas: Ceres, Danu, Deméter, Devi, Fides, Flora, Gaia, Hathor, Ísis, Maia, Reia, Sekhmet	
Animais: Urso (interior), Bovinos (*vaca*), Tâmia (físico, espírito), Cão, Raposa, Ouriço, Jaguar, Urso Polar, Ovinos (*ovelha*), Lobo	
Aves: Cardeal, Galináceos (*galinha*), Pato (*fêmea*), Bico-grosso-tricolor, Codorniz, Cegonha, Abutre	
Vida Marinha: Peixe-boi, Baleia	*Réptil e Anfíbio:* Jacaré, Rã

CURA

Signos: Aquário, Escorpião	*Sistema Solar:* Terra, Lua, Sol
Fases da Lua: Cheia	*Luas Cheias:* Janeiro, Outubro
Estação: Primavera	*Dias:* Segunda-feira, Domingo, Terça-feira
Ogham: Ailm, Huath	*Celebrações:* Dia da Terra, Imbolc
Elementos: Ar, Terra, Fogo, Água	*Direções:* Leste, Norte
Chakras: Terceiro Olho, Coração	*Números:* 1, 3, 7, 9
Tarô: O Sol	
Cores: Marrom, Dourado, Verde, Laranja, Cor-de-rosa, Roxo, Vermelho, Prateado, Azul-esverdeado, Violeta, Branco	
Árvores: Amieiro, Macieira, Freixo, Álamo, Bétula, Cedro, Cipreste, Sabugueiro, Olmo, Aveleira, Azevinho, Castanheiro-da-índia, Junípero, Loureiro, Algarobeira, Mimosa, Carvalho, Oliveira, Palmeira (*sangue de dragão*), Pinheiro, Sorveira-brava, Abeto-vermelho, Nogueira, Salgueiro, Hamamélis	
Ervas e Jardim: Agrimônia, Amaranto, Anêmona, Angélica, Manjericão (relacionamentos), Amora-silvestre, Giesta, Craveiro, Camomila, Trevo, Confrei, Margarida, Dente-de-leão, Erva-doce, Matricária, Dedaleira, Alho, Gardênia, Gerânio, Hidraste, Urze (física), Heliotrópio, Madressilva, Hera, Jasmim, Lavanda, Erva-cidreira, Lírio-do-vale, Cravo-de-defunto, Manjerona, Artemísia, Poejo, Hortelã-pimenta, Rosa, Alecrim, Arruda, Sálvia, Erva-de-são-joão, Hortelã-verde, Aspérula, Tomilho, Valeriana, Verbena, Violeta, Milefólio	
Plantas: Pimenta-da-jamaica, Babosa, Assa-fétida, Beladona, Betônica, Dulcamara, Cardo-bento, Bardana, Cardamomo, Canela, Potentilha, Cravo-da-índia, Tussilagem, Coentro, Prímula-silvestre, Linho, Olíbano, Gengibre, Ginseng, Manjericão-sagrado, Marroio-branco, Mandrágora, Filipêndula, Visco, Verbasco, Mostarda, Mirra, Urtiga, Pimenta (*branca*), Junco, Açafrão, Sândalo, Solidéu, Espicanardo, Cardo, Absinto	
Gemas e Minerais: Ágata (*preta, verde, vermelha, com banda vermelha, pele de cobra*), Âmbar, Ametista (em geral, interior), Ametrina, Apatita, Água-marinha, Aragonita (*azul*/do eu), Aventurina, Azurita, Berilo, Heliotrópio, Ágata Rendada Azul, Calcita (*azul, cor-de-rosa*), Cornalina, Celestita, Crisoberilo (apoio para), Crisópraso, Citrino, Diamante, Diopsídio, Dioptásio, Esmeralda, Granada, Olho de Falcão, Hematita, Diamante de Herkimer, Jade (*lavanda*), Jaspe (*verde, pele de leopardo, vermelho*), Azeviche, Kunzita, Larimar, Magnetita, Malaquita, Moldavita, Pedra da Lua, Ágata Musgo, Peridoto, Madeira Petrificada, Quartzo (*transparente*), Quartzo Rosa, Rubi, Sal, Safira, Smithsonita, Sodalita, Sugilita, Pedra do Sol, Olho de Tigre, Topázio, Turmalina (*marrom*/do eu), Turmalina (*verde, cor-de-rosa*), Turquesa, Zircônia (*vermelha*)	
Metais: Bornita, Latão, Cobre, Ouro, Ferro, Prata, Aço	

Do Mar: Abalone, Amêijoa, Berbigão, Coral, Vieira	
Anjos: Gabriel, Rafael	
Deusas: Aine, Ártemis, Atena, Bast, Boann, Brigantia, Brígida, Coatlicue, Coventina, Cibele, Epona, Freya, Gaia, Ganga, Hathor, Inanna, Ishtar, Ísis, Kupala, Minerva, Néftis, Sekhmet	
Deuses: Agni, Apolo, Esculápio, Baal, Belenus, Dagda, Ea, Gwydion, Hanuman, Hórus, Khensu, Lugh, Manannán, Marduk, Quetzalcoatl, Shiva, Thoth, Vishnu	
Animais: Texugo, Urso, Javali, Búfalo/Bisão, Gato, Cão, Raposa, Lontra (com risos), Rinoceronte, Ovinos (*carneiro*)	
Aves: Canário, Galináceos (*galo*), Condor, Grou, Pomba-branca, Águia, Falcão (da alma), Bico-grosso-tricolor (de velhas feridas), Beija-flor, Íbis, Rouxinol, Papagaio, Corvo, Andorinha, Cisne (psicológica), Andorinhão-preto, Ampélis-americano	
Vida Marinha: Golfinho, Orca, Salmão, Baleia	
Répteis e Anfíbio: Cobra (*cascavel*), Sapo, Tartaruga (terrestre), Tartaruga (aquática)	
Emocional	
Ervas e Jardim: Lavanda, Erva-cidreira	*Árvore:* Loureiro
Gemas e Minerais: Âmbar, Aventurina, Citrino, Esmeralda, Malaquita, Morganita	
Réptil: Rã	
Espiritual	
Ervas e Jardim: Urze	*Planta:* Lótus
Gemas e Minerais: Fluorita	

DECISÃO/ÕES (TOMAR, APOIAR)

Ogham: Gort	*Runa:* Peorth (escolhas)
Cor: Marrom	*Animal:* Burro
Tarô: O Julgamento	
Ervas e Jardim: Selo-de-salomão	*Árvore:* Macieira
Gemas e Minerais: Ametrina, Aventurina, Azurita, Heliotrópio, Cornalina, Jade, Ônix, Selenita	
Deusas: Ishtar, Minerva	
Deuses: Enki, Júpiter, Krishna, Lugh, Marte, Mimir, Thor	

DEDICAÇÃO/DEVOÇÃO

Signo: Touro	*Luas Cheias:* Dezembro
Ogham: Luis	*Cores:* Azul (*claro*), Roxo, Amarelo
Número: 8	*Árvore:* Sorveira-brava
Ervas e Jardim: Heliotrópio, Madressilva, Cravo-de-defunto, Rosa	
Gemas e Minerais: Caroíta, Diamante, Diopsídio, Granada, Rubi, Safira, Turmalina (*cor-de-rosa, vermelha*)	
Do Mar: Múrice, Mexilhão, Búzio-trombeta	
Deusas: Gaia, Ísis, Nanna, Néftis	*Deus:* Hanuman
Animais: Cão, Cavalo, Tigre	*Aves:* Gaio-azul, Perdiz, Cegonha, Cisne

DEFESA

Sistema Solar: Marte	*Ogham:* Huath
Runas: Elhaz, Eoh, Thorn	*Elemento:* Fogo
Cores: Preto, Prateado	*Tarô:* Espadas
Árvores: Bétula, Cipreste, Abeto, Pilriteiro, Aveleira, Azevinho, Junípero, Loureiro, Carvalho, Palmeira (*sangue de dragão*), Pinheiro, Álamo (*preto*), Sorveira-brava	
Ervas e Jardim: Angélica, Manjericão, Endro, Samambaia, Matricária, Alho, Carqueja, Urze, Jasmim, Lírio-do-vale, Manjerona, Artemísia, Alecrim, Arruda, Erva-de-são-joão, Milefólio	
Plantas: Bardana, Canela, Potentilha, Olíbano, Visco, Verbasco, Urtiga, Patchuli, Pimenta, Cardo, Absinto	
Gemas e Minerais: Granada, Ônix	
Metais: Ferro (de ataque psíquico), Chumbo, Aço	*Do Mar:* Concha-rainha
Deusas: Anat, Artio, Atena, Badb, Devi, Frigga, Sekhmet	
Deuses: Ares, Freyr, Júpiter, Krishna, Lugh, Marte, Thor	
Anjo: Miguel	
Animais: Antílope, Tatu, Babuíno (de família), Texugo, Urso, Gato, Bovinos (*touro*/defender o seu território), Cão, Ouriço, Hiena, Urso Polar, Porco-espinho, Guaxinim, Rato	
Aves: Gralha, Beija-flor, Águia-pescadora, Coruja (*pequena*)	
Répteis: Jacaré, Crocodilo, Lagarto, Tartaruga (terrestre) (não violenta, psíquica), Tartaruga (aquática)	
Vida Marinha: Carpa, Enguia (*elétrica*), Tubarão	*Insetos diversos:* Mariposa, Escorpião, Lesma

DESAFIOS (ENFRENTAR)

Dia: Terça-Feira	*Celebração:* Lughnasadh
Ogham: Beithe, Ngetal (inesperados)	*Runa:* Is
Cores: Preto, Cinza, Verde, Prateado	*Número:* 2
Árvores: Macieira, Bétula, Sabugueiro, Pilriteiro, Carvalho (*branco*), Sorveira-brava	
Plantas: Genciana-verde, Solidago, Jalapa, Mandrágora	
Ervas e Jardim: Giesta, Margarida, Dedaleira, Lavanda, Poejo, Hortelã-pimenta, Papoula, Valeriana, Verbena, Teixo	
Do Mar: Lapa	
Gemas e Minerais: Azurita, Berilo, Diamante, Magnetita, Quartzo (*transparente*), Rodonita, Espinélio	
Deusas: Ishtar, Ísis, Tiamat	*Deuses:* Baal, Ea, Loki, Marduk, Set
Aves: Albatroz, Cuco, Tetraz, Pelicano, Codorniz	*Animais:* Javali, Jaguar, Urso Polar
Insetos diversos: Escorpião	*Ser Mítico:* Dragão
Desafios emocionais	
Ervas e Jardim: Passiflora	*Gemas e Minerais:* Amazonita, Sodalita

DESEJO (ASPIRAR, MANIFESTAR)

Signos: Aquário, Áries, Escorpião	*Sistema Solar:* Marte, Vênus
Dia: Quinta-feira	*Elementos:* Fogo, Água
Cor: Vermelho	*Chakra:* Sacro
Números: 4, 5	*Tarô:* Espada
Ervas e Jardim: Endro, Jasmim (*amarelo*), Lírio-do-vale, Pervinca, Rosa (*vermelha*), Arruda, Morango	*Árvore:* Pinheiro
Plantas: Cardanomo, Canela, Ditamino, Galanga, Ginseng, Jalapa, Mandrágora, Patchuli, Açafrão, Estramônio, Baunilha	
Gemas e Minerais: Água-marinha, Cornalina, Diamante, Granada, Ônix, Rubi, Olho de Tigre, Topázio	
Metal: Bornita	*Do Mar:* Pérola
Deusas: Aine, Anat, Afrodite, Astarte, Ishtar, Macha, Maeve, Parvati, Vênus	
Deuses: Cernunos, Cupido, Dagda, Eros, Ganesha, Krishna, Pan, Zeus	
Animais: Lebre, Cavalo, Pantera, Tigre	*Aves:* Pardal, Cisne

DESTINO (DESCOBRIR, ACEITAR, COMPREENDER)

Signo: Virgem	*Ogham:* Onn
Número: 11	*Tarô:* A Roda da Fortuna
Árvore: Abrunheiro	*Ervas e Jardim:* Madressilva
Planta: Linho	
Gemas e Minerais: Diamante, Labradorita, Pedra da Lua	
Deusas: Arianrhod, Badb, Durga, Fortuna, Frigga, Hathor, Holle, Inanna, Ishtar, Maia, Morrigan, Nêmesis, Mulher Aranha	
Seres Mágicos: Parcas, Nórnias	
Deuses: Belenus, Enki, Hermes, Loki, Marduk, Mitra, Osíris, Ptah, Thoth, Zeus	
Animais: Coiote, Cavalo, Porco	*Aves:* Cuco, Corvo
Insetos diversos: Aranha	*Ser Mítico:* Selkies

DESTRUIÇÃO (DERRUBAR, REMOVER, ABRIR CAMINHO PARA O NOVO)

Signo: Escorpião	*Fases da Lua:* Nova
Estação: Inverno	*Elemento:* Fogo
Direção: Oeste	*Cor:* Vermelho
Tarô: A Torre	*Ervas e Jardim:* Arruda
Árvores: Amieiro, Abruheiro, Alfarrobeira, Sorveira-brava, Teixo	*Planta:* Cogumelo
Deusas: Anat, Badb, Bast, Cailleach Bheur, Coatlicue, Hathor, Hécate, Kali, Macha, Morrigan, Ran, Sekhmet	
Ser Mágico: Sereias	
Deuses: Aegir, Ares, Marduk, Nergal, Shiva, Vulcano	
Animais: Gato, Raposa, Cavalo, Camundongo	*Ave:* Gralha
Seres Míticos: Dragão, Fênix, Esfinge	*Réptil:* Crocodilo

DETERMINAÇÃO

Signos: Aquário, Câncer, Capricórnio, Escorpião, Touro	
Sistema Solar: Marte	*Horas do dia:* Meio-dia
Ogham: Ngetal, Onn	*Cores:* Preto, Vermelho
Números: 1, 9	*Tarô:* O Julgamento

Árvores: Álamo, Alfarrobeira, Bétula, Cedro, Loureiro, Algarobeira, Mimosa, Palmeira (*sangue de dragão*), Álamo (*branco*), Plátano	
Plantas: Pimenta-da-jamaica, Verbasco	
Ervas e Jardim: Giesta, Camomila, Hibisco, Íris, Alecrim	
Gemas e Minerais: Ágata (*com banda vermelha*), Andaluzita, Granada, Jaspe, Pedra do Sol, Tanzanita	
Do Mar: Abalone, Asa-de-anjo, Concha-rainha, Mexilhão, Caramujo	
Deusas: Inanna, Ísis, Maeve, Parvati	*Deuses:* Krishna, Saturno
Animais: Oricteropo, Texugo, Castor, Javali, Búfalo/Bisão, Dingo, Alce, Raposa, Hiena, Porco, Urso Polar, Guaxinim, Rato, Ovinos, Jaritataca	
Réptil: Tartaruga-marinha	
Aves: Pintassilgo, Bacurauzinho, Coruja, Faisão	*Insetos diversos:* Formiga
Vida Marinha: Carpa, Salmão, Cavalo-marinho, Tubarão	

DIGNIDADE

Sistema Solar: Júpiter	*Cores:* Índigo, Lavanda, Roxo
Árvore: Olmo	*Ervas e Jardim:* Rosa
Plantas: Cravo-da-índia, Olíbano	
Gemas e Minerais: Diopsídio, Dioptásio, Quartzo, Quartzo Rosa, Sárdio	
Deusas: Brigantia, Nêmesis	*Deuses:* Júpiter, Osíris
Animais: Gato, Elefante, Alce, Leão, Alce-americano	*Seres Míticos:* Dragão, Grifo, Unicórnio
Aves: Águia, Garça, Perdiz, Pavão, Pardal	

DINHEIRO (ADQUIRIR, AUMENTAR, CONSERVAR)

Signos: Gêmeos, Touro	*Sistema Solar:* Júpiter, Mercúrio, Sol
Fases da Lua: Cheia, Crescente	*Luas Cheias:* Janeiro
Dias: Sábado, Domingo, Quinta-feira, Quarta-feira	*Estação:* Outono
Elementos: Ar, Terra	*Números:* 1, 4, 6, 7, 8
Tarô: Ouros	
Cores: Marrom, Cobre, Dourado, Verde, Laranja, Prateado	

<table>
<tr><td colspan="2">Árvores: Acácia, Álamo, Cedro, Abeto, Castanheiro-da-índia, Loureiro, Bordo, Murta, Carvalho, Oliveira, Palmeira (sangue de dragão), Pinheiro, Choupo, Abeto-vermelho</td></tr>
<tr><td colspan="2">Ervas e Jardim: Manjericão, Bergamota, Amora-silvestre, Borragem, Camomila, Trevo, Confrei, Dente-de-leão, Endro, Erva-doce, Samambaia, Gardênia, Hidraste, Carqueja, Parreira, Heliotrópio, Madressilva, Íris (azul), Erva-cidreira, Manjerona, Hortelã-pimenta, Pervinca, Papoula, Sálvia, Erva-de-são-joão, Boca-de-leão, Hortelã-verde, Girassol, Aspérula, Tomilho, Valeriana, Verbena</td></tr>
<tr><td colspan="2">Plantas: Anis, Erva-de-são-cristovão, Canela, Potentilha, Prímula-silvestre, Linho, Galanga, Solidago, Jalapa, Mandrágora (em dobro), Lunária, Mostarda, Noz-moscada, Patchuli, Açafrão</td></tr>
<tr><td colspan="2">Gemas e Minerais: Ágata (marrom), Amazonita (sorte com), Aventurina (verde), Heliotrópio, Calcita (verde), Crisópraso, Esmeralda, Diamante de Herkimer, Jade, Jaspe (verde), Magnetita, Malaquita (sorte com), Ágata Musgo, Opala (fogo), Peridoto, Pirita, Sal, Safira, Espinélio (vermelho), Estaurolita, Topázio, Turmalina (verde), Zircônia (marrom, verde, vermelha)</td></tr>
<tr><td colspan="2">Metais: Bronze, Cobre, Ouro, Prata, Estanho</td></tr>
<tr><td colspan="2">Do Mar: Cauri, Madrepérola, Pérola</td></tr>
<tr><td colspan="2">Deusas: Artio, Brígida, Deméter, Hécate, Juno, Lakshmi, Maia, Minerva</td></tr>
<tr><td colspan="2">Deuses: Cernunos, Dagda, Dumuzi, Ganesha, Hades, Njord, Plutão, Zeus</td></tr>
<tr><td>Animal: Rato</td><td>Anfíbio: Sapo</td></tr>
<tr><td colspan="2">Cobrar Dívidas</td></tr>
<tr><td>Ervas e Jardim: Jasmim</td><td>Plantas: Pimenta-da-jamaica, Cravo-da-índia, Gengibre</td></tr>
<tr><td colspan="2">Gemas e Minerais: Olho de Tigre</td></tr>
</table>

DISCIPLINA

<table>
<tr><td>Signos: Capricórnio, Escorpião</td><td>Sistema Solar: Júpiter, Saturno</td></tr>
<tr><td>Dia: Terça-feira</td><td>Cores: Preto, Índigo, Laranja, Roxo</td></tr>
<tr><td>Números: 3, 8</td><td>Tarô: O Louco (necessária)</td></tr>
<tr><td>Árvores: Figueira-sagrada, Cedro, Carvalho</td><td>Planta: Mandrágora</td></tr>
<tr><td colspan="2">Ervas e Jardim: Manjericão, Bergamota, Verbena</td></tr>
<tr><td colspan="2">Gemas e Minerais: Água-marinha, Citrino, Hematita, Ônix, Opala (preta), Sardônix</td></tr>
<tr><td>Deusas: Atena, Brigantia, Diana</td><td>Deus: Mitra</td></tr>
<tr><td>Anjo: Gabriel</td><td>Vida Marinha: Golfinho</td></tr>
<tr><td colspan="2">Inseto diversos: Formiga</td></tr>
</table>

Autodisciplina	
Dia: Sábado	*Árvore:* Macieira
Gemas e Minerais: Esmeralda, Fluorita	

ELUCIDAÇÃO

Sistema Solar: Lua, Sol, Urano	*Fases da Lua:* Cheia, Nova
Estação: Inverno	*Dias:* Segunda-feira, Domingo
Celebração: Imbolc	*Runas:* Ken, Peorth
Elemento: Fogo	*Direções:* Leste, Sul
Cores: Dourado, Laranja	*Chakras:* Terceiro Olho, Coroa
Plantas: Canela, Olíbano, Lótus	*Tarô:* O Eremita, A Sacerdotisa
Gemas e Minerais: Âmbar, Fluorita, Azeviche, Opala, Tanzanita	
Metal: Ouro	*Do Mar:* Pérola
Deusas: Hécate, Kuan Yin, Sekhmet	*Ser Mágico:* Musas
Deuses: Buda, Dagda, Mitra, Quetzalcoatl, Shiva, Surya	
Animais: Coiote, Alce-americano	*Aves:* Águia, Gavião
Réptil: Lagarto	*Insetos diversos:* Vaga-lume

EMOÇÕES (LIDAR COM, APOIAR, ENTENDER)

Signos: Áries, Câncer, Gêmeos, Peixes, Escorpião, Virgem	
Sistema Solar: Marte, Lua, Vênus	*Fases da Lua:* Cheia
Dias: Sexta-feira, Segunda-feira	*Runa:* Elhaz (controle)
Elemento: Água	*Direção:* Oeste
Cores: Azul, Verde (*claro*), Cor-de-rosa, Roxo, Vermelho	*Chakra:* Sacro
Números: 6, 9	*Tarô:* Copas, Os Enamorados
Ervas e Jardim: Amaranto, Bergamota, Craveiro, Trevo (*vermelho*), Dente-de-leão, Matricária, Alho, Gardênia, Jacinto, Lavanda, Lilás, Rosa (*branca*), Alecrim, Arruda, Boca-de-leão, Violeta, Milefólio	
Plantas: Potentilha, Cravo-da-índia, Lótus, Urtiga, Sândalo	
Árvores: Pilriteiro, Junípero, Murta, Pinheiro	*Metal:* Prata

<table>
<tr><td colspan="2">Gemas e Minerais: Alexandrita (acalmar), Lágrima de Apache, Aventurina (elevar), Azurita, Heliotrópio, Ágata Rendada Azul, Celestita, Crisocola, Crisópraso, Citrino (madeira), Esmeralda, Fluorita, Granada, Howlita (expressar), Azeviche, Lápis-lazúli, Lepidolita, Pedra da Lua, Obsidiana, Peridoto, Pirita, Quartzo Rosa, Rubi, Safira, Selenita, Smithsonita (alinhar com o coração), Quartzo-enfumaçado, Sodalita, Espinélio (vermelho), Topázio (azul), Turmalina (verde, laranja, cor-de-rosa, vermelha), Turquesa, Wulfenita (harmonizar), Zircônia (vermelha/equilíbrio), Zoisita</td></tr>
<tr><td colspan="2">Do Mar: Abalone (curar), Mexilhão (proteger), Múrice, Pérola, Búzio-trombeta</td></tr>
<tr><td colspan="2">Deusas: Anfitrite, Afrodite, Boann, Coventina, Hathor, Íris, Febe</td></tr>
<tr><td>Deus: Netuno</td><td>Ser Mágico: Ondinas</td></tr>
<tr><td colspan="2">Animais: Tatu (explorar com segurança), Elefante, Hipopótamo, Cavalo, Rato-almiscarado (navegar)</td></tr>
<tr><td colspan="2">Aves: Pato (explorar), Arara, Pelicano, Cegonha, Cisne</td></tr>
<tr><td colspan="2">Vida Marinha: Caranguejo, Golfinho, Peixe-Boi, Foca (trabalhar com)</td></tr>
<tr><td>Anfíbio: Rã (entender)</td><td>Insetos diversos: Libélula, Lesma</td></tr>
<tr><td colspan="2">Ser Mítico: Selkies</td></tr>
</table>

EMPATIA

<table>
<tr><td>Elemento: Água</td><td>Fases da Lua: Crescente</td></tr>
<tr><td>Direção: Norte</td><td>Chakra: Coração</td></tr>
<tr><td>Número: 2</td><td>Cor: Vinho</td></tr>
<tr><td>Tarô: Copas</td><td>Árvores: Bétula, Olmo</td></tr>
<tr><td colspan="2">Ervas e Jardim: Artemísia</td></tr>
<tr><td colspan="2">Gemas e Minerais: Aventurina, Jaspe (verde/promove), Turmalina (laranja, vermelha), Turquesa</td></tr>
<tr><td>Deusas: Amaterasu, Devi, Modron</td><td>Animais: Antílope, Tatu, Coala, Lontra</td></tr>
</table>

ENCANTAMENTO

<table>
<tr><td>Sistema Solar: Lua, Netuno</td><td>Signo: Peixes</td></tr>
<tr><td>Luas Cheias: Maio</td><td>Ogham: Quert</td></tr>
<tr><td>Celebração: Festival de Luna (mistério do)</td><td>Elemento: Ar</td></tr>
<tr><td>Cores: Prateado, Branco</td><td>Número: 7</td></tr>
<tr><td colspan="2">Árvores: Macieira, Álamo, Pilriteiro, Azevinho, Carvalho, Sorveira-brava, Salgueiro, Teixo</td></tr>
<tr><td colspan="2">Ervas e Jardim: Agrimônia, Campainha, Trevo (de quatro folhas), Samambaia, Dedaleira, Acônito, Papoula, Verbena</td></tr>
<tr><td colspan="2">Plantas: Galanga, Cogumelo, Urtiga, Noz-moscada</td></tr>
</table>

Gemas e Minerais: Apofilita, Aragonita, Azurita, Diamante, Esmeralda (proteger), Jaspe (*vermelho*), Cianita, Lápis-lazúli, Pedra da Lua, Obsidiana, Opala, Peridoto, Quartzo (*transparente*), Safira	
Deuses: Gwydion, Manannán, Shiva	
Deusas: Dôn, Freya, Hécate, Luna, Sekhmet, Selene	
Seres Mágicos: Dríades, Elfos, Fadas, Sereias, Pixies	
Animais: Gato, Cervo (*fêmea*), Camundongo	*Répteis:* Camaleão, Cobra
Aves: Pintassilgo, Beija-flor, Íbis, Cisne	*Ser Mítico:* Unicórnio
Insetos diversos: Libélula, Aranha	

ENCORAJAMENTO (PARA SI E OS OUTROS)

Estação: Verão	*Cores:* Laranja, Pêssego, Vermelho
Ervas e Jardim: Bergamota, Urze, Aspérula	
Árvores: Cedro, Tília, Plátano	*Do Mar:* Berbigão
Gemas: Diamante, Jaspe (*vermelho*), Safira, Zircônia (*amarela*)	
Deusa: Fortuna	*Animais:* Javali, Búfalo, Lontra, Lobo

ENCRUZILHADA (RECONHECER, USAR)

Sistema Solar: Mercúrio	*Dia:* Quarta-feira
Horas do dia: Amanhecer, Meia-noite	*Cores:* Preto, Vermelho
Celebrações: Compitália, Noite de Hécate, Samhain, Walpurgis	
Números: 3, 4, 9	*Árvores:* Azevinho, Murta
Deusas: Brígida, Ereshkigal, Hécate	*Deuses:* Cernunos, Hermes, Jano, Mercúrio
Ser Mágico: Lares	*Aves:* Galináceos (*galo*), Gralha, Corvo
Animais: Urso (*preto*), Javali, Gato (*preto*), Lebre, Pantera	

ENERGIA

Signos: Áries, Leão, Sagitário, Escorpião	*Sistema Solar:* Lua, Sol
Fases da Lua: Cheia	*Dia:* Terça-feira
Ogham: Beithe, Tinne	*Runa:* Ur
Elementos: Ar, Terra, Fogo, Água	*Direção:* Sul
Cores: Azul, Marrom, Cobre, Cinza, Verde, Laranja, Vermelho, Prateado, Amarelo	

Chakra: Plexo Solar	*Número:* 5
Tarô: O Imperador, A Força	
Árvores: Sabugueiro, Abeto, Pilriteiro, Azevinho, Junípero, Carvalho, Palmeira (*sangue de dragão*), Pinheiro, Plátano	
Ervas e Jardim: Agrimônia, Anêmona, Manjericão, Bergamota, Craveiro, Gatária, Camomila, Endro, Erva-doce, Dedaleira (das fadas), Alho, Carqueja, Íris (criativa), Ligústica, Cravo-de--defunto, Poejo, Hortelã-pimenta, Prímula, Rosa, Sálvia, Erva-de-são-joão, Girassol, Tomilho	
Plantas: Pimenta-da-jamaica, Anis, Bambu, Betônica, Bardana, Potentilha, Cravo-da-índia, Olíbano, Galanga, Gengibre, Marroio-branco, Sapato-de-vênus, Visco, Urtiga, Noz-moscada, Raiz de Íris (criativa), Anis-estrelado, Baunilha	
Deusas: Anfitrite, Anat, Bast, Deméter, Gaia, Hera, Holle, Inanna, Íris, Kali, Kupala, Lakshmi, Maia, Ostara, Pele, Ran, Tiamat	
Deuses: Adônis, Aegir, Ares, Dionísio, Dumuzi, Ea, Ganesha, Marte, Netuno, Posêidon, Prometeu, Ptah, Shiva, Silvano, Thor, Vulcano	
Gemas e Minerais: Ágata (*com banda, preta, marrom, vermelha*), Âmbar, Lágrima de Apache, Aventurina, Berilo, Heliotrópio, Calcita (*laranja*), Cornalina, Citrino, Diamante, Fluorita (aumentar), Granada, Hematita, Diamante de Herkimer, Jaspe (*pele de leopardo*), Jaspe (*vermelho*), Jaspe (*amarelo*/atrair positiva), Azeviche, Cianita, Labradorita, Magnetita, Ágata Musgo, Ônix, Opala (*fogo*), Peridoto, Madeira Petrificada, Pirita, Quartzo (*rutilado*), Rodocrosita, Rodonita, Rubi, Selenita, Serpentina (kundalini), Quartzo-enfumaçado, Sodalita, Espinélio, Estaurolita, Sugilita, Pedra do Sol, Olho de Tigre, Topázio, Turmalina (*preta, vermelha*), Turmalina (*verde*/realinhar), Turmalina (*cor-de-rosa*/amorosa), Turquesa, Wulfenita, Zircônia (*vermelha*)	
Do Mar: Asa-de-anjo (angelical)	
Metais: Alumínio, Antimônio, Bronze, Cobre, Ouro, Chumbo, Mercúrio, Prata, Aço, Estanho	
Animais: Antílope, Urso (recursos internos), Hipopótamo, Cavalo, Jaguar, Canguru, Leão, Toupeira (terra), Lontra, Jaritataca (entender), Tigre, Carcaju (impostora)	
Aves: Melro (mãe negra), Pato, Rouxinol, Papa-figos, Perdiz, Pombo-comum (arquetípica)	
Anfíbio e Répteis: Rã, Lagarto (sutil), Cobra (deusa), Tartaruga (aquática)	
Vida Marinha: Golfinho, Enguia (*elétrica*), Orca, Baleia	*Insetos diversos:* Borboleta, Vaga-lume
Energia Cósmica	
Chakra: Coroa	*Ervas e Jardim:* Milefólio
Gemas e Minerais: Moldavita	*Deusas:* Durga, Nut, Parvati
Força Vital, Vitalidade	
Runa: Sigel	*Deus:* Indra
Ave: Gavião	*Réptil:* Cobra

Mudança/Estimular a Energia	
Gemas e Minerais: Jade (*vermelho*), Lápis-lazúli	*Do Mar:* Concha-rainha, Coral, Vieira
Energia Psíquica	
Sistema Solar: Netuno	*Fases da Lua:* Cheia
Elemento: Água	*Cor:* Prateado
Árvore: Salgueiro	*Planta:* Ginseng
Ervas e Jardim: Gerânio, Artemísia, Tomilho	*Gemas e Minerais:* Quartzo
Deus: Ganesha	*Réptil:* Tartaruga (aquática)
Energia Receptiva	
Sistema Solar: Lua, Vênus	*Elementos:* Terra, Água
Cores: Preto, Azul, Verde, Vermelho, Branco	*Planta:* Canela
Gemas e Minerais: Ágata (*preta com veios brancos, verde*), Amazonita, Apofilita (*verde*), Água-marinha, Azurita, Berilo, Ágata Rendada Azul, Calcita (*azul, transparente, verde*), Crisópraso, Esmeralda, Granada (*hessonita*), Jade, Jaspe (*marrom, verde*), Azeviche, Magnetita, Moldavita, Ágata Musgo, Opala, Peridoto, Madeira Petrificada, Fenacita, Quartzo (*transparente*), Quartzo Rosa, Sal, Safira, Estaurolita, Turmalina (*azul, laranja*), Turquesa	
Do Mar: Coral, Madrepérola, Pérola	*Metais:* Cobre, Chumbo, Mercúrio, Prata
Energia Sexual	
Sistema Solar: Marte, Sol, Vênus	*Cor:* Vermelho
Deus: Hermes	*Animais:* Raposa, Alce-americano
Árvores: Carvalho, Oliveira	*Ervas e Jardim:* Hibisco, Rosa
Plantas: Erva-de-são-cristovão, Patchuli	*Deusa:* Anat
Gemas e Minerais: Ágata (*pele de cobra*), Cornalina, Citrino, Diamante de Herkimer, Jade, Jaspe, Rubi, Obsidiana, Quartzo-enfumaçado, Estaurolita, Pedra do Sol, Zircônia (*amarela*)	
Energia Solar	
Sistema Solar: Sol	*Dia:* Domingo
Cores: Dourado, Amarelo	*Plantas:* Olíbano, Mandrágora
Ervas e Jardim: Heliotrópio, Cravo-de-defunto, Girassol	
Gemas e Minerais: Âmbar, Pedra do Sol	
Deuses: Apolo, Hélio, Mitra, Ra, Surya	*Deusa:* Amaterasu
Aves: Galináceos (*galo*), Arara	

Energia Espiritual	
Plantas: Lótus (divina), Mandrágora, Mirra	*Ervas e Jardim:* Angélica, Milefólio
Gemas e Minerais: Celestita, Caroíta, Obsidiana (*floco de neve*), Ônix	
Energia Universal	
Gemas e Minerais: Hematita, Quartzo (*transparente*)	
Deusas: Ísis	*Ser Mítico:* Unicórnio
Energia Guerreira	
Ave: Estorninho	
Insetos diversos: Abelha (fêmea), Louva-a-deus (fêmea)	

ENGANO (RECONHECER, USAR QUANDO NECESSÁRIO)

Signo: Peixes	*Sistema Solar:* Mercúrio
Cores: Preto, Marrom (*avermelhado*), Verde, Amarelo	*Número:* 2
Tarô: O Mágico, A Lua (revelar), Espadas	*Árvores:* Álamo, Cerejeira
Ervas e Jardim: Lírio (*amarelo*), Boca-de-leão	*Planta:* Estramônio
Gemas e Minerais: Esmeralda, Pirita	*Metal:* Latão
Deusas: Frigga, Morrigan, Rhiannon	*Ser Mágico:* Sereias
Deuses: Cernunos, Loki, Odin, Osíris, Set, Vertumnus	
Animais: Texugo (inocente), Chimpanzé, Camundongo, Gambá (desvendar as falsidades), Doninha	
Aves: Cuco, Abibe-comum, Coruja, Perdiz (para proteção de jovens), Maçarico-das-rochas	
Vida Marinha: Polvo (para segurança)	*Répteis:* Jacaré, Crocodilo

EQUILÍBRIO

Signos: Gêmeos, Libra	*Sistema Solar:* Mercúrio
Ogham: Saille, Tinne	*Celebrações:* Mabon, Ostara
Runa: Gyfu	*Elementos:* Ar, Água
Direções: Norte, Oeste	*Chakra:* Coração
Tarô: A Justiça, Os Enamorados, A Estrela	*Números:* 2, 6
Cores: Marrom, Cinza, Verde, Índigo (em geral, kármico), Laranja, Cor-de-rosa, Azul-esverdeado, Branco	

<table>
<tr><td colspan="2">Árvores: Acácia, Freixo, Figueira-sagrada, Azevinho, Alfarrobeira, Bordo, Oliveira, Romãzeira, Abeto-vermelho</td></tr>
<tr><td colspan="2">Ervas e Jardim: Angélica, Manjericão, Bergamota, Campainha, Craveiro, Camomila, Confrei, Gerânio, Madressilva, Hera, Lilás, Prímula, Sálvia, Girassol, Aspérula, Verbena, Milefólio</td></tr>
<tr><td colspan="2">Plantas: Erva-de-são-cristovão, Bardana, Olíbano, Grãos (milho), Filipêndula, Verbasco, Mirra, Patchuli, Sândalo, Espicanardo</td></tr>
<tr><td colspan="2">Gemas e Minerais: Ágata (árvore), Alexandrita, Amazonita, Âmbar, Ametista, Andaluzita, Lágrima de Apache (corpo, mente, espírito), Aragonita, Aventurina, Crisocola, Citrino, Fluorita, Granada, Olho de Falcão, Hematita, Diamante de Herkimer, Jaspe (verde, marrom), Larimar, Lepidolita, Magnetita, Obsidiana, Ônix, Peridoto, Madeira Petrificada, Quartzo (transparente), Rodocrosita, Rodonita, Serpentina, Quartzo-enfumaçado, Sodalita, Estaurolita, Olhe de Tigre, Turmalina (verde, melancia), Tsavorita, Turquesa</td></tr>
<tr><td colspan="2">Metais: Bronze, Cobre, Ouro</td></tr>
<tr><td>Do Mar: Concha-rainha, Berbigão, Bolacha-do-mar (buscar), Lapa</td><td>Deusas: Durga, Justitia, Kali, Kuan Yin, Maat, Nêmesis, Sedna</td></tr>
<tr><td colspan="2">Deuses: Belobog, Cernunos, Khnum, Mimir, Nergal, Osíris, Shiva, Thoth, Vishnu</td></tr>
<tr><td>Ser Mágico: Gnomos</td><td>Répteis: Crocodilo, Tartaruga-marinha</td></tr>
<tr><td colspan="2">Animais: Castor, Lince (forças criativas), Bovinos, Puma, Coiote, Cervo, Elefante, Girafa, Canguru, Lontra, Panda, Guaxinim, Ovinos, Esquilo, Zebra</td></tr>
<tr><td colspan="2">Aves: Cardeal, Chapim, Grou, Cuco, Águia, Flamingo, Pintassilgo, Gavião, Garça, Beija-flor, Arara, Pega, Pinguim, Cisne</td></tr>
<tr><td colspan="2">Vida Marinha: Carpa, Golfinho, Peixe-dourado, Boto, Foca</td></tr>
<tr><td>Insetos diversos: Borboleta, Gafanhoto, Aranha</td><td>Ser Mítico: Dragão</td></tr>
<tr><th colspan="2">Equilibrar a Aura</th></tr>
<tr><td>Gemas e Minerais: Ametrina, Iolita, Labradorita</td><td></td></tr>
<tr><th colspan="2">Equilíbrio Emocional</th></tr>
<tr><td>Runa: Lagu</td><td>Cor: Verde</td></tr>
<tr><td>Ervas e Jardim: Jasmim, Lavanda</td><td>Plantas: Anis, Baunilha</td></tr>
<tr><td colspan="2">Gemas e Minerais: Calcita (verde, cor-de-rosa), Crisópraso, Dioptásio, Esmeralda, Jade, Azeviche, Malaquita, Ágata Musgo, Opala, Quartzo Rosa, Sugilita</td></tr>
<tr><td colspan="2">Do Mar: Coral</td></tr>
</table>

Equilíbrio Interior	
Sistema Solar: Lua	*Planta:* Canela
Gemas e Minerais: Berilo	
Equilíbrio Mental	
Número: 3	*Plantas:* Babosa, Cravo-da-índia
Árvores: Cedro, Cerejeira, Palmeira (*coqueiro*)	
Gemas e Minerais: Heliotrópio, Rubi, Topázio (*azul*)	
Equilíbrio Físico	
Ervas e Jardim: Ipomeia, Hortelã-verde	*Gemas e Minerais:* Wulfenita
Equilíbrio Espiritual	
Cor: Índigo	*Plantas:* Cominho, Lótus
Ervas e Jardim: Trevo (*vermelho*), Passiflora	*Gemas e Minerais:* Apofilita

ESCURIDÃO (ENFRENTAR, UTILIZAR)

Signos: Capricórnio, Escorpião	*Sistema Solar:* Lua, Plutão (interior), Saturno
Fases da Lua: Nova, Minguante	*Luas Cheias:* Novembro
Cores: Preto, Azul (*meia-noite*), Dourado (dissipar)	*Estação:* Inverno
Celebrações: Lughnasadh, Samhain, Décima Segunda Noite (retorno da), Yule	
Número: 11	*Tarô:* A Lua
Ervas e Jardim: Rosa (*branca*), Erva-de-são-joão	*Plantas:* Beladona, Verbasco
Gemas e Minerais: Ágata (*preta*), Granada, Azeviche	*Do Mar:* Coral (*preto*)
Deusas: Ceridwen, Hécate, Hel, Kali, Sekhmet	
Ser Mágico: Elfos	
Deuses: Belobog (passar através da), Hades, Mabon, Quetzalcoatl, Set, Vishnu (espiritual)	
Animais: Morcego, Gato, Cavalo, Hiena, Jaguar, Toupeira, Lobo	
Aves: Corvo, Rouxinol, Coruja	*Ser Mítico:* Dragão (dissipar)
Insetos diversos: Escorpião, Vaga-lume	

ESPERANÇA

Signo: Aquário	*Sistema Solar:* Sol, Urano
Luas Cheias: Novembro	*Estação:* Primavera
Dia: Domingo	*Horas do dia:* Amanhecer
Ogham: Huath, Onn	*Celebrações:* Imbolc, Dia de Ano Novo
Cores: Azul, Branco	*Tarô:* A Estrela
Árvores: Abeto (*prateado*), Pilriteiro, Oliveira, Palmeira (*tamareira*), Romãzeira, Pinheiro, Choupo (*branco*), Abeto-vermelho (*da-noruega*)	
Ervas e Jardim: Carqueja, Violeta	
Gemas e Minerais: Amazonita, Ágata Rendada Azul, Malaquita, Pedra da Lua, Ágata Musgo, Opala, Turmalina (*verde*)	
Metais: Ouro, Estanho	
Do Mar: Asa-de-anjo	*Deusas:* Hécate, Koré, Parvati
Anjo: Gabriel	*Aves:* Garça, Rouxinol, Andorinha
Vida Marinha: Carpa	*Insetos diversos:* Vaga-lume
Ser Mítico: Fênix	

ESPERTEZA

Signo: Gêmeos	*Sistema Solar:* Mercúrio
Dia: Quarta-feira	*Celebração:* Caça da Carriça
Número: 5	*Árvore:* Abeto
Gemas e Minerais: Esmeralda	*Deusa:* Ishtar
Deuses: Belenus, Ea, Enki, Hermes, Loki	*Ser Mágico:* Brownies
Animais: Gato, Coiote, Raposa, Hiena, Macaco, Carcaju	

ESPÍRITOS

Sistema Solar: Terra, Lua	*Fases da Lua:* Minguante
Celebração: Lunantishees	*Elemento:* Ar
Cores: Cinza, Lilás, Branco	*Número:* 5
Árvores: Macieira, Freixo, Bétula, Azevinho, Junípero, Oliveira, Sorveira-brava, Nogueira, Salgueiro, Teixo (conforto)	

<table>
<tr><td colspan="2">Plantas: Anis, Assa-fétida, Betônica, Potentilha, Prímula-silvestre, Ditamno, Olíbano, Ginseng, Lótus, Mandrágora, Visco, Verbasco, Cogumelo, Sândalo, Absinto (ver)</td></tr>
<tr><td colspan="2">Ervas e Jardim: Agrimônia, Amora-silvestre, Campainha, Gatária, Narciso, Endro, Erva-doce, Samambaia, Gardênia, Urze, Jasmim, Lavanda, Erva-cidreira, Artemísia, Pervinca, Alecrim, Arruda, Sálvia, Erva-de-são-joão, Valeriana</td></tr>
<tr><td colspan="2">Metal: Prata</td></tr>
<tr><td colspan="2">Gemas e Minerais: Esmeralda, Safira, Zircônia (vermelha)</td></tr>
<tr><td>Deusas: Chalchiuhtlicue, Hathor, Néftis</td><td>Do Mar: Coral</td></tr>
<tr><td>Deuses: Hanuman, Osíris, Silvano</td><td>Ser Mágico: Dríades</td></tr>
<tr><td colspan="2">Animais: Tatu, Urso, Gato (ver), Puma, Cervo, Cão (branco), Burro, Raposa, Bode/Cabra, Lebre, Cavalo, Lêmure (dos antepassados), Leopardo, Camundongo, Porco-espinho (reino dos), Coelho, Ovinos, Lobo</td></tr>
<tr><td colspan="2">Aves: Galináceos, Águia (conexão com), Pintassilgo, Ganso, Beija-flor (de guerreiros), Pega, Trepadeira-azul, Coruja (buraqueira), Pintarroxo, Gaivota, Cegonha, Cisne, Carriça</td></tr>
<tr><td>Vida Marinha: Polvo (do mundo inferior)</td><td>Insetos diversos: Borboleta, Lesma</td></tr>
<tr><td colspan="2">Atrair Espíritos</td></tr>
<tr><td>Árvore: Cedro (invocação)</td><td>Plantas: Lótus, Mirra</td></tr>
<tr><td>Ervas e Jardim: Dente-de-leão (invocação de), Lilás</td><td>Gemas e Minerais: Jade</td></tr>
<tr><td colspan="2">Banir Espíritos</td></tr>
<tr><td>Ervas e Jardim: Alho, Verbena</td><td>Plantas: Patchuli, Selo-de-salomão</td></tr>
<tr><td colspan="2">Gemas e Minerais: Ágata, Heliotrópio, Quartzo (transparente), Sal</td></tr>
<tr><td colspan="2">Animal: Alce-americano</td></tr>
<tr><td colspan="2">Contatar Espíritos</td></tr>
<tr><td>Cores: Índigo, Roxo, Amarelo</td><td>Ervas e Jardim: Lilás, Milefólio</td></tr>
<tr><td colspan="2">Plantas: Lótus, Absinto</td></tr>
<tr><td colspan="2">Gemas e Minerais: Ametista, Esmeralda, Labradorita, Pedra da Lua, Sugilita</td></tr>
<tr><td>Deusa: Arianrhod</td><td>Deuses: Arawn, Ogma</td></tr>
<tr><td>Animal: Urso Polar (comunicar-se com)</td><td>Aves: Condor, Milhafre</td></tr>
<tr><td colspan="2">Espíritos Santos</td></tr>
<tr><td>Ervas e Jardim: Angélica, Aquilégia</td><td>Ave: Pomba-branca</td></tr>
</table>

Espíritos da Natureza	
Elemento: Terra	*Cor:* Verde
Árvores: Abeto, Carvalho, Pinheiro, Abeto-vermelho	*Ave:* Papa-figos (espíritos das árvores)
Proteger contra os espíritos	
Deusas: Bast, Hécate, Kupala	

ESPIRITUALIDADE

Signos: Aquário, Peixes, Sagitário, Escorpião	*Sistema Solar:* Júpiter, Plutão
Fases da Lua: Minguante	*Luas Cheias:* Abril, Março
Dia: Domingo	*Ogham:* Fearn
Elementos: Ar, Água	*Direção:* Sul
Cores: Azul, Prateado, Violeta, Branco	*Chakra:* Coroa
Números: 5, 7, 8, 11, 12	*Tarô:* O Louco, O Hierofante
Árvores: Acácia, Figueira-sagrada, Cedro, Cerejeira, Sabugueiro, Abeto, Junípero, Loureiro, Palmeira (*sangue de dragão*), Pinheiro, Choupo	
Ervas e Jardim: Angélica, Dente-de-leão, Gardênia, Gerânio, Urze, Heliotrópio, Manjericão-sagrado, Jasmim, Alquemila, Lilás, Passiflora, Prímula, Rosa, Sálvia, Erva-de-são-joão, Girassol, Milefólio	
Plantas: Pimenta-da-jamaica, Canela, Olíbano, Grãos (*arroz*), Lótus, Mirra, Junco, Sândalo	
Gemas e Minerais: Alexandrita, Âmbar, Ametista, Andaluzita, Apofilita, Azurita, Heliotrópio, Ágata Rendada Azul, Calcita (*transparente*), Celestita, Danburita, Rosa do Deserto, Diamante, Fluorita (*violeta*), Granada (*preta*), Diamante de Herkimer, Iolita, Azeviche, Lápis-lazúli, Lepidolita, Magnetita (encontrar o seu caminho), Malaquita, Moldavita, Ágata Musgo, Obsidiana, Pirita, Quartzo (*transparente*), Safira, Serpentina, Esfeno, Estaurolita, Sugilita, Turmalina (*marrom*), Turquesa	
Metal: Cobre	
Do Mar: Vieira, Búzio	*Deusas:* Danu, Ísis, Kuan Yin, Lakshmi
Deuses: Buda, Dagda, Krishna, Odin, Osíris, Quetzalcoatl, Shiva, Vishnu	
Animais: Gato, Raposa, Gazela, Jaguar, Leão, Jaguatirica	
Aves: Albatroz, Canário, Galináceos (*galo*/vigilância), Gralha, Águia, Ganso, Arara (*escarlate*), Pega (na vida cotidiana), Trepadeira-azul, Cisne	

Réptil: Cobra-real	
Vida Marinha: Golfinho, Foca	*Insetos diversos:* Abelha, Vaga-lume
Seres Míticos: Dragão (poder), Unicórnio (pureza, revelação)	
Aprofundar Espiritualidade	
Gemas e Minerais: Apatita	*Cores:* Preto, Roxo

ESTABILIDADE

Signos: Capricórnio, Touro	*Sistema Solar:* Saturno, Sol
Fases da Lua: Nova	*Luas Cheias:* Outubro
Elemento: Terra	*Cores:* Marrom, Cinza, Prateado
Chakra: Raiz	*Números:* 4, 8
Tarô: Ouros	*Planta:* Espicanardo
Árvores: Freixo, Faia, Bétula, Olmo, Carvalho, Plátano	
Ervas e Jardim: Angélica, Campainha, Confrei, Manjericão-sagrado, Jacinto, Hera, Lavanda, Sálvia	
Gemas e Minerais: Amazonita, Âmbar, Ametista, Ametrina, Berilo, Calcita, Celestita, Crisocola, Crisópraso, Granada (*preta, vermelha*), Hematita, Diamante de Herkimer, Iolita, Jaspe (*paisagem, vermelho*), Cianita, Ônix, Rodocrosita, Esfeno	
Do Mar: Amêijoa, Mexilhão	*Deuses:* Ganesha, Ptah
Deusas: Holle, Maat, Vesta	*Anjo:* Uriel
Animais: Camelo, Bovinos (*touro, boi*), Puma, Burro, Bode/Cabra, Zebra	
Ave: Flamingo	*Réptil:* Tartaruga (terrestre)
Estabilidade Emocional	
Ervas e Jardim: Gerânio, Passiflora	
Gemas e Minerais: Angelita, Turmalina (*preta*)	

ESTIMULAÇÃO (INICIAR ALGO)

Sistema Solar: Sol	*Elemento:* Fogo
Cores: Laranja, Vermelho, Amarelo	*Tarô:* Copas
Árvores: Freixo (sonhos psíquicos), Cerejeira, Pinheiro	

Ervas e Jardim: Angélica, Giesta, Craveiro, Confrei, Erva-doce, Dedaleira, Alho, Hidraste, Jasmim, Acônito, Poejo, Hortelã-pimenta, Arruda, Açafrão, Sálvia, Erva-de-são-joão, Hortelã-verde, Tomilho, Milefólio	
Plantas: Anis, Cardo-bento, Canela, Coentro, Galanga, Gengibre, Ginseng, Solidago, Noz-moscada, Sândalo	
Gemas e Minerais: Âmbar (felicidade), Apofilita (intuição), Água-marinha, Heliotrópio, Granada (felicidade), Iolita, Lápis-lazúli, Quartzo (*transparente*), Olho de Tigre	
Metal: Alumínio	*Do Mar:* Abalone, Pérola
Deuses: Aegir, Baal, Manannán, Marduk, Perun, Shiva, Surya, Thor, Zeus	
Aves: Galináceos (*galo*), Gavião, Pica-pau	*Deusa:* Sarasvati
Estimulação Mental	
Ervas e Jardim: Manjericão	*Planta:* Cravo-da-índia
Gemas e Minerais: Apatita, Danburita, Peridoto, Quartzo-enfumaçado, Topázio	

ESTRESSE (ALIVIAR)

Sistema Solar: Vênus	*Elemento:* Água
Cores: Azul, Cor-de-rosa, Violeta	
Árvores: Macieira, Bétula, Tília, Abeto-vermelho, Plátano, Hamamélis	
Ervas e Jardim: Angélica, Áster, Manjericão, Bergamota, Gatária, Camomila, Confrei, Dente-de-leão, Endro, Erva-doce, Dedaleira, Gerânio, Madressilva, Jacinto, Jasmim, Lavanda, Erva-cidreira, Manjerona, Hortelã-pimenta, Prímula, Sálvia, Morango, Tomilho, Valeriana, Verbena, Violeta	
Plantas: Erva-de-são-cristovão, Mirra, Urtiga, Solidéu, Baunilha, Absinto	
Gemas e Minerais: Ágata (*com banda*), Âmbar, Ametrina, Angelita, Apofilita, Água-marinha, Aragonita, Azurita, Heliotrópio, Ágata Rendada Azul, Cornalina, Celestita, Crisocola, Crisópraso, Diamante (*rosa*), Dioptásio, Hematita, Diamante de Herkimer, Howlita, Jade (*azul*), Jaspe, Kunzita, Labradorita, Lepidolita, Pedra da Lua, Morganita, Ônix, Peridoto, Madeira Petrificada, Quartzo (*azul*), Rodonita, Quartzo Rosa, Smithsonita, Sodalita, Estaurolita, Sugilita, Pedra do Sol, Olho de Tigre, Topázio, Turmalina (*azul, cor-de-rosa*), Turquesa	
Metais: Ouro, Prata	*Do Mar:* Coral
Deusa: Kuan Yin	*Deus:* Ganesha
Animais: Gato, Leão	*Ave:* Pato (*macho*)
Vida Marinha: Golfinho	

FAMA (BUSCAR)

Dia: Domingo	*Direção:* Sul
Cor: Prateado	*Árvores:* Macieira, Loureiro
Ervas e Jardim: Amaranto	*Vida Marinha:* Carpa
Gemas e Minerais: Berilo, Heliotrópio, Magnetita	
Deusa: Lakshmi	*Deus:* Zeus

FAMÍLIA

Signo: Câncer	*Sistema Solar:* Lua
Dia: Segunda-feira	*Elemento:* Terra
Direção: Leste	*Cor:* Marrom
Número: 6	*Planta:* Sanguinária-do-canadá
Ervas e Jardim: Manjericão, Manjerona, Ipomeia, Poejo, Rosa	
Árvores: Pilriteiro, Oliveira, Romãzeira, Sorveira-brava	*Do Mar:* Lapa
Gemas e Minerais: Diamante, Jaspe, Lápis-lazúli, Quartzo (*branco*)	
Deusas: Bertha (crianças), Ceres, Deméter, Devi, Frigga, Héstia, Modron, Reia, Vesta	
Seres Mágicos: Lares, Penates	*Vida Marinha:* Tubarão, Baleia
Animais: Antílope, Babuíno, Texugo, Castor, Javali, Gato, Coiote, Dingo, Cão, Elefante, Girafa, Gorila, Marmota, Hiena, Leão, Macaco, Porco, Cão-da-pradaria, Zebra	
Aves: Galináceos, Pintassilgo, Ganso, Andorinha, Carriça	
Paternidade	
Aves: Cardeal, Pinguim, Pombo-comum	*Vida Marinha:* Cavalo-marinho
Unidade	
Animal: Lobo	*Ave:* Bico-grosso-tricolor
Insetos diversos: Abelha	

FAVOR/ES (FAZER, RECEBER, PEDIR)

Sistema Solar: Júpiter	*Cor:* Verde
Árvores: Murta, Plátano	
Ervas e Jardim: Amaranto, Dente-de-leão, Gerânio (*pendente*)	

Plantas: Potentilha, Galanga (judicial), Filipêndula	
Gemas e Minerais: Granada (legal), Azeviche, Turmalina	
Do Mar: Pérola	*Deus:* Nergal
Deusas: Hécate, Ísis, Kuan Yin, Morrigan	*Animal:* Raposa
Aves: Milhafre, Corvo	*Réptil:* Cobra (verde)
Obter Favor	
Gemas e Minerais: Ágata, Hematita, Ágata Musgo, Safira, Topázio	

FÉ

Elemento: Fogo	*Direção:* Sul
Cores: Verde, Amarelo	*Número:* 7
Tarô: A Estrela, Paus	*Árvore:* Macieira
Ervas e Jardim: Urze, Íris	*Plantas:* Mostarda (*branca*), Cardo
Gemas e Minerais: Alexandrita, Heliotrópio, Diamante, Granada, Iolita, Opala (*fogo*), Quartzo Rosa, Safira	
Do Mar: Cauri, Pérola, Búzio-trombeta	
Deusas: Brígida, Fides, Ganga	*Deuses:* Buda, Hanuman
Animal: Tigre	*Ave:* Trepadeira-azul (em suas habilidades)
Réptil: Tartaruga (aquática)	*Insetos diversos:* Gafanhoto

FEITIÇOS (REALIZAR)

Sistema Solar: Lua	*Elemento:* Terra
Cor: Preto	*Árvores:* Abrunheiro, Sabugueiro
Ervas e Jardim: Endro	*Plantas:* Assa-fétida, Absinto
Gemas e Minerais: Sal	*Metal:* Chumbo
Deusas: Anat, Cailleach Bheur, Ceridwen, Hécate, Morrigan	
Animal: Cão	
Feitiços (desfazer)	
Cores: Preto, Vermelho	*Árvores:* Álamo, Cedro, Evônimo
Ervas e Jardim: Manjericão, Bergamota, Camomila, Alho, Gardênia, Gerânio, Madressilva, Lilás, Poejo, Rosa, Boca-de-leão, Verbena, Violeta	

<table>
<tr><td colspan="2">Plantas: Bambu, Cardo-bento, Potentilha, Cravo-da-índia, Gengibre, Ginseng, Jalapa, Marroio-branco, Mandrágora, Mirra, Raiz de Íris, Patchuli, Sândalo, Cardo, Estramônio</td></tr>
<tr><td colspan="2">Metal: Prata</td></tr>
<tr><td colspan="2">Feitiços (desfazer e proteger de)</td></tr>
<tr><td colspan="2">Árvores: Freixo, Junípero, Loureiro, Palmeira (sangue de dragão), Pinheiro</td></tr>
<tr><td colspan="2">Ervas e Jardim: Agrimônia, Angélica, Alecrim, Arruda</td></tr>
<tr><td>Plantas: Galanga, Urtiga, Noz-moscada</td><td>Gemas e Minerais: Azeviche</td></tr>
<tr><td colspan="2">Deusa: Ísis</td></tr>
<tr><td colspan="2">Feitiços (proteger de)</td></tr>
<tr><td>Árvores: Castanheiro, Sorveira-brava</td><td>Ervas e Jardim: Trevo, Samambaia, Manjerona</td></tr>
<tr><td colspan="2">Planta: Verbasco</td></tr>
<tr><td colspan="2">Gemas e Minerais: Esmeralda, Jaspe (vermelho), Ônix, Quartzo (transparente)</td></tr>
</table>

FELICIDADE

<table>
<tr><td>Sistema Solar: Sol, Vênus</td><td>Dia: Sexta-feira</td></tr>
<tr><td>Ogham: Eabhadh</td><td>Runa: Wyn</td></tr>
<tr><td>Número: 6</td><td>Tarô: A Imperatriz, O Sol</td></tr>
<tr><td colspan="2">Cores: Azul (claro, real), Dourado, Lilás, Pêssego, Cor-de-rosa, Branco, Amarelo</td></tr>
<tr><td colspan="2">Árvores: Macieira, Cerejeira, Cipreste, Abeto, Pilriteiro (dissipar depressão), Junípero, Mimosa, Palmeira (tamareira)</td></tr>
<tr><td colspan="2">Ervas e Jardim: Áster, Manjericão, Bergamota, Amora-silvestre, Borragem, Gatária, Gardênia, Gerânio, Heliotrópio, Madressilva, Jacinto, Jasmim, Lilás, Lírio, Lírio-do-vale, Cravo-de-defunto, Manjerona, Ipomeia, Artemísia, Rosa, Erva-de-são-joão, Girassol, Tomilho, Valeriana, Violeta, Milefólio</td></tr>
<tr><td colspan="2">Plantas: Cravo-da-índia, Coentro, Olíbano, Jalapa, Filipêndula, Cogumelo, Patchuli, Açafrão, Baunilha, Nenúfar</td></tr>
<tr><td colspan="2">Gemas e Minerais: Ágata (marrom), Âmbar, Apofilita, Água-marinha, Aventurina, Berilo, Ágata Rendada Azul, Olho de Gato, Crisópraso, Granada (espessartita), Hematita, Diamante de Herkimer, Pedra da Lua, Ágata Musgo, Ônix, Peridoto, Quartzo (azul), Rodonita, Quartzo Rosa, Rubi, Turmalina (preta), Turquesa, Zircônia (amarela), Zoisita (verde)</td></tr>
<tr><td colspan="2">Deusas: Amaterasu, Fortuna, Ganga, Hathor, Kupala, Lakshmi, Nêmesis, Sekhmet</td></tr>
<tr><td colspan="2">Deuses: Balder, Belobog, Dionísio, Freyr, Ganesha, Marduk</td></tr>
</table>

Do Mar: Berbigão, Búzio-trombeta	*Animais:* Morcego, Lontra, Porco-espinho
Aves: Azulão, Canário, Pomba-branca, Pintassilgo, Ganso, Tetraz (satisfação), Beija-flor, Martim-pescador, Pega, Cotovia-ocidental, Pintarroxo, Pardal, Carriça	
Insetos diversos: Borboleta, Cigarra, Joaninha	*Vida Marinha:* Cavalo-marinho
Ser Mítico: Fênix	

FERTILIDADE

Sistema Solar: Lua, Sol, Vênus	*Fases da Lua:* Cheia
Luas Cheias: Abril, Fevereiro, Março, Maio	*Estação:* Primavera
Dias: Sexta-feira, Segunda-feira	*Horas do dia:* Amanhecer
Celebrações: Beltane, Caça da Carriça, Imbolc, Litha, Lupercália, Ostara, Walpurgis	
Ogham: Onn	*Runas:* Beorc, Ing, Jera, Lagu
Elementos: Terra, Água	*Direções:* Norte, Sul
Cores: Preto, Azul (*escuro*), Verde, Vermelho	*Chakra:* Sacro
Números: 7, 8, 10, 11	*Tarô:* A Imperatriz
Árvores: Macieira, Freixo, Bétula, Cedro, Pilriteiro, Aveleira, Junípero, Murta, Carvalho, Oliveira, Palmeira, Pinheiro, Romãzeira, Sorveira-brava, Nogueira, Salgueiro	
Ervas e Jardim: Manjericão, Amora-silvestre, Craveiro, Gatária, Narciso, Erva-doce, Gerânio, Carqueja, Parreira, Hera, Alquemila, Erva-cidreira, Artemísia, Papoula, Rosa, Sálvia, Erva-de-são-joão, Girassol, Verbena, Violeta, Milefólio	
Plantas: Anis, Erva-de-são-cristovão, Coentro, Ginseng, Grãos, Mandrágora, Visco, Cogumelo (fertilidade masculina), Mostarda, Patchuli, Açafrão	
Gemas e Minerais: Ágata (*verde*), Amazonita, Cornalina, Granada, Jade, Jaspe (*verde*), Ágata Musgo, Ônix, Quartzo Rosa, Zoisita	
Metal: Cobre	
Do Mar: Coral, Cauri, Naticidae, Ostra	
Deusas: Aine, Amaterasu, Anat, Afrodite, Ariadne, Arianrhod, Ártemis, Artio, Asherah, Astarte, Bast, Bertha, Boann, Brigantia, Brígida, Ceres, Ceridwen, Chalchiuhtlicue, Coatlicue, Coventina, Cibele, Danu, Deméter, Devi, Diana, Dôn, Flora, Freya, Frigga, Gaia, Ganga, Hathor, Hera, Inanna, Ishtar, Ísis, Juno, Kali, Kuan Yin, Lakshmi, Macha, Maia, Modron, Nanna, Ostara, Reia, Rhiannon, Sarasvati, Vênus	

<table>
<tr><td colspan="2">Ser Mágico: Gnomos</td></tr>
<tr><td colspan="2">Deuses: Adônis, Ares, Baal, Baco, Dagda, Dionísio, Ea, Freyr, Geb, Homem Verde (masculina), Hades, Hélio, Indra, Júpiter, Krishna, Manannán, Marduk, Marte, Njord, Osíris, Posêidon, Pushan, Quetzalcoatl, Ra, Shiva, Surya, Thor, Vishnu, Zeus</td></tr>
<tr><td colspan="2">Animais: Morcego, Javali, Bovinos, Elefante, Raposa, Bode/Cabra, Ouriço, Cavalo, Porco, Coelho, Rato, Ovinos (carneiro), Lobo</td></tr>
<tr><td colspan="2">Ser Mítico: Dragão</td></tr>
<tr><td colspan="2">Aves: Azulão, Galináceos, Gralha, Pomba-branca, Pato, Pintassilgo, Ganso, Coruja, Papagaio, Perdiz, Faisão, Pombo-comum, Codorniz, Pardal, Cegonha, Andorinha, Peru (fêmea), Ampélis-americano, Pica-pau</td></tr>
<tr><td>Vida Marinha: Carpa</td><td>Insetos diversos: Abelha, Mariposa (bicho-da-seda)</td></tr>
<tr><td colspan="2">Répteis e Anfíbio: Camaleão, Crocodilo, Rã, Cobra, Tartaruga (aquática)</td></tr>
</table>

FIDELIDADE

<table>
<tr><td>Dia: Quinta-feira</td><td>Ogham: Quert</td></tr>
<tr><td colspan="2">Cores: Azul, Cor-de-rosa, Branco</td></tr>
<tr><td colspan="2">Árvores: Pilriteiro, Cedro, Sabugueiro, Olmo (vermelho), Tília, Magnólia, Murta, Oliveira, Palmeira (sangue de dragão), Hamamélis</td></tr>
<tr><td colspan="2">Ervas e Jardim: Manjericão, Trevo, Heliotrópio, Madressilva, Hera, Lavanda, Cravo-de-defunto, Rosa, Verbena, Violeta (azul), Milefólio</td></tr>
<tr><td colspan="2">Plantas: Coentro, Cominho, Heléboro-amarelo, Noz-moscada, Solidéu, Espicanardo</td></tr>
<tr><td colspan="2">Gemas e Minerais: Âmbar, Diamante, Granada, Diamante de Herkimer, Lápis-lazúli, Magnetita, Morganita, Rodocrosita, Rodonita, Quartzo Rosa, Safira, Topázio</td></tr>
<tr><td colspan="2">Deusas: Afrodite, Fides, Hera, Héstia, Vesta</td></tr>
<tr><td>Deus: Hanuman</td><td>Ser Mágico: Brownies</td></tr>
<tr><td colspan="2">Animais: Castor, Javali, Búfalo/Bisão, Coiote, Cão, Raposa, Cavalo, Canguru, Lontra</td></tr>
<tr><td colspan="2">Aves: Branca (rolinha), Pato, Águia, Ganso, Gavião, Martim-pescador, Pega, Sabiá-do-campo, Pardal, Cegonha, Cisne</td></tr>
<tr><td colspan="2">Insetos diversos: Borboleta</td></tr>
</table>

FORÇA

<table>
<tr><td>Signos: Leão (controlada), Touro</td><td>Sistema Solar: Marte, Saturno, Sol</td></tr>
<tr><td>Fases da Lua: Cheia, Crescente</td><td>Luas Cheias: Dezembro, Janeiro, Julho</td></tr>
<tr><td>Estação: Verão</td><td>Dias: Domingo, Terça-feira</td></tr>
<tr><td>Horas do dia: Meio-dia</td><td>Celebração: Litha</td></tr>
<tr><td>Ogham: Duir, Nion, Straif</td><td>Runas: Eoh, Lagu, Ur</td></tr>
<tr><td>Elemento: Terra</td><td>Direções: Norte, Sul, Oeste</td></tr>
<tr><td>Número: 8</td><td>Tarô: O Carro, O Imperador, A Justiça, A Força</td></tr>
<tr><td colspan="2">Cores: Azul (real), Dourado, Verde, Laranja, Pêssego, Vermelho, Branco</td></tr>
<tr><td colspan="2">Árvores: Amieiro (preto), Freixo (mágica), Abrunheiro, Cedro, Cipreste, Aveleira, Azevinho, Junípero, Loureiro, Tília, Alfarrobeira, Carvalho, Palmeira, Pinheiro, Choupo, Salgueiro, Teixo</td></tr>
<tr><td colspan="2">Ervas e Jardim: Angélica, Manjericão, Giesta, Craveiro, Gatária, Crisântemo, Confrei, Erva-doce, Matricária, Alho, Gerânio, Hidraste, Madressilva, Lavanda, Acônito, Ipomeia, Artemísia, Poejo, Hortelã-pimenta, Rosa, Sálvia, Erva-de-são-joão, Hortelã-verde, Girassol, Tomilho, Milefólio (emocional)</td></tr>
<tr><td colspan="2">Plantas: Pimenta-da-jamaica, Bambu, Erva-de-são-cristovão, Sanguinária-do-canadá, Cardamomo, Canela, Potentilha, Prímula-silvestre, Olíbano, Galanga, Jalapa, Marroio-branco, Visco, Mostarda, Mirra, Noz-moscada, Pimenta (do reino), Açafrão, Cardo, Baunilha</td></tr>
<tr><td colspan="2">Gemas e Minerais: Ágata (preta com veios brancos/pele de cobra), Amazonita, Âmbar (mágica), Ametista, Angelita, Água-marinha, Azurita, Heliotrópio, Citrino (madeira), Diamante, Dioptásio, Fluorita, Granada (vermelha), Hematita, Diamante de Herkimer, Iolita, Jaspe (vermelho), Lápis-lazúli, Magnetita, Malaquita, Ágata Musgo, Ônix, Opala (emocional), Peridoto, Pirita, Quartzo (transparente), Rodocrosita, Rubi, Sardônix, Pedra do Sol, Olho de Tigre, Turmalina (verde, vermelha), Tsavorita, Zircônia (vermelha)</td></tr>
<tr><td colspan="2">Do Mar: Coral</td></tr>
<tr><td colspan="2">Metais: Antimônio (construir), Cobre, Ouro, Ferro, Aço</td></tr>
<tr><td colspan="2">Deusas: Anat, Ártemis, Artio, Atena, Diana, Durga, Epona, Hathor, Hécate, Ishtar, Kali, Macha, Maeve, Morrigan, Sekhmet</td></tr>
<tr><td colspan="2">Deuses: Aegir, Apolo, Ares, Cernunos, Dagda, Hanuman, Hórus, Mabon, Marte, Mitra, Njord, Odin, Ogma, Perun, Prometeu, Ra, Shiva, Thor, Zeus</td></tr>
<tr><td colspan="2">Animais: Texugo, Morcego, Urso, Javali, Búfalo/Bisão, Bovinos (touro, boi), Puma, Elefante, Alce, Gorila, Hipopótamo, Cavalo, Hiena, Leopardo, Leão, Alce-americano, Panda, Urso Polar, Tigre, Lobo, Carcaju</td></tr>
<tr><td colspan="2">Vida Marinha: Carpa, Golfinho, Salmão</td></tr>
<tr><td colspan="2">Aves: Albatroz, Condor, Águia, Falcão, Beija-flor, Estorninho, Carriça</td></tr>
<tr><td>Répteis e Anfíbio: Crocodilo, Cobra (píton), Sapo</td><td>Seres Míticos: Dragão, Grifo, Pássaro-trovão</td></tr>
</table>

Força Interior	
Ogham: Fearn	*Elemento:* Água
Árvores: Macieira, Plátano	*Ervas e Jardim:* Margarida, Endro
Gemas e Minerais: Aventurina (*verde*), Caroíta, Crisocola, Crisópraso, Labradorita, Turquesa	
Anjo: Miguel	
Ave: Pinguim	

FORÇA DE VONTADE

Signos: Capricórnio, Leão, Escorpião	*Sistema Solar:* Marte, Sol
Dia: Sábado	*Horas do dia:* Meio-dia
Runa: Thorn	*Elementos:* Ar, Terra, Fogo
Direção: Sul	*Cores:* Vermelho, Branco, Amarelo
Chakra: Plexo Solar	*Número:* 1
Tarô: O Mago	
Árvores: Macieira, Cipreste, Olmo, Loureiro, Palmeira (*sangue de dragão*), Salgueiro, Hamamélis	
Ervas e Jardim: Endro, Heliotrópio, Íris, Lírio, Alecrim, Erva-de-são-joão	
Plantas: Pimenta-da-jamaica, Junco	*Metais:* Cobre, Ouro
Gemas e Minerais: Crisópraso, Citrino, Fluorita, Hematita, Jaspe (*amarelo*), Magnetita, Ônix, Pirita, Quartzo (*rutilado*), Rodocrosita, Tanzanita, Olho de Tigre, Turmalina (*verde*)	
Deuses: Marte, Shiva, Zeus	*Anjo:* Miguel
Animais: Puma, Urso Polar, Jaritataca, Tigre	*Ave:* Pega

FORTALECIMENTO

Fases da Lua: Cheia	*Luas Cheias:* Fevereiro
Celebração: Dia da Terra	*Ogham:* Muin
Árvore: Palmeira (*sangue de dragão*)	*Ervas e Jardim:* Alecrim, Verbena
Plantas: Jalapa, Cardo	
Gemas e Minerais: Azurita (emocional), Malaquita (emocional), Sal, Olho de Tigre	
Deusas: Ártemis, Diana, Hécate, Lakshmi, Morrigan, Sekhmet	
Animal: Jaguar	*Aves:* Gavião, Estorninho

GENEROSIDADE

Signo: Leão	*Sistema Solar:* Júpiter
Ogham: Ur	*Runa:* Gyfu (presentes)
Número: 9	*Cores:* Verde, Cor-de-rosa
Árvores: Macieira, Carvalho	*Planta:* Lótus
Ervas e Jardim: Urze, Madressilva, Prímula	*Do Mar:* Abalone, Lapa
Gemas e Minerais: Ágata, Angelita, Olho de Gato, Crisoberilo	
Deusas: Bast, Héstia, Kuan Yin, Lakshmi	*Deuses:* Aegir, Hades, Njord, Shiva, Thor
Animais: Búfalo/Bisão, Cervo, Gorila, Ovinos (*carneiro*), Lobo	
Aves: Pelicano, Peru, Pica-pau	*Insetos diversos:* Formiga

GENTILEZA

Signo: Aquário	*Sistema Solar:* Vênus
Estação: Primavera	*Elemento:* Terra
Direções: Norte, Sul	*Número:* 2
Cores: Água, Lavanda, Cor-de-rosa, Amarelo (*pálido*)	
Árvore: Plátano	*Planta:* Sapato-de-vênus
Ervas e Jardim: Camomila, Jacinto, Lavanda, Rosa (*cor-de-rosa*)	
Gemas e Minerais: Angelita, Howlita, Kunzita, Lápis-lazúli, Quartzo Rosa	
Metal: Estanho	*Do Mar:* Pérola
Deusas: Amaterasu, Éos, Íris, Ishtar, Kuan Yin, Nanna	
Animais: Antílope, Puma, Cervo, Raposa, Gorila, Coala, Orangotango, Coelho, Jaritataca	
Aves: Azulão, Pomba-branca, Pombo-comum, Ampélis-americano	*Vida Marinha:* Peixe-boi
Ser Mítico: Dragão	

GRAÇA

Signo: Libra	*Elemento:* Água
Árvores: Olmo, Salgueiro	*Plantas:* Prímula-silvestre, Lótus
Ervas e Jardim: Jasmim, Rosa, Arruda, Verbena	
Gemas e Minerais: Crisópraso, Jaspe (*vermelho*)	*Do Mar:* Asa-de-anjo

Deusas: Danu, Epona	*Deuses:* Marduk, Vishnu
Animais: Antílope, Gato, Cervo, Gazela	*Aves:* Grou, Perdiz, Pelicano, Cisne
Vida Marinha: Cavalo-marinho	*Insetos diversos:* Borboleta
Estado de Graça	
Animais: Elefante, Lontra	*Insetos diversos:* Abelha

GRATIDÃO

Celebração: Mabon	*Direção:* Norte
Cor: Branco	*Ervas e Jardim:* Agrimônia, Sálvia
Plantas: Olíbano, Lótus, Mirra	
Gemas e Minerais: Ametista, Quartzo (*transparente*)	*Deuses:* Adônis, Attis, Shiva
Deusas: Anat, Brígida, Ceres, Deméter, Néftis	
Animais: Búfalo/Bisão, Cervo (*fêmea*)	*Aves:* Corvo, Peru

GRAVIDEZ/PARTO (SAÚDE E APOIO DURANTE)

Signo: Áries	*Sistema Solar:* Lua
Fases da Lua: Cheia	*Celebração:* Imbolc
Runa: Beorc	*Elementos:* Terra, Água
Cores: Azul, Vermelho	*Tarô:* A Imperatriz
Árvores: Olmo, Loureiro, Palmeira (*tamareira*)	
Ervas e Jardim: Aquilégia, Jacinto, Jasmim, Framboesa	
Plantas: Erva-de-são-cristovão, Gengibre, Grãos (*milho*)	*Do Mar:* Coral
Gemas e Minerais: Heliotrópio, Crisocola, Hematita, Howlita, Jaspe (*vermelho*), Lápis-lazúli, Magnetita, Pedra da Lua, Quartzo (*transparente, rutilado*), Quartzo Rosa, Sárdio	
Deusas: Afrodite, Ártemis, Brigantia, Brígida, Diana, Freya, Ishtar, Macha, Sekhmet, Xochiquetzal	
Deus: Khnum	
Anjo: Gabriel	*Aves:* Pomba-branca, Coruja (*buraqueira*), Cegonha
Animais: Bovinos (*vaca*), Hipopótamo, Macaco	*Anfíbio:* Rã (*girino*)
Insetos diversos: Lesma	

GUARDAR

Signo: Leão	*Sistema Solar:* Netuno
Runa: Eoh	*Cores:* Azul (*escuro*), Marrom, Branco
Árvores: Amieiro, Abruheiro, Azevinho, Pinheiro	*Planta:* Sândalo
Ervas e Jardim: Giesta, Dente-de-leão, Violeta	*Do Mar:* Pérola
Gemas e Minerais: Ágata (*pele de cobra*), Ametrina, Angelita (espírito), Fluorita, Magnetita, Rubi, Turmalina	
Deuses: Anúbis, Ea, Hermes, Jano, Júpiter, Netuno, Pushan (bovinos, mortos, estradas), Ra, Thoth, Zeus	
Deusas: Atena, Bertha (animais), Cailleach Bheur, Epona, Freya, Frigga, Iduna, Inanna, Ísis, Ishtar, Juno, Justitia, Kuan Yin, Maat	
Vida Marinha: Salmão, Tubarão (família)	*Seres Mágicos:* Dríades, Lares, Musas (as artes)
Animais: Morcego (noite), Camelo, Bovinos (*vaca*), Cão, Hiena, Jaguar, Toupeira, Rato-almiscarado, Pantera, Tigre, Lobo	
Aves: Galináceos (*galo)*, Grou, Ganso, Gavião (*açor*), Garça (*grande azul*), Coruja, Corvo, Abutre (mistérios)	
Seres Míticos: Dragão (tesouros), Grifo, Esfinge	

HABILIDADES

Signo: Capricórnio	*Sistema Solar:* Marte, Mercúrio
Dia: Quarta-feira	*Tarô:* O Mago
Cores: Azul, Dourado, Roxo, Violeta, Amarelo	
Árvores: Acácia, Álamo, Cedro, Sorveira-brava, Evônimo, Salgueiro, Teixo	
Ervas e Jardim: Borragem, Craveiro (*branco*), Margarida, Dente-de-leão, Madressilva, Lírio-do--vale, Cravo-de-defunto, Acônito, Artemísia, Hortelã-pimenta, Açafrão, Tomilho, Milefólio	
Plantas: Canela, Genciana-verde, Eufrásia, Linho, Olíbano, Galanga, Meimendro, Jalapa, Patchuli, Anis-estrelado, Absinto	
Gemas e Minerais: Ametista, Heliotrópio, Magnetita, Malaquita, Pirita, Quartzo (*transparente*), Olho de Tigre (descobrir), Turmalina, Turquesa	
Metal: Alumínio	
Deusas: Atena, Brígida, Dôn, Epona, Freya, Minerva, Seshat, Mulher Aranha	

Deuses: Dagda, Ea, Enki, Ganesha, Gwydion, Hefésto, Inari, Júpiter, Lugh, Manannán, Marduk, Ogma, Posêidon, Prometeu, Ptah, Quetzalcoatl, Vulcano	
Seres Mágicos: Duendes, Gnomos, Pixies	
Animais: Antílope (sobrevivência), Castor, Chimpanzé, Puma, Coiote, Cão, Raposa, Lebre, Jaguar, Lince-canadense, Toupeira, Macaco, Camundongo, Jaguatirica, Gambá, Urso Polar (sobrevivência), Lobo (ensinar)	
Aves: Gaio-azul (usar adequadamente), Cormorão, Gavião, Garça (*grande azul*), Milhafre, Pega, Papa-figos	
Anfíbio e Répteis: Sapo, Tartaruga (terrestre), Tartaruga (aquática)	
Insetos diversos: Libélula, Aranha	
Desenvolver Habilidades	
Ogham: Gort	*Ave:* Gaio-azul
Gemas e Minerais: Celestita, Obsidiana (*brilho dourado*)	

HARMONIA

Signo: Libra	*Sistema Solar:* Vênus
Ogham: Ngetal, Saille	*Runa:* Hagal (interior)
Elemento: Ar	*Números:* 1, 3, 6
Tarô: Os Enamorados, A Temperança	
Cores: Verde-água, Azul (*claro, escuro*), Verde (*mar*), Cor-de-rosa, Branco	
Árvores: Macieira, Álamo, Cerejeira, Cipreste, Abeto, Junípero, Magnólia, Oliveira, Sorveira-brava, Abeto-vermelho, Plátano	
Ervas e Jardim: Agrimônia, Amaranto, Anêmona, Angélica, Bergamota, Amora-silvestre, Giesta, Craveiro, Gatária, Camomila, Trevo, Margarida, Dedaleira, Gardênia, Gerânio, Hibisco, Jasmim, Lavanda, Lilás, Lírio-do-vale, Prímula, Rosa, Arruda, Sálvia, Morango, Girassol, Valeriana, Verbena	
Plantas: Babosa, Bambu, Betônica, Canela, Cravo-da-índia, Olíbano, Lótus, Filipêndula, Junco, Sândalo, Espicanardo	
Gemas e Minerais: Âmbar, Ametista, Apatita, Cornalina, Celestita, Crisocola, Citrino, Diamante (*cor-de-rosa*), Granada, Kunzita, Larimar, Lepidolita, Pedra da Lua, Ágata Musgo, Madeira Petrificada, Quartzo (*transparente*), Quartzo Rosa, Selenita, Olho de Tigre, Turmalina (*cor-de-rosa, melancia*), Tsavorita, Zircônia	
Do Mar: Coral, Naticidae, Vieira	

Deusas: Atena, Héstia, Ishtar, Vesta	*Deuses:* Mabon, Mitra
Anjo: Rafael	*Animais:* Castor, Búfalo/Bisão
Vida Marinha: Golfinho, Peixe-dourado, Boto, Baleia	
Aves: Canário, Pomba-branca, Martim-pescador, Sabiá-do-campo, Pavão, Faisão (cósmica), Codorniz	
Harmonia Doméstica	
Plantas: Cominho, Verbasco, Patchuli	*Árvore:* Pinheiro

HONESTIDADE

Signo: Aquário, Sagitário	*Cores:* Marrom, Índigo
Tarô: Espadas	*Árvore:* Palmeira (*sangue de dragão*)
Ervas e Jardim: Manjericão, Madressilva, Alecrim, Tomilho	
Plantas: Jalapa, Lunária, Verbasco	*Metal:* Ouro
Gemas e Minerais: Âmbar, Heliotrópio	*Deuses:* Anúbis, Thoth
Deusas: Fides, Maat	*Animal:* Javali
Ave: Pavão	*Insetos diversos:* Cigarra

HONRA (CONCEDER, RECEBER)

Sistema Solar: Júpiter	*Dias:* Quinta-feira, Terça-feira
Celebração: Samhain (ancestrais)	*Runa:* Tyr
Elemento: Fogo	*Cores:* Azul, Cor-de-rosa, Rosa-claro
Árvores: Macieira, Cispreste, Loureiro, Pinheiro, Evônimo	*Ervas e Jardim:* Hera
Plantas: Olíbano, Mirra	
Gemas e Minerais: Amazonita, Azeviche, Zircônia (*vermelha*)	
Metal: Ouro	*Do Mar:* Pérola
Deusas: Aine, Fides, Justitia, Koré, Maia	*Deuses:* Arawn, Júpiter, Mitra
Anjo: Rafael	*Animal:* Búfalo/Bisão
Aves: Grou, Gralha, Corvo (anciãos, antepassados), Cegonha, Peru	
Vida Marinha: Golfinho	*Insetos diversos:* Gafanhoto

HUMOR (LIDAR COM, INFLUENCIAR)

Signo: Câncer	*Sistema Solar:* Mercúrio, Lua
Árvore: Cerejeira	*Ervas e Jardim:* Camomila
Plantas: Canela, Açafrão, Baunilha	*Metal:* Prata
Gemas e Minerais: Celestita (elevar), Pedra da Lua, Turquesa	
Deusas: Ártemis (acalmar), Kuan Yin (acalmar), Ran	*Deuses:* Aegir, Loki
Ave: Chapim (compreender atitudes)	*Réptil:* Camaleão
Melhorar o Humor	
Árvore: Mimosa	*Ervas e Jardim:* Bergamota
Planta: Olíbano	
Gemas e Minerais: Âmbar, Safira (*estrela*), Quartzo-enfumaçado	

ILUMINAÇÃO

Signos: Leão, Sagitário	*Sistema Solar:* Sol
Runa: Ken	*Elemento:* Ar
Cores: Roxo, Rosa-claro, Branco	*Chakra:* Coroa
Tarô: O Sol	*Árvores:* Figueira-sagrada, Abeto-vermelho
Planta: Lótus	
Gemas e Minerais: Cerussita, Rosa do Deserto, Fenacita, Safira (*estrela negra*)	
Do Mar: Concha-rainha	*Deuses:* Buda, Osíris
Deusas: Gaia, Iduna, Kuan Yin, Lakshmi, Sarasvati	
Animal: Bovinos (*vaca*)	*Aves:* Águia, Íbis, Coruja, Codorniz
Insetos diversos: Libélula	*Seres Míticos:* Dragão, Unicórnio

IMAGINAÇÃO

Signos: Câncer, Peixes	*Sistema Solar:* Lua
Elemento: Ar	*Direção:* Oeste
Cores: Cinza, Amarelo	*Chakra:* Terceiro Olho
Números: 2, 3, 6, 7	*Tarô:* Copas

Árvore: Sorveira-brava	*Ervas e Jardim:* Jasmim
Planta: Beladona	
Gemas e Minerais: Alexandrita, Aventurina, Calcita (*verde*), Granada, Quartzo Rosa, Safira, Turmalina (*azul*)	
Do Mar: Abalone, Coral, Madrepérola, Búzio	
Seres Mágicos: Fadas, Gnomos, Musas	*Anjo:* Gabriel
Animais: Antílope (ativa), Lebre, Macaco, Lontra, Ovinos (*carneiro*)	
Aves: Ganso, Mobelha, Cotovia-ocidental, Sabiá-do-campo	*Vida Marinha:* Foca

IMPARCIALIDADE

Signo: Libra	*Elemento:* Ar
Tarô: A Justiça	*Plantas:* Patchuli, Sândalo
Deusas: Fides, Justitia, Kuan Yin, Maat	

INDEPENDÊNCIA (BUSCAR, APOIAR, PROPICIAR)

Signos: Aquário, Áries, Sagitário, Virgem	*Ogham:* Luis
Números: 1, 9	*Cores:* Verde, Roxo
Árvores: Abrunheiro, Alfarrobeira, Carvalho	*Planta:* Cardo
Gemas e Minerais: Água-marinha, Aventurina (*verde*), Jade, Turmalina (*cor-de-rosa*)	
Do Mar: Cauri, Naticidae	
Deusas: Ártemis, Diana, Frigga, Kali, Venus	*Deuses:* Loki, Posêidon, Silvano
Animais: Lince, Gato, Raposa, Cabra, Alce-americano, Urso Polar, Jaritataca	
Aves: Cormorão, Grou, Beija-flor, Mobelha, Pinguim	

INFLUÊNCIA

Sistema Solar: Júpiter	*Elementos:* Fogo, Água
Direção: Noroeste	*Tarô:* A Morte (o mal), A Estrela
Cores: Azul (*real*), Marrom, Dourado, Cinza, Verde (*mar*), Roxo, Prateado	

Ervas e Jardim: Manjericão, Jacinto, Poejo	*Árvores:* Abrunheiro, Cipreste, Junípero, Loureiro
Plantas: Canela, Coentro, Galanga	*Metal:* Prata
Gemas e Minerais: Aventurina, Citrino (proteger de), Magnetita, Rubi, Tanzanita	
Deusas: Badb, Hécate, Maeve, Morrigan	*Ser Mágico:* Nórnias
Evitar	
Árvore: Palmeira (*sangue de dragão*)	*Ervas e Jardim:* Heliotrópio, Hera
Plantas: Potentilha, Olíbano	

INIMIZADE (ENFRENTAR)

Signo: Leão	*Sistema Solar:* Marte
Runa: Tyr	*Cores:* Preto, Cinza (*escuro*), Vermelho
Tarô: A Torre	
Ervas e Jardim: Confrei, Papoula, Prímula, Verbena	
Plantas: Dulcamara, Galanga, Jalapa, Verbasco, Mostarda, Absinto	
Gemas e Minerais: Ágata (*com banda vermelha*), Berilo, Heliotrópio, Diamante, Magnetita, Sal, Safira	
Metais: Ferro, Aço	
Deusas: Anat, Badb, Diana, Inanna, Kali, Kuan Yin, Macha, Maeve, Morrigan, Nêmesis, Rhiannon, Sekhmet	
Deuses: Baal, Loki, Ptah, Thor	
Animais: Javali, Gato, Raposa, Toupeira, Lobo	*Répteis e Anfíbio:* Cobra-real, Cobra, Sapo

INOCÊNCIA

Luas Cheias: Março	*Estação:* Primavera
Direção: Sul	*Cor:* Branco
Árvores: Macieira, Murta, Romãzeira (recuperar)	*Planta:* Grãos (*arroz*)
Ervas e Jardim: Anêmona (*branca*), Áster, Craveiro (*branco*), Crisântemo (*branco*), Margarida, Lilás (*branco*), Lírio (*branco*), Lírio-do-vale, Manjerona, Peônia, Rosa (*branca*), Hortelã-verde, Violeta (*branca*)	
Gemas e Minerais: Diamante (*azul*)	

Do Mar: Pérola	*Deusa:* Koré
Deuses: Balder, Mabon	*Aves:* Pombo-comum, Codorniz, Cisne
Animais: Coiote (renovar), Cervo, Cavalo (*branco*), Porco-espinho, Ovinos (*cordeiro*), Esquilo	
Insetos diversos: Cigarra	*Ser Mítico:* Unicórnio

INSPIRAÇÃO

Sistema Solar: Mercúrio, Lua, Netuno	*Fases da Lua:* Cheia, Crescente
Luas Cheias: Outubro	*Dia:* Segunda-feira
Celebração: Imbolc	*Ogham:* Oir, Saille
Runa: As	*Elementos:* Ar, Fogo
Direção: Leste	*Chakra:* Garganta
Números: 1, 5, 9, 11	*Tarô:* O Hierofante, A Estrela, Paus
Cores: Azul (*claro*), Cor-de-rosa, Roxo, Prateado, Violeta, Branco, Amarelo	
Árvores: Acácia, Bétula, Cipreste, Abeto, Aveleira, Loureiro, Carvalho, Palmeira (*sangue de dragão*), Pinheiro, Sorveira-brava, Evônimo, Nogueira, Salgueiro, Hamamélis	
Ervas e Jardim: Angélica, Parreira, Madressilva, Íris, Jasmim, Lavanda, Lilás, Lírio-do-vale, Rosa, Alecrim, Arruda, Verbena	
Plantas: Canela, Potentilha, Cravo-da-índia, Olíbano, Gengibre, Lótus, Junco, Sândalo, Baunilha	
Gemas e Minerais: Amazonita, Ametista, Ametrina, Apatita, Água-marinha, Ágata Rendada Azul, Cornalina, Celestita, Caroíta, Crisocola, Granada (*rodolita*), Jade, Jaspe (*paisagem*), Labradorita, Ônix, Opala, Peridoto, Quartzo (*transparente*), Selenita, Serpentina, Olho de Tigre, Topázio (*azul*), Turmalina (*verde*), Turquesa, Zircônia	
Do Mar: Búzio	
Seres Mágicos: Gnomos, Musas	
Deusas: Ártemis, Atena, Bast, Boann, Brígida, Ceridwen, Coventina, Danu, Dôn, Ísis, Parvati, Sarasvati	
Deuses: Angus, Baco, Dionísio, Khensu, Mimir, Odin, Ogma, Ptah, Surya, Zeus	
Animal: Ovinos (*carneiro*)	*Aves:* Águia, Ganso
Vida Marinha: Carpa, Enguia	*Réptil:* Lagarto (*tritão*)
Insetos diversos: Borboleta, Lagarta, Vaga-lume	

INTEGRIDADE

Signos: Aquário, Leão	*Dia:* Terça-feira
Gemas e Minerais: Heliotrópio, Quartzo, Olho de Tigre, Zoisita	
Do Mar: Caramujo	*Animais:* Alce, Leão

INTELIGÊNCIA

Signos: Aquário, Gêmeos	*Sistema Solar:* Mercúrio, Sol
Dia: Quarta-feira	*Runa:* Man
Elementos: Ar, Fogo	*Direção:* Leste
Números: 2, 6, 7	*Tarô:* O Mágico, Espadas
Cores: Azul, Lavanda, Laranja, Roxo, Amarelo	*Árvores:* Aveleira, Evônimo, Nogueira
Ervas e Jardim: Hortelã-pimenta, Alecrim, Violeta	
Gemas e Minerais: Ágata, Aventurina (*verde*), Crisoberilo, Esmeralda, Hematita, Jaspe (*verde,vermelho*), Olho de Tigre, Topázio	
Deusas: Atena, Minerva, Sarasvati	
Deuses: Apolo, Enki, Ganesha, Marduk, Mercúrio, Odin, Osíris, Ptah, Thoth	
Animais: Chimpanzé, Puma, Coiote, Raposa, Gorila, Lince-canadense, Porco, Rato, Doninha, Lobo	
Aves: Gralha, Pega, Sabiá-do-campo, Corvo, Estorninho	
Vida Marinha: Golfinho, Polvo, Baleia	*Ser Mítico:* Pássaro-trovão

INTROSPECÇÃO

Signos: Câncer, Escorpião	*Estação:* Inverno
Dia: Quarta-feira	*Celebração:* Samhain
Ogham: Gort, Muin	*Runas:* Is, Odal
Elemento: Água	*Números:* 2, 7, 11
Cores: Lavanda, Violeta	*Tarô:* O Eremita, O Julgamento (sobre o passado)
Árvores: Cedro, Abeto (*prateado*), Aveleira	*Planta:* Lótus
Ervas e Jardim: Angélica, Camomila, Sálvia	
Gemas e Minerais: Ágata (árvore), Água-marinha, Aventurina, Calcita (*transparente*), Cornalina, Fluorita (*violeta*), Jaspe (*pele de leopardo*), Kunzita, Lápis-lazúli, Moldavita, Fenacita, Pedra do Sol, Tanzanita, Olho de Tigre, Topázio, Turmalina (*azul*), Tsavorita	

Do Mar: Abalone, Concha-rainha, Cauri, Naticidae, Vieira	
Deusas: Kuan Yin	*Deuses:* Brahma, Buda, Krishna
Animais: Oricteropo, Urso, Coiote, Gazela, Toupeira, Camundongo, Urso Polar	
Aves: Grou, Cuco, Pintassilgo, Garça, Mobelha, Sabiá-do-campo, Corvo	
Vida Marinha: Foca	*Insetos diversos:* Libélula

INTUIÇÃO

Signos: Aquário, Câncer, Capricórnio, Peixes, Sagitário, Touro, Virgem	
Sistema Solar: Júpiter, Lua, Netuno, Urano	*Fases da Lua:* Minguante
Dia: Segunda-feira	*Ogham:* Eadha, Saille
Runa: Lagu	*Elementos:* Ar, Fogo, Água
Números: 2, 7, 11	*Chakra:* Terceiro Olho
Cores: Azul, Dourado, Cor-de-rosa, Roxo, Prateado, Violeta, Amarelo	
Tarô: O Enforcado, O Hierofante, A Sacerdotisa, Paus	
Árvores: Amieiro, Freixo, Bétula, Olmo, Aveleira, Azevinho, Loureiro, Palmeira (*coqueiro*), Pinheiro, Abeto, Salgueiro (confiança)	
Planta: Eufrásia	
Ervas e Jardim: Amora-silvestre, Giesta, Camomila, Trevo, Madressilva, Lavanda, Alecrim, Selo-de-salomão	
Gemas e Minerais: Alexandrita, Amazonita, Ametista, Ametrina, Apofilita, Azurita, Calcita (*verde, laranja*), Fluorita, Granada (*rodolita*), Hematita, Iolita, Labradorita, Lápis-lazúli, Magnetita, Pedra da Lua, Rodonita, Rubi, Safira, Sodalita, Topázio (*azul*), Turmalina (*azul*), Turquesa	
Metal: Prata	
Do Mar: Abalone, Cauri, Anômia, Madrepérola	
Deusas: Bast, Kali, Néftis	*Deuses:* Brahma, Júpiter, Mimir, Netuno
Seres Mágicos: Gnomos, Ondinas	*Anjo:* Rafael
Animais: Oricteropo, Antílope, Lince (confiança), Puma, Coiote, Dingo, Elefante, Girafa, Gorila (materna), Lebre, Leopardo, Alce-americano, Coelho, Lobo	
Vida Marinha: Golfinho, Salmão	
Aves: Albatroz, Canário, Cardeal, Gralha, Cuco, Águia, Cotovia-ocidental, Cisne	
Répteis: Camaleão, Lagarto	*Insetos diversos:* Grilo

INVEJA (ENFRENTAR)

<table>
<tr><td>Direção: Norte</td><td>Cores: Preto, Verde</td></tr>
<tr><td>Deuses: Hefésto, Posêidon, Set</td><td>Árvore: Azevinho</td></tr>
<tr><td colspan="2">Ervas e Jardim: Amora-preta /Amora, Alho, Gardênia, Cravo-de-defunto</td></tr>
<tr><td colspan="2">Gemas e Minerais: Ágata (evitar), Cornalina, Crisópraso, Safira</td></tr>
</table>

JUSTIÇA

<table>
<tr><td>Signos: Libra, Peixes</td><td>Dias: Terça-feira, Sábado, Domingo</td></tr>
<tr><td colspan="2">Sistema Solar: Júpiter, Marte, Mercúrio, Plutão, Saturno, Sol</td></tr>
<tr><td>Ogham: Huath, Tinne (punitiva)</td><td>Runa: Tyr</td></tr>
<tr><td>Elementos: Ar, Terra, Fogo</td><td>Números: 4, 8</td></tr>
<tr><td colspan="2">Tarô: O Julgamento, Espadas</td></tr>
<tr><td colspan="2">Cores: Preto, Azul, Marrom, Verde, Laranja, Roxo, Vermelho</td></tr>
<tr><td colspan="2">Árvores: Cedro, Castanheiro, Cispreste, Loureiro, Carvalho, Pinheiro</td></tr>
<tr><td colspan="2">Ervas e Jardim: Craveiro, Camomila, Endro, Alho, Madressilva, Jasmim, Ligústica, Erva-de-são-joão, Verbena, Violeta</td></tr>
<tr><td colspan="2">Plantas: Canela, Potentilha, Tussilagem, Genciana-verde, Olíbano, Galanga, Jalapa, Mostarda, Urtiga, Noz-moscada, Patchuli, Pimenta (do reino)</td></tr>
<tr><td colspan="2">Gemas e Minerais: Ametista, Aventurina, Heliotrópio, Diamante, Jade, Azeviche, Lápis-lazúli, Quartzo Rosa</td></tr>
<tr><td>Do Mar: Concha-rainha</td><td>Seres Mágicos: Parcas, Nórnias</td></tr>
<tr><td colspan="2">Deusas: Aine, Atena, Deméter, Fortuna, Holle, Justitia, Kuan Yin, Maat, Nanna, Nêmesis, Rhiannon, Sekhmet</td></tr>
<tr><td colspan="2">Deuses: Anúbis, Apolo, Baal, Belobog, Dagda, Geb (julgar), Júpiter, Mabon, Marduk, Odin, Osíris, Perun, Ra, Surya, Thor, Thoth, Vishnu, Zeus</td></tr>
<tr><td>Anjo: Miguel</td><td>Aves: Grou, Cuco, Avestruz, Faisão</td></tr>
<tr><td colspan="2">Animais: Bovinos (touro), Leão</td></tr>
<tr><td colspan="2">Lei</td></tr>
<tr><td colspan="2">Runa: Lagu</td></tr>
<tr><td>Deus: Ea (legislador)</td><td>Animal: Gazela (roda da lei)</td></tr>
</table>

Questões Jurídicas	
Dia: Quinta-feira	*Direção:* Leste
Tarô: A Justiça	*Ervas e Jardim:* Cravo-de-defunto
Do Mar: Múrice	

JUVENTUDE

Estação: Primavera	*Horas do dia:* Amanhecer
Ogham: Quert	*Celebrações:* Beltane, Imbolc
Cores: Verde, Cor-de-rosa, Rosa-claro	*Árvores:* Macieira, Murta, Carvalho
Ervas e Jardim: Bergamota, Trevo, Margarida, Samambaia, Lilás (*branco*), Lírio (*branco*), Prímula, Alecrim, Verbena	
Plantas: Anis, Prímula-silvestre	*Ser Mágico:* Elfos
Gemas e Minerais: Água-marinha, Pedra da Lua, Olho de Tigre	
Do Mar: Búzio-trombeta	
Deusas: Afrodite, Chalchiuhtlicue, Deméter (cuidados), Diana (animais jovens), Éos, Flora, Freya, Iduna, Koré, Selene	
Deuses: Agni, Angus, Apolo, Baco, Bragi, Cupido, Eros, Hanuman, Hórus, Mabon, Manannán	
Animais: Cavalo, Ovinos (*cordeiro*)	*Ave:* Pega
Vida Marinha: Carpa	

KARMA

Sistema Solar: Plutão, Saturno	*Dia:* Sábado
Cores: Preto, Índigo	*Número:* 8
Árvores: Freixo, Sorveira-brava	*Ervas e Jardim:* Anêmona
Planta: Lótus	
Gemas e Minerais: Lágrima de Apache, Olho de Falcão, Morganita, Olho de Tigre	
Deusas: Arianrhod, Hécate, Holle, Kali, Kuan Yin, Nêmesis	
Deus: Vishnu	*Animal:* Coiote
Ave: Águia	*Insetos diversos:* Abelha

LAR

Signos: Câncer, Touro	*Sistema Solar:* Terra, Lua
Luas Cheias: Setembro, 13ª	*Estação:* Outono
Dia: Segunda-feira	*Ogham:* Tinne
Runa: Odal (terra ancestral)	*Elemento:* Terra
Número: 6	
Cores: Azul, Marrom, Dourado, Verde, Laranja, Roxo, Amarelo	
Árvores: Oliveira, Palmeira (*sangue de dragão*), Romãzeira	
Ervas e Jardim: Manjericão (pacífico), Giesta, Gatária, Margarida, Endro, Alho (proteger), Gardênia, Urze, Lilás, Passiflora, Poejo, Rosa, Tomilho, Verbena	
Plantas: Babosa, Anis, Coentro, Cominho, Mandrágora (*americana*), Filipêndula, Visco, Patchuli, Junco, Solidéu, Baunilha	
Do Mar: Vieira	
Gemas e Minerais: Ágata Rendada Azul, Calcita (*verde*/próspero), Sal (abençoar novo lar)	
Deusas: Bertha, Brigantia, Frigga, Héstia, Lakshmi, Nanna, Pele, Vesta	
Deuses: Hermes, Njord, Thor	*Seres Mágicos:* Brownies, Lares, Penates
Animais: Texugo, Castor, Caribu, Bovinos (*vaca*), Raposa, Canguru, Cão-da-pradaria, Coelho	
Aves: Melro, Gralha, Ganso, Beija-flor, Papa-figos, Pombo-comum, Andorinha	
Vida Marinha: Carpa (proteger)	*Insetos diversos:* Cigarra, Grilo
Remover (qualquer coisa indesejada)	
Árvores: Pilriteiro, Loureiro, Pinheiro	*Planta:* Mirra
Impedir o mal de entrar	
Árvore: Pilriteiro	*Ervas e Jardim:* Erva-doce
Planta: Urtiga	

LEALDADE

Signos: Aquário, Leão, Escorpião	*Sistema Solar:* Saturno
Dia: Quinta-feira	*Cores:* Azul (*real*), Vermelho
Números: 4, 6	*Árvores:* Loureiro, Carvalho
Ervas e Jardim: Alecrim	*Planta:* Junco

Gemas e Minerais: Granada, Cianita, Magnetita (reforçar), Malaquita, Pedra da Lua, Rubi, Turmalina (atrair)	
Deusas: Fides, Sekhmet	
Deuses: Arawn, Hanuman, Mitra	*Ser Mágico:* Brownies
Animais: Dingo, Cão, Elefante, Cavalo, Lontra, Lobo	
Aves: Gaio-azul, Falcão, Pinguim, Pombo-comum, Pardal	

LIBERAÇÃO (ABRIR MÃO DE ALGO OU ALGUÉM E SEGUIR EM FRENTE)

Fases da Lua: Minguante	*Horas do dia:* Meia-noite
Celebrações: Lughnasadh, Samhain	*Ogham:* Beithe, Eamhancholl
Runa: Is	*Elementos:* Ar, Fogo
Cores: Preto, Roxo	*Chakra:* Garganta
Árvores: Bétula, Cedro, Cipreste, Sabugueiro, Junípero, Loureiro, Bordo, Murta, Palmeira (*sangue de dragão*), Pinheiro	
Ervas e Jardim: Áster, Manjericão, Trevo, Aquilégia, Confrei, Samambaia, Dedaleira, Alho, Heliotrópio, Íris, Lavanda, Lilás, Manjerona, Artemísia, Peônia, Hortelã-pimenta, Rosa, Alecrim, Arruda, Sálvia, Erva-de-são-joão, Boca-de-leão, Girassol, Verbena, Milefólio	
Plantas: Betônica, Sanguinária-do-canadá, Cravo-da-índia, Cominho, Olíbano, Gengibre, Verbasco, Mirra, Noz-moscada, Patchuli, Pimenta, Sândalo, Absinto	
Metal: Cobre	
Gemas e Minerais: Ágata, Apatita (*azul*), Cornalina, Iolita, Lápis-lazúli, Magnetita, Malaquita, Pedra da Lua, Sugilita, Topázio (*azul*), Wulfenita	
Do Mar: Búzio	*Deusas:* Deméter, Hécate, Kali, Sedna
Deuses: Apolo, Coiote, Dionísio, Ea, Manannán, Zeus	
Animais: Morcego (velhos hábitos), Leão	*Vida Marinha:* Golfinho

LIBERDADE (BUSCAR, MANTER)

Signos: Aquário, Sagitário	*Sistema Solar:* Saturno, Urano
Dias: Sábado, Domingo	*Runa:* Hagal
Elementos: Ar, Fogo	*Cores:* Azul, Laranja, Roxo, Vermelho
Número: 5	*Chakra:* Sacro
Tarô: Espadas	*Plantas:* Sândalo, Espicanardo

Ervas e Jardim: Campainha, Dente-de-leão, Gerânio, Hibisco (sexual), Íris, Ipomeia, Arruda, Boca-de-leão (emocional), Erva-de-são-joão (de medos), Verbena	
Árvores: Amieiro, Bétula, Pilriteiro (interior), Bordo (interior), Carvalho, Pinheiro, Salgueiro	
Do Mar: Asa-de-anjo, Anômia	
Gemas e Minerais: Ônix, Quartzo Rosa, Rubi, Safira, Sugilita	
Deusas: Amaterasu, Anfitrite, Anat, Afrodite, Arianrhod, Ártemis, Atena, Freya, Frigga, Inanna, Ishtar, Ísis, Kali, Kuan Yin, Lakshmi, Minerva	
Deuses: Baco, Dionísio, Hermes, Loki, Mabon, Pan, Shiva	
Vida Marinha: Golfinho, Boto, Baleia	*Réptil:* Camaleão
Animais: Guepardo, Puma, Alce, Cavalo, Orangotango, Lontra, Rena, Lobo	
Aves: Albatroz, Águia, Ganso, Bacurauzinho, Águia-pescadora, Maçarico-das-rochas, Coruja, Gaivota	
Insetos diversos: Borboleta	

LIDERANÇA

Signos: Áries, Leão, Sagitário (habilidade)	*Sistema Solar:* Júpiter, Sol
Dias: Domingo, Quinta-feira	*Elemento:* Fogo
Cor: Vermelho	*Números:* 1, 4
Gemas e Minerais: Amazonita, Andaluzita, Celestita, Rubi, Estaurolita, Topázio (*azul*)	
Do Mar: Vieira, Búzio-trombeta	
Deusas: Banba, Brigantia, Dôn, Epona, Ísis, Maeve	
Deuses: Bragi, Júpiter, Manannán, Marduk, Odin, Zeus	
Animais: Bovinos (*touro*), Puma, Coiote, Gorila (*de dorso prateado*), Leão, Lobo (*macho alfa*)	
Aves: Condor, Gavião	

LIGAÇÕES (CRIAR VÍNCULOS)

Cor: Vermelho	*Chakra:* Raiz
Tarô: Ouros	
Ervas e Jardim: Amora-silvestre, Campainha, Hera, Jasmim, Rosa	
Gemas e Minerais: Calcita, Olho de Falcão, Moldavita, Sugilita	
Do Mar: Mexilhão	

Liberar Ligações	
Árvore: Pilriteiro	*Ervas e Jardim:* Framboesa
Plantas: Sanguinária-do-canadá, Lótus	

LIMITAÇÕES/LIMITES (ESTABELECER, DEFINIR, SUPERAR)

Signo: Peixes	*Sistema Solar:* Saturno
Dia: Sábado	*Ogham:* Nion
Runa: Nyd	*Cor:* Preto
Número: 4	*Tarô:* O Diabo
Árvore: Palmeira (*tamareira*)	*Planta:* Urtiga
Gemas e Minerais: Alexandrita, Hematita	*Deusa:* Arianrhod (libertar-se de)
Deuses: Hermes (limites de área), Mercúrio, Nergal	
Ser Mágico: Lares (limites de área)	
Animal: Rato-almiscarado	*Ave:* Condor
Réptil: Cobra	*Insetos diversos:* Libélula

LONGEVIDADE

Sistema Solar: Saturno, Sol	*Ogham:* Quert, Ruis
Cores: Marrom, Verde, Vermelho	
Árvores: Macieira, Cedro, Cipreste, Aveleira, Loureiro, Tília, Bordo, Carvalho, Oliveira, Palmeira (*tamareira*), Pinheiro, Plátano, Romãzeira, Teixo	
Ervas e Jardim: Amaranto, Angélica, Erva-doce, Samambaia, Urze, Lavanda, Erva-cidreira, Lilás, Cravo-de-defunto, Alecrim, Sálvia, Valeriana, Verbena, Milefólio	
Plantas: Babosa, Erva-de-são-cristovão, Bambu, Canela, Cravo-da-índia, Coentro, Cominho, Olíbano, Ginseng, Lótus, Visco, Verbasco, Mirra	
Gemas e Minerais: Ágata, Âmbar, Berilo, Heliotrópio, Cornalina, Citrino, Danburita, Jade, Jaspe, Ágata Musgo, Madeira Petrificada, Sal	
Metal: Ouro	*Do Mar:* Coral, Pérola
Deusas: Anat, Deméter, Freya, Iduna, Ishtar	*Seres Mágicos:* Dríades, Elfos

Deuses: Dionísio, Krishna, Pan, Shiva, Surya	*Vida Marinha:* Carpa
Animais: Morcego, Cervo (*veado*), Elefante, Alce-americano, Porco, Tigre	
Aves: Grou, Gralha, Pomba-branca, Águia, Arara, Papagaio, Pavão, Faisão, Cegonha, Cisne	
Répteis e Anfíbio: Lagarto, Cobra, Sapo, Tartaruga (terrestre), Tartaruga (aquática)	*Seres Míticos:* Fênix, Unicórnio
Insetos diversos: Besouro (*escaravelho*), Cigarra, Libélula	

LUTO (ALIVIAR, RECUPERAR-SE DE, POR SI E PELOS OUTROS)

Cores: Preto, Vinho, Roxo (*escuro*)	*Número:* 7
Árvores: Cipreste, Bordo, Mimosa, Choupo, Salgueiro (*chorão*), Teixo	
Ervas e Jardim: Anêmona, Manjericão, Bergamota, Campainha, Jacinto, Lavanda, Erva-cidreira, Cravo-de-defunto, Manjerona, Rosa (*vermelha*), Tomilho	
Plantas: Babosa, Potentilha	
Gemas e Minerais: Ágata, Âmbar, Lágrima de Apache, Apatita, Água-marinha, Cornalina, Crisocola, Crisópraso, Fluorita, Azeviche, Ônix, Opala, Quartzo Rosa, Rubi, Espinélio, Topázio, Turmalina (*melancia*)	
Deuses: Adônis, Attis, Shiva	
Deusas: Anat, Ariadne, Brígida, Ceres, Deméter, Ísis, Nanna, Néftis	
Animais: Morcego (compreensão), Ovinos (*cordeiro*)	*Aves:* Pomba-branca (*zenaida macroura*), Rouxinol

LUXÚRIA

Signos: Áries, Capricórnio, Escorpião, Touro	*Sistema Solar:* Marte, Saturno, Vênus
Celebrações: Beltane, Saturnália	*Elemento:* Fogo
Cor: Vermelho	*Árvores:* Oliveira, Palmeira (*sangue de dragão*)
Ervas e Jardim: Margarida, Endro, Alho, Hibisco, Jasmim, Lavanda, Hortelã-pimenta, Pervinca, Papoula, Alecrim, Violeta	
Plantas: Erva-de-são-cristovão, Cardamomo, Canela, Cravo-da-índia, Genciana-verde, Heléboro-amarelo, Galanga, Gengibre, Ginseng, Jalapa, Mostarda, Urtiga, Patchuli, Pimenta (*do reino*), Açafrão, Baunilha	
Metais: Cobre, Chumbo, Mercúrio, Prata, Estanho	

Gemas e Minerais: Cornalina, Granada, Rubi	*Do Mar:* Ostra, Pérola
Deusas: Anat, Badb, Éos, Freya, Ishtar, Juno, Maeve, Néftis, Pele, Sekhmet	
Deuses: Apolo, Attis, Dionísio, Pan, Zeus	*Ser Mágico:* Sereias
Animais: Javali, Raposa, Chacal	*Aves:* Galináceos (*galo*), Perdiz
Réptil: Cobra	*Ser Mítico:* Selkies

LUZ

Signos: Aquário, Áries, Leão	*Sistema Solar:* Lua, Sol
Fases da Lua: Cheia	*Luas Cheias:* Julho
Estações: Primavera, Verão	*Dia:* Domingo
Horas do dia: Amanhecer	*Runas:* Dag, Wyn
Celebrações: Imbolc, Litha, Ostara, Yule	*Elementos:* Ar, Fogo
Direções: Leste, Sul	*Cores:* Azul, Dourado, Branco, Amarelo
Números: 1, 7, 9	*Plantas:* Grãos (*arroz*), Lótus
Árvores: Bétula, Cedro, Sabugueiro, Abeto, Loureiro	
Ervas e Jardim: Margarida, Heliotrópio, Jasmim, Lilás, Girassol	
Gemas e Minerais: Ágata, Alexandrita, Apofilita, Calcita, Crisópraso, Granada, Hematita, Pedra da Lua, Peridoto, Rodocrosita, Rubi, Topázio	
Metais: Ouro, Prata	*Do Mar:* Anômia, Pérola
Seres Mágicos: Elfos, Fadas	*Anjo:* Miguel
Deusas: Amaterasu, Bast, Éos, Hathor, Inanna, Iduna, Ísis, Juno, Parvati, Febe, Sekhmet, Selene	
Deuses: Agni, Amon, Apolo, Balder, Belenus, Belobog, Freyr, Hélio, Horus, Jano, Júpiter, Khensu, Lugh, Mitra, Ra, Surya, Vishnu	
Animais: Cervo, Cavalo, Leão	*Aves:* Galináceos (*galo*), Andorinha, Cisne
Insetos diversos: Borboleta, Grilo, Vaga-lume	*Ser Mítico:* Dragão

MAGIA

Signo: Câncer	*Sistema Solar:* Marte, Mercúrio, Lua
Fases da Lua: Cheia	*Luas Cheias:* Julho
Dias: Sexta-feira, Segunda-feira	*Runa:* Lagu

Elemento: Fogo	*Direção:* Norte
Cor: Preto	
Árvores: Amieiro (agressiva), Macieira, Abrunheiro, Figueira-sagrada, Sabugueiro, Pilriteiro, Aveleira, Loureiro, Palmeira (*sangue de dragão*), Sorveira-brava, Salgueiro	
Ervas e Jardim: Craveiro, Alho, Hidraste, Artemísia, Peônia (encontrar algo oculto), Alecrim, Arruda, Sálvia, Erva-de-são-joão, Girassol, Verbena	
Plantas: Canela, Potentilha, Olíbano, Gengibre, Ginseng, Jalapa, Mandrágora, Visco, Verbasco, Cogumelo, Urze, Patchuli, Sândalo, Baunilha	
Gemas e Minerais: Âmbar, Diamante, Azeviche, Labradorita, Magnetita, Obsidiana, Safira (*estrela*), Estaurolita, Tanzanita	
Do Mar: Concha-rainha (amor), Pérola	
Metais: Alumínio, Ouro, Chumbo (agressiva), Mercúrio, Prata (da água)	
Deusas: Aine, Arianrhod, Badb, Banba (da terra), Bertha (dos nós), Boann (da água), Brígida (do fogo), Ceridwen, Danu, Freya, Frigga, Hécate, Holle, Ísis, Kuan Yin, Kupala, Maeve, Maia, Morrigan, Nanna, Néftis, Pele, Sekhmet, Selene, Seshat, Mulher Aranha, Xochiquetzal	
Deuses: Amon, Anúbis, Cernunos, Coiote, Dagda, Ea, Enki, Freyr (com runa), Homem Verde, Gwydion, Hermes, Hórus, Inari, Indra, Loki, Lugh, Manannán, Marduk, Mercúrio, Mitra, Odin, Ogma, Shiva, Thoth	
Seres Mágicos: Brownies, Dríades (da terra), Elfos, Nórnias (dos nós, com runas), Pixies	
Vida Marinha: Baleia	*Insetos diversos:* Borboleta, Aranha
Animais: Babuíno, Texugo, Javali, Gato, Coiote (conservadora), Cão (*branco com orelhas vermelhas*), Raposa, Cavalo, Jaguar, Leopardo, Toupeira (da terra), Jaritataca	
Aves: Gaio-azul, Grou, Gralha, Águia, Falcão, Garça, Íbis, Coruja, Pelicano, Corvo, Gaivota (de um entre vários lugares), Pica-pau	
Répteis e Anfíbios: Camaleão, Rã, Cobra, Sapo	*Seres Míticos:* Esfinge, Pássaro-trovão
Magia dos Anjos	
Anjo: Todos	*Cores:* Azul, Cor-de-rosa, Branco
Ervas e Jardim: Angélica, Manjericão, Madressilva, Íris, Cravo-de-defunto, Rosa (*cor-de-rosa*), Violeta	
Plantas: Linho, Olíbano, Lunária, Verbasco, Mirra, Sândalo, Estramônio	
Gemas e Minerais: Âmbar, Ametista, Angelita, Água-marinha, Ágata Rendada Azul, Celestita, Pedra da Lua, Morganita, Quartzo (*transparente*)	
Do Mar: Asa-de-anjo	

Magia Animal	
Signos: Leão, Sagitário	*Sistema Solar:* Terra
Luas Cheias: Agosto	*Elementos:* Ar, Água
Cor: Marrom	*Árvore:* Palmeira (*sangue de dragão*)
Ervas e Jardim: Gatária, Milefólio	*Plantas:* Tussilagem, Mirra
Gemas e Minerais: Ágata (*pele de cobra*), Olho de Gato, Olho de Falcão, Jaspe (*pele de leopardo*), Olho de Tigre, Unaquita	
Deusas: Artio, Bast, Epona, Freya, Rhiannon	
Deuses: Fauno, Manannán, Pan, Posêidon	*Animal:* Todos
Magia Negra	
Fases da Lua: Nova	*Cores:* Preto, Roxo (escuro)
Números: 11, 13	*Tarô:* O Diabo
Árvores: Abrunheiro, Junípero, Alfarrobeira, Teixo	*Ervas e Jardim:* Endro, Manjerona
Plantas: Assa-fétida, Meimendro, Jalapa, Mandrágora, Verbasco, Cogumelo	
Gemas e Minerais: Âmbar, Azeviche, Malaquita, Ônix, Quartzo (*transparente*)	
Deusas: Hécate, Kali	*Deuses:* Apolo, Set
Magia com a Anciã	
Sistema Solar: Lua	*Celebração:* Noite de Hécate
Fases da Lua: Minguante	*Estações:* Outono, Inverno
Cores: Preto, Roxo	*Seres Mágicos:* Parcas, Nórnias
Deusas: Badb, Cailleach Bheur, Ceridwen, Hécate, Macha, Morrigan, Perséfone, Sedna	
Animais: Cão, Gato (*preto*), Porco (*fêmea*)	*Aves:* Gralha, Corvo
Magia Defensiva	
Sistema Solar: Marte	*Elemento:* Fogo
Cor: Vermelho	
Árvores: Abrunheiro, Cipreste, Pilriteiro, Junípero, Loureiro, Palmeira (*sangue de dragão*), Pinheiro, Salgueiro (*preto*)	
Plantas: Canela, Olíbano, Lótus, Urtiga, Patchuli, Sândalo, Cardo	
Ervas e Jardim: Manjericão, Craveiro (*vermelho*), Jasmim, Lilás, Lírio-do-vale, Manjerona, Verbena, Violeta, Milefólio	

Metais: Bronze, Ouro, Ferro, Chumbo	
Gemas e Minerais: Jade, Jaspe (*vermelho*), Ônix, Safira	
Deusas: Anat, Banba, Hécate, Sekhmet	*Deus:* Perun
Magia com Dragões	
Sistema Solar: Marte	*Estação:* Primavera
Elementos: Ar, Terra, Fogo, Água	*Direção:* Leste
Cor: Verde	*Árvore:* Palmeira (*sangue de dragão*)
Deusas: Cailleach Bheur, Ishtar, Tiamat	
Magia com Duendes	
Planta: Cogumelo	
Ervas e Jardim: Narciso, Margarida, Dedaleira, Gerânio, Lavanda, Alecrim, Violeta (*azul*)	
Magia com Fadas	
Celebração: Lunantishees	*Cor:* Verde
Ervas e Jardim: Campainha, Trevo, Narciso, Margarida, Dedaleira, Prímula, Rosa, Erva-de-são-joão,Tomilho, Violeta	
Árvores: Macieira, Sabugueiro, Pilriteiro, Sorveira-brava	
Plantas: Prímula-silvestre, Heléboro-amarelo, Cogumelo/Chapéu-de-cobra	
Deusas: Aine	*Deuses:* Angus, Dagda
Magia da Lua	
Signo: Câncer	*Sistema Solar:* Lua
Fases da Lua: Cheia	*Dia:* Segunda-feira
Elemento: Água	*Cores:* Prateado, Branco
Números: 3, 9, 13	*Árvores:* Mimosa, Palmeira (*coqueiro*), Salgueiro
Ervas e Jardim: Craveiro (*branco*), Íris, Jasmim, Papoula, Rosa (*branca*)	
Plantas: Gengibre, Ginseng, Lótus, Lunária, Cogumelo, Sândalo, Nenúfar	
Gemas e Minerais: Berilo, Pedra da Lua, Opala (*preta*), Quartzo (*transparente*), Selenita	
Do Mar: Naticidae, Madrepérola, Pérola	*Metal:* Prata
Deusas: Aine, Ariadne, Arianrhod, Ártemis, Bast, Ceridwen, Coatlicue, Danu, Diana, Freya, Hécate, Inanna, Ishtar, Ísis, Luna, Nanna, Rhiannon, Selene	
Deuses: Khensu, Shiva, Thoth	*Aves:* Íbis, Coruja

Animais: Gato, Bovinos (*vaca, touro branco*), Cão, Lebre, Pantera, Coelho, Lobo	
Vida Marinha: Caranguejo, Golfinho	*Insetos diversos:* Mariposa
Magia da Noite	
Sistema Solar: Lua	*Fases da Lua:* Nova
Celebração: Noite de Hécate	*Cores:* Preto, Azul (*escuro*)
Ervas e Jardim: Jasmim	*Planta:* Beladona
Gemas e Minerais: Pedra da Lua, Opala (*preta*), Peridoto	
Do Mar: Pérola	*Deuses:* Marduk, Nergal
Deusas: Diana, Hécate, Kali, Morrigan, Néftis, Nut	
Animais: Morcego, Gato, Jaguar, Pantera	*Aves:* Flamingo, Rouxinol, Coruja
Insetos diversos: Vaga-lume	
Magia Sexual	
Signos: Leão, Escorpião, Touro	*Sistema Solar:* Marte, Vênus
Fases da Lua: Cheia	*Elemento:* Fogo
Cores: Lavanda, Roxo, Vermelho	*Árvores:* Oliveira, Palmeira (*sangue de dragão*)
Ervas e Jardim: Endro, Alho, Jasmim, Ligústica, Pervinca, Rosa, Selo-de-salomão, Verbena, Violeta	
Plantas: Cardamomo, Canela, Cravo-da-índia, Coentro, Heléboro-amarelo, Galanga, Gengibre, Ginseng, Meimendro, Jalapa, Mandrágora, Visco, Mirra, Raiz de Íris, Patchuli, Açafrão, Sândalo, Baunilha, Absinto	
Deusas: Anat, Afrodite, Arianrhod, Asherah, Astarte, Bast, Epona, Freya, Frigga, Hathor, Inanna, Ishtar, Ísis, Macha, Maeve, Modron, Morrigan, Sekhmet, Vênus, Xochiquetzal	
Deuses: Angus, Baco, Cernunos, Cupido, Dionísio, Eros, Fauno, Hermes, Krishna, Marte, Netuno, Pan, Posêidon, Set, Shiva	
Animais: Lince, Bode/Cabra	
Aves: Pomba-branca, Pardal	*Ser Mítico:* Esfinge
Magia Solar	
Sistema Solar: Sol	*Ervas e Jardim:* Heliotrópio
Planta: Linho	*Metais:* Bronze, Ouro
Gemas e Minerais: Âmbar, Citrino, Pedra do Sol	*Deusas:* Aine, Febe
Deuses: Amon, Anúbis, Apolo, Balder, Belenus, Hélio, Lugh, Mitra, Ogma, Ra	

MÁGOA (CORAÇÃO PARTIDO, CURAR)

<table>
<tr><td>Elemento: Água</td><td>Árvores: Murta, Pinheiro</td></tr>
<tr><td colspan="2">Ervas e Jardim: Amaranto, Matricária, Gardênia, Lavanda, Erva-cidreira, Rosa (branca), Alecrim, Violeta, Milefólio</td></tr>
<tr><td colspan="2">Plantas: Canela, Potentilha, Coentro, Mirra</td></tr>
<tr><td colspan="2">Gemas e Minerais: Aventurina, Calcita (azul), Crisocola, Crisópraso, Granada, Jade, Lápis-lazúli, Morganita, Quartzo Rosa, Topázio (azul)</td></tr>
<tr><td colspan="2">Deus: Ares</td></tr>
</table>

MANIFESTAÇÃO

<table>
<tr><td>Signo: Capricórnio</td><td>Sistema Solar: Lua, Sol</td></tr>
<tr><td>Fases da Lua: Cheia</td><td>Luas Cheias: Setembro</td></tr>
<tr><td>Estação: Outono</td><td>Celebrações: Litha, Décima Segunda Noite</td></tr>
<tr><td>Ogham: Uilleann</td><td>Elemento: Terra</td></tr>
<tr><td>Direção: Norte</td><td>Cores: Roxo, Violeta</td></tr>
<tr><td>Chakra: Raiz</td><td>Números: 3, 4, 12, 13</td></tr>
<tr><td>Tarô: O Hierofante, O Mago, O Mundo</td><td>Árvore: Loureiro</td></tr>
<tr><td colspan="2">Ervas e Jardim: Campainha, Camomila, Lavanda, Lírio-martagão, Rosa (vermelha), Verbena</td></tr>
<tr><td colspan="2">Plantas: Ditamno, Mirra, Patchuli, Sândalo</td></tr>
<tr><td colspan="2">Metal: Ferro</td></tr>
<tr><td colspan="2">Gemas e Minerais: Âmbar, Ametista (em geral, de amor), Andaluzita, Apatita, Ágata Rendada Azul, Cornalina, Citrino (abundância), Esmeralda, Granada, Hematita, Iolita, Lápis-lazúli, Lepidolita, Obsidiana, Safira (de sonhos), Sárdio, Estaurolita, Sugilita (de amor), Tanzanita, Olho de Tigre, Turmalina (azul), Turquesa</td></tr>
<tr><td colspan="2">Do Mar: Cauri</td></tr>
<tr><td colspan="2">Deusas: Ariadne, Asherah, Brígida, Danu, Deméter, Seshat</td></tr>
<tr><td>Deuses: Ea, Ptah, Vishnu</td><td>Seres Mágicos: Fadas, Parcas, Musas</td></tr>
<tr><td colspan="2">Animais: Búfalo/Bisão, Bovinos, Jaguar, Tigre (novas aventuras)</td></tr>
<tr><td colspan="2">Aves: Condor, Gralha, Pega, Trepadeira-azul, Pavão, Corvo, Pardal, Andorinha, Cisne</td></tr>
<tr><td>Vida Marinha: Golfinho, Orca</td><td>Répteis: Salamandra, Cobra</td></tr>
<tr><td>Insetos diversos: Borboleta, Lagarta, Aranha</td><td>Ser Mítico: Dragão</td></tr>
</table>

MEDO (ENFRENTAR)

Signos: Áries, Sagitário	*Sistema Solar:* Mercúrio
Dia: Quarta-feira	*Ogham:* Eadha
Cores: Preto, Marrom, Índigo, Laranja	*Números:* 5, 7
Árvores: Álamo, Loureiro	
Ervas e Jardim: Campainha, Trevo, Narciso, Alho, Gerânio, Acônito, Ipomeia, Prímula, Framboesa, Sálvia, Erva-de-são-joão, Milefólio	
Plantas: Pimenta-da-jamaica, Canela, Olíbano, Urtiga, Pimenta, Solidéu, Espicanardo, Cardo	
Gemas e Minerais: Ágata (*com banda vermelha*), Amazonita, Âmbar, Ametista, Lágrima de Apache, Água-marinha, Azurita, Berilo, Heliotrópio, Calcita (*verde*), Cornalina, Caroíta, Crisocola, Citrino, Diamante, Jaspe, Azeviche, Obsidiana, Ônix, Opala, Peridoto, Quartzo (*rutilado*), Safira, Quartzo-enfumaçado, Sodalita, Pedra do Sol, Olho de Tigre, Topázio, Turmalina (*preta*)	
Do Mar: Coral (preto), Pérola	*Deuses:* Ares, Júpiter, Marte, Odin, Pan, Shiva
Deusas: Badb, Brigantia, Coatlicue, Durga, Ishtar, Juno, Kuan Yin, Kupala, Morrigan, Sekhmet	
Vida Marinha: Foca	
Animais: Morcego, Puma, Lebre, Jaguar, Toupeira, Urso Polar (sem medo), Jaritataca	
Aves: Gaio-azul, Gralha, Águia, Tetraz (desconsiderar), Gavião (sem medo), Coruja, Carriça (sem medo)	
Répteis: Jacaré, Crocodilo, Lagarto, Cobra (*cascavel*)	
Insetos diversos: Borboleta	
Vencer o Medo	
Do Mar: Cauri	
Aves: Chapim, Sabiá-do-campo	
Animais: Leopardo (demônios interiores), Coelho	
Liberar/Afastar o medo	
Gemas e Minerais: Angelita, Ágata Rendada Azul, Zoisita	
Deusas: Kali	

MEMÓRIA/S (FORTALECER, ACESSAR)

Sistema Solar: Mercúrio, Plutão	*Luas Cheias:* Outubro
Elementos: Ar, Água	*Cores:* Laranja, Amarelo
Tarô: Ouros	*Árvores:* Abeto, Pinheiro, Abeto-vermelho

Ervas e Jardim: Áster, Manjericão, Giesta, Confrei, Madressilva, Lírio-do-vale, Manjerona, Pervinca, Alecrim, Arruda, Sálvia	
Plantas: Cardo-bento, Cravo-da-índia, Eufrásia, Ginseng, Noz-moscada, Patchuli	
Gemas e Minerais: Amazonita, Âmbar, Andaluzita (melhorar), Berilo, Calcita, Cornalina, Esmeralda, Hematita, Howlita, Ônix, Opala, Pirita, Sugilita	
Deusas: Banba, Ísis, Seshat	*Deus:* Surya
Seres Mágicos: Dríades, Musas	*Aves:* Gavião (incluindo vidas passadas), Corvo
Animais: Elefante, Lêmure (dos antepassados), Porco-espinho	
Réptil e Anfíbio: Salamandra (alma), Sapo	*Vida Marinha:* Orca, Baleia
Insetos diversos: Aranha	
Memórias de Vidas Passadas	
Árvore: Cipreste	*Ervas e Jardim:* Erva-cidreira, Lilás
Deus: Belenus	*Seres Mágicos:* Parcas, Nórnias
Ave: Cisne	*Réptil:* Cobra-real

MENSAGENS/PRESSÁGIOS (RECEBER)

Signo: Capricórnio	*Sistema Solar:* Mercúrio
Celebração: Yule	*Runa:* As
Cor: Vermelho	*Número:* 2
Árvores: Azevinho, Loureiro, Palmeira (*tamareira*)	*Plantas:* Visco, Cogumelo
Ervas e Jardim: Manjericão, Margarida, Dente-de-leão, Íris, Hera, Cravo-de-defunto	
Gemas e Minerais: Alexandrita, Calcita (*vermelha*), Esmeralda, Granada, Rubi, Sal, Turmalina (*vermelha*)	
Do Mar: Bolacha-do-mar	*Répteis:* Crocodilo, Sapo
Deusas: Íris, Morrigan, Sekhmet	*Deuses:* Hermes, Mercúrio, Pan, Thoth, Zeus
Ser Mágico: Fadas	*Vida Marinha:* Carpa, Golfinho
Animais: Babuíno, Morcego, Gato, Puma, Cervo (*veado branco*/do outro mundo), Raposa, Lebre, Chacal, Alce-americano, Camundongo, Lobo	
Aves: Albatroz, Melro, Gralha, Pomba-branca, Águia, Falcão, Ganso, Gavião, Beija-flor, Milhafre, Pega, Coruja, Periquito, Papagaio, Pombo-comum, Corvo, Pintarroxo, Gaivota, Cisne, Carriça	
Insetos diversos: Lagarta, Grilo, Libélula, Joaninha, Mariposa	
Ser Mítico: Pássaro-trovão	

Mensagens dos Anjos	
Ervas e Jardim: Angélica	*Gemas e Minerais:* Angelita, Obsidiana
Mensagens em Sonhos	
Árvore: Mimosa	*Plantas:* Potentilha, Mandrágora
Ervas e Jardim: Agrimônia, Angélica, Urze, Heliotrópio, Ligústica, Artemísia, Hortelã-pimenta, Papoula, Rosa, Verbena	

MENTE

Sistema Solar: Júpiter Mercúrio, Saturno, Sol	*Signo:* Virgem (analítica)
Elementos: Ar, Fogo	*Direção:* Leste
Cores: Preto, Azul, Laranja, Amarelo	*Números:* 2, 3, 6, 7, 9
Tarô: Espadas	
Árvores: Faia (equilíbrio), Cedro, Aveleira, Azevinho, Oliveira, Evônimo, Nogueira	
Ervas e Jardim: Amora-silvestre, Dente-de-leão, Endro, Samambaia, Parreira, Madressilva, Lírio-do-vale, Cravo-de-defunto, Poejo, Pervinca, Alecrim, Arruda	
Plantas: Cravo-da-índia, Eufrásia, Ginseng, Solidago, Grãos (*milho*), Marroio-branco, Lótus (lúcida), Cogumelo, Mostarda, Noz-moscada, Açafrão, Espicanardo, Baunilha	
Gemas e Minerais: Azurita, Berilo (*dourado*), Crisocola, Fluorita (analítica), Granada (*espessartita*), Hematita, Jade (racional), Lepidolita (mudar), Cianita (mudar), Pedra da Lua (unir mente, corpo, espírito), Pirita, Safira, Esfeno (pensar sobre as coisas), Sugilita (bem-estar), Olho de Tigre, Turmalina (*cor-de-rosa*/remover bloqueios mentais), Zircônia (*vermelha*)	
Metais: Alumínio, Ouro	
Do Mar: Abalone, Naticidae, Caramujo (deliberação)	
Deusas: Atena, Lakshmi, Minerva, Sarasvati	
Deuses: Apolo, Enki, Ganesha, Hanuman (intelecto), Hermes, Khnum, Marduk, Odin, Osíris, Ptah, Thoth	
Seres Mágicos: Musas, Sílfides	*Anfíbio e Réptil:* Rã, Lagarto
Animais: Antílope (ter os pés no chão), Girafa (maior percepção), Rato-almiscarado (recursos), Orangotango, Ovinos (*carneiro*/ativa)	
Ser Mítico: Esfinge	
Aves: Chapim, Pomba (*branca*), Íbis (praticidade), Trepadeira-azul (ideias), Coruja (*branca*), Corvo (pensamento), Pica-pau, Carriça (engenhosa)	
Vida Marinha: Orca (remover bloqueios)	*Insetos diversos:* Abelha

Ter a Mente Alerta	
Signo: Gêmeos	*Planta:* Pimenta (*do reino*)
Gemas e Minerais: Água-marinha, Cornalina, Smithsonita	
Animais: Chacal, Coelho	*Ser Mítico:* Grifo
Ter a Mente Calma, Pacífica	
Ervas e Jardim: Trevo (*vermelho*), Passiflora	*Plantas:* Patchuli, Estramônio
Gemas e Minerais: Ametista, Heliotrópio, Ágata Rendada Azul, Quartzo (*transparente*), Quartzo-enfumaçado, Topázio (*azul*)	
Limpar a mente	
Árvore: Bétula	*Planta:* Cardamomo
Ervas e Jardim: Manjericão, Giesta, Lilás, Sálvia	*Metal:* Prata
Gemas e Minerais: Ametista, Âmbar, Água-marinha, Aventurina, Citrino, Esmeralda, Diamante de Herkimer, Jaspe (*verde, vermelho, amarelo*), Opala, Rodonita, Sodalita	
Lógica/Mente Lógica	
Signo: Touro	*Mineral:* Caroíta
Deusa: Seshat	*Aves:* Grou, Garça
Abrir a Mente	
Árvore: Salgueiro	*Deus:* Shiva
Gemas e Minerais: Crisópraso, Citrino	
Ter Paz de Espírito	
Árvore: Macieira	*Ervas e Jardim:* Valeriana
Gemas e Minerais: Crisoberilo, Lápis-lazúli, Turquesa	
Do Mar: Pérola	
Ter uma Mente Rápida	
Árvore: Bétula	*Ervas e Jardim:* Hortelã-pimenta, Verbena
Animais: Lebre, Coelho	
Acalmar a Mente	
Ervas e Jardim: Dedaleira, Selo-de-salomão, Violeta	
Planta: Sândalo	
Gemas e Minerais: Ágata, Ametista, Danburita, Sodalita	
Insetos diversos: Louva-a-deus	
Acalmar a Mente	
Ervas e Jardim: Borragem, Acônito, Selo-de-salomão, Violeta	
Planta: Solidéu	*Gemas e Minerais:* Rodocrosita

MORALIDADE

Sistema Solar: Sol	*Cores:* Cor-de-rosa, Rosa-claro
Árvore: Oliveira	*Planta:* Verbasco
Gemas e Minerais: Jade (conduta), Ônix	*Deusas:* Durga, Justitia, Maat
Deuses: Buda, Mitra, Vishnu	*Aves:* Falcão, Faisão
Insetos diversos: Gafanhoto	

MORTE (RECONHECER, ENFRENTAR)

Signos: Capricórnio, Peixes, Escorpião	*Sistema Solar:* Marte, Lua, Plutão, Saturno
Fases da Lua: Minguante	*Estações:* Outono, Inverno
Celebrações: Caça da Carriça, Lughnasadh, Samhain (morte do deus), Walpurgis	
Dia: Sábado	*Ogham:* Ioho
Elemento: Terra	*Direção:* Oeste
Tarô: O Enforcado	*Número:* 10
Cores: Preto, Roxo (*escuro*), Vermelho, Branco	
Árvores: Acácia, Amieiro, Macieira, Cipreste, Azevinho, Murta, Carvalho, Romãzeira, Álamo (*preto*), Salgueiro, Teixo	
Ervas e Jardim: Amora-preta/ Amora, Íris, Pervinca, Erva-de-são-joão, Milefólio	
Plantas: Grãos (*trigo*), Visco, Cogumelo, Absinto	
Gemas e Minerais: Amazonita, Lágrima de Apache, Hematita, Azeviche, Malaquita, Pedra da Lua, Obsidiana, Quartzo Rosa, Topázio	
Metal: Chumbo	
Do Mar: Coral (*branco*)	*Seres Mágicos:* Fadas, Parcas, Nórnias
Deusas: Ariadne, Arianrhod, Ártemis, Astarte, Atena, Badb, Banba, Bertha, Brígida, Cailleach Bheur, Ceridwen, Clíodna, Coatlicue, Devi, Durga, Ereshkigal, Freya, Hathor, Hécate, Hel, Hera, Inanna, Ishtar, Ísis, Kali, Maat, Macha, Maeve, Morrigan, Néftis, Perséfone, Ran, Rhiannon, Sedna, Sekhmet	
Deuses: Adônis, Aegir, Arawn, Ares, Attis, Baal, Balder, Belenus, Cernunos, Dagda, Dumuzi, Homem Verde, Hades, Mabon, Marte, Mitra, Nergal, Odin, Osíris, Perun, Plutão, Set, Shiva, Thor	
Animais: Morcego, Urso, Javali, Camelo, Cão, Burro, Marmota (sem morrer), Lebre, Chacal, Toupeira, Pantera (sem medo, entender), Porco, Urso Polar, Lobo (enfrentar com dignidade)	

<table>
<tr><td colspan="2">Aves: Gaio-azul, Galináceos (galinha/negra), Grou, Gralha, Pomba-branca, Íbis, Pega, Coruja (coruja-das-torres), Pombo-comum, Corvo, Cisne, Abutre, Ampélis-americano</td></tr>
<tr><td colspan="2">Réptil e Anfíbio: Crocodilo, Sapo</td></tr>
<tr><td colspan="2">Insetos diversos: Borboleta, Grilo, Escorpião, Lesma</td></tr>
<tr><td colspan="2">Seres Míticos: Grifo, Esfinge</td></tr>
<tr><th colspan="2">Costumes de Sepultamento</th></tr>
<tr><td>Árvore: Sabugueiro</td><td>Ervas e Jardim: Amaranto, Alecrim</td></tr>
<tr><td>Do Mar: Berbigão, Cauri, Naticidae</td><td>Animal: Cavalo</td></tr>
<tr><td colspan="2">Ave: Cormorão</td></tr>
<tr><th colspan="2">Ritos Funerários</th></tr>
<tr><td>Planta: Mirra</td><td>Deus: Anúbis</td></tr>
<tr><td>Animais: Bovinos (vaca), Rena</td><td>Vida Marinha: Golfinho</td></tr>
<tr><td colspan="2">Aves: Galináceos (galo), Pavão (símbolo funerário)</td></tr>
</table>

MOTIVAÇÃO

<table>
<tr><td>Sistema Solar: Sol, Urano</td><td>Elementos: Ar, Fogo</td></tr>
<tr><td>Fases da Lua: Cheia, Crescente</td><td>Dia: Sábado</td></tr>
<tr><td>Cores: Vermelho, Violeta</td><td>Chakras: Raiz, Sacro</td></tr>
<tr><td>Número: 3</td><td>Tarô: Espadas</td></tr>
<tr><td>Plantas: Bambu, Pimenta (do reino)</td><td>Árvores: Pinheiro, Evônimo</td></tr>
<tr><td colspan="2">Gemas e Minerais: Âmbar, Aventurina, Celestita, Fluorita, Jade (vermelho), Labradorita, Magnetita, Safira, Selenita, Serpentina, Wulfenita, Zircônia, Zoisita (verde)</td></tr>
<tr><td>Do Mar: Anômia, Madrepérola, Búzio-trombeta</td><td>Metais: Mercúrio, Prata</td></tr>
<tr><td>Deusa: Epona</td><td>Deuses: Jano, Pushan</td></tr>
<tr><td>Anjo: Rafael</td><td>Vida Marinha: Salmão</td></tr>
<tr><td colspan="2">Animais: Castor, Caribu, Bovinos (vaca), Girafa, Jaguar, Canguru, Lince-canadense</td></tr>
<tr><td colspan="2">Aves: Azulão, Gralha, Águia, Ganso, Beija-flor, Milhafre</td></tr>
<tr><td colspan="2">Réptil: Tartaruga-marinha</td></tr>
<tr><td colspan="2">Insetos diversos: Formiga, Abelha, Gafanhoto, Louva-a-deus</td></tr>
</table>

MUDANÇA/S (ENFRENTAR, INICIAR, APOIAR)

<table>
<tr><td>Sistema Solar: Mercúrio, Lua, Plutão, Urano</td><td>Signos: Câncer, Gêmeos, Escorpião</td></tr>
<tr><td>Horas do dia: Crepúsculo</td><td>Ogham: Beithe, Onn, Ruis</td></tr>
<tr><td>Celebrações: Litha, Vasant Panchami</td><td>Elemento: Água</td></tr>
<tr><td colspan="2">Runas: Dag, Ehwaz (fazer progresso), Hagal, Thorn</td></tr>
<tr><td>Direção: Sul</td><td>Números: 2, 5, 7</td></tr>
<tr><td colspan="2">Cores: Preto, Azul, Verde, Laranja, Vermelho, Branco, Amarelo</td></tr>
<tr><td colspan="2">Tarô: O Carro, O Enforcado, A Sacerdotisa, A Torre (inesperada), A Roda da Fortuna</td></tr>
<tr><td colspan="2">Árvores: Freixo, Sabugueiro, Pilriteiro, Palmeira (sangue de dragão), Nogueira, Teixo</td></tr>
<tr><td colspan="2">Plantas: Anis, Mirra</td></tr>
<tr><td colspan="2">Ervas e Jardim: Urze, Madressilva, Alquemila, Ipomeia, Hortelã-pimenta, Aspérula, Violeta, Milefólio</td></tr>
<tr><td colspan="2">Gemas e Minerais: Ágata (pele de cobra), Ametista, Andaluzita, Aventurina, Azurita, Calcita (verde), Citrino, Granada (hessonita), Jade (marrom), Cianita, Lepidolita, Malaquita, Peridoto, Rubi, Espinélio, Estaurolita, Sugilita, Tanzanita, Topázio, Turquesa</td></tr>
<tr><td colspan="2">Metal: Mercúrio</td></tr>
<tr><td colspan="2">Do Mar: Coral, Anômia, Caramujo, Vieira, Lapa, Búzio</td></tr>
<tr><td colspan="2">Deusas: Ártemis, Deméter, Ganga, Ísis, Kali, Kuan Yin, Lakshmi, Perséfone, Rhiannon, Tiamat, Xochiquetzal</td></tr>
<tr><td colspan="2">Deuses: Ares, Dagda, Enki, Gwydion, Jano, Júpiter, Loki, Osíris, Perun, Quetzalcoatl, Ra, Vertumnus, Zeus</td></tr>
<tr><td colspan="2">Animais: Antílope, Morcego (em tempos de transição), Urso, Castor, Chimpanzé, Coiote, Cavalo, Macaco, Esquilo, Lobo (utilização para obter vantagem)</td></tr>
<tr><td colspan="2">Ser Mítico: Dragão</td></tr>
<tr><td colspan="2">Aves: Azulão, Gralha, Cuco, Águia, Pintassilgo, Milhafre, Pega, Periquito, Corvo, Pintarroxo, Cisne, Ampélis-americano</td></tr>
<tr><td colspan="2">Vida Marinha: Golfinho, Polvo, Boto, Salmão</td></tr>
<tr><td colspan="2">Répteis: Camaleão, Rã, Lagarto, Salamandra, Cobra</td></tr>
<tr><td colspan="2">Insetos diversos: Besouro, Borboleta, Lagarta, Libélula, Gafanhoto, Mariposa, Lesma</td></tr>
</table>

NECESSIDADES (SATISFAZER AS PRÓPRIAS E AS DOS OUTROS)

Signo: Áries	*Sistema Solar:* Vênus
Fases da Lua: Cheia	*Runa:* Nyd
Cor: Laranja	*Chakra:* Raiz
Árvore: Tília	
Ervas e Jardim: Dente-de-leão, Ipomeia, Framboesa, Valeriana (emocional)	
Gemas e Minerais: Ametista, Moldavita, Obsidiana (*floco de neve*), Olho de Tigre, Topázio (*azul*)	
Deusas: Diana, Hécate, Kuan Yin, Lakshmi, Rhiannon	
Animais: Bovinos (*vaca*/físicas), Alce, Esquilo	*Deuses:* Ganesha, Shiva
Necessidades Sexuais	
Deusas: Anat, Maeve, Vênus	*Deuses:* Pan, Shiva, Zeus

NEGATIVIDADE (EVITAR, BANIR, LIBERAR)

Signo: Capricórnio	*Sistema Solar:* Lua
Cores: Preto, Azul (*escuro*), Cinza, Roxo, Prateado	*Dia:* Sábado
Árvores: Acácia, Abrunheiro, Cedro, Pilriteiro, Junípero, Loureiro, Palmeira (*sangue de dragão*/ acabar com padrões), Pinheiro	
Ervas e Jardim: Angélica, Manjericão, Campainha, Aquilégia, Hera, Lavanda, Lírio (melhorar a atitude), Ligústica, Poejo, Hortelã-pimenta, Alecrim, Arruda, Sálvia, Tomilho, Violeta, Milefólio	
Plantas: Bardana, Canela, Cravo-da-índia, Tussilagem, Cominho, Olíbano, Galanga, Ginseng, Jalapa, Visco, Verbasco, Mirra, Urtiga, Patchuli, Sândalo, Espicanardo	
Gemas e Minerais: Amazonita, Ametista, Ametrina, Andaluzita, Lágrima de Apache, Apatita (desfazer autoimagem), Aventurina, Azurita, Cornalina, Caroíta (reconhecer), Citrino, Granada, Olho de Falcão (curar), Hematita, Jade, Jaspe (*vermelho*), Azeviche, Larimar, Lepidolita, Magnetita, Malaquita, Obsidiana (*floco de neve*), Ônix (nas relações), Peridoto, Quartzo (*transparente*), Quartzo Rosa (desfazer autoimagem), Sal (*mar*), Selenita, Quartzo-enfumaçado, Sugilita, Turmalina (*preta*/absorver), Turquesa, Unaquita	
Do Mar: Concha-rainha, Coral, Coral (*preto*), Múrice, Pérola (acabar com padrões)	
Metais: Latão (voltar à origem), Ferro, Prata, Aço	
Deusas: Boann (dissipar), Ganga (dissipar), Hécate, Kali	
Deuses: Agni, Ganesha, Indra, Set (agitar)	*Anjo:* Miguel

Animais: Ouriço, Esquilo	*Aves:* Galináceos (*galo*), Cuco, Coruja
Vida Marinha: Polvo	*Ser Mítico:* Dragão
Insetos diversos: Borboleta, Escorpião (refletir de volta)	
Proteger da Negatividade	
Gemas e Minerais: Rubi	*Metais:* Antimônio, Cobre, Chumbo

NEGÓCIOS

Signos: Áries, Libra	*Sistema Solar:* Júpiter, Mercúrio, Saturno
Fases da Lua: Cheia, Crescente	*Dias:* Sábado, Quinta-Feira, Quarta-Feira
Cores: Azul, Cobre, Verde, Laranja	*Elementos:* Ar, Terra
Números: 1, 4, 7, 8	*Tarô:* Ouros
Ervas e Jardim: Manjericão, Borragem, Hidraste, Erva-cidreira, Lilás, Cravo-de-defunto, Peônia, Sálvia	
Plantas: Pimenta-da-jamaica, Bambu, Canela, Olíbano, Jalapa, Visco, Patchuli	
Gemas e Minerais: Heliotrópio, Esmeralda, Jade, Magnetita, Malaquita, Turmalina	
Do Mar: Múrice	
Deusas: Deméter, Fides, Hécate, Hera, Juno, Lakshmi, Minerva	
Deuses: Cernunos, Dionísio, Ganesha, Hélio, Hermes, Inari, Jano, Júpiter, Lugh, Mercúrio, Mitra, Njord, Osíris, Quetzalcoatl, Thoth, Vertumnus	

OBJETIVOS (ESTABELECER, BUSCAR, CUMPRIR)

Sistema Solar: Saturno, Sol, Urano	*Fases da Lua:* Cheia
Luas Cheias: 13ª	*Estação:* Outono
Dia: Domingo	*Ogham:* Ailm, Coll
Celebração: Mabon	*Direção:* Oeste
Cores: Cobre, Laranja	*Tarô:* Espadas
Árvore: Faia	*Ervas e Jardim:* Lavanda
Planta: Jalapa	
Gemas e Minerais: Ágata (*marrom*), Calcita, Citrino, Granada, Fluorita, Malaquita, Madeira Petrificada, Safira, Sárdio, Turquesa	

Metal: Cobre	
Deusas: Afrodite, Ártemis, Boann, Cailleach Bheur, Cibele, Diana, Ganga, Lakshmi	
Deus: Osíris	*Aves:* Águia, Beija-flor, Martim-pescador
Animais: Castor, Bovinos (*touro*), Coiote, Cervo (*fêmea*), Gazela	
Répteis: Camaleão, Salamandra	*Insetos diversos:* Formiga, Joaninha

OBSTÁCULOS (SUPERAR)

Signos: Áries, Capricórnio	*Sistema Solar:* Lua, Saturno
Fases da Lua: Minguante	*Horas do dia:* Meio-dia
Ogham: Straif	*Runa:* Nyd (autoimpostos)
Direção: Sul	*Cor:* Azul
Tarô: A Lua, A Força (superar a fraqueza)	*Número:* 4
Árvores: Abrunheiro, Alfarrobeira, Palmeira (*sangue de dragão*), Plátano	
Ervas e Jardim: Campainha, Giesta, Hibisco, Sálvia, Girassol	
Plantas: Jalapa, Visco, Mirra, Raiz de Íris, Espicanardo, Absinto	
Gemas e Minerais: Azurita, Heliotrópio, Ágata Rendada Azul, Cornalina, Kunzita, Pedra da Lua (*cinza*), Obsidiana (emocionais, energéticos), Opala, Peridoto, Madeira Petrificada, Quartzo-enfumaçado, Espinélio, Sugilita, Turmalina (*azul, cor-de-rosa*)	
Do Mar: Vieira	
Deuses: Enki, Horus, Loki (obstáculos inesperados)	*Deusas:* Ishtar, Kali, Kuan Yin
Animais: Elefante, Cavalo, Coala, Leopardo (saltar sobre), Lhama	
Vida Marinha: Orca (mentais)	*Ser Mítico:* Grifo
Insetos diversos: Formiga, Lagarta, Gafanhoto	
Desviar-se de Obstáculos	
Ogham: Huath	*Animal:* Antílope
Insetos diversos: Minhoca	
Remover Obstáculos	
Dia: Sábado	*Gemas e Minerais:* Obsidiana
Deus: Ganesha	

OPORTUNIDADES (ENCONTRAR, ABRIR-SE PARA, ATRAIR)

Sistema Solar: Júpiter	*Número:* 5
Árvores: Loureiro, Palmeira	*Ervas e Jardim:* Peônia
Planta: Sândalo	*Do Mar:* Anômia
Gemas e Minerais: Aventurina, Calcita	*Deusa:* Inanna
Deus: Loki	
Animais: Antílope, Castor (nunca limitar opções), Puma (saltar para), Burro, Elefante (educação), Chacal, Jaguar	
Aves: Gaio-azul, Gralha, Pato, Águia, Gavião, Garça, Pega, Coruja (educação), Corvo, Gaivota, Cegonha, Andorinhão-preto	
Insetos diversos: Borboleta, Aranha	
Vida Marinha: Carpa (ter sucesso), Enguia (*moreia*), Peixe-dourado, Tubarão	
Répteis e Anfíbios: Cobra-real (inesperadas), Rã, Sapo, Tartaruga (aquática)	

ORDENAR/ORGANIZAR

Signos: Capricórnio, Touro, Virgem	*Elemento:* Ar
Números: 1, 4, 8, 10	*Cores:* Azul, Marrom, Laranja
Gemas e Minerais: Heliotrópio, Jaspe (*pele de leopardo, vermelho*), Lepidolita, Moldavita	
Deusa: Seshat	*Anjo:* Gabriel
Deuses: Belobog, Marduk, Osíris, Ptah, Vishnu	*Ser Mágico:* Brownies
Animais: Búfalo/Bisão, Bovinos (*touro*/cosmos)	*Aves:* Avestruz (universal), Gaivota
Réptil: Tartaruga (terrestre)	*Insetos diversos:* Formiga

ORGULHO

Signo: Leão	*Sistema Solar:* Júpiter, Sol
Dia: Domingo	*Direções:* Norte, Sul
Cor: Laranja	*Chakra:* Plexo Solar
Números: 3, 8	*Árvore:* Cedro
Ervas e Jardim: Craveiro, Lírio (*tigrino*), Rosa	*Planta:* Jalapa
Gemas e Minerais: Cornalina	*Deusas:* Nêmesis, Sarasvati
Deuses: Balder, Indra, Zeus	*Animais:* Camelo, Alce, Leopardo, Leão
Aves: Bico-grosso-tricolor, Pavão	

ORIENTAÇÃO

Signo: Leão	*Sistema Solar:* Lua, Netuno
Ogham: Fearn, Tinne	*Runa:* Rad
Cores: Azul (*escuro*), Marrom, Vermelho, Branco	*Tarô:* O Louco (necessária), Espadas (interior)
Árvores: Amieiro, Abrunheiro, Azevinho, Sorveira-brava	*Direção:* Noroeste (de outros)
Ervas e Jardim: Dente-de-leão, Madressilva, Artemísia, Sálvia, Violeta, Milefólio	
Plantas: Lótus, Sândalo, Absinto	
Gemas e Minerais: Ágata (*pele de cobra*), Ametista, Ametrina, Fluorita, Jade, Kunzita, Cianita, Magnetita, Malaquita, Pedra da Lua, Morganita, Ágata Musgo, Ônix, Quartzo (*transparente*), Estaurolita, Tanzanita, Turmalina, Unaquita	
Metal: Bornita	
Do Mar: Mexilhão, Pérola, Búzio	*Ser Mágico:* Sereias
Anjo: Rafael	
Deusas: Atena, Fortuna, Freya, Frigga, Inanna, Ísis, Ishtar, Juno, Justitia, Kuan Yin, Maat, Minerva	
Deuses: Ea, Ganesha, Hermes, Jano, Júpiter, Mimir, Netuno, Ra, Thoth, Zeus	
Animais: Texugo, Camelo, Bovinos (*vaca*), Cão, Cavalo (de viajantes), Coala, Toupeira, Camundongo, Rato-almiscarado, Gambá (encontrar talentos), Guaxinim (procurar), Lobo (sonhos)	
Aves: Melro, Galináceos (*galo*), Pato, Águia, Garçota (entre mundos), Ganso, Garça (*grande azul*), Abibe-comum, Arara, Coruja (*buraqueira*), Papagaio, Corvo	
Vida Marinha: Salmão, Foca, Leão-marinho	
Insetos diversos: Abelha (de espíritos), Grilo (do eu), Vaga-lume (no escuro)	
Orientação das Almas	
Animais: Cervo, Raposa, Cavalo, Lontra, Rena	*Réptil:* Cobra-real
Aves: Galináceos (*galinha*), Falcão (a alma em sua jornada)	
Orientação Espiritual	
Tarô: A Estrela	*Gemas e Minerais:* Azurita, Citrino
Animal: Urso Polar	

OTIMISMO

Signos: Áries, Sagitário	*Sistema Solar:* Júpiter, Sol
Fases da Lua: Nova	*Números:* 1, 5, 7
Cores: Azul, Verde, Laranja, Roxo, Branco, Amarelo	
Tarô: O Sol	*Árvores:* Junípero, Salgueiro
Ervas e Jardim: Bergamota, Urze, Jacinto, Lírio-do-vale, Framboesa, Verbena	
Gemas e Minerais: Ágata, Ametista, Berilo, Olho de Gato, Crisoberilo, Citrino, Granada, Hematita, Jaspe (*vermelho*), Ágata Musgo, Quartzo Rosa, Pedra do Sol, Unaquita, Zoisita	
Metal: Cobre	*Deusas:* Juno, Kupala, Lakshmi
Animal: Camelo	*Aves:* Galináceos, (*galo*), Beija-flor

O OUTRO MUNDO/MUNDO INFERIOR

Signo: Escorpião	*Sistema Solar:* Netuno, Plutão
Fases da Lua: Minguante	*Horas do dia:* Crepúsculo
Ogham: Duir, Huath, Nion, Quert, Ruis, Saille	*Elemento:* Terra
Celebrações: Beltane, Véspera do Solstício de Verão, Samhain	
Direção: Norte	
Cores: Preto, Cinza, Lavanda, Vermelho, Branco	*Número:* 12
Árvores: Macieira (celta), Álamo, Cipreste, Abeto, Aveleira, Murta, Romãzeira, Salgueiro, Teixo	
Ervas e Jardim: Craveiro (*branco*), Lírio, Poejo, Rosa (*branca*)	
Plantas: Meimendro, Visco	*Ser Mágico:* Fadas
Deusas: Ereshkigal, Hel, Inanna, Ishtar, Ísis, Néftis, Perséfone, Rhiannon, Tiamat	
Deuses: Adônis, Angus, Anúbis, Arawn, Cernunos, Dionísio, Dumuzi, Hades, Hermes, Khnum, Mabon, Manannán, Nergal, Ogma (ajudar almas a atravessar), Osíris, Pan, Plutão, Ra, Thoth	
Animais: Morcego, Urso, Javali, Gato, Bovinos (*touro*), Cervo (*veado branco*), Cão, Cavalo, Chacal, Jaguar, Lêmure, Lontra, Porco	
Vida Marinha: Golfinho, Foca	
Aves: Melro (acesso), Gaio-azul, Grou, Ganso, Milhafre, Coruja, Corvo, Cisne	
Répteis: Crocodilo, Lagarto, Cobra	*Seres Míticos:* Dragão, Fênix
Insetos diversos: Abelha (símbolo da alma), Escorpião	

PACIÊNCIA

<table>
<tr><td>Signos: Capricórnio, Touro</td><td>Estação: Verão</td></tr>
<tr><td>Elementos: Terra, Água</td><td>Cores: Azul (claro), Cinza, Rosa-claro</td></tr>
<tr><td>Números: 2, 4, 8</td><td>Tarô: Copas, A Temperança, O Mundo</td></tr>
<tr><td>Árvores: Pilriteiro, Plátano</td><td>Ervas e Jardim: Camomila, Íris, Rosa</td></tr>
<tr><td colspan="2">Gemas e Minerais: Âmbar, Azurita, Ágata Rendada Azul, Crisópraso, Danburita, Granada, Howlita, Jade (azul), Morganita, Ônix, Rodonita</td></tr>
<tr><td>Deusa: Rhiannon</td><td>Vida Marinha: Carpa, Golfinho</td></tr>
<tr><td colspan="2">Animais: Camelo, Bovinos (vaca), Burro, Elefante, Raposa, Hiena, Jaguar, Leão, Lontra, Porco</td></tr>
<tr><td>Aves: Albatroz, Grou, Coruja, Pinguim, Abutre</td><td>Insetos diversos: Formiga, Cigarra, Aranha</td></tr>
<tr><td colspan="2">Répteis: Camaleão, Cobra (píton), Tartaruga (terrestre)</td></tr>
</table>

PAIXÃO

<table>
<tr><td>Signos: Áries, Leão, Escorpião, Touro</td><td>Sistema Solar: Marte, Vênus</td></tr>
<tr><td>Fases da Lua: Crescente</td><td>Dias: Sexta-feira, Terça-feira</td></tr>
<tr><td>Ogham: Huath, Ur</td><td>Elemento: Fogo</td></tr>
<tr><td>Direções: Leste, Sul, Oeste</td><td>Cores: Cor-de-rosa, Roxo, Vermelho, Rosa-claro, Branco</td></tr>
<tr><td>Chakra: Sacro</td><td>Números: 4, 5, 7</td></tr>
<tr><td colspan="2">Árvore: Palmeira (sangue de dragão)</td></tr>
<tr><td colspan="2">Ervas e Jardim: Borragem (curar da), Urze, Hibisco, Passiflora, Rosa (vermelha), Violeta</td></tr>
<tr><td colspan="2">Plantas: Cardamomo (aumento), Canela, Potentilha, Coentro, Ditamno, Galanga, Genciana-verde, Gengibre, Ginseng, Mandrágora, Mostarda, Açafrão, Baunilha</td></tr>
<tr><td colspan="2">Gemas e Minerais: Heliotrópio, Citrino (madeira), Granada, Pedra da Lua, Ônix (acalmar), Opala (fogo), Rodocrosita, Rubi, Espinélio (vermelho/subjugar), Topázio, Turmalina (vermelha/aumentar)</td></tr>
<tr><td colspan="2">Deusas: Anat, Afrodite, Astarte, Bast, Freya, Frigga, Ishtar, Ísis, Maeve, Parvati, Vênus</td></tr>
<tr><td colspan="2">Deuses: Adônis, Angus, Apolo, Cupido, Dionísio, Eros, Krishna, Nergal, Pan, Shiva</td></tr>
<tr><td colspan="2">Animais: Texugo, Javali, Gato, Alce, Leão, Tigre, Lobo</td></tr>
<tr><td>Aves: Pomba-branca (rolinha), Águia, Tetraz, Codorniz</td><td>Vida Marinha: Golfinho</td></tr>
<tr><td>Insetos diversos: Libélula, Escorpião (secreta)</td><td>Ser Mítico: Selkies</td></tr>
<tr><td colspan="2">Paixão Sexual</td></tr>
<tr><td>Árvore: Murta</td><td>Ervas e Jardim: Ligústica</td></tr>
<tr><td colspan="2">Planta: Patchuli</td></tr>
</table>

PAZ

Signo: Aquário	*Sistema Solar:* Terra, Lua, Saturno
Luas Cheias: Dezembro	*Dia:* Sábado
Ogham: Nion	*Runa:* Jera
Elemento: Terra	*Números:* 1, 6, 7
Cores: Cinza, Verde, Lavanda, Cor-de-rosa, Rosa-claro, Turquesa, Violeta, Branco	
Árvores: Macieira, Freixo, Álamo, Cedro, Cerejeira, Cipreste (encontrar a paz na morte), Abeto, Pilriteiro, Loureiro, Tília, Magnólia, Mimosa, Murta, Oliveira (fazer), Palmeira (*sangue de dragão*), Pinheiro	
Ervas e Jardim: Angélica, Manjericão, Bergamota, Gatária, Gardênia, Urze, Hibisco, Madressilva, Jasmim, Lilás, Lírio (*branco*), Lírio-do-vale, Cravo-de-defunto, Manjerona, Ipomeia, Passiflora, Poejo, Sálvia, Erva-de-são-joão, Girassol, Valeriana, Verbena (fazer), Violeta (*azul*)	
Plantas: Babosa, Canela, Tussilagem, Coentro, Jalapa, Lótus, Filipêndula, Visco (intenção pacífica), Patchuli, Solidéu, Baunilha, Absinto (morte pacífica)	
Gemas e Minerais: Ágata (*preta, vermelha*), Âmbar, Lágrima de Apache, Ágata Rendada Azul, Cornalina, Diamante (*azul*), Diamante de Herkimer, Jade, Jaspe, Kunzita, Lepidolita, Malaquita, Obsidiana, Peridoto, Rubi, Safira, Sardônix, Selenita, Sodalita, Sugilita, Topázio (*azul*), Turmalina (*marrom*), Turquesa, Zircônia (*vermelha, amarela*), Unaquita	
Metal: Prata	*Do Mar:* Pérola
Deusas: Amaterasu, Atena, Minerva, Modron, Sekhmet	
Deuses: Balder, Buda, Belobog, Coiote, Eros, Freyr, Manannán, Thoth	
Animais: Gato, Bovinos (*boi*), Coiote, Cervo, Burro, Gorila, Jaritataca	
Aves: Grou, Pomba-branca, Águia (*dourada*), Garça, Martim-pescador, Mobelha, Pavão, Pombo-comum, Estorninho	
Vida Marinha: Golfinho, Peixe-dourado, Peixe-boi	*Réptil e Anfíbio:* Rã, Lagarto
Ser Mítico: Unicórnio	
Atrair Paz	
Cor: Azul (*claro*)	*Planta:* Potentilha
Ervas e Jardim: Lavanda, Rosa (*vermelha, selvagem*), Verbena	
Gemas e Minerais: Água-marinha, Granada, Lápis-lazúli, Quartzo (*azul*), Rodocrosita, Rodonita, Quartzo Rosa	

Paz Interior	
Runa: Wyn	*Cor:* Índigo
Ervas e Jardim: Camomila, Lavanda, Prímula	
Planta: Mirra	
Gemas e Minerais: Ametista, Aventurina, Calcita, Celestita, Quartzo (*azul*), Quartzo Rosa	
Do Mar: Coral	
Oferecer Paz	
Gemas e Minerais: Apatita (*azul*), Crisocola, Opala (*azul*), Turmalina (*azul*)	

PERCEPÇÃO CONSCIENTE

Celebrações: Dia da Terra, Festival de Luna	*Ogham:* Ruis
Cores: Azul, Índigo, Roxo, Prateado, Violeta, Amarelo	
Árvores: Acácia, Freixo, Bétula, Cipreste, Abeto (*prateado*/espiritual), Carvalho	
Ervas e Jardim: Bergamota, Borragem, Craveiro, Margarida, Dente-de-leão, Urze, Heliotrópio, Madressilva, Íris, Lavanda, Cravo-de-defunto, Artemísia, Hortelã-pimenta, Tomilho, Milefólio	
Plantas: Anis, Betônica, Canela, Cravo-da-índia, Genciana-verde, Linho, Olíbano, Galanga, Sapato-de-vênus, Lótus, Verbasco, Cogumelo (outros reinos), Mirra, Noz-moscada, Sândalo, Anis-estrelado	
Gemas e Minerais: Ametista, Ametrina, Azurita, Berilo, Calcita, Celestita, Citrino, Danburita, Olho de Falcão, Hematita, Diamante de Herkimer, Jaspe (*paisagem*), Labradorita, Lápis-lazúli, Pedra da Lua, Obsidiana (*arco-íris, floco de neve*), Opala (*preta*/cósmica), Quartzo (*transparente, amarelo*), Sodalita, Estaurolita, Turmalina, Turquesa	
Do Mar: Berbigão, Concha-rainha, Bolacha-do-mar	*Metal:* Prata
Deusas: Hathor, Sekhmet	
Animais: Cervo, Raposa, Girafa, Cavalo, Toupeira, Alce-americano (novas profundidades), Coelho, Doninha, Zebra	
Aves: Gralha, Águia, Pintassilgo (aprofundamento), Gavião, Coruja	
Expandir a Consciência	
Sistema Solar: Netuno	*Cor:* Dourado
Árvore: Loureiro	*Planta:* Junco
Gemas e Minerais: Angelita, Calcita (*laranja*)	

Autoconhecimento	
Runa: Ing	*Animal:* Chimpanzé
Vida Marinha: Golfinho	*Ave:* Faisão

PERDA (LIDAR COM)

Fases da Lua: Minguante	*Dia:* Quarta-feira
Elemento: Ar	*Cores:* Preto, Marrom, Cinza
Número: 9	*Tarô:* O Enforcado
Árvores: Romãzeira, Choupo (*preto*), Hamamélis	
Plantas: Anis, Heléboro-amarelo, Solidago	
Ervas e Jardim: Anêmona (*vermelha*), Confrei, Erva-doce, Jasmim, Ipomeia, Rosa (*branca*)	
Gemas e Minerais: Ametrina, Água-marinha, Caroíta, Hematita, Cianita, Moldavita, Fenacita, Olho de Tigre, Topázio	
Deusas: Ísis, Nanna, Nêmesis, Sedna	*Deus:* Posêidon
Aves: Pelicano (recuperar-se de), Corvo	*Réptil:* Lagarto
Proporcionar Consolo	
Árvores: Cipreste, Salgueiro	*Planta:* Mirra
Gemas e Minerais: Ágata	

PERDÃO (DAR, RECEBER)

Cor: Azul	*Tarô:* O Hierofante
Árvore: Sorveira-brava	*Ervas e Jardim:* Gerânio
Planta: Absinto	*Do Mar:* Anômia
Gemas e Minerais: Angelita, Lágrima de Apache, Crisoberilo, Crisópraso, Diopsídio, Dioptásio, Magnetita, Rodocrosita, Rodonita, Topázio (*azul*)	
Deusas: Ishtar, Ísis, Lakshmi	*Deuses:* Apolo, Buda, Ganesha, Vishnu
Aves: Pomba-branca, Beija-flor	*Réptil:* Cobra

PERIGO (RECONHECER, ENFRENTAR, EVITAR, PROTEGER-SE DE)

Signo: Sagitário	*Sistema Solar:* Plutão
Cor: Vermelho	*Tarô:* A Lua, A Torre
Árvore: Sabugueiro	
Ervas e Jardim: Heliotrópio, Artemísia, Peônia, Hortelã-verde	
Plantas: Dulcamara, Mandrágora, Verbasco, Urtiga, Noz-moscada	
Gemas e Minerais: Ágata (*com banda, preta com veios brancos*), Ametista (enfrentar), Lágrima de Apache (enfrentar), Jaspe (*marrom*), Malaquita, Sárdio, Olho de Tigre, Topázio, Turmalina	
Do Mar: Concha-rainha, Coral	
Deusas: Ártemis, Chalchiuhtlicue, Durga, Ísis, Kali, Kuan Yin, Maeve, Ran, Mulher Aranha, Tiamat	
Seres Mágicos: Elfos, Sereias	
Deuses: Aegir, Eros, Geb, Loki, Silvano Vishnu	*Ave:* Pega
Animais: Urso (*pardo*), Javali, Chacal (proteger contra perigo escondido), Camundongo, Urso Polar, Tigre, Lobo	
Répteis: Cobra-real, Cobra (*cascavel*)	*Vida Marinha:* Foca, Tubarão
Insetos diversos: Aranha (*viúva negra*)	*Seres Míticos:* Dragão, Selkies
Evitar o Perigo	
Animais: Antílope, Raposa, Esquilo	*Vida Marinha:* Polvo
Advertir do Perigo	
Gemas e Minerais: Rubi	*Animais:* Bovinos, Cavalo
Aves: Gralha, Ganso	

PESADELOS (DIMINUIR, ACABAR COM)

Sistema Solar: Lua	*Número:* 9
Cores: Preto, Azul, Branco	*Árvores:* Cedro, Teixo
Plantas: Anis, Bambu, Betônica, Potentilha, Visco, Verbasco	
Ervas e Jardim: Gatária, Camomila, Narciso, Endro, Jacinto, Peônia, Pervinca, Alecrim, Arruda, Erva-de-são-joão, Tomilho, Verbena	
Metal: Aço	
Gemas e Minerais: Cornalina, Crisópraso, Citrino, Diamante, Granada, Jaspe, Azeviche, Lepidolita, Ônix, Peridoto, Rubi, Safira, Topázio (*azul*), Turmalina (*azul*)	
Deusas: Diana, Epona (crianças), Hécate, Morrigan, Néftis, Nut, Selene	
Deuses: Esculápio, Pan	*Animal:* Cavalo

PODER

Signos: Leão, Escorpião	*Fases da Lua:* Cheia, Crescente
Sistema Solar: Júpiter, Marte, Mercúrio, Lua, Netuno, Sol, Urano	
Estação: Inverno	*Ogham:* Eadha
Celebração: Litha	*Runa:* Ur (cura)
Elementos: Ar, Fogo, Água	*Direção:* Norte
Números: 1, 4, 7, 8 (de dentro), 12, 13	*Tarô:* O Imperador, O Mago, A Força, Paus
Cores: Preto (silencioso), Dourado, Laranja, Roxo, Vermelho, Prateado, Violeta	
Árvores: Sabugueiro, Aveleira, Azevinho, Loureiro, Algarobeira, Carvalho, Palma, Sorveira-brava, Salgueiro (em geral, lunar)	
Ervas e Jardim: Manjericão, Borragem, Craveiro, Dente-de-leão, Hibisco, Madressilva, Íris, Artemísia, Sálvia, Erva-de-são-joão, Tomilho, Teixo	
Plantas: Pimenta-da-jamaica, Canela, Potentilha, Tussilagem, Genciana-verde, Olíbano, Galanga, Gengibre, Ginseng, Jalapa, Marroio-branco, Mandrágora, Filipêndula, Lunária, Cogumelo, Noz-moscada, Açafrão, Sândalo, Anis-estrelado, Absinto	
Gemas e Minerais: Âmbar, Heliotrópio, Cornalina, Caroíta (espiritual), Crisocola, Citrino (manifestar), Hematita, Magnetita, Malaquita, Ágata Musgo, Obsidiana, Opala, Quartzo (*transparente, rutilado*) Rubi, Safira, Selenita (lunar), Turmalina (*laranja*), Zircônia (*azul, vermelha*)	
Metais: Antimônio (de crença), Ouro (de crença), Mercúrio, Prata	
Do Mar: Coral, Búzio-trombeta	
Deusas: Anat, Astarte, Athena, Brígida, Deméter, Durga, Epona, Frigga, Ganga, Hathor, Hécate, Inanna, Ishtar, Ísis, Kali, Maeve, Minerva, Modron, Morrigan, Parvati, Pele, Sekhmet	
Deuses: Aegir, Agni, Amon, Baal, Dagda, Enki, Ganesha, Gwydion (mental, trapaças), Lugh (solar), Marduk, Marte, Netuno, Odin, Pan, Posêidon, Ra, Thor, Thoth (mental), Zeus	
Animais: Urso (de proteção), Javali, Bovinos (*touro*), Bovinos (*boi*/controlado), Elefante (antigo), Alce, Gorila, Leopardo (do silêncio), Lince-canadense (psíquico), Pantera (recuperar), Urso Polar (proteção), Ovinos (*carneiro*), Tigre, Doninha (sobrenatural), Zebra	
Aves: Gaio-azul (usar com sabedoria), Galináceos (voz interior), Gralha (arquetípico), Águia (controlado), Pintassilgo (da voz), Ganso, Gavião, Sabiá-do-campo (de voz), Pavão, Codorniz (de nomes)	
Vida Marinha: Golfinho (através de autocontrole), Orca, Boto (dos ritmos da vida), Baleia	
Répteis: Crocodilo, Cobra (*píton*), Tartaruga (terrestre)	

<table>
<tr><td colspan="2">Insetos diversos: Formiga, Abelha, Borboleta (invisível), Libélula (auto-preservação), Louva-a-deus (de quietude), Aranha</td></tr>
<tr><td colspan="2">Seres Míticos: Dragão (da natureza), Pássaro-trovão, Unicórnio</td></tr>
<tr><td colspan="2">Poder Divino/Superior</td></tr>
<tr><td>Cores: Branco, Amarelo</td><td>Gemas e Minerais: Quartzo Rosa</td></tr>
<tr><td>Metal: Prata</td><td>Deus: Shiva</td></tr>
<tr><td colspan="2">Poder Elemental</td></tr>
<tr><td>Árvores: Amieiro (água), Freixo (água)</td><td>Gemas e Minerais: Estaurolita</td></tr>
<tr><td>Metal: Alumínio (ar)</td><td>Animais: Jaguar (terra), Leão (fogo)</td></tr>
<tr><td colspan="2">Ave: Falcão (ar)</td></tr>
<tr><td colspan="2">Poder Feminino</td></tr>
<tr><td>Ervas e Jardim: Angélica, Gardênia</td><td>Deusa: Arianrhod</td></tr>
<tr><td colspan="2">Animais: Leoa, Lontra</td></tr>
<tr><td colspan="2">Poder Interno</td></tr>
<tr><td>Tarô: O Eremita</td><td>Ervas e Jardim: Rosa, Alecrim, Verbena</td></tr>
<tr><td colspan="2">Árvores: Sabugueiro, Azevinho, Loureiro, Alfarrobeira, Carvalho, Palmeira (sangue de dragão)</td></tr>
<tr><td>Plantas: Jalapa, Lótus, Visco</td><td>Animais: Morcego, Gato</td></tr>
<tr><td colspan="2">Gemas e Minerais: Água-marinha, Lápis-lazúli</td></tr>
<tr><td colspan="2">Poder Mágico</td></tr>
<tr><td colspan="2">Árvores: Macieira, Freixo, Sabugueiro, Loureiro, Palmeira (sangue de dragão), Sorveira-brava</td></tr>
<tr><td colspan="2">Ervas e Jardim: Bergamota, Craveiro, Samambaia, Artemísia, Alecrim</td></tr>
<tr><td colspan="2">Plantas: Pimenta-da-jamaica, Canela, Cravo-da-índia, Gengibre, Mandrágora, Patchuli, Baunilha</td></tr>
<tr><td colspan="2">Gemas e Minerais: Heliotrópio, Citrino, Malaquita, Opala, Quartzo (transparente), Rubi, Safira, Selenita</td></tr>
<tr><td colspan="2">Poder Masculino</td></tr>
<tr><td>Gemas e Minerais: Safira</td><td>Deus: Homem Verde</td></tr>
<tr><td colspan="2">Poder Mental</td></tr>
<tr><td colspan="2">Ervas e Jardim: Trevo, Parreira, Lírio-do-vale, Hortelã-pimenta, Pervinca, Alecrim, Arruda, Hortelã-verde</td></tr>
<tr><td colspan="2">Árvores: Cipreste, Nogueira</td></tr>
<tr><td colspan="2">Plantas: Cravo-da-índia, Eufrásia, Linho, Marroio-branco, Mostarda, Baunilha</td></tr>
</table>

Gemas e Minerais: Âmbar, Aventurina, Citrino, Esmeralda, Fluorita, Diamante de Herkimer, Selenita, Esfeno, Topázio	
Do Mar: Madrepérola	
Deus: Dagda	
Poder Oculto	
Cor: Azul (*escuro*)	*Planta:* Patchuli
Gemas e Minerais: Pedra da Lua, Peridoto	*Do Mar:* Concha-rainha (*espiral à esquerda*)
Poder Pessoal	
Dia: Domingo	*Número:* 11
Chakra: Plexo Solar	*Árvores:* Acácia, Macieira, Carvalho
Metal: Ouro	*Animais:* Puma, Cavalo
Gemas e Minerais: Aventurina (*marrom avermelhado*), Cornalina, Granada, Malaquita, Unaquita	

PRAZER (BUSCAR, DAR)

Signos: Áries, Leão, Touro	*Sistema Solar:* Vênus
Dia: Sexta-feira	*Celebrações:* Beltane, Saturnália
Ogham: Huath	*Cor:* Laranja
Chakra: Sacro	*Número:* 3
Tarô: Copas, A Imperatriz, O Sol	*Árvore:* Algarobeira
Ervas e Jardim: Margarida, Cravo-de-defunto, Valeriana	*Gemas e Minerais:* Âmbar, Olho de Tigre
Deusas: Afrodite, Bast, Lakshmi, Vênus, Xochiquetzal	
Deuses: Dionísio, Freyr, Krishna (erótico)	*Ave:* Pinguim
Animais: Urso, Gato, Ouriço, Canguru, Macaco, Lontra	

PROBLEMAS (ENFRENTAR)

Sistema Solar: Júpiter	*Fases da Lua:* Cheia, Minguante
Dias: Sábado, Quarta-feira	*Número:* 7
Cores: Preto, Azul, Marrom, Cinza, Laranja, Roxo, Vermelho, Branco	
Árvores: Acácia, Bétula, Cedro, Aveleira, Loureiro, Mimosa, Palmeira (*sangue de dragão*), Álamo, Evônimo, Abeto-vermelho (*da-noruega*), Hamamélis	

Ervas e Jardim: Angélica, Manjericão, Bergamota, Craveiro, Gatária, Camomila, Crisântemo, Endro, Gardênia, Hera, Jasmim, Alquemila, Lavanda, Lilás, Lírio-do-vale, Poejo, Hortelã-pimenta, Rosa, Valeriana, Milefólio	
Plantas: Betônica, Erva-de-são-cristovão, Canela, Potentilha, Cravo-da-índia, Gengibre, Jalapa (evitar), Urtiga (mentais), Raiz de Íris, Patchuli, Pimenta, Cardo, Absinto	
Gemas e Minerais: Ágata (*com banda, preta com veios brancos, marrom*), Ametista, Apatita, Cornalina, Crisocola, Citrino (resolver), Diamante (mentais), Hematita, Jade, Jaspe (*verde*), Azeviche, Magnetita (em relacionamentos), Pedra da Lua, Obsidiana, Ônix, Madeira Petrificada, Quartzo (*transparente*), Sal (*mar*), Safira, Sárdio, Sodalita, Estaurolita, Tanzanita, Turquesa	
Metais: Ferro, Prata	*Do Mar:* Abalone (evitar)
Deusa: Inanna	*Deus:* Ganesha
Animais: Urso Polar, Rato	*Aves:* Albatroz, Pelicano (elevar-se acima de)
Insetos diversos: Joaninha	*Ser Mítico:* Dragão
Problemas emocionais	
Gemas e Minerais: Ametista, Água-marinha	*Ervas e Jardim:* Lavanda
Superar Problemas	
Ogham: Eadha, Tinne	*Gemas e Minerais:* Ágata (*fogo*)
Ave: Gavião	
Resolver ou Solucionar Problemas	
Gemas e Minerais: Aventurina (encontrar soluções)	*Aves:* Pintassilgo (problemas familiares), Abutre
Animais: Chimpanzé, Orangotango (criativamente)	

PROFECIA (BUSCAR RESPOSTAS, FAZER)

Signo: Sagitário	*Fases da Lua:* Minguante
Luas Cheias: Agosto	*Dia:* Segunda-feira
Ogham: Ifin, Muin	*Celebrações:* Caça da Carriça, Imbolc
Runa: Feoh	*Cor:* Roxo
Número: 12 (sonhos)	*Plantas:* Junco, Estramônio
Árvores: Acácia, Amieiro, Faia, Loureiro, Carvalho, Álamo (*preto*), Sorveira-brava, Nogueira, Salgueiro	
Ervas e Jardim: Dente-de-leão, Endro, Parreira, Lilás, Cravo-de-defunto, Sálvia, Verbena	

Gemas e Minerais: Ametista, Água-marinha, Esmeralda, Lápis-lazúli, Peridoto, Rubi, Safira, Olho de Tigre	
Do Mar: Cauri, Madrepérola	
Deusas: Astarte, Badb, Brígida, Ceridwen, Coventina, Deméter, Freya, Frigga, Gaia, Hécate, Hera, Inanna, Ishtar, Morrigan, Reia	
Deuses: Angus, Apolo, Arawn, Balder (sonhos), Dagda, Fauno, Hermes, Lugh, Manannán, Marduk, Marte, Mimir, Njord, Odin, Ogma, Prometeu, Thoth, Zeus	
Ser Mágico: Parcas	*Anjo:* Uriel
Animais: Javali, Bovinos, Cão, Elefante, Raposa, Girafa, Lebre, Doninha	
Aves: Albatroz, Gaio-azul, Condor, Cormorão, Gralha, Pomba-branca, Íbis, Martim-pescador (clima), Milhafre, Pega, Coruja, Papagaio, Corvo, Pica-pau, Carriça	
Répteis e Anfíbio: Lagarto, Cobra, Sapo	*Insetos diversos:* Louva-a-deus

PROPÓSITO (ENCONTRAR, ENTENDER)

Sistema Solar: Terra	*Luas Cheias:* Julho
Horas do dia: Amanhecer	*Celebração:* Litha
Ogham: Quert	*Elementos:* Terra, Fogo
Cor: Azul (*escuro*)	*Árvores:* Macieira, Bétula
Ervas e Jardim: Giesta, Margarida	*Plantas:* Cardamomo, Verbasco
Gemas e Minerais: Citrino, Espinélio (*preto*), Sugilita, Olho de Tigre, Topázio	
Do Mar: Bolacha-do-mar	*Deus:* Aegir
Seres Mágicos: Brownies, Musas	*Animal:* Cervo
Insetos diversos: Aranha	

PROSPERIDADE

Signo: Capricórnio	*Sistema Solar:* Júpiter, Sol
Luas Cheias: Agosto, Dezembro, Junho, Março	*Dias:* Domingo, Quinta-feira
Celebrações: Compitália, Imbolc	*Runa:* Jera
Elemento: Terra	*Direções:* Leste, Sudeste
Cores: Azul, Dourado, Verde, Azul-esverdeado, Verde-limão	
Tarô: Ouros	

Árvores: Acácia, Freixo, Faia, Cedro, Castanheiro, Sabugueiro, Abeto, Pilriteiro, Castanheiro-da-índia, Junípero, Loureiro, Bordo, Murta, Carvalho (*branco*), Oliveira, Pinheiro, Romãzeira, Choupo	
Ervas e Jardim: Manjericão, Bergamota, Amora-silvestre, Campainha, Giesta, Camomila, Trevo (*vermelho*), Confrei, Endro, Samambaia, Hidraste, Carqueja, Parreira, Heliotrópio, Madressilva, Íris (*azul*), Jasmim, Lírio (*tigrino*), Manjerona, Peônia, Pervinca, Papoula, Sálvia, Erva-de-são-joão, Boca-de-leão, Aspérula, Verbena	
Plantas: Pimenta-da-jamaica, Cardo-bento, Canela, Potentilha, Cravo-da-índia, Prímula-silvestre, Cominho, Linho, Galanga, Ginger, Solidago, Jalapa, Mandrágora (*americana*), Visco, Mirra, Noz-moscada, Patchuli, Açafrão	
Gemas e Minerais: Ágata, Aventurina, Heliotrópio, Calcita (*verde*), Citrino, Dioptásio, Diamante de Herkimer, Jade, Jaspe (*vermelho*), Magnetita, Malaquita, Opala, Peridoto, Quartzo (*verde*), Pirita, Rubi, Sal, Safira (*safira estrela*/atrair), Olho de Tigre, Topázio, Turmalina (*verde*), Turquesa, Zircônia	
Metais: Latão, Cobre, Ouro, Prata, Estanho	
Do Mar: Abalone, Cauri, Madrepérola, Ostra (atrair), Pérola, Vieira	
Deusas: Aine, Anat, Artio, Brigantia, Danu, Deméter, Epona, Fortuna, Freya, Hathor, Inanna, Juno, Kupala, Lakshmi, Maia, Rhiannon, Sarasvati, Vênus	
Deuses: Belenus, Cernunos, Dagda, Freyr, Ganesha, Hades, Inari, Júpiter, Marduk, Mercúrio, Mitra, Njord, Plutão, Ra, Saturno	
Seres Mágicos: Gnomos, Lares	
Animais: Javali, Búfalo/Bisão, Bovinos (*vaca*), Leopardo, Leão	
Aves: Pomba-branca, Águia, Martim-pescador, Pega, Pavão	*Vida Marinha:* Carpa, Peixe-dourado
Insetos diversos: Abelha	*Ser Mítico:* Dragão

PROTEÇÃO

Signos: Câncer, Touro	*Sistema Solar:* Terra, Lua, Netuno, Sol
Fases da Lua: Cheia, Minguante, Crescente	*Luas Cheias:* Janeiro
Estação: Verão	*Dias:* Segunda-feira, Sábado, Domingo
Ogham: Fearn, Tinne	*Runa:* Elhaz
Elementos: Ar, Terra, Fogo, Água	*Direção:* Sul
Cores: Preto, Azul, Marrom (de familiares, animais de estimação), Dourado, Verde, Roxo, Vermelho, Prateado, Violeta, Branco, Amarelo	

Números: 3, 4, 5, 8, 9
Árvores: Acácia, Amieiro, Freixo, Faia, Bétula, Abrunheiro, Cedro (contra raios), Cipreste, Sabugueiro, Olmo (*vermelho*), Abeto, Pilriteiro, Aveleira, Azevinho, Loureiro, Tília, Alfarrobeira, Magnólia, Algarobeira, Mimosa, Carvalho (divina), Oliveira, Palmeira, Romãzeira, Sorveira-brava (das fadas), Abeto-vermelho, Plátano (abrigo), Nogueira, Salgueiro, Hamamélis, Teixo
Ervas e Jardim: Agrimônia, Amaranto, Anêmona, Angélica (divina), Manjericão, Amora-silvestre, Giesta, Craveiro, Crisântemo, Trevo, Confrei, Margarida, Dente-de-leão, Endro, Erva-doce, Samambaia, Matricária, Dedaleira, Gerânio (*vermelho*), Carqueja, Urze, Madressilva, Hera, Jasmim, Lavanda, Lilás, Lírio, Lírio-do-vale, Manjerona, Acônito, Poejo, Peônia, Pervinca, Prímula, Framboesa, Arruda, Boca-de-leão, Selo-de-salomão, Hortelã, Aspérula, Tomilho, Valeriana, Verbena, Violeta, Milefólio
Plantas: Babosa (de más influências), Assa-fétida, Bambu, Dulcamara, Erva-de-são-cristovão, Cardo-bento, Sanguinária-do-canadá, Bardana, Canela, Potentilha, Cravo-da-índia, Tussilagem, Coentro, Prímula-silvestre, Cominho, Heléboro-amarelo, Linho, Ginseng, Jalapa, Marroio-branco, Sapato-de-vênus, Mandrágora, Mostarda, Raiz de Íris, Pimenta, Junco, Sândalo, Cardo, Estramônio, Nenúfar, Absinto (de encantamento)
Gemas e Minerais: Ágata (*com banda, preta, vermelha*), Âmbar, Ametista, Angelita, Lágrima de Apache, Água-marinha, Aventurina, Berilo, Calcita (*laranja*), Cornalina, Olho de Gato, Crisópraso, Citrino, Diamante, Esmeralda, Granada, Hematita, Diamante de Herkimer, Jade, Jaspe (*vermelho*), Azeviche (financeira), Kunzita, Lepidolita, Magnetita, Malaquita, Obsidiana (*floco de neve*/contra drenagem de energia), Ônix, Peridoto, Madeira Petrificada, Pirita, Quartzo (*transparente, amarelo*), Quartzo Rosa, Rubi, Sárdio, Sardônix, Serpentina, Espinélio, Estaurolita, Pedra do Sol, Tanzanita, Olho de Tigre, Topázio, Turmalina (*preta, melancia*), Turquesa, Zircônia
Metais: Antimônio, Latão, Cobre, Ouro, Ferro, Chumbo, Prata, Aço
Do Mar: Coral, Naticidae (proteção pela Deusa), Madrepérola, Múrice, Pérola, Bolacha-do-mar (financeira)
Anjo: Miguel
Deusas: Aine (das mulheres), Ariadne, Athena, Bast, Brigantia (da terra), Brígida, Cailleach Bheur, Cibele (durante a guerra), Devi, Diana, Flora (árvores frutíferas), Frigga, Hathor, Hera, Ishtar, Ísis, Juno, Justitia, Kali, Kuan Yin, Kupala, Minerva, Morrigan, Nut, Sarasvati, Sekhmet, Seshat, Vênus
Deuses: Agni, Angus (dos amantes), Anúbis (dos mortos), Ares, Dagda, Fauno (de colheitas, de pastores), Freyr, Ganesha, Hórus (da terra), Khnum, Loki (do espaço pessoal), Lugh (dos fracos), Manannán (das fadas, no mar), Marte, Netuno, Njord, Thor, Vishnu
Seres Mágicos: Dríades, Lares (do lar), Sereias, Penates (do lar, da propriedade)

Animais: Texugo, Javali, Caribu (durante viagem), Dingo, Cão (amorosa), Elefante, Marmota, Hipopótamo, Cavalo (contra abuso de poder), Chacal, Leão, Macaco, Porco-espinho (criança interior), Tigre, Lobo (familiar), Carcaju	
Aves: Condor, Gralha, Pato, Coruja, Pavão, Codorniz, Corvo, Andorinha, Pica-pau	
Vida Marinha: Caranguejo (do lar), Enguia, Foca (durante as transições), Tubarão	
Anfíbio: Sapo	*Ser Mítico:* Dragão
Proteção das Crianças	
Deusas: Ártemis (meninas), Chalchiuhtlicue (recém-nascidos), Hécate (crianças)	
Deus: Júpiter (jovens)	*Animal:* Canguru
Aves: Grou, Cegonha (jovens), Abutre (durante o parto)	
Proteção ao sonhar	
Árvore: Cedro	*Plantas:* Anis, Betônica
Proteção Emocional	
Ervas e Jardim: Rosa	*Gemas e Minerais:* Obsidiana, Rubi
Do Mar: Bolacha-do-mar	*Animal:* Tatu
Proteção Materna	
Animais: Urso, Gato, Urso Polar	*Répteis:* Jacaré, Crocodilo
Proteção Psíquica	
Cores: Cinza, Prateado	*Árvore:* Palmeira (*sangue de dragão*)
Ervas e Jardim: Artemísia, Alecrim, Sálvia, Erva-de-são-joão, Milefólio	
Plantas: Olíbano, Galanga, Mirra, Urtiga, Patchuli	
Gemas e Minerais: Angelita, Calcita, Cornalina, Sal, Olho de Tigre	
Animal: Tatu	*Ave:* Galináceos (*galo*)
Autoproteção	
Animal: Lobo	*Répteis:* Jacaré, Crocodilo
Insetos diversos: Escorpião	
Proteção Espiritual	
Cores: Cinza, Lavanda, Prateado, Branco	*Plantas:* Visco, Verbasco
Ervas e Jardim: Jacinto, Cravo-de-defunto, Alecrim, Tomilho, Milefólio	
Gemas e Minerais: Angelita, Calcita, Olho de Tigre	

Proteção contra roubo	
Árvores: Álamo, Junípero	*Ervas e Jardim:* Alho
Proteção Durante Viagem	
Gemas e Minerais: Lápis-lazúli, Pedra da Lua	*Ervas e Jardim:* Alho

PUREZA

Sistema Solar: Sol	*Runa:* Elhaz
Elementos: Fogo, Água	*Direção:* Norte
Cores: Prateado, Branco	*Árvores:* Cedro, Pilriteiro, Magnólia
Ervas e Jardim: Craveiro (*cor-de-rosa, vermelho*), Gardênia, Íris, Jasmim (*branco*), Lírio (*branco*), Prímula, Rosa (*vermelha, branca*), Violeta (*branca*)	
Metal: Prata	
Plantas: Olíbano, Grãos (*trigo*), Visco, Nenúfar	
Gemas e Minerais: Ágata, Diamante	*Do Mar:* Pérola
Deusas: Atena, Deméter, Koré, Lakshmi, Sarasvati, Sekhmet	
Deuses: Agni, Balder, Shiva	*Animal:* Cervo
Ave: Beija-flor	*Ser Mítico:* Unicórnio

PURIFICAÇÃO (LIMPAR, TORNAR NOVO)

Signo: Virgem	*Sistema Solar:* Saturno
Fases da Lua: Minguante	*Luas Cheias:* Fevereiro
Estação: Primavera	*Dia:* Terça-feira
Celebrações: Beltane, Imbolc, Lupercália, Véspera do Solstício de Verão, Yule	
Ogham: Beithe, Eamhancholl	*Runa:* Ur
Elementos: Ar, Fogo, Água	*Direções:* Norte, Sul
Cores: Azul (*real*), Lavanda, Roxo, Prateado, Violeta, Branco, Amarelo	
Árvores: Acácia, Freixo, Bétula, Abrunheiro, Cedro, Sabugueiro, Abeto, Pilriteiro, Junípero, Loureiro, Magnólia, Algarobeira, Mimosa, Carvalho, Oliveira, Palmeira (*coqueiro, sangue de dragão*), Pinheiro, Evônimo, Plátano	

<table>
<tr><td colspan="2">Ervas e Jardim: Angélica, Manjericão, Giesta, Camomila, Endro, Erva-doce, Samambaia, Matricária, Alho, Gerânio, Urze, Jacinto, Íris, Jasmim, Lavanda, Lilás, Ligústica, Manjerona, Artemísia, Passiflora, Poejo, Hortelã-pimenta, Rosa (branca), Alecrim, Sálvia, Erva-de-são-joão, Selo-de-salomão, Hortelã-verde, Aspérula, Tomilho, Valeriana, Verbena, Violeta (branca), Milefólio</td></tr>
<tr><td colspan="2">Plantas: Babosa, Anis, Assa-fétida, Betônica, Cardo-bento, Sanguinária-do-canadá, Bardana, Canela, Cravo-da-índia, Cominho, Olíbano, Lótus, Visco, Verbasco, Mostarda, Mirra, Urtiga, Patchuli, Sândalo, Espicanardo, Anis-estrelado, Cardo, Nenúfar, Absinto</td></tr>
<tr><td colspan="2">Gemas e Minerais: Âmbar, Ametista, Ametrina, Apofilita (do eu), Água-marinha, Azurita, Aragonita, Calcita (azul), Caroíta, Diamante, Fluorita (verde), Granada, Diamante de Herkimer, Jade, Magnetita, Moldavita, Obsidiana (floco de neve), Peridoto, Quartzo (transparente), Sal, Safira, Quartzo-enfumaçado, Olho de Tigre, Topázio (azul), Turmalina (preta), Turquesa, Zircônia</td></tr>
<tr><td>Do Mar: Abalone, Ostra, Concha-rainha, Pérola</td><td>Metais: Ouro, Prata</td></tr>
<tr><td colspan="2">Deusas: Boann, Chalchiuhtlicue, Deméter, Ganga, Hécate, Héstia, Inanna, Ishtar, Ísis, Juno, Kupala, Pele, Sarasvati, Sedna, Sekhmet, Vênus, Vesta</td></tr>
<tr><td colspan="2">Deuses: Agni, Apolo, Belenus, Enki, Ganesha, Marduk, Mitra, Perun</td></tr>
<tr><td>Animais: Morcego, Cervo</td><td>Vida Marinha: Baleia</td></tr>
<tr><td colspan="2">Aves: Condor, Águia, Coruja, Gaivota, Abutre, Pica-pau, Carriça</td></tr>
<tr><td>Anfíbio: Rã</td><td>Insetos diversos: Abelha, Minhoca</td></tr>
<tr><td colspan="2">Purificação Emocional</td></tr>
<tr><td>Ervas e Jardim: Arruda</td><td>Plantas: Heléboro-amarelo, Lótus</td></tr>
<tr><td colspan="2">Gemas e Minerais: Malaquita</td></tr>
<tr><td colspan="2">Purificação Interior</td></tr>
<tr><td>Árvores: Sabugueiro, Nogueira</td><td>Planta: Gengibre</td></tr>
<tr><td colspan="2">Ervas e Jardim: Amora-silvestre, Borragem, Giesta, Aquilégia, Dente-de-leão, Urze</td></tr>
<tr><td colspan="2">Purificação Mental</td></tr>
<tr><td colspan="2">Gemas e Minerais: Hematita, Lápis-lazúli, Malaquita</td></tr>
<tr><td colspan="2">Purificação Ritual</td></tr>
<tr><td>Árvore: Loureiro</td><td>Ervas e Jardim: Lavanda, Sálvia</td></tr>
<tr><td colspan="2">Plantas: Olíbano, Mirra</td></tr>
<tr><td colspan="2">Purificação Espiritual</td></tr>
<tr><td>Árvores: Junípero, Loureiro</td><td>Planta: Canela</td></tr>
<tr><td>Gemas e Minerais: Lápis-lazúli</td><td>Ave: Albatroz</td></tr>
</table>

RAIVA (ACALMAR, CONTROLAR, DISSIPAR)

Signo: Áries	*Sistema Solar:* Marte, Urano
Elemento: Fogo	*Tarô:* O Diabo (expressar)
Cores: Preto, Vermelho (provocar), Violeta, Amarelo (*limão*)	
Árvores: Azevinho, Junípero	*Plantas:* Açafrão, Absinto
Ervas e Jardim: Gatária, Camomila, Carqueja, Lavanda, Peônia, Valeriana, Verbena	
Gemas e Minerais: Ametista, Angelita, Heliotrópio, Ágata Rendada Azul, Cornalina, Crisocola, Crisópraso, Fluorita, Granada, Howlita, Larimar, Ágata Musgo, Peridoto, Safira, Sugilita, Topázio (*azul*)	
Do Mar: Múrice	
Deusas: Durga, Hera, Nêmesis, Sekhmet	*Deuses:* Aegir, Ares, Marte, Nergal
Ave: Galináceos (*galo*)	

REALIZAÇÃO

Signo: Capricórnio	*Fases da Lua:* Cheia
Estação: Outono	*Dia:* Domingo
Celebrações: Lughnasadh, Mabon	*Runas:* Feoh, Jera (recompensas)
Direções: Norte, Noroeste	*Cores:* Verde, Roxo
Números: 1, 4, 7, 8, 9, 10	*Tarô:* O Sol, O Mundo
Árvores: Cerejeira, Evônimo	*Gemas e Minerais:* Pedra da Lua
Deusas: Deméter, Justitia	*Deuses:* Dionísio, Jano, Vishnu
Ser Mágico: Brownies	*Animais:* Gazela, Alce-americano
Ave: Azulão	*Insetos diversos:* Vaga-lume

RECONCILIAÇÃO (BUSCAR)

Elemento: Água	*Cor:* Laranja
Árvores: Abeto, Pilriteiro, Aveleira, Oliveira, Pinheiro, Abeto-vermelho	
Ervas e Jardim: Valeriana (após brigas)	*Deus:* Balder
Gemas e Minerais: Berilo (amigos, casamento), Calcita, Diamante, Diamante de Herkimer, Kunzita, Magnetita (casamento), Pedra da Lua, Quartzo Rosa, Safira, Selenita	

REINO ASTRAL (EXPLORAR, TRABALHAR COM, ENTENDER)

Sistema Solar: Júpiter, Saturno, Sol, Vênus	*Luas Cheias:* Fevereiro
Dia: Segunda-feira	*Elemento:* Ar
Número: 13	
Cores: Azul, Dourado, Roxo, Prateado, Violeta, Branco, Amarelo	
Árvores: Freixo, Álamo, Choupo, Sorveira-brava, Plátano	
Ervas e Jardim: Confrei, Gardênia, Gerânio, Jasmim, Acônito, Artemísia, Papoula	
Plantas: Beladona, Canela, Potentilha, Ditamno, Olíbano, Galanga, Gengibre, Meimendro, Mandrágora, Íris, Junco, Sândalo, Estramônio	
Gemas e Minerais: Amazonita, Ametrina, Apofilita, Azurita, Calcita, Cornalina, Celestita, Cerussita, Fluorita, Hematita, Iolita, Jaspe (*vermelho*), Malaquita, Moldavita, Opala, Quartzo (*transparente, turmalinado*), Safira, Estaurolita, Turmalina (*verde*), Turquesa	
Deusas: Nut, Pele	*Ser Mágico:* Dríades
Deuses: Anúbis, Belenus, Cernunos, Khnum, Manannán	
Animais: Urso, Marmota, Cavalo, Chacal, Lince-canadense, Pantera	
Aves: Albatroz, Gaio-azul, Grou, Gavião, Garça, Mobelha, Coruja, Pinguim	
Vida Marinha: Orca	*Insetos diversos:* Gafanhoto

RELACIONAMENTOS

Signos: Gêmeos, Libra	*Sistema Solar:* Saturno, Urano, Vênus
Fases da Lua: Cheia, Nova	*Luas Cheias:* Junho
Dia: Quinta-feira	*Ogham:* Saille
Runas: Ehwaz, Gyfu, Lagu	*Elementos:* Ar, Terra
Cores: Azul, Verde, Índigo, Cor-de-rosa, Laranja, Vermelho	*Direção:* Sudoeste
Chakra: Coração	*Número:* 6
Tarô: Copas, Os Enamorados	
Árvores: Macieira, Pilriteiro, Tília, Magnólia, Bordo, Salgueiro	
Ervas e Jardim: Manjericão, Craveiro (*cor-de-rosa*), Gardênia, Gerânio, Jasmim (românticos), Lavanda (pacíficos), Erva-cidreira, Lírio, Cravo-de-defunto, Manjerona, Acônito, Prímula, Rosa (*cor-de-rosa*), Arruda, Morango (amor), Milefólio	

Plantas: Betônica, Cravo-da-índia, Gengibre (românticos), Raiz de Íris, Patchuli, Sândalo, Espicanardo

Gemas e Minerais: Amazonita, Água-marinha, Berilo, Heliotrópio, Ágata Rendada Azul, Crisocola, Citrino, Diamante (amor), Granada (*preta, vermelha*), Diamante de Herkimer, Kunzita, Lápis-lazúli, Larimar, Magnetita, Morganita, Ônix, Obsidiana (*arco-íris*), Peridoto (curar), Pirita, Rodocrosita, Rodonita, Quartzo Rosa, Rubi (fortalecer), Sardônix, Smithsonita, Sodalita, Espinélio, Turmalina *(melancia)*

Do Mar: Abalone, Madrepérola, Búzio-trombeta

Deusas: Afrodite, Bast

Deus: Pushan

Animais: Tatu, Búfalo/Bisão, Elefante, Alce (equilíbrio nos), Girafa, Lebre

Aves: Pomba-branca, Bico-grosso-tricolor, Martim-pescador, Papa-figos, Periquito, Estorninho, Carriça

Réptil: Tartaruga (aquática)

Insetos diversos: Abelha, Borboleta

RENASCIMENTO/RENOVAÇÃO

Sistema Solar: Mercúrio, Lua, Plutão, Sol, Vênus

Signo: Escorpião (em geral, emocional)

Fases da Lua: Nova, Minguante

Estação: Primavera

Ogham: Beithe, Ioho, Nion

Celebrações: Nascimento de Ísis, Caça da Carriça, Ostara, Yule

Elementos: Terra, Água

Direções: Leste, Norte, Sul

Cores: Preto, Marrom, Verde, Índigo, Vermelho

Tarô: O Julgamento

Árvores: Amieiro, Macieira, Freixo, Bétula, Cedro, Cerejeira, Cipreste, Sabugueiro, Olmo, Abeto (*prateado*), Azevinho, Carvalho, Oliveira, Pinheiro, Álamo (*branco*), Abeto-vermelho, Plátano, Teixo

Ervas e Jardim: Craveiro, Erva-doce, Carqueja, Madressilva, Hera, Lavanda, Erva-cidreira, Lilás, Ligústica, Papoula, Alecrim, Tomilho

Plantas: Olíbano, Grãos (*trigo*), Lótus, Visco, Mirra, Patchuli, Sândalo

Gemas e Minerais: Alexandrita, Ametista, Apatita, Água-marinha, Heliotrópio, Calcita (*vermelha*), Cornalina, Olho de Gato, Crisoberilo, Citrino, Granada (*vermelha*), Olho de Falcão, Diamante de Herkimer, Cianita, Opala, Peridoto, Madeira Petrificada, Quartzo (*transparente*), Sal (*mar*), Selenita, Olho de Tigre, Topázio, Turmalina (*verde, vermelha*), Turquesa

Do Mar: Berbigão, Cauri, Naticidae, Vieira

Deusas: Afrodite, Arianrhod, Badb, Cailleach Bheur, Ceres, Ceridwen, Coatlicue, Cibele, Devi, Flora, Frigga, Gaia, Hécate, Hera, Inanna, Ishtar, Ísis, Macha, Néftis, Nut, Ostara, Perséfone, Reia, Sedna	
Deuses: Adônis, Agni, Amon, Angus, Arawn, Esculápio, Attis, Balder, Cernunos, Dagda, Dumuzi, Homem Verde, Khensu, Lugh, Manannán, Marduk, Mitra, Osíris, Posêidon, Ra, Shiva, Thoth	
Anjo: Gabriel	
Ser Mágico: Nórnias	
Animais: Morcego, Urso, Bovinos, Cervo (*gamo, veado*), Bode/Cabra, Marmota, Lebre, Cavalo, Leão, Alce-americano, Jaguatirica, Pantera, Urso Polar, Ovinos (*cordeiro*)	
Vida Marinha: Caranguejo, Salmão, Baleia	
Aves: Melro, Galináceos, Condor, Grou, Gralha, Pomba-branca, Águia, Pintassilgo, Bico-grosso-tricolor, Coruja, Pavão, Pelicano, Corvo, Cegonha, Andorinha, Peru, Abutre	
Répteis e Anfíbio: Jacaré, Crocodilo, Rã, Lagarto, Cobra	*Ser Mítico:* Fênix
Insetos diversos: Abelha, Besouro, Borboleta, Grilo, Escorpião, Lesma, Aranha, Minhoca	

RESISTÊNCIA

Signo: Touro	*Sistema Solar:* Marte, Saturno
Dia: Quinta-feira	*Ogham:* Duir, Eadha
Runa: Nyd	*Elemento:* Terra
Cor: Índigo	*Chakra:* Raiz
Árvores: Álamo, Olmo, Carvalho, Pinheiro, Choupo, Plátano	*Tarô:* O Diabo, Ouros
Ervas e Jardim: Anêmona (*vermelha*), Confrei, Carqueja, Cravo-de-defunto	
Plantas: Ginseng, Pimenta (*do reino*), Absinto	
Gemas e Minerais: Danburita, Esmeralda, Granada, Jade, Moldavita, Sodalita	
Deusas: Arianrhod, Inanna, Ísis	*Deuses:* Odin, Thor
Ser Mágico: Gnomos	*Anjo:* Uriel
Animais: Texugo, Morcego, Urso, Búfalo/Bisão, Camelo, Caribu, Elefante, Alce, Raposa, Cavalo, Lhama, Urso Polar, Carcaju	
Vida Marinha: Carpa, Salmão, Tubarão	
Aves: Albatroz, Grou, Beija-flor, Pinguim, Carriça	
Répteis: Jacaré, Crocodilo	*Insetos diversos:* Formiga, Borboleta (*monarca*)

RESPEITO

Celebração: Dia da Terra	*Direção:* Sul
Chakra: Plexo Solar	*Número:* 4
Gemas e Minerais: Andaluzita, Cerussita, Sárdio (pelos outros), Selenita, Olho de Tigre	
Deus: Bragi	*Aves:* Águia, Sabiá-do-campo, Ampélis-americano
Animais: Tatu, Elefante, Leão, Porco-espinho (pelas diferenças), Jaritataca (pelos outros)	
Répteis: Tartaruga (terrestre), Tartaruga (aquática)	*Insetos diversos:* Gafanhoto
Respeito Próprio	
Gemas e Minerais: Alexandrita, Cornalina, Crisoberilo, Dioptásio, Opala, Rubi, Sárdio	
Animais: Guepardo, Alce-americano, Jaritataca	

RESPONSABILIDADE

Sistema Solar: Júpiter	*Signo:* Capricórnio
Runa: Eoh	*Número:* 6
Ervas e Jardim: Cravo-de-defunto	*Deusas:* Fides, Inanna
Ser Mágico: Brownies	*Animal:* Puma

REVERTER (TRANSFORMAR UMA SITUAÇÃO)

Sistema Solar: Sol, Vênus	*Fases da Lua:* Minguante
Celebração: Saturnália (papéis)	*Elemento:* Água
Cores: Preto, Laranja, Vermelho	*Tarô:* O Enforcado
Árvores: Cedro, Palmeira (*sangue de dragão*), Pinheiro	*Planta:* Galanga
Ervas e Jardim: Lírio-do-vale, Artemísia, Rosa, Arruda, Sálvia	
Gemas e Minerais: Ágata, Cornalina, Jaspe (*vermelho*), Magnetita, Sal (*mar*)	
Metais: Latão, Ferro	*Deusas:* Cailleach Bheur
Deuses: Pushan, Zeus	*Vida Marinha:* Salmão
Animais: Coiote (fortuna), Pantera, Urso Polar	
Insetos diversos: Borboleta (*monarca*)	
Aves: Azulão, Grou, Beija-flor, Pelicano, Pombo-comum, Andorinha	

RIQUEZA (ADQUIRIR, CONSERVAR)

Signo: Touro	*Sistema Solar:* Júpiter, Mercúrio, Plutão
Runa: Feoh	*Elemento:* Terra
Direção: Norte	*Cores:* Dourado, Verde, Roxo
Árvores: Acácia, Macieira, Cedro, Sabugueiro, Castanheiro-da-índia, Murta, Carvalho, Oliveira, Pinheiro, Romãzeira, Choupo, Nogueira	
Ervas e Jardim: Manjericão, Bergamota, Amora-silvestre, Camomila, Trevo, Confrei, Endro, Samambaia, Hidraste, Heliotrópio, Madressilva, Íris, Jasmim, Cravo-de-defunto, Pervinca, Papoula, Sálvia, Boca-de-leão, Aspérula, Verbena	
Plantas: Canela, Potentilha, Cravo-da-índia, Galanga, Gengibre, Solidago, Grãos, Jalapa, Mandrágora, Lunária, Mirra, Noz-moscada, Patchuli, Açafrão	
Gemas e Minerais: Ágata (*marrom, árvore*), Alexandrita, Aventurina, Heliotrópio, Calcita, Olho de Gato, Citrino, Diamante, Esmeralda, Diamante de Herkimer, Jaspe (*verde*), Malaquita, Ágata Musgo, Peridoto, Pirita, Rubi, Sal, Espinélio, Estaurolita, Olho de Tigre, Topázio, Turmalina (*verde*), Turquesa, Zircônia (*vermelha*)	
Metais: Latão (atrair), Ouro	
Do Mar: Cauri, Madrepérola, Pérola,	
Deusas: Deméter, Fortuna, Freya, Gaia, Ganga, Hécate, Juno, Lakshmi, Sarasvati, Sekhmet	
Ser Mágico: Lares	*Anjo:* Uriel
Deuses: Aegir, Cernunos, Ganesha, Hades, Hélio, Hermes, Júpiter, Njord, Odin, Plutão, Pushan, Quetzalcoatl	
Aves: Pintassilgo, Cegonha	
Animais: Morcego, Urso, Javali, Bovinos (*vaca*), Cavalo, Porco, Urso Polar, Rato	
Anfíbio: Sapo	*Ser Mítico:* Dragão

ROMANCE

Signos: Câncer, Leão, Libra, Peixes	*Sistema Solar:* Vênus
Fases da Lua: Cheia	*Dia:* Sexta-feira
Horas do dia: Amanhecer	*Direção:* Sudoeste
Cores: Cor-de-rosa, Vermelho, Rosa-claro	*Número:* 2
Tarô: Os Enamorados	*Árvores:* Macieira, Cerejeira
Ervas e Jardim: Urze, Jasmim, Lavanda, Ligústica, Rosa (*cor-de-rosa*), Valeriana	

Plantas: Raiz de Íris, Sândalo	*Do Mar:* Berbigão
Gemas e Minerais: Âmbar, Diamante (*cor-de-rosa*), Magnetita, Quartzo Rosa, Turmalina (*cor-de-rosa*)	
Deusas: Aine, Amaterasu, Anat, Afrodite, Asherah, Astarte, Boann, Ceridwen, Fides, Hathor, Iduna, Ishtar, Juno, Luna, Sarasvati	
Deuses: Adônis, Amon, Angus, Cupido, Eros, Krishna	
Aves: Cardeal, Mobelha, Faisão, Pombo-comum	*Vida Marinha:* Cavalo-marinho
Insetos diversos: Abelha	

SABEDORIA

Sistema Solar: Júpiter, Mercúrio, Lua, Sol	*Signo:* Aquário
Fases da Lua: Cheia, Nova, Minguante, Crescente	*Luas Cheias:* Agosto
Dias: Sexta-feira, Sábado, Quarta-feira	
Celebrações: Caça da Carriça, Samhain (da anciã)	
Ogham: Coll	*Runa:* As
Elementos: Ar, Terra, Água	*Direções:* Leste, Norte, Nordeste
Chakras: Terceiro Olho, Coroa	*Números:* 6, 7, 9
Cores: Preto, Dourado (universal), Cinza, Verde, Roxo, Vermelho, Violeta, Amarelo	
Tarô: O Eremita, O Hierofante, A Sacerdotisa, O Mago	
Árvores: Acácia, Macieira, Freixo, Faia, Bétula, Figueira-sagrada, Cipreste, Sabugueiro, Olmo, Pilriteiro, Aveleira, Loureiro, Magnólia, Bordo, Carvalho, Pinheiro, Sorveira-brava, Abeto (*preto*), Plátano, Hamamélis	
Ervas e Jardim: Giesta, Endro, Gerânio, Hidraste, Jacinto, Íris, Rosa, Alecrim, Arruda, Sálvia, Selo-de-salomão, Girassol	
Plantas: Bambu, Potentilha, Lótus	
Gemas e Minerais: Ágata (árvore), Âmbar, Ametista, Lágrima de Apache, Apofilita, Água-marinha, Azurita, Berilo, Ágata Rendada Azul, Cornalina, Celestita, Caroíta, Crisocola, Crisópraso, Rosa do Deserto, Dioptásio, Granada, Diamante de Herkimer, Howlita, Jade, Jaspe, Labradorita, Lápis-lazúli, Pedra da Lua, Morganita, Obsidiana (*floco de neve*), Opala, Peridoto, Quartzo, Rodocrosita, Rodonita, Rubi, Safira, Sardônix, Quartzo-enfumaçado (subconsciente), Sodalita, Espinélio (*vermelho*/instintiva), Sugilita, Tanzanita, Olho de Tigre, Topázio, Turmalina (*vermelha*), Turquesa, Zircônia (*vermelha*)	

Metal: Ouro	
De Origem Marinha: Concha-rainha, Coral, Pérola, Bolacha-do-mar, Búzio	
Deusas: Amaterasu, Anat, Asherah, Astarte, Athena, Badb, Brígida, Cailleach Bheur, Ceres, Ceridwen, Danu, Frigga, Gaia, Hécate, Hera, Ísis, Kuan Yin, Lakshmi, Macha, Minerva, Perséfone, Sarasvati, Sekhmet, Mulher Aranha	
Deuses: Apolo, Balder, Belenus, Buda, Dagda, Ea, Enki, Ganesha, Hefésto, Hermes, Jano, Júpiter, Krishna, Manannán, Mimir, Netuno, Odin, Ogma, Prometeu, Shiva, Thoth, Zeus	
Seres Mágicos: Elfos, Musas	*Anjo:* Uriel
Animais: Texugo (contação de histórias), Urso, Puma, Coiote, Cervo, Burro (das potencialidades internas), Elefante, Alce, Girafa, Ouriço, Hiena, Jaguar, Leão, Macaco, Alce-americano, Gambá, Urso Polar, Rinoceronte (antiga), Lobo	
Aves: Melro, Grou, Gralha, Pomba-branca, Águia, Tetraz, Gavião, Garça, Íbis (antiga), Pavão, Pinguim, Corvo, Pintarroxo (de mudança), Ampélis-americano	
Vida Marinha: Golfinho, Enguia, Boto, Salmão, Baleia	
Répteis: Jacaré, Cobra-real (da deusa), Crocodilo, Cobra, Tartaruga (aquática)	
Insetos diversos: Formiga, Abelha (oculta), Aranha	*Seres Míticos:* Dragão, Grifo
Sabedoria Superior	
Cor: Azul	*Aves:* Trepadeira-azul, Coruja

SEGREDOS (MANTER)

Signos: Câncer, Peixes, Escorpião	*Sistema Solar:* Lua, Plutão
Fases da Lua: Minguante	*Runa:* Peorth
Elemento: Água	*Direção:* Norte
Cores: Preto, Cinza	*Números:* 7, 8
Tarô: A Sacerdotisa, A Lua	*Árvores:* Junípero, Alfarrobeira (de amor), Carvalho (*branco*)
Ervas e Jardim: Madressilva, Hera, Rosa (de amor), Sálvia	
Plantas: Prímula-silvestre, Linho, Visco	*Metal:* Estanho
Do Mar: Amêijoa, Bolacha-do-mar	*Deusas:* Diana, Frigga, Ísis
Deuses: Amon, Arawn, Mitra, Thoth	*Ser Mágico:* Gnomos

Animais: Texugo (dos antepassados, do outro mundo), Lince, Gato, Cervo, Cão, Cavalo (iniciação), Lince-canadense, Camundongo, Doninha (descobrir)
Répteis: Jacaré, Crocodilo
Aves: Galináceos (*galo*), Grou (manter), Garça (manter), Abibe-comum, Pega, Coruja (extrair), Cisne
Seres Míticos: Selkies, Esfinge

SEGURANÇA

Signo: Touro	*Ogham:* Duir
Cores: Preto, Dourado, Cor-de-rosa, Roxo, Violeta	*Chakra:* Raiz
Tarô: Ouros	
Árvores: Acácia, Macieira, Bétula, Cipreste, Sabugueiro, Pilriteiro, Aveleira, Azevinho, Junípero, Mimosa, Carvalho, Oliveira, Palmeira (*sangue de dragão*), Romãzeira, Sorveira-brava	
Ervas e Jardim: Angélica, Narciso, Endro, Erva-doce, Samambaia, Alho, Gerânio (*cor-de-rosa*), Manjericão-sagrado, Hera, Lilás, Manjerona (em geral, nos negócios), Ipomeia, Pervinca, Framboesa (interior), Erva-de-são-joão, Hortelã-verde (do lar)	
Plantas: Babosa, Betônica, Canela (aumentar), Potentilha, Coentro, Mandrágora (*americana*), Dulcamara, Visco, Verbasco, Mostarda, Urtiga, Pimenta (*do reino*)	
Gemas e Minerais: Ágata (*marrom, fogo*), Esmeralda (amor), Magnetita, Estaurolita, Olho de Tigre	
Metais: Latão, Ferro, Prata	*Deus:* Anúbis
Deusas: Astarte, Bast, Brigantia, Deméter, Frigga, Héstia, Juno, Lakshmi, Néftis, Vesta	
Animais: Tatu, Gato, Cão, Burro, Porco-espinho, Coelho, Ovinos	
Aves: Galináceos, Pombo-comum, Andorinha, Pica-pau	*Réptil:* Tartaruga (aquática)
Insetos diversos: Grilo	
Segurança Emocional	
Número: 2	*Ervas e Jardim:* Camomila
Gemas e Minerais: Malaquita	*Animais:* Bode/Cabra (*montanhês*), Lhama

SENSIBILIDADE (DESENVOLVER, APOIAR, CONTER)

Signos: Aquário, Câncer, Libra, Peixes	*Sistema Solar:* Lua, Netuno
Elemento: Água	*Cores:* Azul, Lavanda, Violeta
Chakra: Plexo Solar	*Tarô:* Copas
Árvores: Freixo, Álamo, Mimosa	*Plantas:* Cravo-da-índia, Eufrásia
Ervas e Jardim: Camomila, Margarida, Hibisco, Lavanda, Cravo-de-defunto, Acônito, Hortelã-pimenta, Alecrim, Erva-de-são-joão, Valeriana, Violeta	
Do Mar: Cauri	
Gemas e Minerais: Ágata Rendada Azul, Danburita, Pedra da Lua, Turmalina (*laranja, cor-de-rosa*)	
Deus: Apolo	*Aves:* Canário, Íbis, Cisne
Animais: Tatu (controle), Cervo, Lebre, Leopardo, Toupeira, Panda, Pantera, Coelho, Ovinos	
Vida Marinha: Caranguejo	*Répteis:* Camaleão, Lagarto
Insetos diversos: Grilo	

SENSUALIDADE

Signos: Libra, Touro	*Sistema Solar:* Vênus
Fases da Lua: Crescente	*Celebração:* Beltane
Elementos: Terra, Água	*Cor:* Cor-de-rosa
Número: 5	*Árvore:* Junípero
Ervas e Jardim: Hibisco, Jasmim, Rosa, Morango	
Plantas: Mostarda, Patchuli, Sândalo	
Deusas: Afrodite, Freya, Hathor, Inanna, Vênus, Xochiquetzal	
Deuses: Angus, Apolo, Bragi, Cupido, Eros, Krishna	
Animais: Gato, Cão, Alce, Chacal, Pantera, Jaritataca, Tigre	
Aves: Pomba-branca, Íbis	

SENTIDOS

Signos: Escorpião, Touro	*Número:* 5
Cor: Vermelho (paladar)	*Tarô:* Ouros
Gemas e Minerais: Hematita, Obsidiana (*arco-íris*/intensificar), Rubi	

Ervas e Jardim: Erva-cidreira (restaurar)	*Deus:* Shiva
Deusas: Éos, Hathor, Kuan Yin, Sekhmet	*Anjo:* Uriel
Controlar os Sentidos	
Árvores: Álamo, Sorveira-brava	*Gemas e Minerais:* Crisocola
Deus: Odin	
Audição	
Elemento: Ar	*Cor:* Azul
Animais: Urso, Tâmia, Urso Polar	*Anfíbio e Réptil:* Rã, Tartaruga-marinha
Sentidos Internos	
Planta: Verbasco	
Gemas e Minerais: Diamante de Herkimer, Quartzo (*transparente*)	
Escutar	
Cor: Roxo	*Árvore:* Pinheiro
Ervas e Jardim: Angélica	*Planta:* Patchuli
Gemas e Minerais: Angelita, Labradorita (a voz interior)	
Aves: Cardeal (a voz interior), Cuco, Corvo	*Animal:* Cervo
Visão	
Cores: Verde, Índigo (*claro*), Branco	*Árvores:* Bétula, Abeto (*prateado*), Junípero
Ervas e Jardim: Erva-doce, Cravo-de-defunto (ver criaturas mágicas), Arruda, Verbena	
Plantas: Cravo-da-índia, Eufrásia, Sândalo, Estramônio	
Gemas e Minerais: Lágrima de Apache, Apatita, Aventurina (*verde*), Crisópraso, Esmeralda, Lápis-lazúli, Magnetita, Malaquita, Opala, Peridoto, Rodocrosita, Olho de Tigre, Turquesa	
Metal: Bornita	*Deus:* Ra
Animais: Guepardo, Coiote, Elefante, Gazela (visão interna), Bode/Cabra, Lince-canadense, Porco	
Aves: Condor, Águia, Gavião, Arara, Coruja, Abutre	
Olfato	
Celebração: Rosália	*Elementos:* Ar, Terra
Cor: Amarelo	*Árvore:* Pinheiro
Plantas: Assa-fétida, Canela, Cravo-da-índia	*Ervas e Jardim:* Manjericão, Alho
Animais: Oricteropo, Urso, Dingo, Cão, Hiena, Porco, Urso Polar	
Aves: Abutre (*urubu de cabeça vermelha*)	*Vida Marinha:* Tubarão
Insetos diversos: Mariposa	

Fortalecer os Sentidos	
Planta: Potentilha	*Ervas e Jardim:* Sálvia
Animais: Raposa, Chacal, Lobo	
Tato	
Elementos: Ar, Terra	*Ervas e Jardim:* Prímula
Planta: Sapato-de-vênus	*Ave:* Flamingo
Animais: Cervo, Leopardo, Pantera, Cão-da-pradaria	
Confiar nos Sentidos	
Animal: Rato-almiscarado	*Ave:* Abutre
Réptil: Tartaruga-marinha	

SEXO/SEXUALIDADE

Signos: Áries (virilidade), Sagitário, Escorpião, Touro, Virgem	
Sistema Solar: Marte (masculina), Plutão, Vênus	*Fases da Lua:* Cheia
Dia: Sexta-feira	*Celebração:* Beltane
Ogham: Huath	*Elementos:* Terra, Fogo
Direção: Sul	*Chakra:* Sacro
Cores: Malva, Vermelho, Branco	*Número:* 5
Tarô: Os Enamorados	
Árvores: Acácia, Macieira, Pilriteiro, Magnólia (atração sexual), Palmeira (*coqueiro*), Hamamélis	
Ervas e Jardim: Manjericão, Hibisco, Jasmim, Lavanda, Erva-cidreira, Prímula, Rosa, Violeta	
Plantas: Babosa (perícia), Anis, Betônica, Erva-de-são-cristovão, Linho, Jalapa, Raiz de Íris (atração sexual), Patchuli, Açafrão (perícia), Sândalo, Baunilha	
Gemas e Minerais: Ágata (*marrom, fogo*), Ametista, Aventurina, Cornalina, Esmeralda, Granada, Jaspe, Ônix, Quartzo (*transparente*), Rubi, Safira, Quartzo-enfumaçado, Pedra do Sol, Topázio, Wulfenita	
Do Mar: Amêijoa, Ostra	
Deusas: Anat, Afrodite, Ariadne, Ártemis, Asherah, Astarte, Bast, Freya, Ishtar, Kupala, Macha, Maeve, Morrigan, Vênus, Xochiquetzal	

Deuses: Agni, Cernunos, Coiote, Dagda, Dionísio, Enki, Eros, Homem Verde, Hermes, Krishna, Nergal, Odin, Pan (masculino), Plutão, Ptah, Set, Shiva, Zeus	
Animais: Cão, Burro, Elefante, Bode/Cabra (vigor), Cavalo, Coelho, Jaritataca	
Aves: Galináceos (*galo*), Faisão, Codorniz, Andorinhão-preto	*Vida Marinha:* Golfinho
Réptil: Tartaruga (aquática)	*Insetos diversos:* Mariposa, Lesma
Potência Sexual	
Árvores: Carvalho, Palmeira (*sangue de dragão*)	*Plantas:* Ginseng, Visco
Animal: Bovinos (*touro*)	*Réptil:* Cobra

SOLIDÃO (ALIVIAR)

Sistema Solar: Lua	*Fases da Lua:* Nova
Cores: Azul, Cinza	*Número:* 8
Ervas e Jardim: Jacinto, Lavanda, Manjerona, Girassol	
Planta: Potentilha (acabar com)	*Deuses:* Cupido, Shiva
Gemas e Minerais: Crisópraso, Quartzo Rosa (fim da)	
Animal: Lince (aceitar)	*Ave:* Andorinha

SOLIDARIEDADE (DAR, RECEBER)

Signos: Aquário, Câncer, Libra	*Cores:* Verde, Cor-de-rosa
Números: 6, 9	*Tarô:* Copas
Árvore: Sabugueiro	*Planta:* Galanga
Ervas e Jardim: Manjericão, Craveiro (*cor-de-rosa*), Erva-cidreira, Rosa (*cor-de-rosa*)	
Gemas e Minerais: Turmalina (*cor-de-rosa*)	*Do Mar:* Amêijoa
Ave: Cegonha	

SONO (INDUZIR, RESGUARDAR)

Elemento: Água	*Estação:* Inverno
Cores: Preto, Azul, Verde	*Número:* 5
Árvores: Macieira, Bétula, Sabugueiro, Olmo, Azevinho, Junípero, Loureiro, Tília, Teixo	

Ervas e Jardim: Agrimônia, Bergamota, Campainha, Gatária, Camomila, Dente-de-leão, Endro, Urze, Jasmim, Alquemila, Lavanda, Manjerona, Artemísia, Passiflora, Hortelã-pimenta, Papoula, Rosa, Alecrim, Hortelã-verde, Tomilho, Valeriana, Verbena, Violeta	
Plantas: Anis, Cardamomo, Potentilha, Coentro, Meimendro, Sapato-de-vênus, Lótus, Mandrágora, Visco, Noz-moscada, Estramônio	
Gemas e Minerais: Âmbar, Ametista, Citrino, Diamante, Diamante de Herkimer, Jaspe (*verde*), Azeviche, Magnetita, Malaquita, Pedra da Lua, Opala, Peridoto, Safira, Topázio (*azul*), Turmalina (*azul*), Zircônia	
Deusas: Ísis, Luna, Perséfone, Selene	
Deuses: Angus, Esculápio, Ea, Vishnu,	*Aves:* Beija-flor, Coruja, Cisne
Animais: Urso, Marmota, Urso Polar, Guaxinim	
Réptil: Lagarto	

SORTE

Sistema Solar: Júpiter	*Fases da Lua:* Crescente
Dia: Quinta-feira	*Celebração:* Caça da Carriça
Ogham: Ur	*Runa:* Feoh
Números: 1, 3, 6	*Tarô:* A Roda da Fortuna
Cores: Azul (*escuro*), Verde, Laranja, Roxo	
Árvores: Macieira, Freixo, Cedro, Castanheiro, Pilriteiro, Aveleira, Azevinho, Tília, Carvalho, Palmeira (*coqueiro, sangue de dragão*), Romãzeira, Sorveira-brava	
Ervas e Jardim: Amora-silvestre, Campainha, Camomila, Trevo (*vermelho, de quatro folhas*), Narciso, Margarida, Endro, Samambaia (*aspídio*), Urze, Íris, Hera, Jasmim, Alquemila, Lavanda, Lilás, Peônia, Hortelã-pimenta, Rosa, Alecrim, Arruda, Erva-de-são-joão (familiar), Hortelã-verde, Girassol, Violeta, Tomilho, Milefólio	
Plantas: Anis, Potentilha, Galanga, Gengibre, Solidago, Grãos (*arroz*), Filipêndula, Visco, Urtiga, Patchuli, Sândalo, Espicanardo, Anis-estrelado, Nenúfar	
Gemas e Minerais: Âmbar, Lágrima de Apache, Aventurina (*verde, marrom avermelhado*), Olho de Gato, Crisópraso, Citrino, Diamante, Esmeralda, Fluorita, Granada, Diamante de Herkimer, Jaspe (*marrom, verde, vermelho*), Azeviche, Lepidolita, Malaquita, Pedra da Lua, Obsidiana, Opala, Pirita, Safira, Sardônix, Quartzo-enfumaçado, Estaurolita, Olho de Tigre, Topázio, Turmalina (*preta*), Turquesa	
Do Mar: Ostra, Pérola, Vieira, Búzio	

Metais: Cobre, Mercúrio (trazer rapidamente), Prata, Estanho	
Deusas: Ceridwen, Fortuna, Hécate, Kupala, Lakshmi	
Deuses: Belobog, Cernunos, Njord, Odin, Shiva	
Animais: Morcego, Búfalo/Bisão, Gato, Elefante, Porco (fêmea)	
Aves: Gaio-azul, Canário, Cuco, Pega, Cotovia-ocidental, Pombo-comum, Pintarroxo, Cegonha, Pica-pau	
Insetos diversos: Lagarta, Grilo, Gafanhoto, Joaninha	
Vida Marinha: Carpa, Caranguejo	*Anfíbios:* Rã, Sapo
Seres Míticos: Dragão, Unicórnio	
Atrair Sorte	
Árvores: Castanheiro-da-índia, Murta, Oliveira	
Ervas e Jardim: Manjericão, Gatária, Jacinto, Papoula, Morango	
Plantas: Pimenta-da-jamaica, Babosa, Bambu, Canela, Olíbano, Ginseng, Jalapa, Noz-moscada, Baunilha	
Gemas e Minerais: Ágata, Alexandrita, Amazonita, Heliotrópio, Jade, Magnetita, Pedra do Sol	

SUCESSO

Signos: Capricórnio, Escorpião	*Sistema Solar:* Júpiter, Sol
Luas Cheias: Março	*Dias:* Domingo, Quinta-feira
Celebração: Litha	*Ogham:* Ur
Runas: Ing, Sigel (na vida), Wyn	*Elemento:* Terra
Direções: Norte, Sul	*Números:* 3, 7, 8
Tarô: O Carro, A Imperatriz, Ouros, O Sol, A Roda da Fortuna, O Mundo	
Cores: Marrom, Dourado, Verde, Índigo, Laranja, Roxo, Prateado, Violeta	
Árvores: Macieira, Álamo, Cedro, Sabugueiro, Pilriteiro, Loureiro, Algarobeira, Carvalho, Oliveira, Palmeira (*sangue de dragão*), Sorveira-brava, Evônimo	
Ervas e Jardim: Angélica, Manjericão, Bergamota, Camomila, Trevo (*vermelho*), Gerânio, Erva-cidreira, Cravo-de-defunto, Peônia, Selo-de-salomão, Aspérula, Verbena, Milefólio	
Plantas: Pimenta-da-jamaica, Babosa, Canela, Potentilha, Cravo-da-índia, Olíbano, Galanga, Gengibre, Jalapa, Visco, Mostarda, Mirra, Patchuli, Sândalo, Baunilha	

Gemas e Minerais: Ágata (*preta, marrom, com banda vermelha*), Alexandrita, Amazonita, Âmbar, Ametista, Andaluzita, Aventurina (*verde*), Heliotrópio, Cornalina, Crisópraso, Citrino, Granada, Jaspe (*amarelo*), Labradorita, Magnetita, Malaquita, Peridoto, Pirita, Quartzo Rosa, Sodalita, Espinélio, Pedra do Sol, Tanzanita, Turmalina (*verde*), Turquesa, Zircônia	
Metal: Ouro	*Do Mar:* Cauri
Deusas: Anat, Badb, Brígida, Durga, Hécate, Lakshmi, Maia	
Deuses: Apolo, Baal, Belenus, Ganesha, Jano, Mitra, Njord, Osíris, Posêidon, Saturno, Thoth, Zeus	
Anjo: Rafael	
Animais: Elefante, Macaco, Camundongo, Rato, Doninha, Lobo	
Aves: Águia, Bacurauzinho	*Vida Marinha:* Carpa
Anfíbios e Répteis: Sapo, Tartaruga (terrestre), Tartaruga-marinha	*Insetos diversos:* Cigarra
Sucesso nos Negócios	
Signo: Virgem	*Deuses:* Inari, Mercúrio
Gemas e Minerais: Fluorita, Olho de Tigre	

TÉRMINOS

Signos: Capricórnio, Peixes, Virgem	*Sistema Solar:* Lua, Saturno, Sol
Fases da Lua: Minguante	*Horas do dia:* Crepúsculo, Meia-Noite
Estação: Inverno	*Direção:* Oeste
Celebrações: Nascimento de Ísis, Litha, Lughnasadh	*Ogham:* Ioho, Ruis
Runa: Dag	*Cores:* Preto, Cinza, Branco
Números: 3, 13	*Tarô:* A Morte
Árvores: Sabugueiro, Olmo (*vermelho*), Murta	
Ervas e Jardim: Confrei, Alecrim, Erva-de-são-joão, Valeriana, Violeta	
Plantas: Dulcamara, Absinto	*Ave:* Albatroz
Insetos diversos: Grilo (saber quando)	*Ser Mítico:* Fênix
Deusas: Badb, Cailleach Bheur, Durga, Hécate, Kali, Kuan Yin	
Deuses: Attis, Balder, Jano, Shiva	*Seres Mágicos:* Parcas, Nórnias

TIMIDEZ (LIDAR COM)

Signos: Câncer, Virgem	*Cor:* Amarelo
Ervas e Jardim: Violeta	*Planta:* Erva-de-são-cristovão
Gemas e Minerais: Apatita (vencer a), Calcita (*laranja*), Cornalina, Lepidolita	
Deusas: Parvati, Sarasvati	*Ave:* Pombo-comum
Animais: Oricteropo, Cervo (*veado*), Lince-canadense, Camundongo, Guaxinim	
Vida Marinha: Caranguejo	

TRABALHO COM SONHOS

Signo: Sagitário	*Sistema Solar:* Lua, Netuno, Plutão
Luas Cheias: Julho	*Estação:* Inverno
Dia: Segunda-feira	*Elemento:* Água
Direção: Oeste	*Número:* 2
Cores: Preto, Azul, Cinza, Lavanda, Prateado, Amarelo	
Árvores: Acácia, Macieira, Freixo, Cedro, Sabugueiro, Azevinho, Junípero, Loureiro, Tília, Magnólia, Mimosa, Salgueiro	
Ervas e Jardim: Agrimônia, Angélica, Bergamota, Gatária, Camomila, Trevo, Margarida, Dente-de--leão, Urze, Heliotrópio, Jasmim, Lavanda, Lilás, Ligústica, Cravo-de-defunto, Ipomeia, Artemísia, Passiflora, Peônia, Hortelã-pimenta, Papoula, Prímula, Rosa, Erva-de-são-joão, Girassol, Verbena, Violeta, Milefólio	
Plantas: Anis, Bambu, Betônica, Canela, Potentilha, Eufrásia, Lótus, Mandrágora, Visco, Noz-moscada, Pimenta (*do reino*), Açafrão, Sândalo, Estramônio, Absinto	
Gemas e Minerais: Alexandrita, Ametista (em geral, profético), Azurita, Crisocola, Citrino, Fluorita, Hematita, Diamante de Herkimer, Howlita, Jade, Cianita, Labradorita, Magnetita, Malaquita, Pedra da Lua, Ônix, Quartzo (*azul, transparente*), Safira, Smithsonita, Quartzo-enfumaçado, Sodalita (profético), Turmalina (*azul*), Turquesa	
Metais: Prata, Aço	*Anjo:* Gabriel
Deusas: Epona, Fortuna, Hécate, Ísis, Kali, Néftis, Rhiannon, Selene	
Deuses: Angus, Esculápio, Fauno, Hermes	*Ser Mágico:* Gnomos
Animais: Texugo, Urso, Gato, Marmota, Lebre, Urso Polar, Lobo (orientação)	
Aves: Mobelha, Coruja, Pinguim, Cisne (entender o simbolismo)	
Vida Marinha: Caranguejo, Foca	*Réptil:* Lagarto (controle)
Insetos diversos: Borboleta, Libélula	*Ser Mítico:* Dragão
Lembrar-se de Sonhos	
Ervas e Jardim: Confrei, Alecrim	*Gemas e Minerais:* Granada

TRABALHO INTERIOR

Signo: Sagitário	*Sistema Solar:* Lua
Fases da Lua: Nova, Minguante	*Estação:* Inverno
Ogham: Ngetal	*Runas:* Man, Thorn
Direções: Norte, Nordeste, Oeste	*Número:* 1
Cores: Verde, Índigo, Cor-de-rosa, Roxo, Violeta, Branco, Amarelo	
Árvores: Acácia, Macieira, Freixo, Faia, Bétula, Sabugueiro, Pilriteiro, Bordo, Pinheiro, Sorveira-brava	
Ervas e Jardim: Angélica, Campainha, Aquilégia, Gerânio, Parreira, Urze, Jasmim, Acônito, Prímula, Framboesa, Rosa (*vermelha*), Girassol	
Plantas: Potentilha, Lótus, Verbasco, Absinto	
Gemas e Minerais: Ágata (árvore), Alexandrita, Ametista, Angelita, Lágrima de Apache, Apatita, Água-marinha, Aragonita, Aventurina (*marrom avermelhada*), Azurita, Calcita (*cor-de-rosa*), Cornalina, Celestita, Caroíta, Crisópraso, Citrino, Dioptásio, Fluorita, Granada, Labradorita, Lápis-lazúli, Malaquita, Pedra da Lua, Ágata Musgo, Quartzo (*transparente*), Madeira Petrificada, Rodonita, Quartzo Rosa, Rubi, Tanzanita, Olho de Tigre, Topázio (*azul*), Turmalina, Unaquita, Wulfenita, Zircônia	
Do Mar: Abalone (paua), Amêijoa, Coral, Cauri, Anômia, Pérola	
Deus: Hermes	*Vida Marinha:* Caranguejo, Foca
Animais: Morcego (atingir potenciais), Urso, Guepardo, Puma, Coiote, Jaguar, Toupeira, Macaco, Alce-americano, Urso Polar, Porco-espinho (caminho individual), Jaritataca, Lobo	
Aves: Canário (encontrar o seu caminho da alma), Cardeal, Ganso (caminho da alma), Gavião, Garça, Mobelha, Cotovia-ocidental, Coruja, Cisne, Peru (propósito maior)	
Anfíbio e Réptil: Sapo, Tartaruga (aquática)	*Ser Mítico:* Fênix
Insetos diversos: Borboleta, Lagarta, Mariposa (buscar a alma)	
Trabalho de Vidas Passadas	
Deusas: Arianrhod, Badb	*Animal:* Morcego
Aves: Gralha, Bico-grosso-tricolor	

TRABALHO XAMÂNICO (APOIAR, DESENVOLVER CAPACIDADES)

Elementos: Ar, Água	*Árvores:* Macieira, Carvalho
Ervas e Jardim: Artemísia	*Planta:* Cogumelo
Gemas e Minerais: Jaspe (*pele de leopardo*)	*Metal:* Mercúrio

Deusas: Ártemis, Banba, Coatlicue, Diana, Epona, Freya, Hécate, Íris, Ísis, Morrigan, Pele, Sedna	
Deuses: Angus, Arawn, Cernunos, Dionísio, Dumuzi, Gwydion, Odin, Posêidon, Zeus	
Animais: Tatu, Texugo (explorador), Morcego, Urso, Cervo (*veado*), Marmota (transe), Lebre, Cavalo, Leopardo, Alce-americano, Jaguatirica, Urso Polar, Lobo	
Aves: Melro, Grou, Gralha, Cuco, Pato (ajudante), Tetraz, Garça, Cisne, Pica-pau	
Répteis e Anfíbio: Camaleão, Rã, Cobra	*Ser Mítico:* Dragão
Metamorfose	
Deusas: Bertha, Ceridwen, Frigga	*Deuses:* Loki, Manannán, Vertumnus
Animais: Coiote, Raposa, Jaguar	*Aves:* Águia, Coruja, Codorniz, Corvo, Abutre
Vida Marinha: Salmão, Tubarão	*Insetos diversos:* Aranha
Seres Míticos: Selkies, Pássaro-trovão	

TRANSFORMAÇÃO (BUSCAR, MANIFESTAR, ENTENDER)

Signo: Escorpião	*Sistema Solar:* Lua, Plutão
Fases da Lua: Cheia, Minguante	*Estação:* Outono
Ogham: Ioho	*Celebrações:* Imbolc, Lughnasadh, Yule
Runas: Peorth, Dag, Ehwaz	
Elementos: Fogo, Água	*Chakra:* Plexo Solar
Cores: Preto, Azul, Laranja, Roxo, Violeta	*Tarô:* O Carro, A Morte
Árvores: Amieiro, Cipreste, Abeto, Junípero, Tília, Bordo, Pinheiro, Nogueira	
Ervas e Jardim: Parreira, Hera, Cravo-de-defunto (interior), Violeta	
Plantas: Linho, Olíbano, Lótus, Mirra, Absinto	
Gemas e Minerais: Alexandrita (espiritual), Âmbar, Ametista, Apofilita (*verde*), Azurita, Ágata Rendada Azul, Caroíta, Azeviche, Labradorita, Malaquita, Moldavita, Obsidiana (emocional), Ônix, Quartzo, Quartzo-enfumaçado (consciente), Sodalita, Estaurolita, Sugilita (interior), Topázio, Turmalina, Unaquita	
Metal: Mercúrio	
Do Mar: Coral, Caramujo, Bolacha-do-mar, Lapa	
Deusas: Ártemis, Cailleach Bheur, Ceridwen, Coatlicue, Hécate, Ísis, Kali, Parvati, Pele, Sekhmet	
Deuses: Angus, Apolo, Attis, Cernunos, Gwydion, Hórus, Odin, Osíris, Posêidon, Zeus	
Animais: Morcego, Urso, Coiote, Lontra, Porco, Urso Polar, Guaxinim	

Seres Mágicos: Fadas, Salamandras	*Vida Marinha:* Golfinho
Aves: Albatroz, Azulão, Cormorão, Grou, Pato, Flamingo (das trevas à luz), Garça, Gaivota, Cisne, Abutre	
Répteis: Rã, Lagarto (*tritão*), Salamandra, Cobra, Tartaruga (terrestre)	
Insetos diversos: Besouro, Borboleta, Lagarta, Cigarra, Libélula, Mariposa, Escorpião	

TRISTEZA (ALIVIAR)

Signo: Peixes	*Sistema Solar:* Lua
Estações: Outono, Inverno	*Horas do dia:* Crepúsculo
Elemento: Água	*Cores:* Cinza, Cor-de-rosa, Roxo, Violeta
Árvores: Cipreste, Sabugueiro, Pilriteiro, Murta, Salgueiro, Teixo	
Ervas e Jardim: Angélica, Manjericão, Borragem, Gerânio, Jacinto, Erva-cidreira, Cravo-de-defunto, Manjerona, Peônia, Prímula, Rosa, Arruda, Girassol, Tomilho	
Plantas: Babosa, Mirra, Sândalo	
Gemas e Minerais: Lágrima de Apache, Cornalina, Crisópraso, Diamante, Ônix, Opala, Quartzo Rosa, Espinélio	
Deusas: Deméter, Ishtar, Ísis, Kali, Nanna, Néftis	
Deuses: Attis, Prometeu	*Animais:* Bode/Cabra

UNIDADE

Signos: Libra, Peixes, Sagitário	*Sistema Solar:* Vênus
Celebrações: Ganesha Chaturthi, Litha	*Runa:* Rad
Cores: Cor-de-rosa, Branco	*Números:* 3, 10, 13
Tarô: A Temperança	*Árvores:* Macieira, Azevinho
Ervas e Jardim: Giesta, Confrei, Hibisco, Manjerona, Rosa (*cor-de-rosa, vermelha*)	
Plantas: Cardamomo, Gengibre, Verbasco, Urtiga, Junco	
Gemas e Minerais: Amazonita, Caroíta, Lápis-lazúli, Quartzo Rosa, Quartzo-enfumaçado, Turquesa, Zircônia	
Deusa: Amaterasu	*Deus:* Buda
Animais: Canguru, Leão	*Vida Marinha:* Carpa
Insetos diversos: Formiga	*Metal:* Cobre

VERDADE

Signos: Gêmeos, Sagitário	*Luas Cheias:* 13ª
Dias: Segunda-feira, Terça-feira	*Ogham:* Duir
Elemento: Fogo	*Número:* 7
Chakra: Garganta	*Tarô:* A Lua, O Sol
Cores: Preto, Azul, Marrom, Índigo, Roxo, Vermelho, Violeta, Branco	
Árvores: Amieiro, Abrunheiro, Figueira-sagrada, Cipreste, Loureiro, Magnólia, Pinheiro	
Ervas e Jardim: Áster, Campainha, Craveiro, Crisântemo (*branco*), Margarida, Sálvia, Boca-de-leão, Valeriana	
Plantas: Cravo-da-índia, Eufrásia, Lotus, Sândalo	
Gemas e Minerais: Ágata, Amazonita, Aragonita, Crisópraso, Danburita, Diamante, Dioptásio, Esmeralda (interior), Granada, Jade, Jasper, Lápis-lazúli, Ágata Musgo, Safira, Quartzo-enfumaçado, Espinélio (*vermelho*), Tanzanita, Olho de Tigre, Topázio (*azul*), Turmalina (*azul*)	
Deusas: Bast, Deméter, Kali (cósmica), Maat, Rhiannon	
Deuses: Anúbis, Apolo, Júpiter, Mabon, Marduk, Mitra, Osíris, Ra, Shiva, Surya, Thoth	
Anjos: Gabriel, Miguel	*Ser Mágico:* Musas (artística, científica)
Animais: Oricteropo, Javali (encontrar), Búfalo/Bisão, Coiote, Dingo (encontrar), Lince-canadense, Alce-americano, Lontra, Porco, Jaritataca, Esquilo, Lobo	
Vida Marinha: Baleia	*Insetos diversos:* Libélula
Aves: Chapim, Águia (oculta), Gavião (procurar), Trepadeira-azul, Avestruz (espiritual), Coruja, Pica-pau (revelar)	

VIAGEM (INICIAR, PARA ORIENTAÇÃO E/OU PROTEÇÃO DURANTE)

Signo: Sagitário	*Sistema Solar:* Mercúrio, Sol
Dias: Segunda-feira, Quarta-feira	*Runa:* Rad
Elementos: Ar, Terra	*Direção:* Oeste
Cores: Marrom, Laranja	*Números:* 5, 7
Árvore: Oliveira	*Plantas:* Potentilha, Mostarda
Ervas e Jardim: Confrei (segurança), Dente-de-leão, Ipomeia, Artemísia	
Gemas e Minerais: Ametista, Água-marinha, Berilo, Cornalina, Esmeralda, Granada (*preta*), Diamante de Herkimer, Jaspe (*pele de leopardo*), Azeviche, Malaquita, Moldavita, Pedra da Lua, Peridoto, Fenacita, Safira, Estaurolita, Olho de Tigre, Turquesa, Zircônia (*azul*)	

Metais: Alumínio, Prata	*Do Mar:* Vieira
Deusas: Coventina, Epona, Fortuna, Freya, Hécate, Pele	
Deuses: Angus, Apolo, Belobog, Dionísio, Freyr, Ganesha, Hermes, Jano, Khensu, Mercúrio, Njord, Odin, Posêidon, Pushan, Ra	
Anjo: Rafael (segurança)	
Animais: Oricteropo, Morcego, Urso, Camelo, Caribu, Tâmia, Girafa, Cavalo, Chacal, Lêmure, Carcaju	
Vida Marinha: Golfinho, Boto	*Réptil:* Tartaruga (aquática)
Aves: Albatroz, Grou, Ganso (retorno seguro), Bico-grosso-tricolor, Tetraz, Beija-flor, Perdiz, Gaivota, Cisne	
Insetos diversos: Borboleta (*monarca*), Lesma	

VIDA

Signo: Leão (entusiasmo pela)	*Estações:* Primavera, Verão
Sistema Solar: Marte, Lua (ritmos da), Netuno, Sol	
Dia: Sábado	*Elementos:* Ar, Terra, Fogo, Água
Celebrações: Litha, Ostara	*Ogham:* Quert
Direção: Leste	*Números:* 3, 6, 10
Cores: Preto, Azul, Verde, Laranja, Cor-de-rosa, Vermelho, Branco	
Árvores: Macieira, Freixo, Cipreste, Sabugueiro, Olmo, Abeto, Pilriteiro, Azevinho, Loureiro, Murta, Carvalho, Palmeira (*coqueiro*), Sorveira-brava, Abeto-vermelho, Salgueiro (*gato*)	
Ervas e Jardim: Margarida, Carqueja, Heliotrópio, Lilás, Lírio-do-vale, Pimenta, Sálvia	
Plantas: Erva-de-são-cristovão, Potentilha, Grãos (*trigo*), Jalapa, Lótus (símbolo da), Visco, Noz-moscada, Sândalo	
Metais: Bornita, Prata	
Gemas e Minerais: Alexandrita, Amazonita, Âmbar, Heliotrópio, Caroíta, Rosa do Deserto, Dioptásio, Granada, Jaspe (*paisagem*), Moldavita, Ágata Musgo, Sal, Turmalina (*vermelha*)	
Do Mar: Abalone (*paua*), Amêijoa, Múrice	
Deusas: Amaterasu, Anat, Arianrhod, Badb, Bertha, Coatlicue, Deméter, Durga, Epona, Flora, Gaia, Ishtar, Ísis, Kali, Koré, Kupala, Macha, Néftis, Sedna, Sekhmet	
Deuses: Esculápio, Dumuzi, Enki, Jano, Júpiter, Khnum (força vital), Marduk, Mitra, Netuno, Osíris (força vital), Posêidon, Quetzalcoatl, Ra, Shiva, Surya, Thoth	

Seres Mágicos: Fadas, Parcas, Nórnias	
Animais: Morcego, Búfalo/Bisão, Puma (tomar conta da sua), Coiote (não complicar a), Raposa, Hipopótamo, Cavalo, Chacal, Lontra, Coelho	
Aves: Melro (ir com o fluxo), Cuco (desdobramento), Pomba-branca (respiração), Águia, Tetraz (fluir com seus ritmos), Gavião, Pega, Papa-figos (tecer seu caminho), Coruja, Corvo, Abutre	
Vida Marinha: Golfinho (força de vida criativa), Polvo	
Anfíbio e Répteis: Rã, Cobra (energia, mistérios), Tartaruga (aquática)	*Ser Mítico:* Grifo
Insetos diversos: Besouro (*escaravelho*), Borboleta (respiração), Grilo, Libélula, Mariposa (*bicho-da-seda*), Aranha	
Doçura da Vida	
Celebração: Vasant Panchami	*Ogham:* Eabhadh (atrair)
Ave: Beija-flor	*Insetos diversos:* Abelha
Virilidade	
Deus: Cernunos	*Ave:* Peru (masculina)
Vida Marinha: Carpa	
Vitalidade	
Signos: Áries, Touro	*Horas do dia:* Amanhecer
Ogham: Ailm	*Runa:* Ur
Chakra: Raiz	*Árvore:* Cedro
Ervas e Jardim: Alecrim	
Gemas e Minerais: Ágata, Citrino, Fluorita, Iolita, Labradorita, Opala (*fogo*), Madeira Petrificada, Quartzo, Rubi	
Do Mar: Concha-rainha, Ostra	
Deuses: Agni, Hanuman, Zeus	*Animais:* Bovinos (*touro*), Bode/Cabra
Ave: Cardeal	*Ser Mítico:* Dragão

VIDA APÓS A MORTE

Sistema Solar: Plutão	*Direção:* Oeste
Cor: Preto	
Árvores: Acácia, Macieira, Cedro, Cipreste, Murta, Carvalho, Romãzeira, Salgueiro, Teixo	

Ervas e Jardim: Manjericão, Narciso, Manjericão-sagrado, Lírio, Cravo-de-defunto, Manjerona, Papoula, Rosa, Alecrim, Violeta	
Plantas: Babosa, Prímula-silvestre, Lótus, Mirra, Patchuli, Absinto	
Gemas e Minerais: Amazonita, Lágrima de Apache, Hematita, Jade, Azeviche, Lápis-lazúli, Malaquita, Pedra da Lua, Obsidiana, Quartzo (*transparente*), Topázio	
Deusas: Afrodite, Arianrhod, Deméter, Epona, Ereshkigal, Gaia, Hathor, Hécate, Hel, Holle, Ísis, Maat, Néftis, Perséfone	
Deuses: Amon, Anúbis, Arawn, Hades, Hermes, Mitra, Nergal, Osíris, Plutão	
Animais: Gato, Burro, Hiena, Chacal, Lobo	*Vida Marinha:* Golfinho
Aves: Albatroz, Gralha, Gavião, Garça, Milhafre, Coruja (*mocho*), Gaivota, Cisne, Abutre	
Réptil: Cobra	*Insetos diversos:* Abelha, Escorpião, Aranha
Ser Mítico: Esfinge	

VINGANÇA (BUSCAR, PROTEGER DE)

Signo: Escorpião	*Sistema Solar:* Terra
Elemento: Fogo	*Cor:* Preto
Tarô: O Carro	*Árvore:* Azevinho
Deusas: Anat, Afrodite, Arianrhod, Astarte, Badb, Cibele, Hécate, Holle, Kali, Maeve, Morrigan, Nêmesis, Sekhmet	
Deuses: Arawn, Gwydion, Hefésto, Indra, Lugh, Marte, Ra	
Animais: Texugo, Urso, Gato, Elefante, Jaguar, Urso Polar, Doninha, Carcaju	
Répteis: Jacaré, Cobra-real, Crocodilo	*Seres Míticos:* Dragão, Selkies, Pássaro-trovão

VISÕES

Sistema Solar: Netuno, Sol	*Dia:* Domingo
Celebrações: Beltane, Véspera do Solstício de Verão, Samhain, Décima Segunda Noite	
Ogham: Ifin	*Elemento:* Ar
Cores: Azul, Cinza, Roxo, Branco, Amarelo	*Direções:* Norte, Oeste
Chakra: Terceiro Olho	*Números:* 2, 12
Árvores: Acácia, Amieiro, Faia, Bétula, Loureiro, Tília, Magnólia, Sorveira-brava, Teixo	

Ervas e Jardim: Angélica, Camomila, Erva-doce, Urze, Jasmim, Cravo-de-defunto, Artemísia, Hortelã-pimenta, Papoula, Sálvia, Morango, Milefólio	
Plantas: Beladona, Betônica, Canela, Potentilha, Cravo-da-índia, Tussilagem, Ditamno, Eufrásia, Olíbano, Cogumelo, Noz-moscada, Sândalo, Estramônio, Absinto	
Gemas e Minerais: Água-marinha, Aventurina (*verde*), Azurita, Berilo, Cornalina (*amarela*), Cerussita, Citrino, Diamante, Esmeralda (estimular), Granada, Iolita, Jaspe, Labradorita, Lápis-lazúli, Moldavita, Ônix, Fenacita, Quartzo (*transparente, amarelo*), Safira, Selenita, Tanzanita, Olho de Tigre, Topázio, Turmalina	
Do Mar: Cauri	
Deusa: Hécate	*Deus:* Odin
Anjo: Gabriel	*Animais:* Raposa, Lêmure, Camundongo, Urso Polar
Aves: Águia, Arara, Pavão, Corvo	*Vida Marinha:* Orca
Réptil: Lagarto	*Insetos diversos:* Grilo (confiança)

VONTADES (EXPRESSAR, REALIZAR, OU AJUDAR A REALIZAR)

Cores: Vermelho, Amarelo	*Gemas e Minerais:* Cornalina, Esmeralda
Árvores: Faia, Castanheiro, Pilriteiro, Aveleira, Azevinho, Junípero, Loureiro, Romãzeira, Nogueira, Salgueiro	
Ervas e Jardim: Manjericão, Camomila, Dente-de-leão, Alho, Madressilva, Lavanda, Sálvia, Girassol, Violeta	
Plantas: Bambu, Canela, Potentilha, Heléboro-amarelo, Ginseng, Marroio-branco, Sândalo	
Deusas: Amaterasu, Anat, Asherah, Coventina, Ishtar, Lakshmi, Maeve (sexuais), Sarasvati	
Deuses: Ganesha, Hélio, Manannán, Ptah, Shiva	*Aves:* Mobelha, Pintarroxo
Vida Marinha: Caranguejo	*Insetos diversos:* Joaninha

Capítulo Dois

O Reino Vegetal

As plantas nos alimentam e nos curam e as grandes árvores nos inspiram. Portanto, não é de admirar que as pessoas as tenham usado como poderosos aliados desde épocas remotas. Várias partes das plantas têm o seu próprio simbolismo e associações que podem ser acopladas com o intuito de aumentar a magia.

As folhas compartilham o simbolismo de toda a planta e podem ser usadas como representantes dela. Simbolizando crescimento e expansão, folhas, galhos e ramos podem ser usados para desenvolver o seu propósito. As sementes e pevides representam o início de coisas e podem ser fundamentais para incentivar algo novo em sua vida. Eles também representam a dualidade, como a alternância entre a vida e a morte, a luz e a escuridão. Devido a isso, eles podem proporcionar o equilíbrio ou encarnar a mudança. Tal como a palavra *fruto* que lhe deu origem, *fruição* significa conclusão, ponto culminante, realização e por isso um fruto pode simbolizar a manifestação de uma intenção ou de um poder. Também simbolizando abundância e fertilidade, o fruto pode ser utilizado para amplificar ou aumentar a energia. Lá de baixo, as raízes nos ancoram e dão estabilidade ao nosso trabalho. Sementes, cascas e espinhos representam proteção e podem fornecer energia protetora para a magia. Além de defesa, os espinhos caracterizam purificação e eram utilizados na China antiga para expulsar os maus espíritos.

Devido à sobreposição e confusão de nomes populares, incluí a denominação botânica das plantas. Estas, também, podem ser um pouco confusas, porque muitas plantas foram nomeadas por diferentes botânicos antes que houvesse qualquer tipo de padrão científico. Ao longo dos anos, à medida que mais se aprendia sobre as plantas, seus nomes botânicos foram alterados para refletir novos dados. É por isso que você vai encontrar algumas das plantas listadas com sinônimos de seus nomes científicos.

Além disso, as espécies específicas de plantas que incluí não são destinadas a limitar. Em alguns casos, há muito mais espécies que você pode querer investigar. Use aquelas que captarem seu interesse e despertarem a sua imaginação mágica.

ÁRVORES

ABETO

Abies amabilis, Abeto Europeu, Abeto-branco; *A. balsamea*; *A. concolor*	
Signo: Áries	
Sistema Solar: Júpiter, Marte, Saturno	*Celebrações:* Beltane, Yule
Ogham: Ailm	*Elemento:* Ar
Energia: Yang	*Animal:* Porco-espinho
Deusas: Ártemis, Atena, Cibele, Diana, Frigga, Iduna, Inanna, Ísis, Perséfone	
Deuses: Adônis, Attis, Baco, Dionísio, Osíris, Pan	
Questões, Intenções e Poderes: começos, calma, esperteza, conforto, criatividade, defesa, adivinhação, energia, crescimento (espiritual), felicidade, harmonia, inspiração, vida, luz, memória/s, dinheiro, o outro mundo/mundo inferior, paz, prosperidade, proteção, purificação, reconciliação, espíritos (espíritos da natureza), espiritualidade, apoio, transformação	
Abeto-prateado	
Tarô: A Estrela	*Deusa:* Reia
Questões, Intenções e Poderes: percepção consciente (espiritual), esperança, compreensão intuitiva, introspecção, renascimento/renovação, sentidos (visão)	

ABETO-VERMELHO

Picea abies sin. *P. destaca*, Espruce, Espruce-da-noruega, Abeto-da-noruega; *P. mariana*, Abeto Negro	
Signos: Câncer, Capricórnio, Sagitário (*negro*)	*Runa:* Spruce
Elementos: Terra, Água	*Energia:* Yin

Chakra: Terceiro Olho	*Deuses:* Attis, Poseidon
Deusas: Ceridwen, Cibele, Danu	
Questões, Intenções e Poderes: adaptabilidade, ansiedade, equilíbrio, calma, clareza, iluminação, aterramento, harmonia, cura, esperança (*da-noruega*), intuição, vida, memória/s, dinheiro, problemas (*da-noruega*), proteção, renascimento/renovação, reconciliação, espíritos (espíritos da natureza), estresse, sabedoria (*negro*)	

ABRUNHEIRO

Prunus spinosa, Abrunheiro-bravo	
Signos: Áries, Escorpião	*Sistema Solar:* Marte, Saturno
Celebrações: Imbolc, Lunantishees, Samhain, Walpurgis	
Ogham: Straif	*Elementos:* Terra, Fogo
Energia: Yang	*Deuses:* Belenus, Dagda, Loki
Deusas: Banba, Bertha, Brígida, Holle, Macha, Ran	
Ser Mágico: Fadas	*Animal:* Ouriço
Questões, Intenções e Poderes: autoridade, banir, destino, destruição, fidelidade, orientação, feitiços, independência, influência, magia (em geral, negra, defensiva), negatividade, obstáculos, proteção, purificação, força, verdade, bruxas/bruxaria	

ACÁCIA

Acacia arabica, Acácia-arábica; *A. senegal,* Acácia-senegal; *A. greggii,* Acácia-gregii	
Signos: Aquário, Leão	*Sistema Solar:* Terra, Mercúrio, Sol
Celebração: Lughnasadh	*Elemento:* Ar
Direção: Leste	*Energia:* Yang
Número: 5	*Deusas:* Astarte, Diana, Ishtar
Deuses: Buda, Osíris, Ra	
Questões, Intenções e Poderes: vida após a morte, percepção consciente, equilíbrio, bênçãos, calma, clarividência, consagrar/abençoar, morte, adivinhação, trabalho com sonhos, amigo/amizade, inspiração, ciúme, amor (platônico), dinheiro, negatividade, poder (pessoal), problemas, profecia, prosperidade, proteção, capacidade psíquica, purificação, segurança, trabalho interior, sexo/sexualidade, habilidades, espiritualidade, visões, riqueza, sabedoria	

ÁLAMO

Populus tremuloides; Álamo-tremedor; *P. grandidentata*	
Signos: Aquário, Capricórnio, Libra	*Sistema Solar:* Mercúrio, Saturno, Vênus
Dia: Quarta-feira	*Celebração:* Mabon
Ogham: Eadha, Eabhadh	*Elementos:* Ar, Água
Energia: Yang	*Tarô:* A Morte, O Louco, O Eremita
Deusas: Danu, Frigga, Gaia, Hécate, Morrigan, Perséfone	
Deuses: Apolo, Odin, Zeus	*Animal:* Castor
Ave: Corvo	
Questões, Intenções e Poderes: ansiedade, reino astral, comunicação (eloquência), coragem, engano, determinação, adivinhação, encantamento, resistência, medo, harmonia, cura, feitiços (desfazer), conhecimento, dinheiro, o outro mundo/mundo inferior, paz, proteção (roubo), renascimento/renovação, sentidos (controle), sensibilidade, habilidades, sucesso, bem-estar	

ALFARROBEIRA

Gleditsia triacanthos, Alfarrobeira Doce; *Robinia pseudoacacia*, Robínia – Também conhecida como Falsa-acácia	
Signo: Áries	
Fases da Lua: Nova	*Celebrações:* Mabon, Samhain
Elementos: Terra, Água	*Energia:* Yang
Deusas: Ceridwen, Hécate, Morrigan, Sekhmet	
Questões, Intenções e Poderes: equilíbrio, destruição, determinação, amigo/amizade, independência, amor (platônico), magia (negra), obstáculos (evitar, superar), poder (interior), proteção, segredos (amor), força	

ALGAROBEIRA

Prosopis juliflora, Algarobeira comum; *P. glandulosa*	
Sistema Solar: Lua, Saturno	
Celebração: Beltane	*Elementos:* Ar, Fogo, Água
Energia: Yin	*Deus:* Quetzalcoatl
Questões, Intenções e Poderes: abundância, começos, compaixão, determinação, cura, prazer, poder, proteção, purificação, sucesso, cordialidade	

AMIEIRO

<table>
<tr><td colspan="2">Alnus glutinosa, Amieiro; A. serrulata, Amieiro-aveleira; A. incana, Alnus Incana</td></tr>
<tr><td>Signos: Áries, Câncer (alnus glutinosa), Peixes</td><td>Sistema Solar: Marte, Vênus</td></tr>
<tr><td>Dia: Sábado</td><td>Ogham: Fearn</td></tr>
<tr><td>Runa: Is</td><td>Elementos: Ar, Fogo, Água</td></tr>
<tr><td>Energia: Yang</td><td>Deusas: Cailleach Bheur, Freya</td></tr>
<tr><td>Deus: Manannán</td><td>Ser Mágico: Fadas (protegido por)</td></tr>
<tr><td colspan="2">Questões, Intenções e Poderes: autoridade, banir, batalha/guerra, clareza, controle, morte, destruição, adivinhação, liberdade, guardar, orientação, cura, intuição, conhecimento, magia (agressiva), poder (da água), profecia, proteção, renascimento/renovação, força (alnus glutinosa), transformação, verdade, visões, bruxas/bruxaria</td></tr>
</table>

AVELEIRA

<table>
<tr><td colspan="2">Corylus avellana, Aveleira; C. americana, Aveleira Americana</td></tr>
<tr><td>Signos: Gêmeos, Leão, Libra, Virgem</td><td>Sistema Solar: Mercúrio, Sol</td></tr>
<tr><td>Dia: Quarta-feira</td><td>Celebração: Mabon</td></tr>
<tr><td>Ogham: Coll</td><td>Elementos: Ar, Água</td></tr>
<tr><td>Energia: Yang</td><td>Número: 9</td></tr>
<tr><td>Tarô: A Sacerdotisa, A Lua</td><td>Deuses: Manannán, Mercúrio, Ogma, Thor</td></tr>
<tr><td colspan="2">Deusas: Afrodite, Arianrhod, Ártemis, Boann, Danu, Diana, Vênus</td></tr>
<tr><td>Ser Mágico: Fadas</td><td>Vida Marinha: Salmão</td></tr>
<tr><td colspan="2">Questões, Intenções e Poderes: beleza, clarividência, comunicação, criatividade, defesa, adivinhação, fertilidade, cura, inspiração, inteligência, introspecção, intuição, conhecimento, longevidade, sorte, magia, casamento, mente, o outro mundo/mundo inferior, poder, problemas, proteção, reconciliação, segurança, força, apoio (das fadas), clima (relâmpagos), sabedoria, vontades</td></tr>
</table>

AZEVINHO

Ilex aquifolium, Azevinheiro; *I. opaca*, Azevinho Americano; *I. verticillata*
Signos: Áries, Câncer, Capricórnio, Leão, Sagitário
Sistema Solar: Marte, Saturno
Celebrações: Litha, Véspera do Solstício de Verão, Saturnália, Yule

Dia: Terça-feira	
Ogham: Tinne	*Runa:* Man
Elementos: Ar, Terra, Fogo	*Direção:* Sul
Energia: Yang	*Número:* 8
Deusas: Cailleach Bheur, Danu, Gaia, Hel, Holle	
Deuses: Ares, Cernunos, Dagda, Fauno, Freyr, Lugh, Saturno	
Ser Mágico: Fadas	*Animal:* Burro
Questões, Intenções e Poderes: raiva, equilíbrio, banir, batalha/guerra, beleza, consagrar/abençoar, coragem, encruzilhada, morte, defesa, trabalho com sonhos, encantamento, energia, inveja, bondade, guardar, orientação, cura, intuição, ciúme, vida, sorte, mensagens/presságios, mente, poder (em geral, interior), proteção, renascimento/renovação, vingança, segurança, sono, espíritos, força, apoio, unidade, clima (relâmpago), vontades, bruxas/bruxaria (vencer)	

BÉTULA

Betula papyrifera; Bétula-branca ou Americana; *B. Alba,* Bétula Europeia*; B. lenta,* Bétula-negra; *B. pendula*, Vidoeiro-branco	
Signos: Capricórnio, Sagitário	*Sistema Solar:* Júpiter, Lua, Sol, Vênus
Dias: Sexta-feira, Segunda-feira, Domingo	*Celebrações:* Ostara, Yule
Ogham: Beithe	*Runas*: Beorc, Ur
Elemento: Água	*Energia:* Yin
Deusas: Ceridwen, Freya, Frigga, Kupala	*Deuses:* Angus, Dagda, Lugh, Thor
Ser Mágico: Fadas	
Questões, Intenções e Poderes: ansiedade, percepção consciente, banir, começos, bênçãos, desafios, clareza, concentração/foco, consciência, criatividade, defesa, determinação, adivinhação, empatia, fertilidade, liberdade, crescimento, cura, inspiração, intuição, aprendizagem, luz, amor (verdadeiro), mente (clara, rápida), atenção plena, problemas, proteção, purificação, propósito, buscas, renascimento/renovação, liberação, segurança, trabalho interior, sentidos (visão), sono, espíritos, estabilidade, estresse, apoio, visões, bem-estar, sabedoria, bruxas/bruxaria	

BORDO

Acer campestre, Ácer-menor ou Ácer-silvestre; *A. saccharum*, Bordo-açucareiro; *A. rubrum*, Bordo-vermelho	
Signos: Câncer, Libra, Virgem	
Sistema Solar: Júpiter	*Dia:* Quinta-feira

Celebrações: Mabon, Ostara	*Elementos:* Ar, Terra
Energia: Yang	*Deusas:* Atena, Rhiannon, Vênus
Animal: Ouriço (*do campo*)	
Questões, Intenções e Poderes: abundância, equilíbrio, comunicação, conexões, criatividade, adivinhação, liberdade (interior), luto, longevidade, amor (sem fim), dinheiro, prosperidade, relacionamentos, liberação, trabalho interior, apoio (problemas familiares), transformação, cordialidade, sabedoria	

CARVALHO

Quercus robur, Carvalho-vermelho; *Q. Alba*, Carvalho-branco; *Q. Velutina*, Carvalho-preto	
Signos: Câncer, Gêmeos, Leão, Sagitário, Virgem	*Sistema Solar:* Terra, Júpiter, Sol
Celebrações: Beltane, Litha, Lughnasadh, Mabon, Véspera do Solstício de Verão, Walpurgis, Yule	
Luas Cheias: Dezembro	*Dia:* Quinta-feira
Runas: Ehwaz, Jera, Rad, Thorn, Tyr	*Ogham:* Duir
Elementos: Ar, Terra, Fogo	*Energia:* Yang
Chakra: Sacro	*Número*: 13
Tarô: O Imperador, A Roda da Fortuna	*Ervas e Jardim:* Campainha
Ser Mágico: Fadas (para ver)	
Deusas: Ártemis, Asherah, Brígida, Ceres, Ceridwen, Cibele, Deméter, Diana, Dôn, Fortuna, Hera, Morrigan, Reia	
Deuses: Aegir, Apolo, Ares, Balder, Brahma, Cernunos, Dagda, Homem Verde, Hades, Hélio, Jano, Júpiter, Marte, Odin, Pan, Perun, Plutão, Thor, Zeus	
Animais: Javali, Lobo	*Aves:* Pica-pau, Carriça
Réptil: Camaleão	
Questões, Intenções e Poderes: abundância, vida após a morte, autoridade, percepção consciente, batalha/guerra, beleza, bênçãos, certeza, consagrar/abençoar, consciência, controle, coragem, morte, defesa, disciplina, encantamento, resistência, energia (em geral, sexual), fertilidade, liberdade, generosidade, cura, aumentar, independência, inspiração, justiça, conhecimento, vida, longevidade, lealdade, sorte, dinheiro, poder (em geral, interior, pessoal), profecia, proteção (divina), purificação, renascimento/renovação, segurança, sexo/sexualidade (potência), trabalho xamânico, espíritos (espíritos da natureza), estabilidade, força, sucesso, cordialidade, riqueza, clima (raios), bem-estar, sabedoria, bruxas/bruxaria, juventude	
Carvalho Branco	
Questões, Intenções e Poderes: desafios, conforto, prosperidade, segredos	

CASTANHEIRO

Castanea sativa, Castanheiro Europeu; *C. dentata*, Castanheiro Americano – Também conhecido como Castanheira, Castanheiro-bravo	
Signos: Câncer, Gêmeos, Sagitário, Virgem	
Sistema Solar: Júpiter, Sol	*Celebração:* Yule
Elementos: Ar, Fogo, Água	*Energia:* Yang
Chakras: Coroa, Coração, Raiz	*Deusas:* Ártemis, Boann, Diana
Questões, Intenções e Poderes: abundância, feitiços (proteger), justiça, amor, sorte, prosperidade, desejos	
Veja a entrada separada para **Castanheiro-da-índia**	

CASTANHEIRO-DA-ÍNDIA

Aesculus hippocastanum. Essa árvore é venenosa.	
Signos: Câncer, Gêmeos, Sagitário, Virgem	*Sistema Solar:* Júpiter, Sol
Elementos: Ar, Fogo, Água	*Energia:* Yin
Deusas: Ártemis, Boann, Diana	
Questões, Intenções e Poderes: banir, adivinhação, cura, sorte (atrair), dinheiro, prosperidade, riqueza	

CEDRO

Cedrus Libani, Cedro-do-líbano; *C. atlantica*, Cedro-do-atlas	
Signos: Áries, Sagitário, Touro	*Sistema Solar:* Júpiter, Mercúrio, Sol
Celebrações: Beltane, Imbolc, Mabon, Yule	*Dia:* Terça-feira
Elementos: Ar, Terra, Fogo, Água	*Energia:* Yang
Direção: Sul	*Chakra:* Raiz
Deusas: Arianrhod, Ártemis, Astarte, Brígida, Perséfone	
Deuses: Aegir, Baal, Ea, Odin, Osíris, Ra	*Ser Mágico:* Elfos
Ave: Pintassilgo	*Ser Mítico:* Fênix, Pássaro-trovão
Questões, intenções e Poderes: afeto, vida após a morte, agressão, autoridade, equilíbrio (mental), calma, clarividência, clareza, conforto, comunicação, comunidade, concentração/foco, certeza, consagrar/abençoar, controle (do eu), coragem, determinação, disciplina, adivinhação, trabalho com sonhos, encorajamento, fertilidade, fidelidade, amigo/amizade, crescimento, cura, feitiços (desfazer), compreensão intuitiva, introspecção, justiça, vida (vitalidade), luz, longevidade, amor (atrair), sorte, mente, dinheiro, negatividade, pesadelos, paz, orgulho, problemas, prosperidade, proteção (de sonhos, de raios), capacidade psíquica, purificação, pureza, renascimento/renovação, liberação, reverter, habilidades, espíritos (invocar), espiritualidade, força, sucesso, riqueza	

CEREJEIRA

Prunus serotina, Cerejeira-negra; *P. virginiana*, Cerejeira-silvestre; *P. avium*, Cerejeira-brava	
Signos: Aquário, Áries, Libra, Touro	
Sistema Solar: Mercúrio, Vênus	*Elementos:* Fogo, Água
Energia: Yin	*Deuses:* Marte, Pan, Thor, Vertumnus
Deusas: Ártemis, Flora, Morrigan, Perséfone	
Questões, Intenções e Poderes: realização, ação, ativar/despertar, atração, equilíbrio (mental), beleza, alegria, compaixão, criatividade, engano, adivinhação, bondade, felicidade, harmonia, conhecimento, aprendizagem, amor (estimular), humor, paz, renascimento/renovação, romance, espiritualidade, estimulação	

CHOUPO

Populus nigra, Choupo-negro; *P. alba*, Choupo-branco; *P. canescens*, Choupo-cinza	
Sistema Solar: Saturno	*Celebração:* Beltane
Elemento: Água	*Energia:* Yin
Deusa: Asherah	*Deuses:* Brahma, Plutão, Zeus
Animal: Castor	
Questões, Intenções e Poderes: reino astral, coragem, adivinhação, resistência, luto, dinheiro, problemas, prosperidade, espiritualidade, força, riqueza	
Choupo-negro	
Deusa: Perséfone	
Questões, Intenções e Poderes: morte, defesa, perda, profecia	
Choupo-branco	
Deus: Hades	
Questões, Intenções e Poderes: determinação, esperança, renascimento/ renovação	

CIPRESTE

Cupressus sempervirens, Cipreste-italiano; *C. macrocarpa*, Cipreste–da-califórnia ou Cipreste Monterey – Também conhecido como a Árvore da Morte
Sistema Solar: Plutão, Saturno
Signos: Aquário, Capricórnio, Peixes, Touro, Virgem

Dia: Sábado	*Elementos:* Terra, Água
Direção: Oeste	*Energia:* Yin
Chakra: Raiz	*Tarô:* O Carro, A Imperatriz, O Mundo
Deusas: Afrodite, Ártemis, Astarte, Diana, Hécate	
Deuses: Apolo, Cupido, Hades, Júpiter, Plutão, Saturno	
Questões, Intenções e Poderes: aceitação, vida após a morte, ansiedade, assertividade, percepção consciente, banir, compromisso, bênçãos, calma, clareza, conforto, concentração/foco, certeza, consagrar/abençoar, morte, defesa, adivinhação, luto, aterramento, felicidade, harmonia, cura, honra, influência, inspiração, justiça, aprendizagem, vida, longevidade, perda (conforto), magia (defensiva), memória/memórias (de vidas passadas), o outro mundo/mundo inferior, paz (na morte), poder (mental), proteção, renascimento/renovação, liberação, segurança, tristeza, força, transformação, verdade, força de vontade, sabedoria, bruxas/bruxaria	

EVÔNIMO

Euonymus Europaeus, Evônimo Europeu; *E. atropurpureus*, Evônimo Americano. Essas árvores são venenosas.	
Ogham: Oir	*Elemento:* Água
Deusas: Atena, Freya, Frigga, Holle, Minerva	
Energia: Yin	
Questões, Intenções e Poderes: realização, conforto, comunidade, coragem, adivinhação, feitiços (desfazer), honra, inspiração, inteligência, mente, motivação, problemas, purificação, habilidades, sucesso	

FAIA

Fagus grandifolia, Faia-americana; *F. sylvatica*, Faia-europeia	
Signos: Gêmeos, Sagitário, Virgem	*Sistema Solar:* Saturno
Celebrações: Litha, Samhain	*Ogham:* Ifin, Uilleann
Runas: Nyd, Peorth	*Elementos:* Fogo, Água
Energia: Yin	
Deusas: Atena, Ceridwen, Diana, Freya, Frigga, Hel, Holle	
Deuses: Apolo, Baco, Dionísio, Loki, Odin, Zeus	
Questões, Intenções e Poderes: assertividade, criatividade, amigo/amizade (companheirismo), objetivos, amabilidade, conhecimento, mente (equilíbrio), profecia, prosperidade, proteção, trabalho interior, estabilidade, visões, sabedoria, vontades	

FIGUEIRA-SAGRADA

Ficus religiosa	
Sistema Solar: Júpiter	*Elemento:* Ar
Direção: Leste	*Deuses:* Buda, Vishnu
Questões, Intenções e Poderes: despertar, equilíbrio, disciplina, iluminação, conhecimento, magia, espiritualidade, verdade, sabedoria	

FREIXO

Fraxinus americana, Freixo Branco; *F. Excelsior*, Freixo comum; *F. nigra*, Freixo preto	
Sistema Solar: Mercúrio, Netuno, Sol, Urano	*Signos:* Aquário, Peixes, Escorpião
Dia: Domingo	*Celebrações:* Beltane, Ostara, Walpurgis
Ogham: Nion	*Runas:* As, Ehwaz, Gyfu, Hagal, Wyn
Elementos: Ar, Terra, Fogo, Água	*Energia:* Yang
Tarô: O Enforcado	*Ser Mágico:* Elfos, (proteção das, para ver)
Deusas: Frigga, Hel, Holle, Macha, Minerva, Nêmesis, Ostara	
Deuses: Ares, Belenus, Dagda, Freyr, Marte, Mimir, Netuno, Odin, Posêidon, Thor	
Animais: Cabra, Ouriço	*Ave:* Galináceos (*galo*)
Questões, Intenções e Poderes: ambição, reino astral, percepção consciente, equilíbrio, batalha/guerra, mudança/s, comunicação, concentração/foco, conexões, criatividade, adivinhação, trabalho com sonhos, fertilidade, cura, feitiços (desfazer, proteger de), intuição, karma, conhecimento (*preto*), vida, sorte, paz, poder (da magia, da água), prosperidade, proteção, purificação, renascimento/renovação, trabalho interior, sensibilidade, espíritos, estabilidade, estimulação (sonhos psíquicos), força (da magia), clima (raios), bem-estar, sabedoria, bruxas/bruxaria (vencer)	

HAMAMÉLIS

Hamamelis virginiana, Hamamélis-comum; *H. vernalis.* Também conhecida como Vassoura-de-bruxa, Aveleira-de-bruxa	
Signo: Libra	
Sistema Solar: Saturno, Sol	*Celebração:* Samhain

Ogham: Eamhancholl	*Elementos:* Terra, Fogo, Água
Energia: Yang	
Questões, Intenções e Poderes: ansiedade, banir, coragem, adivinhação (amor), fidelidade, cura, inspiração, aprendizagem, perda, problemas, proteção, sexo/sexualidade, estresse, força de vontade, sabedoria, bruxas/bruxaria	

JUNÍPERO

Juniperus communis, Junípero-comum; *J. scopulorum* – Também conhecido como Zimbro	
Signos: Áries, Leão, Sagitário	
Sistema Solar: Marte, Mercúrio, Sol	*Celebrações:* Beltane, Walpurgis, Yule
Runa: Sigel	*Elementos:* Terra, Fogo
Direção: Sul	*Energia:* Yang
Chakra: Plexo Solar	*Deuses:* Balder, Loki
Deusas: Hel, Holle, Morrigan, Ran	
Questões, Intenções e Poderes: ação, raiva, banir, começos, calma, comunidade, defesa, adivinhação, trabalho com sonhos, emoções, energia, fertilidade, aterramento, felicidade, harmonia, cura, feitiços (desfazer, proteger), aumentar, influência, aprendizagem, amor (físico), magia (negra, defensiva), negatividade, otimismo, prosperidade, proteção (contra roubo), capacidade psíquica, purificação, (em geral, espiritual), liberação, segredos, segurança, os sentidos (visão), sensualidade, sono, espíritos, espiritualidade, força, transformação, bem-estar, vontades, bruxas/bruxaria (proteger de)	

LOUREIRO

Laurus nobilis	
Signos: Gêmeos, Leão, Peixes	*Sistema Solar:* Sol
Dias: Quinta-feira, Domingo	*Celebração:* Litha
Elementos: Ar, Fogo	*Energia:* Yin
Chakra: Garganta	*Ser Mágico:* Fadas
Deusas: Ártemis, Ceres, Fides, Gaia	

Deuses: Adônis, Apolo, Esculápio, Balder, Buda, Cernunos, Dionísio, Hélio, Marte, Ra
Questões, Intenções e Poderes: percepção consciente (expandir), banir, bênçãos, clarividência, clareza, coragem, defesa, determinação, adivinhação, trabalho com sonhos, fama, medo, cura (em geral, emocional), feitiços (desfazer, proteger de), lar (limpar), honra, influência, inspiração, intuição, justiça, vida, luz, longevidade, lealdade, magia (em geral, defensiva), manifestação, casamento, mensagens/presságios, dinheiro, negatividade, oportunidades, paz, poder (em geral, interior, mágico), gravidez/parto, problemas, profecia, prosperidade, proteção, capacidade psíquica, purificação (em geral, ritual, espiritual), liberação, sono, espiritualidade, força, sucesso, verdade, visões, clima (raios), força de vontade, sabedoria, vontades, bruxas/bruxaria (proteger de)

MACIEIRA

Pyrus malus, Macieira Silvestre; *Malus domestica,* Macieira Cultivada	
Signos: Aquário, Câncer, Libra, Touro	
Sistema Solar: Vênus	*Dia:* Sexta-feira
Celebrações: Beltane, Lughnasadh, Samhain, Yule	
Ogham: Quert	*Runa:* Ing
Elementos: Ar, Água	*Direção:* Oeste
Energia: Yin	*Chakra:* Terceiro Olho
Deusas: Afrodite, Atena, Badb, Cailleach Bheur, Diana, Flora, Freya, Hera, Iduna, Macha, Nêmesis, Rhiannon, Vênus	
Deuses: Apolo, Dionísio, Eros, Lugh, Manannán, Vertumnus, Zeus	
Seres Mágicos: Duendes, Fadas	*Animais:* Ouriço, Porco
Questões, Intenções e Poderes: ação, vida após a morte, assertividade, atração, beleza, começos, compromisso, desafios, consagrar/abençoar, criatividade, morte, decisão/ões, disciplina (do eu), adivinhação, trabalho com sonhos, encantamento, fé, fama, fertilidade, amigo/amizade, generosidade, bondade, felicidade, harmonia, cura, honra, inocência, compreensão intuitiva, conhecimento, aprendizagem, vida, longevidade, amor, sorte, magia (em geral, de fada), casamento, mente (paz), o outro mundo/mundo inferior (celta), paz, poder (mágico, pessoal), propósito, renascimento/renovação, relacionamentos, romance, segurança, trabalho interior, sexo/sexualidade, trabalho xamânico, sono, espíritos, força (interior), estresse, sucesso, unidade, riqueza, bem-estar, força de vontade, sabedoria, juventude	

MAGNÓLIA

Magnolia grandiflora, Magnólia-branca; *M. virginiana*	
Signos: Capricórnio, Libra, Touro	*Sistema Solar:* Júpiter, Saturno, Vênus
Elementos: Terra, Água	*Energia:* Yin
Deusas: Afrodite, Vênus	
Questões, Intenções e Poderes: atração, clareza, trabalho com sonhos, fidelidade, crescimento (percepção consciente), harmonia, amor, casamento, paz, proteção, capacidade psíquica, purificação, pureza, relacionamentos, sexo/sexualidade (atração sexual), verdade, visões, sabedoria	

MIMOSA

Acacia julibrissin	
Signos: Aquário, Câncer, Capricórnio, Peixes, Virgem	
Sistema Solar: Saturno	*Elemento:* Água
Energia: Yin	*Chakra:* Terceiro Olho
Questões, Intenções e Poderes: ansiedade, calma, consagrar/abençoar, determinação, trabalho com sonhos, luto, felicidade, cura, amor, magia (lunar), mensagens/presságios (sonhos), humor (melhorar), paz, problemas, proteção, capacidade psíquica, purificação, segurança, sensibilidade	

MURTA

Myrtus Communis, Murta-comum; *Lagerstroemia indica*, Resedá	
Signo: Sagitário	*Sistema Solar:* Vênus
Dias: Sexta-feira, Segunda-feira	*Celebrações:* Lughnasadh, Mabon
Elemento: Água	*Energia:* Yin
Tarô: A Morte, A Imperatriz	*Deuses:* Dionísio, Eros
Deusas: Afrodite, Ártemis, Astarte, Hathor, Ishtar, Vênus	
Questões, Intenções e Poderes: vida após a morte, comunicação (*resedá*), criatividade, encruzilhada, ciclos, morte, emoções, términos, favor/es, fertilidade, fidelidade, mágoa, inocência, vida, amor (atrair), sorte (atrair), casamento, dinheiro, o outro mundo/mundo inferior, paixão (sexual), paz, prosperidade, liberação, tristeza, riqueza, juventude	

NOGUEIRA

Juglans nigra, Nogueira-preta; *J. cinerea*, Nogueira-branca	
Signos: Gêmeos, Leão, Virgem	*Sistema Solar:* Júpiter, Sol
Elementos: Ar, Fogo	*Energia:* Yang
Chakra: Terceiro Olho	
Deusas: Afrodite, Ártemis, Astarte, Diana, Reia	
Deuses: Apolo, Dionísio, Júpiter, Thor, Vishnu, Zeus	
Questões, Intenções e Poderes: bênçãos, mudança/mudanças, clareza, consagrar/abençoar, fertilidade, cura, inspiração, inteligência, mente, poder (mental), profecia, proteção, purificação (interior), espíritos, transformação, riqueza, bem-estar, vontades, bruxas/bruxaria (proteger de)	

OLIVEIRA

Olea europae sativa, Oliveira Cultivada; *Osmanthus Americanus*, Oliveira Americana	
Signos: Aquário, Áries, Leão	*Sistema Solar:* Júpiter, Mercúrio, Lua, Sol
Elementos: Ar, Terra, Fogo, Água	*Energia:* Yang
Chakra: Sacro	*Tarô:* O Carro
Deusas: Amaterasu, Atena, Fides, Flora, Minerva, Pele	
Deuses: Amon, Apolo, Brahma, Hórus, Indra, Júpiter, Posêidon, Ra, Zeus	
Anjo: Gabriel	*Ave:* Pomba-branca
Questões, Intenções e Poderes: abundância, atração, equilíbrio, consagrar/abençoar, energia (sexual), família, fertilidade, fidelidade, harmonia, cura, lar, esperança, longevidade, amor (seguro), sorte (atrair), luxúria, magia (sexual), casamento, mente, dinheiro, moralidade, paz (fazer as pazes), prosperidade, proteção, purificação, renascimento/renovação, reconciliação, segurança, espíritos, sucesso, viagem, riqueza, bem-estar	

OLMO

Ulmus procera, Olmo Inglês; *U. americana*, Olmo Americano; *U. rubra*, Olmo-vermelho	
Signos: Capricórnio, Sagitário	
Sistema Solar: Saturno	*Dia:* Terça-feira
Runa: Gyfu	*Elementos:* Ar, Terra, Água
Energia: Yin	*Tarô:* A Roda da Fortuna

<table>
<tr><td>Deusas: Ceridwen, Danu, Gaia, Hel, Ran</td><td>Seres Mágicos: Duendes, Fadas</td></tr>
<tr><td>Deuses: Dionísio, Loki, Odin, Vertumnus</td><td>Animal: Bovinos</td></tr>
<tr><td colspan="2">Questões, Intenções e Poderes: atração, começos, compaixão, dignidade, empatia, resistência, graça, aterramento, cura, intuição, vida, amor, gravidez/parto, renascimento/renovação, sono, estabilidade, força de vontade, sabedoria</td></tr>
<tr><td colspan="2">Olmo-vermelho</td></tr>
<tr><td colspan="2">Questões, Intenções e Poderes: términos, fidelidade, proteção</td></tr>
</table>

PALMEIRA

<table>
<tr><td colspan="2">Cocos nucifera, Coqueiro; Phoenix dactylifera, Tamareira; Dracaena draco, Dragoeiro – Também conhecido como Árvore do Dragão (Sangue de Dragão)</td></tr>
<tr><td>Signos: Leão, Sagitário, Escorpião</td><td>Sistema Solar: Marte, Lua, Sol</td></tr>
<tr><td>Elementos: Ar, Fogo</td><td>Energia: Yin</td></tr>
<tr><td colspan="2">Deusas: Afrodite, Ártemis, Asherah, Astarte, Hécate, Ishtar, Ísis, Sarasvati, Seshat</td></tr>
<tr><td colspan="2">Deuses: Apolo, Dumuzi, Hanuman, Hermes, Mercúrio</td></tr>
<tr><td colspan="2">Questões, Intenções e Poderes: abundância, começos, fertilidade, oportunidades, paz, poder, proteção, força</td></tr>
<tr><td colspan="2">Coqueiro</td></tr>
<tr><td colspan="2">Sistema Solar: Júpiter</td></tr>
<tr><td colspan="2">Questões, Intenções e Poderes: equilíbrio (mental), coragem, intuição, vida, sorte, magia (lunar), purificação, sexo/sexualidade</td></tr>
<tr><td colspan="2">Tamareira</td></tr>
<tr><td>Energia: Yang</td><td>Deuses: Amon, Vishnu</td></tr>
<tr><td colspan="2">Deusas: Diana, Inanna</td></tr>
<tr><td colspan="2">Questões, Intenções e Poderes: ansiedade, felicidade, esperança, limitações/limites, longevidade, mensagens/presságios, gravidez/parto</td></tr>
<tr><td colspan="2">Sangue de Dragão</td></tr>
<tr><td>Signos: Áries, Sagitário</td><td>Sistema Solar: Marte</td></tr>
<tr><td>Dia: Terça-feira</td><td>Elemento: Fogo</td></tr>
</table>

Energia: Yang	*Chakra:* da Coroa
Ser Mítico: Dragão	
Questões, Intenções e Poderes: atração, banir, batalha/guerra, compromisso, mudança/s (manifestar), certeza, consagrar/abençoar, coragem, defesa, determinação, fortalecimento, energia, fidelidade, cura, feitiços (desfazer, proteger de), lar, honestidade, influência (evitar), inspiração, amor (atrair), sorte, luxúria, magia (em geral, animal, defensiva, do dragão, sexo), dinheiro, negatividade (acabar com padrões), obstáculos, paixão, paz, poder (interior, mágico), problemas, proteção (psíquica), capacidade psíquica, purificação, liberação, reverter, segurança, sexo/sexualidade (potência), espiritualidade, sucesso, força de vontade	

PILRITEIRO

Crataegus monogyna, Pilriteiro-comum; *C. douglasii*	
Signos: Aquário, Áries, Gêmeos, Touro	*Sistema Solar:* Marte
Dia: Sábado	*Celebrações:* Beltane, Walpurgis
Ogham: Huath	*Runa:* Odal
Elementos: Ar, Fogo	*Energia:* Yang
Deusas: Brígida, Danu, Frigga	*Ser Mágico:* Fadas (para ver)
Deuses: Belenus, Dagda, Prometeu, Thor, Zeus	
Animais: Ouriço, Lobo	
Questões, Intenções e Poderes: ligações (liberação), desafios, mudança/s, criatividade, defesa, emoções, encantamento, energia, família, fertilidade, liberdade (interior), crescimento, felicidade (aliviar depressão), lar (limpar, evitar a entrada do mal), esperança, aprimoramento (mental), vida, amor, sorte, magia (em geral, defensiva, de fadas), casamento, negatividade, paciência, paz, prosperidade, proteção, purificação, pureza, reconciliação, relacionamentos, segurança, trabalho interior, sexo/sexualidade, tristeza, sucesso, clima (relâmpago, tempestades/proteger de), sabedoria, desejos, bruxas/bruxaria	

PINHEIRO

Pinus sylvestris, Pinheiro-da-Escócia, Pinho-de-riga; *P. estrobos* ; *P. resinosa*	
Signos: Aquário, Áries, Câncer, Capricórnio, Peixes, Escorpião	
Sistema Solar: Júpiter, Marte, Saturno	*Dia:* Quinta-feira
Celebrações: Beltane, Véspera do Solstício de Verão, Yule	*Ogham:* Ailm, Eamhancholl

Runa: Ken	*Elementos:* Ar, Terra, Fogo
Direção: Leste	*Energia:* Yang
Chakra: Sacro	*Animais:* Cervo, Porco-espinho
Deusas: Afrodite, Ártemis, Astarte, Cibele, Diana, Ishtar, Ísis, Reia, Vênus	
Deuses: Attis, Baco, Dionísio, Pan, Posêidon, Silvano, Vulcano	
Questões, Intenções e Poderes: abundância, ativar/despertar, banir, começos, compromisso, bênçãos, certeza, coragem, criatividade, ciclos, defesa, desejo, emoções, resistência, energia, fertilidade, liberdade, amigo/amizade, aterramento, crescimento (espiritual), guardar, harmonia (doméstica), mágoa, feitiços (desfazer, proteger de), lar (limpar), honra, esperança, inspiração, intuição, justiça, aprendizagem, longevidade, magia (defensiva), memória/s, dinheiro, motivação, negatividade, paz, prosperidade, purificação, renascimento/renovação, reconciliação, liberação, reverter, trabalho interior, sentidos (audição, olfato), espíritos (espíritos da natureza), espiritualidade, estimulação, força, apoio, transformação, confiança, verdade, riqueza, bem-estar, sabedoria	

PLÁTANO

Platanus Occidentalis, Sicômoro Americano; *P. acerifolia*, Plátano de Londres	
Sistema Solar: Júpiter, Vênus	
Celebração: Imbolc	*Elementos:* Ar, Água
Energia: Yin	*Deus:* Osíris
Deusas: Hathor, Ísis, Nut	
Questões, Intenções e Poderes: abundância, ansiedade, reino astral, comunicação, determinação, encorajamento, resistência, energia, favor/es, gentileza, harmonia, aprendizagem, longevidade, amor, obstáculos, paciência, proteção (fornecer abrigo), purificação, renascimento/renovação, estabilidade, força (interior), estresse, apoio, sabedoria	

ROMÃZEIRA

Punica granatum – Também conhecida como Granadina	
Signo: Escorpião	
Sistema Solar: Mercúrio	*Dia:* Sábado
Celebração: Samhain	*Elementos:* Terra, Fogo
Energia: Yang	*Tarô:* A Sacerdotisa

Deusas: Astarte, Ceres, Hera, Perséfone	*Deus:* Attis
Questões, Intenções e Poderes: vida após a morte, equilíbrio, bênçãos, clareza, consagrar/abençoar, criatividade, morte, adivinhação, família, fertilidade, aterramento, lar, esperança, inocência (recuperar), longevidade, amor (sem limites), perda, sorte, o outro mundo/mundo inferior, prosperidade, proteção, segurança, riqueza, vontades	

SABUGUEIRO

Sambucus, Sabugueiro Europeu; *S. canadensis*, Sabugueiro-comum	
Signos: Capricórnio, Sagitário	
Sistema Solar: Mercúrio, Vênus	*Dia:* Segunda-feira
Celebrações: Dia de Ano Novo, Beltane, Litha, Véspera do Solstício de Verão, Walpurgis	
Ogham: Ruis	*Runa:* Feoh
Elementos: Ar, Terra, Fogo, Água	*Direção:* Oeste
Energia: Yin	*Chakra:* Raiz
Número: 5	*Tarô:* A Morte
Deusas: Bertha, Boann, Cailleach Bheur, Danu, Freya, Gaia, Hel, Holle, Reia, Vênus	
Deuses: Dagda, Freyr, Vulcano	*Ser Mágico:* Fadas
Questões, Intenções e Poderes: abundância, animais (de criação), banir, beleza, começos, bênçãos, desafios, mudança/s, compaixão, consagrar/abençoar, consciência, criatividade, perigo, morte (costumes de sepultamento), trabalho com sonhos, términos, energia, fidelidade, aterramento, cura, feitiços, conhecimento, vida, luz, amor, magia (em geral, com fadas), poder (em geral, interior, mágico), prosperidade, proteção, purificação (em geral, interna), renascimento/renovação, liberação, segurança, trabalho interior, sono, tristeza, espiritualidade, sucesso, solidariedade, riqueza, clima (raios), bem-estar, sabedoria, bruxas/bruxaria	

SALGUEIRO

Salix babylonica, Salgueiro-chorão; *S. nigra*, Salgueiro-negro; *S. discolor*, Salgueiro-gato	
Signos: Áries, Capricórnio, Peixes, Touro	
Sistema Solar: Lua, Vênus	*Dia:* Segunda-feira
Celebrações: Beltane, Samhain	*Ogham:* Saille
Runa: Lagu	*Elementos:* Fogo, Água
Energia: Yin	*Chakra:* Coração

<table>
<tr><td colspan="2">Número: 5</td></tr>
<tr><td colspan="2">Ser Mágico: Fadas</td></tr>
<tr><td colspan="2">Deusas: Ártemis, Atena, Brígida, Ceres, Ceridwen, Danu, Diana, Hécate, Hel, Hera, Ishtar, Luna, Morrigan, Perséfone, Rhiannon</td></tr>
<tr><td colspan="2">Deuses: Arawn, Belenus, Hermes, Loki, Mercúrio, Osíris, Posêidon, Zeus</td></tr>
<tr><td>Aves: Grou, Pomba-branca</td><td>Insetos diversos: Abelha</td></tr>
<tr><td colspan="2">Questões, Intenções e Poderes: adaptabilidade, vida após a morte, beleza (chorão), começos, compromisso, bênçãos, comunicação, conexões, consagrar/abençoar, coragem, morte, trabalho com sonhos, encantamento, energia (psíquica), fertilidade, liberdade, graça, luto (chorão), cura, inspiração, intuição (confiar na), conhecimento, perda (conforto), amor (abandonado), magia (em geral, lunar), magia (defensiva/salgueiro-negro), mente (abrir), cuidados, otimismo, o outro mundo/mundo inferior, poder (em geral, lunar), profecia, proteção, relacionamentos, habilidades, tristeza, espíritos, força, força de vontade, vontades, bruxas/bruxaria</td></tr>
<tr><td colspan="2">Salgueiro-gato</td></tr>
<tr><td colspan="2">Questões, Intenções e Poderes: adivinhação, vida, casamento</td></tr>
</table>

SORVEIRA-BRAVA

<table>
<tr><td colspan="2">Sorbus americana, Sorveira-brava; S. aucuparia, Tramazeira</td></tr>
<tr><td colspan="2">Signos: Aquário, Capricórnio, Sagitário</td></tr>
<tr><td>Sistema Solar: Lua, Saturno, Sol, Urano,</td><td>Dia: Quarta-feira</td></tr>
<tr><td>Celebrações: Beltane, Imbolc, Lughnasadh</td><td>Ogham: Luis</td></tr>
<tr><td>Runa: Elhaz</td><td>Elementos: Terra, Fogo</td></tr>
<tr><td>Energia: Yang</td><td>Deuses: Dagda, Pan, Thor, Vulcano</td></tr>
<tr><td colspan="2">Deusas: Afrodite, Brigantia, Brígida, Ceridwen, Hécate, Luna, Selene</td></tr>
<tr><td>Seres Mágicos: Elfos, Fadas</td><td>Vida Marinha: Salmão</td></tr>
<tr><td colspan="2">Questões, Intenções e Poderes: reino astral, autoridade, batalha/guerra, compromisso, bênçãos, desafios, clarividência, consagrar/abençoar (por fadas), dedicação/devoção, defesa, destruição, adivinhação, encantamento, família, fertilidade, perdão, aterramento, orientação, harmonia, cura, feitiços (proteger de), imaginação, compreensão intuitiva, inspiração, karma, conhecimento, aprendizagem, vida, sorte, magia (em geral, de fada), poder (em geral, mágico), profecia, proteção (das fadas), capacidade psíquica, segurança, trabalho interior, sentidos (controle), habilidades, espíritos, sucesso, visões, clima (relâmpago), sabedoria, bruxas/bruxaria</td></tr>
</table>

TEIXO

<table>
<tr><td colspan="2">Taxus canadensis, Teixo Americano; T. baccata, Teixo Inglês. Essas árvores são venenosas.</td></tr>
<tr><td>Signo: Capricórnio</td><td>Sistema Solar: Júpiter, Marte, Saturno</td></tr>
<tr><td>Celebrações: Ostara, Samhain, Yule</td><td>Ogham: Ioho</td></tr>
<tr><td>Runas: Eoh, Elhaz, Hagal</td><td>Elementos: Ar, Fogo, Água</td></tr>
<tr><td>Energia: Yin, Yang</td><td>Tarô: A Morte, O Mundo</td></tr>
<tr><td colspan="2">Deusas: Badb, Banba, Cailleach Bheur, Dôn, Hécate, Hel, Holle</td></tr>
<tr><td colspan="2">Deuses: Dagda, Hermes, Loki, Lugh, Odin, Saturno</td></tr>
<tr><td colspan="2">Questões, Intenções e Poderes: adaptabilidade, vida após a morte, mudança/s, comunicação (com os mortos), morte, destruição, adivinhação, encantamento, luto, conhecimento, longevidade, magia (negra), pesadelos, o outro mundo/mundo inferior, proteção, capacidade psíquica, renascimento/renovação, habilidades, sono, tristeza, espíritos (conforto), força, visões, bruxas/bruxaria</td></tr>
</table>

TÍLIA

<table>
<tr><td colspan="2">Tilia europaea, Tília Europeia; T. americana sin. T. glabra e T. canadensis, Tília Americana</td></tr>
<tr><td>Signos: Gêmeos, Sagitário, Touro</td><td>Sistema Solar: Júpiter, Mercúrio, Sol</td></tr>
<tr><td>Celebrações: Beltane, Litha</td><td>Elemento: Ar</td></tr>
<tr><td>Energia: Yang</td><td>Deus: Odin</td></tr>
<tr><td colspan="2">Deusas: Arianrhod, Freya, Frigga, Ostara, Vênus</td></tr>
<tr><td colspan="2">Questões, Intenções e Poderes: atração, calma, comunicação, adivinhação, trabalho com sonhos, encorajamento, fidelidade, longevidade, amor (abrir-se ao), sorte, casamento, necessidades, cuidados, paz, proteção, relacionamentos, sono, força, estresse, apoio, transformação, visões, cordialidade</td></tr>
</table>

ERVAS, PLANTAS DE JARDIM E ARBUSTOS

ACÔNITO

<table>
<tr><td colspan="2">Aconitum napellus; A. uncinatum, Acônito azul. Essas plantas são venenosas.</td></tr>
<tr><td colspan="2">Sistema Solar: Saturno</td></tr>
<tr><td>Runa: Peorth</td><td>Elemento: Água</td></tr>
<tr><td>Energia: Yin</td><td>Deusa: Hécate</td></tr>
<tr><td colspan="2">Questões, Intenções e Poderes: ansiedade, reino astral, calma, encantamento, medo, mente (acalmar), proteção, relacionamentos, trabalho interior, sensibilidade, habilidades, estimulação, força, apoio, bruxas/bruxaria</td></tr>
</table>

AGRIMÔNIA

Agrimonia gryposepala, Agrimônia-comum; *A. Striata*	
Signo: Câncer	
Sistema Solar: Júpiter, Mercúrio	*Elemento:* Ar
Energia: Yang	*Chakra:* Garganta
Deus: Mitra	
Questões, Intenções e Poderes: banir (energia negativa), trabalho com sonhos, encantamento, energia, gratidão, harmonia, cura, feitiços (desfazer, proteger de), mensagens/presságios (sonhos), proteção, sono, espíritos	

ALECRIM

Rosemarinus officinalis – Também conhecido como Erva-da-graça, Rosmarino	
Signos: Aquário, Áries, Leão, Sagitário, Virgem	*Sistema Solar:* Mercúrio, Lua, Sol
Celebrações: Walpurgis, Yule	*Runa:* Jera
Elemento: Fogo	*Energia:* Yang
Chakra: Raiz	*Ser Mágico:* Fadas
Questões, Intenções e Poderes: vida após a morte, atração, banir, compromisso, conforto, comunicação, concentração/foco, certeza, consagrar/abençoar, coragem, criatividade, morte (costumes de sepultamento), defesa, determinação, trabalho com sonhos (lembrar-se de sonhos), emoções, fortalecimento, términos, amigo/amizade, cura, mágoa, feitiços (desfazer, proteger de), honestidade, aumentar, inspiração, inteligência, intuição, conhecimento, aprendizagem, vida (vitalidade), longevidade, amor (verdadeiro), lealdade, sorte, luxúria, magia (em geral, com elfo), casamento, memória/s, mente, negatividade, pesadelos, poder (interior, mágico, mental), proteção (psíquica, espiritual), capacidade psíquica, purificação, renascimento/renovação, liberação, sensibilidade, sono, espíritos, cordialidade, bem-estar, força de vontade, sabedoria, juventude	

ALHO

Allium sativum – Também conhecido como Alho-comum, Alho-da-horta	
Signo: Áries	*Sistema Solar:* Marte
Dia: Terça-feira	*Celebração:* Samhain
Elemento: Fogo	*Energia:* Yang

Deusa: Hécate	*Deus:* Marte
Questões, Intenções e Poderes: agressão, ansiedade, banir, comunicação, comunidade, concentração/foco, coragem, defesa, emoções, energia, inveja, medo, cura, feitiços (desfazer), lar (proteger), aprimoramento, ciúme, justiça, luxúria, magia (em geral, sexual), proteção (roubo, viagem), purificação, liberação, segurança, sentidos (olfato), espíritos (banir), estimulação, força, clima, bem-estar, vontades, bruxas/bruxaria (proteger de)	

ALQUEMILA

Alchemilla vulgaris Também conhecida como Pé-de-leão	
Signo: Escorpião	*Sistema Solar:* Vênus
Runa: Beorc	*Elemento:* Água
Energia: Yin	*Deusas:* Gaia, Deméter, Reia
Questões, Intenções e Poderes: mudança/s, coragem, fertilidade, amor, sorte, casamento, problemas, sono, espiritualidade, bem-estar (saúde das mulheres)	

AMARANTO

Amaranthus hypochondriacus	
Sistema Solar: Saturno	*Elemento:* Fogo
Energia: Yin	*Deusas:* Ártemis, Chalchiuhtlicue
Questões, Intenções e Poderes: morte (costumes de sepultamento), emoções, fama, favor/es, harmonia, cura, mágoa, longevidade, proteção	

AMORA-SILVESTRE

Rubus Allegheniensis; R. villosus – Também conhecida como Amora-preta	
Signos: Áries, Escorpião, Touro	
Sistema Solar: Lua, Vênus	*Elemento:* Água
Celebrações: Beltane, Imbolc, Lughnasadh, Mabon	
Ogham: Muin	*Energia:* Yin
Deusas: Brígida, Danu, Freya, Hathor	*Ser Mágico:* Fadas

Deuses: Baco, Dagda, Dionísio, Manannán, Osíris, Posêidon	
Questões, Intenções e Poderes: ligações, comunicação, morte, inveja, fertilidade, aterramento, crescimento, felicidade, harmonia, cura, intuição, sorte, mente, dinheiro, prosperidade, proteção, purificação (interior), espíritos, riqueza	

ANÊMONA

Anemone pratensis; *A. pulsatilla*, Anêmona-dos-prados	
Signos: Áries, Escorpião	
Sistema Solar: Marte	*Elementos:* Ar, Fogo
Energia: Yang	*Deus:* Adônis
Deusas: Afrodite, Brígida, Flora, Vênus	
Questões, Intenções e Poderes: beleza, começos, calma, comunidade, energia, luto, harmonia, cura, inocência (*branca*), karma, proteção, bem-estar	
Anêmona Vermelha	
Questões, Intenções e Poderes: resistência, amigo/amizade, perda	

ANGÉLICA

Angelica archangelica, Angélica-comum; *A. atropurpurea*	
Signos: Áries, Leão	
Sistema Solar: Sol	*Runa:* Elhaz
Celebrações: Beltane, Imbolc, Samhain, Walpurgis	
Elemento: Fogo	
Energia: Yang	*Tarô:* O Sol
Deusa: Vênus	*Anjo:* Miguel
Questões, Intenções e Poderes: aceitação, atração, equilíbrio, banir, beleza, começos, compromisso, calma, comunidade, consagrar/abençoar, defesa, adivinhação, trabalho com sonhos, energia (espiritual), amigo/amizade, crescimento, harmonia, cura, feitiços (desfazer, proteger de), compreensão intuitiva, inspiração, introspecção, longevidade, magia (de anjo), mensagens/presságios (de anjos, de sonhos), negatividade, paz, poder (feminino), problemas, proteção (divina), purificação, segurança, trabalho interior, sentidos (audição), tristeza, espíritos (santos), espiritualidade, estabilidade, estimulação, força, estresse, sucesso, apoio, visões, bruxas/bruxaria (proteger de)	

AQUILÉGIA

Aquilegia vulgaris, Aquileia, Colombina; *A. canadensis*, Aquilégia silvestre – Também conhecida como Erva-pombinha	
Sistema Solar: Vênus	
Elemento: Água	*Energia:* Yin
Questões, Intenções e Poderes: ansiedade, beleza, coragem, amor, negatividade, gravidez/parto, purificação (interior), liberação, trabalho interior, espíritos (santos)	

ARRUDA

Ruta graveolens, Arruda-comum; *Thalictrum dioicum*, Arruda-dos-prados – Também conhecida como Erva-da-graça	
Sistema Solar: Marte, Saturno	
Signos: Capricórnio, Leão, Peixes	*Elemento:* Fogo
Energia: Yang	*Tarô:* A Torre
Deusa: Diana	*Deus:* Marte
Ser Mágico: Fadas	
Questões, Intenções e Poderes: banir, calma (emoções), clareza, consagrar/abençoar, defesa, desejo, destruição, adivinhação, emoções, liberdade, graça, harmonia, cura, feitiços (desfazer, proteger de), inspiração, amor, sorte, magia, memória/s, mente, negatividade, pesadelos, poder (mental), proteção, purificação (emocional), relacionamentos, liberação, reverter, sentidos (visão), tristeza, espíritos, estimulação, bem-estar, sabedoria, bruxas/bruxaria (superar, proteger de)	

ARTEMÍSIA

Artemisia Vulgaris, Artemísia-comum; *A. Argenteum,* Artemísia com folhas prateadas. – Também conhecida como Flor-de-são-joão, Artemísia-verdadeira	
Sistema Solar: Vênus	
Signos: Câncer, Gêmeos, Libra, Sagitário, Touro	
Celebração: Samhain	
Runa: Rad	*Elementos:* Ar, Terra
Energia: Yin	*Chakra:* Terceiro Olho

Deusas: Ártemis, Diana
Questões, Intenções e Poderes: animais (proteger de), reino astral, autoridade, percepção consciente, banir, começos, bênçãos, clarividência, comunidade, consagrar/abençoar, perigo, defesa, adivinhação, trabalho com sonhos, empatia, energia (psíquica), fertilidade, orientação, felicidade, amor, magia, mensagens/presságios (sonhos), poder (em geral, mágico), proteção (psíquica), capacidade psíquica, purificação, liberação, reverter, habilidades, sono, espíritos (em geral, ver), força, viagem, visões, clima (raios), bruxas/bruxaria

ASPÉRULA

Asperula odorata – Também conhecida como Almíscar-dos-bosques, Aspérula-odorífera, Aspérula-doce e Wudurofe	
Signo: Capricórnio	
Sistema Solar: Marte	*Celebrações:* Beltane, Walpurgis
Elemento: Fogo	*Energia:* Yang
Questões, Intenções e Poderes: equilíbrio, calma, mudança/s, comunidade, adivinhação, encorajamento, amigo/amizade, cura, dinheiro, prosperidade, proteção, purificação, sucesso, riqueza	

ÁSTER

Aster novi-belgii	
Signos: Sagitário, Virgem	
Sistema Solar: Vênus	*Elemento:* Água
Energia: Yin	*Celebração:* Mabon
Deusa: Vênus	*Ser Mágico:* Fadas
Questões, Intenções e Poderes: calma, felicidade, inocência, amor (incondicional), memória/s, liberação, estresse, verdade	

BERGAMOTA

Monarda didyma; *M. fistulosa*, Bergamota-silvestre	
Signos: Gêmeos, Virgem	
Sistema Solar: Mercúrio, Lua, Vênus	*Elemento:* Ar

Direção: Leste	*Energia:* Yang
Questões, Intenções e Poderes: ansiedade, assertividade, autoridade, percepção consciente, equilíbrio, calma, concentração/foco, certeza, controle, coragem, disciplina, trabalho com sonhos, emoções, encorajamento, energia, bondade, luto, felicidade, harmonia, feitiços (desfazer), amor (abrir-se ao), dinheiro, humor (melhorar), otimismo, paz, poder (mágico), problemas, prosperidade, sono, estresse, sucesso, apoio, riqueza, juventude	

BOCA-DE-LEÃO

Antirrhinum majus	*Signo:* Gêmeos
Sistema Solar: Marte	*Dia:* Terça-feira
Elemento: Fogo	*Energia:* Yang
Questões, Intenções e Poderes: assertividade, banir, clariaudiência, engano, emoções, liberdade (emocional), feitiços (desfazer), dinheiro, prosperidade, proteção, liberação, verdade, riqueza, bruxas/bruxaria (contrabalançar, proteger)	

BORRAGEM

Borago officinalis	
Signo: Leão	*Sistema Solar:* Júpiter
Elemento: Ar	*Energia:* Yang
Questões, Intenções e Poderes: autoridade, percepção consciente, beleza, começos, negócios, calma, coragem, felicidade, mente (acalmar), dinheiro, paixão (curar de), poder, capacidade psíquica, purificação (interior), habilidades, tristeza	

CAMOMILA

Chamaemelum nobilis sin. *Anthemis nobilis*, Camomila-romana; *Chamomilla Matricaria* sin. *Matricaria recutita*, Camomila-alemã	
Signos: Câncer, Leão	
Sistema Solar: Sol	*Dia:* Segunda-feira
Celebrações: Litha, Walpurgis, Yule	*Elemento:* Água

Energia: Yang	*Chakras:* Plexo Solar, Garganta
Questões, Intenções e Poderes: raiva, ansiedade, atração, equilíbrio, beleza, bênçãos, calma (emoções), comunicação, criatividade, determinação, trabalho com sonhos, energia, gentileza, aterramento, crescimento, harmonia, cura, feitiços (desfazer), compreensão intuitiva, introspecção, intuição, justiça, amor (atrair), sorte, manifestação, dinheiro, humor, pesadelos, paciência, paz (interior), problemas, prosperidade, purificação, segurança (emocional), sensibilidade, sono, estresse, sucesso, apoio, visões, riqueza, vontades	

CAMPAINHA

Campanula rotundifolia – Também conhecida como Campainha-azul	
Dia: Segunda-feira	*Celebração:* Beltane
Árvore: Carvalho	*Seres Mágicos:* Fadas (para ver), Pixies
Questões, Intenções e Poderes: abundância, ação, ligações, equilíbrio, encantamento, medo, liberdade, amigo/amizade, luto, amabilidade, amor (incondicional), sorte, magia (com fadas), manifestação, negatividade, obstáculos, prosperidade, trabalho interior, sono, espíritos, estabilidade, verdade, bruxas/bruxaria	

CARQUEJA

Ulex europaeus – Também conhecida como Tojo	*Signo:* Áries
Sistema Solar: Marte, Sol	*Ogham:* Onn
Celebrações: Beltane, Lughnasadh, Ostara	*Elemento:* Fogo
Energia: Yang	*Deusas:* Aine, Arianrhod
Deuses: Belenus, Dagda, Freyr, Lugh, Júpiter, Thor	
Animal: Cavalo	
Questões, Intenções e Poderes: afeto, raiva, defesa, adivinhação, resistência, energia, fertilidade, esperança, vida, dinheiro, prosperidade, proteção, renascimento/renovação, bruxas/bruxaria (proteger de)	

CONFREI

Symphytum officinale – Também conhecido como Consólida

Signo: Capricórnio	*Sistema Solar:* Saturno
Elementos: Ar, Terra, Água	*Energia:* Yin
Questões, Intenções e Poderes: reino astral, equilíbrio, banir, compromisso, controle, trabalho com sonhos (lembrar-se de sonhos), términos, resistência, inimizade, cura, perda, memória/s, dinheiro, prosperidade, proteção, capacidade psíquica, liberação, estabilidade, estimulação, força, estresse, viagem (segurança), unidade, riqueza	

CRAVEIRO

Dianthus carophyllus – Também conhecido como Cravo	
Signos: Áries, Capricórnio, Sagitário	*Sistema Solar:* Saturno, Sol
Dia: Domingo	*Elemento:* Fogo
Direção: Sul	*Energia:* Yang
Deus: Júpiter	
Questões, Intenções e Poderes: autoridade, percepção consciente, equilíbrio, beleza, calma, comunicação (*amarelo*), confiança, consagrar/abençoar, criatividade, emoções, energia, fertilidade, harmonia, cura, justiça, amor (profundo), magia, poder (em geral, mágico), orgulho, problemas, proteção, renascimento/renovação, estimulação, força, verdade, bem-estar, bruxas/ bruxaria (proteger de)	
Craveiro Cor-de-rosa	
Questões, Intenções e Poderes: afeto, amigo/amizade (atrair), casamento, pureza, relacionamentos, solidariedade	
Craveiro Vermelho	
Questões, Intenções e Poderes: magia (defensiva), casamento, pureza	
Craveiro branco	
Questões, Intenções e Poderes: inocência, magia (lunar), o outro mundo/mundo inferior, habilidades	

CRAVO-DE-DEFUNTO

Tagetes Patula, Malmequer; *T. erecta*, Cravo-africano, Cravo-amarelo – Também conhecido como Tagetes, Cravo-francês, Rosa-da-índia	
Signos: Câncer, Leão	*Sistema Solar:* Sol
Dia: Domingo	*Celebrações:* Beltane, Mabon

Elementos: Ar, Fogo	*Direção:* Sul
Energia: Yang	*Deus:* Xochiquetzal
Questões, Intenções e Poderes: afeto, vida após a morte, autoridade, percepção consciente, negócios, conforto, comunicação, consagrar/abençoar, dedicação/devoção, adivinhação, trabalho com sonhos, resistência, energia (em geral, solar), inveja, fidelidade, luto, felicidade, cura, ciúme, justiça (assuntos jurídicos), longevidade, amor, magia (de anjo), mensagens/presságios, mente, paz, prazer, profecia, proteção (espiritual), capacidade psíquica, relacionamentos, responsabilidade, sentidos (ver criaturas mágicas), sensibilidade, habilidades, tristeza, sucesso, transformação (interior), visões, cordialidade, riqueza, bem-estar	

CRISÂNTEMO

Chrysanthemum morifolium sin. *Dendrathem grandiflorum*	
Signo: Escorpião	*Sistema Solar:* Sol
Celebração: Mabon	*Elemento:* Fogo
Direção: Sul	*Energia:* Yang
Insetos diversos: Borboleta	
Questões, Intenções e Poderes: alegria, inocência (*branco*), amor (*vermelho*), problemas, proteção, força, verdade (*branco*)	

DEDALEIRA

Digitalis purpurea, Dedaleira-comum ou Dedaleira-roxa; *D. lutea*, Dedaleira-amarela – Também conhecida como Campainhas, Digital, Erva-dedal. Essas plantas são venenosas.	
Signos: Aquário, Libra	*Sistema Solar:* Vênus
Elemento: Água	*Energia:* Yin
Seres Mágicos: Fadas, Pixies	
Questões, Intenções e Poderes: desafios, encantamento, energia (de fadas), harmonia, cura, magia (de duende, de fada), mente (acalmar), proteção, liberação, estimulação, estresse	

DENTE-DE-LEÃO

Taraxacum officinale – Também conhecida como Amor-dos-homens, Coroa-de-monge, Dente-de-leão-dos-jardins	
Signos: Aquário, Áries, Libra, Touro	*Sistema Solar:* Júpiter, Mercúrio

Elemento: Ar	*Energia:* Yang
Deusas: Brígida, Hécate	
Questões, Intenções e Poderes: autoridade, percepção consciente, começos (espirituais), clarividência, clareza, comunicação, adivinhação, trabalho com sonhos, emoções, favor/es, liberdade, guardar, orientação, cura, mensagens/presságios, mente, dinheiro, necessidades, poder, profecia, proteção, capacidade psíquica, purificação (interior), habilidades, sono, espíritos (invocação), espiritualidade, estresse, viagem, vontades	

ENDRO

Anethum graveolens sin. *Peucedanum graveolens* – Também conhecido como Aneto, Anega, Dill, Dilly	
Signos: Câncer, Gêmeos, Leão, Escorpião, Virgem	*Sistema Solar:* Mercúrio
Dia: Quarta-feira	*Celebração:* Walpurgis
Elemento: Fogo	*Energia:* Yang
Direção: Sul	
Questões, Intenções e Poderes: calma, defesa, desejo, energia, feitiços (realizar, desfazer), lar, justiça, conhecimento, amor, sorte, luxúria, magia (negra, sexual), mente, dinheiro, pesadelos, problemas, profecia, prosperidade, proteção, purificação, segurança, sono, espíritos, força (interior), estresse, apoio, riqueza, força de vontade, sabedoria, bruxas/bruxaria (afastar, proteger de)	

ERVA-CIDREIRA

Melissa officinalis – Também conhecida como Melissa, Citronela, Chá-da-França, Limonete, Salva-do-brasil	
Signo: Câncer	*Sistema Solar:* Júpiter, Lua
Elemento: Água	*Energia:* Yin
Chakra: Plexo Solar	*Insetos diversos:* Abelha
Questões, Intenções e Poderes: ativar/despertar, ansiedade, negócios, calma, clareza, conforto, concentração/foco, fertilidade, luto, cura (em geral, emocional), mágoa, longevidade, amor (abrir-se ao), memória/s (vidas passadas), dinheiro, renascimento/renovação, relacionamentos, sentidos (restaurar), sexo/sexualidade, tristeza, espíritos, estresse, sucesso, solidariedade	

ERVA-DE-SÃO-JOÃO

Hypericum perforatum. Também conhecida como Hipérico ou Hipericão	
Signos: Leão, Sagitário	*Sistema Solar:* Sol
Dia: Domingo	*Celebrações:* Litha, Véspera do Solstício de Verão
Elemento: Fogo	*Energia:* Yang
Chakra: Terceiro Olho	*Deus:* Balder
Ser Mágico: Fadas (protegido por)	
Questões, Intenções e Poderes: animais (proteger), banir, começos (espirituais), bênçãos, coragem, escuridão, morte, defesa, adivinhação, trabalho com sonhos, términos, energia, medo, fertilidade, liberdade (de medos), felicidade, cura, justiça, sorte (familiar), magia (em geral, com fada), dinheiro, pesadelos, paz, poder, prosperidade, proteção (psíquica), purificação, liberação, segurança, sensibilidade, espíritos, espiritualidade, estimulação, força, clima (proteger de raios, tempestades), bem-estar (mental), força de vontade, bruxas/bruxaria (evitar ação)	

ERVA-DOCE

Foeniculum vulgare, também conhecida como Fiolho, Funcho, Anis-doce, Maratro	
Signos: Áries, Gêmeos, Virgem	*Sistema Solar:* Mercúrio
Celebração: Walpurgis	*Elemento:* Fogo
Energia: Yang	*Chakra:* Plexo Solar
Deuses: Adônis, Dionísio, Hefésto, Prometeu	
Questões, Intenções e Poderes: agressão, bênçãos, comunicação, coragem, energia, fertilidade, cura, lar (evitar a entrada do mal), longevidade, perda, dinheiro, proteção, purificação, renascimento/ renovação, segurança, sentidos (visão), espíritos, estimulação, força, estresse, visões, cordialidade, bruxas/bruxaria (evitar ação)	

FRAMBOESA

Rubus ideaeus	
Signos: Leão, Touro	*Sistema Solar:* Vênus
Dia: Sexta-feira	*Elemento:* Água
Energia: Yin	*Deusa:* Vênus
Questões, Intenções e Poderes: ligações (liberar), beleza, clareza, medo, amor (encorajar), necessidades, otimismo, gravidez/parto, proteção, segurança (interior), trabalho interior, confiança	

GARDÊNIA

<table>
<tr><td colspan="2">Gardenia jasminoides sin. G. augusta . Também chamada de Jasmim-do-cabo</td></tr>
<tr><td colspan="2">Sistema Solar: Lua</td></tr>
<tr><td>Signos: Câncer, Peixes, Escorpião</td><td>Dia: Segunda-feira</td></tr>
<tr><td>Elemento: Água</td><td>Direção: Oeste</td></tr>
<tr><td>Energia: Yin</td><td>Chakra: Coração</td></tr>
<tr><td colspan="2">Questões, Intenções e Poderes: ação, reino astral, conforto, compaixão, consciência, emoções, inveja, amigo/amizade, felicidade, harmonia, cura, mágoa, feitiços (desfazer), lar, amor (verdadeiro), casamento, dinheiro, paz, poder (feminino), problemas, pureza, relacionamentos, espíritos, espiritualidade, apoio (emocional), bem-estar</td></tr>
</table>

GATÁRIA

<table>
<tr><td colspan="2">Nepeta cataria, também conhecida como Erva-dos-gatos</td></tr>
<tr><td>Signos: Câncer, Libra, Peixes</td><td>Sistema Solar: Vênus</td></tr>
<tr><td>Celebração: Samhain</td><td>Elemento: Água</td></tr>
<tr><td>Direção: Oeste</td><td>Energia: Yin</td></tr>
<tr><td colspan="2">Deusas: Bast, Sekhmet</td></tr>
<tr><td colspan="2">Questões, Intenções e Poderes: aceitação, raiva, animais, beleza, coragem, trabalho com sonhos, energia, fertilidade, amigo/amizade, felicidade, harmonia, lar, amor (atrair), sorte (atrair), magia (animal), pesadelos, paz, problemas, capacidade psíquica, sono, espíritos, força, estresse</td></tr>
</table>

GERÂNIO

<table>
<tr><td colspan="2">Pelargonium hortorum sin. P. inquinans, Gerânio-comum</td></tr>
<tr><td>Sistema Solar: Vênus</td><td>Signos: Áries, Câncer</td></tr>
<tr><td>Celebração: Walpurgis</td><td>Elemento: Água</td></tr>
<tr><td>Energia: Yin</td><td>Tarô: O Imperador</td></tr>
<tr><td colspan="2">Questões, Intenções e Poderes: ação, ansiedade, reino astral, equilíbrio, beleza, começos, calma (emoções), conforto (vermelho), comunicação, concentração/foco, certeza, coragem, energia (psíquica), favor/es (gerânio-pendente), medo, fertilidade, perdão, liberdade, amigo/amizade, crescimento (interior), felicidade, harmonia, cura, feitiços (desfazer), amor (abrir-se ao), magia (com elfo), proteção (vermelho), purificação, relacionamentos, segurança (cor-de-rosa), trabalho interior, tristeza, espiritualidade, estabilidade (emocional), força, estresse, sucesso, bem-estar, sabedoria</td></tr>
</table>

GIESTA

Sarothamnus scopari sin. *Cytisus scoparius* – Também conhecida como Giesta-das-vassouras. Essa planta é venenosa.	
Signo: Áries	
Sistema Solar: Marte, Sol	*Celebração:* Samhain
Elemento: Ar	*Energia:* Yang
Questões, Intenções e Poderes: ação, banir (poltergeists), calma, desafios, comunicação, concentração/foco, criatividade, determinação, adivinhação, guardar, harmonia, cura, lar (limpar), intuição, memória/s, mente (clara), obstáculos, prosperidade, proteção, purificação (em geral, interna), propósito, estimulação, força, unidade, sabedoria, bruxas/bruxaria	

GIRASSOL

Helianthus annuus, Girassol-comum; *H. giganteus*, Girassol-gigante	
Signo: Leão	*Sistema Solar:* Sol
Dia: Domingo	*Elemento:* Fogo
Energia: Yang	*Tarô:* A Força, O Sol
Deusas: Deméter, Modron	*Deus:* Apolo
Questões, Intenções e Poderes: equilíbrio, alegria, clareza, trabalho com sonhos, energia (em geral, solar), fertilidade, felicidade, harmonia, aprimoramento, luz, solidão, sorte, magia, dinheiro, obstáculos, paz, liberação, trabalho interior, tristeza, espiritualidade, força, bem-estar, sabedoria, vontades	

HELIOTRÓPIO

Heliotropium arborescens sin. *H. peruviana*. Essa planta é venenosa.	
Signos: Leão, Peixes	
Sistema Solar: Sol	*Celebração:* Litha
Elemento: Fogo	*Direção:* Sul
Energia: Yang	*Tarô:* O Sol
Deusas: Amaterasu, Hathor, Febe	*Deuses:* Agni, Apolo, Hélio, Mitra, Ra
Questões, Intenções e Poderes: autoridade, percepção consciente, banir, calma, clarividência, coragem, perigo, dedicação, trabalho com sonhos, energia (solar), fidelidade, bondade, felicidade, cura, influência, vida, luz, amor, magia (solar), mensagens/presságios (sonhos), dinheiro, prosperidade, capacidade psíquica, liberação, espiritualidade, riqueza, bem-estar, força de vontade	

HERA

<table>
<tr><td colspan="2">Hedera helix – Também conhecida como Hera-trepadeira</td></tr>
<tr><td>Signos: Gêmeos, Escorpião</td><td>Sistema Solar: Saturno</td></tr>
<tr><td>Estação: Outono</td><td>Ogham: Gort, Oir</td></tr>
<tr><td colspan="2">Celebrações: Beltane, Caça da Carriça, Mabon, Saturnália, Yule</td></tr>
<tr><td>Número: 11</td><td>Elementos: Ar, Terra, Água</td></tr>
<tr><td colspan="2">Energia: Yin</td></tr>
<tr><td colspan="2">Deuses: Attis, Baco, Cernunos, Dionísio, Fauno, Freyr, Hermes, Loki, Mabon, Ogma, Osíris, Pan, Saturno</td></tr>
<tr><td colspan="2">Deusas: Arianrhod, Danu, Hel, Holle, Perséfone, Reia</td></tr>
<tr><td colspan="2">Questões, Intenções e Poderes: animais (proteger), ligações, atração, equilíbrio, adivinhação, fertilidade, fidelidade, amigo/amizade, crescimento, cura, honra, influência, conhecimento, amor, sorte, casamento, mensagens/presságios, negatividade, problemas, proteção, renascimento/ renovação, segredos, segurança, estabilidade, transformação, bruxas/ bruxaria</td></tr>
</table>

HIBISCO

<table>
<tr><td colspan="2">Hibiscus rosa-sinensis – Também conhecido como Mimo de Vênus</td></tr>
<tr><td>Signo: Touro</td><td>Sistema Solar: Vênus</td></tr>
<tr><td>Elementos: Fogo, Água</td><td>Direção: Oeste</td></tr>
<tr><td>Energia: Yin</td><td>Deus: Ganesha</td></tr>
<tr><td colspan="2">Questões, Intenções e Poderes: clarividência, concentração/foco, consagrar/abençoar, determinação, adivinhação, energia (sexual), liberdade (sexual), harmonia, amor (atrair), luxúria, obstáculos, paixão, paz, poder, capacidade psíquica, sensibilidade, sensualidade, sexo/ sexualidade, unidade, cordialidade</td></tr>
</table>

HIDRASTE

<table>
<tr><td colspan="2">Hydrastis canadensis</td></tr>
<tr><td>Signo: Leão</td><td>Sistema Solar: Sol</td></tr>
<tr><td>Elemento: Fogo</td><td>Energia: Yang</td></tr>
<tr><td colspan="2">Questões, Intenções e Poderes: beleza, negócios, cura, aumentar, magia, dinheiro, prosperidade, estimulação, força, riqueza, sabedoria</td></tr>
</table>

HORTELÃ-PIMENTA

Mentha piperita – Também conhecida como Menta piperita, Menta, Hortelã-apimentada, Menta-inglesa, Hortelã-das-cozinhas	
Sistema Solar: Mercúrio	
Signos: Aquário, Áries, Gêmeos, Virgem	*Elementos:* Ar, Fogo
Direção: Sul	*Energia:* Yang
Chakra: Garganta	*Tarô:* O Louco
Deuses: Plutão, Zeus	
Questões, Intenções e Poderes: ação, ativar/despertar, autoridade, percepção consciente, banir, calma (interior), desafios, mudança/s, clareza, concentração/foco, criatividade, adivinhação, trabalho com sonhos, energia, cura, inteligência, vida, amor (encorajar), sorte, luxúria, mensagens/presságios (em sonhos), mente (rápida), dinheiro, negatividade, poder (mental), problemas, capacidade psíquica, purificação, liberação, sensibilidade, habilidades, sono, estimulação, força, estresse, confiança, visão, cordialidade	

HORTELÃ-VERDE

Mentha spicata – Também conhecida como Hortelã, Hortelã-das-hortas	
Signo: Libra	
Sistema Solar: Vênus	*Elementos:* Ar, Água
Energia: Yin	
Questões, Intenções e Poderes: agressão, equilíbrio (físico), batalha/guerra, calma (interior), concentração/foco, perigo, cura, inocência, amor, sorte, dinheiro, poder (mental), proteção, purificação, segurança (do lar), sono, estimulação, força, apoio, confiança, cordialidade	

IPOMEIA

Várias espécies de *Calystegia, Convolvulus, Ipomoea, Merremia*, gênero *Rivea*. – Também conhecida como Glória-da-manhã, Ipomeia-rubra. Essas plantas são venenosas.	
Sistema Solar: Saturno	*Dia:* Sábado
Elemento: Água	*Energia:* Yang
Questões, Intenções e Poderes: afeto (*cor-de-rosa*), equilíbrio (físico), mudança/s, consciência, adivinhação, trabalho com sonhos, família, medo, liberdade, felicidade, perda, necessidades, paz, segurança, força, viagem	

ÍRIS

Iris versicolor, Íris azul; *I. pseudacorus*, Bandeira-amarela, Flor-de-lis-amarela. Também conhecida como Flor-de-lis e Íris-selvagem	
Signos: Aquário, Gêmeos	
Sistema Solar: Lua, Vênus	*Elemento:* Água
Energia: Yin	*Deusas:* Hera, Íris, Ísis, Juno
Deus: Hórus	
Questões, Intenções e Poderes: aceitação, autoridade, percepção consciente, clareza, concentração/foco, criatividade, morte, determinação, energia (criativa), fé, liberdade, inspiração, amor, sorte, magia (de anjo, lunar), mensagens/presságios, dinheiro (*azul*), paciência, poder, prosperidade (*azul*), capacidade psíquica, purificação, pureza, liberação, riqueza, força de vontade, sabedoria	

JACINTO

Hyancinthus orientalis, Jacinto-comum	
Signos: Peixes, Virgem	
Sistema Solar: Vênus	*Elemento:* Água
Energia: Yin	*Deusa:* Ártemis
Deus: Apolo	
Questões, Intenções e Poderes: afeto, atração, emoções, gentileza, luto, felicidade, influência, ciúme, amabilidade, solidão, amor (atrair/*cor-de-rosa*), sorte (atrair), pesadelos, otimismo, gravidez/parto, proteção (espiritual), purificação, tristeza, estabilidade, estresse, sabedoria	

JASMIM

Jasminum grandiflorum	*Signos:* Câncer, Capricórnio, Peixes
Sistema Solar: Mercúrio, Lua	*Dias:* Segunda-feira, Quarta-feira
Elementos: Terra, Água	*Direção:* Oeste
Energia: Yin	*Chakras:* Plexo Solar, Coração
Deusas: Diana, Rhiannon	*Deus:* Vishnu

Questões, Intenções e Poderes: ansiedade, reino astral, ligações, atração, equilíbrio (emocional), beleza, compromisso, calma, clareza, comunicação, consagrar/abençoar, criatividade (*amarelo*), defesa, desejo (*amarelo*), trabalho com sonhos, graça, felicidade, harmonia, cura, imaginação, inspiração, justiça, luz, perda, amor (atrair), sorte, luxúria, magia (defensiva, lunar, da noite, sexual), dinheiro (cobrança de dívidas), paz, gravidez/parto, problemas, prosperidade, proteção, capacidade psíquica, purificação, relacionamentos (românticos), romance, trabalho interior, sensualidade, sexo/sexualidade, sono, espíritos, espiritualidade, estimulação, estresse, apoio, visões, riqueza, bem-estar
Jasmim Branco
Questões, intenções e Poderes: afeto, amigo/amizade, pureza

LAVANDA

Lavendula officinale sin. *L. Angustifolia* – Também conhecida Alfazema ou Lavândula	
Signos: Aquário, Gêmeos, Leão, Peixes, Virgem	*Sistema Solar:* Mercúrio
Dia: Quarta-feira	*Celebrações:* Litha, Véspera do Solstício de Verão
Elemento: Ar	*Direção:* Leste
Energia: Yang	*Chakras:* Coroa, Coração, Plexo Solar
Deusas: Hécate, Vesta	*Deus:* Saturno
Ser Mágico: Fadas	
Questões, Intenções e Poderes: raiva, ansiedade, atração, percepção consciente, equilíbrio (emocional), beleza, calma (emoções, interna), desafios, clareza, comunicação, concentração/foco, conexões, consagrar/abençoar, coragem, criatividade, adivinhação, trabalho com sonhos, emoções, fidelidade, amigo/amizade, gentileza, objetivos, luto, aterramento, harmonia, cura (em geral, emocional), mágoa, inspiração, intuição, solidão, longevidade, amor (atrair), sorte, luxúria, magia (com elfo), manifestação, casamento, negatividade, paz (atrair, interior), problemas (em geral, emocionais), proteção, capacidade psíquica, purificação (em geral, ritual), renascimento/renovação, relacionamentos (pacíficos), liberação, romance, sensibilidade, sexo/sexualidade, sono, espíritos, estabilidade, força, estresse, apoio, bem-estar, vontades	

LIGÚSTICA

Levisticum officinale – Também conhecida como Levístico, Erva-maggi	
Signos: Peixes, Touro	*Sistema Solar:* Sol
Elemento: Fogo	*Energia:* Yang
Questões, Intenções e Poderes: atração, trabalho com sonhos, energia, justiça, amor (atrair), magia (sexual), mensagens/presságios (sonhos), negatividade, paixão (sexual), purificação, renascimento/renovação, romance	

LILÁS

Syringa vulgaris, Lilás comum; *S. Bailbelle*	
Signos: Libra, Touro	*Sistema Solar:* Mercúrio, Vênus
Celebração: Beltane	*Elemento:* Água
Energia: Yin	*Ser Mágico:* Fadas
Questões, Intenções e Poderes: adaptabilidade, atração, equilíbrio, banir, beleza, negócios, clarividência, comunidade, concentração/foco, criatividade, adivinhação, trabalho com sonhos, emoções, amigo/amizade, felicidade, harmonia, feitiços (desfazer), lar, inocência (*branco*), inspiração, vida, luz, longevidade, amor, sorte, magia (defensiva), memória/s (de vidas passadas), mente (clara), paz, problemas, profecia, proteção, purificação, renascimento/renovação, liberação, segurança, espíritos (atrair, contato), espiritualidade, bem-estar, juventude (*branco*)	

LÍRIO

Lilium candidum, Também conhecido como Açucena; *L. superbum,* Lírio-martagão; *L. tigrinum,* Lírio-tigrino	
Sistema Solar: Lua	*Signos:* Gêmeos, Peixes, Escorpião, Virgem
Celebração: Ostara	*Elemento:* Água
Energia: Yin	*Anjo:* Gabriel
Deusas: Asherah, Astarte, Diana, Hera, Juno, Kuan Yin, Ostara, Vênus	
Questões, Intenções e Poderes: vida após a morte, beleza, calma, comunicação, criatividade, engano (*amarelo*), bondade, felicidade, manifestação (*martagão*), negatividade (melhorar a atitude), cuidados, o outro mundo/mundo inferior, proteção, relacionamentos, força de vontade	
Lírio-tigrino	
Questões, Intenções e Poderes: orgulho, prosperidade, buscas	
Lírio Branco	
Questões, Intenções e Poderes: inocência, amor (atrair), paz, pureza, juventude	

LÍRIO-DO-VALE

Convallaria majalis – Também conhecido como Lírio-do-brejo, Convalária, Lírio-convale, Lírio-de-maio	
Signos: Gêmeos, Touro, Virgem	*Sistema Solar:* Mercúrio
Dia: Quarta-feira	*Runa:* Hagal

Elemento: Ar	*Energia:* Yang
Deuses: Apolo, Esculápio	*Ser Mágico:* Fadas
Questões, Intenções e Poderes: calma, consagrar/abençoar, defesa, desejo, felicidade, harmonia, cura, inocência, inspiração, vida, amor, magia (defensiva), memória/s, mente, otimismo, paz, poder (mental), problemas, proteção, reverter, habilidades	

MADRESSILVA

Lonicera sempervirens, Madressilva-trombeta; *L. dioica*	
Sistema Solar: Júpiter, Marte, Mercúrio	
Signos: Áries, Câncer, Capricórnio, Leão, Peixes, Sagitário, Escorpião, Touro, Virgem	
Dia: Quinta-feira	*Celebrações:* Beltane, Ostara
Ogham: Eabhadh, Uilleann	*Elemento:* Terra
Direção: Oeste	*Energia:* Yang
Deusas: Ceridwen, Gaia, Morrigan, Vênus	
Chakras: Terceiro Olho, Coroa	
Questões, Intenções e Poderes: abundância, adaptabilidade, afeto, atração, autoridade, percepção consciente, equilíbrio, calma, mudança/s, clarividência, clareza, concentração/foco, certeza, criatividade, dedicação, destino, adivinhação, fidelidade, amigo/amizade, generosidade, orientação, felicidade, cura, feitiços (desfazer), honestidade, inspiração, intuição, justiça, aprendizagem, amor (dedicado), magia (de anjo), memória/s, mente, dinheiro, paz, poder, prosperidade, proteção, capacidade psíquica, renascimento/renovação, segredos, habilidades, força, estresse, riqueza, bem-estar, vontades, bruxas/bruxaria	

MANJERICÃO

Ocimum basilicum, Basílico, Manjericão-de-folha-larga; *O. minimum*, Manjerico	
Signos: Áries, Escorpião	*Deuses:* Krishna, Vishnu
Sistema Solar: Marte, Plutão, Vênus	*Dia:* Terça-feira
Celebração: Imbolc	*Elemento:* Fogo
Energia: Yang	*Deusas:* Lakshmi

Questões, Intenções e Poderes: vida após a morte, assertividade, atração, equilíbrio, banir, negócios, calma (interior), alegria, clarividência, clareza, concentração/foco, certeza, coragem, defesa, disciplina, adivinhação, energia, família, fertilidade, fidelidade, amigo/amizade, bondade, luto, felicidade, cura (relacionamentos), feitiços (desfazer), lar (pacífico), honestidade, influência, amor (reconciliar-se), sorte (atrair), magia (de anjo, defensiva), memória/s, mensagens/pressságios, mente (clara), dinheiro, negatividade, paz, poder, problemas, prosperidade, proteção, capacidade psíquica, purificação, relacionamentos, liberação, sentidos (olfato), sexo/sexualidade, tristeza, estimulação (mental), força, estresse, sucesso, solidariedade, confiança, riqueza, vontades, bruxas/bruxaria

MANJERICÃO-SAGRADO

Ocimum sanctum – Também conhecido como Alfavaca	
Elemento: Fogo	
Energia: Yang	*Deusa:* Lakshmi
Deus: Vishnu	
Questões, Intenções e Poderes: vida após a morte, calma, consagrar/abençoar, cura, atenção plena, segurança, espiritualidade, estabilidade	

MANJERONA

Origanum majorana sin. *Majorana hortensis*, Manjerona-doce; *O. vulgare*, Orégano. Também conhecida como Amáraco, Manjeroba-inglesa	
Signos: Áries, Gêmeos, Libra, Virgem	*Sistema Solar:* Mercúrio
Elemento: Ar	*Energia:* Yang
Tarô: O Mago	*Deusas:* Afrodite, Vênus
Questões, Intenções e Poderes: vida após a morte, atração, calma, conforto, comunidade, concentração/foco, conexões, consciência, defesa, família, luto, felicidade, cura, feitiços (proteger de), inocência, solidão, amor, magia (negra, defensiva), casamento, memória/s, dinheiro, paz, prosperidade, proteção, capacidade psíquica, purificação, relacionamentos, liberação, segurança (em geral, nos negócios), sono, tristeza, estresse, unidade, cordialidade, bem-estar, bruxas/bruxaria (proteger de)	

MARGARIDA

Bellis perenis, Margarida comum; *Chrysanthemum leucanthemum*, Bem-me-quer – Também conhecida como Bonina.	
Signos: Câncer, Touro	*Sistema Solar:* Sol, Vênus
Celebração: Beltane	*Elemento:* Água
Direção: Oeste	*Energia:* Yin
Deusas: Afrodite, Ártemis, Freya, Vênus	*Deuses:* Thor, Zeus
Ser Mágico: Fadas	
Questões, Intenções e Poderes: atração, autoridade, percepção consciente, beleza, bênçãos (das fadas), calma, desafios, alegria, comunicação, consagrar/abençoar (por fadas), criatividade, adivinhação, trabalho com sonhos, harmonia, cura, lar, inocência, vida, luz, amor, sorte, luxúria, magia (com elfo, com fadas), mensagens/presságios, prazer, proteção, propósito, sensibilidade, habilidades, força (interior), verdade, juventude	

MATRICÁRIA

Chrysanthemum parthenium sin. *Tanacetum parthenium* – Também conhecida como Artemigem-dos-jardins, Macela-do-reino, Margaridinha, Artemísia romana	
Sistema Solar: Vênus	
Dia: Sexta-feira	*Elemento:* Água
Energia: Yang	*Deusa:* Hécate
Questões, Intenções e Poderes: defesa, emoções, cura, mágoa, amor, proteção, purificação, força, cordialidade	

MILEFÓLIO

Achillea millefolium – Também conhecida como Mil-em-folha, Erva-dos-carpinteiros	
Signo: Gêmeos	*Sistema Solar:* Vênus
Elementos: Ar, Água	*Energia:* Yin
Chakra: Sacro	*Deus:* Cernunos

Ser Mágico: Fadas
Questões, Intenções e Poderes: agressão, atração, autoridade, percepção consciente, equilíbrio, banir, batalha/guerra, beleza, começos, bênçãos, calma, desafios, mudança/s, clarividência, certeza, consagrar/abençoar, coragem, morte, defesa, adivinhação, trabalho com sonhos, emoções, energia (cósmica, espiritual), medo, fertilidade, fidelidade, amigo/ amizade, crescimento, orientação, felicidade, cura, mágoa, longevidade, amor, sorte, magia (animal, defensiva), casamento, negatividade, poder, problemas, proteção (em geral, psíquica, espiritual), capacidade psíquica, purificação, relacionamentos, liberação, habilidades, espíritos (contato), espiritualidade, estimulação, força (emocional), sucesso, visões, clima, bem-estar, bruxas/bruxaria

MORANGO

Fragaria ananassa, Morango-cultivado; *F. vesca,* Morango-silvestre	
Signo: Libra	*Sistema Solar:* Vênus
Dia: Sexta-feira	*Elemento:* Água
Energia: Yin	*Deusas:* Freya, Frigga, Vênus
Ser Mágico: Fadas	
Questões, Intenções e Poderes: adaptabilidade, atração, beleza, desejo, adivinhação, amigo/amizade, harmonia, amor (atrair), sorte (atrair), relacionamentos (amor), sensualidade, estresse, visões	

NARCISO

Narcissus pseudonarcissus	
Signos: Leão, Sagitário	*Sistema Solar:* Sol, Vênus
Celebração: Ostara	*Elemento:* Água
Energia: Yin	*Deusa:* Perséfone
Ser Mágico: Fadas	
Questões, Intenções e Poderes: vida após a morte, beleza, calma, imparcialidade, medo, fertilidade, amigo/amizade, amor (não correspondido), sorte, magia (com duende, com fada), pesadelos, segurança, espíritos	

PAPOULA

Papaver rhoeas, Papoula-vermelha; *P. somniferum*, Papoula-dormideira, Papoula branca	
Signos: Câncer, Capricórnio	
Sistema Solar: Lua	*Dia:* Segunda-feira
Elementos: Fogo, Água	*Energia:* Yin
Deusas: Ceres, Deméter, Diana, Modron, Perséfone	
Questões, Intenções e Poderes: vida após a morte, assertividade, reino astral, desafios, trabalho com sonhos, encantamento, inimizade, fertilidade, amor, sorte (atrair), luxúria, magia (lunar), mensagens/presságios (em sonhos), dinheiro, prosperidade, renascimento/renovação, sono, apoio, visões, riqueza	

PARREIRA

Vitis vinifera, Uva-comum; *V. labrusca*, Cataúba	
Sistema Solar: Lua	*Estações:* Outono
Celebração: Mabon	*Ogham:* Muin
Elemento: Água	*Direção:* Oeste
Energia: Yin	*Deusa:* Hathor
Deuses: Baco, Dionísio, Mabon, Saturno	*Ser Mágico:* Fadas
Animal: Ouriço	
Questões, Intenções e Poderes: abundância, caridade, clareza, fertilidade, crescimento, inspiração, mente, dinheiro, poder (mental), profecia, prosperidade, trabalho interior, transformação	

PASSIFLORA

Passiflora incarnata, Flor-da-paixão; *P. lutea*, Passiflora-amarela – Também conhecida como Maracujá	
Signo: Libra	
Sistema Solar: Vênus	*Elemento:* Água
Energia: Yin	
Questões, Intenções e Poderes: ansiedade, atração, equilíbrio (espiritual), calma, desafios (emocionais), clareza, certeza, consciência, trabalho com sonhos, amigo/amizade, lar, mente (pacífica), paixão, paz, purificação, sono, espiritualidade, estabilidade (emocional)	

PEÔNIA

Paeonia officinalis, Peônia-comum	*Signo:* Leão
Sistema Solar: Sol	*Elemento:* Fogo
Energia: Yang	*Deus:* Pan
Ser Mágico: Fadas	*Ave:* Pica-pau
Questões, Intenções e Poderes: raiva, ansiedade, banir, negócios, perigo, trabalho com sonhos, inocência, sorte, magia (encontrar algo oculto), pesadelos, oportunidades, prosperidade, proteção, liberação, tristeza, sucesso	

PERVINCA

Vinca major, V. minor. Também conhecida como Congoça ou Pervinca-maior.	
Sistema Solar: Mercúrio, Vênus	*Elemento:* Água
Energia: Yin	*Deusa:* Afrodite
Questões, Intenções e Poderes: compromisso, clareza, morte, desejo, amigo/amizade, amor, luxúria, magia (sexual), memória/s, mente, dinheiro, pesadelos, poder (mental), prosperidade, proteção, segurança, espíritos, riqueza	

POEJO

Mentha pulegium, Poejo Europeu; *Hedeoma pulegioides*, Hedeoma. Também conhecido como Hortelãzinho. Essas plantas são tóxicas.	
Signo: Libra	
Sistema Solar: Marte	*Celebração:* Walpurgis
Elemento: Fogo	*Energia:* Yang
Chakras: Sacro, Plexo Solar	*Deusa:* Deméter
Questões, Intenções e Poderes: ansiedade, calma (interior), desafios, comunidade, energia, família, cura, feitiços (desfazer), lar, influência, amor, casamento, mente, negatividade, o outro mundo/mundo inferior, paz, problemas, proteção, purificação, estimulação, força, confiança	

PRÍMULA

Primula vulgaris	
Sistema Solar: Vênus	*Celebração:* Beltane
Elementos: Ar, Terra, Fogo	*Energia:* Yin

Deusas: Bertha, Freya	*Ser Mágico:* Fadas (para ver)
Questões, Intenções e Poderes: ansiedade, equilíbrio, beleza, começos, bênçãos, consagrar/abençoar (por fadas), trabalho com sonhos, energia, inimizade, medo, amigo/amizade, generosidade, harmonia, amor (incondicional), magia (com fadas), paz (interior), proteção, pureza, relacionamentos, trabalho interior, sentidos (tato), sexo/sexualidade, tristeza, espiritualidade, estresse, juventude	

ROSA

Rosa gallica, Rosa-rubra; *R. damascene*, Rosa-damascena, Rosa-de-damasco, Rosa de-castela; *R. canina*, Rosa-canina ou Rosa-mosqueta; *R. eglanteria*, Rosa-amarela	
Signos: Câncer, Libra, Sagitário, Touro	*Sistema Solar:* Vênus
Dia: Sexta-feira	*Celebrações:* Ostara, Rosália
Luas Cheias: Junho	*Elemento:* Água
Energia: Yin	*Chakras:* Coroa, Coração
Tarô: A Imperatriz	*Gemas e Minerais:* Rosa do Deserto
Deusas: Afrodite, Deméter, Flora, Freya, Hathor, Holle, Ísis, Vênus	
Deuses: Adônis, Cupido, Eros	*Ser Mágico:* Fadas
Questões, Intenções e Poderes: afeto (atrair), vida após a morte, ligações, atração, banir, começos, bênçãos, calma, clarividência, compaixão, certeza, conexões, consagrar/abençoar, coragem, criatividade, dedicação/devoção, dignidade, adivinhação, trabalho com sonhos, energia (em geral, sexual), família, fertilidade, fidelidade, graça, felicidade, harmonia, cura, feitiços (desfazer), lar, inspiração, ciúme (*amarela*), amor, sorte, magia (com fadas, sexo), mensagem/presságios (sonhos), cuidados (*silvestre)*, paciência, paz (atrair/*silvestre*), poder (interior), orgulho, problemas, proteção (emocional), capacidade psíquica, liberação, reverter, segredos (amor), sensualidade, sexo/sexualidade, sono, tristeza, espiritualidade, força, confiança, sabedoria	
Rosa Cor-de-rosa	
Questões, Intenções e Poderes: beleza, amigo/amizade, gentileza, magia (de anjo), relacionamentos, romance, solidariedade, unidade	
Rosa Vermelha	
Deus: Angus	
Questões, Intenções e Poderes: beleza, desejo, luto, amor (apaixonado), manifestação, paixão, paz (atrair), pureza, trabalho interior, unidade	

Rosa Branca
Dia: Segunda-feira
Questões, Intenções e Poderes: compromisso, claridade, escuridão, emoções, mágoa, inocência, perda, magia (lunar), o outro mundo/mundo inferior, purificação, pureza

SÁLVIA

Salvia officinalis, Sálvia-comum; *S. lavandulifolia,* Sálvia-espanhola. A Sálvia-comum é também conhecida como Salva-das-boticas, Erva-santa, Salva-menor, Salveta	
Sistema Solar: Júpiter, Mercúrio	
Signos: Aquário, Peixes, Sagitário, Touro	*Dia:* Quinta-feira
Celebrações: Mabon, Samhain, Walpurgis, Yule	*Runa:* Tyr
Elementos: Ar, Terra	*Energia:* Yin
Chakra: Garganta	*Tarô:* O Imperador
Deus: Zeus	
Questões, Intenções e Poderes: equilíbrio, negócios, clarividência, conforto, concentração/foco, consagrar/abençoar, consciência, adivinhação, energia, medo, fertilidade, gratidão, aterramento, orientação, harmonia, cura, compreensão intuitiva, introspecção, conhecimento, vida, longevidade, amor, magia, memória/s, mente (clara), dinheiro, negatividade, obstáculos, paz, poder, profecia, prosperidade, proteção (psíquica), capacidade psíquica, purificação (em geral, rituais de), buscas, liberação, reverter, segredos, sentidos (fortalecer), espíritos, espiritualidade, estabilidade, estimulação, força, estresse, verdade, visões, cordialidade, riqueza, bem-estar (mental), sabedoria, vontades	

SAMAMBAIA

Polypodium vulgare; Dryopteris filix-mas sin. *Aspidium filix-mas* – Também conhecida como Aspídio, Feto	
Sistema Solar: Mercúrio	
Dia: Quarta-feira	*Celebrações:* Mabon, Walpurgis
Elementos: Ar, Terra	*Direção:* Oeste
Energia: Yang	*Ser Mágico:* Fadas

Questões, Intenções e Poderes: banir, concentração/foco, certeza, defesa, encantamento, feitiços (proteger de), longevidade, mente, dinheiro, poder (mágico), prosperidade, proteção, purificação, liberação, segurança, espíritos, riqueza, bem-estar, juventude	
Aspídio (aspidium pectinatum)	
Sistema Solar: Plutão	*Questões, Intenções e Poderes:* amor, sorte

SELO-DE-SALOMÃO

Polygonatum officinale sin. *P. multiflorum*; *P. biflorum*	
Sistema Solar: Saturno	
Elemento: Água	*Energia:* Yin
Questões, Intenções e Poderes: banir, decisão/ões, intuição, magia (sexual), mente (aquietar, acalmar), proteção, purificação, espíritos (banir), sucesso, sabedoria	

TOMILHO

Thymus vulgaris, Tomilho-comum; *T. serpyllum*, Tomilho-silvestre	
Signos: Áries, Capricórnio, Libra, Touro	*Sistema Solar:* Vênus
Dias: Sexta-feira, Sábado	*Celebração:* Walpurgis
Elementos: Ar, Água	*Energia:* Yin
Chakra: Coração	*Seres Mágicos:* Elfos, Fadas (para ver)
Questões, Intenções e Poderes: ativar/despertar (a mente), adaptabilidade, autoridade, percepção consciente, calma, clarividência, comunidade, certeza, consagrar/abençoar, coragem, adivinhação, energia (em geral, psíquica), luto, crescimento, felicidade, cura, lar, honestidade, aumentar, amor, sorte, magia (com fadas), dinheiro, negatividade, pesadelos, poder, proteção (em geral, espiritual), capacidade psíquica, purificação, renascimento/renovação, habilidades, sono, tristeza, estimulação, força, estresse, bem-estar	

TREVO

Trifolium pratense, Trevo-vermelho; *T. repens*, Trevo-branco – Também conhecido como Trifólio	
Signo: Gêmeos	*Sistema Solar:* Mercúrio
Elemento: Ar	*Direção:* Leste
Chakra: Raiz	*Energia:* Yang

Tarô: A Imperatriz	*Deus:* Gwydion
Ser Mágico: Fadas	
Questões, Intenções e Poderes: aceitação, banir, beleza, comunidade, trabalho com sonhos, encantamento (*quatro folhas*), medo, fidelidade, amigo/amizade, harmonia, cura, feitiços (proteger de), intuição, amabilidade, amor (atrair), sorte (*quatro folhas*), magia (com fadas), dinheiro, poder (mental), proteção, liberação, riqueza, juventude	
Trevo-vermelho	
Signo: Sagitário	
Questões, Intenções e Poderes: equilíbrio (espiritual), calma, emoções, aterramento, sorte, casamento, mente (acalmar), prosperidade, sucesso	

URZE

Calluna vulgaris, Urze-comum; *Erica cinerea*, Urze-roxa – Também conhecida como Negrela e Queiró	
Signos: Escorpião, Touro	*Sistema Solar:* Vênus
Celebrações: Litha, Samhain	*Ogham:* Ur
Elemento: Água	*Direção:* Oeste
Energia: Yin	*Deusas:* Arianrhod, Ísis, Vênus
Ser Mágico: Fadas	
Questões, Intenções e Poderes: adaptabilidade, autoridade, percepção consciente, mudança/s, clareza, certeza, defesa, trabalho com sonhos, encorajamento, fé, generosidade, crescimento, cura (física, espiritual), lar, conhecimento, aprendizagem, longevidade, amor, sorte, mensagens/presságios (em sonhos), otimismo, paixão, paz, proteção, capacidade psíquica, purificação (interior, em geral), romance, trabalho interior, sono, espíritos, espiritualidade, confiança, visões	

VALERIANA

Valeriana officinalis – Também conhecida como Valeriana-comum, Erva-de-amassar, Erva-de-são-jorge	
Signos: Escorpião, Virgem	
Sistema Solar: Mercúrio, Vênus	*Elemento:* Água
Energia: Yin	*Chakra:* Raiz

Deusa: Epona
Questões, Intenções e Poderes: raiva, ansiedade, bênçãos, calma, desafios, comunicação, criatividade, términos, felicidade, harmonia, cura, aprendizagem, longevidade, amor, mente (paz), dinheiro, necessidades (emocionais), paz, prazer, problemas, proteção, purificação, reconciliação (após brigas), romance, trabalho interior, sensibilidade, sono, espíritos, estresse, verdade

VERBENA

Verbena officinalis – Também conhecida como Erva-santa, Erva-sacra, Erva-da-cruz	
Signos: Capricórnio, Gêmeos, Sagitário	*Sistema Solar:* Vênus
Fases da Lua: Nova	*Celebração:* Litha
Elementos: Ar, Terra, Fogo	*Direção:* Oeste
Energia: Yin	*Tarô:* O Mago
Deusas: Ceridwen, Deméter, Diana, Epona, Ísis, Juno, Perséfone, Vênus	
Deuses: Hermes, Júpiter, Marte, Mercúrio, Thor	*Ser Mágico:* Fadas
Questões, Intenções e Poderes: raiva, ansiedade, equilíbrio, banir, começos, calma (emoções), desafios, consagrar/abençoar, criatividade, disciplina, adivinhação, trabalho com sonhos, fortalecimento, encantamento, inimizade, fertilidade, fidelidade, liberdade, graça, aterramento, harmonia, cura, feitiços (desfazer), lar, aprimoramento, inspiração, justiça, aprendizagem, longevidade, magia (em geral, defensiva, sexual), manifestação, casamento, mensagens/presságios (sonhos), mente (rápida), dinheiro, pesadelos, otimismo, paz (atrair, fazer), poder (interior), profecia, prosperidade, proteção, purificação, liberação, sentidos (visão), sono, espíritos (banir), estresse, sucesso, apoio, riqueza, clima (proteger de raios, tempestades), bruxas/bruxaria (evitar), juventude	

VIOLETA

Viola papilionacea, Violeta-azul comum; *V. blanda*	
Sistema Solar: Vênus	
Signos: Aquário, Câncer, Libra, Escorpião, Touro, Virgem	
Dias: Sexta-feira, Segunda-feira	*Celebração:* Ostara
Elementos: Ar, Água	*Energia:* Yin

Chakra: Terceiro Olho	*Deusas:* Afrodite, Vênus
Deuses: Attis, Zeus	*Ser Mágico:* Fadas
Questões, Intenções e Poderes: vida após a morte, banir, beleza, mudança/s, trabalho com sonhos, emoções, términos, fertilidade, guardar, orientação, felicidade, cura, mágoa, feitiços (desfazer), esperança, inteligência, justiça, amor, sorte, luxúria, magia (com anjo, defensiva, com fada, sexual), casamento, mente (aquietar, acalmar), negatividade, paixão, proteção, sensibilidade, sexo/sexualidade, timidez, sono, estresse, transformação, bem-estar, vontades	
Violeta Azul	
Questões, Intenções e Poderes: fidelidade, magia (com elfo), paz	
Violeta Branca	
Questões, Intenções e Poderes: comunicação, inocência, purificação, pureza	

PLANTAS DIVERSAS

ABSINTO

Artemisia absinthium – Também conhecida como Losna ou Sintro. Essa planta é venenosa.	
Signos: Câncer, Gêmeos	*Sistema Solar:* Marte
Fases da Lua: Nova	*Dia:* Segunda-feira
Tarô: A Torre	*Elementos:* Ar, Fogo
Energia: Yang	*Deusas:* Ártemis, Diana, Íris
Questões, Intenções e Poderes: vida após a morte, raiva, animais, ansiedade, banir, compromisso, clarividência, coragem, morte, defesa, adivinhação, trabalho com sonhos, términos, resistência, inimizade, perdão, orientação, cura, feitiços, aprimoramento, amor, magia (sexual), obstáculos, paz (morte pacífica), poder, problemas, proteção (de encantamento), capacidade psíquica, purificação, liberação, trabalho interior, habilidades, espíritos (contato, ver), estresse, transformação, visões	

AÇAFRÃO

Crocus sativus – Também conhecido como Açafroeiro	
Signos: Leão, Escorpião	
Sistema Solar: Lua, Sol	*Dia:* Sexta-feira

Celebração: Litha	*Elemento:* Fogo
Energia: Yang	*Chakra:* Coração
Deusa: Éos	
Questões, Intenções e Poderes: raiva, calma, clarividência, desejo, trabalho com sonhos, fertilidade, felicidade, cura, amor, luxúria, magia (sexual), casamento, mente, atenção plena, dinheiro, humor, paixão, poder, prosperidade, capacidade psíquica, sexo/ sexualidade (perícia), habilidades, estimulação, força, riqueza, bem-estar	

ANIS

Pimpinella anisum – Também conhecida como Erva-doce, Anison	
Signos: Aquário, Gêmeos, Leão, Peixes, Sagitário	
Sistema Solar: Júpiter, Marte, Mercúrio	
Celebração: Walpurgis	*Elemento:* Ar
Energia: Yang	*Chakra:* Plexo Solar
Deusa: Hécate	*Deuses:* Apolo, Mercúrio
Questões, Intenções e Poderes: autoridade, percepção consciente, equilíbrio (emocional), mudança/s, clarividência, consagrar/abençoar, adivinhação, trabalho com sonhos, energia, fertilidade, crescimento, harmonia, lar, perda, amor, sorte, casamento, dinheiro, pesadelos, proteção (em sonhos), capacidade psíquica, purificação, sexo/sexualidade, habilidades, sono, espíritos, estimulação, bem-estar, juventude	

ANIS-ESTRELADO

Illicum verum – Também conhecido como Estrela-de-anis	
Signos: Peixes, Sagitário	
Sistema Solar: Júpiter	*Elementos:* Ar, Água
Energia: Yang	*Chakras:* Terceiro Olho, Garganta
Questões, Intenções e Poderes: autoridade, percepção consciente, banir, consagrar/abençoar, adivinhação, energia, sorte, poder, capacidade psíquica, purificação, habilidades	

ASSA-FÉTIDA

Ferula assa-foetida – Também conhecida como Esterco-do-diabo	
Sistema Solar: Marte	*Elemento:* Fogo
Energia: Yang	*Deusa:* Kali
Questões, Intenções e Poderes: assertividade, banir, calma, cura, feitiços, magia (negra), proteção, purificação, sentidos (olfato), espíritos	

BABOSA

Aloe vera sin. *A. barbadensis,* Aloe Vera comum; *A. ferox*, Aloe do Cabo – Também conhecida como Aloés, Azebre	
Signos: Câncer, Libra, Peixes	
Sistema Solar: Júpiter, Lua, Vênus	*Celebração:* Lughnasadh
Elemento: Água	*Energia:* Yin
Questões, Intenções e Poderes: vida após a morte, equilíbrio (mental), beleza, amigo/amizade, luto, cura, lar, longevidade, amor, sorte (atrair), paz, proteger (de más influências), purificação, segurança, sexo/sexualidade (perícia), tristeza, sucesso, apoio	

BAMBU

Bambusa vulgaris, Bambu-listrado; *B. multiplex*	
Sistema Solar: Sol	*Elemento:* Ar
Energia: Yang	*Deus:* Thoth
Questões, Intenções e Poderes: adaptabilidade, negócios, adivinhação, trabalho com sonhos, energia, harmonia, feitiços (desfazer), longevidade, sorte (atrair), motivação, pesadelos, proteção, força, sabedoria, vontades	

BARDANA

Arctium lappa – Também conhecida como Pegamassa, Baldrana	
Signos: Libra, Sagitário, Touro	*Sistema Solar:* Vênus
Elemento: Água	*Energia:* Yin
Questões, Intenções e Poderes: equilíbrio, calma, defesa, energia, cura, amor, negatividade, proteção, purificação	

BAUNILHA

Vanilla planifolia sin. *V. fragrans*	*Signos:* Libra, Escorpião, Touro
Sistema Solar: Vênus	*Elemento:* Água
Energia: Yin	*Chakra:* Raiz
Questões, Intenções e Poderes: atração, equilíbrio (emocional), calma, conforto, comunidade, concentração/foco, desejo, energia, felicidade, lar, aprimoramento, inspiração, amor (atrair), sorte (atrair), luxúria, magia (em geral, sexual), casamento, mente, humor, paixão, paz, poder (mágico, mental), sexo/sexualidade, força, estresse, sucesso	

BELADONA

Atropa belladona – Também conhecida como Bela-dama e Erva-envenenada	
Signo: Libra	*Sistema Solar:* Plutão, Saturno
Elemento: Água	*Energia:* Yin
Tarô: O Mundo	*Deusas:* Hécate, Macha
Questões, Intenções e Poderes: reino astral, calma, escuridão, cura, imaginação, magia (da noite), visões, bruxas/bruxaria	

BETÔNICA

Stachys officinalis sin. *S. Betonica* – Também conhecida como Cestro	
Signos: Áries, Câncer	*Sistema Solar:* Júpiter, Mercúrio
Celebração: Véspera do Solstício de Verão	*Runa:* Ing
Elemento: Fogo	*Energia:* Yang
Questões, Intenções e Poderes: ansiedade, autoridade, percepção consciente, banir, calma, trabalho com sonhos, energia, harmonia, cura, amor, pesadelos, problemas, proteção (em sonhos), purificação, relacionamentos, liberação, segurança, sexo/sexualidade, espíritos, visões, bruxas/bruxaria (superar, proteger de)	

CANELA

Cinnamomum verum sin. *C. zeylanicum* – Também conhecida como Caneleira	
Signos: Áries, Capricórnio, Leão	*Sistema Solar:* Sol
Dias: Domingo, Quinta-feira	*Elemento:* Fogo

Energia: Yang	*Chakra:* Plexo Solar
Deusas: Afrodite, Vênus	*Deus:* Angus
Ser Mítico: Fênix	
Questões, Intenções e Poderes: ação, reino astral, atração, autoridade, percepção consciente, equilíbrio (interior), negócios, clarividência, concentração/foco, consagrar/abençoar, criatividade, defesa, desejo, adivinhação, trabalho com sonhos, energia (receptiva), medo, harmonia, cura, mágoa, elucidação, aumentar, influência, inspiração, justiça, conhecimento, longevidade, amor (atrair), sorte (atrair), luxúria, magia (em geral, defensiva, sexual), dinheiro, humor, negatividade, paixão, paz, poder (em geral, mágico), problemas, prosperidade, proteção, capacidade psíquica, purificação (em geral, espiritual), buscas, segurança (aumentar), sentidos (olfato), habilidades, espiritualidade, estimulação, força, sucesso, visões, riqueza, vontades	

CARDAMOMO

Elettaria cardamomum – Também conhecido como Cardamomo-verdadeiro, Pacová	
Signo: Touro	*Sistema Solar:* Vênus
Elemento: Água	*Energia:* Yin
Chakra: Plexo Solar	*Deusa:* Hécate
Questões, Intenções e Poderes: calma, concentração/foco, certeza, coragem, criatividade, desejo, adivinhação, cura, amor, luxúria, magia (sexual), mente (clara), paixão (aumentar), propósito, sono, força, unidade	

CARDO

Cirsium sin. *Carduus, C. altissimum*, Cardo-alto; *C. discolor*, Cardo-campestre	
Signo: Escorpião	*Sistema Solar:* Marte
Dia: Terça-feira	*Celebração:* Mabon
Elemento: Fogo	*Energia:* Yang
Tarô: O Diabo	*Deusa:* Minerva
Deus: Thor	*Ave:* Pintassilgo
Questões, Intenções e Poderes: ação, banir, certeza, conexões, coragem, defesa, fortalecimento, fé, medo, cura, feitiços (desfazer), independência, magia (defensiva), problemas, proteção, purificação, força, confiança	

CARDO-BENTO

Cnicus benedictus sin. *Carbenia benedicta* e *Carduus benedictus* – Também conhecido como Cardo-santo	
Signo: Áries	
Sistema Solar: Marte	*Celebração:* Yule
Elemento: Fogo	*Energia:* Yang
Deus: Pan	
Questões, Intenções e Poderes: bênçãos, consagrar/abençoar, cura, feitiços (desfazer), memória/s, prosperidade, proteção, purificação, estimulação	

COENTRO

Coriandrum sativum	*Signo:* Áries
Sistema Solar: Marte	*Elemento:* Fogo
Energia: Yang	
Questões, Intenções e Poderes: comunidade, consagrar/abençoar, fertilidade, fidelidade, felicidade, cura, mágoa, lar, influência, longevidade, amor (atrair), magia (sexual), paixão, paz, proteção, segurança, sono, estimulação, cordialidade, bem-estar	

COGUMELO/CHAPÉU-DE-COBRA

Agaricus bisporus, Cogumelo comum ou Champignon; *Marasmius oreades; Amanita phalloides*, Cicuta verde ou Chapéu-da-morte; *Amanita muscaria*, Agário-das-moscas ou Mata-moscas. Muitos são venenosos.	
Celebração: Beltane (anel de fadas)	*Runa:* As (*muscaria*)
Deusa: Chalchiuhtlicue	*Deuses:* Gwydion, Odin
Seres Mágicos: Fadas (*muscaria*), Pixies	
Questões, Intenções e Poderes: percepção consciente (de outros reinos), criatividade, ciclos, morte, destruição, encantamento, fertilidade (masculina), felicidade, magia (em geral, negra, com duende, com fada, lunar), mensagens/presságios, mente, poder, capacidade psíquica, trabalho xamânico, espíritos, visões, bruxas/bruxaria	

COMINHO

Cumimum cyminum	*Signos:* Áries, Escorpião
Sistema Solar: Marte	*Elemento:* Fogo
Energia: Yang	
Questões, Intenções e Poderes: equilíbrio (espiritual), banir, fidelidade, harmonia (doméstica), lar, aumentar, longevidade, amor, negatividade, prosperidade, proteção, purificação, liberação	

CRAVO-DA-ÍNDIA

Eugenia caryophyllata sin. *Syzygium aromaticum*	
Sistema Solar: Júpiter, Sol	
Signos: Áries, Leão, Peixes, Sagitário, Escorpião	*Elementos:* Terra, Fogo
Energia: Yang	*Chakra:* Garganta
Questões, Intenções e Poderes: atração, autoridade, percepção consciente, equilíbrio (mental), banir, beleza, começos, compromisso, clarividência, conforto, coragem, criatividade, dignidade, adivinhação, emoções, energia, amigo/amizade, felicidade, harmonia, cura, feitiços (desfazer), inspiração, longevidade, amor (atrair), luxúria, magia (sexual), memória/s, mente, dinheiro (cobrança de dívidas), negatividade, poder (mágico, mental), problemas, prosperidade, proteção, capacidade psíquica, purificação, relacionamentos, liberação, sentidos (visão, olfato), sensibilidade, estimulação (mental), sucesso, verdade, visões, cordialidade, riqueza, clima	

DITAMNO

Origanum dictamnus, Orégano de Creta; *Dictamnus albus,* Dictamo-branco, Fraxinela	
Sistema Solar: Vênus	*Celebração:* Samhain
Elemento: Água	*Energia:* Yin
Deusas: Diana, Perséfone	*Deus:* Osíris
Questões, Intenções e Poderes: reino astral, autoridade, beleza, começos, controle, desejo, adivinhação, manifestação, paixão, espíritos, visões	

DULCAMARA

Solanum dulcamara – Também conhecida como Agridoce, Doce-amarga, Erva-de-cão. Essa planta é venenosa.	
Signo: Aquário	
Sistema Solar: Mercúrio, Plutão, Saturno	*Celebração:* Samhain
Elemento: Ar	*Energia:* Yang
Deusa: Hécate	
Questões, Intenções e Poderes: perigo, términos, inimizade, cura, proteção	

ERVA-DE-SÃO-CRISTOVÃO

Cimicifuga racemosa sin. *actaea racemosa* – Também conhecida como Acteia	
Sistema Solar: Marte	
Elemento: Fogo	*Energia:* Yin
Questões, Intenções e Poderes: equilíbrio, calma, coragem, energia (sexual), fertilidade, vida, longevidade, amor, luxúria, dinheiro, gravidez/parto, problemas, proteção, sexo/sexualidade, timidez, força, estresse, bem-estar	

ESPICANARDO

Nardostachys grandiflora sin. *N. jatamansi*, Espicanardo; *Aralia racemosa* – Também conhecido como Nardo, Raiz-dos-homens	
Sistema Solar: Vênus	*Elemento:* Água
Energia: Yin	*Chakra:* Coração
Questões, Intenções e Poderes: atração, equilíbrio, concentração/foco, consagrar/abençoar, criatividade, medo, fidelidade, liberdade, harmonia, cura, amor, sorte, mente, negatividade, obstáculos, purificação, relacionamentos, estabilidade, bem-estar	

ESTRAMÔNIO

Datura stramonium – Também conhecido como Trombeta, Trombeteira, Figueira-do-demo, Figueira-do-inferno. Essa planta é venenosa.
Sistema Solar: Saturno

Elemento: Água	*Energia:* Yin
Questões, Intenções e Poderes: reino astral, clarividência, engano, desejo, adivinhação, trabalho com sonhos, feitiços (desfazer), aumentar, magia (de anjo), mente (acalmar), profecia, proteção, sentidos (visão), sono, visões	

EUFRÁSIA

Euphrasis officinalis, Eufrásia cultivada; *E. americana*, Eufrásia americana	
Signos: Gêmeos, Leão, Virgem	
Sistema Solar: Sol	*Elemento:* Ar
Energia: Yang	*Chakra:* Terceiro Olho
Questões, Intenções e Poderes: clarividência, clareza, adivinhação, trabalho com sonhos, aprimoramento, compreensão intuitiva, intuição, memória/s, mente, poder (mental), capacidade psíquica, sentidos (visão), sensibilidade, habilidades, verdade, visões	

FILIPÊNDULA

Filipendula ulmaria – Também conhecida como Ulmeira, Erva-ulmeira, Olmeira, Rainha-dos-prados	
Sistema Solar: Júpiter	*Celebração:* Beltane
Elementos: Ar, Água	*Energia:* Yin
Deusa: Aine	
Questões, Intenções e Poderes: equilíbrio, adivinhação, favor/es, felicidade, harmonia, cura, lar, amor (encorajar), sorte, paz, poder, segurança	

GALANGA

Alpinia officinarum – Também conhecida como Gengibre-do-laos ou Gengibre-tailandês	
Signos: Áries, Escorpião	
Sistema Solar: Marte, Sol	*Celebração:* Litha
Elemento: Fogo	*Energia:* Yang
Questões, Intenções e Poderes: reino astral, autoridade, percepção consciente, banir, conforto, consagrar/abençoar, coragem, desejo, encantamento, energia, inimizade, favor/es (judiciais), feitiços (desfazer, proteger contra), aumentar, influência, justiça, amor, sorte, luxúria, magia (sexual), dinheiro, negatividade, paixão, poder, prosperidade, proteção (psíquica), capacidade psíquica, reverter, habilidades, estimulação, força, sucesso, apoio, solidariedade, riqueza, bem-estar	

GENCIANA-VERDE

<table>
<tr><td colspan="2">Frasera speciosa; Trilisa odoratissima. Também conhecida como Planta-monumento, Frasera-gigante</td></tr>
<tr><td colspan="2">Signos: Áries, Sagitário, Escorpião</td></tr>
<tr><td>Sistema Solar: Marte</td><td>Elemento: Fogo</td></tr>
<tr><td>Energia: Yang</td><td>Chakra: Terceiro Olho</td></tr>
<tr><td colspan="2">Questões, Intenções e Poderes: animais, autoridade, percepção consciente, desafios, justiça, amor, luxúria, casamento, paixão, poder, capacidade psíquica, habilidades</td></tr>
</table>

GENGIBRE

<table>
<tr><td colspan="2">Zingiber officinale – Também conhecido como Mangarataia</td></tr>
<tr><td colspan="2">Signos: Áries, Sagitário, Escorpião</td></tr>
<tr><td>Sistema Solar: Marte</td><td>Dia: Terça-feira</td></tr>
<tr><td>Elemento: Fogo</td><td>Direção: Sul</td></tr>
<tr><td>Energia: Yang</td><td>Chakra: Raiz</td></tr>
<tr><td colspan="2">Questões, Intenções e Poderes: reino astral, beleza, calma, coragem, energia, cura, feitiços (desfazer), aprimoramento, inspiração, amor, sorte, luxúria, magia (em geral, da lua, sexual), dinheiro (cobrar dívidas), paixão, poder (em geral, mágico), gravidez/parto, problemas, prosperidade, purificação (interior), relacionamentos (românticos), liberação, estimulação, sucesso, unidade, cordialidade, riqueza, clima (tempestades/calma), bem-estar</td></tr>
</table>

GINSENG

<table>
<tr><td colspan="2">Panax ginseng, Ginseng Chinês; P. quinquefolius, Ginseng americano</td></tr>
<tr><td>Sistema Solar: Sol</td><td>Celebração: Lughnasadh</td></tr>
<tr><td>Elemento: Fogo</td><td>Energia: Yang</td></tr>
<tr><td colspan="2">Tarô: O Louco</td></tr>
<tr><td colspan="2">Questões, Intenções e Poderes: ativar/despertar, atração, beleza, calma, criatividade, desejo, adivinhação, resistência, energia (psíquica), fertilidade, cura, feitiços (desfazer), aprimoramento (mental), longevidade, amor (atrair), sorte (atrair), luxúria, magia (em geral, da lua, sexual), memória/s, mente, negatividade, paixão, poder, proteção, sexo/sexualidade (potência), espíritos, estimulação, bem-estar, vontades</td></tr>
</table>

GRÃOS

<table>
<tr><td colspan="2">Tritticum aestivum, Trigo; Zea mays, Milho; Hordeum vulgare, Cevada; Oryza sativa, Arroz, e muitos outros.</td></tr>
<tr><td colspan="2">Sistema Solar: Terra</td></tr>
<tr><td>Elemento: Terra</td><td>Cor: Amarelo</td></tr>
<tr><td colspan="2">Celebrações: Imbolc, Lughnasadh, Mabon, Walpurgis</td></tr>
<tr><td colspan="2">Deusas: Bertha, Ceres, Ceridwen, Deméter, Inanna</td></tr>
<tr><td>Deus: Lugh</td><td>Ser Mágico: Brownies</td></tr>
<tr><td colspan="2">Questões, Intenções e Poderes: abundância, animais, ciclos, fertilidade, riqueza</td></tr>
<tr><td colspan="2">Cevada</td></tr>
<tr><td>Luas Cheias: Agosto, Setembro</td><td>Deusa: Deméter</td></tr>
<tr><td colspan="2">Deuses: Geb, Odin</td></tr>
<tr><td colspan="2">Milho</td></tr>
<tr><td>Sistema Solar: Sol</td><td>Estação: Verão</td></tr>
<tr><td>Luas Cheias: Junho, Agosto</td><td>Direção: Oeste</td></tr>
<tr><td colspan="2">Tarô: A Imperatriz</td></tr>
<tr><td colspan="2">Deusas: Deméter, Epona, Perséfone, Mulher Aranha, Xochiquetzal</td></tr>
<tr><td>Deuses: Osíris, Quetzalcoatl, Surya</td><td>Animal: Jaguar</td></tr>
<tr><td colspan="2">Questões, Intenções e Poderes: ação, equilíbrio, mente, gravidez/parto</td></tr>
<tr><td colspan="2">Arroz</td></tr>
<tr><td>Deusa: Amaterasu</td><td>Deus: Inari</td></tr>
<tr><td colspan="2">Questões, Intenções e Poderes: comunidade, inocência, luz, sorte, espiritualidade</td></tr>
<tr><td colspan="2">Trigo</td></tr>
<tr><td>Dia: Quinta-feira</td><td>Direção: Oeste</td></tr>
<tr><td>Deusas: Arianrhod, Deméter</td><td>Deuses: Belobog, Dionísio, Osíris</td></tr>
<tr><td colspan="2">Questões, Intenções e Poderes: bênçãos (colheita), morte, vida, pureza, renascimento/renovação</td></tr>
</table>

HELÉBORO-AMARELO

<table>
<tr><td>Chamaelirium luteum sin. Helonias dioica</td></tr>
<tr><td>Ser Mágico: Fadas</td></tr>
<tr><td>Questões, Intenções e Poderes: banir, bênçãos (para crianças), fidelidade, perda, amor, luxúria, magia (com fadas, sexual), proteção, purificação (emocional), apoio (de fadas), vontades</td></tr>
</table>

JALAPA

Ipomoea purga sin. *Convolvulus purga* e *Exogonium purga* – Também conhecida como Batata-de-purga, Jalapão. Essa planta é venenosa.	
Sistema Solar: Marte	*Elementos:* Terra, Fogo
Energia: Yang	
Questões, Intenções e Poderes: atração, compromisso, bênçãos, negócios, desafios, comunidade, consagrar/abençoar, coragem, desejo, adivinhação, fortalecimento, inimizade, objetivos, felicidade, feitiços (desfazer), honestidade, aumentar, justiça, vida, amor (atrair), sorte (atrair), luxúria, magia (em geral, negra, sexual), dinheiro, negatividade, obstáculos, paz, poder (em geral, interno), orgulho, problemas (evitar), prosperidade, proteção, capacidade psíquica, sexo/ sexualidade, habilidades, força, sucesso, apoio, riqueza, bem-estar	

JUNCO

Phragmites communis, Junco, Cana; *Acorus calamus,* Açoro – Também conhecido como Cálamo-aromático, Acorina	
Signos: Peixes, Sagitário, Escorpião	
Sistema Solar: Marte, Plutão	*Celebrações:* Imbolc, Samhain
Ogham: Ngetal	*Runa:* Elhaz
Elementos: Ar, Terra, Água	*Energias:* Yin, Yang
Deuses: Geb, Manannán, Pan, Posêidon	
Deusas: Chalchiuhtlicue, Coventina, Inanna, Morrigan, Rhiannon, Mulher Aranha	
Questões, Intenções e Poderes: ação, reino astral, percepção consciente (expandir), concentração/ foco, confiança, crescimento, harmonia, cura, lar, inspiração, lealdade, profecia, proteção, espiritualidade, unidade, força de vontade	

LINHO

Linum usitatissimum – Também conhecido como Linhaça	
Sistema Solar: Mercúrio	*Celebração:* Walpurgis
Runa: Wyn	*Elemento:* Fogo
Energia: Yang	*Seres Mágicos:* Fadas, Parcas, Nórnias
Deusas: Bertha, Freya, Frigga, Holle	
Questões, Intenções e Poderes: autoridade, percepção consciente, beleza, compromisso, destino, cura, amabilidade, magia (com anjo, solar), dinheiro, poder (mental), prosperidade, proteção, capacidade psíquica, segredos, sexo/sexualidade, habilidades, transformação, bruxas/ bruxaria (proteger de)	

LÓTUS

<table>
<tr><td colspan="2">Nelumbo nucifera, Lótus-índico; N. lutea, Lótus-amarelo</td></tr>
<tr><td>Signo: Câncer</td><td>Sistema Solar: Lua, Sol</td></tr>
<tr><td>Elemento: Água</td><td>Energia: Yin</td></tr>
<tr><td>Chakras: Terceiro Olho, Coroa</td><td>Tarô: O Carro, O Enforcado</td></tr>
<tr><td colspan="2">Deusas: Ísis, Juno, Hathor, Kuan Yin, Lakshmi, Sarasvati</td></tr>
<tr><td colspan="2">Deuses: Brahma, Buda, Hermes, Hórus, Osíris, Ra, Vishnu</td></tr>
<tr><td colspan="2">Ave: Rouxinol</td></tr>
<tr><td colspan="2">Questões, Intenções e Poderes: vida após a morte, ligações (liberar), percepção consciente, equilíbrio (espiritual), bênçãos, compaixão, consagrar/abençoar, consciência, criatividade, trabalho com sonhos, emoções, energia (divina), iluminação, generosidade, graça, gratidão, crescimento (espiritual), orientação, harmonia, cura (espiritual), elucidação, inspiração, introspecção, karma, vida (símbolo da), luz, longevidade, amor (abrir-se ao), magia (defensiva, lunar), mente (lúcida), atenção plena, paz, capacidade psíquica, purificação (em geral, emocional), renascimento/renovação, trabalho interior, sono, espíritos (em geral, atrair, contato com), espiritualidade, transformação, verdade, sabedoria</td></tr>
</table>

LUNÁRIA

<table>
<tr><td colspan="2">Botrychium lunaria; B. campestre</td></tr>
<tr><td>Signo: Câncer</td><td>Sistema Solar: Lua</td></tr>
<tr><td>Dia: Segunda-feira</td><td>Elemento: Água</td></tr>
<tr><td>Energia: Yin</td><td>Tarô: A Sacerdotisa</td></tr>
<tr><td colspan="2">Deusas: Aine, Ariadne, Arianrhod, Ártemis, Diana, Hécate, Luna, Nanna, Rhiannon, Selene</td></tr>
<tr><td colspan="2">Deuses: Khensu, Shiva</td></tr>
<tr><td colspan="2">Questões, Intenções e Poderes: clarividência, adivinhação, honestidade, amor, magia (de anjo, lunar), dinheiro, poder, capacidade psíquica, riqueza, bruxas/bruxaria</td></tr>
</table>

MANDRÁGORA

<table>
<tr><td colspan="2">Mandragora officinarum. Essa planta é venenosa.</td></tr>
<tr><td colspan="2">Signos: Gêmeos, Touro</td></tr>
<tr><td>Sistema Solar: Mercúrio, Saturno</td><td>Celebração: Walpurgis</td></tr>
<tr><td>Elementos: Terra, Fogo</td><td>Energia: Yang</td></tr>
</table>

Runa: Eoh	*Deus:* Saturno
Deusas: Afrodite, Diana, Hécate, Hathor	*Ser Mágico:* Fadas
Questões, Intenções e Poderes: reino astral, autoridade, banir, compromisso, desafios, controle, coragem, perigo, desejo, disciplina, adivinhação, trabalho com sonhos, energia (solar, espiritual), fertilidade, crescimento, cura, feitiços (desfazer), aumentar, amor (atrair), magia (em geral, negra, sexual), mensagens/presságios (sonhos), dinheiro (dobrar), paixão, poder (em geral, mágico), proteção, sono, espíritos, riqueza, bem-estar, bruxas/bruxaria	
Mandrágora Americana	
Questões, Intenções e Poderes: lar, prosperidade, segurança	

MARROIO-BRANCO

Marrubium vulgare, também conhecido como Hortelã-do-maranhão, Hortelã-da-folha-grossa	
Signos: Gêmeos, Escorpião, Virgem	*Sistema Solar:* Mercúrio
Elementos: Ar, Terra	*Energia:* Yang
Deus: Hórus	
Questões, Intenções e Poderes: banir, claridade, energia, cura, feitiços (desfazer), mente, poder (em geral, mental), proteção, força, vontades	

MEIMENDRO

Hyoscyamus niger – Também conhecido como Meimendro-negro, Erva-louca. Essa planta é venenosa.	
Signo: Aquário	*Sistema Solar:* Saturno
Runa: Is	*Elementos:* Terra, Água
Deusa: Morrigan	*Energia:* Yin
Deus: Júpiter	
Questões, Intenções e Poderes: reino astral, calma, adivinhação, amor (atrair), magia (negra, sexual), o outro mundo/mundo inferior, habilidades, sono, bruxas/bruxaria	

MIRRA

Commiphora myrrha sin. *C. molmol*	*Signos:* Aquário, Câncer, Escorpião
Sistema Solar: Júpiter, Lua	*Dia:* Sábado
Celebração: Yule	*Elementos:* Ar, Água

Energia: Yin	*Chakras:* Coroa, Raiz, Sacro, Garganta
Deuses: Adônis, Ra, Saturno	
Deusas: Afrodite, Cibele, Deméter, Hécate, Ísis, Juno, Reia	
Questões, Intenções e Poderes: abundância, vida após a morte, percepção consciente, equilíbrio, banir, mudança/s, conforto, concentração/foco, consagrar/abençoar, morte (ritos funerários), energia (espiritual), gratidão, aterramento, crescimento (espiritual), cura, mágoa, feitiços (desfazer), lar (limpar), honra, longevidade, perda (proporcionar conforto), amor, magia (de anjo, animal, sexual), manifestação, negatividade, obstáculos, paz (interior), prosperidade, proteção (psíquica), capacidade psíquica, purificação (em geral, ritual), renascimento/renovação, liberação, tristeza, espíritos (atrair), espiritualidade, força, estresse, sucesso, transformação, cordialidade, riqueza, bem-estar	

MOSTARDA

Brassica Nigra, Mostarda-preta; *Sinapis alba*, Mostarda-branca – Também conhecida como mostarda-amarela (branca)	
Signo: Áries	
Sistema Solar: Marte	*Elemento:* Fogo
Energia: Yang	*Deus:* Esculápio
Questões, Intenções e Poderes: aceitação (de algo difícil), controle, inimizade, fé (*branca*), fertilidade, cura, justiça, amor, luxúria, mente, dinheiro, paixão, energia (mental), proteção, purificação, segurança, sensualidade, força, sucesso, viagem	

NENÚFAR

Nymphaea rubra, Ninfeia-rosa, Ninfeia-vermelha; *N. alba*, Lótus-branco; *N. caerulea*, Lótus azul, também conhecido como Flor-de-lis sagrada das águas	
Signos: Câncer, Peixes	*Elemento:* Água
Deusa: Coventina	*Deus:* Surya
Réptil: Crocodilo	
Questões, Intenções e Poderes: calma, comunicação, conexões, aterramento, crescimento, felicidade, amor, sorte, magia (lunar), proteção, capacidade psíquica, purificação, pureza	

NOZ-MOSCADA

<table>
<tr><td colspan="2">Myristica fragrans sin. M. officinalis e M. Aromata</td></tr>
<tr><td>Signos: Leão, Peixes, Sagitário</td><td>Sistema Solar: Júpiter, Lua</td></tr>
<tr><td>Dia: Quinta-feira</td><td>Elementos: Ar, Fogo</td></tr>
<tr><td>Energia: Yang</td><td>Chakra: Terceiro Olho</td></tr>
<tr><td colspan="2">Questões, Intenções e Poderes: autoridade, percepção consciente, beleza, começos, calma, clarividência, concentração/foco, criatividade, perigo, adivinhação, trabalho com sonhos, encantamento, energia, fidelidade, feitiços (desfazer, proteger de), aumentar, justiça, vida, amor, sorte (atrair), memória/s, mente, dinheiro, poder, prosperidade, capacidade psíquica, liberação, sono, estimulação, força, visões, riqueza, bem-estar</td></tr>
</table>

OLÍBANO

<table>
<tr><td colspan="2">Boswellia carteri sin. B. sacra – Também conhecido como Franquincenso</td></tr>
<tr><td>Signos: Aquário, Áries, Leão, Sagitário</td><td>Sistema Solar: Sol</td></tr>
<tr><td>Dia: Domingo</td><td>Celebração: Yule</td></tr>
<tr><td>Elementos: Ar, Fogo</td><td>Energia: Yang</td></tr>
<tr><td>Chakras: Terceiro Olho, Coroa</td><td>Deuses: Baal, Hélio, Ra</td></tr>
<tr><td colspan="2">Questões, Intenções e Poderes: ansiedade, reino astral, atração, autoridade, percepção consciente, equilíbrio, banir, bênçãos, negócios, clarividência, clareza, conforto, concentração/foco, consagrar/abençoar, consciência, coragem, defesa, dignidade, adivinhação, energia (em geral, solar), medo, gratidão, crescimento (espiritual), felicidade, harmonia, cura, honra, elucidação, influência (evitar), inspiração, justiça, conhecimento, longevidade, amor, sorte (atrair), magia (em geral, com anjo, defensiva), humor (melhorar), negatividade, poder, proteção (psíquica), capacidade psíquica, purificação (em geral, ritual), pureza, renascimento/renovação, liberação, habilidades, espíritos, espiritualidade, força, sucesso, transformação, visões, cordialidade</td></tr>
</table>

PATCHULI

<table>
<tr><td colspan="2">Pogostemom cablin sin. P. patchouli – Também conhecido como Patchouli, Patchouly</td></tr>
<tr><td colspan="2">Signos: Aquário, Capricórnio, Escorpião, Touro, Virgem</td></tr>
<tr><td>Sistema Solar: Saturno</td><td>Dia: Terça-feira</td></tr>
<tr><td>Celebração: Samhain</td><td>Elemento: Terra</td></tr>
</table>

Chakras: Terceiro Olho, Raiz, Sacro	*Energia:* Yin
Deusa: Modron	
Questões, Intenções e Poderes: ativar/despertar, vida após a morte, agressão, atração, equilíbrio, banir, negócios, clarividência, comunidade, consagrar/abençoar, criatividade, defesa, desejo, adivinhação, energia (sexual), imparcialidade, fertilidade, aterramento, crescimento, felicidade, harmonia (doméstica), feitiços (desfazer), lar, justiça, conhecimento, amor (atrair), sorte, luxúria, magia (em geral, defensiva, sexual), manifestação, memória/s, mente (pacífica), dinheiro, negatividade, paixão (sexual), paz, poder (mágico, oculto), problemas, prosperidade, proteção (psíquica), purificação, renascimento/renovação, relacionamentos, liberação, sentidos (audição), sensualidade, sexo/sexualidade, habilidades, espíritos (banir), sucesso, riqueza	

PIMENTA

Piper nigrum, Pimenta-do-reino, Pimenta-comum ou Pimenta-preta; *P. longum*, Pimenta-longa – Também conhecida como Pimenta-longa-javanesa, indiana ou indonésia	
Signo: Áries	*Sistema Solar:* Marte
Elemento: Fogo	*Energia:* Yang
Chakra: Sacro	
Questões, Intenções e Poderes: banir, coragem, defesa, medo, cura (*branca*), problemas, proteção, liberação	
Pimenta-do-reino	
Questões, Intenções e Poderes: compromisso, trabalho com sonhos, resistência, justiça, luxúria, mente (alerta), motivação, segurança, força	

PIMENTA-DA-JAMAICA

Pimenta officinalis	
Signos: Áries, Escorpião	
Sistema Solar: Marte	*Dia:* Terça-feira
Celebração: Samhain	*Elemento:* Fogo
Energia: Yang	*Chakra:* Sacro
Questões, Intenções e Poderes: atração, negócios, comunicação, compaixão, consagrar/abençoar, coragem, determinação, energia, medo, amigo/amizade, cura, amabilidade, sorte (atrair), dinheiro (cobrar dívidas), poder (em geral, mágico), prosperidade, espiritualidade, força, sucesso, força de vontade	

POTENTILHA

Potentilla reptans; *P. erecta* – Também conhecida como Cinco-em-rama, Cinco-folhas, Rosácea pentagonal	
Signo: Touro	
Sistema Solar: Júpiter, Mercúrio	*Dia:* Sexta-feira
Celebração: Beltane	*Elementos:* Terra, Fogo
Energia: Yang	*Ser Mágico:* Fadas
Questões, Intenções e Poderes: reino astral, autoridade, comunicação (eloquência), consagrar/abençoar, defesa, adivinhação, trabalho com sonhos, emoções, energia, favor/es, luto, cura, mágoa, feitiços (desfazer), influência (evitar), inspiração, justiça, vida, solidão (fim da), amor, sorte, magia, mensagens/presságios (sonhos), dinheiro, pesadelos, cuidados, paixão, paz (atrair), poder, problemas, prosperidade, proteção, segurança, trabalho interior, sentidos (reforçar), sono, espíritos, força, sucesso, viagem, visões, riqueza, bem-estar, sabedoria, vontades, bruxas/bruxaria (evitar)	

PRÍMULA-SILVESTRE

Primula veris; *Caltha palustris* – Também conhecida como Calta, Primavera, Prímula	
Signo: Áries	*Sistema Solar:* Vênus
Runa: Ken	*Elemento:* Água
Energia: Yin	*Deusas:* Bertha, Freya
Ser Mágico: Fadas	
Questões, Intenções e Poderes: vida após a morte, animais (proteger), beleza, graça, cura, magias (com fadas), dinheiro, prosperidade, proteção, segredos, espíritos, força, confiança, juventude	

RAIZ DE ÍRIS

Iris florentina – Também conhecida como Oris, Íris, Orris-Florentina, Orris Root e Íris Florentina	
Signo: Peixes	*Sistema Solar:* Vênus
Elemento: Água	*Energia:* Yin
Deusas: Afrodite, Hera, Íris, Ísis	*Deus:* Osíris
Questões, Intenções e Poderes: reino astral, atração, autoridade, comunicação, comunidade, controle, criatividade, adivinhação, energia (criativa), feitiços (desfazer), amor (manter), magia (sexual), obstáculos, problemas, proteção, relacionamentos, romance, sexo/sexualidade (atração sexual)	

SÂNDALO

Santalum album

Signos: Aquário, Câncer, Leão, Peixes, Virgem | *Sistema Solar:* Mercúrio, Lua, Vênus

Fases da Lua: Cheia | *Dia:* Sexta-feira

Elementos: Ar, Água | *Energia:* Yin

Chakras: Terceiro Olho, Sacro | *Deusa:* Vênus

Questões, Intenções e Poderes: ativar/despertar, reino astral, percepção consciente, equilíbrio, banir, calma, clarividência, clareza, concentração/foco, consagrar/abençoar, criatividade, adivinhação, trabalho com sonhos, emoções, imparcialidade, liberdade, aterramento, crescimento (emocional, espiritual), guardar, orientação, harmonia, cura, feitiços (desfazer), inspiração, vida, amor, sorte, magia (em geral, de anjo, defensiva, da lua, sexual), manifestação, mente (acalmar), negatividade, oportunidades, poder, proteção, capacidade psíquica, purificação, renascimento/renovação, relacionamentos, liberação, romance, sentidos (visão), sensualidade, sexo/sexualidade, tristeza, espíritos, espiritualidade, estimulação, sucesso, apoio, verdade, visões, bem-estar, vontades

SANGUINÁRIA-DO-CANADÁ

Sanguinaria canadensis – Também conhecida como Raiz-vermelha

Sistema Solar: Marte | *Elemento:* Fogo

Energia: Yang

Questões, Intenções e Poderes: ligações (liberar), coragem, adivinhação, família, amor, proteção, purificação, liberação, força

SAPATO-DE-VÊNUS

Cypripedium pubescens sin. *C. calceolus* Sapato-de-vênus amarelo – Também conhecido como Cipripédio, Valeriana-americana

Sistema Solar: Saturno

Elemento: Água | *Energia:* Yin

Questões, Intenções e Poderes: autoridade, percepção consciente, beleza, começos, calma, energia, gentileza, cuidados, proteção, sentidos (tato), sono

SOLIDAGO

Solidago odora; S. sempervirens; S. uliginosa	
Sistema Solar: Vênus	
Elemento: Ar	*Energia:* Yin
Questões, Intenções e Poderes: beleza, desafios, adivinhação, perda, sorte, mente, dinheiro, prosperidade, estimulação, riqueza	

SOLIDÉU

Scutellaria galericulata, Escutelária; *S. lateriflora*, Solidéu – Também conhecido como Flor-caveira	
Signo: Virgem	
Sistema Solar: Saturno	*Elemento:* Água
Energia: Yin	*Tarô:* A Estrela
Questões, Intenções e Poderes: calma, concentração/foco, criatividade, medo, fidelidade, cura, lar, amor, mente (acalmar), paz, estresse	

TUSSILAGEM

Tussilago farfara – Também conhecida como Unha-de-cavalo, Costa-branca, Língua-de-vaca	
Signo: Touro	*Sistema Solar:* Vênus
Elemento: Água	*Energia:* Yin
Chakra: Garganta	*Deusa:* Epona
Questões, Intenções e Poderes: cura, justiça, amor (aumentar), magia (animal), negatividade, paz, poder, proteção, capacidade psíquica, visões	

URTIGA

Urtica dioica, Urtiga comum ou Urtiga Dioica; *U. pilulifera*, Urtiga-romana	
Signos: Áries, Escorpião	*Sistema Solar:* Marte, Plutão
Runa: Feoh	*Elemento:* Fogo
Energia: Yang	*Chakra:* Sacro

Deus: Thor
Questões, Intenções e Poderes: banir, calma (emoções), comunicação, certeza, coragem, perigo, defesa, emoções, encantamento, energia, medo, cura, feitiços (desfazer, proteger contra), lar (evitar a entrada do mal), aumentar, justiça, limitações/limites, sorte, luxúria, magia (em geral, defensiva), negatividade, problemas (mentais/lidar com), proteção (psíquica), purificação, segurança, estresse, unidade

VERBASCO

Verbascum thapsus – Também conhecido como Barbasco	
Signo: Libra	*Sistema Solar:* Saturno
Dia: Sábado	*Celebrações:* Samhain, Walpurgis
Elemento: Fogo	*Energia:* Yin
Deus: Júpiter	
Questões, Intenções e Poderes: animais (proteger de), autoridade, percepção consciente, equilíbrio, banir, beleza, coragem, perigo, escuridão, defesa, determinação, adivinhação, inimizade, bondade, harmonia (doméstica), cura, feitiços (proteger de), honestidade, longevidade, amor, magia (em geral, de anjo, negra), moralidade, negatividade, pesadelos, cuidados, proteção (espiritual), capacidade psíquica, purificação, propósito, liberação, segurança, trabalho interior, sentidos (interior), espíritos, apoio, unidade, bem-estar	

VISCO

Viscum album, Visco-branco; *Phoradendron flavescens,* Visco-americano – Também conhecido como Agárico, Erva-de-passarinho, Guirarepoti. Essas plantas são venenosas.	
Signo: Leão	*Sistema Solar:* Mercúrio, Sol
Celebrações: Litha, Yule	*Runa:* Sigel
Elemento: Ar	*Direção:* Leste
Energia: Yang	*Ser Mágico:* Fadas
Deusas: Arianrhod, Freya, Vênus	
Deuses: Apolo, Esculápio, Balder, Júpiter, Odin, Zeus	
Questões, Intenções e Poderes: ativar/despertar, banir, beleza, começos, bênçãos, negócios, calma, consagrar/abençoar, criatividade, morte, defesa, adivinhação, trabalho com sonhos, energia, fertilidade, amigo/amizade, bondade, cura, lar, vida, longevidade, amor (atrair), sorte, magia (em geral, sexual), casamento, mensagens/presságios, negatividade, pesadelos, obstáculos, o outro mundo/mundo inferior, paz (intenção pacífica), poder (interior), prosperidade, proteção (espiritual), purificação, renascimento/renovação, segredos, segurança, sexo/sexualidade (potência), sono, espíritos, força, sucesso, clima (raios), bem-estar, bruxas/bruxaria (proteger de)	

Capítulo Três

O Reino Mineral

Minerais, metais e conchas têm sido usados como talismãs e amuletos desde as épocas pré-históricas, para adorno pessoal e oferendas votivas sagradas. Eles são perfeitos para o trabalho de magia pois são formados através de processos dinâmicos – as poderosas forças criativas e destrutivas do mundo natural. Além disso, muitos têm uma longa história de práticas de cura e foram considerados místicos e sobrenaturais.

Em geral, os metais e minerais mais pesados podem nos ajudar a nos manter ancorados durante o trabalho de magia.

Por outro lado, os cristais transparentes encarnam a luz e os poderes de clarividência e sabedoria.

Embora possamos ser atraídos pela beleza de uma pedra preciosa em particular, perfeição e beleza não são os atributos mais importantes. Um cristal comum, uma pedra preciosa ou uma concha possuem o mesmo poder e eles tampouco tem que estar inteiros. A beleza está nos olhos (e na energia) do observador. Se um fragmento detém o poder para você, isso é tudo que importa.

GEMAS E MINERAIS

ÁGATA

Signos: Câncer, Capricórnio, Libra, Virgem	*Sistema Solar:* Lua
Luas Cheias: Junho, Maio	*Dia:* Quarta-feira
Elemento: Terra	*Chakra:* Plexo Solar
Número: 9	*Tarô:* O Louco, Os Enamorados, O Mago
Direção: Nordeste, Sul, Sudeste, Sudoeste	
Deus: Esculápio	*Anjo:* Miguel
Questões, Intenções e Poderes: ansiedade, calma, conforto, comunicação (eloquência), certeza, conexões (mundo natural), consciência (elevar), criatividade, inveja (evitar), favor/es (obter), amigo/amizade, generosidade, luto, aterramento, cura, inteligência, vida (vitalidade), luz, longevidade, perda (conforto), sorte (atrair), mente (acalmar), otimismo, prosperidade, pureza, liberação, reverter, espíritos (banir), verdade, clima (tempestades)	
Ágata com banda	
Elemento: Fogo	*Energia:* Yang
Chakra: Raiz	
Questões, Intenções e Poderes: perigo, energia, crescimento, problemas, proteção, estresse	
Ágata Preta	
Elemento: Fogo	*Energia:* Yang
Chakra: Raiz	
Questões, Intenções e Poderes: comunicação, coragem, escuridão, energia, cura, paz, proteção, sucesso, apoio	
Preta com Veios Brancos	
Energia: Yin	
Questões, Intenções e Poderes: beleza, perigo, energia (receptiva), problemas, força	
Veja a entrada separada para Ágata Rendada Azul	
Ágata Marrom	
Sistema Solar: Terra	
Elemento: Fogo	*Energia:* Yang
Chakras: Raiz, Sacro	
Questões, Intenções e Poderes: batalha/guerra, coragem, energia, objetivos, felicidade, dinheiro, problemas, segurança, sexo/sexualidade, sucesso, riqueza	

Ágata de Fogo	
Signo: Áries	*Sistema Solar:* Mercúrio
Elemento: Fogo	*Energia:* Yang
Chakras: Raiz, Sacro	
Questões, Intenções e Poderes: problemas, segurança, sexo/sexualidade	
Ágata verde	
Sistema Solar: Mercúrio	*Energia:* Yin
Chakra: Coração	*Número:* 2
Questões, Intenções e Poderes: energia (receptiva), fertilidade, cura, amor	
Veja a entrada separada para Ágata Musgo	
Ágata Vermelha	
Também conhecida como Ágata de Sangue.	*Signo:* Aquário
Sistema Solar: Mercúrio	*Ogham:* Coll
Elemento: Fogo	*Energia:* Yang
Número: 1	*Chakra:* Raiz
Deusa: Morrigan	
Questões, Intenções e Poderes: ação, coragem, energia, cura, amor, paz, proteção	
Ágata com Banda Vermelha	
Elemento: Fogo	*Energia:* Yang
Chakra: Raiz	
Questões, Intenções e Poderes: coragem, determinação, inimizade, medo, cura, sucesso	
Ágata Pele de Cobra	
Signo: Escorpião	*Sistema Solar:* Mercúrio
Elemento: Fogo	*Energias:* Yang, Yin
Questões, Intenções e Poderes: animais, mudança/s, coragem, energia (sexual), guardar, orientação, cura, magia (animal), força	
Ágata Árvore	
Também conhecida como Ágata Dendrítica.	*Signos:* Gêmeos, Touro
Sistema Solar: Mercúrio	*Elemento:* Ar
Energia: Yin	*Número:* 3
Chakras: Coroa, Coração, Raiz	
Questões, Intenções e Poderes: abundância, agricultura, equilíbrio, crescimento, introspecção, trabalho interior, riqueza, bem-estar, sabedoria	

ÁGATA MUSGO

Signos: Aquário, Gêmeos, Touro, Virgem	*Sistema Solar:* Terra, Mercúrio
Elemento: Terra	*Energia:* Yin
Número: 1	*Chakras:* Coração, Raiz
Direções: Nordeste, Sudoeste	
Questões, Intenções e Poderes: abundância, agricultura, raiva, equilíbrio (emocional), calma, comunicação, certeza, conexões (energias da Terra), criatividade, energia (em geral, receptiva), favor/es (obter), fertilidade, amigo/amizade (atrair), crescimento, orientação, felicidade, harmonia, cura, esperança, vida, longevidade, dinheiro, otimismo, poder, trabalho interior, espiritualidade, força, verdade, riqueza, bem-estar	

ÁGATA RENDADA AZUL

Signo: Peixes	*Sistema Solar:* Mercúrio
Elementos: Ar, Água	*Energia:* Yin
Chakras: Terceiro Olho, Coroa, Coração, Garganta	*Número:* 5
Direções: Nordeste, Sul, Sudeste, Sudoeste	
Questões, Intenções e Poderes: raiva, começos, calma (emoções), clareza, comunicação, certeza, consciência, emoções, energia (receptiva), medo (liberar), amigo/amizade, aterramento, felicidade, cura, lar, esperança, inspiração, magia (de anjo), manifestação, mente (acalmar), obstáculos, paciência, paz, relacionamentos, sensibilidade, espiritualidade, estresse, transformação, confiança, sabedoria	

ÁGUA-MARINHA

Signos: Aquário, Áries, Gêmeos, Libra, Peixes, Escorpião, Virgem	
Sistema Solar: Lua, Netuno	*Luas Cheias:* Dezembro, Março, Outubro
Celebração: Ostara	*Elemento:* Água
Energia: Yin	*Chakras:* Coração, Sacro, Garganta
Número: 1	*Tarô:* O Enforcado

Direções: Norte, Sudoeste
Questões, Intenções e Poderes: autoridade, banir, calma, clareza (mental), comunicação, compaixão, controle, coragem, criatividade, desejo, disciplina, energia (receptiva), medo, luto, felicidade, cura, independência, compreensão intuitiva, inspiração, introspecção, conhecimento, aprendizagem, perda, amor (do eu), magia (de anjo), casamento (harmonia), mente (alerta, clara), paz (atrair), poder (interior), problemas (emocionais), profecia, proteção, capacidade psíquica, purificação, renascimento/renovação, relacionamentos, trabalho interior, estimulação, força, estresse, viagem, visões, bem-estar, sabedoria, juventude

ALEXANDRITA

Signos: Gêmeos, Peixes, Escorpião	*Sistema Solar:* Vênus
Luas Cheias: Junho	*Estação:* Verão
Dia: Sexta-feira	*Elementos:* Terra, Água
Número: 5	*Chakras:* Coroa, Coração, Sacro, Garganta
Direções: Sul, Sudeste	*Tarô:* Os Enamorados
Questões, Intenções e Poderes: equilíbrio, beleza, começos, calma, conexões, trabalho com sonhos, emoções (acalmar), fé, crescimento, imaginação, intuição, vida, luz, limitações/limites, amor, sorte (atrair), mensagens/presságios, renascimento/renovação, respeito (pelo eu), trabalho interior, espiritualidade, sucesso, transformação (espiritual), riqueza	

AMAZONITA

Também conhecida como Pedra Amazonas.	*Signo:* Virgem
Sistema Solar: Urano	*Elemento:* Terra
Energia: Yin	*Chakras:* Coração, Sacro, Garganta
Número: 5	*Direções:* Nordeste, Sudoeste
Questões, Intenções e Poderes: vida após a morte, ansiedade, reino astral, equilíbrio, calma, desafios (emocionais), clareza, comunicação, concentração/foco, coragem, morte, energia (receptiva), medo, fertilidade, aterramento, crescimento, honra, esperança, aprimoramento, inspiração, intuição, liderança, vida, amor (universal), sorte (atrair), memória/s, dinheiro (sorte com), negatividade, relacionamentos, estabilidade, força, sucesso, confiança, verdade, unidade	

ÂMBAR

Signos: Aquário, Câncer, Leão, Sagitário	*Sistema Solar:* Mercúrio, Sol
Dias: Sexta-feira, Domingo	*Elementos:* Terra, Fogo
Energia: Yang	*Chakra:* Plexo Solar
Números: 1, 3	*Tarô:* O Carro, A Morte
Direções: Leste, Nordeste, Sudeste, Sudoeste, Oeste	
Deusas: Danu, Freya	*Deuses:* Apolo, Njord
Questões, Intenções e Poderes: ativar (gentilmente), ambição, equilíbrio, beleza, calma, clareza, coragem, criatividade, energia (em geral, solar), medo, fidelidade, luto, crescimento (espiritual), felicidade, harmonia, cura (em geral, emocional), honestidade, elucidação, aumentar, conhecimento, vida, longevidade, amor (atrair), sorte, magia (em geral, de anjo, negra, solar), manifestação, memória/s, mente (clarear), humor (melhorar), motivação, paciência, paz, prazer, poder (em geral, mental), proteção, purificação, relacionamentos, romance, sono, espiritualidade, estabilidade, estimulação (felicidade), força (da magia), estresse, sucesso, transformação, cordialidade, sabedoria, bruxas/bruxaria (proteger de)	

AMETISTA

Signos: Aquário, Capricórnio, Peixes, Sagitário, Virgem	
Sistema Solar: Júpiter, Netuno, Plutão	*Luas Cheias:* Fevereiro
Estação: Primavera	*Dias:* Sábado, Quinta-feira, Quarta-feira
Celebrações: Imbolc, Mabon	*Ogham:* Muin
Elemento: Água	*Energias:* Yin, Yang
Chakras: Terceiro Olho, Coroa	*Direções:* Nordeste, Sudeste
Número: 3	*Tarô:* A Temperança, A Roda da Fortuna
Deusas: Diana, Justitia, Vênus	*Deuses:* Baco, Dionísio
Questões, Intenções e Poderes: raiva, percepção consciente, equilíbrio, começos (espirituais), calma, mudança/s, comunicação, concentração/foco (melhorar), conexões (espirituais), consciência, criatividade, perigo (enfrentar), adivinhação, trabalho com sonhos (em geral, profético), medo, gratidão, aterramento, crescimento (espiritual), orientação, harmonia, cura (em geral, interna), inspiração, intuição, justiça, amor (manifestar), magia (de anjo), manifestação (em geral, amor), mente (acalmar, clarear, aquietar), necessidades, negatividade, otimismo, paz (interior), problemas (em geral, emocionais), profecia, proteção, capacidade psíquica, purificação, renascimento/ renovação, trabalho interior, sexo/sexualidade, habilidades, sono, espíritos (contato), espiritualidade, estabilidade, força, sucesso, transformação, viagem, bem-estar, sabedoria	

AMETRINA

<table>
<tr><td>Signo: Libra</td><td>Sistema Solar: Terra, Júpiter, Sol</td></tr>
<tr><td>Elementos: Ar, Fogo, Água</td><td>Energias: Yin, Yang</td></tr>
<tr><td>Chakras: Todos</td><td>Número: 4</td></tr>
<tr><td colspan="2">Questões, Intenções e Poderes: reino astral, percepção consciente, equilíbrio (da aura), começos, clareza (mental, espiritual), comunidade, concentração/foco, conexões (espírito e vontade), consciência (superior), decisão/ões, crescimento (espiritual), guardar, orientação, cura, inspiração, intuição, perda, negatividade, purificação, estabilidade, estresse</td></tr>
</table>

ANDALUZITA

<table>
<tr><td>Signo: Virgem</td><td>Sistema Solar: Terra</td></tr>
<tr><td>Elemento: Terra</td><td>Energias: Yin, Yang</td></tr>
<tr><td>Chakras: Raiz, Plexo Solar, Coração</td><td>Número: 7</td></tr>
<tr><td colspan="2">Direções: Norte, Nordeste, Sudoeste</td></tr>
<tr><td colspan="2">Questões, Intenções e Poderes: equilíbrio, mudança/s, determinação, aterramento, liderança, manifestação, memória/s (aumentar), negatividade, respeito, espiritualidade, sucesso</td></tr>
</table>

ANGELITA

<table>
<tr><td>Também conhecida como Anidrita Azul.</td><td>Signo: Aquário</td></tr>
<tr><td>Sistema Solar: Lua, Netuno</td><td>Elementos: Ar, Água</td></tr>
<tr><td>Chakras: Terceiro Olho, Coroa, Garganta</td><td>Energia: Yin</td></tr>
<tr><td>Direções: Leste, Nordeste, Sudoeste</td><td>Número: 1</td></tr>
<tr><td colspan="2">Questões, Intenções e Poderes: aceitação (do eu), raiva, ansiedade, percepção consciente (expandir), calma, comunicação (com reino angélico), comunidade, compaixão, criatividade, medo, perdão, guardar (espírito), generosidade, gentileza, aprendizagem, magia (de anjo), mensagens/presságios (de anjo), proteção (em geral, psíquica, espiritual), capacidade psíquica, trabalho interior, sentidos (audição), estabilidade (emocional), força, estresse</td></tr>
</table>

APATITA

<table>
<tr><td>Signo: Virgem</td><td>Chakras: Terceiro Olho, Plexo Solar</td></tr>
<tr><td colspan="2">Direções: Leste, Noroeste, Sudeste, Oeste</td></tr>
<tr><td colspan="2">Questões, Intenções e Poderes: abundância, aceitação, clariaudiência, clarividência, comunicação, comunidade, concentração/foco, criatividade, luto, harmonia, cura, aprimoramento (da autoimagem), inspiração, amor (abrir-se ao), manifestação, negatividade (da autoimagem), problemas, capacidade psíquica, renascimento/renovação, trabalho interior, sentidos (visão), timidez (vencer), espiritualidade (aprofundamento), estimulação (mental), apoio</td></tr>
</table>

Apatita Azul	
Também conhecida como Moroxita.	*Chakra:* Garganta
Questões, Intenções e Poderes: beleza, começos, paz (oferecer), liberação	

APOFILITA

Elemento: Terra	*Energia:* Yin
Chakras: Terceiro Olho, Coroa	*Direções:* Nordeste, Sudoeste
Questões, Intenções e Poderes: reino astral, equilíbrio (espiritual), alegria, clareza, conexões (interior e mundos exteriores), encantamento, felicidade, intuição, conhecimento (do eu), luz, purificação (do eu), espiritualidade, estimulação (intuição), estresse, confiança, sabedoria	
Apofilita Verde	
Chakra: Coração	
Questões, Intenções e Poderes: energia (receptiva), crescimento, transformação	

ARAGONITA

Elementos: Ar, Água	*Direções:* Norte, Sudeste
Chakras: Coroa, Raiz, Sacro	
Questões, Intenções e Poderes: aceitação, equilíbrio, calma, certeza, encantamento, aterramento, cuidados, purificação, trabalho interior, estresse, apoio, verdade	
Aragonita Azul	
Chakras: Terceiro Olho, Coração, Garganta	
Questões, Intenções e Poderes: compaixão, crescimento, cura (do eu)	

AVENTURINA

Signos: Aquário, Áries, Virgem	*Sistema Solar:* Mercúrio, Urano, Vênus
Luas Cheias: Março	*Dia:* Quarta-feira
Elemento: Ar	*Energia:* Yang
Chakras: Coração, Sacro	*Número:* 3
Direções: Norte, Oeste	*Tarô:* O Louco

Questões, Intenções e Poderes: abundância, ativar/despertar, equilíbrio, banir, mudança/s, clareza, comunidade, compaixão, certeza, coragem, decisão/ões, emoções (elevar), empatia, energia, amigo/amizade, felicidade, cura (em geral, emocional), mágoa, imaginação, influência, compreensão intuitiva, introspecção, justiça, amor (influência), mente (clarear), motivação, negatividade, oportunidades, paz (interior), poder (mental), problemas (encontrar soluções), prosperidade, proteção, sexo/sexualidade, riqueza, bem-estar
Aventurina Verde
Questões, Intenções e Poderes: ansiedade, calma, criatividade, independência, inteligência, sorte, dinheiro, sentidos (visão), força (interior), sucesso, visões
Aventurina Marrom Avermelhada
Questões, Intenções e Poderes: sorte, poder (pessoal), trabalho interior

AZEVICHE

Também conhecido como Âmbar Negro.	*Signo:* Capricórnio
Sistema Solar: Plutão, Saturno	*Dia:* Sábado
Elementos: Terra, Água	*Energia:* Yin
Número: 8	*Chakras:* Raiz, Sacro, Plexo Solar
Tarô: O Diabo	
Direções: Leste, Norte, Nordeste, Sul, Sudeste	
Deusas: Cibele, Dôn	*Deuses:* Njord, Pan
Questões, Intenções e Poderes: vida após a morte, equilíbrio (emocional), compromisso, calma, caridade, clarividência, comunidade, conexões, escuridão, morte, adivinhação, emoções, energia (em geral, receptiva), favor/es, medo, luto, aterramento, cura, feitiços (desfazer, proteger contra), honra, elucidação, justiça, sorte, magia (em geral, negra), negatividade, pesadelos, problemas, proteção (financeira), capacidade psíquica, sono, espiritualidade, transformação, viagens, clima (tempestades), bem-estar, bruxas/bruxaria	

AZURITA

Também conhecida como Chessilita.	*Signos:* Capricórnio, Sagitário
Sistema Solar: Saturno, Vênus	*Elemento:* Água
Energia: Yin	*Chakras:* Terceiro Olho, Sacro, Garganta

Direções: Nordeste, Noroeste, Oeste	*Número:* 1
Deusas: Brígida, Epona	*Deuses:* Manannán, Ogma
Questões, Intenções e Poderes: ansiedade, reino astral, percepção consciente, calma, desafios, mudança/s, clarividência, comunicação, conexões, decisão/ões, adivinhação, trabalho com sonhos, emoções, fortalecimento (emocional), encantamento, energia (receptiva), medo, crescimento, orientação (espiritual), cura, compreensão intuitiva, intuição, mente, atenção plena, negatividade, obstáculos, paciência, capacidade psíquica, purificação, trabalho interior, espiritualidade, força, estresse, transformação, visões, sabedoria	

BERILO

Signos: Câncer, Capricórnio, Libra, Escorpião	*Sistema Solar:* Marte, Lua, Netuno
Luas Cheias: Abril, Novembro	*Ogham:* Nion (*mar verde*)
Elemento: Água	*Energia:* Yin
Chakras: Coroa, Raiz, Garganta	*Número:* 8
Direções: Norte, Sudoeste	*Tarô:* O Enforcado
Deusa: Tiamat	*Deuses:* Netuno, Posêidon
Questões, Intenções e Poderes: aceitação, percepção consciente, equilíbrio (interior), banir, desafios, comunicação, concentração/foco, coragem, energia (em geral, receptiva), inimizade, fama, medo, amigo/amizade, bondade, crescimento (espiritual), felicidade, cura, aumentar, longevidade, amor (atrair), magia (lunar), casamento, memória/s, otimismo, proteção, capacidade psíquica, reconciliação (amigos, casamento), relacionamentos, estabilidade, viagem, visões, clima (tempestades), bem-estar, sabedoria	
Berilo Dourado	
Também conhecido como Heliodoro.	*Signo:* Leão
Sistema Solar: Sol	*Elemento:* Fogo
Energia: Yang	*Chakra:* Plexo Solar
Número: 1	*Deus:* Hélio
Questões, Intenções e Poderes: aprendizagem, mente	
Veja a entrada separada para **Morganita**	

CALCEDÔNIA

Calcedônia é um grupo de pedras de quartzo microcristalinas que inclui a Ágata, o Heliotrópio, a Cornalina, o Crisópraso, o Jaspe, o Ônix, o Quartzo e outros. Ver entradas individuais separadas.

CALCITA

Signo: Câncer	*Sistema Solar:* Vênus
Elemento: Água	*Energia:* Yin
Número: 8	
Direções: Norte, Nordeste, Noroeste, Sudeste, Oeste	
Questões, Intenções e Poderes: reino astral, ligações, percepção consciente, conforto, consciência, objetivos, aumentar, conhecimento, luz, memória/s, oportunidades, paz (interior), proteção (psíquica, espiritual), reconciliação, estabilidade, apoio, riqueza	
Calcita Azul	
Chakra: Garganta	*Número:* 3
Questões, Intenções e Poderes: energia (receptiva), cura, mágoa, capacidade psíquica, purificação	
Calcita Transparente	
Também conhecida como Espato da Islândia.	*Sistema Solar:* Lua
Chakras: Terceiro Olho, Coroa	*Tarô:* Os Enamorados
Questões, Intenções e Poderes: clareza, comunicação, concentração/foco, energia (receptiva), compreensão intuitiva, introspecção, espiritualidade	
Calcita Verde	
Elemento: Terra	*Chakra:* Coração
Número: 3	
Questões, Intenções e Poderes: equilíbrio (emocional), mudança/s, energia (receptiva), medo, lar (próspero), imaginação, intuição, dinheiro, prosperidade	
Calcita Laranja	
Sistema Solar: Sol	*Elemento:* Fogo
Energia: Yang	*Chakra:* Sacro
Número: 5	
Questões, Intenções e Poderes: percepção consciente (expandir), certeza, coragem, criatividade, energia, intuição, proteção, timidez	
Calcita Cor-de-rosa	
Chakra: Coração	*Número:* 4
Questões, Intenções e Poderes: equilíbrio (emocional), calma, aterramento, crescimento (espiritual), cura, amor, trabalho interior, bem-estar	
Calcita Vermelha	
Sistema Solar: Sol	*Elemento:* Fogo
Energia: Yang	*Chakra:* Raiz
Questões, Intenções e Poderes: crescimento (espiritual), mensagens/presságios, renascimento/renovação	

CAROÍTA

Direções: Leste, Norte, Nordeste	*Elemento:* Água
Chakras: Terceiro Olho, Coroa, Coração, Plexo Solar, Garganta	
Questões, Intenções e Poderes: comunidade, dedicação, energia (espiritual), medo, crescimento, inspiração, aprendizagem, vida, perda, mente (lógica), negatividade (reconhecer), poder (espiritual), purificação, trabalho interior, força (interior), transformação, confiança, unidade, sabedoria	

CELESTITA

Também conhecida como Celestina.	*Sistema Solar:* Netuno, Vênus
Elemento: Ar	*Energia:* Yin
Chakras: Terceiro Olho, Coroa, Garganta	*Direções:* Leste, Nordeste
Número: 8	
Questões, Intenções e Poderes: reino astral, percepção consciente, calma (emocional, espiritual), clareza, comunicação (eloquência), compaixão, emoções, energia (espiritual), crescimento (espiritual), harmonia, cura, inspiração, liderança, magia (de anjo), humor (elevar), motivação, paz (interior), trabalho interior, habilidades (desenvolver), espiritualidade, estabilidade, estresse, sabedoria	

CERUSSITA

Elemento: Terra	*Energia:* Yin
Chakras: Coroa, Raiz, Plexo Solar	*Direção:* Sudoeste
Questões, Intenções e Poderes: reino astral, clareza, comunicação, consciência, iluminação, aterramento, respeito, visões	

CIANITA

Também conhecida como Distênio.	*Signo:* Libra
Elemento: Água	*Direções:* Norte, Oeste
Chakras: Coração, Raiz, Sacro, Garganta	
Questões, Intenções e Poderes: ansiedade, começos, calma, mudança/s, clareza, comunicação, comunidade, concentração/foco, criatividade, trabalho com sonhos, encantamento, energia, orientação, perda, lealdade, mente (mudar), renascimento/renovação, estabilidade	

CITRINO

Signos: Áries, Gêmeos, Leão, Libra, Escorpião	*Sistema Solar:* Terra, Marte, Mercúrio, Sol
Luas Cheias: Novembro	*Celebração:* Lughnasadh
Elemento: Fogo	*Energia:* Yang
Direções: Leste, Norte, Sudeste, Sudoeste, Oeste	
Chakras: Coroa, Sacro, Plexo Solar, Garganta	*Números:* 1, 6
Tarô: O Mago	
Questões, Intenções e Poderes: abundância, autoridade, percepção consciente, equilíbrio, começos, mudança/s, alegria, clareza, comunidade, certeza, consciência (subconsciente), controle, criatividade, disciplina, trabalho com sonhos, energia (em geral, sexual), medo, objetivos, bondade, crescimento (espiritual), orientação (espiritual), harmonia, cura (em geral, emocional), influência (proteger), vida (vitalidade), longevidade, sorte, magia (solar), manifestação (abundância), casamento, mente (clarear, abrir), negatividade, pesadelos, otimismo, poder (manifestar, mágico, mental), problemas (solucionar), prosperidade, proteção, capacidade psíquica, propósito, renascimento/renovação, relacionamentos, trabalho interior, sono, sucesso, visões, riqueza, força de vontade	
Citrino Madeira	
Questões, Intenções e Poderes: emoções, paixão, força	

CORNALINA

Signos: Áries, Câncer, Capricórnio, Leão, Escorpião, Touro, Virgem	
Sistema Solar: Terra, Mercúrio, Saturno, Sol, Vênus	
Luas Cheias: Agosto, Julho, Maio, Setembro	
Dias: Domingo, Quinta-feira	*Celebração:* Samhain
Ogham: Beithe	*Elemento:* Fogo
Chakras: Coração, Sacro, Plexo Solar	*Energia:* Yang
Direções: Sul, Sudeste, Oeste	*Número:* 5
Tarô: O Hierofante, A Justiça	*Deusa:* Ísis
Questões, Intenções e Poderes: agressão, raiva, reino astral, alegria, comunicação (eloquência/*amarela*), concentração/foco, certeza, coragem, criatividade, decisão/ões, desejo, energia (em geral, sexual), inveja, medo, fertilidade, luto, harmonia, cura, inspiração, introspecção, ciúme, longevidade, luxúria, manifestação, memória/s, mente (alerta), negatividade, pesadelos, obstáculos, paz, poder (em geral, pessoal), orgulho, problemas, proteção (em geral, psíquica), renascimento/renovação, liberação, respeito (pelo eu), reverter, trabalho interior, sexo/sexualidade, timidez, tristeza, estresse, sucesso, viagem, visões (*amarelo*), bem-estar, sabedoria, vontades	
Veja a entrada separada para **Sárdio**	

CRISOBERILO

Signo: Leão	*Sistema Solar:* Sol, Vênus
Luas Cheias: Junho, Novembro	*Estação:* Primavera
Dias: Sexta-feira, Quinta-feira	*Elemento:* Ar
Energia: Yang	*Chakras:* Coroa, Coração, Plexo Solar
Direções: Norte, Sudeste, Sudoeste	*Número:* 6
Questões, Intenções e Poderes: abundância, clareza, compaixão, certeza, perdão, generosidade, cura (apoio para), inteligência, mente (paz), otimismo, renascimento/ renovação, respeito (pelo eu)	
Veja a entrada separada para **Olho de Gato**	

CRISOCOLA

Signos: Gêmeos, Touro, Virgem	*Sistema Solar:* Vênus
Elementos: Terra, Água	*Energia:* Yin
Chakras: Coração, Plexo Solar, Garganta	*Número:* 5
Direções: Norte, Nordeste, Noroeste, Sudoeste, Oeste	
Tarô: O Enforcado	
Questões, Intenções e Poderes: raiva, ansiedade, equilíbrio, calma, conforto, comunicação, certeza, criatividade, trabalho com sonhos, emoções, medo, luto, aterramento, harmonia, mágoa, inspiração, amor (atrair), mente, paz (oferecer), poder, gravidez/parto, problemas, relacionamentos, sentidos (controle), estabilidade, força (interior), estresse, sabedoria	

CRISÓPRASO

Signos: Libra, Touro	*Sistema Solar:* Terra, Vênus
Elemento: Terra	*Energia:* Yin
Direções: Noroeste, Sul, Sudeste, Sudoeste	
Chakras: Coração, Plexo Solar, Garganta	*Número:* 3
Deusa: Vesta	
Questões, Intenções e Poderes: abundância, ativar/despertar, adaptabilidade, raiva, ansiedade, equilíbrio (emocional), banir, clarividência, comunicação, compaixão, coragem, emoções, energia (receptiva), inveja, perdão, amigo/amizade (atrair), graça, luto, crescimento, felicidade, cura, mágoa, amabilidade, luz, solidão, sorte, mente (aberta), dinheiro, pesadelos, paciência, proteção, trabalho interior, sentidos (visão), tristeza, estabilidade, força (interior), estresse, sucesso, confiança, verdade, força de vontade, sabedoria	

DANBURITA

Signo: Leão	*Direções:* Norte, Nordeste
Chakras: Terceiro Olho, Coroa, Coração, Plexo Solar	
Questões, Intenções e Poderes: percepção consciente, clareza, comunicação, conexões (com anjos), coragem (espiritual), resistência, aprendizagem, longevidade, amor (pelo eu), mente (aquietar), paciência, capacidade psíquica, sensibilidade, espiritualidade, estimulação (mental), apoio (de anjo), verdade	

DIAMANTE

Signos: Áries, Leão, Libra, Peixes, Touro, Virgem	*Sistema Solar:* Marte, Sol, Vênus
Luas Cheias: Abril	*Estação:* Inverno
Celebrações: Litha, Lughnasadh (*amarelo*)	*Dias:* Sábado, Domingo
Elemento: Fogo	*Energia:* Yang
Direções: Leste, Norte, Sudeste, Sudoeste	*Chakras:* Todos
Tarô: O Diabo (*negro*), O Imperador, A Força, O Sol	*Números:* 5, 6
Deusa: Danu	*Deus:* Dagda
Questões, Intenções e Poderes: beleza, desafios, clariaudiência, clarividência, certeza, consciência, coragem, dedicação/devoção, desejo, destino, encantamento, encorajamento, energia, inimizade, fé, família, medo, fidelidade, bondade, cura, inocência (*azul*), justiça, sorte, magia, pesadelos, paz (*azul*), problemas (mentais), proteção, purificação, pureza, reconciliação, relacionamentos (amor), sono, tristeza, espiritualidade, força, confiança, verdade, visões, riqueza, clima (raios)	
Diamante Cor-de-rosa	
Questões, Intenções e Poderes: harmonia, amor, romance, estresse	
Diamante Branco	
Chakra: Coroa	
Questões, Intenções e Poderes: clareza, apoio	

DIAMANTE DE HERKIMER

Signos: Áries, Sagitário	*Sistema Solar:* Lua, Sol, Urano
Elemento: Fogo	*Energia:* Yang
Direções: Leste, Nordeste, Sudoeste	
Questões, Intenções e Poderes: agricultura, percepção consciente, equilíbrio, beleza, compromisso (relacionamentos), clariaudiência, clarividência, coragem, criatividade, trabalho com sonhos, energia (em geral, sexual), fidelidade, aterramento, crescimento, felicidade, cura, conhecimento (do eu), sorte, mente (clarear), dinheiro, paz, poder (mental), prosperidade, proteção, capacidade psíquica, purificação, renascimento/renovação, reconciliação, relacionamentos, sentidos (internos), sono, espiritualidade, estabilidade, força, estresse, viagem, riqueza, bem-estar, sabedoria	

DIOPSÍDIO

Sistema Solar: Terra, Júpiter	*Elemento:* Terra
Energia: Yin	*Chakras:* Terceiro Olho, Coração
Direções: Leste, Nordeste, Sudoeste	
Questões, Intenções e Poderes: comunidade, dedicação, dignidade, perdão, crescimento (espiritual), cura, amor	

DIOPTÁSIO

Sistema Solar: Vênus	*Elemento:* Água
Direções: Noroeste, Sudeste, Sudoeste	*Chakra:* Coração
Questões, Intenções e Poderes: abundância, equilíbrio (emocional), conforto, dignidade, perdão, cura, vida, amor (atrair), prosperidade, respeito (pelo eu), trabalho interior, força, estresse, verdade, bem-estar, sabedoria	

ESFENO

Signo: Sagitário	*Sistema Solar:* Mercúrio
Elemento: Ar	*Energia:* Yang
Chakras: Terceiro Olho, Coroa	*Número:* 4
Direções: Norte, Nordeste	
Questões, Intenções e Poderes: conhecimento, mente (pensar sobre as coisas), poder (mental), espiritualidade, estabilidade, apoio	

ESMERALDA

Signos: Áries, Câncer, Gêmeos, Libra, Sagitário, Touro, Virgem	
Sistema Solar: Júpiter, Vênus	*Estação:* Primavera
Luas Cheias: Agosto, Junho, Maio	*Dias:* Sexta-feira, Segunda-feira, Terça-feira
Celebração: Litha	*Elemento:* Terra
Energia: Yin	*Chakra:* Coração
Números: 4, 6	*Direções:* Norte, Sudeste, Sudoeste
Tarô: A Imperatriz, A Sacerdotisa	*Deusas:* Ceres, Ísis, Vênus
Deuses: Mercúrio, Vishnu	*Ser Mágico:* Fadas (atrair)
Questões, Intenções e Poderes: equilíbrio (emocional), negócios, clarividência, esperteza, criatividade, engano, disciplina (do eu), emoções, encantamento (proteger de), resistência, energia (receptiva), amigo/amizade, cura (em geral, emocional), feitiços (proteger de), aprimoramento, compreensão intuitiva, inteligência, ciúme, conhecimento, amor (seguro), sorte, manifestação, memória/s, mensagens/presságios, mente (clarear), dinheiro, poder (mental), profecia, proteção, capacidade psíquica, segurança (amor), sentidos (visão), sexo/sexualidade, espíritos (em geral, contato com), viagem, verdade (interior), visões (estimular), riqueza, vontades	

ESPINÉLIO

Signos: Áries, Sagitário	*Sistema Solar:* Plutão
Luas Cheias: Julho, Setembro (*azul*)	*Estação:* Verão
Elemento: Fogo	*Energia:* Yang
Chakras: Sacro, Plexo Solar, Garganta	*Número:* 3
Direções: Norte (*preto*), Sudeste, Sudoeste	
Questões, Intenções e Poderes: desafios, mudança/s, cooperação, energia, luto, obstáculos, proteção, propósito (*preto*), relacionamentos, tristeza, sucesso, riqueza	
Espinélio Vermelho	
Estação: Primavera	*Chakra:* Raiz
Questões, Intenções e Poderes: coragem, emoções, dinheiro, paixão (subjugar), confiança, verdade, sabedoria (instintiva)	

ESTAUROLITA

Também conhecida como Cruz das Fadas.	*Signo:* Peixes
Elementos: Ar, Terra, Fogo, Água	*Energias:* Yin, Yang
Chakras: Coroa, Coração, Raiz	*Número:* 5
Direção: Noroeste	*Tarô:* Os Enamorados
Ser Mágico: Fadas	
Questões, Intenções e Poderes: reino astral, percepção consciente, equilíbrio, mudança/s, certeza, coragem, energia (em geral, receptiva, sexual), aterramento, orientação, liderança, sorte, magia, manifestação, dinheiro, poder (dos elementos), problemas, proteção, segurança, espiritualidade, estresse, transformação, viagem, riqueza, bem-estar, bruxas/bruxaria (proteger de)	

FELDSPATO

Feldspato é um grupo de minerais que inclui a Labradorita, a Pedra do Sol, a Amazonita e a Pedra da Lua.
Ver entradas individuais separadas.

FENACITA

Chakras: Terceiro Olho, Coroa
Questões, Intenções e Poderes: ativar/despertar, comunidade, energia (receptiva), iluminação, crescimento, introspecção, conhecimento, perda, viagem, visões

FLUORITA

Signos: Aquário, Capricórnio, Gêmeos, Peixes	*Sistema Solar:* Mercúrio, Netuno
Elementos: Terra, Água	*Energia:* Yang
Direções: Norte, Sul	*Chakra:* Terceiro Olho
Questões, Intenções e Poderes: ativar/despertar, raiva, reino astral, equilíbrio, começos, calma, alegria, comunicação, concentração/foco, consciência, criatividade, disciplina (do eu), adivinhação, trabalho com sonhos, emoções, energia (aumentar), objetivos, luto, aterramento, guardar, orientação, cura (espiritual), elucidação, aprimoramento, intuição, vida (vitalidade), sorte, mente (analítica), motivação, poder (mental), trabalho interior, força, sucesso (nos negócios), confiança, bem-estar, força de vontade	

Fluorita Verde
Chakra: Coração
Questões, Intenções e Poderes: crescimento, purificação
Fluorita Violeta
Chakra: Coroa
Questões, Intenções e Poderes: introspecção, espiritualidade

GRANADA

Signos: Aquário, Áries, Capricórnio, Leão, Virgem	*Sistema Solar:* Marte, Plutão
Luas Cheias: Junho, Maio, Outubro	*Estação:* Verão
Dia: Terça-feira	*Celebração:* Yule
Elemento: Fogo	*Energia:* Yang
Chakras: Terceiro Olho, Coroa	*Números:* 2, 3, 9
Direções: Norte, Noroeste, Sul, Sudoeste	
Tarô: A Força, A Torre	
Deusa: Badb	
Questões, Intenções e Poderes: adaptabilidade, ambição, raiva, atração, equilíbrio, calma, compaixão, certeza, escuridão, dedicação/devoção, defesa, desejo, determinação, trabalho com sonhos (lembrar-se de sonhos), emoções, resistência, energia, fé, favor/es (favor legal), fertilidade, fidelidade, amigo/amizade, objetivos, harmonia, cura, mágoa, imaginação, vida, luz, lealdade, sorte, luxúria, manifestação, mensagens/pressságios, negatividade, pesadelos, otimismo, paixão, paciência, paz (atrair), poder (pessoal), proteção, purificação, trabalho interior, sexo/sexualidade, estimulação (felicidade), sucesso, verdade, visões, clima (raios), bem-estar, sabedoria	
Granada Negra	
Também conhecida como Melonita.	*Chakras:* Coração, Raiz, Garganta
Questões, Intenções e Poderes: aterramento, relacionamentos, espiritualidade, estabilidade, viagem	
Hessonita	
Chakra: Sacro	
Questões, Intenções e Poderes: mudança/s, coragem, energia (receptiva), apoio (emocional)	
Granada Vermelha	
Também conhecida como Almandina, Piropo	
Signo: Escorpião	*Ogham:* Fearn

Chakras: Raiz, Sacro	
Questões, Intenções e Poderes: coragem, criatividade, renascimento/renovação, relacionamentos, estabilidade, força	
Rodolita	
Luas Cheias: Janeiro	*Chakras:* Coração, Raiz
Questões, Intenções e Poderes: inspiração, intuição, amor, cuidados	
Espessartita	
Chakra: Coração	
Questões, Intenções e Poderes: felicidade, mente	
Veja a entrada separada para **Tsavorita**	

HELIOTRÓPIO

Também conhecido como Jaspe Sanguíneo.	*Sistema Solar:* Terra, Marte
Signos: Áries, Capricórnio, Libra, Peixes, Escorpião	*Luas Cheias:* Dezembro, Março
Dia: Terça-feira	*Celebrações:* Beltane, Yule
Elemento: Fogo	*Energia:* Yang
Chakras: Coração, Raiz, Plexo Solar	*Números:* 4, 9
Direções: Leste, Sudeste, Sudoeste	*Tarô:* A Morte, O Imperador, O Eremita
Deusas: Badb, Morrigan	
Questões, Intenções e Poderes: abundância, adaptabilidade, agressão, raiva, equilíbrio (mental), banir, batalha/guerra, começos, negócios, concentração/foco, certeza, consagrar/abençoar, coragem, decisão/ões, emoções, energia, inimizade, fé, fama, medo, cura, honestidade, integridade, justiça, vida, longevidade, amor, sorte (atrair), mente (acalmar), dinheiro, obstáculos, ordenar/organizar, paixão, poder (em geral, mágico), gravidez/parto, prosperidade, renascimento/renovação, relacionamentos, habilidades, espíritos (banir), espiritualidade, estimulação, força, estresse, sucesso, riqueza	

HEMATITA

Signos: Aquário, Áries, Capricórnio	*Sistema Solar:* Marte, Mercúrio, Saturno
Dia: Sábado	*Elementos:* Terra, Fogo
Energia: Yang	*Chakras:* Terceiro Olho, Raiz

Número: 9	*Tarô:* O Julgamento
Direções: Nordeste, Sudeste	
Questões, Intenções e Poderes: ativar/despertar, adaptabilidade, vida após a morte, ansiedade, reino astral, atração, percepção consciente, equilíbrio, calma, clareza, comunidade, concentração/foco, certeza, coragem, morte, disciplina, adivinhação, trabalho com sonhos, energia (em geral, universal), favor/es (obter), aterramento, crescimento (pessoal), felicidade, cura, aumentar, inteligência, intuição, conhecimento, luz, limitações/limites, perda, manifestação, memória/s, mente, negatividade, otimismo, poder, gravidez/parto, problemas, proteção, purificação (mental), sentidos, estabilidade, força, estresse, apoio, força de vontade	

HOWLITA

Signo: Gêmeos	*Chakras:* Coração, Plexo Solar
Direções: Sudeste, Sudoeste	
Questões, Intenções e Poderes: raiva, ansiedade, criatividade, trabalho com sonhos, emoções (expressar), gentileza, memória/s, paciência, gravidez/parto, estresse, sabedoria	

IOLITA

Também conhecida como Cordierita	*Signos:* Libra, Sagitário, Touro
Luas Cheias: Setembro	*Energia:* Yin
Chakras: Terceiro Olho, Raiz, Sacro	*Direções:* Noroeste, Sudeste
Questões, Intenções e Poderes: ativar/despertar, reino astral, equilíbrio (da aura), começos, calma, caridade, comunicação, conexões, cooperação, fé, crescimento (espiritual), intuição, conhecimento (do eu), vida (vitalidade), manifestação, capacidade psíquica, liberação, espiritualidade, estabilidade, estimulação, força, visões	

JADE

Signos: Aquário, Áries, Gêmeos, Libra, Peixes, Touro, Virgem	
Sistema Solar: Netuno, Vênus	*Luas Cheias:* Agosto
Celebração: Litha	*Elementos:* Terra, Água
Energia: Yin	*Chakras:* Terceiro Olho (*lavanda*), Coroa, Coração

Direções: Leste, Noroeste, Sudoeste	*Números:* 2, 7
Tarô: O Hierofante	*Deus:* Buda
Deusas: Chalchiuhtlicue, Coatlicue, Kuan Yin, Maat	
Ser Mágico: Fadas (atrair)	
Questões, Intenções e Poderes: abundância, vida após a morte, agricultura, equilíbrio (emocional), negócios, clareza, concentração/foco (*branco*), certeza, conexões (cósmicas), coragem, decisão/ões, trabalho com sonhos, resistência, energia (receptiva, sexual), energia (*vermelho*/estimular), fertilidade, bondade, crescimento, orientação, cura (*lavanda*), mágoa, independência, inspiração, justiça, amabilidade, conhecimento, longevidade, amor (incondicional), sorte (atrair), magia (defensiva), mente (racional), dinheiro, moralidade (da conduta), motivação (*vermelho*), negatividade, cuidados, paz, problemas, prosperidade, proteção, purificação, espíritos (atrair), verdade, clima, bem-estar, sabedoria	
Jade Azul	
Questões, Intenções e Poderes: calma, paciência, estresse	
Jade Marrom	
Questões, Intenções e Poderes: adaptabilidade, mudança/s, aterramento	

JASPE

Signos: Leão, Libra, Peixes	*Sistema Solar:* Mercúrio, Vênus
Luas Cheias: Março	*Elemento:* Terra
Direções: Leste, Sudeste, Sudoeste, Oeste	*Tarô:* A Força
Deusa: Ísis	
Questões, Intenções e Poderes: ação, agricultura, conforto, comunicação, coragem, determinação, energia (sexual), família, medo, longevidade, pesadelos, paz, sexo/ sexualidade, estresse, apoio, verdade, visões, sabedoria	
Jaspe Marrom	
Signo: Sagitário	*Sistema Solar:* Saturno
Energia: Yin	*Chakras:* Raiz, Sacro
Número: 6	
Questões, Intenções e Poderes: equilíbrio, perigo, energia (receptiva), aterramento, sorte	

Jaspe Verde	
Signo: Gêmeos	*Sistema Solar:* Vênus
Ogham: Ngetal	*Energia:* Yin
Chakra: Coração	*Número:* 1
Questões, Intenções e Poderes: equilíbrio, clarividência, compaixão, empatia (promove), energia (receptiva), fertilidade, aterramento, crescimento, cura, inteligência, sorte, mente (clarear), dinheiro, problemas, sono, riqueza, bem-estar	
Jaspe Pele de Leopardo	
Chakras: Raiz, Sacro, Plexo Solar	*Energia:* Yang
Questões, Intenções e Poderes: animais, energia (em geral, animal), cura, compreensão intuitiva, introspecção, magia (animal), ordenar/organizar, trabalho xamânico, viagem	
Jaspe Oceânico	
Também conhecido como Jaspe Orbicular.	*Elemento:* Água
Energia: Yin	*Chakras:* Coração, Sacro, Garganta
Questões, Intenções e Poderes: cooperação	
Jaspe Paisagem	
Questões, Intenções e Poderes: percepção consciente, criatividade, crescimento (da percepção consciente), inspiração, vida, estabilidade	
Jaspe Cor-de-rosa	
Signo: Virgem	*Chakra:* Coração
Energia: Yin	*Questões, Intenções e Poderes:* amor
Jaspe Vermelho	
Signos: Áries, Escorpião, Touro	*Sistema Solar:* Marte
Elemento: Fogo	*Energia:* Yang
Chakra: Raiz	*Número:* 6
Questões, Intenções e Poderes: reino astral, banir, beleza, compaixão, concentração/foco, adivinhação, encantamento, encorajamento, energia, graça, aterramento, cura, feitiços (proteger de), inteligência, sorte, magia (defensiva), mente (clarear), negatividade, otimismo, ordenar/organizar, gravidez/parto, prosperidade, proteção, reverter, estabilidade, força, bem-estar	
Jaspe Amarelo	
Signo: Sagitário	*Energia:* Yang
Chakra: Plexo Solar	
Questões, Intenções e Poderes: energia (atrair positiva), mente (clarear), sucesso, força de vontade	

KUNZITA

Também conhecida como Espodumênio Cor-de-rosa.	*Signos:* Leão, Libra, Escorpião, Touro
Sistema Solar: Plutão, Vênus	*Luas Cheias:* Outubro
Elemento: Terra	*Energia:* Yin
Chakras: Coração, Sacro	*Número:* 7
Direções: Norte, Nordeste, Sudoeste	*Tarô:* O Mundo
Questões, Intenções e Poderes: ativar/despertar, beleza, começos, calma, comunicação, compaixão, gentileza, aterramento, crescimento (pessoal), orientação, harmonia, cura, introspecção, amor (incondicional), cuidados, obstáculos, paz, proteção, reconciliação, relacionamentos, estresse, apoio (emocional)	

LABRADORITA

Também conhecida como Pedra da Lua Preta.	*Signos:* Leão, Sagitário, Escorpião
Sistema Solar: Netuno, Plutão, Urano	*Estação:* Inverno
Direções: Nordeste, Sul, Sudeste	*Dia:* Sábado
Chakras: Terceiro Olho, Coroa, Coração, Sacro, Garganta	*Elemento:* Água
Energia: Yin	
Questões, Intenções e Poderes: animais, percepção consciente, equilíbrio (da aura), clareza, certeza, conexões, coragem, destino, trabalho com sonhos, energia, crescimento (pessoal), inspiração, intuição, vida (vitalidade), amor (abrir-se ao), magia, atenção plena, motivação, trabalho interior, sentidos (ouvir a voz interior), espíritos (contato), força (interior), estresse, sucesso, transformação, visões, sabedoria	

LÁGRIMA DE APACHE

Signo: Áries	*Sistema Solar:* Saturno
Dia: Sábado	*Elemento:* Fogo
Energia: Yang	*Chakra:* Sacro
Número: 6	
Questões, Intenções e Poderes: vida após a morte, equilíbrio (corpo, mente, espírito), calma, clareza, perigo (enfrentar), morte, emoções, energia, medo, perdão, luto, aterramento, karma, sorte, negatividade, paz, proteção, capacidade psíquica, trabalho interior, sentidos (visão), tristeza, sabedoria	

LÁPIS-LAZÚLI

Signos: Áries, Capricórnio, Libra, Sagitário, Touro, Virgem	
Sistema Solar: Netuno, Vênus	*Luas Cheias:* Setembro
Celebração: Litha	*Ogham:* Huath
Elemento: Água	*Energia:* Yin
Chakras: Terceiro Olho, Garganta	*Número:* 3
Direções: Norte, Nordeste, Oeste	*Deusas:* Ísis, Justitia, Nut, Vênus
Tarô: O Hierofante, A Força, A Roda da Fortuna, O Mundo	
Questões, Intenções e Poderes: vida após a morte, percepção consciente, calma, comunicação, conexões (cósmicas), coragem, criatividade, encantamento, adivinhação, emoções, energia (estimular), família, fidelidade, amigo/amizade, gentileza, crescimento (intelectual, espiritual), mágoa, aprimoramento, compreensão intuitiva, introspecção, intuição, justiça, conhecimento, amor (atrair), manifestação, mente (paz), paz (atrair), poder (interior), gravidez/parto, profecia, proteção (viagem), capacidade psíquica, purificação (mental, espiritual), relacionamentos, liberação, trabalho interior, sentidos (visão), espiritualidade, estimulação, força, verdade, unidade, visões, sabedoria	

LARIMAR

Também conhecida como Pectolita Azul.	*Signos:* Leão, Escorpião
Chakras: Terceiro Olho, Coroa, Coração, Sacro, Garganta	*Elemento:* Água
Energia: Yin	*Direções:* Norte, Sudoeste
Questões, Intenções e Poderes: aceitação, raiva, equilíbrio, calma, certeza, criatividade, harmonia, cura, negatividade, relacionamentos	

LEPIDOLITA

Também conhecida como Pedra da Paz.	*Signo:* Libra
Sistema Solar: Júpiter, Netuno	*Elemento:* Água
Energia: Yin	*Chakras:* Terceiro Olho, Coração
Número: 8	
Questões, Intenções e Poderes: equilíbrio, calma, mudança/s, concentração/foco, emoções, harmonia, amor, sorte, manifestação, mente (mudar), negatividade, pesadelos, ordenar/organizar, paz, proteção, capacidade psíquica, timidez, espiritualidade, estresse	

MADEIRA PETRIFICADA

Elemento: Terra	*Energia:* Yin
Direções: Leste, Norte, Sul, Sudeste	*Chakras:* Coração, Raiz
Questões, Intenções e Poderes: equilíbrio, comunidade, conexões, consciência, energia (em geral, receptiva), objetivos, aterramento, harmonia, cura, vida (vitalidade), longevidade, obstáculos, problemas, proteção, renascimento/renovação, trabalho interior, estresse	

MAGNETITA

Também conhecida como Pedra-ímã.	*Signos:* Gêmeos, Virgem
Sistema Solar: Vênus	*Dia:* Quarta-feira
Elemento: Água	*Energia:* Yin, Yang
Chakra: Sacro	*Direções:* Norte, Sul
Tarô: A Torre	
Questões, Intenções e Poderes: atração, autoridade, equilíbrio, compromisso, bênçãos, negócios, desafios, comunicação, concentração/foco, certeza, consagrar/abençoar, trabalho com sonhos, energia (em geral, receptiva), inimizade, fama, fidelidade, perdão, amigo/ amizade, bondade, aterramento, guardar, orientação, cura, influência, intuição, amor, lealdade (reforçar), sorte (atrair), magia, casamento (reconciliar-se), dinheiro, motivação, negatividade, poder, gravidez/ parto, problemas (nos relacionamentos), prosperidade, proteção, purificação, reconciliação (casamento), relacionamentos, liberação, reverter, romance, segurança, sentidos (visão), habilidades, sono, espiritualidade (encontrar o seu caminho), força, sucesso, clima (raios), força de vontade	

MALAQUITA

Signos: Capricórnio, Libra, Escorpião, Touro	*Sistema Solar:* Vênus
Luas Cheias: Abril, Julho	*Ogham:* Ruis
Elemento: Terra	*Energia:* Yin
Chakras: Coração, Sacro, Plexo Solar	*Número:* 9
Direções: Norte, Sudoeste, Oeste	*Tarô:* O Julgamento

Deus: Njord
Questões, Intenções e Poderes: abundância, vida após a morte, agricultura, reino astral, equilíbrio (emocional), negócios, calma, mudança/s, comunicação, conexões, perigo, morte, adivinhação, trabalho com sonhos, fortalecimento (emocional), objetivos, aterramento, crescimento (espiritual), orientação, cura (em geral, emocional), esperança, amor (dar), lealdade, sorte, magia (negra), dinheiro (sorte com), negatividade, cuidados, paz, poder (em geral, mágico, pessoal), prosperidade, proteção, capacidade psíquica, purificação (emocional, mental), liberação, segurança (emocional), trabalho interior, sentidos (visão), habilidades, sono, espiritualidade, força, sucesso, transformação, viagem, riqueza

MOLDAVITA

Elemento: Ar	*Chakras:* Terceiro Olho, Coroa, Coração
Questões, Intenções e Poderes: reino astral, ligações, começos, bênçãos, comunidade, consagrar/abençoar, consciência (cósmica), resistência, energia (cósmica, receptiva), cura, compreensão intuitiva, introspecção, vida, perda, necessidades, ordenar/organizar, capacidade psíquica, purificação, espiritualidade, transformação, viagem, visões	

MORGANITA

Sistema Solar: Lua	*Luas Cheias:* Outubro
Elemento: Água	*Energia:* Yin
Chakras: Terceiro Olho, Coração	*Direções:* Norte, Sudoeste
Questões, Intenções e Poderes: calma, comunicação, fidelidade, orientação, cura (emocional), mágoa, karma, amor (atrair), magia (de anjo), paciência, relacionamentos, estresse, sabedoria	

OBSIDIANA

Signos: Capricórnio, Sagitário, Escorpião	*Sistema Solar:* Plutão, Saturno
Luas Cheias: Fevereiro	*Celebração:* Samhain
Elemento: Fogo	*Energia:* Yang
Chakra: Raiz	*Número:* 1
Direções: Norte, Sul	*Tarô:* O Diabo
Deusas: Morrigan, Pele	*Deus:* Lugh

Questões, Intenções e Poderes: vida após a morte, agressão, equilíbrio, compromisso, clarividência, clareza, comunidade, conexões, consagrar/abençoar, consciência (subconsciente), criatividade, morte, adivinhação, emoções, encantamento, energia (sexual), medo, aterramento, crescimento (pessoal), sorte, magia, manifestação, casamento, mensagens/presságios (angelicais), obstáculos (emocionais, energéticos), paz, poder, problemas, proteção (emocional), espiritualidade, apoio, transformação (emocional)	
Veja a entrada separada para **Lágrima de Apache**	
Obsidiana com Reflexos Dourados	
Elemento: Água	*Chakras:* Raiz, Plexo Solar
Questões, Intenções e Poderes: habilidades (desenvolver)	
Obsidiana Arco-íris	
Chakras: Todos	*Deusa:* Íris
Questões, Intenções e Poderes: percepção consciente, relacionamentos, sentidos (aumentar)	
Obsidiana Floco de Neve	
Chakras: Coração, Raiz, Garganta	
Questões, Intenções e Poderes: percepção consciente, concentração/foco, certeza, energia (espiritual), necessidades, negatividade, proteção (contra drenagem de energia), purificação, sabedoria	

OLHO DE FALCÃO

Chakras: Terceiro Olho, Garganta
Direções: Norte, Nordeste, Noroeste
Questões, Intenções e Poderes: animais, ligações, percepção consciente, equilíbrio, clareza, cura, compreensão intuitiva, karma, magia (animal), negatividade (curar de), capacidade psíquica, renascimento/renovação

OLHO DE GATO

Também conhecido como Cimofana	
Signos: Capricórnio, Gêmeos, Peixes	*Sistema Solar:* Mercúrio, Vênus
Luas Cheias: Junho, Novembro, Setembro	*Dia:* Sexta-feira, Quinta-feira
Elemento: Terra	*Energia:* Yang

Chakra: Terceiro Olho	*Números:* 6, 7
Direções: Norte, Nordeste, Sudeste, Oeste	*Tarô:* A Justiça, A Força
Deusa: Bast	
Questões, Intenções e Poderes: animais, beleza, criatividade, generosidade, felicidade, compreensão intuitiva, sorte, magia (animal), otimismo, proteção, renascimento/renovação, riqueza	

OLHO DE TIGRE

Também conhecido como Quartzo Chatoyant.	*Signos:* Capricórnio, Gêmeos, Leão
Sistema Solar: Sol	*Dia:* Domingo
Celebração: Litha	*Elemento:* Fogo
Energia: Yang	*Número:* 4
Tarô: O Mago, O Sol	
Chakras: Terceiro Olho, Coroa, Sacro, Plexo Solar, Garganta	
Deusa: Bast	*Deus:* Ra
Questões, Intenções e Poderes: abundância, aceitação, equilíbrio, batalha/guerra, beleza, calma, alegria, clareza, comunicação, comunidade, certeza, coragem, criatividade, perigo, desejo, adivinhação, fortalecimento, energia, medo, bondade, aterramento, harmonia, cura, compreensão intuitiva, inspiração, integridade, inteligência, introspecção, perda, sorte, magia (animal), manifestação, mente, dinheiro (cobrança de dívidas), necessidades, prazer, profecia, prosperidade, proteção (em geral, psíquica, espiritual), capacidade psíquica, purificação, propósito, renascimento/renovação, respeito, segurança, trabalho interior, sentidos (visão), habilidades (descobrir), estimulação, força, estresse, sucesso (nos negócios), viagem, verdade, visões, riqueza, bem-estar (mental), força de vontade, sabedoria, juventude	

ÔNIX

Signos: Aquário, Capricórnio, Leão	*Sistema Solar:* Marte, Mercúrio, Saturno
Luas Cheias: Fevereiro, Julho	*Celebração:* Samhain
Elemento: Fogo	*Energia:* Yang
Chakras: Raiz, Sacro, Garganta	*Número:* 6
Direção: Nordeste	*Tarô:* O Mundo

Deusas: Dôn, Morrigan, Vênus	*Deus:* Marte
Anjo: Gabriel	
Questões, Intenções e Poderes: autoridade, equilíbrio, compromisso, comunidade, certeza, consagrar/abençoar, controle (de emoções, do eu), decisão/ões, defesa, desejo, disciplina, trabalho com sonhos, energia (em geral, espiritual), medo, fertilidade, liberdade, luto, aterramento, crescimento (pessoal), orientação, felicidade, feitiços (proteger de), inspiração, magia (negra, defensiva), casamento, memória/s, moralidade, negatividade (nos relacionamentos), pesadelos, paixão (acalmar), paciência, problemas, proteção, relacionamentos, sexo/sexualidade, tristeza, estabilidade, força, estresse, transformação, visões, força de vontade	

OPALA

Signos: Aquário, Câncer, Libra, Sagitário, Escorpião, Touro, Virgem	
Sistema Solar: Mercúrio, Lua	*Dia:* Quarta-feira
Luas Cheias: Março, Outubro	*Elementos:* Ar, Água
Energias: Yin, Yang	*Número:* 8
Chakras: Terceiro Olho, Coroa, Garganta (*azul*)	*Direções:* Norte, Sul, Sudeste, Oeste
Tarô: O Julgamento, O Mundo	*Deus:* Cupido
Questões, Intenções e Poderes: adaptabilidade, reino astral, equilíbrio (emocional), batalha/guerra, beleza, caridade, clarividência, certeza, criatividade, encantamento, energia (receptiva), medo, luto, esperança, elucidação, compreensão intuitiva, inspiração, amor, sorte, memória/s, mente (clarear), obstáculos, paz (oferecer/*azul*), poder (em geral, mágico), prosperidade, capacidade psíquica, renascimento/renovação, respeito (pelo eu), sentidos (visão), sono, tristeza, força (emocional), sabedoria	
Opala Preta	
Chakra: Raiz	*Tarô:* A Roda da Fortuna
Questões, Intenções e Poderes: autoridade, percepção consciente (cósmica), controle (do eu), disciplina, magia (da lua, da noite)	
Opala de Fogo	
Signo: Áries	*Estação:* Verão
Elemento: Fogo	*Chakras:* Sacro, Plexo Solar
Tarô: O Julgamento, O Mago	
Questões, Intenções e Poderes: clariaudiência, energia, fé, vida (vitalidade), dinheiro, paixão	

PEDRA DA LUA

Signos: Câncer, Gêmeos, Libra, Peixes, Escorpião	*Sistema Solar:* Lua
Luas Cheias: Agosto, Fevereiro, Janeiro, Junho	*Estação:* Inverno
Dia: Segunda-feira	*Celebração:* Ostara
Elemento: Água	*Energia:* Yin
Direções: Norte, Noroeste, Sudeste, Sudoeste, Oeste	
Chakras: Coração, Sacro, Plexo Solar, Garganta	*Números:* 2, 4, 7
Deusas: Arianrhod, Diana, Hécate, Ísis, Luna, Rhiannon, Selene	
Tarô: A Sacerdotisa, A Lua	
Questões, Intenções e Poderes: realização, afeto, vida após a morte, agricultura, percepção consciente, calma, clarividência, comunicação, compaixão, conexões (emocionais), criatividade, ciclos, morte, destino, adivinhação, trabalho com sonhos, emoções, encantamento, amigo/amizade, orientação, felicidade, harmonia, cura, esperança, intuição, conhecimento, luz, amor (atrair, abrir-se ao), lealdade, sorte, magia (de anjo, da lua, da noite), mente (unir mente, corpo, espírito), humor, obstáculos (*pedra da lua cinza*), paixão, poder (oculto), gravidez/parto, problemas, proteção (viagem), capacidade psíquica, reconciliação, liberação, trabalho interior, sensibilidade, sono, espíritos (contato), estresse, apoio, viagem, sabedoria, juventude	

PEDRA DO SOL

Também conhecida como Oligoclásio.	*Signos:* Leão, Libra
Sistema Solar: Sol	*Dia:* Domingo
Elemento: Fogo	*Energia:* Yang
Chakras: Coroa, Sacro, Plexo Solar	*Número:* 1
Direções: Norte, Nordeste	*Tarô:* O Sol
Questões, Intenções e Poderes: ação, determinação, energia (em geral, sexual, solar), medo, crescimento (pessoal), cura, introspecção, sorte (atrair), magia (solar), otimismo, proteção, sexo/sexualidade, força, estresse, sucesso, cordialidade, bem-estar	

PERIDOTO

Também conhecido como Crisolita.	*Signos:* Leão, Sagitário, Escorpião, Virgem
Sistema Solar: Mercúrio, Sol, Vênus	*Luas Cheias:* Agosto, Setembro
Estação: Primavera	*Celebração:* Lughnasadh

Elementos: Terra, Fogo	*Energia:* Yin
Chakras: Coração, Sacro, Plexo Solar, Garganta	*Tarô:* A Imperatriz, O Eremita, A Força
Direções: Norte, Noroeste, Sul, Sudoeste	*Número:* 6
Deusas: Banba, Brígida, Pele	*Ser Mágico:* Fadas (atrair)
Questões, Intenções e Poderes: abundância, raiva, equilíbrio, começos, calma, mudança/s, clarividência, conforto (atrair), emoções, encantamento, energia (em geral, receptiva), medo, aterramento, crescimento (emocional, psíquico), felicidade, cura, aumentar, inspiração, luz, magia (da noite), dinheiro, negatividade, pesadelos, obstáculos, paz, poder (oculto), profecia, prosperidade, proteção, purificação, renascimento/renovação, relacionamentos (curar), sentidos (visão), sono, estimulação (mental), força, estresse, sucesso, viagem, riqueza, bem-estar, sabedoria	

PIRITA

Também conhecida como Ouro de Tolo.	*Signo:* Touro
Sistema Solar: Marte	*Elemento:* Fogo
Chakras: Coração, Raiz, Plexo Solar	*Energia:* Yang
Questões, Intenções e Poderes: concentração/foco, engano, adivinhação, emoções, energia, sorte, memória/s, mente, dinheiro, prosperidade, proteção, capacidade psíquica, relacionamentos, habilidades, espiritualidade, força, sucesso, riqueza, força de vontade	

QUARTZO

Sistema Solar: Lua, Sol, Urano	*Elemento:* Fogo, Água
Número: 4	*Direção:* Todas
Tarô: O Mago	*Deusa:* Hécate
Anjo: Gabriel	
Questões, Intenções e Poderes: abundância, clareza, dignidade, energia (psíquica), integridade, vida (vitalidade), transformação, sabedoria	
Quartzo Azul	
Também conhecido como Quartzo Safira.	*Energia:* Yin
Chakra: Garganta	
Questões, Intenções e Poderes: trabalho com sonhos, felicidade, paz (atrair, interna), estresse	
Quartzo Transparente	
Também conhecido como Cristal de Rocha.	*Estação:* Inverno
Signos: Aquário, Áries, Câncer, Capricórnio, Gêmeos	

Dias: Segunda-feira, Domingo	*Elemento:* Ar
Energias: Yin, Yang	*Chakras:* Todos
Tarô: A Estrela	*Ser Mágico:* Fadas
Questões, Intenções e Poderes: ativar/despertar, vida após a morte, reino astral, percepção consciente, equilíbrio, começos, bênçãos, calma, desafios, clareza, comunicação, comunidade, concentração/foco, consagrar/abençoar, consciência, adivinhação, trabalho com sonhos, encantamento, energia (receptiva, universal), amigo/amizade, gratidão, orientação, harmonia, cura, feitiços (proteger de), inspiração, conhecimento, amor (atrair, abrir-se ao), magia (de anjo, negra, lunar), mente (acalmar), negatividade, cuidados, poder (em geral, mágico), gravidez/parto, problemas, proteção, capacidade psíquica, purificação, renascimento/renovação, trabalho interior, sentidos (audição interior), sexo/sexualidade, habilidades, espíritos (banir), espiritualidade, estimulação, força, visões	
Quartzo Verde	
Energia: Yin	*Chakra:* Coração
Questões, Intenções e Poderes: prosperidade	
Veja a entrada separada para **Olho de Falcão**	
Veja a entrada separada para **Quartzo Rosa**	
Quartzo Rutilado	
Também conhecido como Cabelo de Anjo	*Signo:* Escorpião
Elemento: Terra	*Energia:* Yang
Chakra: Sacro	
Questões, Intenções e Poderes: criatividade, energia, medo, poder, gravidez/parto, força de vontade	
Veja a entrada separada para **Quartzo-enfumaçado**	
Veja a entrada separada para **Olho de Tigre**	
Quartzo Turmalinado	
Sistema Solar: Plutão	*Chakras:* Raiz, Coroa
Energia: Yin	*Questões, Intenções e Poderes:* reino astral
Quartzo Branco	
Dia: Segunda-feira	*Ogham:* Duir
Direção: Oeste	
Questões, Intenções e Poderes: criatividade, família	
Quartzo Amarelo	
Chakra: Plexo Solar	
Questões, Intenções e Poderes: percepção consciente, proteção, visões	

QUARTZO-ENFUMAÇADO

Signos: Capricórnio, Libra	*Elemento:* Terra, Fogo
Ogham: Tinne	*Energia:* Yin
Chakras: Coroa, Raiz, Sacro, Plexo Solar	*Direções:* Nordeste, Sudoeste, Oeste
Questões, Intenções e Poderes: abundância, equilíbrio, calma, comunidade, consciência, criatividade, trabalho com sonhos, emoções, energia (em geral, sexual), medo, aterramento, aprimoramento (do eu), sorte, mente (acalmar), humor (melhorar), negatividade, obstáculos, capacidade psíquica, purificação, sexo/sexualidade, estimulação (mental), transformação (consciente), verdade, unidade, sabedoria (subconsciente)	

QUARTZO ROSA

Sistema Solar: Vênus	*Luas Cheias:* Janeiro, Maio
Signos: Câncer, Capricórnio, Libra, Touro	*Dia:* Sexta-feira
Celebração: Ostara	*Elemento:* Água
Energia: Yin	*Chakras:* Coração, Sacro
Direção: Sudoeste	*Número:* 7
Tarô: A Imperatriz, Os Enamorados	*Deusa:* Vênus
Deus: Angus	
Questões, Intenções e Poderes: aceitação, ativar/despertar, agressão, equilíbrio (emocional), começos, calma, caridade, conforto, compaixão, certeza, morte, dignidade, emoções, energia (receptiva), fé, fertilidade, fidelidade, liberdade, amigo/amizade, gentileza, luto, felicidade, harmonia, cura, mágoa, imaginação, aprimoramento (da autoimagem), justiça, solidão (terminar), amor (atrair, abrir-se ao), negatividade (desfazer autoimagem), cuidados, otimismo, paz (atrair, interior), poder (divino), gravidez/parto, proteção, reconciliação, relacionamentos, romance, trabalho interior, tristeza, estresse, sucesso, unidade	

RODOCROSITA

Signos: Leão, Escorpião	*Sistema Solar:* Marte, Mercúrio, Vênus
Elemento: Fogo	*Energia:* Yang
Chakras: Coração, Raiz, Sacro	*Número:* 4
Direções: Sudeste, Sudoeste	
Questões, Intenções e Poderes: abundância, ativar/despertar, equilíbrio, beleza, conforto, compaixão, conexões, energia, fidelidade, perdão, amigo/amizade, aumentar, amabilidade, luz, amor (novo), mente (acalmar), paixão, paz (atrair), relacionamentos, sentidos (visão), estabilidade, força, apoio (durante as transições), cordialidade, força de vontade, sabedoria	

RODONITA

Signo: Touro	*Sistema Solar:* Marte
Elemento: Fogo	*Energia:* Yang
Chakras: Terceiro Olho, Coração, Raiz, Sacro, Plexo Solar	
Número: 9	
Direções: Leste, Nordeste, Noroeste, Sudoeste	
Questões, Intenções e Poderes: ativar/despertar, equilíbrio, banir, calma, desafios, clareza, comunidade, certeza, energia, fidelidade, perdão, felicidade, intuição, amor (pelo eu), casamento, mente (clarear), paciência, paz (atrair), relacionamentos, trabalho interior, estresse, apoio (emocional), sabedoria	

ROSA DO DESERTO

Signo: Libra	
Sistema Solar: Vênus	*Elemento:* Ar
Energia: Yin	*Chakras:* Coroa, Coração
Direções: Nordeste, Sudoeste	*Ervas e Jardim:* Rosa
Questões, Intenções e Poderes: beleza, iluminação, vida, amor, espiritualidade, sabedoria	

RUBI

Signos: Áries, Câncer, Capricórnio, Leão, Sagitário, Escorpião, Touro	
Sistema Solar: Marte, Sol	*Luas Cheias:* Dezembro, Janeiro, Julho, Junho
Estação: Verão	*Celebração:* Yule
Dias: Sexta-feira, Terça-feira, Quarta-feira (*rubi estrela*)	*Ogham:* Saille
Elemento: Fogo	*Energia:* Yang
Direções: Nordeste, Noroeste, Sudeste, Sudoeste	
Chakras: Coração, Raiz, Sacro, Plexo Solar	*Números:* 3, 9
Tarô: O Imperador, A Torre	*Deusa:* Morrigan

Deuses: Buda, Krishna	*Anjo:* Rafael
Questões, Intenções e Poderes: aceitação, agricultura, equilíbrio (mental), mudança/s, comunidade, compaixão, conexões, coragem, criatividade, perigo (alertar sobre), dedicação/devoção, desejo, emoções, energia (em geral, sexual), liberdade, luto, crescimento, guardar, felicidade, cura, influência, intuição, liderança, vida (vitalidade), luz, amor (abrir-se ao), lealdade, luxúria, mensagens/presságios, negatividade (proteção contra), pesadelos, paixão, paz, poder (em geral, mágico), profecia, prosperidade, proteção (em geral, emocional), capacidade psíquica, relacionamentos (reforçar), respeito (pelo eu), trabalho interior, sentidos, sexo/sexualidade, força, apoio, riqueza, clima (raios), bem-estar, sabedoria	

SAFIRA

Signos: Aquário, Câncer, Gêmeos, Leão, Libra, Peixes, Touro, Virgem	
Sistema Solar: Lua, Netuno, Saturno, Vênus	
Luas Cheias: Abril, Julho, Outubro, Novembro (*amarela*), Setembro	
Estações: Outono, Inverno (*branca*)	*Dias:* Segunda-feira, Quinta-feira
Celebração: Beltane	*Elemento:* Água
Energia: Yin	*Chakras:* Terceiro Olho, Coroa, Garganta
Direções: Norte, Nordeste, Noroeste, Sudoeste	
Números: 2, 4, 8	*Tarô:* O Eremita, A Roda da Fortuna
Deusas: Hécate, Justitia	*Deuses:* Angus, Apolo, Lugh
Questões, Intenções e Poderes: raiva, reino astral, autoridade, começos, calma (*cor-de-rosa*), comunicação, consciência, coragem, dedicação/devoção, trabalho com sonhos, emoções, encantamento, encorajamento, energia (receptiva), inimizade, inveja, fé, favor/es (obter), medo, fidelidade, liberdade, amigo/amizade, objetivos, bondade, crescimento (intelectual), cura, imaginação, aprimoramento, compreensão intuitiva, intuição, amor (*cor-de-rosa*), sorte, magia (defensiva), manifestação (sonhos), mente, dinheiro, motivação, pesadelos, paz, poder (em geral, mágico, masculino), problemas, profecia, capacidade psíquica, purificação, reconciliação, sexo/sexualidade, sono, espíritos, espiritualidade, viagem, verdade, visões, sabedoria	
Safira Estrela	
Signos: Capricórnio, Sagitário	*Sistema Solar:* Júpiter
Dia: Terça-feira	*Número:* 6
Deusa: Ísis	
Questões, Intenções e Poderes: consciência (subconsciente/*preta*), iluminação (*preta*), magia, humores (melhorar), prosperidade (atrair)	

SAL

Elemento: Terra	*Energia:* Yin
Chakra: Raiz	*Animal:* Porco-espinho
Ave: Papagaio	
Questões, Intenções e Poderes: abundância, banir, compromisso, consagrar/abençoar, fortalecimento, energia (receptiva), inimizade, aterramento, cura, feitiços (colocar, desfazer), lar (abençoar novo lar), conhecimento, vida, longevidade, mensagens/presságios, dinheiro, prosperidade, proteção (psíquica), purificação, espíritos (banir), riqueza, bem-estar	
Sal Marinho	
Celebração: Netunália	*Deusa:* Afrodite
Deuses: Netuno, Posêidon	*Animais:* Todas as criaturas marinhas
Questões, Intenções e Poderes: negatividade, problemas, renascimento/renovação, reverter, cordialidade	

SÁRDIO

Signo: Áries	*Sistema Solar:* Marte
Elemento: Fogo	*Energia:* Yang
Direções: Sul, Sudeste, Sudoeste	*Chakras:* Raiz, Sacro
Questões, Intenções e Poderes: compromisso, coragem, perigo, dignidade, amigo/amizade, objetivos, amor, manifestação, gravidez/parto, problemas, proteção, respeito (pelos outros, pelo eu)	

SARDÔNIX

Signos: Áries, Leão, Virgem	*Sistema Solar:* Marte, Mercúrio
Luas Cheias: Agosto	*Elemento:* Fogo
Energia: Yang	*Chakras:* Terceiro Olho, Sacro, Garganta
Direções: Nordeste, Sudoeste, Oeste	*Número:* 3
Tarô: A Roda da Fortuna	*Deus:* Marte
Questões, Intenções e Poderes: autoridade, bênçãos, alegria, comunicação (eloquência), concentração/foco, consagrar/abençoar, coragem, disciplina, amor, sorte, casamento, paz, proteção, relacionamentos, força, sabedoria	

SELENITA

<table>
<tr><td>Signos: Câncer, Touro</td><td>Sistema Solar: Lua</td></tr>
<tr><td>Elemento: Água</td><td>Energia: Yin</td></tr>
<tr><td>Chakras: Coroa, Coração, Sacro, Garganta</td><td>Número: 8</td></tr>
<tr><td>Direções: Norte, Sudeste</td><td>Deusas: Luna, Selene</td></tr>
<tr><td colspan="2">Questões, Intenções e Poderes: adaptabilidade, calma, clareza, comunicação, decisão/ões, emoções, energia, harmonia, inspiração, magia (lunar), motivação, negatividade, cuidados, paz, poder (da lua, mágico, mental), renascimento/renovação, reconciliação, respeito, visões</td></tr>
</table>

SERPENTINA

<table>
<tr><td>Signo: Gêmeos</td><td>Sistema Solar: Saturno</td></tr>
<tr><td>Ogham: Gort</td><td>Elemento: Fogo</td></tr>
<tr><td>Energia: Yang</td><td>Chakras: Coroa, Coração, Raiz</td></tr>
<tr><td>Direção: Norte</td><td>Número: 8</td></tr>
<tr><td colspan="2">Questões, Intenções e Poderes: equilíbrio, bênçãos, consagrar/abençoar, criatividade, energia (kundalini), inspiração, motivação, proteção, espiritualidade</td></tr>
</table>

SMITHSONITA

<table>
<tr><td>Chakras: Coração, Sacro</td></tr>
<tr><td>Questões, Intenções e Poderes: ansiedade, calma, trabalho com sonhos, emoções (alinhar com o coração), amigo/amizade, crescimento, cura, mente (alertar), relacionamentos, estresse</td></tr>
</table>

SODALITA

<table>
<tr><td>Signo: Sagitário</td><td>Sistema Solar: Mercúrio, Vênus</td></tr>
<tr><td>Elemento: Ar, Água</td><td>Energia: Yin</td></tr>
<tr><td>Chakras: Terceiro Olho, Coroa, Garganta</td><td>Número: 4</td></tr>
<tr><td colspan="2">Direções: Leste, Norte, Nordeste, Sul, Sudoeste</td></tr>
<tr><td colspan="2">Questões, Intenções e Poderes: adaptabilidade, atração, percepção consciente, equilíbrio, calma, desafios (emocionais), comunicação, comunidade, trabalho com sonhos (proféticos), emoções, resistência, energia, medo, cura, compreensão intuitiva, intuição, conhecimento, mente (clarear, acalmar), paz, problemas, relacionamentos, estresse, sucesso, transformação, sabedoria</td></tr>
</table>

SUGILITA

Também conhecida como Luvulita.	*Signos:* Peixes, Sagitário, Virgem
Sistema Solar: Júpiter	*Elemento:* Terra, Água
Energia: Yin	*Chakras:* Terceiro Olho, Coroa, Coração
Número: 3	
Questões, Intenções e Poderes: raiva, ligações, equilíbrio (emocional), mudança/s, energia, liberdade, aterramento, crescimento (espiritual), cura, ciúme, amor (universal), manifestação (amor), memória/s, mente (sensação de bem-estar), negatividade, obstáculos, paz, capacidade psíquica, propósito, liberação, espíritos (contato), espiritualidade, estresse, transformação (interior), bem-estar (mental), sabedoria	

TANZANITA

Também conhecida como Zoisita Lavanda Azulada.	*Energia:* Yang
Direções: Nordeste, Noroeste, Sudeste	*Chakras:* Terceiro Olho, Sacro, Plexo Solar
Questões, Intenções e Poderes: ação, mudança/s, comunicação, determinação, orientação, elucidação, influência, compreensão intuitiva, introspecção, conhecimento, amor (influenciar), magia, manifestação, problemas, proteção, capacidade psíquica, trabalho interior, sucesso, confiança, verdade, visões, força de vontade, sabedoria	

TOPÁZIO

Signos: Gêmeos, Leão, Sagitário, Escorpião, Touro	*Sistema Solar:* Mercúrio, Sol
Luas Cheias: Agosto, Fevereiro, Novembro	*Estação:* Outono
Dias: Domingo, Terça-feira	*Celebração:* Mabon
Ogham: Luis	*Elemento:* Fogo
Energia: Yang	*Números:* 1, 4, 6
Chakras: Terceiro Olho, Coroa, Coração, Plexo Solar	*Tarô:* O Louco, O Hierofante, A Força
Direções: Sudeste, Sudoeste	*Deuses:* Júpiter, Lugh, Ra

Questões, Intenções e Poderes: abundância, adaptabilidade, afeto, vida após a morte, beleza, mudança/s, consciência, coragem, perigo, morte, desejo, adivinhação, energia, favor/es (obter), medo, fidelidade, luto, cura, inteligência, introspecção, luz, perda, amor (atrair), sorte, dinheiro, paixão, poder (mental), prosperidade, proteção, propósito, renascimento/renovação, sexo/sexualidade, estimulação (mental), estresse, transformação, visões, riqueza, sabedoria	
Topázio Azul	
Luas Cheias: Dezembro, Março	*Elementos:* Ar, Água
Chakra: Garganta	
Questões, Intenções e Poderes: raiva, equilíbrio (mental), bênçãos, calma, clareza, comunicação, concentração/foco, consagrar/abençoar, criatividade, emoções, perdão, bondade, crescimento, mágoa, inspiração, intuição, liderança, mente (acalmar), necessidades, pesadelos, paz, capacidade psíquica, purificação, liberação, trabalho interior, sono, verdade	

TSAVORITA

Signos: Touro, Virgem	*Sistema Solar:* Marte, Plutão, Vênus
Luas Cheias: Maio	*Elementos:* Fogo, Água
Energia: Yin	*Chakra:* Coração
Questões, Intenções e Poderes: equilíbrio, comunicação, aterramento, harmonia, introspecção, conhecimento, amor, força	

TURMALINA

Signo: Escorpião	*Sistema Solar:* Plutão
Luas Cheias: Agosto, Maio, Outubro	*Estação:* Outono
Energia: Yin	*Tarô:* O Louco
Direções: Norte, Nordeste, Sudoeste, Oeste	
Questões, Intenções e Poderes: atração, percepção consciente, negócios, alegria, compaixão, certeza, consciência, perigo, favor/es, guardar, orientação, aumentar, lealdade (atrair), capacidade psíquica, trabalho interior, habilidades, transformação, visões	
Turmalina Negra	
Também conhecida como Schorlina	*Sistema Solar:* Saturno, Sol
Signos: Capricórnio, Libra, Peixes, Sagitário	*Elementos:* Terra, Água
Chakras: Raiz, Sacro	*Números:* 3, 4

Questões, Intenções e Poderes: comunidade, energia, medo, aterramento, crescimento (intelectual), felicidade, sorte, negatividade (absorver), proteção, purificação, estabilidade (emocional), apoio	
Turmalina Azul	
Também conhecida como Indicolita.	*Signos:* Libra, Touro
Sistema Solar: Vênus	*Luas Cheias:* Setembro
Elementos: Ar, Água	*Número:* 6
Chakras: Terceiro Olho, Coroa, Plexo Solar, Garganta	*Tarô:* O Eremita
Questões, Intenções e Poderes: começos, calma, clarividência, clareza, concentração/foco, criatividade, trabalho com sonhos, energia (receptiva), imaginação, compreensão intuitiva, introspecção, intuição, conhecimento (do eu), amor, manifestação, pesadelos, obstáculos, paz (oferecer), sono, estresse, verdade	
Turmalina Marrom	
Também conhecida como Turmalina Champanhe, Dravita.	
Elemento: Terra	
Chakras: Coração, Raiz, Sacro	
Questões, Intenções e Poderes: coragem, cura (do eu), paz, espiritualidade	
Turmalina Verde	
Também conhecida como Verdelita	*Signos:* Capricórnio, Sagitário
Sistema Solar: Vênus	*Elemento:* Terra
Chakras: Coração, Sacro, Plexo Solar, Garganta	*Número:* 6
Questões, Intenções e Poderes: abundância, aceitação, reino astral, equilíbrio, começos, concentração/foco, criatividade, emoções, energia (realinhar), aterramento, crescimento (pessoal), cura, esperança, inspiração, dinheiro, prosperidade, renascimento/renovação, força, sucesso, riqueza, bem-estar, força de vontade	
Turmalina Laranja	
Chakras: Raiz, Sacro	
Questões, Intenções e Poderes: emoções, empatia, energia (receptiva), aterramento, poder, sensibilidade	
Turmalina Cor-de-rosa	
Signo: Libra	*Sistema Solar:* Vênus
Elemento: Água	*Número:* 7
Chakras: Coração, Raiz	

Questões, Intenções e Poderes: começos, calma, criatividade, dedicação/devoção, emoções, energia (amorosa), amigo/amizade (atrair), crescimento (pessoal), harmonia, cura, independência, conhecimento, amor (abrir-se ao), mente (remover bloqueios mentais), obstáculos, romance, sensibilidade, estresse, solidariedade	
Turmalina Vermelha	
Também conhecida como Rubelita.	*Signo:* Sagitário
Sistema Solar: Marte	*Luas Cheias:* Janeiro, Julho
Elemento: Fogo	*Energia:* Yang
Chakras: Coração, Raiz, Sacro	*Número:* 5
Questões, Intenções e Poderes: concentração/foco, criatividade, dedicação/devoção, emoções, empatia, energia, compreensão intuitiva, vida, amor, mensagens/presságios, paixão (aumentar), renascimento/renovação, força, sabedoria	
Turmalina Melancia	
Signos: Gêmeos, Virgem	*Sistema Solar:* Marte, Vênus
Elementos: Terra, Água	*Energia:* Yin, Yang
Chakras: Coração, Sacro	*Número:* 2
Questões, Intenções e Poderes: abundância, equilíbrio, criatividade, luto, harmonia, amor, proteção, relacionamentos	

TURQUESA

Signos: Aquário, Peixes, Sagitário, Escorpião, Touro, Virgem	
Sistema Solar: Júpiter, Lua, Netuno, Vênus	*Luas Cheias:* Dezembro, Julho
Estação: Inverno	*Dias:* Sábado, Quinta-feira, Quarta-feira
Celebração: Imbolc	*Elementos:* Terra, Água
Energia: Yin	*Chakras:* Coroa, Coração, Garganta
Números: 1, 6	*Direções:* Norte, Sudoeste
Tarô: A Imperatriz, O Louco, A Estrela	*Deuses:* Buda, Manannán, Ogma
Deusas: Chalchiuhtlicue, Hathor, Kuan Yin, Maat	
Questões, Intenções e Poderes: reino astral, atração, percepção consciente, equilíbrio, batalha/guerra, beleza, calma, mudança/s, alegria, clareza, comunicação, compaixão, coragem, criatividade, trabalho com sonhos, emoções, empatia, energia (em geral, receptiva), amigo/amizade, objetivos, bondade, aterramento, felicidade, cura, aprimoramento, inspiração, intuição, amor, sorte, manifestação, mente (paz), humor, negatividade, cuidados, paz, problemas, prosperidade, proteção, purificação, renascimento/renovação, sentidos (visão), habilidades, espiritualidade, força (interior), estresse, sucesso, apoio, viagem, unidade, riqueza, bem-estar, sabedoria	

UNAQUITA

Elemento: Terra	*Chakras:* Coração, Sacro
Questões, Intenções e Poderes: aterramento, orientação, magia (animal), negatividade, otimismo, paz, poder (pessoal), trabalho interior, transformação	

WULFENITA

Chakras: Sacro, Plexo Solar
Questões, Intenções e Poderes: equilíbrio (físico), emoções (harmonizar), energia, aterramento, motivação, liberação, trabalho interior, sexo/sexualidade, cordialidade

ZIRCÔNIA

Signos: Leão, Escorpião, Touro	*Sistema Solar:* Sol
Luas Cheias: Abril, Dezembro, Setembro	*Estação:* Verão
Elemento: Fogo	*Energia:* Yang
Chakras: Coroa, Plexo Solar	*Número:* 4
Direções: Norte, Nordeste, Sudeste	*Tarô:* A Estrela
Deusa: Danu	*Deus:* Dagda
Questões, Intenções e Poderes: abundância, alegria, crescimento (espiritual), harmonia, aprimoramento, inspiração, amor (atrair), motivação, prosperidade, proteção, purificação, trabalho interior, sono, sucesso, unidade, clima (raio)	
Zircônia Azul	
Elemento: Água	
Chakra: Garganta	
Questões, Intenções e Poderes: beleza, inveja, poder, viagem	
Zircônia Marrom	
Chakras: Sacro, Plexo Solar	
Questões, Intenções e Poderes: aterramento, dinheiro	
Zircônia Verde	
Chakra: Coração	
Questões, Intenções e Poderes: aceitação, dinheiro	

Zircônia Vermelha	
Também conhecida como Jacinto	*Sistema Solar:* Júpiter, Marte
Signos: Aquário, Câncer, Libra, Sagitário, Virgem	
Luas Cheias: Fevereiro	*Estação:* Outono
Chakra: Raiz	*Números:* 2, 7
Tarô: A Temperança	*Ser Mítico:* Dragão
Questões, Intenções e Poderes: aceitação, certeza, emoções (equilíbrio), energia, cura, honra, mente, dinheiro, paz, poder, espírito, força, riqueza, sabedoria	
Zircônia Amarela	
Também conhecida como Jargão	*Signo:* Capricórnio
Chakra: Plexo Solar	
Questões, Intenções e Poderes: encorajamento, energia (sexual), bondade, felicidade, paz	

ZOISITA

Chakra: Raiz
Questões, Intenções e Poderes: ação, certeza, conexões, emoções, medo (liberação), fertilidade, crescimento, integridade, amor, otimismo, capacidade psíquica
Zoisita Verde
Chakra: Coração, Sacro
Questões, Intenções e Poderes: felicidade, motivação, confiança
Veja a entrada separada para **Tanzanita** (Zoisita Lavanda Azulada)

METAIS E LIGAS

AÇO

Signos: Áries, Escorpião	*Sistema Solar:* Marte
Elemento: Fogo	*Energia:* Yang
Deusa: Morrigan	
Questões, Intenções e Poderes: batalha/guerra, defesa, trabalho com sonhos, energia, inimizade, cura, negatividade, pesadelos, proteção, força, apoio	

ALUMÍNIO

Signo: Aquário	*Sistema Solar:* Mercúrio
Elemento: Ar	*Energia:* Yang
Questões, Intenções e Poderes: conexões, energia, magia, mente, poder (ar), habilidades, estimulação, viagem	

ANTIMÔNIO

Sistema Solar: Sol	*Elemento:* Fogo
Energia: Yang	
Questões, Intenções e Poderes: energia, negatividade (proteger de), poder (de crença), proteção, força (construir)	

BORNITA

Questões, Intenções e Poderes: clarividência, comunicação, comunidade, criatividade, desejo, orientação, cura, conhecimento, vida, capacidade psíquica, sentidos (visão)

CHUMBO

Signos: Aquário, Capricórnio	*Sistema Solar:* Saturno
Ogham: Ioho	*Elemento:* Terra
Energia: Yin	*Chakra:* Raiz
Número: 8	*Deusa:* Dôn
Questões, Intenções e Poderes: compromisso, morte, defesa, adivinhação, energia (em geral, receptiva), feitiços, luxúria, magia (agressiva, defensiva), negatividade (proteger de), proteção	

COBRE

Signos: Libra, Escorpião, Touro	*Sistema Solar:* Vênus
Dia: Sexta-feira	*Ogham:* Ur
Elemento: Água	*Energia:* Yin
Cor: Vermelho	*Chakras:* Raiz, Sacro
Número: 6	*Deus:* Angus

Deusas: Afrodite, Astarte, Ishtar, Vênus
Questões, Intenções e Poderes: equilíbrio, concentração/foco, conexões, consciência, energia (em geral, receptiva), fertilidade, objetivos, cura, amor (atrair), sorte, luxúria, dinheiro, negatividade (proteger de), otimismo, prosperidade, proteção, liberação, espiritualidade, força, unidade, cordialidade, bem-estar, força de vontade

ESTANHO

Signos: Peixes, Sagitário	*Sistema Solar:* Júpiter
Dia: Quinta-feira	*Ogham:* Eadha
Elemento: Ar	*Energia:* Yang
Número: 3	*Deusa:* Justitia
Questões, Intenções e Poderes: adivinhação, energia, gentileza, esperança, sorte, luxúria, dinheiro, prosperidade, segredos	

FERRO

Signos: Áries, Leão, Escorpião	*Sistema Solar:* Marte
Dia: Terça-feira	*Elemento:* Fogo
Energia: Yang	*Cor:* Violeta
Chakra: Raiz	*Número:* 9
Deusas: Morrigan, Selene	*Ser Mágico:* Fadas (evitar)
Deuses: Agni, Júpiter, Thor, Vulcano	
Questões, Intenções e Poderes: batalha/guerra, defesa (de ataque psíquico), inimizade, aterramento, cura, magia (defensiva), manifestação, negatividade, problemas, proteção, capacidade psíquica, reverter, segurança, força	

LATÃO

Signo: Touro	*Sistema Solar:* Sol
Elemento: Fogo	*Energia:* Yang
Deusas: Amaterasu, Febe	
Deuses: Agni, Belenus, Hélio, Hórus, Lugh, Mitra, Pushan, Ra, Surya, Vishnu	
Questões, Intenções e Poderes: equilíbrio, engano, energia, cura, magia (defensiva, solar), dinheiro, negatividade (retornar), prosperidade, proteção, reverter, segurança, riqueza (atrair)	

MERCÚRIO

Também conhecido como Hidrargírio, Prata-viva. Esse metal é tóxico.	*Signos:* Gêmeos, Virgem
Sistema Solar: Mercúrio	*Dia:* Quarta-feira
Elementos: Ar, Terra, Água	*Energias:* Yang, Yin
Chakra: Plexo Solar	*Número:* 5
Ave: Cisne	*Seres Míticos:* Fênix, Unicórnio
Questões, Intenções e Poderes: mudança/s, comunicação, energia (em geral, receptiva), sorte (trazer rapidamente), luxúria, magia, motivação, poder, trabalho xamânico, transformação	

OURO

Signos: Áries, Leão	*Sistema Solar:* Sol
Dia: Domingo	*Celebração:* Yule
Ogham: Onn	*Elemento:* Fogo
Energia: Yang	*Chakras:* Raiz, Coração, Coroa
Número: 1	*Animal:* Leão
Deuses: Aegir, Agni, Esculápio, Belenus, Hélio, Hórus, Lugh, Manannán, Mitra, Ogma, Pushan, Ra, Surya, Vishnu	
Deusas: Amaterasu, Febe, Ran	
Questões, Intenções e Poderes: autoridade, equilíbrio, conforto, certeza, adivinhação, energia, cura, honestidade, honra, esperança, elucidação, luz, longevidade, amor, magia (em geral, defensiva, solar), mente, dinheiro, poder (de crença, pessoal), prosperidade, proteção, purificação, força, estresse, sucesso, riqueza, força de vontade, sabedoria	

PRATA

Signos: Aquário, Câncer, Capricórnio, Peixes	*Sistema Solar:* Lua
Fases da Lua: Cheia	*Dia:* Segunda-feira
Celebração: Yule	*Ogham:* Ailm
Elemento: Água	*Energia:* Yin
Chakra: Garganta	*Cor:* Índigo

Número: 2	*Deuses:* Dionísio, Manannán
Deusas: Ártemis, Diana, Ísis, Luna, Rhiannon, Selene	
Questões, Intenções e Poderes: ambição, atração, percepção consciente, começos, calma, comunicação, consciência (subconsciente), criatividade, adivinhação, trabalho com sonhos, emoções, energia (em geral, receptiva), cura, feitiços (desfazer), aprimoramento, influência, intuição, vida, luz, amor (atrair), sorte, luxúria, magia (da lua, da água), casamento, mente (clarear), dinheiro, humor, motivação, negatividade, paz, poder (em geral, divino), problemas, prosperidade, proteção, capacidade psíquica, purificação, pureza, segurança, espíritos, estresse, viagem	

DO MAR

ABALONE

Haliotis Íris, Abalone Paua; *H. rufescens*, Abalone Vermelho; *H. cracherodi*, Abalone Preto – Também conhecido como Haliote, Orelhas-do-mar.
Chakra: Todos
Direções: Nordeste, Sudoeste, Oeste
Questões, Intenções e Poderes: abundância, determinação, emoções (curar), generosidade, cura, imaginação, compreensão intuitiva, introspecção, intuição, vida (*paua*), mente, problemas (evitar), prosperidade, purificação, relacionamentos, trabalho interior (*paua*), estimulação

AMÊIJOA

Mercenaria mercenaria, Amêijoa-mercenária ou Clame-redonda; *Mya arenaria*; *Spisula solidissima*
Chakra: Raiz
Questões, Intenções e Poderes: abundância, comunicação, compaixão, emoções (proteger), cura, vida, amor, purificação, segredos, trabalho interior, sexo/sexualidade, estabilidade, solidariedade, bem-estar

ANÔMIA

Anomia simplex
Elemento: Ar
Questões, Intenções e Poderes: mudança/s, certeza, coragem, perdão, liberdade, intuição, luz, motivação, oportunidades, trabalho interior, confiança

ASA-DE-ANJO

Cyrtopleura costata, Asa-de-anjo do Atlântico; *Barnea digitata*, Asa-de-anjo do Pacífico
Elemento: Ar
Questões, Intenções e Poderes: equilíbrio, determinação, energia (angelical), liberdade, graça, esperança, magia (angelical), apoio

BERBIGÃO

Cerastoderma edule, Berbigão Europeu Comum; *Trachycardium muricatum*
Chakra: Coração
Questões, Intenções e Poderes: percepção consciente, equilíbrio, calma, certeza, morte (costumes de sepultamento), encorajamento, bondade, aterramento, felicidade, cura, amor, renascimento/renovação, romance, confiança (no eu)

BOLACHA-DO-MAR

Echinarachnius parma, Bolacha-do-mar comum
Questões, Intenções e Poderes: percepção consciente, equilíbrio (buscar), compaixão, conhecimento, mensagens/presságios, proteção (emocional, financeira), propósito, segredos, transformação, sabedoria

BÚZIO

Busycon contrarium; *B. canaliculatum*
Questões, Intenções e Poderes: mudança/s, orientação, imaginação, aprimoramento, inspiração, sorte, liberação, espiritualidade, sabedoria

BÚZIO-TROMBETA

Charonia Tritonis – Também conhecido como Tritão
Deuses: Netuno, Posêidon, Vishnu
Questões, Intenções e Poderes: comunicação, certeza, dedicação/devoção, emoções, fé, felicidade, liderança, motivação, poder, relacionamentos, juventude

CARAMUJO

Littorina littorea, Caramujo comum
Questões, Intenções e Poderes: adaptabilidade, mudança/s, concentração/foco, determinação, amigo/amizade, aterramento, crescimento, integridade, mente (deliberação), transformação

CAURI

Cypraea moneta; C. cinerea	
Energia: Yin	*Chakra:* Sacro
Deusas: Ceridwen, Vênus	
Questões, Intenções e Poderes: abundância, morte (costumes de sepultamento), adivinhação, fé, medo (vencer), fertilidade, crescimento, aprimoramento, independência, introspecção, intuição, amor, manifestação, casamento, dinheiro, profecia, prosperidade, renascimento/renovação, trabalho interior, sensibilidade, sucesso, visão, riqueza	

CONCHA-RAINHA

Strombus gigas.	*Deusas:* Anfitrite, Durga, Lakshmi
Deuses: Buda, Ganesha, Krishna, Manannán, Vishnu	
Animal: Jaguar	*Réptil:* Crocodilo
Questões, Intenções e Poderes: percepção consciente, banir, batalha/guerra, clareza, comunicação, criatividade, perigo, defesa, determinação, energia (de mudança), iluminação, introspecção, justiça, conhecimento, aprendizagem, vida (vitalidade), amor, magia (amor), negatividade, poder (oculto/*com espiral à esquerda*), purificação, sabedoria	

CORAL

Signo: Áries	*Sistema Solar:* Netuno, Vênus
Luas Cheias: Outubro	*Elemento:* Água
Energia: Yin	*Chakras:* Coração, Sacro
Número: 4	*Direções:* Leste, Norte, Sudoeste
Deusas: Ísis, Vênus	
Questões, Intenções e Poderes: adaptabilidade, equilíbrio (emocional), banir, compromisso, mudança/s, comunidade, criatividade, perigo, energia (em geral, receptiva), fertilidade, crescimento (intelectual), harmonia, cura, imaginação, longevidade, amor, negatividade, paz (interior), poder, gravidez/parto, proteção, trabalho interior, espíritos, força, estresse, transformação, cordialidade, clima (tempestades), sabedoria	

Coral Negro	
Signos: Capricórnio, Escorpião	*Sistema Solar:* Saturno
Elemento: Terra	*Chakra:* Raiz
Número: 6	
Questões, Intenções e Poderes: escuridão, medo, conhecimento, negatividade	
Coral Vermelho	
Signos: Libra, Touro	*Sistema Solar:* Marte
Elemento: Fogo	*Energia:* Yang
Chakras: Raiz, Plexo Solar	*Número:* 4
Coral Branco	
Signos: Aquário, Peixes	*Sistema Solar:* Lua
Chakra: Coroa	*Número:* 6
Tarô: A Lua	*Questões, Intenções e Poderes:* morte

LAPA

Crepidula fornicata
Questões, Intenções e Poderes: adaptabilidade, equilíbrio, desafios, mudança/s, comunidade, família, generosidade, apoio, transformação

MADREPÉROLA

Essa não é uma concha; é o nácar interior de muitos tipos de conchas, tais como o abalone.	
Sistema Solar: Lua, Netuno, Vênus	*Signos:* Câncer, Peixes
Elemento: Água	*Energia:* Yin
Chakras: Todos	*Número:* 8
Direções: Nordeste, Sudoeste, Oeste	
Questões, Intenções e Poderes: adivinhação, energia (receptiva), imaginação, intuição, conhecimento, amor (materno), magia (lunar), dinheiro, motivação, poder (mental), profecia, prosperidade, proteção, relacionamentos, riqueza	

MEXILHÃO

Mytilus edulis, Mexilhão Azul; *M. galloprovincialis,* Mexilhão mediterrâneo	
Sistema Solar: Lua	*Deusa:* Anfitrite
Questões, Intenções e Poderes: abundância, adaptabilidade, afeto, ligações, dedicação/devoção, determinação, crescimento, orientação, estabilidade	

MÚRICE

Murice brandaris, Múrice Púrpura; *M. rubidus.* Múrice cor-de-rosa
Questões, Intenções e Poderes: adaptabilidade, raiva, negócios, coragem, dedicação/devoção, emoções, justiça (assuntos jurídicos), vida, negatividade, cuidados, proteção, apoio, cordialidade

NATICIDAE

Polinices duplicatus	
Sistema Solar: Lua	*Deusas:* Astarte, Inanna
Questões, Intenções e Poderes: beleza, clareza, ciclos, morte (costumes de sepultamento), fertilidade, harmonia, independência, compreensão intuitiva, introspecção, conhecimento (buscar), magia (lunar), mente, proteção (pela deusa), renascimento/renovação	

OSTRA

Ostrea edulis, Ostra europeia ou comestível
Questões, Intenções e Poderes: abundância, beleza, fertilidade, vida (vitalidade), amor (incondicional), sorte, luxúria, prosperidade (atrair), sexo/sexualidade

PÉROLA

Signos: Aquário, Câncer, Gêmeos, Peixes, Escorpião	
Sistema Solar: Lua, Vênus	*Luas Cheias:* Fevereiro, Junho, Novembro
Estação: Inverno	*Dias:* Segunda-feira, Domingo
Elemento: Água	*Energia:* Yin
Chakras: Sacro, Coração, Coroa	*Números:* 2, 7

<table>
<tr><td>Tarô: A Sacerdotisa, A Lua</td><td>Direções: Norte, Nordeste</td></tr>
<tr><td colspan="2">Deusas: Afrodite, Diana, Freya, Hécate, Ísis, Kuan Yin, Lakshmi, Sarasvati, Vênus</td></tr>
<tr><td>Deuses: Netuno, Posêidon</td><td>Ave: Coruja</td></tr>
<tr><td colspan="2">Questões, Intenções e Poderes: ativar/despertar, bênçãos, caridade, clareza, concentração/foco, conexões, consagrar/abençoar, desejo, emoções, energia (receptiva), fé, favor/es, medo, gentileza, crescimento (pessoal), guardar, orientação, honra, elucidação, inocência, luz, longevidade, amor (atrair), sorte, luxúria, magia (em geral, da lua, da noite), mente (paz), dinheiro, negatividade (acabar com padrões), paz, prosperidade, proteção, purificação, pureza, trabalho interior, estimulação, riqueza, bem-estar, sabedoria</td></tr>
</table>

VIEIRA

Argopecten irradians; *Placopecten magellanicus*
Deusas: Afrodite, Chalchiuhtlicue, Coatlicue, Vênus, Xochiquetzal
Questões, Intenções e Poderes: beleza, calma, mudança/s, clareza, compaixão, energia (de mudança), aterramento, harmonia, cura, lar, introspecção, liderança, sorte, obstáculos, prosperidade, renascimento/renovação, relaxamento, espiritualidade, viagem

Capítulo Quatro

O Reino Animal

Os animais têm servido como símbolos do poder desde os tempos pré-históricos. Em muitos lugares do mundo as pessoas acreditavam que, trabalhando com o espírito e a essência de um animal, poderiam incorporar certos aspectos de seus poderes. Animais terrestres representavam qualidades para serem manifestadas bem como controladas, enquanto as aves representavam a alma. Criaturas de água, em geral simbolizavam aspectos intuitivos e criativos. Em geral, porque vivem mais intimamente com a natureza, acreditava-se que os animais possuíam a sabedoria do mundo natural, bem como a capacidade de guiar as pessoas para outros reinos. Nas tradições xamânicas, pensava-se que a comunicação com os animais possibilitava o acesso aos segredos da natureza.

Assim como ocorre no mundo das plantas, partes dos corpos de animais são utilizadas para a magia e a cura e têm o seu próprio significado. Os chifres dos animais muitas vezes simbolizam divindades, o sol e a lua. Eles também representam a fertilidade e a força vital de energia e incorporam majestade, poder e força.

Dentes, presas e garras representam proteção e perseverança, bem como sabedoria e força.

Além de sustentarem e suportarem o corpo, os ossos simbolizam a essência básica de um animal. Nas tradições xamânicas, acreditava-se que os ossos contêm a alma e os crânios possuem poderes mágicos.

Os ovos das aves representam proteção, bem como as forças criativas primordiais, enquanto as penas simbolizam o voo do espírito.

Usar objetos do reino animal é um assunto complicado, pois muitas pessoas acreditam que é errado usar animais como alimento e finalidades menos essenciais. Creio que cabe a cada pessoa decidir. Embora eu não goste de que um animal seja ferido para adquirir alguma coisa dele, sinto que encontrar uma pena ou uma amostra de pele de animais é um dom que deve ser honrado. No entanto, não precisamos de algo físico de um animal para aproveitar sua energia. Como os povos antigos que retrataram criaturas nas paredes das cavernas, nós, também, podemos usar imagens para nos conectarmos com o reino animal a fim de fazer totens e magia. Afinal de contas, quando trabalhamos com magia, lidamos com símbolos e intenções. Como diz a propaganda de uma câmera, podemos capturar a natureza e, mesmo assim, deixá-la intacta. Além de imagens, pode ser possível encontrar uma gravação de um animal ou ave. Incorporar o som é tornar real um ritual ou trabalho mágico. Tudo o que você usar para representar o reino animal, mesmo se for uma foto ou gravação, trate-a com respeito ao transmitir sua intenção.

ANIMAIS

ALCE

Signo: Sagitário	*Estação:* Outono
Runa: Elhaz	*Direção:* Norte
Chakra: Garganta	
Questões, Intenções e Poderes: cooperação, determinação, dignidade, resistência, liberdade, amigo/amizade, integridade, aprendizagem (controlar-se), necessidades, paixão, poder, orgulho, relacionamentos (equilíbrio), sensualidade, força, apoio, sabedoria	

ALCE-AMERICANO

Energia: Yin	*Elemento:* Água
Estações: Outono, Inverno	*Chakras:* Terceiro Olho, Coroa
Questões, Intenções e Poderes: realização, percepção consciente (novas profundidades), clariaudiência, certeza, conexões (com mundos antigos, interiores e exteriores), dignidade, energia (sexual), elucidação, independência, intuição, conhecimento (do eu e da alma), longevidade, mensagens/presságios, renascimento/renovação, respeito (pelo eu), trabalho interior, trabalho xamânico, espíritos (banir), força, verdade, sabedoria	

ANTÍLOPE

Elemento: Terra	*Estações:* Outono, Primavera
Chakras: Terceiro Olho, Coroa	*Deusa:* Minerva
Deuses: Anúbis, Brahma, Set, Shiva	
Questões, Intenções e Poderes: ação, adaptabilidade, mudança/s, clarividência (ensinar), clareza, comunicação, comunidade, certeza, perigo (evitar), defesa, empatia, energia, família, gentileza, graça, crescimento, imaginação (ativa), intuição, mente (ter os pés no chão), obstáculos, oportunidades, capacidade psíquica, habilidades (de sobrevivência)	

BABUÍNO

Sistema Solar: Sol	*Deuses:* Khensu, Thoth
Questões, Intenções e Poderes: ativar/despertar, defesa (da família), família, aterramento, magia, mensagens/presságios, bruxas/bruxaria	

BODE/CABRA

Signos: Áries, Capricórnio, Touro	*Sistema Solar:* Lua, Saturno, Sol
Estações: Primavera (*cabrito*), Verão	*Celebrações:* Beltane, Lupercália
Elementos: Terra, Fogo	*Árvore:* Freixo
Deusas: Afrodite, Ártemis, Atena, Cailleach Bheur, Freya, Holle	
Deuses: Agni, Baco, Dionísio, Fauno, Hermes, Mercúrio, Pan, Pushan, Silvano, Thor, Zeus	
Questões, Intenções e Poderes: abundância, começos, conexões (com vidas passadas), fertilidade, independência, vida (vitalidade), magia (sexual), renascimento/renovação, segurança (emocional/*bode montanhês*), sentidos (visão), sexo/sexualidade (vigor sexual), tristeza, espíritos, estabilidade, apoio	

BOVINOS

Sistema Solar: Lua	*Celebrações:* Litha, Lughnasadh (*bezerro*)
Runa: Feoh	*Elemento:* Terra
Árvore: Olmo	*Deusas:* Aine, Astarte, Brigantia
Deuses: Brahma, Hermes, Osíris, Pushan, Ra	
Questões, Intenções e Poderes: equilíbrio, comunidade, perigo (alertar sobre), fertilidade, magia (lunar), manifestação, poder, profecia, renascimento/renovação, sexo/sexualidade (potência)	

Touro	
Signos: Gêmeos, Touro	*Sistema Solar:* Sol, Vênus
Celebrações: Lughnasadh, Dia de Ano Novo	*Deusas:* Cibele, Ishtar, Nanna
Deuses: Amon, Ares, Baal, Cernunos, Dionísio, Dumuzi, Indra, Júpiter, Marduk, Marte, Mitra, Osíris, Perun, Posêidon, Ptah, Ra, Shiva, Vishnu, Zeus	
Questões, Intenções e Poderes: adaptabilidade, agricultura (fertilidade do solo), autoridade, conexões (com vidas passadas), defesa (defender seu território), objetivos, justiça, liderança, vida (vitalidade), magia (*branco*), ordenar/organizar (o cosmos), o outro mundo/mundo inferior, estabilidade, força	
Vaca	
Sistema Solar: Terra	*Fases da Lua:* Cheia
Celebrações: Beltane, Samhain	*Elemento:* Água
Deuses: Krishna, Manannán	*Ser Mágico:* Fadas
Deusas: Anat, Afrodite, Banba, Boann, Brígida, Cailleach Bheur, Ceridwen, Diana, Hathor, Hera, Héstia, Inanna, Ísis, Juno, Maeve, Morrigan, Nut	
Questões, Intenções e Poderes: abundância, conforto, conexões (com a deusa mãe), morte (ritos funerários), iluminação, guardar, orientação, lar, amor, motivação, necessidades (físicas), cuidados, paciência, gravidez/parto, prosperidade, cordialidade, riqueza	
Boi	
Signos: Peixes, Touro	*Estação:* Inverno
Runa: Ur	*Energia:* Yin
Deusas: Ártemis, Atena, Epona, Minerva, Selene	
Deuses: Apolo, Hélio, Hermes, Ptah, Set	
Questões, Intenções e Poderes: abundância, amabilidade, paz, poder (controlado), responsabilidade, estabilidade, força	

BÚFALO/BISÃO

Sistema Solar: Terra	*Elemento:* Terra
Deusa: Durga	
Questões, Intenções e Poderes: abundância, comunidade, conexões (mundanas e divinas), coragem, determinação, encorajamento, resistência, fidelidade, generosidade, gratidão, aterramento, harmonia, cura, honra, aumentar, conhecimento, vida, sorte, manifestação, ordenar/organizar, prosperidade, relacionamentos, força, verdade, cordialidade	

BURRO

Também conhecido como Asno, Jumento	*Sistema Solar:* Saturno
Celebração: Saturnália	*Árvore:* Azevinho
Deuses: Apolo, Dionísio, Hefésto, Pan, Set	*Deusa:* Epona
Questões, Intenções e Poderes: ativar/despertar (sabedoria), vida após a morte, coragem, morte, decisão/ões, aprendizagem, oportunidades, paciência, paz, segurança, sexo/sexualidade, espíritos, estabilidade, sabedoria (de potenciais internos)	

CAMELO

Também conhecido como Dromedário (uma corcova); Camelo Bactriano (duas corcovas).
Questões, Intenções e Poderes: negócios, morte, resistência, guardar, orientação, conhecimento (oculto), otimismo, paciência, orgulho, estabilidade, apoio (encargos), viagem

CAMUNDONGO

Deuses: Apolo, Ganesha	*Ser Mágico:* Fadas
Questões, Intenções e Poderes: concentração/foco, astúcia, perigo, engano, destruição, encantamento, orientação, introspecção, mensagens/presságios, segredos, timidez, habilidades, espíritos, sucesso, visões	

CANGURU

Questões, Intenções e Poderes: adaptabilidade, equilíbrio, energia, fidelidade, lar, motivação, prazer, proteção (crianças), unidade

CÃO

Signos: Aquário, Câncer, Capricórnio, Escorpião	*Sistema Solar:* Lua
Celebrações: Lupercália, Mabon, Samhain, Walpurgis	
Elementos: Terra, Água	*Seres Mágicos:* Fadas, Lares
Deusas: Ártemis, Ceridwen (*galgo*), Diana, Epona, Hécate, Hera, Morrigan (*preto*)	

Deuses: Anúbis, Arawn (*branco com orelhas vermelhas*), Ares, Esculápio, Fauno, Gwydion (*galgo*), Hades, Hermes, Indra, Lugh, Mabon, Manannán, Marte, Odin, Thoth
Questões, Intenções e Poderes: agressão, agricultura (estimular o crescimento), batalha/guerra, consciência, coragem, morte, defesa, dedicação/devoção, adivinhação, família, fidelidade, amigo/amizade, crescimento, guardar, orientação, cura, feitiços, amor (incondicional), lealdade, magia (em geral/*branco com orelhas vermelhas*), magia (da anciã, negra, lunar), cuidados, o outro mundo/mundo inferior, profecia, proteção (amorosa), segredos, segurança, sentidos (olfato), sensualidade, sexo/sexualidade, habilidades, espíritos (*branco*), apoio

CÃO-DA-PRADARIA

Estações: Primavera, Verão	*Elemento:* Terra
Questões, Intenções e Poderes: afeto, comunidade, família, lar, sentidos (tato), apoio	

CARCAJU

Também conhecido como Glutão	*Elemento:* Terra
Questões, Intenções e Poderes: agressão, batalha/guerra, esperteza, conexões (entre mundos), coragem, resistência, energia (*trickster*), magia, proteção, vingança, força, viagem	

CARIBU

Questões, Intenções e Poderes: ação, comunidade, conexões, resistência, lar, motivação, proteção (durante viagem), viagem

CASTOR

Signo: Touro	*Horas do dia:* Crepúsculo
Elemento: Água	*Árvores:* Álamo, Choupo
Questões, Intenções e Poderes: ação (sonhos em realidade), equilíbrio, mudança/s, comunidade (trabalho em conjunto), cooperação, criatividade (com os recursos disponíveis), determinação, família, fidelidade, objetivos, harmonia, lar, motivação, oportunidades (nunca limitar opções), habilidades	

CAVALO

Signos: Peixes, Sagitário	*Sistema Solar:* Terra, Lua
Celebrações: Festa de Epona, Litha, Véspera do Solstício de Verão	
Runas: Ehwaz, Rad	*Elementos:* Fogo, Água
Ervas e Jardim: Carqueja	*Seres Mágicos:* Fadas, Duendes (*pônei*)
Deusas: Aine (égua vermelha), Ártemis, Astarte, Athena, Demeter, Éos, Epona, Macha, Maeve, Modron, Morrigan, Selene	
Deuses: Agni, Apolo, Arawn (*baio*), Belenus, Buda, Dionísio, Freyr, Gwydion, Hermes, Indra, Lugh, Mabon, Manannán, Marte, Netuno, Posêidon, Surya, Vishnu	
Questões, Intenções e Poderes: abundância, ação (mudar), reino astral, percepção consciente, batalha/guerra, mudança/s, clarividência, comunicação (entre as espécies), cooperação, perigo (avisar do), escuridão, morte (costumes de sepultamento), dedicação/devoção, desejo, destino, destruição, adivinhação, emoções, resistência, energia, fertilidade, fidelidade, liberdade, amigo/amizade, orientação (almas, viajantes), vida, luz, amor, lealdade, magia, pesadelos, obstáculos, o outro mundo/mundo inferior, poder (pessoal), proteção (contra abuso de poder), buscas (espirituais), renascimento/renovação, segredos (iniciação), sexo/sexualidade, trabalho xamânico, espíritos, força, viagem, riqueza, juventude	
Cavalo Branco	
Deusa: Rhiannon	*Deus:* Hélio
Questões, Intenções e Poderes: inocência	

CERVO

Signo: Gêmeos	*Sistema Solar:* Sol
Estações: Outono, Primavera	*Celebração:* Imbolc
Número: 7	*Árvore:* Pinheiro
Deusas: Ártemis, Atena, Cailleach, Diana	
Questões, Intenções e Poderes: ativar/despertar (novas aventuras), adaptabilidade, afeto, percepção consciente, equilíbrio, clareza, ciclos, generosidade, gentileza, graça, orientação (almas), inocência, amabilidade, luz, amor (incondicional), paz, purificação, pureza, propósito, renascimento/renovação (*castanho claro*), segredos, sentidos (audição, tato), sensibilidade, espírito, sabedoria	

Corça	
Signos: Leão, Sagitário	*Ser Mágico:* Fadas
Questões, Intenções e Poderes: comunicação, encantamento, objetivos, gratidão	
Veado	
Sistema Solar: Terra, Júpiter	*Celebração:* Yule
Elemento: Terra	*Energia:* Yang
Deusas: Afrodite, Nêmesis	
Deuses: Adônis, Apolo, Cernunos, Gwydion, Silvano	
Questões, Intenções e Poderes: conhecimento, longevidade, mensagens/presságios (do outro mundo/*branco*), o outro mundo/mundo inferior (*branco*), buscas (*branco*), renascimento/renovação, trabalho xamânico, timidez, apoio	

CHACAL

Sistema Solar: Mercúrio	*Deusas:* Devi, Inanna
Deus: Anúbis	
Questões, Intenções e Poderes: vida após a morte, reino astral, conexões (com vidas passadas), perigo (proteger contra perigo oculto), morte, vida, luxúria, mensagens/presságios, mente (alertar), oportunidades, o outro mundo/mundo inferior, proteção, sentidos (fortalecimento), sensualidade, viagem	

CHIMPANZÉ

Questões, Intenções e Poderes: agressão (equilíbrio), percepção consciente (do eu), mudança/s, comunicação, comunidade, compaixão, engano, inteligência, problemas (solucionar), habilidades

COALA

Questões, Intenções e Poderes: calma, empatia, gentileza, orientação, obstáculos

COELHO

Sistema Solar: Lua	*Estação:* Primavera
Horas do dia: Amanhecer, Crepúsculo	*Celebrações:* Beltane, Ostara

Deusas: Hécate, Ostara	*Ser Mágico:* Fadas
Questões, Intenções e Poderes: abundância, ansiedade, atração, percepção consciente, adivinhação, medo (vencer), fertilidade, gentileza, lar, intuição, vida, amor (atrair), magia (lunar), mente (alerta, rápida), segurança, sensibilidade, sexo/sexualidade, espíritos, bem-estar, bruxas/bruxaria	

COIOTE

Sistema Solar: Mercúrio	
Horas do dia: Amanhecer, Anoitecer	*Deuses:* Coiote, Loki
Questões, Intenções e Poderes: aceitação (de transformação), ativar/despertar (sabedoria infantil), adaptabilidade, agricultura, equilíbrio, mudança/s, esperteza, cooperação, criatividade, destino, família, fidelidade, objetivos, elucidação, inocência (renovar), compreensão intuitiva, inteligência, introspecção, intuição, karma, conhecimento (oculto), liderança, aprendizagem, vida (evitar complicar), magia (manter), paz, reverter (a sorte), trabalho interior, sentidos (visão), trabalho xamânico (mudar a forma), habilidades, transformação, confiança, verdade, sabedoria	

DINGO

Também conhecido como Cão Selvagem Australiano
Questões, Intenções e Poderes: adaptabilidade, determinação, família, amigo/amizade, intuição, aprendizagem, lealdade, proteção, sentidos (olfato), apoio, verdade (encontrar)

DONINHA

Deusa: Deméter
Questões, Intenções e Poderes: percepção consciente, batalha/guerra (guerreiros), clareza (para significado oculto), conforto (na solidão), criatividade, engano, inteligência, poder (sobrenatural), profecia, vingança, segredos (descobrir), sucesso, bruxas/bruxaria

ELEFANTE

Signo: Capricórnio	*Sistema Solar:* Lua
Elemento: Terra	*Deusas:* Lakshmi, Parvati

Deuses: Buda, Ganesha, Indra, Shiva
Questões, Intenções e Poderes: afeto, equilíbrio, batalha/guerra, comunicação (sutileza), comunidade, certeza, conexões (sabedoria antiga), dignidade, emoções, resistência, família, fertilidade, graça (estado de), intuição, aprendizagem (e ensino), longevidade, lealdade, sorte, memória/s, obstáculos, oportunidades (educação), paciência, poder (antigo), profecia, proteção, relacionamentos, respeito, vingança, sentidos (visão), sexo/sexualidade, força, sucesso, bem-estar, sabedoria

ESQUILO

Signo: Virgem	*Celebração:* Yule
Questões, Intenções e Poderes: abundância, ação, equilíbrio, mudança/s, comunicação, comunidade, concentração/foco (em soluções), perigo (evitar), inocência, conhecimento, necessidades, negatividade, confiança	

GAMBÁ

Estação: Primavera	*Número:* 13
Questões, Intenções e Poderes: engano (desvendar falsidades), orientação (encontrar talentos), habilidades, sabedoria	

GATO

Gato doméstico.	*Signo:* Virgem
Sistema Solar: Lua	*Celebração:* Samhain
Deus: Ra	*Anjo:* Gabriel
Deusas: Ártemis, Bast, Ceridwen, Deméter, Diana, Freya, Sekhmet	
Questões, Intenções e Poderes: afeto, vida após a morte, esperteza, concentração/foco, conexões, encruzilhada (*preto*), escuridão, defesa, destruição, dignidade, trabalho com sonhos, encantamento, inimizade, família, amigo/amizade, graça, cura, independência, amor, sorte, magia (em geral, da anciã, da lua, da noite), mensagens/presságios, o outro mundo/mundo inferior, paixão, paz, prazer, poder (interior), proteção (materna), capacidade psíquica, vingança, segredos, segurança, sensualidade, espíritos (ver), espiritualidade, estresse, cordialidade, bruxas/bruxaria (*especialmente preto*)	

GAZELA

Elemento: Ar	*Deus:* Dumuzi
Questões, Intenções e Poderes: realização, beleza, objetivos, graça, compreensão intuitiva, introspecção, justiça (roda da lei), aprendizagem, sentidos (visão/visão interna), espiritualidade, confiança	

GIRAFA

Chakra: Terceiro Olho
Questões, Intenções e Poderes: percepção consciente, equilíbrio, clareza, comunicação, família, aterramento, intuição, mente (maior percepção), motivação, profecia, relacionamentos, viagem, sabedoria

GORILA

Deusa: Néftis	*Deuses:* Osíris, Thoth
Questões, Intenções e Poderes: adaptabilidade, comunicação, comunidade, família, generosidade, gentileza, bondade, aterramento, inteligência, intuição (materna), liderança (*de dorso prateado*), paz, poder, força, apoio	

GUAXINIM

Estações: Primavera, Verão	*Elemento:* Água
Questões, Intenções e Poderes: adaptabilidade, equilíbrio, certeza, defesa, determinação, orientação (procurar), conhecimento (oculto), timidez, sono, transformação	

GUEPARDO

Questões, Intenções e Poderes: adaptabilidade, comunidade, concentração/foco, liberdade, respeito (pelo eu), trabalho interior, sentidos (visão)

HIENA

Deusa: Tiamat	*Deus:* Set
Ave: Abutre	
Questões, Intenções e Poderes: adaptabilidade, vida após a morte, esperteza, comunicação, comunidade, escuridão, defesa, determinação, adivinhação, família, guardar, conhecimento (secreto, entendimento), paciência, sentidos (olfato), força, confiança, sabedoria, bruxas/bruxaria	

HIPOPÓTAMO

Elementos: Terra, Água	*Deusa:* Hathor
Deus: Set	
Questões, Intenções e Poderes: ação, criatividade, emoções, energia, vida, gravidez/parto, proteção, força	

JAGUAR

Sistema Solar: Terra, Lua, Sol	*Elemento:* Terra
Planta diversa: Grãos (*milho*)	*Do Mar:* Concha-rainha
Questões, Intenções e Poderes: desafios, consciência, escuridão, fortalecimento, energia, medo, guardar, magia (em geral, da noite), manifestação, motivação, cuidados, oportunidades, o outro mundo/mundo inferior, paciência, poder (elemento terra), capacidade psíquica, vingança, trabalho interior, trabalho xamânico (mudança de forma), habilidades, espiritualidade, confiança, sabedoria	

JAGUATIRICA

Questões, Intenções e Poderes: clareza, conexões (com reino do espírito), renascimento/renovação, trabalho xamânico, habilidades, espiritualidade

JARITATACA

Também conhecida como Gambá e Cangambá.	*Deusa:* Hécate
Questões, Intenções e Poderes: agressão, atração, certeza, coragem, ciclos, determinação, energia (entender), medo, gentileza, independência, paz, respeito (por si e pelos outros), trabalho interior, sensualidade, sexo/sexualidade, verdade, força de vontade	

JAVALI

Celebrações: Samhain, Yule	*Elemento:* Terra
Energia: Yang	*Árvore:* Carvalho
Deusas: Arianrhod, Ártemis, Cailleach Bheur, Freya, Nut	
Deuses: Arawn, Ares, Brahma, Cernunos, Freyr, Lugh, Manannán, Set, Vishnu	
Questões, Intenções e Poderes: assertividade, autoridade (espiritual), batalha/guerra, desafios, coragem, encruzilhada, astúcia, perigo, morte, determinação, encorajamento, inimizade, família, fertilidade, fidelidade, bondade, cura, honestidade, luxúria, magia, o outro mundo/mundo inferior, paixão, poder, profecia, prosperidade, proteção, força, verdade (encontrar), riqueza	

LEÃO

Sistema Solar: Sol	*Signos:* Capricórnio, Leão, Sagitário
Estações: Primavera, Verão	*Elemento:* Fogo
Energia: Yin	*Direção:* Sul
Anjo: Rafael	
Deusas: Anat, Ártemis, Astarte (*leoa*), Brigantia (*leoa*), Cibele, Devi, Durga, Hathor, Hera, Inanna, Ishtar, Ísis, Parvati, Reia, Sekhmet	
Deuses: Amon, Buda, Dionísio, Hélio, Khnum, Krishna, Lugh, Mitra, Nergal, Vishnu	
Seres Mítico: Grifo	*Metal:* Ouro
Questões, Intenções e Poderes: afeto, autoridade, comunicação, comunidade, cooperação, coragem, dignidade, energia, família, integridade, ciúme, justiça, conhecimento (divino), liderança, luz, paixão, paciência, poder (do fogo/*leão*), poder (feminino/*leoa*), orgulho, prosperidade, proteção, renascimento/renovação, liberação, respeito, espiritualidade, força, estresse, unidade, sabedoria	

LEBRE

Signo: Libra	*Sistema Solar:* Lua, Vênus
Estação: Outono	*Luas Cheias:* Abril, Maio
Celebração: Ostara	*Elemento:* Água
Deus: Eros	
Deusas: Afrodite, Ártemis, Freya, Hécate, Hera, Ostara	
Questões, Intenções e Poderes: ambição, criatividade, encruzilhada, ciclos, morte, desejo, trabalho com sonhos, medo, amigo/amizade, imaginação, intuição, magia (lunar), mente (rápida), mensagens/presságios, profecia, renascimento/renovação, relacionamentos, sensibilidade, trabalho xamânico, habilidades, espíritos, bruxas/bruxaria	

LÊMURE

Questões, Intenções e Poderes: clariaudiência, clareza, concentração/foco, conhecimento (do invisível), memória/s (dos antepassados), o outro mundo/mundo inferior, espíritos (dos antepassados), viagem, visões

LEOPARDO

Sistema Solar: Lua	*Energia:* Yin
Deusa: Afrodite	*Deuses:* Baco, Dionísio, Set
Questões, Intenções e Poderes: assertividade, batalha/guerra (guerreiros), começos (nova perspectiva), comunicação, concentração/foco, astúcia, medo (superar demônios interiores), intuição, conhecimento (imagem do eu), magia, obstáculos (superar), poder (do silêncio), orgulho, prosperidade, sentidos (tato), sensibilidade, trabalho xamânico, espíritos, força, confiança (intuição)	

LHAMA

Questões, Intenções e Poderes: conforto (dos outros), resistência, obstáculos, segurança (emocional)

LINCE

Também conhecido como Bobcat, Wildcat.	*Estações:* Primavera, Inverno (*final do inverno*)
Questões, Intenções e Poderes: equilíbrio (forças criativas), clareza, comunicação (medida), independência, intuição (confiança), conhecimento (buscar), aprendizagem, solidão (aceitar), magia (sexual), capacidade psíquica, segredos	

LINCE-CANADENSE

Sistema Solar: Vênus	*Estações:* Outono, Inverno
Direção: Norte	*Número:* 11
Deusa: Freya	*Deuses:* Dionísio, Lugh
Questões, Intenções e Poderes: reino astral, clarividência, adivinhação, inteligência, conhecimento (oculto), amor, motivação, poder (psíquico), segredos, sentidos (visão), timidez, habilidades, verdade	

LOBO

Signo: Escorpião	*Sistema Solar:* Marte, Sol
Fases da Lua: Cheia	*Luas Cheias:* Janeiro, Fevereiro
Horas do dia: Crepúsculo	*Celebração:* Mabon

Direção: Norte	*Árvores:* Pilriteiro, Carvalho
Deusas: Ártemis, Badb, Cailleach Bheur, Ceridwen, Morrigan	
Deuses: Apolo, Gwydion, Hades, Marte, Odin, Osíris, Zeus	
Questões, Intenções e Poderes: aceitação (dos outros), ação, vida após a morte, agressão, batalha/guerra (habilidades guerreiras), mudança/s (usar para aproveitar), comunidade, coragem, astúcia, perigo, escuridão, morte (enfrentar com dignidade), trabalho com sonhos (orientação), encorajamento, inimizade, família (unidade), fertilidade, liberdade, generosidade, guardar, orientação (sonhos), inteligência, intuição, conhecimento, liderança (*macho alfa*), lealdade, magia (lunar), mensagens/presságios, cuidados, paixão, proteção (do eu e da família), capacidades psíquicas, trabalho interior, sentidos (fortalecer), trabalho xamânico, habilidades (ensinar), espíritos, força, sucesso, confiança, verdade, sabedoria	

LONTRA

Signo: Aquário	*Sistema Solar:* Lua
Estações: Primavera, Verão	*Elementos:* Terra, Água
Energia: Yin	*Deusa:* Ceridwen
Questões, Intenções e Poderes: equilíbrio, comunidade, empatia, encorajamento, energia, fidelidade, liberdade, amigo/amizade, graça (estado de), orientação (almas), felicidade, cura (com risadas), imaginação, ciúme, vida, lealdade, o outro mundo/mundo inferior, paciência, prazer, poder (feminino), apoio, transformação, verdade	

MACACO

Signo: Sagitário	*Sistema Solar:* Sol
Deuses: Hanuman, Hermes	
Questões, Intenções e Poderes: adaptabilidade, mudança/s, alegria, esperteza, comunicação, família, imaginação, prazer, gravidez/parto, proteção, trabalho interior, habilidades, sucesso, bem-estar, sabedoria	

MARMOTA

Celebração: Imbolc	
Estação: Inverno	*Elemento:* Terra
Questões, Intenções e Poderes: reino astral, começos, comunidade, consciência (explorar em profundidade), ciclos, morte (sem morrer), trabalho com sonhos, família, proteção, renascimento/renovação, trabalho xamânico (transe), sono	

MORCEGO

Celebração: Samhain	*Elemento:* Água
Deusas: Ártemis, Diana, Perséfone	*Ser Mítico:* Dragão
Questões, Intenções e Poderes: ativar/despertar, agricultura, começos, mudanças/s (durante tempos de transição), comunidade, consciência (subconsciente), escuridão, morte, resistência, medo, fertilidade, luto (compreensão), crescimento, guardar (noite), felicidade, vida, longevidade, sorte, magia (da noite), mensagens/presságios, o outro mundo/mundo inferior, poder (interno), purificação, renascimento/renovação, liberação (de velhos hábitos), trabalho interior (de vidas passadas, atingir potenciais), trabalho xamânico, força, transformação, viagem, riqueza, bruxas/bruxaria	

ORANGOTANGO

Questões, Intenções e Poderes: liberdade, gentileza, mente, problemas (solucionar criativamente)

ORICTEROPO

Também conhecido como Aardvark, Jimbo, Porco-da-terra, Porco-formigueiro.
Questões, Intenções e Poderes: determinação, introspecção, intuição, sentidos (olfato), timidez, viagem, verdade

OURIÇO

Sistema Solar: Lua, Sol	*Elemento:* Fogo
Árvores: Macieira, Freixo, Abruheiro, Pilriteiro, Bordo (*do campo*)	
Ervas e Jardim: Parreira	*Ser Mágico:* Pixies
Questões, Intenções e Poderes: concentração/foco, defesa, fertilidade, negatividade, cuidados, prazer, sabedoria	

OVINOS

Signos: Aquário, Peixes	*Celebração:* Imbolc (*ovelha*)
Deusa: Hécate	*Deuses:* Dumuzi, Hades (*negros*)
Questões, Intenções e Poderes: abundância, equilíbrio, começos, certeza, coragem, determinação, cuidados (*ovelha*), segurança, sensibilidade, espíritos, apoio	

Cordeiro	
Sistema Solar: Sol	*Estação:* Primavera
Celebração: Imbolc	*Deusas:* Brigantia, Brígida
Deuses: Agni, Dionísio	
Questões, Intenções e Poderes: luto, inocência, buscas (por conhecimento divino), renascimento/ renovação, juventude	
Carneiro	
Signo: Áries	*Sistema Solar:* Marte, Sol
Estação: Primavera	*Celebração:* Ostara
Elemento: Fogo	*Chakra:* Plexo Solar
Deuses: Agni, Amon, Ea, Hermes, Júpiter, Khnum, Osíris, Pan, Posêidon, Zeus	
Questões, Intenções e Poderes: fertilidade, generosidade, cura, imaginação, inspiração, mente (ativa), poder, cordialidade	

PANDA

Questões, Intenções e Poderes: adaptabilidade, equilíbrio, amabilidade, sensibilidade, força

PANTERA

Signo: Escorpião	*Sistema Solar:* Lua
Estação: Inverno	*Fases da Lua:* Cheia, Nova
Deuses: Baco, Dionísio, Set	*Deusa:* Seshat
Questões, Intenções e Poderes: assertividade, reino astral, beleza, clariaudiência, coragem, encruzilhada, morte (sem medo, entender), desejo, guardar, compreensão intuitiva, magia (da lua, da noite), poder (recuperar), buscas, renascimento/renovação, reverter, sentidos (tato), sensibilidade, sensualidade	

PORCO

Celebração: Compitália	*Elemento:* Terra
Árvore: Macieira	*Ser Mágico:* Fadas
Deusas: Banba, Cailleach Bheur, Deméter, Ísis	

Deuses: Adônis, Attis, Dagda, Gwydion, Manannán, Osíris	
Questões, Intenções e Poderes: abundância, alegria, morte, destino, determinação, família, fertilidade, inteligência, conhecimento (de vidas passadas), longevidade, o outro mundo/mundo inferior, paciência, sentidos (visão, olfato), transformação, verdade, riqueza	
Porca	
Sistema Solar: Lua	*Signo:* Virgem
Celebração: Yule	
Deusas: Astarte, Ceridwen, Freya, Héstia, Nut, Set	
Questões, Intenções e Poderes: sorte, magia (da anciã)	

PORCO-ESPINHO

Estação: Outono	*Elemento:* Fogo
Árvores: Abeto, Pinheiro	*Minerais:* Sal
Questões, Intenções e Poderes: agressão, defesa, felicidade, inocência, memória/s, proteção (criança interior), respeito (pelas diferenças), segurança, trabalho interior (caminho individual), espíritos (reino dos), confiança	

PUMA

Também conhecido como Suçuarana, Onça-parda
Questões, Intenções e Poderes: equilíbrio, certeza, conexões, coragem, astúcia, medo, liberdade, gentileza, crescimento, inteligência, intuição, ciúme, conhecimento, liderança, vida (cuidar da), mensagens/presságios, oportunidades (aproveitar), poder (pessoal), responsabilidade, trabalho interior, habilidades, espíritos, estabilidade, força, força de vontade, sabedoria

RAPOSA

Sistema Solar: Mercúrio, Lua (*raposa fêmea*)	*Horas do dia:* Amanhecer, Crepúsculo
Energia: Yin	*Deusa:* Deméter
Deus: Inari	*Ser Mágico:* Fadas
Questões, Intenções e Poderes: adaptabilidade, agricultura, percepção consciente, clareza, esperteza, coragem, criatividade, astúcia, perigo (evitar), destruição, determinação, resistência, energia (sexual), inimizade, favor/es, fertilidade, fidelidade, gentileza, orientação (de almas), cura, lar, independência, inteligência, conhecimento, vida, luxúria, magia, mensagens/presságios, cuidados, paciência, profecia, sentidos (reforçar), trabalho xamânico (mudança de forma), habilidades, espíritos, espiritualidade, visões	

RATO

Deuses: Ganesha, Shiva
Questões, Intenções e Poderes: adaptabilidade, comunidade, cooperação, astúcia, defesa, determinação, fertilidade, inteligência, dinheiro, problemas, sucesso, riqueza

RATO-ALMISCARADO

Questões, Intenções e Poderes: adaptabilidade, emoções (navegar), guardar, orientação, limitações/ limites, mente (recursos), sentidos (confiança)

RENA

Sistema Solar: Lua	*Direção:* Norte
Questões, Intenções e Poderes: abundância, morte (ritos funerários), liberdade, orientação (de almas), conhecimento	

RINOCERONTE

Questões, Intenções e Poderes: conforto (na solidão), conexões (com vidas passadas), cura, compreensão intuitiva, conhecimento (do eu), confiança (instintos), sabedoria (antiga)

TÂMIA

Deusa: Mulher Aranha
Questões, Intenções e Poderes: abundância, cuidados (físicos, espirituais), sentidos (audição), viagem

TATU

Elemento: Terra	*Número:* 4
Questões, Intenções e Poderes: agressão, agricultura (fertilidade do solo), conexões (com vidas passadas), defesa, adivinhação, emoções (explorar com segurança), empatia, conhecimento (do eu), proteção (emocional, psíquica), relacionamentos, respeito, segurança, sensibilidade (controle), trabalho xamânico, espíritos	

TEXUGO

Estação: Primavera	*Celebração:* Imbolc
Elemento: Terra	*Deusas:* Brigantia, Rhiannon
Questões, Intenções e Poderes: ação, assertividade, concentração/foco, coragem, astúcia, engano (inocente), defesa, determinação, trabalho com sonhos, resistência, família, aterramento, orientação, cura, lar, aprimoramento, conhecimento (manter), magia, paixão, proteção, vingança, segredos (dos antepassados, do outro mundo), trabalho xamânico (exploração), força, sabedoria (contação de histórias)	

TIGRE

Signo: Touro (*branco*)	*Sistema Solar:* Lua
Fases da Lua: Cheia, Nova	*Celebração:* Yule
Elemento: Fogo	*Energia:* Yang
Direção: Norte	*Deusas:* Durga, Kali
Deuses: Baco, Dionísio, Shiva	
Questões, Intenções e Poderes: ação, ativar/despertar, certeza, conexões (com vidas passadas), coragem, perigo, dedicação/devoção, desejo, energia, fé, guardar, longevidade, manifestação (novas aventuras), paixão, poder, proteção, sensualidade, força, força de vontade	

TOUPEIRA

Elemento: Terra	*Deus:* Esculápio
Questões, Intenções e Poderes: percepção consciente, escuridão, morte, energia (da terra), inimizade, medo, guardar, orientação, introspecção, conhecimento (oculto), magia (da terra),trabalho interior, sensibilidade, habilidades	

URSO

Signo: Virgem (*marrom*)	*Sistema Solar:* Lua
Estações: Primavera, Verão	*Celebração:* Yule
Elemento: Terra	*Energias:* Yin, Yang

Direção: Norte	*Cor:* Preto
Deusas: Ártemis, Artio, Brígida, Diana	
Questões, Intenções e Poderes: ativar/despertar (potenciais), adaptabilidade, reino astral, mudança/s, comunicação (com os espíritos), conexões, consciência (subconsciente), coragem, encruzilhada (*preto*), astúcia, ciclos, perigo (*pardo*), morte, defesa, trabalho com sonho, resistência, energia (reserva interior), crescimento (espiritual), cura, introspecção, conhecimento (do eu), cuidados (com o eu interior), o outro mundo/mundo inferior, prazer, poder (de proteção), proteção (materna), renascimento/renovação, vingança, trabalho interior, sentidos (audição, olfato), trabalho xamânico, sono, espíritos, força, transformação, viagem, riqueza, sabedoria	

URSO POLAR

Também conhecido como Urso Branco.	*Estação:* Inverno
Elemento: Água	*Direção:* Norte
Questões, Intenções e Poderes: desafios, coragem, perigo, morte, defesa, determinação, trabalho com sonhos, resistência, medo (nenhum), orientação (espiritual), independência, introspecção, conhecimento (tradicional), cuidados, poder (protetor), problemas, proteção (materna), buscas, renascimento/renovação, vingança, reverter, trabalho interior, sentidos (audição, olfato), trabalho xamânico, habilidades (sobrevivência), sono, espíritos (comunicar-se com), força, transformação, visões, riqueza, força de vontade, sabedoria	

ZEBRA

Questões, Intenções e Poderes: percepção consciente, equilíbrio, clareza, comunidade, família, poder, estabilidade

AVES

ABIBE-COMUM

Celebração: Yule	*Ogham:* Ailm
Deus: Gwydion	
Questões, Intenções e Poderes: astúcia, engano, adivinhação, orientação, segredos	

ABUTRE

Signo: Escorpião	*Elemento:* Água
Direção: Sul	*Chakra:* Terceiro Olho
Deusas: Hathor, Ísis, Maat, Néftis, Tiamat	
Deuses: Apolo, Ares, Marte, Zeus	
Animal: Hiena	*Ser Mítico:* Grifo
Questões, Intenções e Poderes: vida após a morte, compaixão, ciclos, morte, adivinhação, crescimento (espiritual), guardar (mistérios), vida, cuidados, paciência, problemas (resolver), proteção (durante o parto), purificação, renascimento/renovação, sentidos (visão, confiança), sentidos (olfato/*urubu-de-cabeça-vermelha*), trabalho xamânico (mudança de forma), transformação, confiança	

ÁGUIA

Signos: Aquário, Gêmeos, Leão, Escorpião	*Sistema Solar:* Júpiter, Sol
Estação: Verão	*Celebrações:* Caça da Carriça, Yule
Ogham: Ioho (jovem águia)	*Elementos:* Ar, Fogo
Direção: Leste, Norte, Sul, Oeste	*Ser Mítico:* Grifo
Deusas: Ísis, Justitia	
Deuses: Agni, Ares, Belenus, Júpiter, Lugh, Odin, Pan, Zeus (*dourada*)	
Questões, Intenções e Poderes: ativar/despertar, adaptabilidade, autoridade, consciência, equilíbrio, batalha/guerra, beleza, mudança/s, clareza, comunicação (criteriosa), certeza, conexões (entre os mundos), cooperação, coragem, criatividade, dignidade, iluminação, medo, fidelidade, liberdade, objetivos, aterramento, orientação, cura, elucidação, inspiração, intuição, karma, conhecimento, vida, longevidade, magia, mensagens/presságios, motivação, oportunidades, paixão, paz (*dourada*), poder (controlado), prosperidade, capacidade psíquica, purificação, renascimento/ renovação, respeito, sentidos (visão), trabalho xamânico (mudança de forma), espíritos (conexão com), espiritualidade, força, sucesso, apoio, verdade (oculta), visões, sabedoria	

ÁGUIA-PESCADORA

Sistema Solar: Lua
Questões, Intenções e Poderes: abundancia, ação, autoridade, defesa, liberdade, compreensão intuitiva

ALBATROZ

Signo: Aquário	*Elementos:* Ar, Água
Questões, Intenções e Poderes: adaptabilidade, vida após a morte, reino astral, começos, desafios, clareza (com o tempo), criatividade, términos, resistência, liberdade, intuição, mensagens/presságios, paciência, problemas, profecia, purificação (espiritual), buscas, espiritualidade, força, transformação, viagem	

AMPÉLIS-AMERICANO

Estações: Primavera, Verão
Questões, Intenções e Poderes: mudança/s, comunidade, consciência (alteração), morte, fertilidade, gentileza, cura, respeito, sabedoria

ANDORINHA

Sistema Solar: Sol	*Elemento:* Fogo
Estações: Primavera, Verão	*Celebrações:* Mabon, Ostara
Energias: Yin, Yang	*Deus:* Rá
Deusas: Afrodite, Inanna, Ísis	*Ser Mítico:* Pássaro-Trovão
Questões, Intenções e Poderes: comunidade, adivinhação, família, fertilidade, cura, lar, esperança, luz, solidão, amor (novo), manifestação, proteção, renascimento/renovação, reverter, segurança, cordialidade	

ANDORINHÃO-PRETO

Elemento: Água	*Energia:* Yin
Questões, Intenções e Poderes: cura, oportunidades, capacidade psíquica, sexo/sexualidade	

ARARA

Sistema Solar: Sol	*Elemento:* Fogo
Questões, Intenções e Poderes: equilíbrio, comunicação, criatividade, emoções, energia (solar), orientação, longevidade, sentidos (visão), espiritualidade (*escarlate*), visões	

AVESTRUZ

Deusa: Maat
Questões, Intenções e Poderes: comunidade, aterramento, justiça, conhecimento (aplicações práticas), ordem (universal), verdade (espiritual)

AZULÃO

Estações: Verão, Inverno	*Direções:* Leste, Norte, Sul
Chakra: Garganta	
Questões, Intenções e Poderes: realização, ativar/despertar, mudança/s, certeza (modesta), criatividade, fertilidade, gentileza, crescimento (espiritual), felicidade, amor, motivação, reverter, transformação	

BACURAUZINHO

Questões, Intenções e Poderes: abundância, adaptabilidade, comunicação, determinação, liberdade, sucesso

BEIJA-FLOR

Sistema Solar: Sol	*Ser Mágico:* Fadas
Questões, Intenções e Poderes: equilíbrio, beleza, defesa, encantamento, resistência, perdão, objetivos, felicidade, cura, lar, independência, ciúme (curar), aprendizagem, vida (doçura), amor, mensagens/presságios, motivação, otimismo, pureza, reverter, sono, espíritos (de guerreiros), força, viagem, bem-estar	

BICO-GROSSO-TRICOLOR

Energia: Yin	*Estações:* Primavera, Verão
Questões, Intenções e Poderes: afeto, família (unidade), cura (manchas senis), cuidados, orgulho, renascimento/renovação, relacionamentos, trabalho interior (vidas passadas), viagem	

CANÁRIO

Chakras: Coração, Garganta
Questões, Intenções e Poderes: ativar/despertar (voz interior), beleza, ligações (vidas passadas), consagrar/abençoar (através da música), criatividade, amigo/amizade (companheiro), felicidade, harmonia, cura, intuição, amor, sorte, trabalho interior (encontrar o caminho da sua alma), sensibilidade, espiritualidade

CARDEAL

Questões, Intenções e Poderes: equilíbrio, clareza, criatividade, família (paternidade), amigo/amizade, intuição, conhecimento (pesquisa), vida (vitalidade), amor, cuidados, romance, trabalho interior, sentidos (ouvir a voz interior), bem-estar

CARRIÇA

Sistema Solar: Saturno, Sol	*Estação:* Primavera
Celebrações: Caça da Carriça, Litha, Dia de Ano Novo, Saturnália, Yule	
Ogham: Duir	*Elemento:* Fogo
Árvore: Carvalho	*Deus:* Saturno
Questões, Intenções e Poderes: ativar/despertar, adaptabilidade, assertividade, confiança, adivinhação, resistência, família, medo (nenhum), aterramento, felicidade, mensagens/presságios, mente (com recursos), profecia, purificação, relacionamentos, espírito, força	

CEGONHA

Signo: Peixes	*Elemento:* Água
Deusas: Hera, Juno	*Deus:* Hermes
Ser Mágico: Fadas	*Anjo:* Miguel
Questões, Intenções e Poderes: começos, compaixão, criatividade, dedicação/devoção, emoções, fertilidade, fidelidade, honra, longevidade, sorte, cuidados, oportunidades, gravidez/parto, proteção (do novo), renascimento/renovação, espíritos, solidariedade, riqueza	

CHAPIM

Número: 7	*Estação:* Primavera
Questões, Intenções e Poderes: ação, ativar/despertar, equilíbrio, alegria, comunidade, medo (vencer), conhecimento, mente, humor (atitudes, entender), verdade	

CISNE

Signos: Libra, Peixes	*Sistema Solar:* Sol, Vênus
Estação: Inverno	*Celebrações:* Imbolc, Mabon
Ogham: Eadha, Gort (*cisne-branco*)	*Elementos:* Terra, Água
Energia: Yang	*Direções:* Norte, Oeste
Metal: Mercúrio	
Deusas: Afrodite, Berta, Brígida, Nêmesis, Sarasvati, Vênus	
Deuses: Angus, Apolo, Brahma, Manannán, Njord, Zeus	
Seres Mágicos: Elfos, Fadas	*Anjo:* Rafael
Questões, Intenções e Poderes: ativar/despertar (poder do eu), vida após a morte, equilíbrio, beleza, mudança/s, conexões, morte, dedicação/devoção, desejo, adivinhação, trabalho com sonhos (compreensão do simbolismo), emoções, encantamento, fidelidade, graça, cura (psicológica), inocência, intuição, luz, longevidade, amor, manifestação, memória/s (vidas passadas), mensagens/presságios, o outro mundo/mundo inferior, buscas, segredos, trabalho interior, sensibilidade, trabalho xamânico, sono, espíritos, espiritualidade, apoio (durante as transições), transformação, viagem, confiança	

CODORNIZ

Estações: Outono, Primavera, Verão	*Elemento:* Fogo
Energia: Yin, Yang	*Direção:* Sul
Deusa: Ártemis	*Deus:* Apolo
Questões, Intenções e Poderes: batalha/guerra (valor), desafios, coragem, ciclos, iluminação, fertilidade, harmonia, inocência, compreensão intuitiva, atenção, cuidados, paixão, poder (dos nomes), proteção, sexo/sexualidade, trabalho xamânico (mudança de forma), cordialidade	

CONDOR

Sistema Solar: Sol	*Elemento:* Ar
Questões, Intenções e Poderes: ação, conexões, cura, compreensão intuitiva, liderança, limitações/ limites, manifestação, profecia, proteção, purificação, renascimento/renovação, sentidos (visão), espíritos (contato), força	

CORMORÃO

Celebração: Ostara	*Ogham:* Onn
Elemento: Água	
Questões, Intenções e Poderes: comunidade, morte (costumes de sepultamento), independência, profecia, habilidades, transformação	

CORUJA

Sistema Solar: Lua	*Signos:* Áries, Capricórnio
Celebrações: Litha, Yule	*Horas do dia:* Crepúsculo
Energias: Yin, Yang	*Do Mar:* Pérola
Deusas: Ártemis, Atena, Cailleach Bheur, Hécate, Lakshmi, Minerva	
Deuses: Ares, Esculápio, Indra	*Anjo:* Gabriel
Questões, Intenções e Poderes: afeto, agricultura, assertividade (*coruja-pequena*), reino astral, autoridade, percepção consciente, clariaudiência, clarividência, clareza, conexões (visíveis e invisíveis), consciência, controle, escuridão, morte (*coruja-das-torres*), engano, defesa (*coruja-pequena*), determinação, trabalho com sonhos, iluminação, medo, fertilidade, liberdade, guardar, compreensão intuitiva, conhecimento (intuitivo, secreto), vida, magia (em geral, lunar, noturna), mensagens/presságios, mente (branca), negatividade, oportunidades (educação), o outro mundo /mundo inferior, paciência, profecia, proteção, capacidade psíquica, purificação renascimento/renovação, segredos (extrair), trabalho interior, sentidos (visão), trabalho xamânico (mudança de forma), sono, apoio, verdade, sabedoria (superior), bruxas /bruxaria	
Coruja-buraqueira	
Questões, Intenções e Poderes: aterramento, orientação, aprendizado, gravidez /parto, espíritos	
Mocho	
Deusa: Perséfone	*Deus:* Hades
Questões, Intenções e Poderes: vida após a morte	

CORVO

Sistema Solar: Saturno, Sol, Vênus	*Signos:* Gêmeos, Libra
Luas Cheias: Março	*Celebração:* Solstício de Inverno
Direção: Leste	*Árvore:* Álamo
Deusas: Amaterasu, Atena, Badb, Cailleach Bheur, Danu, Freya, Inanna, Macha, Maeve, Morrigan, Rhiannon, Tiamat	
Deuses: Apolo, Esculápio, Lugh, Marte, Mitras, Odin, Saturno	
Questões, Intenções e Poderes: afeto (pela família), batalha/guerra (campos de batalha), mudança/s, clarividência, clareza, comunicação, conexões (antigas), consciência, coragem, encruzilhada, morte, destino, adivinhação, favor/es, gratidão, crescimento, guarda, orientação, cura, honra (anciãos, antepassados), inteligência, introspecção, aprendizagem, vida, perda, magia (em geral, da anciã), manifestação, memória/s, mensagens /presságios, mente (pensamento), oportunidades, o outro mundo/mundo inferior, profecia, proteção, buscas, renascimento/renovação, sentidos (audição), trabalho xamânico (mudança de forma), visões, sabedoria	

COTOVIA-OCIDENTAL

Sistema Solar: Lua	*Estação:* Verão
Celebração: Litha	*Ogham:* Ur
Ser Mágico: Fadas	*Anjo:* Uriel
Questões, Intenções e Poderes: alegria, clareza, aterramento, felicidade, imaginação, introspecção, intuição, sorte, trabalho interior	

CUCO

Signo: Aquário	*Sistema Solar:* Lua, Sol
Estação: Primavera	*Cores:* Preto, Amarelo
Deusas: Atena, Hera, Juno	*Deus:* Pan
Questões, Intenções e Poderes: adaptabilidade, equilíbrio, começos, desafios, mudança/s, comunicação, engano, destino, crescimento, introspecção, intuição, ciúme, justiça, vida (desdobrar), sorte, negatividade (eliminar), sentidos (audição), trabalho xamânico	

ESTORNINHO

Estação: Primavera	*Ogham:* Tinne
Questões, Intenções e Poderes: adaptabilidade, agressividade, assertividade, comunicação, comunidade, criatividade, autonomia, energia (do guerreiro), inteligência, paz, relacionamentos, força	

FAISÃO

Sistema Solar: Sol	*Ogham:* Beth
Energia: Yang	*Deusa:* Amaterasu
Questões, Intenções e Poderes: atração, consciência (do eu), certeza, determinação, fertilidade, harmonia (cósmica), justiça, longevidade, moralidade, romance, sexo/sexualidade, juventude	

FALCÃO

Signo: Capricórnio	*Sistema Solar:* Sol
Elementos: Ar, Fogo	*Deusas:* Freya, Frigga, Néftis
Deuses: Hórus, Khensu, Rá	
Questões, Intenções e Poderes: beleza, clareza, crescimento (pessoal), orientação (da alma em sua jornada), cura (alma), aprendizagem (e ensino), lealdade, magia, mensagens/presságios, moralidade, poder (elemento ar), buscas (*gerifalte*), força	

FLAMINGO

Questões, Intenções e Poderes: abundância, equilíbrio, comunidade (e propósito pessoal), conhecimento, magia (noturna), sentidos (tato), estabilidade, transformação (da escuridão em luz)

GAIO-AZUL

Sistema Solar: Mercúrio	*Elemento:* Terra
Deusa: Gaia	*Deus:* Marte
Questões, Intenções e Poderes: adaptabilidade, assertividade, reino astral, conexões (céu e terra), coragem, morte, dedicação/devoção, medo, conhecimento (superior), lealdade, sorte, magia, oportunidades, o outro mundo/mundo inferior, energia (usar com sabedoria), profecia, capacidade psíquica (explorar), habilidades (desenvolver e utilizar de forma adequada)	

GAIVOTA

Signo: Câncer	*Ogham:* Fearn
Elementos: Ar, Água	*Deusa:* Afrodite
Deus: Njord	*Ser Mágico:* Fadas
Questões, Intenções e Poderes: abundância, ação, vida após a morte, clareza, comunicação (com divindades), liberdade, amigo/amizade, conhecimento, aprendizagem, magia (celta), mensagens/ presságios, oportunidades, ordenar/organizar, purificação, espíritos, transformação, viagem	

GALINÁCEOS

Elemento: Terra	
Questões, Intenções e Poderes: abundância, conforto, comunidade, adivinhação, família, fertilidade, energia (voz interior), renascimento/renovação, segurança, espíritos	
Galinha	
Deusa: Ceridwen	*Ogham:* Quert
Questões, Intenções e Poderes: conexões (espíritos dos mortos), morte (*preta*), orientação (das almas), cuidados	
Galo	
Signo: Gêmeos	*Sistema Solar:* Sol
Horas do dia: Amanhecer	*Celebração:* Lughnasadh
Cores: Preto, Vermelho, Branco	*Número:* 5
Árvore: Freixo	*Deusas:* Amaterasu, Brígida
Deuses: Apolo, Ares, Esculápio, Attis, Hélio, Hermes, Lugh, Mercúrio	
Questões, Intenções e Poderes: ativar/despertar, raiva, certeza, conexões (vidas passadas), coragem, encruzilhada, morte (funerais), energia (solar), guardar, orientação, cura, bondade, luz, luxúria, negatividade, otimismo, proteção (psíquica), segredos, sexo/sexualidade, espiritualidade (vigilância), estimulação	

GANSO

Signo: Libra	*Sistema Solar:* Sol
Estação: Outono	*Celebração:* Mabon (*selvagem*)
Ogham: Ngetal	*Elemento:* Terra

Deusas: Afrodite, Berta, Hera, Ísis, Juno	*Deuses:* Amon, Brahma, Geb, Odin, Osíris, Rá
Questões, Intenções e Poderes: abundância, ação, conforto, comunicação, comunidade, cooperação, perigo (alertar sobre), adivinhação, família, fertilidade, fidelidade, liberdade, crescimento, guardar, orientação, felicidade, lar, imaginação, inspiração, amor, casamento, mensagens/pressságios, motivação, o outro mundo/mundo inferior, poder, buscas, trabalho inferior (caminho da alma), espíritos, espiritualidade, apoio (em geral, de outros durante a cura), viagem (retorno seguro)	
Ganso-das-neves	
Signo: Capricórnio	*Fases da Lua:* Cheia
Celebração: Yule	

GARÇA

Sistema Solar: Lua	*Signo:* Capricórnio
Estação: Primavera	*Elementos:* Fogo, Água
Deus: Amon	*Ser Mágico:* Fadas
Questões, Intenções e Poderes: abundância, vida após a morte, reino astral, equilíbrio, dignidade, esperança, introspecção, conhecimento (divino, caminho da vida, auto), aprendizagem, magia, mente (lógica), oportunidades, segredos (protetor dos), trabalho interior, trabalho xamânico, transformação, sabedoria	
Garça-azul-grande	
Questões, Intenções e Poderes: agressividade, assertividade, autoridade, guardar, orientação, habilidades	

GARÇOTA

Questões, Intenções e Poderes: abundância, certeza, orientação (entre os mundos), paz

GAVIÃO

Signos: Áries (*de cauda vermelha*), Escorpião	*Fases da Lua:* Nova
Celebrações: Mabon, Ostara	*Ogham:* Saille
Elemento: Ar	*Direção:* Leste
Deusas: Ceridwen, Danu, Hera, Ísis, Néftis	

Deuses: Dagda, Hermes, Mercúrio, Rá	
Questões, Intenções e Poderes: vida após a morte, reino astral, consciência, equilíbrio, batalha/guerra, clarividência, clareza, comunicação, coragem, criatividade, autonomia, energia (força vital), medo (nenhum), fidelidade, aterramento (*Harrier, falcão do gênero Circus*), guardar (*açor*), iluminação, liderança, vida, memória/s (incluindo vidas passadas), mensagens/presságios, oportunidades, poder, problemas, capacidade psíquica, trabalho interior, sentidos (visão), habilidades, estimulação, confiança (*açor*), verdade (procurar), sabedoria	
Gavião-da-europa	
Sistema Solar: Sol	*Deus:* Hórus
Estação: Outono	

GRALHA

Sistema Solar: Lua, Saturno, Sol	*Ogham:* Huath (*noite*)
Elemento: Terra	*Energias:* Yin, Yang
Deusas: Amaterasu, Atena, Badb, Cailleach Bheur, Macha, Maeve, Morrigan, Rhiannon	
Deuses: Apolo, Esculápio, Buda, Mitra, Saturno	
Questões, Intenções e Poderes: adaptabilidade, vida após a morte, assertividade, consciência, batalha/guerra (campos de batalha), mudança/s, comunicação, comunidade, criatividade, encruzilhada, perigo (alertar sobre), escuridão, morte, defesa, destruição, adivinhação, medo, fertilidade, crescimento, lar, honra, inteligência, intuição, aprendizagem, longevidade, amor, magia (em geral, da anciã), manifestação, mensagens/presságios, motivação, oportunidades, poder (arquetípica), profecia, proteção, renascimento/renovação, trabalho interior (vidas passadas), trabalho xamânico, espiritualidade, bem-estar, sabedoria, bruxas/bruxaria (*gralha-cinzenta*)	

GROU

Sistema Solar: Lua, Sol	*Elementos:* Fogo, Água
Estação: Primavera	*Ogham:* Coll
Árvore: Salgueiro	*Ser Mágico:* Fadas
Deusas: Ártemis, Atena, Badb, Hera, Morrigan	

Deuses: Apolo, Heféstо, Hermes, Lugh, Manannán
Questões, Intenções e Poderes: abundância, reino astral, equilíbrio, concentração/foco, conexões (o outro mundo, vidas passadas), criatividade, ciclos, morte, adivinhação, resistência, graça, guardar, cura, honra, independência, introspecção, justiça, conhecimento (auto), aprendizagem, longevidade, magia, mente (lógica), o outro mundo /mundo inferior, paciência, paz, proteção (crianças), renascimento/renovação, reverter, segredos (guardar), trabalho xamânico, apoio, transformação, viagem, bem-estar, sabedoria

ÍBIS

Sistema Solar: Lua	*Signo:* Câncer
Deusa: Ísis	*Deuses:* Hermes, Thoth
Questões, Intenções e Poderes: abundância, morte, encantamento, iluminação, cura, magia (em geral, lunar), mente (praticidade), profecia, sensibilidade, sensualidade, bem-estar, sabedoria (antiga)	

MAÇARICO-DAS-ROCHAS

Questões, Intenções e Poderes: abundância, comunidade, ciclos, engano, liberdade, aprendizagem

MARTIM-PESCADOR

Elemento: Água	*Estação:* Inverno
Celebrações: Litha, Yule	*Direção:* Norte
Cor: Azul	
Questões, Intenções e Poderes: abundância, beleza, começos, clareza (das emoções), concentração/foco, fidelidade, objetivos, felicidade, harmonia, amor, casamento (feliz), paz, profecia (clima), prosperidade, relacionamentos, cordialidade, clima (raios, tempestades)	

MELRO

Signo: Câncer	*Elemento:* Água
Horas do dia: Crepúsculo	
Deus: Rhiannon	

Anjo: Uriel
Questões, Intenções e Poderes: coragem, energia (mãe negra), orientação, lar, conhecimento (mundo natural), vida (seguir com o fluxo), mensagens/presságios, o outro mundo (acesso), renascimento/renovação, trabalho xamânico, apoio, sabedoria

MILHAFRE

Deusa: Néftis	*Deus:* Apolo
Questões, Intenções e Poderes: adaptabilidade, vida após a morte, mudança/s, clarividência, clareza, concentração/foco, adivinhação, favor/es, mensagens/presságios, motivação, o outro mundo/ mundo inferior, profecia, habilidades, espíritos (contato)	

MOBELHA

Questões, Intenções e Poderes: reino astral, comunicação, conexões (conhecimento antigo), consciência (alcançar novos estados de), trabalho com sonhos, imaginação, independência, introspecção, paz, romance, trabalho interior, vontades

PAPA-FIGOS

Sistema Solar: Sol	*Estações:* Primavera, Verão
Seres Mágicos: Elfos, Fadas	*Anjo:* Uriel
Questões, Intenções e Poderes: alegria, energia, lar, vida (abrir seu caminho), casamento, relacionamentos, habilidades, espíritos (das árvores)	

PAPAGAIO

Também conhecido como Jandaia, Aratinga	*Signo:* Gêmeos
Sistema Solar: Sol	*Mineral:* Sal
Questões, Intenções e Poderes: abundância, comunicação, comunidade, conexão, criatividade, fertilidade, orientação, cura, longevidade, mensagens /presságios, profecia	

PARDAL

<table>
<tr><td>Sistema Solar: Lua, Sol</td><td>Signos: Libra, Virgem</td></tr>
<tr><td>Celebração: Ostara</td><td>Elemento: Terra</td></tr>
<tr><td>Chakras: Coração, Garganta</td><td>Deusas: Afrodite, Vênus</td></tr>
<tr><td colspan="2">Questões, Intenções e Poderes: ativar/despertar, assertividade, desejo, dignidade, fertilidade, fidelidade, aterramento, felicidade, amor, lealdade, magia (sexual), manifestação</td></tr>
</table>

PATO

<table>
<tr><td>Estações: Primavera, Verão, Inverno</td><td>Ogham: Luis</td></tr>
<tr><td>Elemento: Água</td><td>Energia: Yin</td></tr>
<tr><td colspan="2">Questões, Intenções e Poderes: abundância, afeto, clareza (emocional), conforto (emocional), comunicação, comunidade, conexões (vidas passadas), emoções (explorar), energia, fertilidade, fidelidade, orientação, casamento, cuidados (pata), oportunidades, proteção, trabalho xamânico (auxiliar), estresse (pato), o apoio, transformação</td></tr>
</table>

PAVÃO

<table>
<tr><td>Sistema Solar: Lua, Sol</td><td>Signos: Aquário, Leão</td></tr>
<tr><td>Fases da Lua: Cheia</td><td>Elemento: Fogo</td></tr>
<tr><td colspan="2">Deusas: Devi, Hera, Héstia, Íris, Juno, Sarasvati</td></tr>
<tr><td colspan="2">Deuses: Amon, Brahma, Hermes, Hórus, Pan, Zeus</td></tr>
<tr><td colspan="2">Questões, Intenções e Poderes: abundância, atração, beleza, certeza, conexões (vidas passadas), morte (símbolo funerário), dignidade, harmonia, honestidade, longevidade, manifestação, paz, poder, orgulho, prosperidade, proteção, capacidade psíquica, renascimento/renovação, visões, sabedoria</td></tr>
</table>

PEGA

<table>
<tr><td>Signo: Áries</td><td>Estações: Verão, Inverno</td></tr>
<tr><td>Deusa: Afrodite</td><td>Deus: Baco</td></tr>
<tr><td colspan="2">Ser Mágico: Fadas</td></tr>
<tr><td colspan="2">Questões, Intenções e Poderes: adaptabilidade, equilíbrio, batalha/guerra (campos de batalha), mudança/s, comunicação, comunidade, perigo, morte, adivinhação, fidelidade, crescimento, felicidade, inteligência, conhecimento (oculto), aprendizagem, vida, sorte, manifestação, mensagens/presságios, oportunidades, profecia, prosperidade, segredos, habilidades, espírito, espiritualidade (na vida cotidiana), força de vontade, bruxas/bruxaria, juventude</td></tr>
</table>

PELICANO

Questões, Intenções e Poderes: abundância (use com sabedoria), desafios, emoções, generosidade, graça, bondade, perda (se recuperar de), magia, problemas (superar), renascimento/renovação, reverter, apoio

PERDIZ

Estação: Primavera	*Deusas:* Afrodite, Atena
Questões, Intenções e Poderes: beleza, astúcia, engano (para a proteção de jovens), dedicação/devoção, dignidade, energia, fertilidade, graça, amor (verdadeiro), luxúria, viagem	

PERIQUITO

Questões, Intenções e Poderes: mudança/s, amor, mensagens/presságios, relacionamentos, apoio, confiança

PERU

Estações: Outono, Primavera	*Elemento:* Terra
Questões, Intenções e Poderes: abundância, bênçãos (compartilhada), fertilidade (feminina), generosidade, gratidão, crescimento, honra, vida (virilidade masculina), renascimento/renovação, trabalho interior (mais efeito)	

PICA-PAU

Signo: Áries	*Sistema Solar:* Marte
Estação: Verão	*Elemento:* Terra, Fogo
Árvore: Carvalho	*Ervas e Jardim:* Peônia
Deuses: Ares, Buda, Marte, Júpiter, Pan, Silvano, Zeus	
Questões, Intenções e Poderes: ativar/despertar, assertividade, ciclos, fertilidade, generosidade, crescimento, conhecimento (oculto), sorte, magia, mente, profecia, proteção, purificação, segurança, trabalho xamânico, estimulação, verdade (revelar), clima	

PINGUIM

Questões, Intenções e Poderes: agressividade, reino astral, equilíbrio, trabalho com sonhos, resistência, família (paternidade), independência, amor, lealdade, paciência, prazer, força (interior), sabedoria

PINTARROXO

Signos: Áries, Touro	*Estação:* Primavera
Celebrações: Imbolc, Litha, Dia de Ano Novo, Yule	
Elemento: Fogo	*Chakra:* Garganta
Deus: Belenus	
Questões, Intenções e Poderes: mudança/s, crescimento, felicidade, sorte, mensagens/presságios, espíritos, sabedoria (nas mudanças), vontades	

PINTASSILGO

Estação: Verão	
Celebração: Litha	*Árvore:* Cedro
Plantas: Cardo	*Seres Mágicos:* Elfos, Fadas
Anjo: Uriel	
Questões, Intenções e Poderes: ativar/despertar, consciência (aprofundamento), equilíbrio, mudança/s, comunicação (todos os níveis), comunidade, determinação, encantamento, família, fertilidade, felicidade, introspecção, poder (da voz), problemas (solucionar problemas familiares), renascimento/renovação, espíritos, riqueza	

POMBA-BRANCA

Sistema Solar: Vênus	*Signos:* Libra, Touro
Horas do dia: Amanhecer, Anoitecer	*Elemento:* Água
Energia: Yin	*Árvores:* Oliveira, Salgueiro
Deusas: Afrodite, Astarte, Deméter, Freya, Holle, Inanna, Ishtar, Ísis, Maia, Reia, Vênus	

Questões, Intenções e Poderes: morte, fertilidade, perdão, bondade, tristeza (luto), aterramento, felicidade, harmonia, cura, vida (respiração), longevidade, magia (sexual), mensagens/presságios, mente (*branca*), paz, gravidez/parto, profecia, prosperidade, renascimento/renovação, relacionamentos, sensualidade, espírito (santo), sabedoria
Rolinha
Questões, Intenções e Poderes: fidelidade, amor, paixão

POMBO-COMUM

Deus: Perun
Questões, Intenções e Poderes: comunicação (entre os mundos), morte, energia (arquetípica), família (paternidade), fertilidade, gentileza, lar, inocência, amor, lealdade, sorte, mensagens/presságios, paz, reverter, romance, segurança, timidez

ROUXINOL

Sistema Solar: Lua	*Planta:* Lótus
Questões, Intenções e Poderes: beleza, comunicação (eloquência), conexões (morte e amor), escuridão, energia, dor, cura, esperança, magia (noturna)	

SABIÁ-DO-CAMPO

Direção: Sul
Questões, Intenções e Poderes: comunicação, coragem, medo (vencer), fidelidade, harmonia, imaginação, inteligência, conhecimento (através da experiência), casamento, poder (da voz), respeito

TETRAZ

Estação: Primavera
Questões, Intenções e Poderes: começos, desafios, consciência (superior), ciclos, medo (desrespeito), felicidade (satisfação), vida (fluir com seus ritmos), amor, paixão, trabalho xamânico, viagem, sabedoria

TREPADEIRA-AZUL

Questões, Intenções e Poderes: coragem, fé (em suas habilidades), aterramento, manifestação, mente (ideias), espíritos, espiritualidade, verdade, sabedoria (superior)

VIDA MARINHA

BALEIA

Elemento: Água	*Direção:* Oeste
Deuses: Manannán, Netuno	
Questões, Intenções e Poderes: despertar (profundezas), beleza, comunicação, comunidade, criatividade, ciclos, energia, família, liberdade, crescimento (espiritual), harmonia, cura, inteligência, conhecimento (guardião do), magia, memória/s, cuidados, poder, capacidade psíquica, purificação, renascimento/renovação, apoio, verdade, sabedoria	

BOTO

Elemento: Água	*Deuses:* Apolo, Netuno, Posêidon
Questões, Intenções e Poderes: equilíbrio, mudança/s, comunicação, liberdade, harmonia, poder (dos ritmos da vida), viagem, confiança, sabedoria	

CARANGUEJO

Signo: Câncer	*Sistema Solar:* Lua, Sol
Celebração: Litha	*Tarô:* A Lua
Questões, Intenções e Poderes: adaptabilidade, clareza, comunidade, criatividade, trabalho com sonhos, emoções, crescimento, sorte, magia (lunar), proteção (casa), renascimento/renovação, trabalho interior, sensibilidade, timidez, vontades	

CARPA

Questões, Intenções e Poderes: equilíbrio, coragem, defesa, determinação, adivinhação, resistência, fama, fertilidade, lar (proteger), esperança, inspiração, vida (virilidade), longevidade, amor, sorte, casamento, mensagens/presságios, oportunidades (ter sucesso), paciência, prosperidade, força, sucesso, unidade, juventude

CAVALO-MARINHO

Deuses: Manannán, Netuno, Posêidon
Questões, Intenções e Poderes: confiança, criatividade, determinação, família (paternidade), graça, felicidade, romance

ENGUIA

Questões, Intenções e Poderes: adaptabilidade, defesa (*-elétrica*), energia (*-elétrica*), inspiração, oportunidades (*moreia*), proteção, sabedoria

FOCA

Signo: Peixes	*Sistema Solar:* Lua
Elemento: Água	*Celebração:* Solstício de Verão
Deusa: Anfitrite	*Deuses:* Netuno, Posêidon
Seres Mágicos: Fadas, Selkies	
Questões, Intenções e Poderes: equilíbrio, concentração/foco, consciência (subconsciente), criatividade, perigo, trabalho com sonhos, emoções (trabalhar com), medo, aterramento, orientação, imaginação, introspecção, conhecimento, o outro mundo/mundo inferior, proteção (durante as transições), trabalho interior, espiritualidade	

GOLFINHO

Signo: Capricórnio	*Sistema Solar:* Lua
Celebração: Dia de Ano Novo	*Elemento:* Água
Direção: Oeste	*Deusas:* Anfitrite, Afrodite
Deuses: Apolo, Dionísio, Manannán, Netuno, Posêidon	
Questões, Intenções e Poderes: vida após a morte, autoridade, consciência (auto), equilíbrio, calma, mudança/s, comunicação, comunidade, conexões (corpo, mente, espírito), controle, ciclos, morte (ritos funerários), disciplina, adivinhação, emoções, energia, liberdade, aterramento, harmonia, cura, honra, aprimoramento, inteligência, intuição, amabilidade, conhecimento (do eu, força vital), amor, magia (lunar), manifestação mensagens/presságios, o outro mundo/mundo inferior, paixão, paciência, paz, poder (através do autocontrole), liberação, sexo/sexualidade, espiritualidade, força, estresse, transformação, viagem, confiança, sabedoria	

ORCA

Também conhecida como Baleia Assassina.
Questões, Intenções e Poderes: reino astral, concentração/foco, energia, cura, manifestação, memória/s, mente (remover os bloqueios), obstáculos (mentais), poder, visões

PEIXE-BOI

Também conhecido como Vaca-marinha	*Elemento:* Água
Questões, Intenções e Poderes: calma, clareza, emoções, gentileza, aterramento, cuidados, paz, confiança	

PEIXE-DOURADO

Questões, Intenções e Poderes: equilíbrio, beleza, harmonia, oportunidades, paz, prosperidade

POLVO

Signo: Câncer	*Celebração:* Litha
Questões, Intenções e Poderes: agressividade, mudança/s, comunicação, perigo (evitar), engano (para segurança), inteligência, vida, negatividade, espíritos (do mundo inferior)	

SALMÃO

Árvores: Aveleira, Sorveira-brava	*Deusa:* Ceridwen
Deus: Mabon	
Questões, Intenções e Poderes: abundância, mudança/s, ciclos, determinação, adivinhação (compreensão), resistência, guardar, orientação, cura, compreensão intuitiva, intuição, conhecimento (antigo, espiritual), motivação, renascimento/renovação, reverter, trabalho xamânico (mudança de forma), força, apoio, sabedoria	

TUBARÃO

Deusa: Anfitrite
Questões, Intenções e Poderes: adaptabilidade, perigo, defesa, determinação, resistência, família, guardar (a família), conhecimento (sabedoria perdida), oportunidades, proteção, sentidos (olfato), trabalho xamânico (mudança de forma)

RÉPTEIS E ANFÍBIOS

CAMALEÃO

Sistema Solar: Sol	*Árvore:* Carvalho
Questões, Intenções e Poderes: adaptabilidade, mudança/s, clariaudiência, clarividência, conexões (céu e terra), criatividade, encantamento, fertilidade, liberdade, objetivos, intuição, magia, humor, paciência, capacidade psíquica, sensibilidade, trabalho xamânico	

COBRA

Signos: Libra, Escorpião	*Sistema Solar:* Terra, Lua
Estações: Outono, Inverno	*Celebração:* Ostara
Elementos: Terra, Fogo, Água	*Direção:* Sul
Chakra: Todos	*Ser Mágico:* Fadas
Deusas: Anat, Atena, Chalchiuhtlicue, Coatlicue, Deméter, Devi, Hathor, Ísis	
Deuses: Amon, Apolo, Ares, Esculápio, Cernunnos, Dionísio, Enki, Hades, Hermes, Mercúrio, Quetzalcoatl, Rá, Set, Vishnu, Zeus	
Questões, Intenções e Poderes: vida após a morte, assertividade (*cabeça-de-cobre*), mudança/s, criatividade, astúcia, ciclos, encantamento, energia (deusa, força vital), inimizade, favor/es (*verde*), fertilidade, perdão, ciúme, vida (energia, mistérios), limitações/limites, longevidade, luxúria, magia, manifestação, o outro mundo/mundo inferior, profecia, capacidade psíquica, buscas, renascimento/renovação, sexo/sexualidade (potência), trabalho xamânico, transformação, clima (tempestades), bem-estar, sabedoria	
Veja a entrada separada para **Cobra-real**	
Píton	
Questões, Intenções e Poderes: paciência, poder, força	
Cascavel	
Questões, Intenções e Poderes: perigo, medo, cura	

COBRA-REAL

Questões, Intenções e Poderes: ação, perigo, inimizade, orientação (anímica), memória/s (vidas passadas), oportunidades (inesperadas), vingança, espiritualidade, sabedoria (da deusa)

CROCODILO

Sistema Solar: Lua	*Elementos:* Terra, Água
Planta: Nenúfar	*Do Mar:* Concha-rainha
Deusas: Coatlicue, Ganga	*Deuses:* Geb, Hélio, Khensu, Osíris, Set
Ser Mítico: Dragão	
Questões, Intenções e Poderes: abundância, equilíbrio, começos, clarividência, morte, engano, defesa, destruição, resistência, medo, fertilidade, conhecimento, mensagens/presságios, o outro mundo/mundo inferior, poder, proteção (maternal, auto), renascimento/renovação, vingança, segredos, força, clima, sabedoria	

JACARÉ/ALIGATOR

Ser Mítico: Dragão
Questões, Intenções e Poderes: adaptabilidade, clarividência, engano, defesa, resistência, medo, conhecimento, cuidados, proteção (maternal, auto), renascimento/renovação, vingança, segredos, apoio, sabedoria

LAGARTO

Sistema Solar: Sol	*Elemento:* Fogo
Direção: Sul	*Chakra:* Terceiro Olho
Deuses: Amon, Hermes, Thoth	
Questões, Intenções e Poderes: agricultura, mudança/s, consciência, controle (sonhos), defesa, adivinhação, trabalho com sonhos (controle), energia (sutil), medo, crescimento, iluminação, inspiração (*tritão*), intuição, aprendizagem, longevidade, perda, mente, o outro mundo/mundo inferior, paz, profecia, capacidade psíquica, renascimento/renovação, sensibilidade, sono, transformação (*tritão*), visões	

RÃ

Sistema Solar: Lua	*Estação:* Primavera
Elemento: Água	*Energia:* Yin
Deusas: Chalchiuhtlicue, Coatlicue	*Seres Mágicos:* Elfos, Fadas
Questões, Intenções e Poderes: abundância, começos (*girinos*), mudança/s, comunicação, conexões, emoções (entender), energia, fertilidade, cura (emocional), vida, sorte, magia, mente, cuidados, oportunidades, paz, gravidez/parto (*girinos*), purificação, renascimento/renovação, sentidos (audição), trabalho xamânico, transformação, clima	

SALAMANDRA

Elementos: Fogo, Água
Questões, Intenções e Poderes: mudança/s, conforto, conexões (terra e água), criatividade, objetivos, manifestação, memória/s (da alma), apoio, transformação

SAPO

Sistema Solar: Lua	*Energia:* Yin
Elementos: Terra, Água	
Questões, Intenções e Poderes: agricultura, morte, inimizade, cura, longevidade, sorte, magia, memória/s, mensagens/presságios, dinheiro, oportunidades, profecia, proteção, trabalho interior, habilidades, força, sucesso, riqueza, bruxas/bruxaria	

TARTARUGA (AQUÁTICA)

Sistema Solar: Lua	*Signo:* Câncer
Elemento: Terra	*Energia:* Yin
Ser Mágico: Fadas	
Questões, Intenções e Poderes: abundância, coragem, criatividade, ciclos, defesa, energia (em geral, psíquica), fé, fertilidade, aterramento, cura, conhecimento, vida, longevidade, oportunidades, relacionamentos, respeito, segurança, trabalho interior, sexo/sexualidade, habilidades, viagem, sabedoria	
Tartaruga-marinha	
Questões, Intenções e Poderes: equilíbrio, determinação, motivação, sentidos (audição, confiança nos), sucesso	

TARTARUGA (TERRESTRE)

Sistema Solar: Lua	*Estação:* Inverno
Elemento: Terra	*Direção:* Norte
Deuses: Hermes, Mercúrio, Vishnu	
Questões, Intenções e Poderes: criatividade, defesa (não violenta, psíquica), aterramento, cura, longevidade, ordenar/organizar, paciência, poder, respeito, habilidades, estabilidade, sucesso, apoio, transformação	

INSETOS DIVERSOS

ABELHA

Sistema Solar: Saturno, Sol	*Celebração:* Beltane
Elemento: Fogo	*Árvore:* Salgueiro
Ervas e Jardim: Erva-cidreira	*Deusas:* Cibele, Deméter, Diana, Íris
Deuses: Apolo, Krishna, Rá, Vishnu	*Ser Mágico:* Brownies
Questões, Intenções e Poderes: abundância, vida após a morte, agricultura, comunicação (com os mortos), comunidade, concentração/foco, conexões (céu e terra), energia (da guerreira), família (unidade), fertilidade, graça (estado de), orientação (dos espíritos), karma, conhecimento, vida (doçura), mente, motivação, o outro mundo/mundo inferior (símbolo da alma), poder, prosperidade, purificação, renascimento/renovação, relacionamentos, romance, espiritualidade, apoio, sabedoria (oculta)	

ARANHA

Sistema Solar: Lua, Sol	*Energia:* Yin
Deusas: Ariadne, Freya, Mulher Aranha, Tiamat	
Questões, Intenções e Poderes: adaptabilidade (*aranha-de-*água), vida após a morte, agricultura, assertividade, equilíbrio, comunicação, conexão, criatividade, ciclos, perigo (*viúva-negra*), destino, encantamento, vida, magia, manifestação, memória/s, oportunidades, paciência, poder, propósito, renascimento/renovação, trabalho xamânico (mudança de forma), habilidades, sabedoria, bruxas/bruxaria	

BESOURO

Signo: Câncer
Questões, Intenções e Poderes: mudança/s, renascimento/renovação, transformação
Escaravelho
Deus: Rá
Questões, Intenções e Poderes: criatividade, vida, longevidade

BORBOLETA

Sistema Solar: Sol	*Energia:* Yin
Número: 5	*Ser Mágico:* Fadas

Ervas e Jardim: Crisântemo
Questões, Intenções e Poderes: agricultura, equilíbrio, beleza, mudança/s, certeza, ciclos, morte, trabalho com sonhos, energia, medo, fidelidade, liberdade, graça, felicidade, inspiração, conhecimento, vida (respiração), luz, amor, magia, manifestação, negatividade, oportunidades, poder (invisível), renascimento/renovação, relacionamentos, trabalho interior, espíritos, transformação, confiança
Monarca
Questões, Intenções e Poderes: resistência, reverter, viagem

CIGARRA

Estação: Verão	*Elemento:* Fogo
Deusa: Éos	
Questões, Intenções e Poderes: felicidade, lar, honestidade, inocência, longevidade, paciência, sucesso, transformação	

ESCORPIÃO

Signo: Escorpião	*Elemento:* Fogo
Deusas: Ártemis, Diana, Ísis, Tiamat	*Deus:* Set
Questões, Intenções e Poderes: vida após a morte, desafios, escuridão, morte, defesa, negatividade (refletir de volta), o outro mundo/mundo inferior, paixão (secreta), proteção (auto), renascimento/renovação, transformação	

FORMIGA

Questões, Intenções e Poderes: ação, comunidade, determinação, disciplina, perseverança, generosidade, objetivos, aterramento, motivação, obstáculos, ordenar/organizar, paciência, poder, confiança, unidade, sabedoria

GAFANHOTO

Deus: Apolo
Questões, Intenções e Poderes: abundância, reino astral, equilíbrio, mudança/s, alegria, fé, honra, sorte, moral, motivação, obstáculos, respeito, confiança (voz interior)

GRILO

Questões, Intenções e Poderes: ativar/despertar, alegria, comunicação, morte, términos (saber quando), orientação (do eu), lar, intuição, vida, luz, sorte, mensagens/presságios, renascimento/renovação, segurança, sensibilidade, confiança, visões (confiança nas)

JOANINHA

Elemento: Fogo
Questões, Intenções e Poderes: agressividade, agricultura, objetivos, felicidade, sorte, mensagens/presságios, problemas, vontades

LAGARTA

Questões, Intenções e Poderes: mudança/s, ciclos, inspiração, sorte, manifestação, mensagens/presságios, obstáculos, trabalho interior, transformação, clima (prever/*taturana*)

LESMA

Sistema Solar: Lua
Questões, Intenções e Poderes: mudança/s, ciclos, morte, defesa, emoções, gravidez/parto, renascimento/renovação, sexo/sexualidade, espíritos, viagem

LIBÉLULA

Estação: Verão	*Elementos:* Ar, Água
Cores: Preto, Amarelo	*Deus:* Agni
Ser Mágico: Fadas	*Ser Mítico:* Dragão
Questões, Intenções e Poderes: mudança/s, clareza, trabalho com sonhos, emoções, encantamento, iluminação, liberdade, introspecção, vida, limitações /limites, longevidade, mensagens /presságios, paixão, poder (autopreservação), habilidades, transformação, verdade	

LOUVA-A-DEUS

Elemento: Fogo
Questões, Intenções e Poderes: agricultura, batalha/guerra, ciclos, energia (da guerreira), mente (silenciosa), motivação, poder (de calma), profecia

MARIPOSA

Sistema Solar: Lua
Questões, Intenções e Poderes: ação, mudança/s, defesa, amor (místico), magia (lunar), mensagens/presságios, trabalho interior (em busca da alma), sentidos (olfato), sexo/sexualidade, transformação
Bicho-da-seda
Questões, Intenções e Poderes: abundância, fertilidade, vida

MINHOCA

Deus: Inari
Questões, Intenções e Poderes: agricultura, criatividade, aterramento, obstáculos, purificação, renascimento/renovação

VAGA-LUME

Elementos: Ar, Fogo
Questões, Intenções e Poderes: realização, ativar/despertar, comunicação, criatividade, escuridão (dissipar), energia, orientação (no escuro), esperança, iluminação, inspiração, luz, magia (noturna), espiritualidade

SERES MÍTICOS

DRAGÃO

Sistema Solar: Lua, Sol	*Fases da Lua:* Nova
Estação: Verão	*Celebração:* Imbolc
Elementos: Ar, Terra, Fogo, Água	*Energias:* Yin, Yang
Árvore: Palmeira (*sangue-de-dragão*)	
Gemas e Minerais: Zircônia (*vermelha*)	*Deusas:* Ishtar, Tiamat
Deuses: Aegir, Quetzalcoatl	*Animal:* Morcego

Répteis: Jacaré, Crocodilo	*Insetos diversos:* Libélula
Questões, Intenções e Poderes: ambição, equilíbrio, desafios, mudança/s, consciência (subconsciente), coragem, criatividade, perigo, escuridão (dissipar), destruição, dignidade, trabalho com sonhos, iluminação, fertilidade, amigo/amizade, gentileza, guardar (tesouros), conhecimento (antigo, segredo), vida (vitalidade), luz, sorte, manifestação, negatividade, o outro mundo/mundo inferior, poder (da natureza), problemas, prosperidade, proteção, vingança, trabalho xamânico, espiritualidade (poder), força, riqueza, clima, sabedoria	

ESFINGE

Signo: Leão	*Sistema Solar:* Sol
Elemento: Ar	*Deusas:* Astarte, Atena, Ísis
Deuses: Hórus, Osíris	
Questões, Intenções e Poderes: vida após a morte, morte, destruição, guardar, conhecimento, magia (em geral, sexual), mente, segredos	

FÊNIX

Signos: Aquário, Escorpião	*Sistema Solar:* Sol
Estação: Verão	*Horas do dia:* Amanhecer
Elemento: Fogo	*Energia:* Yang
Direção: Sul	*Cor:* Vermelho
Árvore: Cedro	*Planta:* Canela
Metais: Mercúrio	*Deuses:* Osíris, Quetzalcoatl, Rá, Shiva
Questões, Intenções e Poderes: beleza, começos, destruição, términos, felicidade, esperança, conhecimento, longevidade, casamento (feliz), o outro mundo/mundo inferior, renascimento/renovação, trabalho interior	

GRIFO

Sistema Solar: Sol	*Deusa:* Nêmesis
Deuses: Apolo, Dionísio	*Animal:* Leão
Aves: Águia, Abutre	
Questões, Intenções e Poderes: conexões (vida e morte, a terra e o céu), morte, dignidade, guardar, vida, mente (alerta), obstáculos, força, sabedoria	

PÁSSARO-TROVÃO

Elemento: Ar	*Estação:* Verão
Árvore: Cedro	*Ave:* Andorinha
Questões, Intenções e Poderes: inteligência, magia, mensagens/presságios, poder, vingança, trabalho xamânico (mudança de forma), força	

SELKIES

Um tipo de fada celta da Escócia e das ilhas do norte, que geralmente aparece como uma foca.	
Celebração: Véspera de Solstício de Verão	*Elementos:* Terra, Água
Questões, Intenções e Poderes: perigo, desejo, emoções, luxúria, paixão, vingança, segredos, trabalho xamânico (mudança de forma), clima (fazer tempestade)	

UNICÓRNIO

Sistema Solar: Júpiter, Sol	*Energias:* Yin, Yang
Chakra: Terceiro Olho	*Número:* 1
Metal: Mercúrio	*Ser Mágico:* Fadas
Questões, Intenções e Poderes: beleza, compaixão, dignidade, encantamento, energia (universal), iluminação, liberdade, bondade, inocência, luz, longevidade, amor (cortês), sorte, paz, potência, pureza, espiritualidade (pureza, revelação)	

Capítulo Cinco

Divindade e outros seres

Cada um de nós é responsável pelo caminho espiritual que escolheu. Por isso, a Wicca e o Paganismo abrangem uma ampla variedade de crenças sobre as divindades. Se acreditamos numa determinada divindade, num certo panteão ou numa grande variedade de seres divinos, eles são, para nós, muito mais do que mitos transmitidos pelos povos antigos; são entidades vivas e imanentes no m0undo natural, bem como em nossa vida. As entradas desta seção incluem uma breve descrição de cada divindade e, conforme o caso, algumas variações na ortografia dos nomes.

Nossas crenças e experiências pessoais muitas vezes abarcam outros reinos que ampliam nossa realidade, para incluir seres como fadas, elfos ou sereias. Se acreditarmos que esses seres são energias iluminadas, ajudantes espirituais, guias espirituais, ou *tricksters* (deuses embusteiros), sua assistência poderá ser solicitada com a mesma frequência que a das divindades tradicionais. Algumas entidades, optei por classificar na subseção "Seres Mágicos e Espíritos" porque, em algumas fontes, elas são chamadas de deuses e, em outras, de espíritos. Esse é o caso das Parcas (na mitologia romana; ou Moiras, na mitologia grega), das Nórnias, dos Penates e dos Lares. Essas divindades são geralmente mencionadas coletivamente, dentro de um grupo, por isso essa subseção me pareceu o lugar certo para classificá-las.

Uma expansão do uso das velas e das estatuetas, as correspondências ajudam a ampliar o modo como abordamos as divindades e outros seres. Uma erva ou runa pode ser um símbolo mais cheio de significado para nos conectarmos com elas, ao mesmo tempo em que enriquecem nossas experiências e transmitem com mais precisão nossas Intenções.

DEUSAS

AFRODITE

Deusa do amor, da beleza e do prazer (gregos)	*Sistema Solar:* Lua, Urano
Signos: Capricórnio, Libra, Peixes, Touro	*Dia:* Sexta-feira
Celebrações: Beltane, Ostara, Yule	*Elemento:* Água
Número: 1	*Metal:* Cobre
Gemas e Minerais: Sal (*mar*)	*Do Mar:* Pérola, Vieira
Árvores: Macieira, Cipreste, Avelã, Magnólia, Murta, Palmeira, Sorveira-brava, Nogueira	
Ervas e Jardim: Anêmona, Margarida, Manjerona, Pervinca, Rosa, Violeta	
Plantas: Canela, Mandrágora, Mirra, Raiz de Íris	
Animais: Bovinos (*vaca*), Cervo (*veado*), Bode/Cabra, Lebre, Leopardo	
Aves: Pomba-branca, Ganso, Pega, Perdiz, Gaivota, Pardal, Andorinha, Cisne	
Vida Marinha: Golfinho	
Questões, Intenções e Poderes: afeto, vida após a morte, atração, beleza, desejo, emoções, fertilidade, fidelidade, liberdade, objetivos, bondade, amor, magia (do sexo), casamento, paixão, prazer, gravidez/parto, renascimento/renovação, relacionamentos, vingança, romance, sensualidade, sexo/sexualidade, juventude	

AINE

Deusa do sol, da fertilidade e do gado; associada às fadas e à Lua (celtas – Irlanda)	
Sistema Solar: Lua, Sol	*Fases da Lua:* Crescente
Elemento: Fogo	*Cores:* Marrom, Prateado
Celebrações: Lughnasadh, Lunantishees, Véspera de Solstício de Verão	

Número: 9	*Ervas e Jardim:* Carqueja
Plantas: Filipêndula, Lunária	*Animais:* Bovinos, Cavalo (égua vermelha)
Ser Mágico: Fadas (*banshee*)	
Questões, Intenções e Poderes: abundância, afeto, agricultura, animais (proteger), banir, desejo, fertilidade, cura, honra, justiça, amor, magia (em geral, com fadas, lunar, solar), prosperidade, proteção (das mulheres), romance	

AMATERASU

Deusa do sol, da agricultura, da paz (budistas, xintoístas – Japão). Também conhecida como Ten-sho-dai-jin.	
Sistema Solar: Sol	*Celebração:* Litha
Elemento: Ar, Fogo	*Metais:* Bronze, Ouro
Árvore: Oliveira	*Ervas e Jardim:* Heliotrópio
Aves: Galináceos (*galo*), Gralha, Faisão, Corvo	*Planta:* Grãos (arroz)
Questões, Intenções e Poderes: agricultura, beleza, compaixão, empatia, energia (solar), fertilidade, liberdade, gentileza, bondade, crescimento, felicidade, vida, luz, amor, paz, romance, unidade, cordialidade, sabedoria, vontades	

ANAT/ANATH

Mãe e deusa da Terra (assírios, cananeus, caldeus, sumérios, egípcios)	
Signos: Áries, Leão, Sagitário, Virgem	*Sistema Solar:* Terra, Marte, Urano
Elemento: Terra	*Animais:* Bovinos (*vaca*), Leão
Réptil: Cobra	
Questões, Intenções e Poderes: ação, agricultura, batalha/guerra, astúcia, defesa, desejo, destruição, energia (em geral, sexual), inimizade, fertilidade, liberdade, gratidão, luto, feitiços, conhecimento, vida, longevidade, amor, luxúria, magia (defensiva, sexual), necessidades (sexuais), paixão, poder, prosperidade, vingança, romance, sexo/sexualidade, força, sucesso, bem-estar, sabedoria, vontades	

ANFITRITE

Deusa do mar e personificação do mar (gregos)	
Sistema Solar: Netuno	
Elemento: Água	*Número:* 6
Do Mar: Concha-rainha, Mexilhão	*Vida Marinha:* Golfinho, Foca
Questões, Intenções e Poderes: calma, emoções, energia, liberdade, clima (acalma tempestades)	

ARIADNE

Divindade da Lua; deusa do amanhecer, da fertilidade e da vegetação (gregos – Creta)	
Sistema Solar: Lua, Saturno	*Celebração:* Ostara
Elemento: Terra	*Cor:* Prateado
Número: 9	*Planta:* Lunária
Insetos diversos: Aranha	
Questões, Intenções e Poderes: agricultura, morte, fertilidade, mágoa, magia (lunar), manifestação, proteção, buscas, sexo/sexualidade	

ARIANHOD/ARIANROD

Deusa da Lua; irmã de Gwydion (celtas – País de Gales)	
Sistema Solar: Lua	
Fases da Lua: Cheia	*Celebração:* Imbolc
Elemento: Ar	*Cor:* Prateado
Número: 9	*Árvores:* Cedro, Aveleira, Tília
Planta: Grãos (*trigo*), Visco, Lunária	*Ervas e Jardim:* Carqueja, Urze, Hera
Gemas e Minerais: Pedra da Lua	*Animal:* Javali
Questões, Intenções e Poderes: vida após a morte, beleza, começos, ciclos, morte, destino, resistência, fertilidade, liberdade, karma, aprendizagem, vida, limitações/limites (libertação de), magia (em geral, lunar, sexo), casamento (ritual de *handfasting*), poder (feminino), renascimento/renovação, vingança, trabalho interior (vidas passadas), espíritos (contato)	

ÁRTEMIS

Deusa da fertilidade, dos animais, das jovens meninas (gregos)	
Signos: Câncer, Gêmeos, Sagitário, Virgem	
Sistema Solar: Lua	*Celebrações:* Beltane, Ostara
Elemento: Terra	
Árvores: Cedro, Cerejeira, Castanheira, Cipreste, Abeto, Aveleira, Castanheiro-da-índia, Loureiro, Murta, Carvalho, Palmeira, Pinheiro, Nogueira, Salgueiro	
Planta: Lunária, Absinto	
Ervas e Jardim: Amaranto, Margarida, Jacinto, Artemísia	
Metal: Prata	*Ser Mágico:* Dríades
Animais: Morcego, Urso, Javali, Gato, Bovinos (*boi*), Cervo, Cão, Bode/Cabra, Lebre, Cavalo, Leão, Lobo	
Aves: Grou, Coruja, Codorniz	*Insetos diversos:* Escorpião
Questões, Intenções e Poderes: animais (fertilidade, caça), batalha/guerra, mudança/s, perigo, morte, fortalecimento, fertilidade, liberdade, amigo/amizade, objetivos, cura, independência, inspiração, amor, magia (lunar), humor (calma), gravidez/parto, proteção (de meninas), sexo/sexualidade, trabalho xamânico, força, transformação, bem-estar, bruxas/bruxaria	

ARTIO

Deusa da vida selvagem, do culto ao urso (celtas – Gália)	*Celebração:* Imbolc
Tarô: A Força	*Animal:* Urso
Questões, Intenções e Poderes: abundância, agricultura (colheita), animais, coragem, defesa, fertilidade, conhecimento, magia (animais), dinheiro, prosperidade, força	

ASHERAH/ASHERA

Deusa mãe da fertilidade (assírios, cananeus, fenícios, mesopotâmicos)	
Signo: Touro	*Elemento:* Terra
Árvores: Carvalho, Palmeira, Choupo	*Ervas e Jardim:* Lírio
Questões, Intenções e Poderes: fertilidade, crescimento, amor, magia (sexual), manifestação, romance, sexo/sexualidade, sabedoria, vontades	

ASTARTE/ASTARTU/ASHTORETH

Deusa do amor, da fertilidade, da maternidade, do sexo, da batalha, da guerra (assírios, babilônios, gregos)	
Signos: Aquário, Touro	*Sistema Solar:* Marte, Vênus
Celebração: Ostara	*Ervas e Jardim:* Lírio
Árvores: Acácia, Cedro, Cipreste, Murta, Palmeira, Pinheiro, Romãzeira, Nogueira	
Metal: Cobre	*Do Mar:* Naticidae
Animais: Bovinos, Cavalo, Leão (*leoa*), Porco (*porca*)	*Ave:* Pomba-branca
Ser Mítico: Esfinge	
Questões, Intenções e Poderes: abundância, afeto, batalha/guerra, criatividade, morte, desejo, adivinhação, fertilidade, do amor, magia (sexual), casamento, paixão, poder, profecia, vingança, romance, segurança, sexo/qualidade, sabedoria	

ATENA/PALAS ATENA

Deusa da sabedoria, da guerra e do artesanato, e protetora (gregos)	
Signos: Libra, Sagitário	*Sistema Solar:* Mercúrio
Celebrações: Festa de Epona, Imbolc, Ostara	*Dia:* Quarta-feira
Elemento: Ar	*Cor:* Amarelo
Árvores: Macieira, Faia, Abeto, Bordo, Oliveira, Evônimo, Salgueiro	
Números: 6, 7	*Animais:* Bovinos (*boi*), Bode/Cabra, Cavalo
Aves: Grou, Gralha, Cuco, Cervo, Coruja, Perdiz, Corvo	
Réptil: Cobra	*Ser Mítico:* Esfinge
Questões, Intenções e Poderes: afeto, autoridade, batalha/guerra, beleza, coragem, criatividade, morte, defesa, disciplina, liberdade, crescimento, guardar, orientação, harmonia, cura, inspiração, inteligência, ciúme, justiça, mente, paz, poder, proteção, pureza, habilidades, força, sabedoria	

BADB/BODB

Deusa da guerra; aspecto anciã da deusa tríplice (celtas – Irlanda)	
Signo: Áries	*Sistema Solar:* Marte
Celebração: Samhain	*Elemento:* Água

Tarô: A Torre	*Árvores:* Macieira, Teixo
Gemas e Minerais: Heliotrópio, Granada	*Ser Mágico:* Fadas (*banshee*)
Animal: Lobo	*Aves:* Grou, Gralha, Corvo
Questões, Intenções e Poderes: batalha/guerra (em geral, campos de batalha), morte, defesa, destino, destruição, adivinhação, términos, inimizade, medo, influência, vida, luxúria, magia (em geral, da anciã), profecia, renascimento/renovação, vingança, trabalho interior (vidas passadas), sucesso, sabedoria	

BANBA

Deusa da soberania e da morte (celtas – Irlanda)	
Celebração: Samhain	*Árvores:* Abrunheiro, Teixo
Gemas e Minerais: Peridoto	*Animais:* Bovinos (*vaca*), Porco
Questões, Intenções e Poderes: banimento, batalha/guerra, morte, liderança, magia (defensiva, da terra), memória/s, trabalho xamânico	

BAST/BASTET

Deusa felina da vida, da fecundação, do prazer, da música e da dança (egípcios)	
Signos: Leão, Touro	*Sistema Solar:* Sol
Gemas e Minerais: Olho de Gato, Olho de Tigre	*Ervas e Jardim:* Gatária
Animal: Gato	
Questões, Intenções e Poderes: abundância, assertividade, animais, começos, clarividência, conforto, destruição, energia, fertilidade, generosidade, bondade, cura, inspiração, intuição, gentileza, luz, magia (animais, lunar, sexual), paixão, prazer, proteção, relacionamentos, segurança, sexo/ sexualidade, espíritos (proteger contra), verdade, cordialidade, bem-estar, bruxas/bruxaria	

BERTA/BERTHA/BERCHTA/PERCHATA

Deusa da terra e da fertilidade, e guardiã dos animais e das crianças (germânicos)	
Fases da Lua: Minguante	*Estação:* Inverno
Comemorações: Dia do Ano Novo, Décima Segunda Noite	*Elementos:* Terra, Fogo
Cor: Branco	*Árvores:* Abrunheiro, Sabugueiro

Ervas e Jardim: Prímula	*Plantas:* Prímula-silvestre, Linho, Grãos
Aves: Ganso, Cisne	
Questões, Intenções e Poderes: agricultura, animais, morte, família (filhos), fertilidade, guardiã (de animais), lar, vida, magia (dos nós), trabalho xamânico (mudança de forma)	

BOANN/BOAND

Deusa do rio Boyne; mãe de Angus Mac Og (celtas – Irlanda)	
Elemento: Água	*Ser Mágico:* Fadas
Árvores: Castanheira, Sabugueiro, Aveleira, Castanheiro-da-índia	*Animal:* Bovinos (*vaca*)
Questões, Intenções e Poderes: emoções, fertilidade, objetivos, cura, inspiração, conhecimento, magia (da água), negatividade (eliminar), purificação, romance	

BRIGANTIA/BRIGÂNCIA/BRIGINDO

Protetora e Deusa da soberania (britânicos)	*Elemento:* Água
Tarô: A Força	*Árvores:* Sorveira-brava
Animais: Texugo, Bovinos, Leão (*leoa*), Ovinos (*cordeiro*)	
Questões, Intenções e Poderes: animais (proteger), autoridade, batalha/guerra, controle (da sua vida), ciclos, dignidade, disciplina, medo, fertilidade, cura, lar, liderança, gravidez/parto, prosperidade, proteção (da terra), segurança, bem-estar	

BRÍGIDA/BRIGID/BRIGIT/BRIGHID

Deusa da cura, dos ferreiros, da fertilidade e da poesia (celtas – Irlanda). Também conhecida como Bride.	
Sistema Solar: Netuno, Sol	*Dia:* Domingo
Celebração: Imbolc	*Elemento:* Fogo
Direção: Sul	*Cor:* Azul
Tarô: A Imperatriz	*Gemas e Minerais:* Azurita, Peridoto
Árvores: Abrunheiro, Cedro, Pilriteiro, Carvalho, Sorveira-brava, Salgueiro	

Ervas e Jardim: Anêmona, Amora-silvestre, Dente-de-leão	
Animais: Urso, Bovinos (*vacas*), Ovinos (*cordeiro*)	*Aves:* Galináceos (*galo*), Cisne
Questões, Intenções e Poderes: afeto, agricultura, animais (fertilidade), autoridade, beleza, bênçãos, comunicação, controle (fogo), criatividade, encruzilhada, morte, adivinhação, fé, fertilidade, gratidão, luto, cura, inspiração, conhecimento, aprendizagem, amor, magia (do fogo), manifestação, casamento, dinheiro, poder, gravidez/parto, profecia, proteção, habilidades, sucesso, cordialidade, bem-estar, sabedoria, bruxas/bruxaria	

CAILLEACH BHEUR

Deusa mãe feroz (Celta-Irlanda, Escócia)	
Fases da Lua: Minguante	*Celebração:* Samhain
Estação: Inverno	*Elemento:* Água
Árvores: Amieiro, Macieira, Sabugueiro, Azevinho, Teixo	*Aves:* Gralha, Coruja, Corvo
Animais: Javali, Vaca, Cervo, Bode/Cabra, Porco, Lobo	
Questões, Intenções e Poderes: batalha/guerra, ciclos, morte, destruição, términos, objetivos, guardiã, feitiços, amabilidade, magia (da anciã, com dragões), proteção, renascimento/renovação, reverter, transformação, clima, sabedoria, bruxas/bruxaria	

CERES/KERRES

Mãe Terra, deusa dos grãos, das frutas e das flores (romanos)	
Signo: Câncer	*Sistema Solar:* Terra, Saturno
Celebração: Lughnasadh	*Elemento:* Terra
Número: 2	*Ervas e Jardim:* Papoula
Árvores: Loureiro, Carvalho, Romãzeira, Salgueiro	*Planta:* Grãos
Gemas e Minerais: Esmeralda	
Questões, Intenções e Poderes: abundância, aceitação, ação, afeto, agricultura, compaixão, ciclos, família, fertilidade, gratidão, luto, crescimento, cuidados, renascimento/renovação, sabedoria	

CERIDWEN/ CERIDWEN/KERRIDWEN

<table>
<tr><td colspan="2">Deusa da fertilidade, do conhecimento, dos poetas (celta – País de Gales, Inglaterra)</td></tr>
<tr><td>Sistema Solar: Lua</td><td>Fases da Lua: Nova, Minguante</td></tr>
<tr><td>Cor: Branco</td><td>Número: 5</td></tr>
<tr><td colspan="2">Árvores: Faia, Bétula, Olmo, Alfarrobeira, Carvalho, Sorveira-brava, Abeto-vermelho, Salgueiro</td></tr>
<tr><td>Ervas e Jardim: Madressilva, Verbena</td><td>Planta: Grãos</td></tr>
<tr><td colspan="2">Do Mar: Cauri</td></tr>
<tr><td colspan="2">Animais: Gato, Bovinos (vaca), Cão (galgo), Lontra, Porco (porca), Lobo</td></tr>
<tr><td>Vida Marinha: Salmão</td><td>Aves: Galináceos, Gavião</td></tr>
<tr><td colspan="2">Questões, Intenções e Poderes: abundância, criatividade, escuridão, morte, adivinhação, fertilidade, feitiços (iniciar), compreensão intuitiva, inspiração, conhecimento, aprendizagem, sorte, magia (em geral, da anciã, lunar), o outro mundo/mundo inferior, profecia, renascimento/renovação, romance, trabalho xamânico (mudança de forma), transformação, sabedoria</td></tr>
</table>

CHALCHIUHTLICUE

<table>
<tr><td colspan="2">Deusa do leste e da água (astecas – México)</td></tr>
<tr><td>Elemento: Água</td><td>Direção: Leste</td></tr>
<tr><td>Cores: Azul, Branco</td><td>Ervas e Jardim: Amaranto</td></tr>
<tr><td>Plantas: Cogumelos, Junco</td><td>Do Mar: Vieira</td></tr>
<tr><td>Gemas e Minerais: Jade, Turquesa</td><td>Répteis: Rã, Cobra</td></tr>
<tr><td colspan="2">Questões, Intenções e Poderes: beleza, começos, comunidade, perigo, fertilidade, amor, casamento, proteção (recém-nascidos), purificação, espíritos, clima (em geral, tempestades), juventude</td></tr>
</table>

CIBELE

<table>
<tr><td colspan="2">Deusa da terra e da guerra, fundadora das cidades (gregos)</td></tr>
<tr><td colspan="2">Signos: Áries, Leão</td></tr>
<tr><td>Sistema Solar: Terra</td><td>Celebrações: Beltane, Ostara</td></tr>
<tr><td>Número: 8</td><td>Gemas e Minerais: Azeviche</td></tr>
<tr><td>Árvores: Abeto, Carvalho, Pinheiro, Abeto-vermelho</td><td>Planta: Mirra</td></tr>
</table>

Animais: Bovinos (*touro*), Leão	*Insetos diversos:* Abelha
Questões, Intenções e Poderes: agressividade, animais, batalha/guerra, ciclos, fertilidade, objetivos, crescimento, cura, ciúme, proteção (durante a guerra), renascimento/renovação, vingança, clima (tempestades)	

COATLICUE/COUATLICUE

Terra e deusa-mãe (astecas-México)	*Sistema Solar:* Terra
Celebração: Ostara	*Gemas e Minerais:* Jade
Do Mar: Vieira	*Répteis:* Crocodilo, Rã, Cobra
Questões, Intenções e Poderes: agricultura, animais (caça), autoridade, batalha/guerra, comunidade, controle, ciclos, morte, destruição, medo, fertilidade, aterramento, cura, vida, magia (lunar), renascimento/renovação, trabalho xamânico, transformação, bem-estar	

CONVENTINA

Deusa das nascentes, dos rios e das águas em geral (britânicos)	
Elemento: Água	*Plantas:* Junco, Nenúfar
Questões, Intenções e Poderes: abundância, começos, adivinhação, emoções, fertilidade, cura, inspiração, profecia, viagem, vontades	

DANU/DANA

Deusa mãe da Irlanda e dos Tuatha de Danann (celtas-Irlanda)	
Sistema Solar: Urano	*Celebrações:* Beltane, Imbolc
Elemento: Fogo	*Cor:* Branco
Direção: Leste	*Tarô:* A Imperatriz
Árvores: Álamo, Sabugueiro, Olmo, Pilriteiro, Aveleira, Azevinho, Abeto-vermelho, Salgueiro	
Ervas e Jardim: Amora-silvestre, Hera	
Gemas e Minerais: Âmbar, Diamante, Zircônia	
Ser Mágico: Fadas	*Aves:* Gavião, Corvo
Questões, Intenções e Poderes: abundância, afeto, autoridade, conforto, iluminação, fertilidade, graça, elucidação, inspiração, conhecimento, magia (em geral, lunar), manifestação, cuidados, prosperidade, espiritualidade, bem-estar, sabedoria	

DEMÉTER

Deusa dos grãos e da fecundidade da terra (gregos)	
Signos: Câncer, Virgem	*Sistema Solar:* Terra, Saturno
Celebrações: Lughnasadh, Ostara	*Elemento:* Terra
Plantas: Grãos (*cevada, milho, trigo*), Mirra	*Árvore:* Carvalho
Ervas e Jardim: Alquemila, Poejo, Papoula, Rosa, Girassol, Verbena	
Animais: Gato, Raposa, Cavalo, Porco, Doninha	*Ave:* Pombo
Réptil: Cobra	*Insetos diversos:* Abelha
Questões, Intenções e Poderes: abundância, aceitação, realização, ação, afeto, vida após a morte, agricultura, começos, negócios, mudança/s, compaixão, ciclos, energia, família, fertilidade, gratidão, luto, aterramento, justiça, conhecimento, aprendizagem, vida, longevidade, manifestação, dinheiro, cuidados, poder, profecia, prosperidade, purificação, pureza, liberação, segurança, tristeza, verdade, riqueza, bem-estar, juventude (estimulação)	

DEVI

Grande deusa mãe universal (védica, hindus – Índia)	
Signo: Leão	*Sistema Solar:* Júpiter
Animais: Chacal, Leão	*Ave:* Pavão
Réptil: Cobra	
Questões, Intenções e Poderes: afeto, batalha/guerra, beleza, bênçãos, morte, defesa, empatia, família, fertilidade, atenção, cuidados, proteção, renascimento/renovação	

DIANA

Deusa da fertilidade, dos lugares selvagens e do parto (romanos)	
Signos: Câncer, Leão, Peixes, Sagitário, Virgem	*Sistema Solar:* Lua
Celebrações: Beltane, Ostara	*Número:* 1
Árvores: Acácia, Macieira, Faia, Castanheira, Cipreste, Abeto, Avelã, Castanheiro-da-índia, Carvalho, Palmeira (*tamareira*), Pinheiro, Nogueira, Salgueiro	
Ervas e Jardim: Jasmim, Lírio, Artemísia, Papoula, Arruda, Verbena	
Plantas: Ditamno, Mandrágora, Lunária, Absinto	
Gemas e Minerais: Ametista, Pedra da Lua	*Metal:* Prata

Do Mar: Pérola	*Insetos diversos:* Abelha, Escorpião
Animais: Morcego, Urso, Gato, Bovinos (*vaca*), Cervo, Cão	
Questões, Intenções e Poderes: animais, autoridade, beleza, disciplina, fortalecimento, inimizade, fertilidade, amigo/amizade, objetivos, independência, conhecimento, amor, magia (lunar, noturna), necessidades, pesadelos, gravidez/parto, proteção, segredos, trabalho xamânico, força, bruxas/bruxaria, juventude (filhotes)	

DÔN

Grande deusa mãe; mãe de Arianhod e Gwydion (celtas – País de Gales, Inglaterra)	
Sistema Solar: Saturno	*Direção:* Oeste
Celebração: Beltane	*Cores:* Preto, Índigo
Tarô: A Imperatriz	*Árvores:* Carvalho, Teixo
Gemas e Minerais: Azeviche, Ônix	*Metal:* Chumbo
Questões, Intenções e Poderes: conforto, comunicação, encantamento, fertilidade, bondade, inspiração, conhecimento, liderança, habilidades	

DURGA

Deusa guerreira da morte e destruidora invencível (hindus – Índia)	
Signos: Áries, Leão	*Sistema Solar:* Marte, Saturno
Celebração: Samhain	*Elemento:* Fogo
Cor: Amarelo	*Do Mar:* Concha-rainha
Animais: Búfalo/Bisão, Leão, Tigre	
Questões, Intenções e Poderes: ativar/despertar, assertividade, ambição, raiva, autoridade, equilíbrio, banimento, batalha/guerra, controle, perigo, morte, destino, términos, energia (cósmica), medo, ciúme, vida, moralidade, poder, força, sucesso	

ÉOS

Deusa da madrugada (gregos)	*Celebração:* Ostara
Cores: Roxo, Amarelo	*Planta:* Açafrão
Animal: Cavalo	*Insetos diversos:* Cigarra
Questões, Intenções e Poderes: ativar/despertar, começos, ciclos, gentileza, luz, luxúria, sentidos, juventude	

EPONA

Deusa dos cavalos e aquela que confere soberania (celtas – Inglaterra; romanos-britânicos)	
Signo: Sagitário	*Celebrações:* Festa de Epona, Mabon
Cores: Preto, Branco	*Ervas e Jardim:* Valeriana, Verbena
Plantas: Tussilagem, Grãos (*milho*)	*Gemas e Minerais:* Azurita
Animais: Cão, Burro, Bovinos (*boi*), Cavalo	
Questões, Intenções e Poderes: abundância, vida após a morte, agressividade, agricultura, animais, autoridade, batalha/guerra, trabalho com sonhos, graça, guardar, cura, liderança, vida, magia (animal, sexual), motivação, pesadelos (crianças), poder, prosperidade, trabalho xamânico, habilidades, força, viagem	

ERESHKIGAL/ERISHKEGAL

Deusa e rainha do mundo inferior (babilônios, sumérios, gregos)	
Signo: Escorpião	*Sistema Solar:* Plutão
Celebração: Lughnasadh	
Questões, Intenções e Poderes: vida após a morte, encruzilhada, morte, o outro mundo/mundo inferior	

FEBE

Divindade solar, filha de Gaia e Urano (gregos)	
Sistema Solar: Sol	
Celebração: Litha	*Elemento:* Ar, Fogo
Ervas e Jardim: Heliotrópio	*Metais:* Bronze, Ouro
Questões, Intenções e Poderes: ciclos, adivinhação, emoções, luz, magia (solares)	

FIDES

Deusa da boa fé e da fidelidade (romanos)	*Árvores:* Loureiro, Oliveira
Questões, Intenções e Poderes: negócios, comunicação, justiça, fé, fidelidade, amigo/amizade, honestidade, honra, amor, lealdade, cuidados, responsabilidade, romance, confiança	

FLORA

Deusa da fertilidade e das flores (romanos)	*Signo:* Touro
Estação: Primavera	*Celebrações:* Beltane, Rosália
Árvores: Macieira, Cerejeira, Oliveira	*Ervas e Jardim:* Anêmona, Rosa
Questões, Intenções e Poderes: agricultura, começos, fertilidade, crescimento, vida, amor, cuidados, proteção (árvores frutíferas), renascimento/renovação, juventude	

FORTUNA

Deusa do destino e do acaso, bem como uma divindade cívica (etruscos, romanos)	
Comemorações: Dia de Ano Novo, Yule	*Cor:* Roxo
Árvore: Carvalho	*Tarô:* A Roda da Fortuna
Questões, Intenções e Poderes: abundância, bênçãos, clarividência, consagrar/abençoar, ciclos, destino, adivinhação, trabalho com sonhos, encorajamento, orientação, felicidade, justiça, sorte, prosperidade, viagem, riqueza	

FREYA/FREYJA

Deusa da fertilidade; irmã do deus Freir (nórdicos, teutônicos)	
Signos: Capricórnio, Leão	*Sistema Solar:* Lua
Celebrações: Beltane, Lughnasadh	*Dia:* Sexta-feira
Runas: Feoh, Gyfu, Is, Jera, Ken, Wyn	*Elemento:* Fogo
Número: 6	*Plantas:* Prímula-silvestre, Linho, Visco
Árvores: Amieiro, Macieira, Faia, Bétula, Sabugueiro, Tília, Evônimo	
Ervas e Jardim: Amora-silvestre, Margarida, Primavera, Rosa, Morango	
Gemas e Minerais: Âmbar	*Do Mar:* Pérola
Animais: Javali, Gato, Bode/Cabra, Lebre, Lince-canadense, Porco (*porca*)	*Aves:* Pomba-branca, Falcão, Corvo
Insetos diversos: Aranha	
Questões, Intenções e Poderes: beleza, começos, clarividência, morte, adivinhação, encantamento, fertilidade, liberdade, guardar, orientação, cura, aprendizagem, longevidade, amor, luxúria, magia (em geral, animal, lunar, sexual), casamento, paixão, gravidez/parto, profecia, prosperidade, sensualidade, sexo/sexualidade, trabalho xamânico, habilidades, viagem, riqueza, bruxas/bruxaria, juventude	

FRIGGA/FRIGG

Deusa da fertilidade, do clima e das nuvens; esposa de Odin (nórdicos, teutônicos)	
Signo: Touro	*Dia:* Sexta-feira
Celebrações: Beltane, Lughnasadh	*Runa:* Beorc
Números: 2, 7	*Ervas e Jardim:* Morango
Árvores: Freixo, Álamo, Faia, Bétula, Abeto, Pilriteiro, Tília, Evônimo	
Planta: Linho	*Ave:* Falcão
Questões, Intenções e Poderes: abundância, autoridade, clarividência, controle, astúcia, engano, defesa, destino, família, fertilidade, liberdade, guardar, orientação, lar, independência, conhecimento, amor, magia (em geral, sexual), casamento, paixão, poder, profecia, proteção, renascimento/renovação, segredos, segurança, trabalho xamânico (mudança de forma), clima, bem-estar, sabedoria, bruxas/bruxaria	

GAIA/GAEA

Grande deusa mãe e deusa da terra (gregos)	
Signos: Capricórnio, Touro	*Sistema Solar:* Terra
Celebrações: Dia da Terra, Imbolc, Ostara, Yule	*Elemento:* Terra
Número: 8	*Árvores:* Álamo, Sabugueiro, Olmo, Azevinho, Loureiro
Ervas e Jardim: Madressilva, Alquemila	*Ave:* Gaio-azul
Questões, Intenções e Poderes: abundância, afeto, vida após a morte, bênçãos, calma, ciclos, dedicação/devoção, adivinhação, energia, iluminação, a fertilidade, aterramento, o crescimento, cura, vida, amor, casamento, cuidados, profecia, renascimento/renovação, riqueza, clima, bem-estar, sabedoria	

GANGA

Deusa da fertilidade e do rio Ganges (hindus-Índia)	
Cor: Branco	*Réptil:* Crocodilo
Questões, Intenções e Poderes: abundância, mudança/s, fé, fertilidade, objetivos, felicidade, cura, negatividade (eliminar), poder, purificação, riqueza, bem-estar	

HATHOR/HET-HERU

Deusa do amor, da alegria, do céu e do sol (egípcios)	
Signos: Leão, Touro	*Sistema Solar:* Plutão, Sol
Gemas e Minerais: Turquesa	*Árvores:* Murta, Plátano
Ervas e Jardim: Amora-silvestre, Parreira, Heliotrópio, Rosa	
Plantas: Lótus, Mandrágora	*Ave:* Abutre
Animais: Bovinos (*vaca*), Hipopótamo, Leão	*Réptil:* Cobra
Questões, Intenções e Poderes: vida após a morte, consciência, beleza, conforto, comunidade, astúcia, morte, destino, destruição, emoções, fertilidade, felicidade, cura, luz, amor, magia (sexual), casamento, cuidados, poder, prosperidade, proteção, romance, sentidos, sensualidade, espírito, força	

HÉCATE/HEKATE

Deusa da lua, da magia, da riqueza, da sabedoria, da vitória e da navegação (gregos)	
Signos: Áries, Capricórnio, Escorpião	*Sistema Solar:* Lua, Plutão, Saturno
Dias: Segunda-feira, Sábado	*Celebrações:* Noite de Hécate, Samhain
Cores: Preto, Prateado	*Números:* 3, 9
Árvores: Álamo, Cipreste, Alfarrobeira, Palmeira, Sorveira-brava, Salgueiro, Teixo	
Ervas e Jardim: Dente-de-leão, Matricária, Acônito, Lavanda	
Plantas: Anis, Beladona, Dulcamara, Cardamomo, Galanga, Mandrágora, Lunária, Mirra	
Do Mar: Pérola	
Gemas e Minerais: Pedra da Lua, Quartzo (transparente), Safira	
Animais: Cão, Lebre, Coelho, Ovinos, Jaritataca	*Ave:* Coruja
Questões, Intenções e Poderes: vida após a morte, autoridade, negócios, consciência (subconsciente), controle, encruzilhada, ciclos, escuridão, morte, destruição, adivinhação, trabalho com sonhos, fortalecimento, encantamento, términos, favor/es, feitiços, esperança, iluminação, influência, karma, amor, sorte, magia (em geral, negra, da anciã, defensiva, lunar, noturna), dinheiro, necessidades, negatividade, pesadelos, poder, profecia, de proteção (crianças), purificação, renascimento/renovação, libertação, vingança, trabalho xamânico, espíritos (proteger contra), força, sucesso, transformação, viagem, visões, riqueza, clima (tempestades), sabedoria, bruxas/bruxaria	

HEL/HELLA

Deusa da morte e do mundo inferior (nórdicos, teutônicos). Também conhecida como Urth.	
Signo: Escorpião	*Sistema Solar:* Plutão
Celebrações: Samhain, Yule	*Runa:* Beorc
Número: 9	*Ervas e Jardim:* Hera
Árvores: Freixo, Faia, Sabugueiro, Olmo, Azevinho, Junípero, Salgueiro, Teixo	
Questões, Intenções e Poderes: vida após a morte, batalha/guerra, escuridão, morte, o outro mundo/mundo inferior	

HERA/HERE

Deusa do céu e esposa de Zeus (gregos)	*Signo:* Leão
Sistema Solar: Júpiter, Plutão, Saturno	*Comemorações:* Dia de Ano Novo, Ostara
Elemento: Ar	*Número:* 8
Árvores: Macieira, Carvalho, Romãzeira, Salgueiro	*Ervas e Jardim:* Íris, Lírio
Planta: Raiz de Íris	*Animais:* Bovinos (*vaca*), Cão, Lebre, Leão
Aves: Grou, Cuco, Ganso, Gavião, Pavão, Cegonha	
Questões, Intenções e Poderes: raiva, banimento, negócios, comunicação, comunidade, morte, energia, fertilidade, fidelidade, ciúme, amor, casamento, profecia, proteção, renascimento/renovação, sabedoria	

HÉSTIA/HISTIA

Deusa do fogo e do fogo doméstico (gregos)	
Signos: Áries, Virgem	
Celebração: Caça da Carriça	*Elemento:* Fogo
Animais: Bovinos (*vaca*), porco (*porca*)	*Ave:* Pavão
Questões, Intenções e Poderes: abundância, afeto, calma, caridade, família, fidelidade, generosidade, harmonia, lar, aperfeiçoamento, purificação, segurança, cordialidade, bem-estar, bruxas/bruxaria (cozinha)	

HOLDA/HOLLE

Deusa Mãe e do tempo (nórdicos, teutônicos). Também conhecida como Frau Holle.	
Celebrações: Walpurgis, Yule	
Árvores: Freixo, Faia, Abrunheiro, Sabugueiro, Azevinho, Junípero, Evônimo, Teixo	
Ervas e Jardim: Hera, Rosa	*Planta:* Linho
Animais: Bode/Cabra	*Ave:* Pombo
Questões, Intenções e Poderes: abundância, vida após a morte, ciclos, destino, energia, justiça, karma, amor, magia, casamento, vingança, estabilidade, clima, bruxas/bruxaria	

IDUNA/IDUNN

Deusa da juventude, guardiã das maçãs douradas (nórdicos, teutônicos)	
Celebrações: Ostara, Yule	*Número:* 7
Árvores: Macieira, Abeto	
Questões, Intenções e Poderes: agricultura, iluminação, guardiã, luz, longevidade, romance, juventude	

INANNA

Deusa do céu e da terra, dos grãos, do amor (babilônicos, sumérios)	
Signos: Gêmeos, Leão, Virgem	*Sistema Solar:* Terra, Urano
Celebrações: Imbolc, Lughnasadh, Mabon, Samhain	
Árvores: Abeto, Palmeira (*tamareira*)	*Plantas:* Grãos, Junco
Do Mar: Naticidae	*Animais:* Bovinos (*vaca*), Chacal, Leão
Aves: Pombo, Corvo, Andorinha	
Questões, Intenções e Poderes: abundância, a ambição, a agricultura, a assertividade, a batalha/guerra, coragem, morte, destino, determinação, adivinhação, resistência, energia, inimizade, fertilidade, liberdade, guardar, orientação, cura, crescimento, conhecimento, luz, amor, magia (lua, sexo), casamento, oportunidades, o outro mundo/mundo inferior, poder, problemas, profecia, prosperidade, purificação, buscas, renascimento/renovação, responsabilidade, sensualidade, clima, bem-estar	

ÍRIS

Deusa do arco-íris (gregos)	*Signo:* Virgem
Cores: Azul, Verde, Índigo, Laranja, Vermelho, Violeta, Amarelo	
Celebração: Ostara	*Ervas e Jardim:* Íris
Plantas: Raiz de Íris, Absinto	*Gemas e Minerais:* Obsidiana (*arco-íris*)
Ave: Pavão	*Insetos diversos:* Abelha
Questões, Intenções e Poderes: comunicação, controle, emoções, energia, benignidade, bondade, mensagens/presságios, trabalho xamânico, apoio, clima (arco-íris)	

ISHTAR

Deusa mãe da fertilidade, da primavera, do amor, do destino, da guerra (assírio-babilônios, semitas, sumérios)	
Signos: Aquário, Áries, Leão, Touro, Virgem	*Sistema Solar:* Lua, Urano, Vênus
Celebrações: Lughnasadh, Mabon, Ostara, Samhain, Yule	
Estação: Primavera	*Número:* 5
Árvores: Acácia, Murta, Palmeira, Pinheiro, Salgueiro	*Ave:* Pombo
Metal: Cobre	*Animais:* Bovinos (*touro*), Leão
Ser Mítico: Dragão	
Questões, Intenções e Poderes: ação, agressividade, assertividade, ambição, animais (fertilidade), de batalha/guerra, começos, desafios, inteligência, compaixão, coragem, morte, decisões, desejo, destino, adivinhação, medo, fertilidade, perdão, liberdade, gentileza, guardar, orientação, harmonia, cura, bondade, vida, longevidade, amor, luxúria, magia (com dragões, lunar, sexual), casamento, obstáculos, o outro mundo /mundo inferior, paixão, poder, gravidez/parto, profecia, proteção, purificação, renascimento/renovação, romance, sexo/sexualidade, amargura, força, vontades	

ÍSIS

Deusa da Terra; protetora dos mortos; patrona das esposas e mães amorosas (Egípcios)	
Signos: Aquário, Câncer, Libra, Sagitário, Escorpião, Touro, Virgem	
Sistema Solar: Terra, Lua, Urano	*Celebrações:* Aniversário de Ísis, Ostara, Yule
Elemento: Água	*Árvores:* Abeto, Palmeira, Pinheiro, Plátano
Ervas e Jardim: Urze, Íris, Rosa, Verbena	*Plantas:* Lótus, Mirra, Raiz de Íris

Gemas e Minerais: Cornalina, Esmeralda, Jaspe, Lápis-lazúli, Pedra da Lua, Safira (*estrela*)	
Metal: Prata	*Do Mar:* Coral, Pérola
Animais: Bovinos (*vaca*), Leão, Porco	*Réptil:* Cobra
Aves: Pombo, Ganso, Gavião, Íbis, Andorinha, Abutre	
Insetos Diversos: Escorpião	*Ser Mítico:* Esfinge
Questões, Intenções e Poderes: abundância, aceitação, vida após a morte, a agricultura, a ambição, começos, compromisso, desafios, mudança/s, compaixão, coragem, astúcia, ciclos, perigo, morte, dedicação/devoção, determinação, adivinhação, trabalho com sonhos, resistência, energia (universal), favor/es, fertilidade, perdão, liberdade, luto, crescimento, guardar, orientação, cura, feitiços (quebrar, proteger), inspiração, liderança, aprendizagem (ensino), vida, luz, perda, amor, magia (em geral, lunar, sexual), memória/s, cuidados, o outro mundo/mundo inferior, paixão, poder, proteção, purificação, buscas, renascimento/renovação, segredos, trabalho xamânico, sono, tristeza, espiritualidade, apoio, transformação, sabedoria	

JUNO

Deusa da luz, do parto, do casamento (romanos)	
Signos: Aquário, Câncer, Capricórnio, Leão	
Sistema Solar: Lua, Saturno	*Dia:* Quinta-feira
Celebrações: Imbolc, Dia de Ano Novo, Ostara	*Número:* 9
Ervas e Jardim: Íris, Lírio, Verbena	*Plantas:* Lótus, Mirra
Animais: Bovinos (*vacas*)	*Aves:* Cuco, Ganso, Pavão, Cegonha
Questões, Intenções e Poderes: começos, negócios, ciclos, medo, fertilidade, bondade, guardar, orientação, ciúme, amabilidade, luz, luxúria, casamento, dinheiro, otimismo, prosperidade, proteção, purificação, romance, segurança, riqueza, bem-estar	

JUSTITIA/IUSTITIA

Deusa da justiça (romanos)	*Signo:* Libra
Sistema Solar: Júpiter	*Cores:* Azul (escuro), Roxo
Gemas e Minerais: Ametista, Lápis-lazúli, Safira	
Metal: Estanho	*Ave:* Águia
Questões, Intenções e Poderes: realização, equilíbrio, imparcialidade, guardar, orientação, honra, justiça, moralidade, proteção	

KALI

Deusa da guerra, da fertilidade e do tempo (hindus – Índia)	
Sistema Solar: Plutão, Saturno	
Celebração: Samhain	*Cores:* Preto, Amarelo
Número: 5	*Ervas e Jardim:* Assa-fétida
Animal: Tigre	
Questões, Intenções e Poderes: ação, assertividade, autoridade, equilíbrio, batalha/guerra, mudança/s, controle, criatividade, perigo, escuridão, morte, destruição, adivinhação, trabalho com sonhos, términos, energia, inimizade, medo (dissipar), fertilidade, liberdade, independência, intuição, karma, vida, magia (negra, noturna), negatividade, obstáculos, poder, proteção, libertação, vingança, tristeza, força, transformação, verdade (cósmica), clima	

KORÉ

O nome pelo qual a filha de Deméter era conhecida antes de seu rapto por Hades; depois ela ficou conhecida como Perséfone (grego)	
Signo: Virgem	*Estação:* Primavera
Elemento: Terra	*Celebrações:* Lughnasadh, Mabon, Noite de Reis
Questões, Intenções e Poderes: agricultura, crescimento, honra, esperança, inocência, vida, pureza, juventude	

KUAN YIN/KWAN-YIN

Deusa da fertilidade, protetora das mulheres (chineses)	
Signo: Câncer	*Ervas e Jardim:* Lírio
Planta: Lótus	*Do Mar:* Pérola
Gemas e Minerais: Jade, Turquesa	
Questões, Intenções e Poderes: equilíbrio, banir, bênçãos, calma, mudança/s, clarividência (aumentar), conforto, compaixão, perigo, adivinhação, términos, iluminação, inimizade, imparcialidade, favor/es, medo, fertilidade, liberdade, generosidade, gentileza, aterramento, guardar, orientação, elucidação, aprimoramento, compreensão intuitiva, introspecção, justiça, karma, bondade, conhecimento, aprendizagem, amor, atenção plena, magia, casamento, humor (acalmar), necessidades, obstáculos, proteção, sentidos, espiritualidade, estresse, apoio, bem-estar, sabedoria	

KUPALA

Deusa da água, da magia, das ervas, da felicidade (eslavos)	
Elemento: Fogo, Água	*Árvore:* Bétula
Ervas e Jardim: Samambaia, Todas as Ervas	
Questões, Intenções e Poderes: agricultura, banir, energia, medo, alegria, cura, aprendizagem, vida, sorte, magia, otimismo, prosperidade, proteção, purificação, sexo/sexualidade, espíritos (proteger contra)	

LAKSHMI/LAKSMI

Deusa da Terra, da fortuna e da prosperidade (budistas, hindus, jainistas-Índia)	
Signo: Touro	*Dia:* Sexta-feira
Ervas e Jardim: Manjericão, Manjericão-Santo	*Planta:* Lótus
Do Mar: Concha-rainha, Pérola	*Animal:* Elefante
Ave: Coruja	
Questões, Intenções e Poderes: abundância, autoridade, beleza, bênçãos, negócios, mudança/s, caridade, criatividade, autonomia, energia, iluminação, fama, fertilidade, perdão, liberdade, generosidade, objetivos, crescimento, felicidade, lar, bondade, amor, sorte, mente, atenção plena, dinheiro, necessidades, otimismo, prazer, prosperidade, pureza, segurança, espiritualidade, sucesso, riqueza, bem-estar, sabedoria, vontades	

LUNA

Deusa da lua (romanos)	*Signo:* Câncer
Sistema Solar: Lua	*Celebração:* Festa de Luna
Cor: Prateado	*Número:* 9
Árvores: Sorveira-brava, Salgueiro	*Planta:* Lunária
Gemas e Minerais: Pedra da Lua, Selenita	*Metal:* Prata
Questões, Intenções e Poderes: encantamento, amor, magia (lunar), romance, sono	

MA'AT/MAAT

Deusa da verdade e da justiça (egípcios)	*Signo:* Libra
Sistema Solar: Mercúrio	*Celebração:* Yule
Gemas e Minerais: Jade, Turquesa	*Aves:* Avestruz, Abutre
Questões, Intenções e Poderes: vida após a morte, equilíbrio, morte, imparcialidade, guardar, orientação, honestidade, justiça, moralidade, estabilidade, verdade	

MACHA

Deusa da soberania, da guerra e da fertilidade; uma parte da deusa tríplice (celtas – Irlanda)	
Signo: Áries	*Sistema Solar:* Marte
Fases da Lua: Minguante	*Celebração:* Samhain
Direção: Sul	*Cor:* Azul
Tarô: A Torre	*Árvores:* Macieira, Freixo, Abrunheiro
Planta: Beladona	*Animal:* Cavalo
Aves: Gralha, Corvo	
Questões, Intenções e Poderes: aceitação, batalha/guerra, astúcia, morte, desejo, destruição, inimizade, fertilidade, vida, magia (da anciã, sexual), gravidez/parto, renascimento/renovação, sexo/sexualidade, força, sabedoria	

MAEVE/MEDB

Deusa da guerra (celtas – Irlanda)	*Sistema Solar:* Marte
Cores: Roxo, Vermelho, Amarelo	*Tarô:* A Estrela
Animais: Bovinos (*vaca*), Cavalo	*Aves:* Gralha, Corvo
Questões, Intenções e Poderes: animais (caça), batalha/guerra, perigo, morte, desejo, determinação, inimizade, influência, liderança, aprendizagem, luxúria, magia (em geral, sexual), necessidades (sexuais), paixão, poder, vingança, sexo/sexualidade, força, vontades (sexuais)	

MAIA

Deusa da fertilidade, do crescimento e das plantas (gregos)	*Signo:* Touro
Sistema Solar: Terra, Mercúrio	*Estação:* Primavera

Celebração: Beltane	*Planta:* Todas
Ave: Pombo-comum	
Questões, Intenções e Poderes: abundância, agricultura, criatividade, destino, energia, fertilidade, crescimento, honra, aumentar, amor, magia, dinheiro, cuidados, prosperidade, sucesso	

MINERVA

Deusa da guerra, das escolas, do comércio, e dos artesãos (etruscos, romanos)	
Signos: Áries, Libra	*Sistema Solar:* Marte, Mercúrio
Celebrações: Festa de Epona, Ostara	*Números:* 5, 7
Árvores: Freixo, Oliveira, Evônimo	*Planta:* Cardo
Animais: Antílope, Bovinos (*boi*)	*Ave:* Coruja
Questões, Intenções e Poderes: ação, batalha /guerra, negócios, comunidade, criatividade, decisões, liberdade, orientação, cura, inteligência, conhecimento, aprendizagem, mente, dinheiro, paz, poder, proteção, habilidades, sabedoria	

MODRON/MADRON

Grande Deusa Mãe; mãe da criança divina Mabon (celtas – País de Gales)	
Celebração: Mabon	*Número:* 3
Ervas e Jardim: Papoula, Girassol	*Planta:* Patchuli
Animal: Cavalo	
Questões, Intenções e Poderes: agricultura (colheita), compaixão, empatia, família, fertilidade, magia (sexual), paz, poder, gravidez /parto	

MORRIGAN/MORRIGU

Aspecto anciã da grande deusa tríplice, deusa da guerra/batalha, da morte e da destruição (celtas – Irlanda)	
Signo: Áries	*Sistema Solar:* Plutão
Fases da Lua: Nova, Minguante	
Celebrações: Dia de Ano Novo, Mabon	
Cores: Preto, Vermelho	
Árvores: Álamo, Cerejeira, Junípero, Alfarrobeira, Carvalho, Salgueiro	

Ervas e Jardim: Madressilva	*Plantas:* Meimendro, Junco
Gemas e Minerais: Ágata (*vermelha*), Heliotrópio, Obsidiana, Ônix, Rubi	
Metais: Ferro, Aço	*Aves:* Grou, Gralha, Corvo
Animais: Cão (*preto*), Bovinos (*vaca*), Cavalo, Lobo	*Ser Mágico:* Fadas
Questões, Intenções e Poderes: ação, banir, batalha/guerra (em geral, campos de batalha), coragem, morte, engano, defesa, destino, destruição, fortalecimento, inimizade, favor/es, medo, feitiços, influência, magia (em geral, antiga, noturna, sexual), mensagens/presságios, pesadelos, poder, profecia, proteção, vingança, sexo/sexualidade, trabalho xamânico, força, bruxas/bruxaria	

MULHER ARANHA

Criadora e deusa da sabedoria (navajos, zunis)	*Sistema Solar:* Lua, Sol
Elemento: Fogo	*Plantas:* Grãos (*milho*), Junco
Animal: Esquilo (*tâmia*)	*Insetos diversos:* Aranha
Questões, Intenções e Poderes: comunicação, conexões, perigo, destino, magia, habilidades, sabedoria	

NANNA

Deusa Esposa da Balder (nórdicos, teutônicos)	*Signos:* Leão, Virgem
Sistema Solar: Terra, Marte	*Cor:* Prateado
Número: 9	*Planta:* Lunária
Animal: Bovinos (*touro*)	
Questões, Intenções e Poderes: aceitação, beleza, compaixão, dedicação/devoção, fertilidade, gentileza, luto, lar, justiça, aprendizagem, perda, amor, magia (em geral, lunar), tristeza	

NÉFTIS/NEBET-HET

Deusa dos mortos (egípcios)	*Celebração:* Samhain
Elemento: Terra	*Animal:* Gorila
Aves: Gavião, Falcão, Papagaio, Abutre	
Questões, Intenções e Poderes: vida após a morte, consciência, morte, dedicação/devoção, adivinhação, trabalho com sonhos, gratidão, luto, cura, intuição, vida, luxúria, magia (em geral, noturna), pesadelos, o outro mundo/mundo inferior, renascimento/renovação, segurança, tristeza, espíritos, apoio	

NÊMESIS

Deusa do destino e da justiça punitiva (gregos, persas)	
Signo: Libra	*Árvores:* Macieira, Freixo
Animal: Cervo (*veado*)	*Ave:* Cisne
Ser Mítico: Grifo	
Questões, Intenções e Poderes: aceitação, ação, raiva, autoridade, equilíbrio, controle, destino, dignidade, felicidade, justiça, karma, perda, orgulho, vingança	

NUT

Deusa do céu noturno (egípcios)	*Signo:* Aquário
Sistema Solar: Júpiter	*Elemento:* Ar
Árvore: Plátano	*Gemas e Minerais:* Lápis-lazúli
Animais: Javali, Bovinos (*vaca*), porco (*porca*)	
Questões, Intenções e Poderes: reino astral, energia (cósmica), magia (noturna), pesadelos, proteção, renascimento/renovação, clima	

OSTARA/EOSTRE

Deusa da Primavera e da renovação (anglo-saxônicos)	*Estação:* Primavera
Celebração: Ostara	*Runa:* Dag
Árvores: Freixo, Tília	*Ervas e Jardim:* Lírio
Animais: Lebre, Coelho	
Questões, Intenções e Poderes: começos, ciclos, energia, fertilidade, crescimento, amor, renascimento /renovação	

PARVATI/PARVATA

Deusa da Montanha e esposa de Shiva (hindus – Índia)
Animais: Elefante, Leão
Questões, Intenções e Poderes: beleza, bênçãos, desejo, determinação, energia (cósmica), esperança, inspiração, luz, casamento, atenção plena, paixão, poder, timidez, transformação

PELE

Mãe e deusa do fogo (havaianos, polinésios)	*Elemento:* Fogo
Gemas e Minerais: Obsidiana, Peridoto	*Árvore:* Oliveira
Questões, Intenções e Poderes: reino astral, energia, lar, luxúria, magia, poder, purificação, trabalho xamânico, transformação, viagem, clima (relâmpago)	

PERSÉFONE

O nome pelo qual Koré ficou conhecida depois que se tornou rainha do Mundo Inferior (gregos)	
Signos: Escorpião, Virgem	*Sistema Solar:* Lua, Plutão
Celebrações: Lughnasadh, Mabon, Ostara, Noite de Reis	*Elemento:* Terra
Árvores: Álamo, Cedro, Cerejeira, Abeto, Romãzeira, Choupo (*preto*), Salgueiro	
Ervas e Jardim: Narciso, Hera, Papoula, Verbena	*Plantas:* Ditamno, Grãos (*milho*)
Animal: Morcego	*Ave:* Coruja (*mocho*)
Questões, Intenções e Poderes: aceitação, vida após a morte, agricultura, mudança/s, clarividência, ciclos, morte, conhecimento, magia (antiga), o outro mundo/mundo inferior, renascimento/renovação, sono, sabedoria	

RAN

Deusa do mar e rainha das ondinas e sereias (nórdicos, teutônicos)	
Sistema Solar: Netuno	*Celebração:* Netunália
Elemento: Água	*Árvores:* Abrunheiro, Olmo, Junípero
Metal: Ouro	
Questões, Intenções e Poderes: perigo, morte, destruição, energia, humor, clima	

REIA/RHEA

Um grande deusa mãe primitiva, Titã, e mãe dos deuses dominantes do Olimpo (gregos)	
Sistema Solar: Saturno	*Celebração:* Beltane
Elemento: Terra	*Número:* 2
Árvores: Sabugueiro, Abeto (*prateado*), Carvalho, Pinheiro, Nogueira	*Ervas e Jardim:* Hera, Alquemila

Planta: Mirra	*Animal:* Leão
Ave: Pombo-comum	
Questões, Intenções e Poderes: abundância, afeto, agricultura, família, fertilidade, bondade, aterramento, amor, cuidados, profecia, renascimento /renovação, bem-estar	

RHIANNON/RIANNON

Deusa da Lua, do outro mundo e da morte; Manannán foi seu segundo marido (celtas – País de Gales)	
Signo: Sagitário	*Sistema Solar:* Lua
Fases da Lua: Minguante	*Celebrações:* Beltane, Samhain
Elemento: Terra	*Número:* 9
Direção: Sul	*Cores:* Azul, Branco
Árvores: Macieira, Bordo, Salgueiro	*Ervas e Jardim:* Jasmim
Plantas: Lunária, Junco	*Metal:* Prata
Gemas e Minerais: Pedra da Lua	*Animais:* Texugo, Cavalo (*branco*)
Aves: Melro, Gralha, Corvo	
Questões, Intenções e Poderes: abundância, animais, mudança/s, criatividade, morte, engano, trabalho com sonhos, inimizade, fertilidade, justiça, magia (com animais, lunar), necessidades, o outro mundo/mundo inferior, paciência, prosperidade, verdade	

SARASVATI/SARASWATI

Deusa da sabedoria, da poesia e da música (budista – China)	
Celebração: Vasant Panchami	*Elemento:* Água
Cor: Amarelo	*Árvore:* Palmeira
Planta: Lótus	*Do Mar:* Pérola
Aves: Pavão, Cisne	
Questões, Intenções e Poderes: beleza, comunicação, criatividade, iluminação, fertilidade, inspiração, inteligência, conhecimento, aprendizagem, mente, atenção plena, orgulho, prosperidade, proteção, purificação, pureza, romance, timidez, estimulação, riqueza, sabedoria, vontades	

SEDNA

Deusa do mar e mãe de criaturas do mar (esquimós – América do Norte)	
Signo: Peixes	*Sistema Solar:* Lua, Netuno
Elemento: Água	*Ser Mágico:* Sereias
Vida Marinha: Todas	
Questões, Intenções e Poderes: abundância, equilíbrio, bênçãos, consagrar/abençoar, morte, vida, perda, magia (antiga), purificação, renascimento/renovação, liberação, trabalho xamânico	

SEKHMET/SEKHEM

Deusa guerreira do fogo, do calor e dos partos (egípcios)	
Signos: Áries, Leão	*Sistema Solar:* Sol
Elemento: Fogo	*Árvore:* Alfarrobeira
Ervas e Jardim: Gatária	*Animais:* Gato, Leão
Questões, Intenções e Poderes: ação, ativar/despertar, assertividade, raiva, autoridade, consciência, batalha/guerra, começos, alegria, comunidade, compaixão, controle, escuridão, morte, defesa, destruição, fortalecimento, encantamento, inimizade, medo, felicidade, cura iluminação, justiça, vida, luz, amor, lealdade, luxúria, magia (em geral, defensiva, sexual), mensagens/presságios, cuidados, paz, poder, gravidez/parto, proteção, purificação, pureza, vingança, sentidos, força, transformação, riqueza, clima (tempestades), bem-estar, sabedoria	

SELENE

Deusa Lunar (gregos). Também conhecida como Mene	*Sistema Solar:* Lua
Dia: Segunda-feira	*Celebração:* Imbolc
Cor: Prata	*Número:* 9
Árvore: Sorveira-brava	*Planta:* Lunária
Gemas e Minerais: Pedra da Lua, Selenita	*Metais:* Ferro, Prata
Animais: Bovinos (*boi*), Cavalo	
Questões, Intenções e Poderes: beleza, calma, ciclos, trabalho com sonhos, encantamento, luz, magia (em geral, lunar), pesadelos, sono, juventude	

SESHAT/SECHAT

Deusa da escrita que mensura e registra o mundo; padroeira da arquitetura, da astronomia e da matemática (egípcios)	
Signo: Gêmeos	
Sistema Solar: Mercúrio	*Árvore:* Palmeira
Animal: Pantera	
Questões, Intenções e Poderes: comunicação (escrita), criatividade, conhecimento (científico, secreto), aprendizagem, magia, manifestação, mente (lógica), memória/s, proteção, ordenar/ organizar, habilidades	

TIAMAT

Deusa do mar primitiva (assírio-babilônios, caldeus, semitas)	
Signo: Áries	*Sistema Solar:* Netuno
Celebração: Yule	*Elemento:* Água
Número: 11	*Gemas e Minerais:* Berilo
Animal: Hiena	*Aves:* Corvo, Abutre
Insetos diversos: Escorpião, Aranha	*Ser Mítico:* Dragão
Questões, Intenções e Poderes: batalha /guerra, desafios, mudança/s, perigo, energia, magia (com dragões), o outro mundo /mundo inferior	

VÊNUS

Deusa do amor, da fertilidade, da beleza, da primavera e de fecundidade; protetor dos jardins (romanos)	
Signos: Libra, Peixes, Touro	*Sistema Solar:* Vênus
Estação: Primavera	*Dia:* Sexta-feira
Celebrações: Beltane, Ostara	*Número:* 2, 8
Árvores: Macieira, Sabugueiro, Avelã, Tília, Magnólia, Bordo, Murta, Pinheiro	
Ervas e Jardim: Anêmona, Angélica, Áster, Margarida, Urze, Madressilva, Lírio, Manjerona, Framboesa, Rosa, Morango, Verbena, Violeta	
Plantas: Canela, Visco, Sândalo	*Metal:* Cobre

Gemas e Minerais: Ametista, Esmeralda, Lápis-lazúli, Ônix, Quartzo Rosa	
Do Mar: Coral, Cauri, Pérola, Vieira	*Aves:* Pombo-comum, Pardal, Cisne
Questões, Intenções e Poderes: afeto (atrair), agricultura, atração, autoridade, beleza, controle, ciclos, desejo, fertilidade, independência, amor, magia (sexual), casamento, necessidades (sexual), paixão, prazer, prosperidade, proteção, purificação, sensualidade, sexo/sexualidade	

VESTA

Deusa do fogo doméstico e sagrado (romanos)	*Signo:* Virgem
Celebrações: Imbolc, Ostara	*Elemento:* Fogo
Número: 1	*Ervas e Jardim:* Lavanda
Gemas e Minerais: Crisópraso	
Questões, Intenções e Poderes: comunidade, família, fidelidade, harmonia, lar, casamento, purificação, segurança, estabilidade, cordialidade, bruxas /bruxaria (cozinha)	

XOCHIQUETZAL/XOCHIQUETZALLI

Deusa das flores e do amor (astecas, toltecas – México)	
Árvore: Algarobeira	*Ervas e Jardim:* Cravo-de-defunto
Planta: Grãos (*milho*)	*Do Mar:* Vieira
Questões, Intenções e Poderes: agricultura, mudança/s, amor, magia (em geral, sexual), casamento, prazer, gravidez/parto, sensualidade, sexo/sexualidade	

DEUSES

ADÔNIS

Deus da vegetação e do renascimento (gregos)	*Sistema Solar:* Terra, Sol
Celebração: Ostara	*Elemento:* Terra
Árvores: Abeto, Loureiro (*louro*)	*Ervas e Jardim:* Anêmona, Erva-doce, Rosa
Planta: Mirra	*Animais:* Cervo (*veado*), Porco
Questões, Intenções e Poderes: agricultura, beleza, ciclos, morte, energia, fertilidade, gratidão, luto, amor, casamento, o outro mundo/mundo inferior, paixão, renascimento/renovação, romance, bem-estar	

AEGIR

Deus do mar e da força do oceano (nórdicos, teutônicos)	
Sistema Solar: Lua, Netuno	*Signo:* Peixes
Celebração: Netunália	*Elemento:* Água
Dia: Segunda-feira	*Metal:* Ouro
Árvores: Cedro, Carvalho	*Ser Mítico:* Dragão
Questões, Intenções e Poderes: raiva, controle, perigo, morte, destruição, energia, generosidade, humor, poder, propósito, estimulação, força, riqueza, clima (tempestades)	

AGNI/AGNE

Deus do sol, do fogo e do relâmpago (hindus, tântricos, védicos – Índia)	
Sistema Solar: Sol	*Signo:* Capricórnio
Elemento: Fogo	*Chakra:* Plexo Solar
Ervas e Jardim: Heliotrópio	*Metais:* Bronze, Ouro, Ferro
Animais: Bode/Cabra, Cavalo, Ovinos (*cordeiro, carneiro*)	*Ave:* Águia
Insetos diversos: Libélula	
Questões, Intenções e Poderes: conforto, cura, conhecimento, vida (vitalidade), luz, negatividade (*remover*), poder, proteção, purificação, pureza, renascimento/renovação, sexo/sexualidade, cordialidade, clima (relâmpago), bem-estar, juventude	

AMON/AMUN/AMEN

Deus criador, divindade solar e patrono de Tebas (Egito). Também conhecido como o Oculto.	
Sistema Solar: Saturno, Sol	*Signos:* Áries, Leão
Árvores: Oliveira, Palmeira (*tamareira*)	*Animais:* Bovinos (*touro*), Leão, Ovinos (*carneiro*)
Aves: Ganso, Garça, Pavão	*Répteis:* Lagarto, Cobra
Questões, Intenções e Poderes: vida após a morte, agricultura, crescimento, compreensão intuitiva, conhecimento, luz, amor, magia (em geral, solar), poder, renascimento/renovação, romance, segredos, cordialidade	

ANGUS/OENGUS/ANGUS MAC OG

Deus do amor e da juventude; filho de Dagda e Boann (celta-Irlanda)	
Árvore: Bétula	*Ervas e Jardim:* Rosa (*vermelha*)
Planta: Canela	*Metal:* Cobre
Gemas e Minerais: Quartzo Rosa, Safira	*Ser Mágico:* Fadas
Ave: Cisne	
Questões, Intenções e Poderes: atração, beleza, criatividade, trabalho com sonhos, inspiração, amor, magia (com fadas, sexual), o outro mundo/mundo inferior, paixão, profecia, proteção (dos amantes), renascimento/renovação, romance, sensualidade, trabalho xamânico, sono, transformação, viagem, juventude	

ANÚBIS/ANPU

Deus dos mortos, dos cemitérios e do Mundo Inferior (egípcios)	
Signo: Escorpião	*Sistema Solar:* Mercúrio
Animais: Antílope, Cão, Chacal	
Questões, Intenções e Poderes: vida após a morte, reino astral, morte (ritos funerários), adivinhação, guardar, honestidade, justiça, magia (em geral, solar), o outro mundo/mundo inferior, proteção (dos mortos), segurança, verdade	

APOLO

Deus da medicina, da música, da profecia (gregos)	*Signo:* Gêmeos
Sistema Solar: Sol	*Estação:* Verão
Celebrações: Litha, Yule	*Número:* 1
Árvores: Macieira, Álamo, Faia, Cipreste, Louro, Carvalho, Oliveira, Palmeira, Nogueira	
Ervas e Jardim: Heliotrópio, Jacinto, Lírio-do-vale, Girassol	
Plantas: Anis, Visco	*Gemas e Minerais:* Âmbar, Safira
Animais: Bovinos (*boi*), Cervo (*veado*), Asno, Cavalo, Rato, Lobo	
Aves: Galináceos (*galo*), Grou, Gralha, Papagaio, Codorna, Corvo, Cisne, Abutre	
Vida Marinha: Golfinho, Toninha	*Réptil:* Cobra

Insetos diversos: Abelha, Gafanhoto	*Ser Mítico:* Grifo
Questões, Intenções e Poderes: batalha/guerra, beleza, comunicação, compaixão, criatividade, adivinhação, energia (solar), perdão, cura, inteligência, justiça, luz, luxúria, magia (negra, solar), mente, paixão, profecia, purificação, libertação, sensibilidade, sensualidade, força, sucesso, apoio, transformação, viagem, verdade, cordialidade, bem-estar, sabedoria, juventude	

ARAWN

Deus do Outro Mundo (celtas – País de Gales)	*Sistema Solar:* Mercúrio
Celebração: Samhain	*Elemento:* Terra
Árvore: Salgueiro	
Animais: Javali, Cão (*branco com orelhas castanho-avermelhadas*), Cavalo (*baio*)	
Questões, Intenções e Poderes: vida após a morte, animais (*caça*), batalha/guerra, comunicação, morte, adivinhação, honra, lealdade, outro mundo/mundo inferior, profecia, renascimento/renovação, vingança, segredos, trabalho xamânico, espíritos (contato)	

ARES

Deus da guerra e tempestades (gregos)	*Signo:* Áries
Sistema Solar: Marte	*Árvores:* Freixo, Azevinho, Carvalho
Animais: Javali, Bovinos (*touro*), Cão	*Réptil:* Cobra
Aves: Galináceos (*galo*), Águia, Coruja, Abutre, Pica-pau	
Questões, Intenções e Poderes: ação, agressividade, raiva, assertividade, batalha/guerra, mudança/s, morte, defesa, destruição, energia, medo, fertilidade, mágoa, ciúme, proteção, força, clima (tempestades)	

ATTIS/ATTUS

Deus da vegetação, amado por Cibele (gregos, frígios)	
Sistema Solar: Terra	*Celebrações:* Ostara, Yule
Árvores: Abeto, Pinheiro, Romãzeira, Abeto-vermelho	*Ervas e Jardim:* Hera, Violeta
Animal: Porcos	*Ave:* Galináceos (*galo*)
Questões, Intenções e Poderes: agricultura, beleza, ciclos, morte, términos, gratidão, luto, amor, luxúria, renascimento/renovação, tristeza, transformação	

BAAL/BA'AL

Divindade suprema e poderosa do céu e das tempestades (babilônios, fenícios)	
Signos: Capricórnio, Touro	*Sistema Solar:* Júpiter, Sol
Celebração: Beltane	*Árvore:* Cedro
Planta: Olíbano	*Animal:* Bovinos (*touro*)
Questões, Intenções e Poderes: agressividade, autoridade batalha/guerra, compromisso, desafios, ciclos, morte, inimizade, fertilidade, crescimento, cura, justiça, poder, estimulação, sucesso, clima (em geral, raios, tempestades), bem-estar	

BACO/BAKCHOS

Deus da natureza, do vinho e da folia (romanos, fenícios, etíopes)	
Signo: Touro	*Celebração:* Mabon
Número: 6	*Árvores:* Faia, Abeto, Pinheiro
Ervas e Jardim: Amora-silvestre, Parreira, Hera	*Gemas e Minerais:* Ametista
Animais: Bode/Cabra, Leopardo, Pantera, Tigre	*Ave:* Pega
Questões, Intenções e Poderes: agricultura, animais (fertilidade), certeza, fertilidade, liberdade, inspiração, magia (sexual), apoio, juventude	

BALDUR/BALDER

Deus da luz; filho de Odin e marido de Nanna (nórdicos). Também conhecido como Beldegg.	
Celebrações: Beltane, Litha, Véspera do Solstício de Verão, Yule	
Runas: Hagal, Lagu, Sigel	
Número: 12	*Árvores:* Junípero, Loureiro, Carvalho
Ervas e Jardim: Erva-de-são-joão	*Planta:* Visco
Questões, Intenções e Poderes: beleza, começos, comunicação, certeza, morte, términos, amigo/amizade, bondade, felicidade, inocência, aprendizagem, luz, magia (solar), paz, orgulho, profecia (sonhos), pureza, renascimento/renovação, reconciliação, sabedoria	

BELENUS/BELENOS/BEL

Divindade do Fogo e possivelmente do Sol (celtas – Continente)	*Signo:* Áries
Sistema Solar: Sol	*Elementos:* Fogo, Água
Celebrações: Beltane, Samhain	*Metais:* Bronze, Ouro
Árvores: Freixo, Pilriteiro, Abrunheiro, Salgueiro	*Ervas e Jardim:* Carqueja
Animal: Cavalo	*Aves:* Águia, Tordo
Questões, Intenções e Poderes: reino astral, inteligência, morte, destino, cura, luz, magia (solares), memória/s (vidas passadas), prosperidade, purificação, sucesso, cordialidade, clima (raios), bem-estar, sabedoria	

BELOBOG/BYELOBOG/BIELBOG

Deus da luz e do dia (eslavos)	*Estação:* Primavera, Verão
Horas do dia: Amanhecer, Meio-dia	*Planta:* Grãos (*trigo*/proteger)
Questões, Intenções e Poderes: agricultura (boa colheita), equilíbrio, escuridão (fazer através), bondade, crescimento, felicidade, justiça, luz, sorte, ordenar/organizar, paz, apoio, viagem, cordialidade	

BRAGI

Deus da poesia e da música; filho de Odin (nórdicos)	*Celebrações:* Imbolc, Yule
Questões, Intenções e Poderes: comunicação, criatividade, liderança, respeito, sensualidade, juventude	

BRAHMA

Deus Criador do universo (budistas, brâmanes, hindus – Índia)	
Elemento: Fogo	*Cor:* Vermelho
Árvores: Carvalho, Oliveira, Choupo	*Chakra:* Raiz
Planta: Lótus	*Animais:* Antílope, Javali, Bovinos
Aves: Ganso, Pavão, Cisne	
Questões, Intenções e Poderes: consciência, introspecção, intuição, atenção plena	

BUDA/BUDDHA

Supremo Desperto (budistas, hindus – Índia)	
Árvores: Acácia, Figueira-sagrada, Loureiro (*louro*)	
Planta: Lótus	*Do Mar:* Concha-rainha
Gemas e Minerais: Jade, Rubi, Turquesa	*Animais:* Elefante, Cavalo, Leão
Aves: Corvo, Pica-pau	
Questões, Intenções e Poderes: compaixão, consciência, iluminação, fé, perdão, elucidação, introspecção, bondade, atenção plena, moralidade, paz, espiritualidade, unidade, sabedoria	

CERNUNOS/CERNUNUS/KERNUNOS

Deus Cornífero e senhor dos animais (celtas – Continente)	
Signos: Libra, Touro	*Celebrações:* Beltane, Ostara
Elemento: Terra	*Árvores:* Azevinho, Louro, Carvalho
Ervas e Jardim: Hera, Milefólio	*Animais:* Javali, Bovinos (*touro*), Cervo (*veado*)
Réptil: Cobra	
Questões, Intenções e Poderes: abundância, animais (em geral, a fertilidade, caça), reino astral, equilíbrio, começos, negócios, encruzilhada, ciclos, morte, engano, desejo, conhecimento, vida (virilidade), amor, sorte, magia (em geral, sexual), dinheiro, o outro mundo/mundo inferior, prosperidade, renascimento/renovação, sexo/sexualidade, trabalho xamânico, força, transformação, riqueza, bruxas/bruxaria	

COIOTE

Deus criador, professor e deus embusteiro (nativos americanos, numerosas nações indígenas). Também conhecido como Ola'li, Sedit, e Ueuecoyotl.	
Sistema Solar: Mercúrio	
Celebração: Samhain	*Animal:* Coiote
Questões, Intenções e Poderes: começos, criatividade, magia, paz, libertação, sexo/sexualidade	

CUPIDO

Deus-menino do amor (romanos)	*Signo:* Peixes
Celebrações: Beltane, Imbolc	*Árvore:* Cipreste

Ervas e Jardim: Rosa	*Gemas e Minerais:* Opala
Questões, Intenções e Poderes: afeto, desejo, solidão, amor, magia (sexo), paixão, romance, sensualidade, juventude	

DAGDA/DAGHDA

Deus principal e líder dos Tuatha de Danann; pai de Angus (celtas – Irlanda). Também conhecido como Eochaid Ollathair e Ruad Rofhessa.	
Direção: Leste	
Celebrações: Imbolc, Ostara, Samhain (1º de novembro)	
Cor: Branco	*Tarô:* O Hierofante
Árvores: Freixo, Álamo, Bétula, Abrunheiro, Sabugueiro, Pilriteiro, Azevinho, Carvalho, Sorveira-brava, Teixo	
Ervas e Jardim: Amora-silvestre, Carqueja	*Gemas e Minerais:* Diamante, Zircônia
Ser Mágico: Fadas (contato com)	*Animal:* Porco
Aves: Gavião	
Questões, Intenções e Poderes: abundância, batalha/guerra (habilidades do guerreiro), mudança/s, morte, desejo, fertilidade, cura, elucidação, justiça, conhecimento, magia (em geral, com fada), dinheiro, poder (em geral, mental), profecia, prosperidade, proteção, renascimento/renovação, sexo/sexualidade, habilidades, espiritualidade, força, clima, sabedoria	

DIONÍSIO/DIONISO

Deus do vinho, da vegetação, do prazer e da civilização (gregos)	
Sistema Solar: Terra	*Signos:* Capricórnio, Touro
Estação: Outono	*Celebrações:* Mabon, Yule
Elementos: Terra, Fogo	*Número:* 5
Árvores: Macieira, Faia, Olmo, Abeto, Louro, Murta, Pinheiro, Nogueira	
Ervas e Jardim: Amora- silvestre, Erva-doce, Parreira, Hera	
Planta: Grãos (*trigo*)	*Gemas e Minerais:* Ametista
Metal: Prata	*Vida Marinha:* Golfinhos

Animais: Bovinos (*boi*), Burro, Bode/Cabra, Cavalo, Leopardo, Leão, Lince-canadense, Pantera, Ovinos (*cordeiro*), Tigre	
Réptil: Cobra	*Ser Mítico:* Grifo
Questões, Intenções e Poderes: realização, ativar/despertar, agricultura, negócios, conforto, consciência, criatividade, energia, fertilidade, liberdade, felicidade, inspiração, conhecimento, longevidade, luxúria, magia (sexual), casamento, o outro mundo/mundo inferior, paixão, prazer, libertação, sexo/sexualidade, trabalho xamânico, viagem	

DUMUZI/DUMU-ZID/TAMMUZ

Deus da vegetação, da fertilidade animal, e divindade dos pastores (sumérios, acadianos)	
Signo: Gêmeos	*Sistema Solar:* Terra
Celebrações: Imbolc, Lughnasadh, Mabon, Ostara	
Animais: Bovinos (*touro*), Gazela, Ovinos	*Árvore:* Palmeira
Questões, Intenções e Poderes: agricultura, animais (fertilidade), ciclos, morte, energia, fertilidade, vida, amor, casamento, dinheiro, o outro mundo/mundo inferior, renascimento/renovação, trabalho xamânico	

EA

Divindade criadora, deus da terra, das águas e da sabedoria (acadianos, babilônicos)	
Signos: Aquário, Capricórnio, Peixes	*Sistema Solar:* Terra
Elemento: Água	*Árvore:* Cedro
Animal: Ovinos (*carneiro*)	
Questões, Intenções e Poderes: autoridade, compromisso, desafios, inteligência, criatividade, astúcia, energia, fertilidade, guardar, orientação, cura, ciúme, justiça (legislador), magia, manifestação, libertação, habilidades, sono, apoio, sabedoria	

ENKI

Senhor da terra, deus da fertilidade (sumérios)	*Signos:* Capricórnio, Gêmeos, Câncer
Sistema Solar: Terra	*Réptil:* Cobra
Questões, Intenções e Poderes: abundância, agricultura (fertilidade do solo), autoridade, mudança/s, inteligência, controle, criatividade, astúcia, decisão/ões, destino, aterramento, inteligência, vida, magia, mente, obstáculos, poder, purificação, sexo/sexualidade, habilidades, sabedoria	

EROS

Deus do amor (gregos)	*Signo:* Peixes
Celebrações: Beltane, Imbolc	*Dia:* Sexta-feira
Árvores: Macieira, Murta	*Ervas e Jardim:* Rosa
Animal: Lebre	
Questões, Intenções e Poderes: criatividade, perigo, desejo, amor, magia (sexual), paixão, paz, romance, sensualidade, sexo/sexualidade, juventude	

ESCULÁPIO/ASCLÉPIO/ASKLEPIOS

Deus da cura, da medicina e do sono (*gregos*)	*Árvore:* Loureiro (*louro*)
Ervas e Jardim: Lírio-do-vale	*Plantas:* Visco, Mostarda
Gemas e Minerais: Ágata	*Metal:* Ouro
Animais: Cão, Toupeira	*Réptil:* Cobra
Aves: Galináceos (*galo*), Gralha, Coruja, Corvo	
Questões, Intenções e Poderes: trabalho com sonhos, cura, conhecimento, vida, pesadelos, renascimento/renovação, sono, bem-estar	

FAUNO/FANUS

Deus da fertilidade, das colheitas, da caça e da poesia; protetor da agricultura e dos pastores (romanos)	
Signo: Capricórnio	*Sistema Solar:* Terra
Celebrações: Beltane, Lupercália	*Árvore:* Azevinho
Ervas e Jardim: Hera	*Animais:* Cão, Bode/Cabra
Questões, Intenções e Poderes: agricultura (fertilidade do solo), animais (fertilidade, caça), criatividade, trabalho com sonhos, amor, magia (animal, sexual), profecia, proteção (colheitas, pastores)	

FREIR/FREYR

Deus da fertilidade, padroeiro dos casados, irmão de Freya (nórdicos, teutônicos)	
Signo: Capricórnio	*Celebração:* Beltane
Runas: Ehwaz, Feoh, Ing, Jera	*Número:* 1

Árvores: Freixo, Sabugueiro	*Ervas e Jardim:* Carqueja, Hera
Animais: Javali, Cavalo	
Questões, Intenções e Poderes: começos, defesa, fertilidade, felicidade, luz, magia (runas), casamento, paz, prazer, prosperidade, proteção, viagem, clima	

GANESHA/GANESH

Deus da eloquência, da sabedoria; removedor de obstáculos (hindus-Índia)	
Celebração: Ganesh Chaturthi	*Cores:* Vermelho, Amarelo
Ervas e Jardim: Hibisco	*Do Mar:* Concha-rainha
Animais: Elefante, Camundongo, Rato	
Questões, Intenções e Poderes: começos, negócios, comunicação (eloquência), comunidade, desejo, energia (em geral, psíquica), perdão, orientação, felicidade, crescimento, inteligência, conhecimento, aprendizagem, casamento, mente, atenção plena, dinheiro, necessidades, negatividade, obstáculos, poder, problemas, prosperidade, proteção, purificação, habilidades, estabilidade, estresse, sucesso, viagem, riqueza, sabedoria, vontades	

GEB

Deus da terra (egípcios)	*Sistema Solar:* Terra
Elemento: Terra	*Plantas:* Grãos (*cevada*), Junco
Ave: Ganso	*Réptil:* Crocodilo
Questões, Intenções e Poderes: começos, perigo, fertilidade, aterramento, justiça (juiz)	

GWYDION/GWIDION

Deus Mágico; irmão de Arianrhod (celtas – País de Gales). Às vezes conhecido como o Druida dos Deuses.	
Ervas e Jardim: Trevo	*Planta:* Cogumelo
Animais: Cervo (*veado*), Cão (*galgo*), Cavalo, Porco, Lobo	
Ave: Abibe-comum	
Questões, Intenções e Poderes: mudança/s, encantamento, cura, conhecimento, aprendizagem, magia, poder (mental, trapaças), vingança, trabalho xamânico, habilidades, transformação, bruxas/bruxaria	

HADES

Deus da morte e do mundo inferior; provedor de fertilidade e riqueza (gregos)	
Signo: Sagitário	*Celebração:* Samhain
Número: 13	*Árvores:* Cipreste, Carvalho, Choupo (*branco*)
Animais: Cão, Ovinos (*pretos*), Lobo	*Ave:* Coruja (*mocho*)
Réptil: Cobra	
Questões, Intenções e Poderes: abundância, aceitação, vida após a morte, escuridão, morte, fertilidade, generosidade, dinheiro, o outro mundo/mundo inferior, prosperidade, riqueza	

HANUMAN/HUNIMAN

Deus-macaco, curandeiro e construtor (hindus – Índia)	
Cor: Vermelho	
Árvore: Palmeira	*Animal:* Macaco
Questões, Intenções e Poderes: banir, dedicação/devoção, fé, fidelidade, amigo/amizade, cura, compreensão intuitiva, conhecimento, aprendizagem, vida (vitalidade), lealdade, mente (intelecto), atenção plena, espíritos, força, juventude	

HEFÉSTO/HEPHAESTUS/HEPHAISTOS

Deus dos artesãos e dos ferreiros (gregos)	*Signo:* Libra
Estação: Inverno	*Elemento:* Fogo
Número: 1	*Ervas e Jardim:* Erva-doce
Animal: Burro	*Ave:* Grou
Questões, Intenções e Poderes: compromisso, criatividade, inveja, ciúme, vingança, habilidades, sabedoria	

HÉLIO/HELIOS/HELIUS

Deus Sol (grego)	*Signo:* Leão
Sistema Solar: Sol	*Dia:* Domingo
Celebrações: Imbolc, Yule	*Árvores:* Loureiro (*louro*), Carvalho
Ervas e Jardim: Heliotrópio	*Planta:* Olíbano

Gemas e Minerais: Berilo (*dourado*)	*Metais:* Bronze, Ouro
Animais: Bovinos (*boi*), Cavalo (*branco*), Leão	*Ave:* Galináceos (*galo*)
Réptil: Crocodilo	
Questões, Intenções e Poderes: agricultura, beleza, negócios, energia (solar), fertilidade, crescimento, luz, mágicos (solares), cordialidade, riqueza, vontades	

HERMES/HERMEIAS

Deus do comércio, dos viajantes, dos pastores; mensageiro dos deuses (gregos)	
Signo: Gêmeos	*Sistema Solar:* Mercúrio, Lua
Estação: Primavera	*Dia:* Quarta-feira
Celebração: Mabon	*Elemento:* Ar
Número: 6	*Árvores:* Palmeira, Salgueiro, Teixo
Ervas e Jardim: Hera, Verbena	*Planta:* Lótus
Répteis: Lagarto, Cobra, Tartaruga (terrestre)	
Animais: Bovinos (*boi*), Cão, Bode/Cabra, Cavalo, Macaco, Ovinos (*carneiro*)	
Aves: Galináceos (*galo*), Grou, Gavião, Íbis, Pavão, Cegonha	
Questões, Intenções e Poderes: vida após a morte, animais, autoridade, negócios, alegria, inteligência, comunicação (eloquência), controle, encruzilhada, astúcia, destino, adivinhação, trabalho com sonhos, energia (sexual), liberdade, guardar, orientação, lar, aumentar, compreensão intuitiva, bondade, conhecimento, magia (em geral, sexo), mensagens/presságios, mente, o outro mundo/ mundo inferior, profecia, autoconhecimento, sexo/sexualidade, apoio, viagem, riqueza, sabedoria	

HOMEM VERDE

Apesar de não ser um deus, o Homem Verde ocupa um lugar especial no Paganismo e nas crenças wiccanas. Ele é o espírito da floresta e da fertilidade masculina (Pan celta).	
Árvore: Carvalho	*Elemento:* Terra
Celebrações: Beltane, Imbolc, Mabon, Ostara, Yule	
Questões, Intenções e Poderes: abundância, agricultura, ciclos, morte, fertilidade (masculino), aterramento, crescimento, magia, poder (masculino), renascimento/renovação, sexo/sexualidade	

HÓRUS/HERU

Deus Solar e protetor do céu (egípcios)	*Signo:* Touro
Sistema Solar: Lua, Sol	*Elemento:* Fogo
Árvore: Oliveira	*Ervas e Jardim:* Íris
Plantas: Marroio-branco, Lótus	*Metais:* Bronze, Ouro
Aves: Falcão, Gavião (*gavião-da-europa*), Pavão	*Ser Mítico:* Esfinge
Questões, Intenções e Poderes: autoridade, cura, luz, magia, obstáculos, proteção (da terra), força, transformação, juventude	

INARI/INARI-M'YOJIM

Divindade andrógina do arroz, das propriedades e da prosperidade (japoneses)	
Elemento: Fogo	*Planta:* Grãos (*arroz*)
Animal: Raposa	*Insetos diversos:* Bicho da Seda
Questões, Intenções e Poderes: agricultura, negócios, comunidade, magia, prosperidade, habilidades, sucesso (nos negócios)	

INDRA

Divindade suprema, deus da guerra e da tempestade (budistas, hindus, védicos – Índia)	
Signos: Áries, Touro	*Sistema Solar:* Júpiter, Marte
Elemento: Fogo	*Chakra:* Garganta
Árvore: Oliveira	*Ave:* Coruja
Animais: Bovinos (*touro*), Cão, Elefante, Cavalo	
Questões, Intenções e Poderes: batalha/guerra, energia (energia vital), fertilidade, inveja, magia, negatividade, orgulho, vingança, clima (em geral, tempestades)	

JANO/JANUS

Deus maior dos começos e fins, da alvorada e das viagens (etruscos, romanos)	
Signo: Gêmeos	*Sistema Solar:* Lua
Horas do dia: Amanhecer	*Celebrações:* Dia de Ano Novo, Yule
Número: 12	*Árvore:* Carvalho
Questões, Intenções e Poderes: realização, começos, negócios, mudança/s, encruzilhada, ciclos, términos, guardar, orientação, vida, luz, motivação, sucesso, viagem, sabedoria	

JÚPITER

Deus do céu, da fertilidade e da guerra (romanos)	*Signos:* Sagitário, Touro
Sistema Solar: Júpiter, Lua, Sol	*Dia:* Quinta-feira
Celebrações: Litha, Dia de Ano-Novo	*Número:* 4
Árvores: Cipreste, Carvalho, Oliveira, Nogueira	*Ervas e Jardim:* Craveiro, Carqueja, Verbena
Plantas: Meimendro, Visco, Verbasco	*Gemas e Minerais:* Topázio
Metal: Ferro	*Animais:* Bovinos (*touro*), Ovinos (*carneiro*)
Aves: Águia, Pica-pau	
Questões, Intenções e Poderes: abundância, agricultura, animais, autoridade, batalha/guerra, compromisso, negócios, mudança/s, criatividade, decisão/ões, defesa, dignidade, medo, fertilidade, guardar, orientação, honra, intuição, justiça, liderança, vida, luz, casamento, prosperidade, proteção (jovens), habilidades, verdade, riqueza, clima (em geral, raios, tempestades), sabedoria	

KHENSU/KHONSU

Deus lunar da cura e da regeneração (egípcios)	
Sistema Solar: Lua, Saturno	
Cor: Prateado	*Número:* 9
Planta: Lunária	*Animal:* Babuíno
Ave: Falcão	*Réptil:* Crocodilo
Questões, Intenções e Poderes: banir, ciclos, cura, inspiração, luz, magia (lunar), renascimento/renovação, viagem	

KHNUM/KHNUMU

Divindade criadora, deus carneiro (egípcios)	*Signo:* Áries
Elementos: Ar, Terra, Fogo, Água	*Animais:* Leão, Ovinos (*carneiro*)
Questões, Intenções e Poderes: animais (fertilidade), reino astral, equilíbrio, criatividade, vida (força vital), mente, o outro mundo/mundo inferior, gravidez/parto, proteção	

KRISHNA/KRISTNA

Deus da vegetação e do amor; oitavo avatar de Vishnu (hindus-Índia)	
Signos: Gêmeos, Touro	*Ervas e Jardim:* Manjericão
Gemas e Minerais: Rubi	*Do Mar:* Concha-rainha
Animais: Bovinos (*vaca*), Leão	*Insetos diversos:* Abelha
Questões, Intenções e Poderes: agricultura, atração, banir, beleza, decisão/ões, defesa, desejo, determinação, fertilidade, introspecção, aprendizagem, longevidade, amor, magia (sexual), atenção plena, paixão, prazer (erótico), romance, sensualidade, sexo/sexualidade, espiritualidade, sabedoria	

LOKI

Trickster (Deus embusteiro) [nórdicos, teutônicos]	*Signo:* Capricórnio
Sistema Solar: Mercúrio	*Runa:* As
Celebrações: Litha, Samhain	*Número:* 2
Árvores: Faia, Abrunheiro, Olmo, Junípero, Salgueiro, Teixo	
Ervas e Jardim: Hera	*Animal:* Coiote
Questões, Intenções e Poderes: aceitação, beleza, desafios, mudança/s, clarividência, inteligência, comunicação, astúcia, perigo, engano, destino, inimizade, liberdade, independência, aprendizagem, magia, humor, obstáculos (inesperados), oportunidades, proteção (espaço pessoal), trabalho xamânico (mudança de forma), apoio	

LUGH/LUG

Divindade solar, deus da magia, da história, da poesia e dos carpinteiros (celta – Irlanda, País de Gales, Gália). Também conhecido como Lug Lámfhota (Irlanda), Leu Llaw Gyffes (País de Gales).	
Sistema Solar: Mercúrio, Sol	*Celebrações:* Litha, Lughnasadh, Yule
Árvores: Macieira, Bétula, Azevinho, Teixo	*Ervas e Jardim:* Carqueja
Planta: Grãos	*Metais:* Bronze, Ouro
Gemas e Minerais: Obsidiana, Safira, Topázio	
Ser Mágico: Fadas	

Aves: Galináceos (*galo*), Grou, Águia, Corvo	*Animais:* Javali, Cão, Cavalo, Leão, Lince-canadense
Questões, Intenções e Poderes: agricultura (colheita), batalha/guerra, começos, negócios, comunicação, certeza, criatividade, decisão/ões, defesa, cura, conhecimento, luz, magia (em geral, solar), potência (solar), profecia, proteção (dos fracos), renascimento/renovação, vingança, habilidades, cordialidade	

MABON/MAPONOS

Juventude divina, deus da música; filho de Modron (celtas – Irlanda, País de Gales, Grã-Bretanha)	
Celebrações: Mabon, Yule	*Elemento:* Água
Ervas e Jardim: Parreira, Hera	*Animais:* Cão, Cavalo
Vida Marinha: Salmão	
Questões, Intenções e Poderes: animais (caça), escuridão, morte, liberdade, harmonia, inocência, justiça, o outro mundo/mundo inferior, buscas, espíritos (contato), força, verdade, juventude	

MANANNÁN/MANANNÁN MAC LIR/MANAWYDAN AP LLYR

Deus marinho das ondas, das tempestades e da fertilidade; Ilha de Man, nomeada em homenagem a ele (celtas – Irlanda e País de Gales)	
Sistema Solar: Netuno	*Elemento:* Água
Cor: Azul	*Tarô:* O Carro
Árvores: Amieiro, Macieira, Aveleira	*Ervas e Jardim:* Amora-silvestre
Planta: Junco	*Gemas e Minerais:* Azurita, Turquesa
Metais: Ouro, Prata	*Do Mar:* Concha-rainha
Ser Mágico: Sereia	*Aves:* Grou, Cisne
Animais: Javali, Bovinos (*vaca*), Cão, Cavalo, Porco	*Vida Marinha:* Golfinho, Cavalo-marinho, Baleia
Questões, Intenções e Poderes: reino astral, comunidade, encantamento, fertilidade, cura, liderança, magia (em geral, animal), o outro mundo/mundo inferior, paz, profecia, proteção (de fadas, no mar), renascimento/renovação, libertação, trabalho xamânico (mudança de forma), habilidades, estimulação, clima (em geral, tempestades oceânicas), sabedoria, vontade, juventude	

MARDUK/MERODACH

Divindade suprema, deus das tempestades e da fertilidade (acadianos, assírios, babilônicos, sumérios)	
Signos: Áries, Touro	*Sistema Solar:* Júpiter, Sol
Celebração: Yule	*Elemento:* Terra
Animal: Bovinos (*touro*)	
Questões, Intenções e Poderes: assertividade, autoridade, batalha/guerra, desafios, compaixão, controle, coragem, criatividade, destino, destruição, fertilidade, graça, crescimento, felicidade, cura, compreensão intuitiva, inteligência, justiça, liderança, vida, magia (em geral, noturna), mente, ordenar/organizar, poder, profecia, prosperidade, capacidade psíquica, purificação, renascimento/renovação, habilidades, estimulação, confiança, verdade, clima (raios, tempestades)	

MARTE

Deus da guerra e da agricultura (romanos)	*Signos:* Áries, Sagitário, Escorpião
Sistema Solar: Marte	*Estação:* Primavera
Dia: Terça-feira	*Número:* 5
Árvores: Freixo, Cerejeira, Loureiro, Carvalho	*Ervas e Jardim:* Arruda, Verbena
Planta: Galanga	*Gemas e Minerais:* Ônix, Sardônica
Aves: Gaio-azul, Corvo, Abutre, Pica-pau	*Animais:* Bovinos (*touro*), Cão, Cavalo, Lobo
Questões, Intenções e Poderes: ação, agricultura, raiva, assertividade, batalha /guerra, coragem, morte, decisão/ões, defesa, energia, medo, fertilidade, inveja, magia (sexual), poder, profecia, proteção, vingança, força, bem-estar, força de vontade	

MERCÚRIO

Deus dos comerciantes; protetor de estrada e dos viajantes; mensageiro dos deuses (romanos)	
Signos: Câncer, Gêmeos	*Sistema Solar:* Mercúrio
Dia: Quarta-feira	*Elemento:* Ar
Número: 8	*Árvores:* Avelã, Palmeira, Salgueiro
Ervas e Jardim: Verbena	*Planta:* Anis
Gemas e Minerais: Esmeralda	*Animais:* Bode/Cabra

Aves: Galináceos (galo), Gavião	*Répteis:* Cobra, Tartaruga (terrestre)
Questões, Intenções e Poderes: negócios, alegria, comunicação, comunidade, criatividade, encruzilhada, astúcia, adivinhação, inteligência, conhecimento, limitações/limites, magia, mensagens /presságios, prosperidade, sucesso (comercial), viagem	

MIMIR/MIMAR

Deus da sabedoria, da profecia e da sabedoria, assim como dos ferreiros e da água (nórdicos, teutônicos)	
Elemento: Ar, Terra, Fogo, Água	*Árvore:* Freixo
Questões, Intenções e Poderes: equilíbrio, criatividade, decisão/ões, orientação, compreensão intuitiva, inspiração, intuição, conhecimento (secreto), profecia, sabedoria	

MITRA/MITRAS

Divindade solar e deus da vegetação e da regeneração (romanos)	
Signos: Leão, Libra, Touro	*Sistema Solar:* Sol
Celebrações: Litha, Ostara, Yule	*Número:* 7
Ervas e Jardim: Agrimônia, Heliotrópio	*Metais:* Bronze, Ouro
Animais: Bovinos (*touro*), Leão	*Aves:* Gralha, Corvo
Questões, Intenções e Poderes: vida após a morte, agricultura, batalha/guerra, negócios, comunidade, compaixão, coragem, morte, destino, disciplina, energia (solar), bondade, crescimento, harmonia, honra, iluminação, bondade, vida, luz, lealdade, magia (em geral, solar), moralidade, prosperidade, capacidade psíquica, purificação, renascimento/renovação, segredos, força, sucesso, verdade, cordialidade	

NERGAL/NIRGALU

Deus do mundo inferior e senhor dos incêndios (assírios, babilônios, fenícios, sumérios)	
Signos: Áries, Leão, Sagitário	*Sistema Solar:* Marte
Celebrações: Véspera de Solstício de Verão	*Elemento:* Fogo
Animal: Leão	
Questões, Intenções e Poderes: vida após a morte, raiva, autoridade, equilíbrio, batalha/guerra, compromisso, morte, destruição, favor/es, limitações/limites, magia (noturna), o outro mundo/ mundo inferior, paixão, sexo/sexualidade	

NETUNO

Deus do mar (romanos). Também conhecido como Nethunus.	*Signo:* Peixes
Sistema Solar: Netuno	*Celebração:* Netunália
Número: 11	*Elemento:* Água
Árvore: Freixo	*Do Mar:* Pérola
Gemas e Minerais: Berilo, Sal (*mar*)	*Animal:* Cavalo
Vida Marinha: Golfinho, Toninha, Cavalo-marinho, Baleia	
Questões, Intenções e Poderes: autoridade, controle, adivinhação, emoções, energia, guardar, orientação, intuição, vida, magia (sexual), poder, proteção, sabedoria	

NJORD/NIORD

Deus da riqueza, da fertilidade, das costas marítimas, dos navios e dos marinheiros (nórdicos, teutônicos). Também conhecido como Nordur.	
Signos: Libra, Escorpião	*Estação:* Verão
Horas do dia: Crepúsculo	*Runas:* Feoh, Lagu
Elementos: Fogo, Água	*Número:* 11
Gemas e Minerais: Âmbar, Azeviche, Malaquita	*Aves:* Gaivota, Cisne
Questões, Intenções e Poderes: autoridade, negócios, calma, controle, fertilidade, generosidade, lar, sorte, dinheiro, profecia, prosperidade, proteção, força, sucesso, viagem, riqueza	

ODIN/WODEN

Divindade suprema, deus da guerra, da inteligência e da poesia; marido de Frigga (nórdicos, teutônicos)	
Signos: Gêmeos, Virgem	*Sistema Solar:* Marte, Mercúrio
Runas: As, Dag, Eoh, Gyfu, Man, Odal, Wyn	*Dia:* Quarta-feira
Celebrações: Beltane, Lughnasadh, Ostara, Yule	*Números:* 4, 9
Árvores: Freixo, Faia, Cedro, Olmo, Tília, Carvalho, Teixo	
Plantas: Grãos (*cevada*), Visco, Cogumelo	*Animais:* Cão, Lobo

Aves: Águia, Ganso, Corvo
Questões, Intenções e Poderes: autoridade, batalha/guerra, compromisso, caridade, clarividência, controle, coragem, criatividade, astúcia, morte, engano, adivinhação, resistência, medo, inspiração, inteligência, justiça, conhecimento, liderança, sorte, magia (em geral, runas), mente, poder, profecia, capacidade psíquica, buscas, sentidos (controle), sexo/sexualidade, trabalho xamânico, espiritualidade, força, transformação, viagem, visões, riqueza, sabedoria

OGMA/OGHMA

Deus da eloquência, da inspiração e da linguagem (celtas-Irlanda, Gália)	
Sistema Solar: Mercúrio, Sol	*Cor:* Azul
Árvore: Aveleira	*Ervas e Jardim:* Hera
Gemas e Minerais: Azurita, Turquesa	*Metal:* Ouro
Questões, Intenções e Poderes: comunicação (eloquência), criatividade, adivinhação, inspiração, aprendizagem, magia (em geral, solar), o outro mundo/mundo inferior (ajudar as almas a atravessar), profecia, habilidades, espíritos (contato), força, sabedoria	

OSÍRIS/AUSAR

Deus-chefe e rei do Nilo (egípcios)	*Signos:* Escorpião, Touro
Sistema Solar: Plutão, Sol	*Celebração:* Ostara
Árvores: Acácia, Cedro, Abeto, Plátano, Salgueiro	*Elemento:* Água
Ervas e Jardim: Amora-silvestre, Hera	
Plantas: Ditamno, Grãos (*milho, trigo*), Lótus, Raiz de Íris	
Animais: Bovino, Gorila, Porco, Ovinos (*carneiro*), Lobo	*Ave:* Ganso
Réptil: Crocodilo	*Seres Míticos:* Fênix, Esfinge
Questões, Intenções e Poderes: vida após a morte, agricultura, autoridade, equilíbrio, batalha/guerra, começos, negócios, mudança/s, ciclos, morte, engano, destino, dignidade, iluminação, fertilidade, objetivos, crescimento, inteligência, justiça, aprendizagem, vida (força vital), casamento, mente, ordenar/organizar, o outro mundo/mundo inferior, renascimento/renovação, espírito, espiritualidade, sucesso, transformação, confiança, verdade	

PAN

Deus dos rebanhos e da sexualidade masculina (gregos)	*Signo:* Capricórnio
Celebrações: Beltane, Lupercália, Ostara	*Elemento:* Terra
Árvores: Cerejeira, Abeto, Pinheiro, Carvalho, Sorveira-brava	*Ervas e Jardim:* Hera, Peônia
Plantas: Cardo-bento, Junco	*Gemas e Minerais:* Azeviche
Aves: Cucos, Águia, Pavão, Pica-pau	*Animais:* Burro, Bode/Cabra, Ovinos (*carneiro*)
Questões, Intenções e Poderes: animais (em geral, fertilidade), desejo, medo, liberdade, longevidade, amor, luxúria, magia (animal, sexual), mensagens /presságios, necessidades (sexuais), pesadelos, outro mundo /mundo inferior, paixão, poder, sexo/sexualidade (masculino)	

PERUN/PERON

Deus do trovão e da guerra (poloneses, russos, eslavos)	
Signo: Capricórnio	
Elemento: Fogo	*Árvore:* Carvalho
Animal: Bovinos (*touro*)	*Ave:* Pombo-comum
Questões, Intenções e Poderes: batalha/guerra, mudança/s, morte, ciúme, justiça, magia (defensiva), purificação, estimulação, força, clima (em geral, raios, tempestades)	

PLUTÃO

Deus do mundo inferior; irmão de Júpiter e Netuno (romanos)	
Signo: Escorpião	*Sistema Solar:* Plutão
Celebração: Samhain	*Números:* 3, 13
Árvores: Cipreste, Carvalho, Choupo	*Ervas e Jardim:* Hortelã-pimenta
Questões, Intenções e Poderes: aceitação, vida após a morte, morte, dinheiro, outro mundo/mundo inferior, prosperidade, sexo/sexualidade, riqueza	

POSÊIDON/POSÍDON

Deus do mar e dos rios (gregos)	*Signos:* Peixes, Touro
Sistema Solar: Netuno	*Elemento:* Água
Números: 8, 11	*Planta:* Junco

Árvores: Freixo, Oliveira, Pinheiro, Abeto-vermelho, Salgueiro	*Ervas e Jardim:* Amora-silvestre
Gemas e Minerais: Berilo, Sal (*mar*)	*Do Mar:* Pérola, Búzio-trombeta
Animais: Bovinos (*touro*), Cavalo, Ovinos (carneiro)	*Vida Marinha:* Golfinho, Toninha, Cavalo-marinho
Questões, Intenções e Poderes: ação, animais (fertilidade), autoridade, controle, adivinhação, energia, inveja, fertilidade, independência, inveja, aprendizagem, vida, perda, magia (animal, sexual), poder, renascimento /renovação, trabalho xamânico, habilidades, sucesso, transformação, viagem, clima (tempestades oceânicas)	

PROMETEU

Deus criador da arquitetura, da astronomia, da medicina, da escrita e da metalurgia; vidente (gregos)	
Elementos: Terra, Fogo, Água	*Árvore:* Pilriteiro
Ervas e Jardim: Erva-doce	
Questões, Intenções e Poderes: comunicação, criatividade, energia, profecia, habilidades, tristeza, força, sabedoria	

PTAH/PTHAH

Deus da criatividade e das habilidades (egípcios). Também conhecido como o Ancião.	
Signo: Touro	*Número:* 1
Animais: Bovinos (*touro, boi*)	
Questões, Intenções e Poderes: começos, criatividade, destino, energia, inimizade, inspiração, inteligência, manifestação, mente, ordenar/organizar, sexo/sexualidade, habilidades, estabilidade, vontades	

PUSHAN/PUCHAN

Deus Solar; patrono dos rebanhos e dos viajantes (hindus – Índia)	
Sistema Solar: Sol	*Metais:* Bronze, Ouro
Animais: Bovinos, Bode/Cabra	
Questões, Intenções e Poderes: abundância, animais (guardar do gado), fertilidade, crescimento, guardar (estradas, os mortos), amor, casamento, motivação, relacionamentos, reverter, viagem, riqueza	

QUETZALCOATL/QUETZAL-COHUALT

Divindade suprema e deus do vento (astecas, maias, toltecas-México)	
Sistema Solar: Vênus	*Elemento:* Ar
Planta: Grãos (*milho*)	*Réptil:* Cobra
Ser Mítico: Fênix	
Questões, Intenções e Poderes: agricultura, negócios, mudança/s, escuridão, fertilidade, cura, elucidação, aprendizagem, vida, habilidades, espiritualidade, riqueza	

RÁ/RÉ

Deus do Sol e rei dos deuses (egípcios)	
Signos: Áries, Leão	
Sistema Solar: Sol	*Celebrações:* Litha, Yule
Árvores: Acácia, Cedro, Loureiro, Oliveira	*Ervas e Jardim:* Heliotrópio
Plantas: Olíbano, Lótus, Mirra	*Gemas e Minerais:* Olho de Tigre, Topázio
Metais: Bronze, Ouro	*Animais:* Gato, Bovinos
Aves: Falcão, Ganso, Gavião, Andorinha	*Réptil:* Cobra
Insetos diversos: Abelha, Besouro (*escaravelho*)	*Ser Mítico:* Fênix
Questões, Intenções e Poderes: agricultura, começos, mudança/s, ciclos, energia (solar), fertilidade, guardar, orientação, compreensão intuitiva, justiça, conhecimento, vida, luz, magia (solar), o outro mundo/mundo inferior, poder, prosperidade, renascimento/renovação, vingança, sentidos (visão), força, viagem, verdade, cordialidade, bem-estar	

SATURNO

Deus da agricultura e trabalhadores (romanos)	*Signo:* Capricórnio
Sistema Solar: Saturno	*Dia:* Sábado
Celebrações: Saturnália, Yule	*Número:* 2
Árvores: Cipreste, Azevinho, Teixo	*Ervas e Jardim:* Parreira, Hera, Lavanda
Plantas: Mandrágora, Mirra	*Aves:* Gralha, Corvo, Carriça
Questões, Intenções e Poderes: abundância, agricultura, animais, começos, determinação, aprendizagem, prosperidade, sucesso	

SET/SETH

<table>
<tr><td colspan="2">Divindade do tempo; deus do mal e das trevas (egípcios)</td></tr>
<tr><td>Signo: Escorpião</td><td>Sistema Solar: Marte</td></tr>
<tr><td>Insetos diversos: Escorpião</td><td>Répteis: Crocodilo, Cobra</td></tr>
<tr><td colspan="2">Animais: Antílope, Javali, Bovinos (boi), Burro, Hipopótamo, Hiena, Leopardo, Pantera, Porco (porca)</td></tr>
<tr><td colspan="2">Questões, Intenções e Poderes: desafios, astúcia, escuridão, morte, engano, inveja, ciúme, magia (negra, sexual), negatividade (eliminar), sexo/sexualidade, clima (tempestades no deserto)</td></tr>
</table>

SHIVA/SIVA

<table>
<tr><td colspan="2">Divindade criadora; deus da lua, da agricultura, das artes e da morte; marido de Parvati (hindus – Índia)</td></tr>
<tr><td>Signo: Libra</td><td>Sistema Solar: Lua, Sol</td></tr>
<tr><td>Cor: Prata</td><td>Chakra: Coroa</td></tr>
<tr><td>Número: 9</td><td>Planta: Lunária</td></tr>
<tr><td colspan="2">Animais: Antílope, Bovinos (touro), Elefante, Rato, Tigre</td></tr>
<tr><td colspan="2">Ser Mítico: Fênix</td></tr>
<tr><td colspan="2">Questões, Intenções e Poderes: agricultura, animais, equilíbrio, calma, compaixão, consciência, morte, destruição, encantamento, términos, energia, medo, fertilidade, liberdade, generosidade, gratidão, luto, cura, elucidação, ciúme, conhecimento, aprendizagem, vida, solidão, longevidade, amor, sorte, magia (em geral, lunar, sexual), mente (aberta), atenção plena, necessidades (gerais, sexuais), paixão, poder (divino), pureza, renascimento/renovação, sentidos, sexo/sexualidade, espiritualidade, estimulação, força, apoio, verdade, clima (relâmpago, tempestades), força de vontade, sabedoria, vontades</td></tr>
</table>

SILVANO

<table>
<tr><td colspan="2">Deus Agrícola das florestas e dos bosques (romanos). Também conhecido como Silas.</td></tr>
<tr><td>Árvore: Pinheiro</td><td>Ser Mágico: Lares</td></tr>
<tr><td>Animais: Cervo (veado), Bode/Cabra</td><td>Ave: Pica-pau</td></tr>
<tr><td colspan="2">Questões, Intenções e Poderes: agricultura, animais, ciclos, perigo, energia, aterramento, crescimento, independência, espíritos</td></tr>
</table>

SURYA/SAVITRI

Deus Solar da fertilidade e do milho (arianos, hindus, védicos – Índia)	
Sistema Solar: Sol	*Horas do dia:* Amanhecer
Celebrações: Litha, Yule	*Animal:* Cavalo
Metais: Bronze, Ouro	*Plantas:* Grãos (*milho*), Nenúfar
Questões, Intenções e Poderes: ação, agricultura, beleza, energia (solar), fertilidade, amigo/amizade, crescimento, elucidação, inspiração, justiça, vida, luz, longevidade, amor, memória/s, estimulação, verdade, cordialidade	

THOR

Deus celeste do trovão e do relâmpago; deus do ambiente familiar e da fertilidade (nórdicos, teutônicos). Também conhecido como Donar.	
Signos: Capricórnio, Sagitário	
Sistema Solar: Marte, Mercúrio	*Dia:* Quinta-feira
Celebração: Litha	*Runas:* Odal, Sigel, Thorn, Tyr, Ur
Número: 5	*Plantas:* Urtiga, Cardo
Árvores: Freixo, Bétula, Cerejeira, Pilriteiro, Aveleira, Carvalho, Sorveira-brava, Nogueira	
Ervas e Jardim: Margarida, Carqueja, Verbena	*Metal:* Ferro
Animais: Bode/Cabra	
Questões, Intenções e Poderes: batalha/guerra, começos, comunidade, consagrar/abençoar, morte, decisão/ões, defesa, resistência, energia, inimizade, fertilidade, generosidade, lar, inteligência, justiça, amabilidade, casamento, poder, proteção, estimulação, força, clima (em geral, relâmpagos, tempestades)	

THOTH/DJEHUTY

Deus da sabedoria, do tempo, da magia, da medicina; mensageiro e secretário dos deuses (egípcios)	
Signos: Gêmeos, Libra	*Sistema Solar:* Mercúrio, Lua
Dia: Segunda-feira	*Celebração:* Mabon
Elemento: Ar	*Planta:* Bambu
Animais: Babuíno, Cão, Gorila	*Ave:* Íbis

Réptil: Lagarto
Questões, Intenções e Poderes: equilíbrio, negócios, clareza, comunicação (escrita), criatividade, destino, adivinhação, guardar, orientação, cura, honestidade, inteligência, justiça, conhecimento, aprendizagem, vida, magia (em geral, lunar), mensagens /presságios, mente, outro mundo/mundo inferior, paz, poder (mental), profecia, renascimento/renovação, segredos, sucesso, verdade, sabedoria

VERTUMNUS/VERTIMNUS

Deus dos jardins e da mudança das estações (romanos)	*Sistema Solar:* Terra
Árvores: Macieira, Cerejeira, Olmo	
Questões, Intenções e Poderes: abundância, agricultura, ambição, negócios, mudança/s, ciclos, engano, trabalho xamânico (mudança de forma)	

VISHNU

Divindade solar; deus do amor e protetor do mundo (brâmanes, hindus, jainistas, védicos – Índia)	
Signos: Leão, Libra, Peixes	*Sistema Solar:* Sol
Elemento: Terra	*Chakra:* Sacro
Árvores: Figueira-sagrada, Palmeira (*tamareira*), Nogueira	*Planta:* Lótus
Ervas e Jardim: Basílio, Manjericão-santo, Jasmim	*Gemas e Minerais:* Esmeralda
Metais: Bronze, Ouro	*Do Mar:* Concha-rainha, Búzio-trombeta
Animais: Javali, Bovinos (*touro*), Cavalo, Leão	*Répteis:* Cobra, Tartaruga (terrestre)
Insetos diversos: Abelha	
Questões, Intenções e Poderes: realização, equilíbrio, perigo, escuridão (espiritual), fertilidade, perdão, bondade, graça, cura, justiça, karma, luz, amor, manifestação, atenção plena, moral, ordenar/organizar, proteção, sono, espiritualidade	

VULCANO

Deus do fogo, dos vulcões e da metalurgia (romanos)	
Elemento: Fogo	
Árvores: Sabugueiro, Pinheiro, Sorveira-brava	*Metal:* Ferro
Questões, Intenções e Poderes: compromisso, comunidade, criatividade, destruição, energia, inveja, habilidades	

ZEUS

<table>
<tr><td colspan="2">Deus supremo do céu, da chuva, do trovão, do topo das montanhas e de todas as coisas; marido de Hera (gregos)</td></tr>
<tr><td>Signo: Touro</td><td>Sistema Solar: Júpiter</td></tr>
<tr><td>Dia: Quinta-feira</td><td>Celebrações: Litha, Dia de Ano Novo</td></tr>
<tr><td>Elemento: Ar</td><td>Números: 4, 13</td></tr>
<tr><td colspan="2">Árvores: Macieira, Álamo, Faia, Pilriteiro, Carvalho, Oliveira, Choupo, Nogueira, Salgueiro</td></tr>
<tr><td>Ervas e Jardim: Margarida, Hortelã-pimenta, Sálvia, Violeta</td><td>Planta: Visco</td></tr>
<tr><td>Animais: Bovinos (touro), Bode/Cabra, Ovinos (carneiro), Lobo</td><td>Réptil: Cobra</td></tr>
<tr><td colspan="2">Aves: Águia (dourada), Pavão, Cisne, Abutre, Pica-pau</td></tr>
<tr><td colspan="2">Questões, Intenções e Poderes: abundância, ação, ambição, assertividade, autoridade, batalha/guerra, mudança/s, caridade, comunidade, controle, criatividade, desejo, destino, adivinhação, fama, fertilidade, guardar, orientação, inspiração, inveja, justiça, liderança, vida (vitalidade), luxúria, casamento, mensagens/presságios, dinheiro, necessidades (sexuais), poder, orgulho, profecia, libertação, reverter, sexo/sexualidade, trabalho xamânico, estimulação, força, sucesso, transformação, clima (em geral, raios, tempestades), bem-estar, força de vontade, sabedoria</td></tr>
</table>

SERES MÁGICOS E ESPÍRITOS

BROWNIES

Duendes ou espíritos domésticos amigáveis e úteis.	*Luas Cheias:* Janeiro
Elemento: Terra	*Cor:* Marrom
Planta: Grãos	*Insetos diversos:* Abelha
Questões, Intenções e Poderes: realização, inteligência, fidelidade, lar, lealdade, magia, ordenar/organizar, propósito, responsabilidade	

DRÍADES

Espíritos que podem habitar uma árvore, bem como um bosque ou floresta. Tipos específicos de dríades, chamados Hamadríades, habitam carvalhos, enquanto as Melíades protegem os freixos ou árvores frutíferas.
Elemento: Terra

Árvore: Todos	*Deusa:* Ártemis
Questões, Intenções e Poderes: agricultura, reino astral, encantamento, crescimento, guardar, longevidade, magia (terra), memória/s, proteção, espíritos	

ELFOS

Dias: Domingo, Terça-feira	*Runas:* Feoh, Lagu, Wyn
Elementos: Ar, Terra	*Árvores:* Macieira, Freixo, Cedro, Olmo, Sorveira-brava
Ervas e Jardim: Tomilho	*Aves:* Pintassilgo, Papa-figos, Cisne
Anfíbio: Rã	
Questões, Intenções e Poderes: beleza, perigo, escuridão, encantamento, conhecimento, luz, longevidade, magia, habilidades, sabedoria, juventude	

FADAS

Sistema Solar: Lua	*Dia:* Sábado
Celebrações: Beltane, Litha, Lunantishees, Véspera do Solstício de Verão, Samhain	
Elementos: Ar, Terra	*Cores:* Verde, Amarelo
Número: 9	
Árvores: Amieiro (protegido por), Macieira, Freixo (protegido por, para ver), Bétula, Abrunheiro, Sabugueiro, Olmo, Pilriteiro (para ver), Aveleira, Azevinho, Loureiro, Carvalho (para ver), Sorveira-brava, Salgueiro	
Ervas e Jardim: Áster, Amora-silvestre, Campainha (para ver), Trevo, Narciso, Margarida, Samambaia, Dedaleira, Videira, Urze, Lavanda, Lilás, Lírio-do-vale, Peônia, Prímula (para ver), Rosa, Alecrim, Arruda, Erva-de-são-joão (proteger), Morango, Tomilho (para ver), Verbena, Violeta, Milefólio	
Plantas: Potentilha, Prímula-silvestre, Heléboro-amarelo, Linho, Mandrágora, Visco, Cogumelo (anel)	
Gemas e Minerais: Esmeralda (para atrair), Jade (para atrair), Peridoto (para atrair), Quartzo (transparente), Estaurolita	
Metal: Ferro (para evitar)	*Vida Marinha:* Foca
Deusas: Aine (*Banshee*), Badb (*Banshee*), Boann, Danu, Morrigan	
Deuses: Angus, Dagda (*contato*), Lugh	*Répteis:* Rã, Cobra, Tartaruga (aquática)

Animais: Bovinos (*vaca*), Cervo (*corça*), Cão, Raposa, Cavalo, Rato, Porco, Coelho	
Aves: Grou, Pintassilgo, Garça, Colibri, Pega, Cotovia-ocidental, Papa-figos, Gaivota, Cegonha, Cisne	
Insetos diversos: Borboleta, Libélula	*Ser Mítico:* Unicórnio
Questões, Intenções e Poderes: agricultura, animais, criatividade, morte, encantamento, imaginação, vida, luz, manifestação, mensagens/presságios, o outro mundo/mundo inferior, transformação	

GNOMOS

Elementais da terra, que muitas vezes aparecem como pessoas pequenas e corpulentas.	
Elemento: Terra	*Cor:* Verde
Tarô: Ouros	
Questões, Intenções e Poderes: agricultura, equilíbrio, certeza, consciência, trabalho com sonhos, resistência, fertilidade, aterramento, imaginação, inspiração, intuição, conhecimento, prosperidade, segredos, habilidades	

LARES

Espíritos domésticos, às vezes chamado de espíritos divinos ou espíritos de antepassados e guardiões. Vários tipos de lares protegem a casa, os bairros e mais (romanos).	
Celebração: Compitália	*Deus:* Silvano
Animal: Cão	
Questões, Intenções e Poderes: encruzilhada, família, guardar, lar, limitações/limites, prosperidade, proteção, riqueza	

MOIRAS

Em algumas fontes de referências, elas são chamadas de deusas ou espíritos de deusas, bem como a personificação dos grandes poderes do nascimento, da vida e da morte. Seus nomes são Cloto, Láquesis e Átropos (gregos).	
Fases da Lua: Cheia, Minguante, Crescente	
Luas Cheias: Dezembro	*Celebração:* Dia de Ano Novo
Tarô: A Roda da Fortuna, O Mundo	*Planta:* Linho
Questões, Intenções e Poderes: começos, criatividade, morte, destino, adivinhação, términos, justiça, vida, magia (antiga), manifestação, memória/s (vidas passadas), profecia	

MUSAS

Nove irmãs que personificam as atividades artísticas, intelectuais e científicas; algumas fontes de referência chamam-nas de deusas; outras, de ninfas. Seus nomes são Calíope, Clio, Erato, Euterpe, Melpômene, Polimnia, Terpsícore, Tália, Urânia (gregos).
Árvore: Loureiro
Questões, Intenções e Poderes: beleza (para retratar), comunicação, criatividade, guardar (as artes), inspiração, iluminação, conhecimento, manifestação, memória/s, verdade (artística, científica), sabedoria

NÓRNIAS/NORNES

Como as Moiras gregas, elas são chamadas de deusas ou espíritos de deusas em algumas fontes de referência, bem como a personificação das grandes potências do nascimento, da vida e da morte. Seus nomes são Urd, Verdandi e Skuld (nórdicos).	
Fases da Lua: Cheia, Crescente, Minguante	
Luas Cheias: Dezembro	*Elemento:* Água
Planta: Linho	*Runa:* Nyd
Tarô: A Roda da Fortuna, O Mundo	
Questões, Intenções e Poderes: começos, criatividade, morte, destino, adivinhação, términos, influência, justiça, conhecimento (profético), vida, magia (da anciã, dos nós, com runas), memória/s (vidas passadas), renascimento/renovação	

ONDINAS

Elementais da Água que podem parecer semelhantes a sereias ou cavalos-marinhos com rostos humanos.	
Elemento: Água	*Cor:* Azul
Tarô: Copas	
Questões, Intenções e Poderes: adivinhação, emoções, intuição	

PENATES

Espíritos domésticos, às vezes considerados deuses, que guardavam a casa e garantiam tudo de que a família precisava. Penates públicos zelavam pela segurança do Estado (romanos).	
Planta: Grãos (*trigo*)	*Gemas e Minerais:* Sal
Questões, Intenções e Poderes: família, lar, proteção, bem-estar	

PIXIES

Fadas parecidas com crianças que ajudam seus amigos humanos (Ilhas Britânicas).	
Elementos: Ar, Terra	*Ervas e Jardim:* Campainha, Dedaleira
Planta: Cogumelo	*Animais:* Ouriço, Cavalo (*pônei*)
Questões, Intenções e Poderes: criatividade, astúcia (travessura), encantamento, magia, habilidades	

SALAMANDRAS

Elementais do Fogo que parecem lagartos e dragões.	*Elemento:* Fogo
Cor: Vermelho	*Tarô:* Paus
Questões, Intenções e Poderes: ação, controle, transformação	

SEREIAS

Sistema Solar: Lua, Netuno	*Elemento:* Água
Deusa: Sedna	*Deus:* Manannán
Questões, Intenções e Poderes: assertividade, atração, beleza, compaixão, perigo, engano, destruição, encantamento, orientação, luxúria, proteção	

SÍLFIDES

Elementais do Ar que podem aparecer como humanos transparentes, altos, magros ou pequenos com asas.	
Elemento: Ar	*Cor:* Amarelo
Tarô: Espadas	
Questões, Intenções e Poderes: ação, comunicação, criatividade, mente	

ANJOS

GABRIEL

Signos: Aquário, Câncer, Peixes, Escorpião	*Sistema Solar:* Terra, Lua
Dia: Segunda-feira	*Horas do dia:* Crepúsculo
Elemento: Terra	*Direção:* Oeste
Cores: Verde-água, Verde (*mar*), Branco	*Números:* 2, 7, 12
Árvore: Oliveira	*Ervas e Jardim:* Lírio
Animal: Gato	*Ave:* Coruja
Gemas e Minerais: Ônix, Quartzo	
Questões, Intenções e Poderes: ambição, disciplina, adivinhação, trabalho com sonhos, cura, esperança, imaginação, ordenar/organizar, gravidez/parto, renascimento/renovação, verdade, visões	

MIGUEL

Signos: Áries, Leão, Sagitário	*Sistema Solar:* Mercúrio, Sol
Horas do dia: Meio-dia	*Elementos:* Ar, Fogo
Cores: Cobre, Vinho, Vermelho, Escarlate, Branco	*Direção:* Sul
Número: 11	*Ervas e Jardim:* Angélica
Gemas e Minerais: Ágata	*Ave:* Cegonha
Questões, Intenções e Poderes: batalha/guerra (guerreiro), defesa, adivinhação, justiça, conhecimento, luz, negatividade, proteção, força (interior), verdade, força de vontade	

RAFAEL

Signos: Aquário, Gêmeos, Libra	*Sistema Solar:* Mercúrio, Sol
Dia: Quarta-feira	*Horas do dia:* Amanhecer
Elementos: Ar, Água	*Direção:* Leste
Cores: Azul (*céu*), Dourado, Branco, Amarelo	*Números:* 1, 6, 13
Gemas e Minerais: Rubi	*Animal:* Leão
Ave: Cisne	
Questões, Intenções e Poderes: orientação, harmonia, cura, honra, intuição, conhecimento, motivação, sucesso, apoio, viagem (com segurança)	

URIEL/ AURIEL

Signos: Capricórnio, Touro, Virgem	*Sistema Solar:* Vênus
Dia: Sexta-feira	*Horas do dia:* Meia-noite
Celebração: Yule	*Elemento:* Terra
Cores: Marrom, Dourado, Verde, Branco	*Número:* 12
Aves: Melro, Pintassilgo, Cotovia-ocidental, Papa-figos	
Questões, Intenções e Poderes: adivinhação, resistência, compreensão intuitiva, aprendizagem (ensino), profecia, sentidos (visão), estabilidade, riqueza, sabedoria	

Capítulo Seis

Cálculos astrológicos e contagem do tempo

Quase todas as culturas da Antiguidade têm alguma forma de zodíaco e astrologia, que são foco dos mais importantes sítios ritualísticos da Pré-história. As estrelas e os planetas proporcionavam um ótimo recurso para os povos antigos se conectarem com suas divindades e com o ambiente à sua volta. Devido à sua luz e calor, o Sol muitas vezes simbolizava o deus maior e mais poderoso. Enquanto a Lua, graças à sua influência sobre o ciclo menstrual feminino, tornou-se o símbolo da Deusa.

Num mundo sem relógios ou luz elétrica, a Lua era um fator importante na contagem do tempo. São treze as lunações ao longo do ano, e cada mês lunar tem 28 dias. Essa contagem faz com que reste um dia a mais, a que os celtas se referiam como o "dia sem nome", talvez a base do proverbial "um ano e um dia" dos wiccanos. De tempos em tempos, esse dia coincidia com o solstício de inverno. Os meios meses rúnicos noruegueses, ou quinzenas, também se baseavam no ciclo lunar de 28 dias. Festivais hindus ainda são programados de acordo com os meses lunares e caem em datas diferentes a cada ano.

O ciclo das estações, dos meses, dos dias, das horas do dia, e a rotação das estrelas nos proporcionam a Roda do Ano. O tempo cíclico, em contraposição ao linear, toca-nos num nível profundo, porque o círculo é um símbolo de unidade e completude. Sem começo nem fim, ele nos transmite uma sensação de atemporalidade, e de que nós também, de alguma forma, vivemos para sempre.

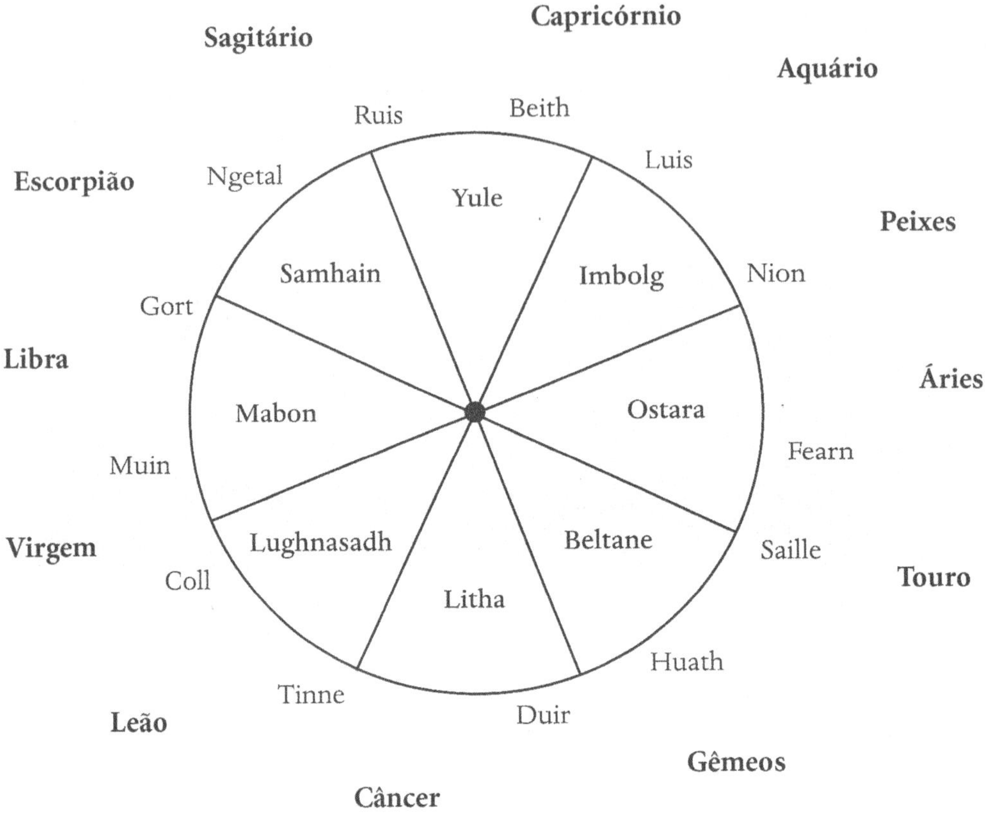

Figura 3. A Roda do Ano associada ao Zodíaco, ao Calendário Celta das Árvores e aos Sabás.

OS SIGNOS DO ZODÍACO

CAPRICÓRNIO ♑

21/22 de dezembro a 19/21 de janeiro	*Símbolo:* ♑
Sistema Solar: Terra, Saturno	*Celebração:* Solstício de Inverno
Estação: Inverno	*Dia:* Quinta-feira
Runas: Nyd, Peorth	*Elemento:* Terra
Energia: Yang	*Chakras:* Raiz, Coroa
Tarô: O Diabo	
Cores: Preto, Azul (*marinho, real*), Marrom, Cinza (*escuro*), Verde (*escuro*), Índigo, Vermelho, Violeta, Branco	
Árvores: Álamo, Bétula, Cipreste, Sabugueiro, Olmo, Azevinho, Magnólia, Mimosa, Pinheiro, Sorveira-brava, Aberto-vermelho, Salgueiro, Teixo	

Plantas: Canela, Patchuli	
Ervas e Jardim: Craveiro, Confrei, Madressilva, Jasmim, Papoula, Arruda, Aspérula, Tomilho, Verbena	
Gemas e Minerais: Ágata, Ametista, Azurita, Berilo, Heliotrópio, Cornalina, Olho de Gato, Fluorita, Granada, Hematita, Azeviche, Lápis-Lazúli, Malaquita, Obsidiana, Ônix, Quartzo (*transparente*), Quartzo Rosa, Rubi, Safira (*estrela*), Quartzo-enfumaçado, Olho de Tigre, Turmalina (*preta, verde*), Turquesa, Zircônia (*amarela*)	
Metais: Chumbo, Prata	
Do Mar: Coral (*preto*)	*Animais:* Cão, Elefante, Bode/Cabra, Leão
Aves: Falcão, Ganso (*das-neves*), Garça, Coruja	*Vida Marinha:* Golfinho
Deusas: Afrodite, Freya, Gaia, Hécate, Juno	
Anjo: Uriel	
Deuses: Agni, Baal, Dionísio, Ea, Enki, Fauno, Freyr, Loki, Pan, Perun, Saturno, Thor	
Questões, Intenções e Poderes: realização, ambição, começos, confiança, concentração/foco, ciclos, escuridão, morte, determinação, disciplina, términos, aterramento, intuição, amor, luxúria, manifestação, mensagens/presságios, negatividade, obstáculos, ordenar/organizar, paciência, prosperidade, capacidade psíquica, responsabilidade, habilidades, estabilidade, sucesso, força de vontade	

AQUÁRIO ♒

20/21 de janeiro a 18/20 de fevereiro	*Símbolo:* ♒
Sistema Solar: Netuno, Saturno, Urano	*Estação:* Inverno
Dia: Sábado	*Celebração:* Imbolc
Runas: Hagal, Sigel	*Elemento:* Ar
Energia: Yang	*Número:* 11
Cores: Azul (*escuro*), Verde, Índigo, Prateado, Azul-esverdeado, Violeta, Amarelo (*claro, pastel*)	
Chakras: Garganta, Terceiro Olho, Coroa	*Tarô:* Copas, O Louco, A Estrela
Árvores: Acácia, Macieira, Freixo, Álamo, Cerejeira, Cipreste, Pilriteiro, Mimosa, Oliveira, Pinheiros, Sorveira-brava	
Ervas e Jardim: Dente-de-leão, Dedaleira, Íris, Lavanda, Hortelã-pimenta, Alecrim, Sálvia, Violeta	
Plantas: Anis, Dulcamara, Olíbano, Meimendro, Mirra, Patchuli, Sândalo	
Deusas: Astarte, Ishtar, Ísis, Juno, Nut	*Deus:* Ea

Anjos: Gabriel, Rafael	
Gemas e Minerais: Ágata (*vermelha*), Âmbar, Ametista, Angelita, Água-marinha, Aventurina, Fluorita, Granada, Hematita, Jade, Ágata Musgo, Ônix, Opala, Quartzo (*transparente*), Safira, Turquesa, Zircônia (*vermelha*)	
Metais: Alumínio, Chumbo, Prata	
Do Mar: Coral (*branco*), Pérola	*Animais:* Cão, Lontra, Ovinos
Aves: Albatroz, Cuco, Águia, Pavão	*Ser Mítico:* Fênix
Questões, Intenções e Poderes: ambição, caridade, comunidade (espiritual), compaixão, cooperação, criatividade, desejo, determinação, liberdade, amigo/amizade, gentileza, cura, honestidade, esperança, independência, integridade, inteligência, intuição, luz, lealdade, paz, sensibilidade, espiritualidade, empatia, sabedoria	

PEIXES ♓

19/20 de fevereiro a 20/21 de março	*Símbolo:* ♓
Sistema Solar: Júpiter, Netuno	*Estação:* Inverno
Dia: Quinta-feira	*Celebração:* Equinócio da Primavera
Runas: Beorc, Gyfu	*Elemento:* Água
Energia: Yin	*Chakras:* Terceiro Olho, Coroa
Cores: Verde-água, Azul (*claro*), Verde (*claro, mar*), Índigo, Lavanda, Vermelho, Violeta, Branco, Amarelo (*claro*)	
Tarô: O Enforcado, A Lua	
Árvores: Amieiro, Freixo, Cipreste, Loureiro, Mimosa, Pinheiro, Salgueiro	
Ervas e Jardim: Gatária, Gardênia, Heliotrópio, Madressilva, Jacinto, Jasmim, Lavanda, Lírio, Ligústica, Arruda, Sálvia	
Plantas: Babosa, Anis, Cravo-da-índia, Noz-moscada, Raiz de Íris, Junco, Sândalo, Anis-estrelado, Nenúfar	
Gemas e Minerais: Alexandrita, Ametista, Água-marinha, Heliotrópio, Ágata Rendada Azul, Olho de Gato, Diamante, Fluorita, Jade, Jaspe, Pedra da Lua, Safira, Estaurolita, Sugilita, Turmalina (*preta*), Turquesa	
Metais: Prata, Estanho	
Do Mar: Coral (*branco*), Madrepérola, Pérola	
Deusas: Afrodite, Diana, Sedna, Vênus	*Anjo:* Gabriel
Deuses: Aegir, Cupido, Ea, Enki, Eros, Netuno, Poseîdon, Vishnu	

Animais: Bovinos (*boi*), Cavalo, Ovinos	*Aves:* Cegonha, Cisne
Vida Marinha: Foca	
Questões, Intenções e Poderes: adaptabilidade, calma, caridade, clareza, comunidade, compaixão, criatividade, morte, engano, emoções, encantamento, términos, imaginação, intuição, justiça, bondade, limitações/limites, capacidade psíquica, romance, segredos, sensibilidade, tristeza, espiritualidade, unidade	

ÁRIES ♈

21 de março a 20 de abril	*Símbolo:* ♈
Sistema Solar: Marte, Sol	*Estações:* Primavera, Verão
Dia: Terça-feira	*Celebração:* Equinócio de Primavera
Runas: Ehwaz, Feoh	*Elemento:* Fogo
Cores: Cor-de-rosa, Vermelho, Branco, Amarelo	*Energia:* Yang
Chakras: Raiz, Plexo Solar, Terceiro Olho	*Número:* 1
Tarô: O Imperador	
Árvores: Amieiro, Abrunheiro, Cedro, Cerejeira, Abeto, Pilriteiro, Azevinho, Junípero, Alfarrobeira, Oliveira, Palmeira (*sangue-de-dragão*), Pinheiro, Salgueiro	
Ervas e Jardim: Anêmona, Angélica, Manjericão, Amora-silvestre, Giesta, Craveiro, Dente-de-leão, Erva-doce, Alho, Gerânio, Carqueja, Madressilva, Manjerona, Pimenta, Alecrim, Tomilho	
Plantas: Pimenta-da-jamaica, Betônica, Cardo-bento, Canela, Cravo-da-índia, Coentro, Prímula-silvestre, Cominho, Genciana-verde, Olíbano, Galanga, Gengibre, Mostarda, Urtiga, Pimenta	
Gemas e Minerais: Ágata (*fogo*), Lágrimas de Apache, Água-marinha, Aventurina, Heliotrópio, Cornalina, Citrino, Diamante, Esmeralda, Granada, Hematita, Diamante de Herkimer, Jade, Jaspe (*vermelho*), Lápis-lazúli, Opala (*fogo*), Quartzo (*transparente*), Rubi, Sárdio, Sardônix, Espinélio	
Metais: Ouro, Ferro, Aço	*Do Mar:* Coral
Deusas: Anat, Badb, Cibele, Durga, Hécate, Héstia, Ishtar, Macha, Minerva, Morrigan, Sekhmet, Tiamat	
Deuses: Amon, Ares, Belenus, Indra, Khnum, Marduk, Marte, Nergal, Rá	
Anjo: Miguel	*Animais:* Bode/Cabra, Ovinos
Aves: Falcão (*de cauda vermelha*), Pega, Coruja, Pintarroxo, Pica-pau	
Questões, Intenções e Poderes: ação, ambição, raiva, assertividade, começos, negócios, certeza, coragem, desejo, emoções, energia, medo, crescimento, independência, inveja, liderança, vida (vitalidade), luz, luxúria, necessidades, obstáculos, otimismo, paixão, prazer, gravidez/parto, sexo/sexualidade (virilidade), cordialidade	

TOURO ♉

20/21 de abril a 20/21 de maio	*Símbolo:* ♉
Sistema Solar: Terra, Vênus	*Estação:* Primavera
Dia: Sexta-feira	*Horas do dia:* Meia-noite
Runas: Ing, Ur	*Elemento:* Terra
Energia: Yin	*Chakras:* Raiz, Coração, Garganta
Números: 2, 5	*Tarô:* A Imperatriz, O Hierofante, Ouros
Cores: Azul (*claro*), Verde, Malva, Laranja, Rosa, Vermelho, Amarelo (*claro*)	
Árvores: Macieira, Cedro, Cerejeira, Cipreste, Pilriteiro, Tília, Magnólia, Salgueiro	
Ervas e Jardim: Amora-silvestre, Margarida, Dente-de-leão, Urze, Hibisco, Madressilva, Lilás, Lírio-do-vale, Ligústica, Artemísia, Framboesa, Rosa, Sálvia, Tomilho, Violeta	
Plantas: Bardana, Cardamomo, Potentilha, Tussilagem, Mandrágora, Patchuli, Baunilha	
Gemas e Minerais: Ágata (árvore), Cornalina, Crisocola, Crisópraso, Diamante, Esmeralda, Iolita, Jade, Jaspe (*vermelho*), Kunzita, Lápis-lazúli, Malaquita, Ágata Musgo, Opala, Pirita, Rodonita, Quartzo Rosa, Rubi, Safira, Selenita, Topázio, Turmalina (*azul*), Tsavorita, Turquesa, Zircônia	
Metais: Bronze, Cobre	*Do Mar:* Coral (*vermelho*)
Anjo: Uriel	*Aves:* Pomba-branca, Pintarroxo
Deusas: Afrodite, Asherah, Astarte, Bast, Flora, Frigga, Gaia, Hathor, Ishtar, Ísis, Lakshmi, Maia, Vênus	
Deuses: Baal, Baco, Cernunos, Dionísio, Hórus, Indra, Júpiter, Krishna, Marduk, Mitra, Osíris, Posêidon, Ptah, Zeus	
Animais: Castor, Bovinos (*touro, boi*), Bode/Cabra, Tigre (*branco*)	
Questões, Intenções e Poderes: afeto, conforto, dedicação/devoção, determinação, resistência, aterramento, lar, intuição, ciúme, vida (vitalidade), amor, luxúria, magia (sexual), mente (lógica), dinheiro, ordenar/organizar, paixão, paciência, prazer, proteção, segurança, sentidos, sensualidade, sexo/sexualidade, estabilidade, força, riqueza	

GÊMEOS ♊

21/22 de maio a 21/22 de junho	*Símbolo:* ♊
Sistema Solar: Mercúrio, Urano	*Estação:* Verão
Dia: Quarta-feira	*Runas:* Dag, Ehwaz, Odal, Thorn, Tyr
Elemento: Ar	*Energia:* Yang

Cores: Azul, Marrom, Verde, Laranja, Cor-de-rosa, Vermelho, Prateado, Azul-esverdeado, Violeta, Branco, Amarelo	
Números: 2, 3, 6	*Chakras:* Coração, Garganta
Tarô: Os Enamorados, O Mago	
Árvores: Faia, Castanheira, Pilriteiro, Aveleira, Castanheiro-da-índia, Loureiro, Tília, Carvalho, Nogueira	
Ervas e Jardim: Bergamota, Trevo, Endro, Erva-doce, Íris, Hera, Lavanda, Lírio, Lírio-do-vale, Manjerona, Artemísia, Hortelã-pimenta, Boca-de-leão, Verbena, Milefólio	
Plantas: Anis, Eufrásia, Marroio-branco, Mandrágora, Absinto	
Gemas e Minerais: Ágata (árvore), Alexandrita, Água-marinha, Olho de Gato, Crisocola, Citrino, Esmeralda, Fluorita, Howlita, Jade, Jaspe (*verde*), Magnetita, Pedra da Lua, Ágata Musgo, Quartzo (*transparente*), Safira, Serpentina, Olho de Tigre, Topázio, Turmalina (*melancia*)	
Metal: Mercúrio	*Do Mar:* Pérola
Aves: Galináceos (*galo*), Águia, Papagaio, Corvo	*Animais:* Bovinos (*touro*), Cervo
Deusas: Ártemis, Inanna, Seshat	*Anjo:* Rafael
Deuses: Apolo, Dumuzi, Enki, Hermes, Jano, Krishna, Mercúrio, Odin, Thoth	
Questões, Intenções e Poderes: adaptabilidade, equilíbrio, mudança/s, inteligência, comunicação, comunidade, criatividade, emoções, inteligência, conhecimento, mente (alerta), dinheiro, relacionamentos, verdade	

CÂNCER ♋

22 de junho a 22/23 de julho	*Símbolo:* ♋
Sistema Solar: Lua, Plutão, Sol	*Estação:* Verão
Dia: Segunda-feira	*Horas do dia:* Crepúsculo
Celebração: Véspera de Solstício de Verão	*Runas:* Elhaz, Ur
Elemento: Água	*Energia:* Yin
Cores: Azul (*claro*), Cinza, Verde (*mar*), Laranja, Cor-de-rosa, Prateado, Branco, Amarelo	
Chakras: Sacro, Plexo Solar, Coração	*Tarô:* O Carro, A Sacerdotisa
Árvores: Amieiro (*preto*), Macieira, Castanheira, Azevinho, Castanheiro-da-índia, Bordo, Mimosa, Carvalho, Pinheiro, Abeto-vermelho	
Ervas e Jardim: Agrimônia, Gatária, Camomila, Margarida, Endro, Gardênia, Gerânio, Madressilva, Jasmim, Erva-cidreira, Cravo-de-defunto, Artemísia, Papoula, Rosa, Violeta	

Plantas: Babosa, Betônica, Lótus, Lunária, Mirra, Sândalo, Nenúfar, Absinto	
Gemas e Minerais: Ágata, Âmbar, Berilo, Calcita, Cornalina, Esmeralda, Pedra da Lua, Opala, Quartzo (*transparente*), Quartzo Rosa, Rubi, Safira, Selenita, Zircônia (*vermelha*)	
Metal: Prateado	*Do Mar:* Madrepérola, Pérola
Animal: Cão	*Aves:* Melro, Íbis, Gaivota
Vida Marinha: Caranguejo, Polvo, Tartaruga (Aquática)	*Insetos diversos:* Besouro
Deusas: Ártemis, Ceres, Deméter, Diana, Ísis, Juno, Kuan Yin, Luna	
Deus: Mercúrio	*Anjo:* Gabriel
Questões, Intenções e Poderes: começos, mudança/s, conexões, consciência (subconsciente), determinação, emoções, família, lar, imaginação, introspecção, intuição, amor, magia (em geral, lunar), humor, cuidados, proteção, capacidade psíquica, romance, segredos, sensibilidade, timidez, apoio, simpatia	

LEÃO ♌

23 de julho a 22/23 de agosto	*Símbolo:* ♌
Sistema Solar: Sol	*Estação:* Verão
Dia: Domingo	*Horas do dia:* Meio-dia
Runas: As, Rad, Wyn	*Elemento:* Fogo
Energia: Yang	*Números:* 1, 4, 5, 8
Cores: Dourado, Verde, Laranja, Vermelho, Escarlate, Amarelo	
Chakras: Plexo Solar, Coração	*Tarô:* A Força, O Sol, Paus
Árvores: Acácia, Aveleira, Azevinho, Junípero, Loureiro, Carvalho, Oliveira, Palmeira, Nogueira	
Ervas e Jardim: Angélica, Borragem, Camomila, Narciso, Endro, Hidraste, Heliotrópio, Madressilva, Lavanda, Cravo-de-defunto, Peônia, Framboesa, Alecrim, Arruda, Erva-de-são-joão, Girassol	
Metal: Ouro, Ferro	
Plantas: Anis, Canela, Cravo-da-índia, Eufrásia, Olíbano, Visco, Noz-moscada, Açafrão, Sândalo	
Gemas e Minerais: Âmbar, Berilo (*dourado*), Cornalina, Crisoberilo, Citrino, Danburita, Diamante, Granada, Jaspe, Kunzita, Labradorita, Larimar, Ônix, Peridoto, Rodocrosita, Rubi, Safira, Sardônix, Pedra do Sol, Olho de Tigre, Topázio, Zircônia	

Deusas: Anat, Bast, Cibele, Devi, Diana, Durga, Freya, Hathor, Hera, Inanna, Ishtar, Juno, Nanna, Sekhmet	
Anjo: Miguel	*Animais:* Cervo (*corça*), Leão
Deuses: Amon, Hélio, Mitra, Nergal, Rá, Vishnu	
Aves: Águia, Pavão	*Ser Mítico:* Esfinge
Questões, Intenções e Poderes: ação, afeto, ambição, autoridade, comunicação (eloquente), certeza, coragem, criatividade, determinação, energia, iluminação, inimizade, amigo/amizade, generosidade, crescimento, guardar, orientação, integridade, ciúme, liderança, vida (entusiasmo), luz, amor, lealdade, magia (animal, sexual), paixão, prazer, poder, orgulho, romance, força (controlada), cordialidade, força de vontade	

VIRGEM ♍

22/23 de agosto a 22 de setembro	*Símbolo:* ♍
Sistema Solar: Terra, Mercúrio	*Estação:* Verão
Dia: Quarta-feira	*Runas:* Beorc, Ken
Elemento: Terra	*Energia:* Yin
Chakras: Sacro, Plexo Solar, Garganta	*Números:* 6, 9
Cores: Preto, Azul (*marinho*), Marrom (*escuro*), Dourado, Cinza (*escuro*), Verde, Cor-de-rosa, Roxo, Violeta, Branco, Amarelo	
Tarô: O Eremita, O Mago	
Árvores: Faia, Castanheira, Cipreste, Aveleira, Castanheiro-da-índia, Bordo, Mimosa, Carvalho, Nogueira	
Ervas e Jardim: Áster, Bergamota, Endro, Erva-doce, Madressilva, Jacinto, Lavanda, Lírio, Lírio-do-vale, Manjerona, Hortelã-pimenta, Alecrim, Valeriana, Violeta	
Plantas: Eufrásia, Marroio-branco, Patchuli, Sândalo, Solidéu	
Gemas e Minerais: Ágata, Amazonita, Ametista, Andaluzita, Apatita, Água-marinha, Aventurina, Cornalina, Crisocola, Diamante, Esmeralda, Granada, Jade, Jaspe (*rosa*), Lápis-lazúli, Magnetita, Ágata Musgo, Opala, Peridoto, Safira, Sardônix, Sugilita, Turmalina (*melancia*), Tsavorita, Turquesa, Zircônia (*vermelha*)	
Metal: Mercúrio	*Deus:* Odin
Deusas: Anat, Ártemis, Deméter, Diana, Héstia, Inanna, Íris, Ishtar, Ísis, Koré, Nanna, Perséfone, Vesta	

Anjo: Uriel	
Animais: Urso (*pardo*), Gato, Porco (*porca*), Esquilo	*Ave:* Pardal
Questões, Intenções e Poderes: abundância, começos, consciência, ciclos, destino, emoções, términos, aterramento, independência, intuição, amor, mente (analítica), cuidados, ordenar/organizar, purificação, sexo/sexualidade, timidez, sucesso (nos negócios), bem-estar	

LIBRA ♎

22/23 de setembro a 22/23 de outubro	*Símbolo:* ♎
Sistema Solar: Saturno, Vênus	*Estação:* Outono
Dia: Sexta-feira	*Runas:* Hagal, Tyr, Wyn
Elemento: Ar	*Energia:* Yang
Cores: Preto, Azul (*claro, real*), Marrom, Verde, Lavanda, Rosa, Violeta, Amarelo	
Chakras: Sacro, Coração	*Número:* 7
Tarô: A Imperatriz, A Justiça	
Árvores: Macieira, Álamo, Cerejeira, Aveleira, Magnólia, Bordo, Hamamélis	
Ervas e Jardim: Gatária, Dente-de-leão, Dedaleira, Lilás, Manjerona, Artemísia, Passiflora, Poejo, Rosa, Hortelã-verde, Morango, Tomilho, Violeta	
Plantas: Babosa, Beladona, Bardana, Verbasco, Baunilha	
Metal: Cobre	
Gemas e Minerais: Ágata, Ametrina, Água-marinha, Berilo, Heliotrópio, Crisópraso, Citrino, Rosa do Deserto, Diamante, Esmeralda, Iolita, Jade, Jaspe, Kunzita, Cianita, Lápis-lazúli, Lepidolita, Malaquita, Pedra da Lua, Opala, Quartzo Rosa, Safira, Quartzo-enfumaçado, Pedra do Sol, Turmalina (*preta, azul, rosa*), Zircônia (*vermelha*)	
Do Mar: Coral (*vermelho*)	*Animal:* Lebre
Aves: Pomba-branca, Ganso, Corvo, Pardal, Cisne	*Réptil:* Cobra
Deusas: Afrodite, Atena, Frigga, Ísis, Justitia, Maat, Minerva, Nêmesis, Vênus	
Anjo: Rafael	
Deuses: Cernunos, Hefésto, Mitra, Njord, Shiva, Thoth, Vishnu	
Questões, Intenções e Poderes: atração, equilíbrio, beleza, negócios, comunidade, cooperação, imparcialidade, graça, harmonia, justiça, amor, casamento, relacionamentos, romance, sensibilidade, sensualidade, solidariedade, unidade	

ESCORPIÃO ♏

22/23 de outubro a 21/23 de novembro	*Símbolo:* ♏
Sistema Solar: Marte, Plutão	*Estação:* Outono
Dia: Terça-feira	*Runas:* Eoh, Nyd
Elemento: Água	*Energia:* Yin
Cores: Preto, Azul, Marrom (*avermelhado*), Vinho, Cinza, Verde, Castanho, Laranja, Vermelho	
Números: 8, 9	*Chakras:* Raiz, Sacro
Árvores: Freixo, Abrunheiro, Palmeira, Pinheiro, Romãzeira	*Tarô:* A Morte, Espadas
Ervas e Jardim: Anêmona, Manjericão, Amora-silvestre, Crisântemo, Endro, Gardênia, Urze, Madressilva, Hera, Alquemila, Lírio, Valeriana, Violeta	
Plantas: Pimenta-da-jamaica, Cravo-da-índia, Cominho, Genciana-verde, Galanga, Gengibre, Marroio-branco, Mirra, Urtiga, Patchuli, Junco, Açafrão, Cardo, Baunilha	
Metais: Cobre, Ferro, Aço	
Gemas e Minerais: Ágata (*pele de cobra*), Alexandrita, Água-marinha, Berilo, Heliotrópio, Cornalina, Citrino, Granada (*vermelha*), Jaspe (*vermelho*), Kunzita, Labradorita, Larimar, Malaquita, Pedra da Lua, Obsidiana, Opala, Peridoto, Quartzo (*rutilado*), Rodocrosita, Rubi, Topázio, Turmalina, Turquesa, Zircônia	
Do Mar: Coral (*negro*), Pérola	*Anjo:* Gabriel
Deusas: Ereshkigal, Hécate, Hel, Ísis, Perséfone	
Deuses: Anúbis, Marte, Njord, Osíris, Plutão, Set	*Animais:* Cão, Pantera, Lobo
Aves: Águia, Gavião, Abutre	*Réptil:* Cobra
Insetos diversos: Escorpião	*Ser Mítico:* Fênix
Questões, Intenções e Poderes: autoridade, mudança/s, clarividência, controle, criatividade, escuridão, morte, desejo, destruição, determinação, disciplina, emoções, energia, cura, introspecção, ciúme, amor, lealdade, luxúria, magia (sexual), o outro mundo/mundo inferior, paixão, poder, capacidade psíquica, renascimento/renovação (em geral, emocional), vingança, segredos, sentidos, sexo/sexualidade, espiritualidade, sucesso, transformação, confiança (desconfiança), força de vontade	

SAGITÁRIO ♐

22/23 de novembro a 20/22 de dezembro	*Símbolo:* ♐
Sistema Solar: Júpiter	*Estação:* Outono

Celebração: Solstício de Inverno	*Runas:* Is, Jera, Rad
Elemento: Fogo	*Energia:* Yang
Cores: Preto, Azul (*escuro, real, celeste*), Dourado, Laranja, Roxo, Vermelho, Amarelo	
Chakras: Raiz, Plexo Solar, Terceiro Olho	*Tarô:* A Temperança, A Roda da Fortuna
Número: 9	
Árvores: Faia, Bétula, Cedro, Castanheira, Sabugueiro, Olmo, Azevinho, Castanheiro-da-índia, Junípero, Tília, Murta, Carvalho, Palmeira (*sangue-de-dragão*), Sorveira-brava, Abeto (*preto*)	
Ervas e Jardim: Áster, Craveiro, Trevo (*vermelho*), Narciso, Madressilva, Artemísia, Rosa, Alecrim, Sálvia, Erva-de-são-joão, Verbena	
Plantas: Anis, Bardana, Cravo-da-índia, Genciana-verde, Olíbano, Gengibre, Noz-moscada, Junco, Anis-estrelado	
Metal: Estanho	
Gemas e Minerais: Âmbar, Ametista, Azurita, Esmeralda, Diamante de Herkimer, Iolita, Jaspe (*marrom, amarelo*), Labradorita, Lápis-lazúli, Obsidiana, Opala, Peridoto, Rubi, Safira (*estrela*), Sodalita, Esfeno, Espinélio, Sugilita, Topázio, Turmalina (*preta, verde, vermelha*), Turquesa, Zircônia (*vermelha*)	
Deusas: Anat, Ártemis, Atena, Diana, Epona, Ísis, Rhiannon	
Deuses: Hades, Júpiter, Marte, Nergal, Thor	*Anjo:* Miguel
Animais: Cervo (*corça*), Alce, Cavalo, Leão, Macaco	
Questões, Intenções e Poderes: beleza, consciência, perigo, trabalho com sonhos, energia, iluminação, medo, liberdade, crescimento, honestidade, aperfeiçoamento, independência, intuição, conhecimento, liderança (capacidade), magia (animal), otimismo, profecia, trabalho interior, sexo/sexualidade, espiritualidade, viagem, verdade, unidade	

O SISTEMA SOLAR

JÚPITER ♃

Símbolo: ♃	*Signos:* Peixes, Sagitário
Dia: Quinta-feira	*Runa:* Man
Elementos: Ar, Fogo	*Números:* 3, 4, 5
Chakras: Terceiro Olho, Coração, Plexo Solar	*Tarô:* A Roda da Fortuna
Cores: Azul, Verde (*claro, mar*), Índigo, Roxo, Azul-esverdeado, Violeta	

Árvores: Bétula, Cedro, Castanheira, Abeto, Castanheiro-da-índia, Tília, Magnólia, Bordo, Carvalho, Oliveira, Palmeira (*Coqueiro*), Pinheiro, Plátano, Nogueira, Teixo	
Ervas e Jardim: Agrimônia, Borragem, Cravo-da-índia, Dente-de-leão, Madressilva, Erva-cidreira, Sálvia	
Plantas: Babosa, Anis, Betônica, Potentilha, Filipêndula, Mirra, Noz-moscada, Anis-estrelado	
Gemas e Minerais: Ametista, Ametrina, Diopsídio, Esmeralda, Lepidolita, Safira (*estrela*), Sugilita, Turquesa, Zircônia (*vermelha*)	
Metal: Estanho	
Deusas: Devi, Hera, Justitia, Nut	*Deuses:* Baal, Indra, Júpiter, Marduk, Zeus
Animal: Cervo (*macho*)	*Ave:* Águia
Ser Mítico: Unicórnio	
Questões, Intenções e Poderes: abundância, reino astral, autoridade, negócios, controle, dignidade, disciplina, favor/es, generosidade, honra, influência, intuição, justiça, amabilidade, liderança, sorte, mente, dinheiro, oportunidades, otimismo, poder, orgulho, problemas, prosperidade, responsabilidade, espiritualidade, sucesso, riqueza, bem-estar, sabedoria	

LUA ☽

Símbolo: ☽	*Signo:* Câncer
Dia: Segunda-feira	*Runas:* Is, Lagu
Celebrações: Beltane, Imbolc, Lughnasadh, Samhain	
Elemento: Água	*Energia:* Yin
Cores: Azul, Cinza, Verde (*mar*), Laranja, Prateado, Branco	
Chakra: Sacro	*Números:* 2, 3, 9, 13
Tarô: O Carro, A Sacerdotisa, A Lua	
Árvores: Bétula, Algarobeira, Oliveira, Palmeira, Sorveira-brava, Salgueiro	
Plantas: Babosa, Lótus, Lunária, Mirra, Noz-moscada, Açafrão, Sândalo	
Ervas e Jardim: Bergamota, Amora-silvestre, Gardênia, Parreira, Íris, Jasmim, Erva-cidreira, Lírio, Papoula, Alecrim	
Metal: Prata	
Gemas e Minerais: Ágata, Angelita, Água-marinha, Berilo, Calcita (*transparente*), Diamante de Herkimer, Pedra da Lua, Morganita, Opala, Quartzo, Safira, Selenita, Turquesa	

Do Mar: Coral (*branco*), Naticidae, Madrepérola, Mexilhão, Pérola	
Deusas: Aine, Afrodite, Ariadne, Arianrhod, Ártemis, Ceridwen, Diana, Freya, Hécate, Ishtar, Ísis, Juno, Luna, Nanna, Perséfone, Rhiannon, Sedna, Selene, Mulher Aranha	
Deuses: Aegir, Hermes, Hórus, Jano, Júpiter, Khensu, Shiva, Thoth	
Seres Mágicos: Fadas, Sereias	*Anjo:* Gabriel
Animais: Urso, Gato, Bovinos, Cão, Elefante, Raposa (*fêmea*), Bode/Cabra, Lebre, Ouriço, Cavalo, Jaguar, Leopardo, Lontra, Pantera, Porco (*fêmea*), Coelho, Rena, Tigre	
Aves: Grou, Gralha, Cuco, Garça, Íbis, Cotovia-ocidental, Rouxinol, Águia-pescadora, Coruja, Pavão, Pardal	
Vida Marinha: Caranguejo, Golfinho, Foca	
Répteis e Anfíbios: Crocodilo, Rã, Cobra, Sapo, Tartaruga (terrestre) Tartaruga (marinha)	
Insetos diversos: Mariposa, Lesma, Aranha	*Ser Mítico:* Dragão
Questões, Intenções e Poderes: ação, agricultura, animais, equilíbrio (interior), começos, mudança/s, consciência (e subconsciente), criatividade, ciclos, escuridão, morte, adivinhação, trabalho com sonhos, emoções, encantamento, términos, energia (em geral, receptiva), família, fertilidade, crescimento, orientação, cura, feitiços, lar, elucidação, imaginação, inspiração, intuição, ciúme, vida (ritmos), luz, solidão, amor, magia (em geral, da anciã, lunar, noturna), manifestação, humor, negatividade, pesadelos, obstáculos, paz, poder, gravidez/parto, proteção, capacidade psíquica, renascimento/renovação, segredos, trabalho interior, sensibilidade, tristeza, espíritos, transformação, sabedoria, bruxas/bruxaria	

MARTE ♂

Símbolo: ♂	*Signos:* Áries, Leão
Dia: Terça-feira	*Runa:* Thorn
Elemento: Fogo	*Energia:* Yang
Cores: Vinho, Castanho, Laranja, Cor-de-rosa, Vermelho	*Números:* 2, 3, 5, 9
Chakras: Raiz, Sacro, Plexo Solar, Garganta	*Tarô:* O Diabo, O Imperador, A Torre
Árvores: Amieiro, Abrunheiro, Abeto, Pilriteiro, Azevinho, Junípero, Palmeira (*sangue-de-dragão*), Pinheiro, Teixo	
Ervas e Jardim: Anêmona, Manjericão, Giesta, Alho, Carqueja, Madressilva, Poejo, Arruda, Boca-de-leão, Aspérula	
Metais: Ferro, Aço	

Plantas: Pimenta-da-jamaica, Anis, Assa-fétida, Erva-de-são-cristovão, Cardo-bento, Sanguinária--do-canadá, Coentro, Cominho, Genciana-verde, Galanga, Gengibre, Jalapa, Mostarda, Urtiga, Pimenta, Junco, Cardo, Absinto	
Do Mar: Coral (*vermelho*)	
Gemas e Minerais: Berilo, Heliotrópio, Citrino, Diamante, Granada, Hematita, Jaspe (*vermelho*), Ônix, Pirita, Rodocrosita, Rodonita, Rubi, Sárdio, Sardônix, Turmalina (*vermelha, melancia*), Tsavorita, Zircônia (*vermelha*)	
Deusas: Anat, Astarte, Badb, Durga, Macha, Maeve, Minerva, Nanna	
Deuses: Ares, Indra, Marte, Nergal, Odin, Set, Thor	
Animais: Ovinos (*carneiro*), Lobo	*Ave:* Pica-pau
Questões, Intenções e Poderes: ação, agressividade, raiva, assertividade, batalha/guerra, começos, coragem, morte, defesa, desejo, determinação, emoções, resistência, energia (*sexual*), inimizade, crescimento, justiça, vida, luxúria, magia (em geral, defensiva, com dragões, sexual), paixão, poder, sexo/sexualidade (*masculina*), habilidades, força, força de vontades	

MERCÚRIO ☿

Símbolo: ☿	*Signos:* Gêmeos, Virgem
Dia: Quarta-feira	*Elementos:* Ar, Água
Cores: Azul (*marinho*), Cinza, Verde, Laranja, Roxo, Prateado, Violeta, Amarelo	
Chakras: Terceiro Olho, Raiz, Sacro, Plexo Solar, Garganta	*Números:* 1, 4, 5, 8
Tarô: O Eremita, Os Enamorados, O Mago	
Árvores: Acácia, Freixo, Álamo, Cedro, Cerejeira, Sabugueiro, Aveleira, Junípero, Tília, Oliveira, Romãzeira	
Ervas e Jardim: Agrimônia, Bergamota, Trevo, Dente-de-leão, Endro, Erva-doce, Samambaia, Madressilva, Jasmim, Lavanda, Lilás, Lírio-do-vale, Manjerona, Hortelã-pimenta, Pervinca, Alecrim, Sálvia, Valeriana	
Plantas: Anis, Betônica, Dulcamara, Potentilha, Linho, Marroio-branco, Mandrágora, Visco, Sândalo	
Metais: Alumínio, Mercúrio	
Gemas e Minerais: Ágata (*fogo, verde, vermelha, pele de cobra, árvore*), Âmbar, Aventurina, Ágata Rendada Azul, Cornalina, Olho de Gato, Citrino, Fluorita, Hematita, Jaspe, Ágata Musgo, Ônix, Opala, Peridoto, Rodocrosita, Sardônix, Sodalita, Esfeno, Topázio	

Deusas: Atena, Maat, Maia, Minerva, Seshat	*Anjos:* Miguel, Rafael
Deuses: Anúbis, Arawn, Coiote, Hermes, Loki, Lugh, Mercúrio, Odin, Ogma, Thor, Thoth	
Animais: Coiote, Raposa, Chacal	*Ave:* Gaio-azul
Questões, Intenções e Poderes: adaptabilidade, equilíbrio, negócios, mudança/s, esperteza, comunicação, criatividade, encruzilhada, engano, adivinhação, medo, aprimoramento, inspiração, inteligência, justiça, aprendizagem, amor, magia, memória/s, mensagens/presságios, mente, dinheiro, humor, poder, renascimento/renovação, habilidades, viagem, riqueza, sabedoria	

NETUNO ♆

Símbolo: ♆	*Signos:* Aquário, Peixes
Elemento: Água	*Energia:* Yin
Cores: Azul, Verde (*claro, mar*), Índigo, Lavanda, Roxo, Azul-esverdeado	
Chakras: Terceiro Olho, Coroa	*Número:* 7
Tarô: O Enforcado	*Árvore:* Freixo
Gemas e Minerais: Ametista, Angelita, Água-marinha, Berilo, Celestita, Fluorita, Jade, Labradorita, Lápis-lazúli, Lepidolita, Safira, Turquesa	
Do Mar: Coral, Madrepérola	*Deuses:* Aegir, Manannán, Netuno, Posêidon
Deusas: Anfitrite, Brígida, Ran, Sedna, Tiamat	
Ser Mágico: Sereias	
Questões, Intenções e Poderes: percepção consciente (expandir), clarividência, comunidade, consciência (subconsciente), criatividade, trabalho com sonhos, encantamento, energia (psíquica), guardar, orientação, inspiração, intuição, vida, o outro mundo/mundo inferior, poder, proteção, capacidade psíquica, sensibilidade, visões	

PLUTÃO ⯓

Símbolo: ⯓	*Signos:* Câncer, Escorpião
Elemento: Água	*Energia:* Yang
Cores: Preto, Marrom, Vinho, Castanho	*Chakra:* Sacro
Tarô: O Julgamento	*Árvore:* Cipreste
Ervas e Jardim: Manjericão, Samambaia (*aspídio*)	

Plantas: Beladona, Dulcamara, Urtiga, Junco
Gemas e Minerais: Ametista, Granada, Azeviche, Kunzita, Labradorita, Obsidiana, Quartzo (*turmalinado*), Espinélio, Turmalina, Tsavorita
Deuses: Plutão, Osíris
Deusas: Ereshkigal, Hathor, Hécate, Hel, Hera, Kali, Morrigan, Perséfone
Questões, Intenções e Poderes: vida após a morte, mudança/s, perigo, escuridão (interior), morte, trabalho com sonhos, justiça, karma, memória/s, o outro mundo/mundo interior, renascimento/renovação, segredos, sexo/sexualidade, espiritualidade, transformação, riqueza

SATURNO ♄

Símbolo: ♄	*Signos:* Aquário, Capricórnio, Libra
Dia: Sábado	*Runa:* Peorth
Elementos: Terra, Água	*Números:* 3, 7, 8
Chakras: Coroa, Coração, Raiz, Garganta	*Tarô:* A Morte, O Enforcado, O Mundo
Cores: Preto, Azul (*marinho*), Marrom, Cinza (*escuro*), Verde (*escuro*), Índigo, Amarelo (*claro*)	
Árvores: Álamo, Faia, Abrunheiro, Cipreste, Olmo, Abeto, Azevinho, Magnólia, Algarobeira, Mimosa, Pinheiro, Choupo, Sorveira-brava, Hamamélis, Teixo	
Ervas e Jardim: Amaranto, Craveiro, Confrei, Hera, Acônito, Ipomeia, Arruda, Selo-de-salomão	
Plantas: Beladona, Dulcamara, Meimendro, Sapato-de-vênus, Mandrágora, Verbasco, Patchuli, Solidéu, Estramônio	
Gemas e Minerais: Lágrima de Apache, Azurita, Cornalina, Hematita, Jaspe (*marrom*), Azeviche, Obsidiana, Ônix, Safira, Sardônix, Serpentina, Turmalina (*preta*)	
Do Mar: Coral (*preto*)	*Metal:* Chumbo
Deusas: Ariadne, Ceres, Deméter, Dôn, Durga, Hécate, Hera, Juno, Kali, Reia	
Deuses: Amon, Khensu Saturno	*Animais:* Burro, Bode/Cabra
Aves: Gralha, Corvo, Carriça	*Insetos diversos:* Abelha
Questões, Intenções e Poderes: agricultura, ambição, reino astral, autoridade, banir, compromisso, negócios, concentração/foco, escuridão, morte, disciplina, términos, resistência, liberdade, objetivos, aterramento, justiça, karma, conhecimento, limitações/limites, longevidade, lealdade, luxúria, mente, obstáculos, paz, purificação, relacionamentos, estabilidade, força	

SOL ☉

<table>
<tr><td>Símbolo: ☉</td><td>Signos: Áries, Câncer, Leão</td></tr>
<tr><td>Dia: Domingo</td><td>Horas do dia: Meio-dia</td></tr>
<tr><td colspan="2">Celebrações: Litha, Mabon, Ostara, Walpurgis, Yule</td></tr>
<tr><td>Runas: Jera, Sigel</td><td>Elemento: Fogo</td></tr>
<tr><td>Energia: Yang</td><td>Cores: Dourado, Laranja, Amarelo</td></tr>
<tr><td>Chakras: Plexo Solar, Coração</td><td>Números: 1, 6</td></tr>
<tr><td colspan="2">Tarô: A Força, O Sol</td></tr>
<tr><td colspan="2">Árvores: Acácia, Freixo, Bétula, Cedro, Castanheira, Aveleira, Castanheiro-da-índia, Junípero, Loureiro, Tília, Carvalho, Oliveira, Palmeira, Sorveira-brava, Nogueira, Hamamélis</td></tr>
<tr><td colspan="2">Ervas e Jardim: Angélica, Giesta, Craveiro, Camomila, Crisântemo, Narciso, Margarida, Hidraste, Carqueja, Heliotrópio, Ligústica, Cravo-de-defunto, Peônia, Alecrim, Erva-de-são-joão, Girassol</td></tr>
<tr><td colspan="2">Plantas: Canela, Cravo-da-índia, Bambu, Eufrásia, Olíbano, Galanga, Ginseng, Grãos (milho), Lótus, Visco, Açafrão</td></tr>
<tr><td colspan="2">Metais: Antimônio, Latão, Ouro</td></tr>
<tr><td colspan="2">Gemas e Minerais: Âmbar, Ametrina, Berilo (dourado), Calcita (laranja, vermelha), Cornalina, Crisoberilo, Citrino, Diamante, Diamante de Herkimer, Peridoto, Quartzo, Rubi, Pedra do Sol, Olho de Tigre, Topázio, Turmalina (preta), Zircônia</td></tr>
<tr><td colspan="2">Deusas: Aine, Amaterasu, Bast, Brígida, Hathor, Febe, Sekhmet, Mulher Aranha</td></tr>
<tr><td colspan="2">Deuses: Adônis, Agni, Amon, Apolo, Baal, Belenus, Hélio, Hórus, Júpiter, Lugh, Marduk, Mitra, Ogma, Osíris, Pushan, Rá, Shiva, Surya, Vishnu</td></tr>
<tr><td>Anjos: Miguel, Rafael</td><td>Vida Marinha: Caranguejo</td></tr>
<tr><td colspan="2">Animais: Babuíno, Bovinos (touro), Cervo, Bode/Cabra, Ouriço, Jaguar, Leão, Macaco, Ovinos (cordeiro, carneiro), Lobo</td></tr>
<tr><td colspan="2">Répteis: Camaleão, Lagarto</td></tr>
<tr><td colspan="2">Insetos diversos: Abelha, Borboleta, Aranha</td></tr>
<tr><td colspan="2">Aves: Galináceos (galo), Condor, Grou, Gralha, Cuco, Águia, Falcão, Ganso, Gavião (gavião-da-europa), Beija-flor, Arara, Papa-figos, Papagaio, Pavão, Faisão, Corvo, Pardal, Andorinha, Cisne, Carriça</td></tr>
<tr><td colspan="2">Seres Míticos: Dragão, Grifo, Fênix, Esfinge, Unicórnio</td></tr>
</table>

TERRA ⊕

Símbolo: ⊕	*Signos:* Capricórnio, Touro, Virgem
Estação: Inverno	*Horas do dia:* Meia-noite
Cores: Preto, Marrom, Verde, Branco	*Celebrações:* Dia da Terra, Walpurgis
Elemento: Terra	*Chakra:* Raiz
Número: 4	*Árvores:* Acácia, Carvalho
Planta: Grãos	
Gemas e Minerais: Ágata (*marrom*), Ametrina, Andaluzita, Heliotrópio, Cornalina, Crisópraso, Citrino, Diopsídio, Ágata Musgo	
Deusas: Anat, Ceres, Coatlicue, Cibele, Deméter, Gaia, Inanna, Ísis, Maia, Nanna	
Deuses: Adônis, Attis, Dionísio, Dumuzi, Ea, Enki, Fauno, Geb, Vertimnus	
Anjo: Uriel	*Réptil:* Cobra
Animais: Búfalo/Bisão, Bovinos (*vaca*), Cervo (*macho*), Cavalo, Jaguar	
Questões, Intenções e Poderes: agricultura, criatividade, aterramento, cura, lar, magia (animal), cuidados, paz, proteção, propósito, vingança, espíritos	

URANO ♅

Símbolo: ♅	*Signos:* Aquário, Gêmeos
Elemento: Ar	*Cores:* Índigo, Amarelo (*claro*)
Chakras: Terceiro Olho, Coroa, Garganta	*Número:* 4
Tarô: O Louco, A Estrela, A Torre	*Árvores:* Freixo, Sorveira-brava
Gemas e Minerais: Amazonita, Aventurina, Diamante de Herkimer, Labradorita, Quartzo	
Deusas: Anat, Afrodite, Danu, Inanna, Ishtar, Ísis	
Questões, Intenções e Poderes: ambição, raiva, mudança/s, comunidade, cooperação, liberdade, objetivos, esperança, elucidação, aprimoramento, intuição, motivação, poder, relacionamentos	

VÊNUS ♀

Também conhecida como a estrela da manhã e da noite	*Símbolo:* ♀
Signos: Libra, Touro	*Dia:* Sexta-feira
Horas do dia: Amanhecer, Crepúsculo, Meia-noite	*Runas:* As, Ken
Elemento: Terra	*Energia:* Yin
Chakras: Terceiro Olho, Coração, Sacro, Garganta	*Números:* 5, 6, 7
Tarô: A Imperatriz, A Justiça, A Estrela	
Cores: Água, Azul (*claro*), Verde, Índigo, Lavanda, Malva, Rosa-claro, Branco, Amarelo (*claro*)	
Árvores: Amieiro, Macieira, Álamo, Bétula, Cerejeira, Sabugueiro, Magnólia, Murta, Plátano, Salgueiro	
Ervas e Jardim: Áster, Manjericão, Bergamota, Amora-silvestre, Gatária, Aquilégia, Narciso, Margarida, Matricária, Dedaleira, Gerânio, Solidago, Urze, Hibisco, Jacinto, Íris, Alquemila, Lilás, Artemísia, Passiflora, Pervinca, Prímula, Framboesa, Rosa, Hortelã-verde, Morango, Tomilho, Valeriana, Verbena, Violeta, Milefólio	
Plantas: Babosa, Bardana, Cardamomo, Tussilagem, Prímula-silvestre, Ditamno, Raiz de Íris, Sândalo, Espicanardo, Baunilha	
Gemas e Minerais: Alexandrita, Aventurina, Azurita, Calcita, Cornalina, Olho de Gato, Celestita, Crisoberilo, Crisocola, Crisópraso, Rosa do Deserto, Diamante, Dioptásio, Esmeralda, Jade, Jaspe (*verde*), Kunzita, Lápis-lazúli, Magnetita, Malaquita, Peridoto, Rodocrosita, Quartzo Rosa, Safira, Sodalita, Turmalina (*azul, verde, rosa, melancia*), Tsavorita, Turquesa	
Do Mar: Coral, Madrepérola, Pérola	*Metal:* Cobre
Deusas: Astarte, Ishtar, Vênus	*Deuses:* Quetzalcoatl
Animais: Bovinos (*touro*), Lebre, Lince-canadense	*Aves:* Pomba-branca, Corvo, Cisne
Questões, Intenções e Poderes: afeto, agricultura, reino astral, atração, beleza, começos, compaixão, conexões, criatividade, desejo, emoções, energia (receptiva, sexual), fertilidade, amigo/amizade, gentileza, felicidade, harmonia, amabilidade, amor, luxúria, magia (sexual), necessidades, paixão, prazer, renascimento/renovação, relacionamentos, reverter, romance, sensualidade, sexo/sexualidade, estresse, unidade	

AS FASES DA LUA

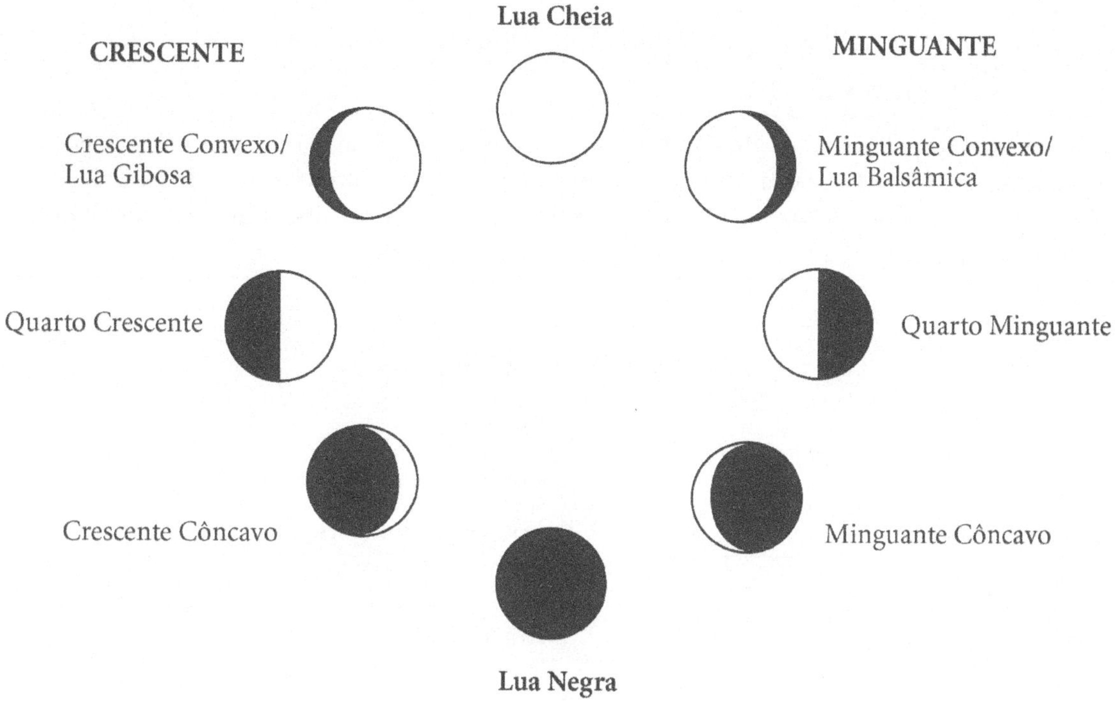

Figura 4: As fases da Lua

LUA CHEIA

Celebrações: Beltane, Festival de Luna	*Runa:* Odal
Cores: Verde, Vermelho	*Chakras:* Coração, Raiz
Planta: Sândalo	*Metal:* Prata
Deusa: Arianrhod	*Seres Mágicos:* Parcas, Nórnias
Animais: Bovinos (*vaca*), Pantera, Tigre, Lobo	*Aves:* Ganso (*das-neves*), Pavão
Questões, Intenções e Poderes: abundância, realização, ação, ativar/despertar, beleza, negócios, criatividade, adivinhação, emoções, fortalecimento, energia (em geral, psíquica), fertilidade, objetivos, crescimento, cura, elucidação, inspiração, luz, amor, magia (em geral, da lua, sexual), manifestação, dinheiro, necessidades, cuidados, poder, gravidez/parto, problemas, proteção, capacidade psíquica, relacionamentos, romance, sexo/sexualidade, força, transformação, sabedoria	

LUA MINGUANTE

Celebração: Lughnasadh	*Chakras:* Terceiro Olho, Garganta
Deusas: Bertha, Cailleach Bheur, Ceridwen, Macha, Morrigan, Rhiannon	
Seres Mágicos: Parcas, Nórnias	
Questões, Intenções e Poderes: banir, compromisso, criatividade, escuridão, morte, adivinhação, términos, intuição, perda, magia (da anciã), obstáculos, o outro mundo/mundo inferior, problemas, profecia, proteção, purificação, renascimento/renovação, liberação, reverter, segredos, trabalho interior, espírito, espiritualidade, transformação, sabedoria	

LUA NOVA / LUA NEGRA

Celebração: Samhain	*Runa:* Ing
Cor: Preto	*Chakras:* Coroa, Coração
Árvore: Alfarrobeira	*Ervas e Jardim:* Verbena
Planta: Absinto	*Deusas:* Ceridwen, Morrigan
Animais: Pantera, Tigre	*Ave:* Gavião
Ser Mítico: Dragão	
Questões, Intenções e Poderes: beleza, começos, escuridão, destruição, adivinhação, elucidação, aprimoramento, solidão, magia (negra, noturna), otimismo, capacidade psíquica, renascimento/renovação, relacionamentos, trabalho interior, estabilidade, bem-estar, sabedoria	

LUA CRESCENTE

Celebração: Imbolc	*Chakras:* Sacro, Plexo Solar
Deusa: Aine	*Seres Mágicos:* Parcas, Nórnias
Questões, Intenções e Poderes: abundância, atração, começos, negócios, coragem, criatividade, adivinhação, empatia, amigo/amizade, crescimento, aumentar, inspiração, conhecimento, amor, sorte, dinheiro, motivação, paixão, poder, proteção, capacidade psíquica, sensualidade, força, sabedoria	

AS LUAS CHEIAS

JANEIRO

Nomes: do Frio, do Gelo, do Inverno, do Lobo	*Cores:* Cinza, Roxo, Branco
Ser Mágico: Brownies	
Gemas e Minerais: Granada (*rodolita*), Pedra da Lua, Quartzo Rosa, Rubi, Turmalina (*vermelha*)	
Questões, Intenções e Poderes: começos, cura, dinheiro, proteção, força	

FEVEREIRO

Nomes: Casta, Estimulante, da Tempestade, Selvagem, do Lobo	*Cores:* Preto, Azul, Vermelho
Gemas e Minerais: Ametista, Pedra da Lua, Obsidiana, Ônix, Topázio, Zircônia (*vermelha*)	
Do Mar: Pérola	
Questões, Intenções e Poderes: reino astral, banir, começos, fortalecimento, fertilidade, purificação	

MARÇO

Nomes: Casta, do Corvo, das Sementes, da Tempestade, dos Ventos	*Cores:* Verde, Branco
Gemas e Minerais: Água-marinha, Aventurina, Heliotrópio, Jaspe, Opala, Topázio (*azul*)	
Questões, Intenções e Poderes: fertilidade, inocência, prosperidade, espiritualidade, sucesso	

ABRIL

Nomes: da Lebre, das Sementes, das Flores, do Plantio, dos Prados, dos Ventos
Cores: Marrom, Verde (*claro*)
Gemas e Minerais: Berilo, Diamante, Malaquita, Safira, Zircônia
Questões, Intenções e Poderes: começos, fertilidade, crescimento, espiritualidade

MAIO

Nomes: das Fadas, das Flores, da Deusa, da Lebre, do Leite	*Cor:* Cor-de-rosa
Gemas e Minerais: Ágata, Cornalina, Esmeralda, Granada, Quartzo Rosa, Turmalina, Tsavorita	
Questões, Intenções e Poderes: adivinhação, encantamento, fertilidade, amor, bem-estar	

JUNHO

<table>
<tr><td colspan="2">Nomes: da Díade, do Milho Verde, dos Prados, dos Amantes, da Rosa, do Sol forte</td></tr>
<tr><td>Cores: Laranja, Roxo, Vermelho</td><td>Do Mar: Pérola</td></tr>
<tr><td colspan="2">Gemas e Minerais: Ágata, Alexandrita, Olho de Gato, Crisoberilo, Esmeralda, Granada, Pedra da Lua, Rubi</td></tr>
<tr><td colspan="2">Questões, Intenções e Poderes: abundância, amor, casamento, prosperidade, relacionamentos</td></tr>
</table>

JULHO

<table>
<tr><td>Nomes: das Bênçãos, das Ervas, dos Chifres, dos Prados, do Verão</td><td>Cores: Verde, Amarelo</td></tr>
<tr><td colspan="2">Gemas e Minerais: Cornalina, Malaquita, Ônix, Rubi, Safira, Espinélio, Turmalina (vermelha), Turquesa</td></tr>
<tr><td colspan="2">Questões, Intenções e Poderes: trabalho com sonhos, luz, magia, propósito, força</td></tr>
</table>

AGOSTO

<table>
<tr><td>Nomes: da Cevada, do Milho, das Frutas, das Ervas</td><td>Cores: Verde (escuro), Amarelo</td></tr>
<tr><td colspan="2">Gemas e Minerais: Cornalina, Esmeralda, Jade, Pedra da Lua, Peridoto, Sardônix, Topázio, Turmalina</td></tr>
<tr><td colspan="2">Questões, Intenções e Poderes: abundância, magia (animal), profecia, prosperidade, sabedoria</td></tr>
</table>

SETEMBRO

<table>
<tr><td>Nomes: da Cevada, da Colheita, das Castanhas, do Vinho</td><td>Cor: Marrom</td></tr>
<tr><td colspan="2">Gemas e Minerais: Cornalina, Olho de Gato, Iolita, Lápis-lazúli, Peridoto, Safira, Espinélio (azul), Turmalina (azul), Zircônia</td></tr>
<tr><td colspan="2">Questões, Intenções e Poderes: certeza, lar, manifestação, proteção</td></tr>
</table>

OUTUBRO

Nomes: do Sangue, da Colheita, da Caça	*Cores:* Preto, Azul
Gemas e Minerais: Água-marinha, Granada, Kunzita, Morganita, Opala, Safira, Turmalina	
Do Mar: Coral	
Questões, Intenções e Poderes: coragem, cura, inspiração, memória/s, estabilidade	

NOVEMBRO

Nomes: do Castor, do Sacrifício, do Luto, da Neve, Branca	*Cores:* Azul (*claro*), Verde, Prateado
Gemas e Minerais: Berilo, Olho de Gato, Crisoberilo, Citrino, Safira (*amarela*), Topázio	
Do Mar: Pérola	
Questões, Intenções e Poderes: cooperação, escuridão, adivinhação, cura, esperança	

DEZEMBRO

Nomes: da Noite Longa, do Carvalho, da Neve	*Cores:* Preto, Vermelho
Gemas e Minerais: Água-marinha, Heliotrópio, Rubi, Topázio (*azul*), Turquesa, Zircônia	
Seres Mágicos: Parcas, Nórnias	
Questões, Intenções e Poderes: dedicação/devoção, amor, paz, prosperidade, força	

13ª LUA CHEIA

Nomes: Azul, da Lareira, do Vinho (em setembro ou outubro)
Questões, Intenções e Poderes: objetivos, lar, verdade

AS ESTAÇÕES DO ANO (HEMISFÉRIO NORTE)

PRIMAVERA

21 de março – 20 de junho	*Signos:* Áries, Touro
Celebrações: Beltane, Ostara	*Elemento:* Ar
Direções: Leste, Sudeste (*final da primavera*)	*Tarô:* Espadas

Gemas e Minerais: Ametista, Crisoberilo, Esmeralda, Peridoto, Espinélio (*vermelho*)
Deusas: Flora, Ishtar, Koré, Maia, Ostara, Vênus
Deuses: Byelobog, Hermes, Marte
Animais: Antílope, Texugo, Urso, Lince, Cervo, Bode/Cabra (*cabrito*), Leão, Gambá, Lontra, Cão-da-pradaria, Coelho, Guaxinim, Ovinos (*cordeiro, carneiro*)
Réptil: Rã
Aves: Chapim, Grou, Cuco, Pato, Bico-grosso-tricolor, Tetraz, Garça, Papa-figos, Perdiz, Codorniz, Pintarroxo, Estorninho, Andorinha, Peru, Ampélis-americano, Carriça
Questões, Intenções e Poderes: ativar/despertar, beleza, começos, calma, fertilidade, gentileza, cura, esperança, aumentar, inocência, vida, luz, magia (com dragões), purificação, renascimento/renovação, juventude

VERÃO

21 de junho – 22 de setembro	*Signos:* Áries, Câncer, Gêmeos, Leão, Virgem
Celebrações: Litha, Lughnasadh	*Elemento:* Fogo
Energia: Yang	*Direções:* Sul, Sudeste (*fim do verão*)
Tarô: Paus	*Planta:* Grãos (*milho*)
Gemas e Minerais: Alexandrita, Granada, Opala (*fogo*), Rubi, Espinélio, Zircônia	
Deuses: Apolo, Byelobog, Njord	*Insetos diversos:* Cigarra, Libélula
Animais: Urso, Bode/Cabra, Leão, Lontra, Cão-da-pradaria, Guaxinim	
Aves: Azulão, Pato, Águia, Pintassilgo, Bico-grosso-tricolor, Pega, Cotovia-ocidental, Papa-figos, Codorniz, Andorinha, Ampélis-americano, Pica-pau	
Seres Míticos: Dragão, Fênix, Pássaro-trovão	
Questões, Intenções e Poderes: encorajamento, amigo/amizade, crescimento, aumentar, vida, luz, amor, casamento, cuidados, paciência, proteção, força, cordialidade	

OUTONO

23 de setembro – 22 de dezembro	*Signos:* Libra, Sagitário, Escorpião
Celebrações: Mabon, Samhain	*Elemento:* Água
Direções: Noroeste (*final do outono*), Oeste	*Tarô:* Copas
Cor: Laranja	*Ervas e Jardim:* Parreira, Hera

Gemas e Minerais: Safira, Topázio, Turmalina, Zircônia (*vermelha*)	
Deus: Dionísio	*Réptil:* Cobra
Animais: Antílope, Cervo, Alce, Lebre, Lince-canadense, Alce-americano, Porco-espinho	
Aves: Ganso, Gavião (*gavião-da-europa*), Codorniz, Peru	
Questões, Intenções e Poderes: abundância, realização, batalha/guerra, morte, objetivos, lar, magia (da anciã), manifestação, dinheiro, tristeza, transformação	

INVERNO

23 de dezembro – 20 de março	*Signos:* Aquário, Capricórnio, Peixes
Sistema Solar: Terra	*Celebrações:* Imbolc, Yule
Elemento: Terra	*Energia:* Yin
Direções: Norte, Nordeste (*final do inverno*)	*Tarô:* Ouros
Gemas e Minerais: Diamante, Labradorita, Pedra da Lua, Quartzo (*transparente*), Safira (*branca*), Turquesa	
Do Mar: Pérola	
Deusas: Bertha, Cailleach Bheur	*Deus:* Hefésto
Animais: Lince (*final do inverno*), Bovinos (*boi*), Marmota, Lince-canadense, Alce-americano, Pantera, Urso Polar	
Aves: Azulão, Pato, Martim-pescador, Pega, Cisne	*Répteis:* Cobra, Tartaruga (*terrestre*)
Questões, Intenções e Poderes: banir, escuridão, morte, destruição, trabalho com sonhos, términos, aterramento, elucidação, compreensão intuitiva, introspecção, magia (da anciã), poder, trabalho interior, sono, tristeza	

OS DIAS DA SEMANA

SEGUNDA-FEIRA

Signo: Câncer	*Sistema Solar:* Lua
Runa: Lagu	*Números:* 2, 9
Cores: Azul (*claro*), Cinza, Prateado, Branco	*Tarô:* A Sacerdotisa, A Lua
Árvores: Bétula, Sabugueiro, Murta, Salgueiro	*Plantas:* Lunária, Absinto
Ervas e Jardim: Campainha, Camomila, Gardênia, Jasmim, Papoula, Rosa (*branca*), Violeta	

Gemas e Minerais: Esmeralda, Pedra da Lua, Quartzo (*transparente, branco*), Safira	
Metal: Prata	*Do Mar:* Pérola
Deusas: Hécate, Selene	*Deuses:* Aegir, Thoth
Anjo: Gabriel	
Questões, Intenções e Poderes: reino astral, clarividência, criatividade, trabalho com sonhos, emoções, família, fertilidade, cura, lar, elucidação, inspiração, intuição, amor, magia (em geral, lunar), profecia, proteção, capacidade psíquica, viagem, verdade	

TERÇA-FEIRA

Signos: Áries, Escorpião	*Sistema Solar:* Marte
Runa: Tyr	*Cores:* Preto, Laranja, Vermelho, Escarlate
Tarô: A Força, Paus (5, 6)	*Número:* 5
Árvores: Cedro, Olmo, Azevinho, Palmeira (*sangue-de-dragão*)	*Ervas e Jardim:* Manjericão, Alho, Boca-de-leão
Plantas: Pimenta-da-jamaica, Gengibre, Patchuli, Cardo	*Metal:* Ferro
Gemas e Minerais: Heliotrópio, Esmeralda, Granada, Rubi, Safira (*estrela*), Topázio	
Deus: Marte	*Ser Mágico:* Elfos
Questões, Intenções e Poderes: ação, agressividade, assertividade, batalha/guerra, desafios, coragem, disciplina, energia, cura, honra, integridade, justiça, paixão, purificação, força, verdade	

QUARTA-FEIRA

Signo: Gêmeos	*Sistema Solar:* Mercúrio
Cores: Laranja, Roxo, Prateado, Violeta, Amarelo	*Runa:* Odal
Tarô: O Mago, A Roda da Fortuna, Ouros (8)	
Número: 3	*Árvores:* Álamo, Aveleira, Sorveira-brava
Ervas e Jardim: Endro, Jasmim, Lavanda, Lírio-do-vale	
Planta: Samambaia	
Gemas e Minerais: Ágata, Ametista, Aventurina, Magnetita, Opala, Rubi (*estrela*), Turquesa	

Metal: Mercúrio	*Deusa:* Atena
Deuses: Hermes, Mercúrio, Odin	*Anjo:* Rafael
Questões, Intenções e Poderes: negócios, esperteza, comunicação, criatividade, encruzilhada, adivinhação, medo, aprimoramento (do eu), compreensão intuitiva, inteligência, introspecção, conhecimento, perda, dinheiro, problemas, habilidades, viagem, sabedoria	

QUINTA-FEIRA

Signos: Capricórnio, Peixes	*Sistema Solar:* Júpiter
Runa: Thorn	*Tarô:* Ouros (Ás, 9, 10)
Cores: Azul (*real*), Verde, Índigo, Roxo	*Números:* 4, 8
Árvores: Loureiro, Bordo, Carvalho, Pinheiro	*Ervas e Jardim:* Madressilva, Sálvia
Plantas: Canela, Potentilha, Grãos (*trigo*), Noz-moscada	
Gemas e Minerais: Ametista, Cornalina, Olho de Gato, Crisoberilo, Safira, Turquesa	
Metal: Estanho	*Deusa:* Juno
Deuses: Júpiter, Thor, Zeus	
Questões, Intenções e Poderes: abundância, negócios, desejo, resistência, fidelidade, honra, justiça (questões jurídicas), liderança, lealdade, sorte, dinheiro, prosperidade, relacionamentos, sucesso, bem-estar	

SEXTA-FEIRA

Signo: Touro	*Sistema Solar:* Vênus
Runa: Peorth	*Cores:* Água, Azul, Verde, Índigo, Rosa
Tarô: A Imperatriz, Os Enamorados, Copas (2)	*Números:* 6, 9
Árvores: Macieira, Bétula, Murta	*Plantas:* Açafrão, Sândalo
Ervas e Jardim: Matricária, Framboesa, Rosa, Morango, Tomilho, Violeta	
Gemas e Minerais: Alexandrita, Âmbar, Olho de Gato, Crisoberilo, Esmeralda, Quartzo Rosa, Rubi	
Metal: Cobre	
Deusas: Afrodite, Freya, Frigga, Lakshmi, Vênus	
Deus: Eros	*Anjo:* Uriel
Questões, Intenções e Poderes: beleza, emoções, fertilidade, amigo/amizade, felicidade, amor, magia, paixão, prazer, romance, sexo/sexualidade, sabedoria	

SÁBADO

Signo: Aquário	*Sistema Solar:* Saturno
Cores: Preto, Cinza (*escuro*), Índigo, Roxo (*escuro*)	*Runa:* Dag
Tarô: A Temperança, Espadas (*cavaleiro*, 2)	*Número:* 7
Árvores: Amieiro, Cipreste, Pilriteiro, Romãzeira	*Ervas e Jardim:* Ipomeia, Tomilho
Plantas: Verbasco, Mirra	
Gemas e Minerais: Ametista, Lágrima de Apache, Diamante, Hematita, Azeviche, Labradorita, Turquesa	
Deusa: Hécate	
Deus: Saturno	*Ser Mágico:* Fadas
Questões, Intenções e Poderes: banir, compromisso, negócios, morte, disciplina (do eu), liberdade, justiça, karma, vida, limitações/limites, dinheiro, motivação, negatividade, obstáculos, paz, problemas, proteção, força de vontade, sabedoria	

DOMINGO

Signo: Leão	*Sistema Solar:* Sol
Runa: Sigel	*Número:* 1
Cores: Dourado, Cinza, Laranja, Rosa, Branco, Amarelo	
Tarô: O Carro, O Sol, Paus (Ás)	
Árvores: Freixo, Bétula, Loureiro	*Plantas:* Canela, Olíbano
Ervas e Jardim: Craveiro, Cravo-de-defunto, Erva-de-são-joão, Girassol	
Gemas e Minerais: Âmbar, Cornalina, Diamante, Quartzo (*transparente*), Pedra do Sol, Olho de Tigre, Topázio	
Metal: Ouro	
Do Mar: Pérola	*Deusa:* Brígida
Deus: Hélio	*Ser Mágico:* Elfos
Questões, Intenções e Poderes: realização, ação, ambição, atração, autoridade, beleza, certeza, criatividade, energia (solar), fama, liberdade, amigo/amizade, objetivos, crescimento (pessoal), cura, esperança, elucidação, justiça, liderança, luz, dinheiro, poder (pessoal), orgulho, prosperidade, proteção, espiritualidade, força, sucesso, visões, cordialidade, bem-estar	

AS HORAS DO DIA

AMANHECER

Sistema Solar: Vênus	*Celebração:* Ostara
Runas: Beorc, Hagal, Thorn	*Elemento:* Ar
Direção: Leste	*Tarô:* Espadas
Deuses: Byelobog, Jano, Njord, Surya	*Anjo:* Rafael
Animais: Coiote, Raposa, Coelho	*Aves:* Galináceos (*galo*), Pomba-branca
Ser Mítico: Fênix	
Questões, Intenções e Poderes: ativar/despertar, começos, encruzilhada, fertilidade, esperança, vida (vitalidade), luz, cuidados, propósito, romance, juventude	

MEIO-DIA

Signo: Leão	*Sistema Solar:* Sol
Celebração: Litha	*Runas:* Dag, Rad, Sigel
Elemento: Fogo	*Direção:* Sul
Tarô: Paus	*Deus:* Byelobog
Anjo: Miguel	
Questões, Intenções e Poderes: determinação, obstáculos, força, força de vontade	

ENTARDECER/CREPÚSCULO

Signo: Câncer	*Sistema Solar:* Vênus
Celebração: Mabon	*Runas:* Feoh, Jera, Peorth
Elemento: Água	*Direção:* Oeste
Tarô: Copas	*Anjo:* Gabriel
Animais: Castor, Coiote, Raposa, Coelho, Lobo	*Aves:* Melro, Pomba-branca, Coruja
Questões, Intenções e Poderes: banir, mudança/s, términos, o outro mundo/mundo inferior, tristeza	

MEIA-NOITE

Signo: Touro	*Sistema Solar:* Terra, Vênus
Celebração: Yule	*Runas:* Is, Tyr, Ur
Elemento: Terra	*Direção:* Norte
Tarô: Ouros	*Anjo:* Uriel
Questões, Intenções e Poderes: encruzilhada, términos, liberação	

CELEBRAÇÕES (DE ACORDO COM A RODA DO ANO DO HEMISFÉRIO NORTE)

1º DE JANEIRO – DIA DE ANO NOVO/HOGMANAY

Árvore: Sabugueiro	*Deuses:* Jano, Júpiter, Zeus
Deusas: Berta, Fortuna, Hera, Juno, Morrigan	
Ser Mágico: Moiras	*Animal:* Bovinos (*touro*)
Aves: Pintarroxo, Carriça	*Vida Marinha:* Golfinho
Questões, Intenções e Poderes: iniciação, esperança	

6 DE JANEIRO – DÉCIMA SEGUNDA NOITE/EPIFANIA DE KORÉ-PERSÉFONE/NOITE DE BERTA

Árvore: Sabugueiro	*Deusas:* Berta, Koré, Perséfone
Questões, Intenções e Poderes: escuridão (retorno da), manifestação, visões	

12 DE JANEIRO – COMPITÁLIA/FESTIVAL DOS LARES

Ser Mágico: Lares	*Animal:* Porco
Questões, Intenções e Poderes: encruzilhada, prosperidade, bem-estar	

5º DIA DE MAGHA (JANEIRO/FEVEREIRO) VASANT PANCHAMI

Início da Primavera.	*Cor:* Amarelo
Plantas: Grãos (*arroz*), Açafrão	*Deusa:* Sarasvati
Questões, Intenções e Poderes: mudança/s, vida (*doçura da*)	

1º OU 2 DE FEVEREIRO – IMBOLC/CANDLEMAS/OIMELC

Signo: Aquário	*Sistema Solar:* Lua
Fases da Lua: Crescente	*Estação:* Inverno
Elemento: Fogo	*Cores:* Verde, Cor-de-rosa, Branco, Amarelo
Árvores: Abrunheiro, Cedro, Sorveira-brava, Plátano	*Plantas:* Grãos, Junco
Ervas e Jardim: Angélica, Manjericão, Amora- silvestre	
Gemas e Minerais: Ametista, Turquesa	
Deusas: Arianrhod, Artio, Atena, Brígida, Danu, Gaia, Inanna, Juno, Selene, Vesta	
Deuses: Bragi, Cupido, Dian Cecht, Dumuzi, Eros	
Animais: Texugo, Marmota, Cervo, Ovinos (*ovelha, carneiro*)	
Aves: Pintarroxo, Cisne	*Ser Mítico:* Dragão
Questões, Intenções e Poderes: ativar/despertar, animais, banir, começos, adivinhação, fertilidade, cura, esperança, elucidação, inspiração, luz, gravidez/parto, profecia, prosperidade, purificação, transformação, bem-estar, juventude	

15 DE FEVEREIRO – LUPERCÁLIA/DIA DE PAN

Deuses: Fauno, Pan	*Animais:* Cão, Bode/Cabra
Intenções/Poderes: animais, fertilidade, purificação	

21 OU 22 DE MARÇO – OSTARA/PRIMAVERA OU EQUINÓCIO DE INVERNO/ALBAN EILIR

Signos: Áries, Peixes	*Sistema Solar:* Sol
Estação: Primavera	*Horas do dia:* Amanhecer
Cores: Azul (*claro*), Verde, Cor-de-rosa, Amarelo	*Ogham:* Onn
Elemento: Ar	*Árvores:* Freixo, Bétula, Bordo, Teixo
Gemas e Minerais: Água-marinha, Pedra da Lua, Quartzo Rosa	
Ervas e Jardim: Narciso, Carqueja, Madressilva, Lírio, Rosa, Violeta	
Deusas: Afrodite, Ariadne, Ártemis, Astarte, Atena, Coatlicue, Cibele, Deméter, Diana, Éos, Gaia, Hera, Iduna, Íris, Ishtar, Ísis, Juno, Minerva, Ostara, Perséfone, Vênus, Vesta	

Deuses: Adônis, Attis, Cernunos, Dagda, Dumuzi, Homem Verde, Mitras, Odin, Osíris, Pan	
Animais: Lebre, Coelho, Ovinos (*carneiro*)	*Réptil:* Cobra
Aves: Cormorão, Gavião, Pardal, Andorinha	
Questões, Intenções e Poderes: agricultura, equilíbrio, beleza, fertilidade, crescimento, vida, luz, amor, renascimento/renovação	

31 DE MARÇO – FESTIVAL DE LUNA

Fases da Lua: Cheia	*Deusa:* Luna
Questões, Intenções e Poderes: consciência, encantamento (*mistério de*)	

22 DE ABRIL – DIA DA TERRA

Sistema Solar: Terra	*Deusa:* Gaia
Elemento: Terra	*Cores:* Marrom, Verde
Questões, Intenções e Poderes: agricultura, percepção consciente, beleza, comunidade, cooperação, fortalecimento, bondade, aterramento, crescimento, cura, atenção plena, respeito	

30 DE ABRIL – WALPURGIS OU NOITE DE SANTA VALBURGA /VÉSPERA DE MAIO

Plantas: Anis, Linho, Mandrágora, Verbasco	*Sistema Solar:* Terra, Sol
Árvores: Freixo, Abrunheiro, Sabugueiro, Pilriteiro, Junípero, Carvalho	
Ervas e Jardim: Angélica, Camomila, Endro, Erva-doce, Samambaia, Gerânio, Poejo, Alecrim, Arruda, Sálvia, Aspérula, Tomilho	
Deusa: Holle	
Ser Mágico: Nórnias	*Animal:* Cão
Questões, Intenções e Poderes: agricultura, encruzilhada, morte, adivinhação, fertilidade, bruxas/bruxaria	

1º DE MAIO – BELTANE/BEALTEINE/DIA DE MAIO

Sistema Solar: Lua	*Fases da Lua:* Cheia
Estação: Primavera	*Elemento:* Fogo
Cores: Verde, Laranja, Vermelho, Amarelo	

Árvores: Macieira, Freixo, Cedro, Sabugueiro, Abeto, Pilriteiro, Junípero, Tília, Algarobeira, Carvalho, Pinheiro, Choupo, Sorveira-brava, Salgueiro	
Ervas e Jardim: Angélica, Amora-silvestre, Campainha, Margarida, Carqueja, Madressilva, Hera, Lilás, Cravo-de-defunto, Prímula, Aspérula	
Plantas: Potentilha, Filipêndula, Cogumelo (*anel de fadas*)	
Gemas e Minerais: Heliotrópio, Safira	
Ser Mágico: Fadas	
Deusas: Afrodite, Ártemis, Cibele, Danu, Diana, Don, Flora, Freya, Frigga, Maia, Reia, Rhiannon, Vênus	
Deuses: Baal, Balder, Belenus, Cernunos, Cupido, Eros, Fauno, Freyr, Homem Verde, Odin, Pan	
Animais: Bovinos (*vaca*), Bode/Cabra, Coelho	*Insetos diversos:* Abelha
Questões, Intenções e Poderes: agricultura, criatividade, fertilidade, luxúria, casamento, outro mundo/mundo inferior, prazer, capacidade psíquica, purificação, sensualidade, sexo/sexualidade, visões, cordialidade, juventude	

23 DE MAIO – ROSÁLIA/FESTIVAL DAS ROSAS

Deusa: Flora	*Ervas e Jardim:* Rosa
Questões, Intenções e Poderes: agricultura, beleza, sentidos (*olfato*)	

21 OU 22 DE JUNHO – LITHA/SOLSTÍCIO DE VERÃO/ALBAN HEFIN

Sistema Solar: Sol	*Estação:* Verão
Horas do dia: Meio-dia	*Ogham:* Ur
Elemento: Fogo	*Cores:* Azul, Dourado, Verde, Vermelho
Árvores: Faia, Sabugueiro, Azevinho, Loureiro, Tília, Carvalho	*Plantas:* Galanga, Visco, Açafrão
Ervas e Jardim: Camomila, Urze, Heliotrópio, Lavanda, Erva-de-são-joão, Verbena	
Gemas e Minerais: Diamante, Esmeralda, Jade, Lápis-lazúli, Olho de Tigre	
Deusas: Amaterasu, Febe	*Ser Mágico:* Fadas
Deuses: Apolo, Balder, Dagda, Homem Verde, Hélio, Júpiter, Loki, Lugh, Mitra, Rá, Surya, Thor, Zeus	
Animais: Gado, Cavalo	

Vida Marinha: Caranguejo, Polvo
Aves: Pintassilgo, Martim-pescador, Cotovia-ocidental, Coruja, Pintarroxo, Carriça
Questões, Intenções e Poderes: agricultura, mudança/s, adivinhação, términos, fertilidade, vida, luz, manifestação, poder, propósito, força, sucesso, unidade

22 OU 23 DE JUNHO – VÉSPERA DE SOLSTÍCIO DE VERÃO E SOLSTÍCIO DE VERÃO

<table>
<tr><td>Signo: Câncer</td><td>Árvores: Sabugueiro, Azevinho, Carvalho</td></tr>
<tr><td>Ervas e Jardim: Lavanda, Erva-de-são-joão</td><td>Planta: Betônica</td></tr>
<tr><td>Deusa: Aine</td><td>Deuses: Balder, Nergal</td></tr>
<tr><td>Ser Mágico: Fadas</td><td>Animal: Cavalo</td></tr>
<tr><td>Vida Marinha: Foca</td><td>Ser Mítico: Selkies</td></tr>
<tr><td colspan="2">Questões, Intenções e Poderes: o outro mundo/mundo inferior, purificação, visões</td></tr>
</table>

17 DE JULHO – NASCIMENTO DE ÍSIS

Deusa: Ísis
Questões, Intenções e Poderes: começos, términos, renascimento/renovação

23 DE JULHO – NETUNÁLIA

Elementos: Água	*Mineral:* Sal (*mar*)
Deusa: Ran	*Deuses:* Aegir, Netuno

1º DE AGOSTO – LUGHNASADH/LAMMAS

<table>
<tr><td>Sistema Solar: Lua</td><td>Fases da Lua: Minguante</td></tr>
<tr><td colspan="2">Cores: Marrom (avermelhado), Dourado, Laranja, Roxo, Amarelo</td></tr>
<tr><td>Estação: Verão</td><td>Árvores: Acácia, Macieira, Murta, Carvalho, Sorveira-brava</td></tr>
<tr><td>Ervas e Jardim: Amora-silvestre, Carqueja</td><td>Plantas: Babosa, Ginseng, Grãos</td></tr>
<tr><td colspan="2">Gemas e Minerais: Citrino, Diamante (amarelo), Peridoto</td></tr>
</table>

Deusas: Aine, Ceres, Deméter, Ereshkigal, Freya, Frigga, Inanna, Ishtar, Koré, Perséfone	
Deuses: Dumuzi, Lugh, Odin	*Animal:* Bovinos (*boi, bezerro*)
Ave: Galináceos (*galo*)	
Questões, Intenções e Poderes: realização, agricultura, desafios, escuridão, morte, términos, libertação, transformação	

4º DIA DE BHADRAPAD (AGOSTO/SETEMBRO) – GANESH CHATURTHI

Nascimento de Ganesha	*Deus:* Ganesha
Questões, Intenções e Poderes: comunidade, unidade	

21 OU 22 DE SETEMBRO – MABON/ EQUINÓCIO DE OUTONO/ ALBAN ELFED

Sistema Solar: Sol	*Estação:* Outono
Horas do dia: Crepúsculo	*Ogham:* Eadha
Cores: Azul, Marrom, Dourado, Castanho, Laranja, Violeta, Amarelo	
Elemento: Água	*Plantas:* Grãos, Cardo
Árvores: Álamo, Cedro, Aveleira, Alfarrobeira, Bordo, Murta, Carvalho	
Erva e Jardim: Áster, Amora-silvestre, Crisântemo, Samambaia, Parreira, Hera, Cravo-de-defunto, Sálvia	
Gemas e Minerais: Ametista, Topázio (*amarelo*)	
Deusas: Epona, Inanna, Ishtar, Koré, Modron, Morrigan, Perséfone	
Deuses: Baco, Dionísio, Dumuzi, Homem Verde, Hermes, Mabon, Thoth	
Aves: Ganso (*selvagem*), Gavião, Andorinha, Cisne	*Animais:* Cão, Lobo
Questões, Intenções e Poderes: realização, agricultura, equilíbrio, objetivos, gratidão, aterramento	

31 DE OUTUBRO – SAMHAIN/SAMHUINN/HALLOWMAS

Sistema Solar: Lua	*Fases da Lua:* Nova
Estação: Outono	*Cores:* Preto, Laranja
Árvores: Macieira, Faia, Abrunheiro, Alfarrobeira, Romãzeira, Salgueiro, Hamamélis, Teixo	
Ervas e Jardim: Angélica, Giesta, Gatária, Alho, Urze, Artemísia, Sálvia	

Plantas: Pimenta-da-jamaica, Dulcamara, Ditamno, Verbasco, Patchuli, Junco	
Gemas e Minerais: Cornalina, Obsidiana, Ônix	*Ser Mágico:* Fadas
Deusas: Badb, Banba, Cailleach Bheur, Durga, Hécate, Hel, Inanna, Ishtar, Kali, Macha, Néftis, Rhiannon	
Deuses: Arawn, Belenus, Coiote, Dagda (1º de novembro), Hades, Loki, Odin, Plutão	
Animais: Morcego, Javali, Gato, Bovinos (*vaca*), Cão	
Questões, Intenções e Poderes: encruzilhada, escuridão, morte (do deus), adivinhação, honra (antepassados), introspecção, o outro mundo/mundo inferior, liberar, visões, sabedoria (antiga)	

11 DE NOVEMBRO – LUNANTISHEES

Também conhecido como o Dia do Sidhe.	*Árvore:* Abrunheiro
Deusa: Aine	*Ser Mágico:* Fadas
Questões, Intenções e Poderes: ligações (com o reino das fadas), magia (das fadas), espíritos	

16 DE NOVEMBRO – NOITE DE HÉCATE

Deusa: Hécate
Questões, Intenções e Poderes: encruzilhada, magia (da anciã, noturna), bruxas/bruxaria

17 A 23 DE DEZEMBRO – SATURNÁLIA

Deus: Saturno	*Árvore:* Azevinho
Ervas e Jardim: Hera	*Animal:* Burro
Ave: Carriça	
Questões, Intenções e Poderes: luxúria, prazer, reverter (papéis)	

18 DE DEZEMBRO – FESTIVAL DE EPONA

Deusas: Atena, Epona, Minerva	*Animal:* Cavalo

21 OU 22 DE DEZEMBRO/ SOLSTÍCIO DE INVERNO/ALBAN ARTHAN

<table>
<tr><td>Signos: Capricórnio, Sagitário</td><td>Sistema Solar: Sol</td></tr>
<tr><td>Estação: Inverno</td><td>Horas do dia: Meia-noite</td></tr>
<tr><td>Ogham: Ailm, Beithe, Ioho</td><td>Elemento: Terra</td></tr>
<tr><td colspan="2">Cores: Dourado, Verde, Vermelho, Prata, Branco</td></tr>
<tr><td colspan="2">Árvores: Macieira, Bétula, Cedro, Castanheira, Abeto, Azevinho, Junípero, Pinheiro, Carvalho, Teixo</td></tr>
<tr><td colspan="2">Ervas e Jardim: Camomila, Hera, Alecrim, Sálvia</td></tr>
<tr><td colspan="2">Plantas: Cardo-bento, Olíbano, Visco, Mirra</td></tr>
<tr><td colspan="2">Gemas e Minerais: Heliotrópio, Granada, Rubi</td></tr>
<tr><td>Metais: Ouro, Prata</td><td>Anjo: Uriel</td></tr>
<tr><td colspan="2">Deusas: Afrodite, Fortuna, Gaia, Hel, Holle, Iduna, Ishtar, Ísis, Maat, Tiamat</td></tr>
<tr><td colspan="2">Deuses: Apolo, Attis, Balder, Bragi, Dionísio, Homem Verde, Hélio, Jano, Lugh, Mabon, Marduk, Mitra, Odin, Rá, Saturno, Surya</td></tr>
<tr><td colspan="2">Animais: Urso, Javali, Cervo (veado), Porco (porca), Esquilo, Tigre</td></tr>
<tr><td colspan="2">Aves: Águia, Ganso (das-neves), Martim-pescador, Abibe-comum, Coruja, Pintarroxo, Carriça</td></tr>
<tr><td colspan="2">Questões, Intenções e Poderes: escuridão, adivinhação, luz, mensagens/presságios, purificação, renascimento/renovação, transformação</td></tr>
</table>

26 DE DEZEMBRO – CAÇA DA CARRIÇA

<table>
<tr><td colspan="2">Espírito do ano velho que morre no Solstício de Inverno.</td></tr>
<tr><td colspan="2">Elemento: Terra</td></tr>
<tr><td>Aves: Águia, Carriça</td><td>Ervas e Jardim: Hera</td></tr>
<tr><td colspan="2">Deusa: Héstia</td></tr>
<tr><td colspan="2">Questões, Intenções e Poderes: inteligência, astúcia, morte, adivinhação, fertilidade, sorte, profecia, renascimento/renovação, sabedoria</td></tr>
</table>

O OGHAM E O CALENDÁRIO CELTA DAS ÁRVORES

AILM/AILIM ᚐ

Solstício de Inverno	*Símbolo:* ᚐ
Letra: A	*Celebração:* Yule
Cor: Azul (*claro*)	*Número:* 1
Árvores: Abeto, Pinheiro	*Metal:* Prata
Ave: Abibe-comum	
Questões, Intenções e Poderes: objetivos, cura, aprendizagem (do passado), vida (vitalidade)	

BEITHE/BEITH/BETH ᚁ

24 de dezembro – 20 de janeiro	*Símbolo:* ᚁ
Letra: B	*Celebração:* Yule
Cor: Branco	*Número:* 5
Árvore: Bétula	*Gemas e Minerais:* Cornalina
Ave: Faisão	
Questões, Intenções e Poderes: Iniciação, desafios, mudança/s, energia, purificação, renascimento / renovação, liberar	

COLL/CALL ᚉ

5 de agosto – 1º de setembro	*Símbolo:* ᚉ
Letras: C, K	*Cor:* Marrom
Número: 9	*Ave:* Grou
Árvore: Aveleira	*Gemas e Minerais:* Ágata (*vermelha*)
Questões, Intenções e Poderes: criatividade, objetivos, compreensão intuitiva, conhecimentos (secretos), sabedoria	

DUIR/DAIR ᚇ

10 de junho – 7 de julho	*Símbolo:* ᚇ
Letra: D	*Número:* 12
Cor: Preto, Marrom (*escuro*)	*Árvore:* Carvalho
Gemas e Minerais: Quartzo (*branco*)	*Ave:* Carriça
Questões, Intenções e Poderes: certeza, coragem, perseverança, justiça, o outro mundo/mundo inferior, segurança, força, verdade	

ÉABHADH/EBAD/KOAD ᚕ

Letras: EA, CH, K	*Símbolo:* ᚕ
Ervas e Jardim: Madressilva	*Árvore:* Álamo
Questões, Intenções e Poderes: felicidade, vida (atrair doçura da)	

EADHA/EADHADH/EDAD ᚓ

Equinócio de Outono	*Símbolo:* ᚓ
Letra: E	*Celebração:* Mabon
Elemento: Água	*Cor:* Vermelho
Número: 2	*Árvore:* Álamo
Metal: Estanho	*Ave:* Cisne
Questões, Intenções e Poderes: comunicação, resistência, medo, intuição, poder, problemas	

EAMHANCHOLL/MÓR ᚘ

Letras: AE, X, XI	*Símbolo:* ᚘ
Elemento: Água (*do mar*)	*Árvores:* Pinheiro, Hamamélis
Questões, Intenções e Poderes: purificação, liberar	

FEARN/FERN ᚃ

18 de março – 14 de abril	*Símbolo:* ᚃ
Letras: F, V	*Cor:* Vinho
Número: 8	*Árvore:* Amieiro
Gemas e Minerais: Granada (*vermelha*)	*Ave:* Gaivota
Questões, Intenções e Poderes: aterramento, orientação, proteção, espiritualidade, força (interior)	

GORT ᚌ

30 de setembro a 27 de outubro	*Símbolo:* ᚌ
Letra: G	*Cor:* Azul
Número: 10	*Ave:* Cisne (*branco*)
Ervas e Jardim: Hera	*Gemas e Minerais:* Serpentina
Questões, Intenções e Poderes: decisão/ões, crescimento, introspecção, aprendizagem, habilidades (desenvolver)	

HUATH/UATH ᚆ

13 de maio – 9 de junho	*Símbolo:* ᚆ
Letra: H	*Cor:* Roxo
Árvore: Pilriteiro	*Gemas e Minerais:* Lápis-lazúli
Ave: Gralha (*noite*)	
Questões, Intenções e Poderes: defesa, cura, esperança, obstáculos, o outro mundo/mundo inferior, paixão, prazer, sexo/sexualidade	

IFIN/IPHIN/PHAGOS ᚙ

Letras: IO, PH	*Símbolo:* ᚙ
Árvore: Faia	
Questões, Intenções e Poderes: clareza, profecia, visões	

IOHO/IDHO/IODHO/IODAHDH ᚔ

Solstício de Inverno	*Símbolo:* ᚔ
Letras: I, J, Y	*Celebração:* Yule
Elemento: Terra	*Cor:* Branco
Número: 3	*Árvore:* Teixo
Metal: Chumbo	*Ave:* Águia (*jovem*)
Questões, Intenções e Poderes: morte, términos, renascimento/renovação, transformação	

LUIS ᚂ

21 de janeiro – 17 de fevereiro	*Símbolo:* ᚂ
Letra: L	*Cor:* Cinza
Árvore: Sorveira-brava	*Gemas e Minerais:* Topázio
Ave: Pato	
Questões, Intenções e Poderes: ativar/despertar, bênçãos, controle (da sua vida), dedicação/devoção, independência, compreensão intuitiva	

MUIN/MUINN ᚋ

2 de Setembro – 29 de Setembro	*Símbolo:* ᚋ
Letra: M	*Cor:* Variadas
Ervas e Jardim: Amora-silvestre, Videira	*Número:* 6
Gemas e Minerais: Ametista	*Ave:* Cachapim
Questões, Intenções e Poderes: fortalecimento, crescimento (interior), introspecção, profecia	

NGETAL/NGÉTAL ᚍ

28 de outubro – 24 de novembro	*Símbolo:* ᚍ
Letra: Ng	*Cor:* Verde
Planta: Junco	*Gemas e Minerais:* Jaspe (*verde*)
Ave: Ganso	
Questões, Intenções e Poderes: adaptabilidade, desafios (inesperados), determinação, harmonia, trabalho interior, bem-estar	

NION/NUIN/NUINN ᚅ

18 de fevereiro – 17 de março	*Símbolo:* ᚅ
Letra: N	*Cor:* Claras
Número: 13	*Árvore:* Freixo
Gemas e Minerais: Berilo (*verde-mar*)	*Ave:* Narceja
Questões, Intenções e Poderes: conexões, criatividade, limitações/limites, o outro mundo/ mundo inferior, paz, renascimento/renovação, força	

OIR/OR ᚕ

Letras: OI, TH	*Símbolo:* ᚕ
Árvore: Evônimo	*Ervas e Jardim:* Hera
Questões, Intenções e Poderes: criatividade, inspiração	

ONN/OHN ᚑ

Equinócio de Primavera	*Símbolo:* ᚑ
Letra: O	*Celebração:* Ostara
Elemento: Ar	*Cor:* Amarelo-ouro
Número: 4	*Ervas e Jardim:* Carqueja
Metal: Ouro	*Ave:* Cormorão
Questões, Intenções e Poderes: mudança/s, destino, determinação, fertilidade, esperança	

QUERT/CEIRT ᚊ

Letras: Q, CC	*Símbolo:* ᚊ
Cores: Marrom, Verde	*Árvore:* Macieira
Ave: Galináceos (*galinha*)	
Questões, Intenções e Poderes: encantamento, fidelidade, vida, longevidade, amor, o outro mundo/ mundo inferior, propósito, buscas, juventude	

RUIS ᚏ

25 de novembro – 22/23 de dezembro	*Símbolo:* ᚏ
Letra: R	*Cor:* Vermelho
Árvore: Sabugueiro	*Gemas e Minerais:* Malaquita
Ave: Gralha-calva	
Questões, Intenções e Poderes: abundância, consciência, mudança/s, ciclos, términos, longevidade, o outro mundo/mundo inferior	

SAILLE/SAILE ᚄ

15 de abril – 12 de maio	*Símbolo:* ᚄ
Letra: S	*Cores:* Cor-de-fogo, Brilhante
Árvore: Salgueiro	*Gemas e Minerais:* Rubi
Ave: Gavião	
Questões, Intenções e Poderes: adaptabilidade, equilíbrio, harmonia, inspiração, intuição, o outro mundo /mundo inferior, relacionamentos	

STRAIF/STRAITH ᚎ

Letras: SS, ST, Z	*Símbolo:* ᚎ
Cor: Roxo	*Árvore:* Abrunheiro
Questões, Intenções e Poderes: autoridade, controle, obstáculos, força	

TINNE/TEINE ᚈ

8 de julho – 4 de agosto	*Símbolo:* ᚈ
Letra: T	*Cor:* Cinza (*escuro*)
Número: 11	*Árvore:* Azevinho
Gemas e Minerais: Quartzo-enfumaçado	*Ave:* Estorninho
Questões, Intenções e Poderes: equilíbrio, coragem, energia, orientação, lar, justiça (punitiva), problemas, proteção	

UILLEANN/UILEN/UILLEAND ᚗ

Letras: UI, PE	*Símbolo:* ᚗ
Árvore: Faia	*Ervas e Jardim:* Madressilva
Intenções/Poderes: manifestação	

UR/URA ᚒ

Solstício de Verão	*Símbolo:* ᚒ
Letras: U/W	*Celebração:* Litha
Elemento: Fogo	*Cor:* Roxo
Número: 5	*Ervas e Jardim:* Urze
Metal: Cobre	*Ave:* Cotovia (*cotovia-ocidental*)
Questões, Intenções e Poderes: clareza, generosidade, crescimento (espiritual), sorte, paixão, sucesso	

AS RUNAS E OS MESES RÚNICOS (QUE CORRESPONDEM À METADE DE UM MÊS SOLAR)

AS/ANSUR/ANSUZ/OS ᚨ

13 a 28 de Agosto	*Símbolo:* ᚨ
Letra: A	*Signo:* Leão
Sistema Solar: Vênus	*Número:* 1
Tarô: A Morte	*Árvore:* Freixo
Planta: Cogumelo (*Amanita muscaria*)	*Deuses:* Loki, Odin
Questões, Intenções e Poderes: bênçãos, inspiração, conhecimento, mensagens/presságios, sabedoria	

BEORC/BERKANA/BERKANO ᛒ

14 a 29 março	*Símbolo:* ᛒ
Letra: B	*Signos:* Peixes, Virgem
Horas do dia: Amanhecer	*Elemento:* Ar
Direção: Leste	*Tarô:* A Imperatriz
Árvore: Bétula	*Ervas e Jardim:* Alquemila
Deusas: Frigga, Hel	
Questões, Intenções e Poderes: começos, fertilidade, crescimento, gravidez /parto	

DAG/DAGAZ/DAEG ᛞ

14 a 28 de junho	*Símbolo:* ᛞ
Letra: D	*Signo:* Gêmeos
Dia: Sábado	*Horas do dia:* Meio-dia
Elemento: Fogo	*Direção:* Sul
Tarô: A Temperança	*Número:* 4
Árvore: Abeto-vermelho	*Deusa:* Ostara
Deus: Odin	
Questões, Intenções e Poderes: começos, mudança/s, ciclos, términos, luz, transformação	

EHWAZ/EH ᛖ

30 de março – 13 de abril	*Símbolo:* ᛖ
Letra: E	*Signos:* Áries, Gêmeos
Tarô: Os Enamorados	*Número:* 7
Árvores: Freixo, Carvalho	*Deusa:* Freya
Deus: Freyr	*Animal:* Cavalo
Questões, Intenções e Poderes: mudança/s (fazer progresso), aprimoramento, casamento, relacionamentos, apoio, transformação	

ELHAZ/ALGIZ/EOLH ᛉ

28 de janeiro – 11 de fevereiro	*Símbolo:* ᛉ
Letra: Z	*Signo:* Câncer
Tarô: A Lua	*Número:* 8
Árvore: Sorveira-brava, Teixo	*Ervas e Jardim:* Angélica
Planta: Junco	*Animal:* Alce
Questões, Intenções e Poderes: defesa, emoções (controle), proteção, pureza	

EOH/EIHWAZ ᛇ

28 de dezembro – 12 de janeiro	*Símbolo:* ᛇ
Letras: E/EI	*Signo:* Escorpião
Tarô: O Enforcado	*Árvore:* Teixo
Planta: Mandrágora	*Deus:* Odin
Questões, Intenções e Poderes: defesa, guardar, responsabilidade, força, confiança	

FEOH/FEHU/FE/FA ᚠ

29 de junho – 1º de julho	*Símbolo:* ᚠ
Letra: F	*Signo:* Áries
Horas do dia: Crepúsculo	*Elemento:* Água
Direção: Oeste	*Tarô:* A Torre
Árvore: Sabugueiro	*Planta:* Urtiga
Deusa: Freya	*Deuses:* Freyr, Njord
Ser Mágico: Elfos	*Animal:* Bovinos
Questões, Intenções e Poderes: abundância, realização, criatividade, sorte, profecia, riqueza	

GYFU/GEBO ᚷ

28 de setembro – 12 de outubro	*Símbolo:* ᚷ
Letra: G	*Signo:* Peixes
Tarô: Os Enamorados	*Árvores:* Freixo, Olmo
Deusa: Freya	*Deus:* Odin
Questões, Intenções e Poderes: equilíbrio, generosidade (presentes), relacionamentos	

HAGAL/HAGALAZ/HAEGL/HAGALL ᚺ

28 de outubro – 12 de novembro	*Símbolo:* ᚺ
Letra: H	*Signos:* Aquário, Libra
Horas do dia: Amanhecer	*Elemento:* Ar
Direção: Leste	*Número:* 2
Tarô: O Mundo	*Árvores:* Freixo, Teixo
Ervas e Jardim: Lírio-do-vale	*Deus:* Balder
Questões, Intenções e Poderes: ativar/despertar, mudança/s, liberdade, harmonia (interior)	

ING/INGUZ/INGWAZ ᛝ

14 a 28 de maio	*Símbolo:* ᛝ
Letra: Ng	*Signo:* Touro
Fases da Lua: Nova	*Tarô:* O Julgamento
Árvore: Macieira	*Planta:* Betônica
Deus: Freyr	
Questões, Intenções e Poderes: percepção consciente (de si mesmo), fertilidade, crescimento, amor (família), sucesso	

IS/ ISA/ISS ᛁ

28 de novembro – 12 de dezembro	*Símbolo:* ᛁ
Letra: I	*Signo:* Sagitário
Sistema Solar: Lua	*Horas do dia:* Meia-noite
Elemento: Terra	*Direção:* Norte
Tarô: O Eremita	*Árvore:* Amieiro
Planta: Meimendro	*Deusa:* Freya
Questões, Intenções e Poderes: desafios, introspecção, liberação	

JERA/GER ᛃ

13 a 27 dezembro	*Símbolo:* ᛃ
Letra: J	*Signo:* Sagitário
Sistema Solar: Sol	*Horas do dia:* Crepúsculo
Direção: Oeste	*Elemento:* Água
Tarô: O Louco	*Número:* 9
Árvore: Carvalho	*Ervas e Jardim:* Alecrim
Deusa: Freya	*Deus:* Freyr
Questões, Intenções e Poderes: realização (recompensas), ciclos, fertilidade, paz, prosperidade	

KEN/KENAZ/KANO ᚲ

13 a 27 de setembro	*Símbolo:* ᚲ
Letra: K	*Signo:* Virgem
Sistema Solar: Vênus	*Elemento:* Fogo
Tarô: O Carro	*Número:* 6
Árvore: Pinheiro	*Planta:* Prímula-silvestre
Deusa: Freya	
Questões, Intenções e Poderes: clareza, criatividade, elucidação	

LAGU/LAGUZ/LÖGR/LAF ᛚ

29 de abril – 13 de maio	*Símbolo:* ᛚ
Letra: L	*Sistema Solar:* Lua
Dia: Segunda-feira	*Elemento:* Água
Tarô: A Estrela	*Árvore:* Salgueiro
Deuses: Balder, Njord	*Ser Mágico:* Elfos
Questões, Intenções e Poderes: equilíbrio (emocional), criatividade, fertilidade, intuição, justiça (lei), magia, relacionamentos, força	

MAN/MANNAZ/MANN ᛗ

14 a 28 de abril	*Símbolo:* ᛗ
Letra: M	*Sistema Solar:* Júpiter
Tarô: O Mago	*Árvore:* Azevinho
Deus: Odin	
Questões, Intenções e Poderes: criatividade, inteligência, trabalho interior	

NYD/NAUTHIZ/NAUDHR ᚾ

13 a 27 de *novembro*	*Símbolo:* ᚾ
Letra: N	*Signos:* Capricórnio, Escorpião
Tarô: O Diabo	*Árvore:* Faia
Ser Mágico: Nórnias	
Questões, Intenções e Poderes: resistência, limitações /limites, necessidades, obstáculos (autoimpostos)	

ODAL/OTHILA/OTHALA/ETHEL ᛟ

29 de maio – 13 de junho	*Símbolo:* ᛟ
Letra: O	*Signo:* Gêmeos
Fases da Lua: Cheia	*Dia:* Quarta-feira
Tarô: A Lua	*Árvore:* Pilriteiro
Deuses: Odin, Thor	
Questões, Intenções e Poderes: lar (terra ancestral), introspecção	

PEORTH /PERTH /PERTHRO ᛈ

13 a 27 de janeiro	*Símbolo:* ᛈ
Letra: P	*Signo:* Capricórnio
Sistema Solar: Saturno	*Dia:* Sexta-feira
Horas do dia: Crepúsculo	*Elemento:* Água
Direção: Oeste	*Tarô:* A Roda da Fortuna
Árvore: Faia	*Ervas e Jardim:* Acônito
Questões, Intenções e Poderes: decisão/ões (escolhas), elucidação, segredos, transformação (interior)	

RAD/RAIDO/REIDH/RAIDHO ᚱ

29 de agosto a 12 de setembro	*Símbolo:* ᚱ
Letra: R	*Signos:* Leão, Sagitário
Horas do dia: Meio-dia	*Elemento:* Fogo
Direção: Sul	*Tarô:* O Hierofante
Número: 5	*Árvore:* Carvalho
Ervas e Jardim: Artemísia	*Animal:* Cavalo
Questões, Intenções e Poderes: comunicação, orientação, buscas, viagem, unidade	

SIGEL/SOWELU /SOWILO ᛋ

12 a 26 de fevereiro	*Símbolo:* ᛋ
Letra: S	*Signo:* Aquário
Sistema Solar: Sol	*Dia:* Domingo
Horas do dia: Meio-dia	*Elemento:* Fogo
Direção: Sul	*Tarô:* O Sol
Árvore: Junípero	*Planta:* Visco
Deuses: Balder, Thor	
Questões, Intenções e Poderes: energia (vida), sucesso, bem-estar (totalidade)	

THORN/ THURISAZ ᚦ

29 de julho – 12 de agosto	*Símbolo:* ᚦ
Letra: Th	*Signo:* Gêmeos
Sistema Solar: Marte	*Dia:* Quinta-feira
Horas do dia: Amanhecer	*Elemento:* Ar
Direção: Leste	*Tarô:* O Imperador
Árvore: Carvalho	*Deus:* Thor
Questões, Intenções e Poderes: mudança/s, defesa, buscas, trabalho interior, força de vontade	

TYR /THOR ᛏ

27 de Fevereiro – 13 de março	*Símbolo:* ᛏ
Letra: T	*Signos:* Gêmeos, Libra
Dia: Terça-feira	*Horas do dia:* Meia-noite
Elemento: Terra	*Direção:* Norte
Tarô: A Justiça	*Árvore:* Carvalho
Ervas e Jardim: Sálvia	*Deus:* Thor
Questões, Intenções e Poderes: batalha /guerra (guerreiro espiritual), inimizade, honra, justiça	

UR /URUZ ᚢ

14 a 28 de julho	*Símbolo:* ᚢ
Letra: U	*Signos:* Câncer, Touro
Horas do dia: Meia-noite	*Elemento:* Terra
Direção: Norte	*Tarô:* A Sacerdotisa
Número: 3	*Árvore:* Bétula
Deus: Thor	*Animal:* Bovinos (*boi*)
Questões, Intenções e Poderes: energia, vida (vitalidade), energia (cura), purificação, força, bem-estar	

WYN /WUNJO /WYNN ᚹ

13 a 27 de outubro	*Símbolo:* ᚹ
Letras: V/W	*Signos:* Leão, Libra
Tarô: A Força	*Árvore:* Freixo
Planta: Linho	*Deusa:* Freya
Deus: Odin	*Ser Mágico:* Elfos
Questões, Intenções e Poderes: amigo/amizade, felicidade, luz, paz (interior), sucesso	

Capítulo Sete

Diversos

Embora este capítulo abranja vários assuntos, suas entradas não são menos importantes do que as dos demais. Desde os tempos antigos, os Elementos são considerados os componentes básicos e princípios organizacionais do universo. De forma semelhante, os números eram vistos como uma estrutura útil para o mundo, bem como um meio de expressão. As cores simbolizam todas as energias e aspectos da vida, e podem ter um efeito imediato sobre o nosso humor. Isso seria porque elas se relacionam com o mundo natural ou porque o espectro básico das sete cores está relacionado ao número mágico sete?

Como observamos anteriormente, usei os termos Yin e Yang para designar a energia básica, com o objetivo de evitar o preconceito de gênero, e expressar um significado mais profundo. Em seu ciclo de preto e branco, o Yin e o Yang simbolizam o tempo cíclico e a Lua crescente e minguante, bem como o aumento e a diminuição da luz do dia nas estações do ano.

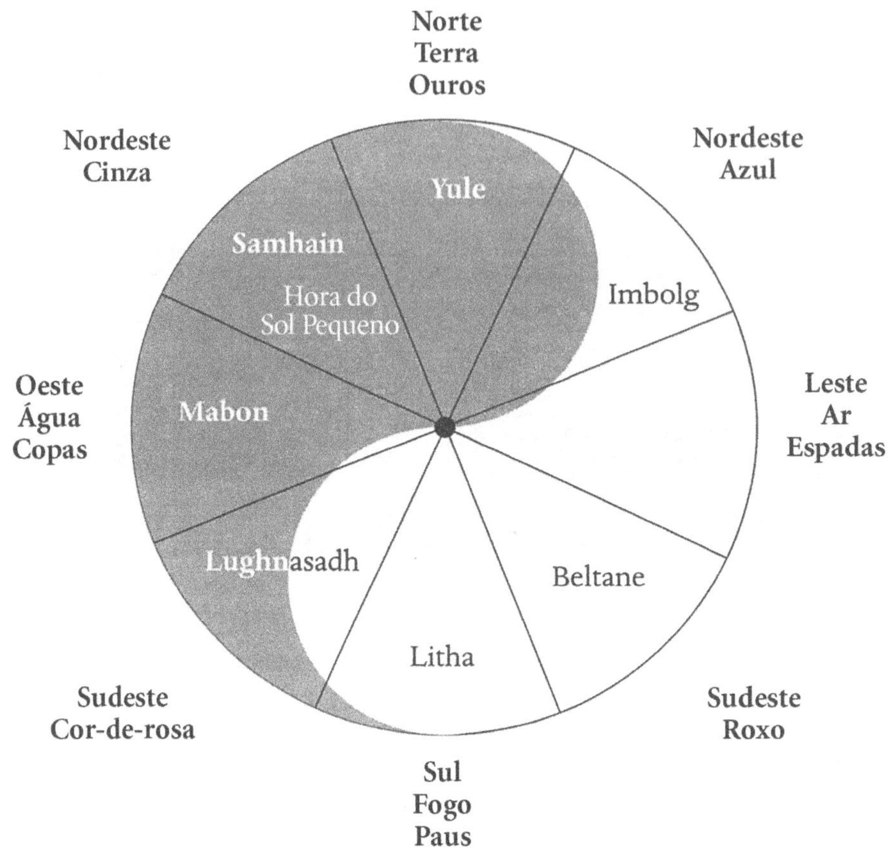

Figura 5: A Roda do Ano

OS ELEMENTOS

ÁGUA ▽

Símbolo: ▽	*Signos:* Câncer, Peixes, Escorpião
Sistema Solar: Mercúrio, Lua, Netuno, Plutão, Saturno	
Estação: Outono	*Horas do dia:* Crepúsculo
Celebrações: Mabon, Netunália	*Ogham:* Eadha, Eamhancholl
Runas: Feoh, Jera, Lagu, Peorth	*Direção:* Oeste
Energia: Yin	*Chakra:* Sacro

Cores: Verde-água, Preto, Azul, Cinza, Verde (*azulado, mar*), Índigo, Lilás, Roxo, Prateado, Azul-esverdeado, Violeta, Branco

Números: 2, 7	*Tarô:* Copas, O Enforcado, A Lua

Árvores: Amieiro, Macieira, Freixo, Álamo, Faia, Bétula, Cedro, Cerejeira, Castanheira, Cipreste, Sabugueiro, Olmo, Aveleira, Castanheiro-da-índia, Alfarrobeira, Magnólia, Algarobeira, Mimosa, Murta, Oliveira, Choupo, Evônimo, Abeto-vermelho, Plátano, Salgueiro, Hamamélis, Teixo

Ervas e Jardim: Áster, Amora-silvestre, Gatária, Camomila, Aquilégia, Confrei, Narciso, Margarida, Matricária, Dedaleira, Gardênia, Gerânio, Parreira, Urze, Hibisco, Jacinto, Íris, Hera, Jasmim, Alquemila, Erva-cidreira, Lilás, Lírio, Acônito, Ipomeia, Passiflora, Pervinca, Papoula, Framboesa, Rosa, Selo-de-salomão, Hortelã-verde, Morango, Tomilho, Valeriana, Violeta, Milefólio

Plantas: Babosa, Beladona, Bardana, Cardamomo, Tussilagem, Prímula-silvestre, Ditamno, Meimendro, Sapato-de-vênus, Lótus, Filipêndula, Lunária, Mirra, Raiz de Íris, Junco, Sândalo, Solidéu, Espicanardo, Anis-estrelado, Estramônio, Baunilha, Nenúfar

Gemas e Minerais: Alexandrita, Ametista, Ametrina, Angelita, Água-marinha, Aragonita, Azurita, Berilo, Ágata Rendada Azul, Calcita, Charoíta, Crisocola, Dioptásio, Fluorita, Jade, Jaspe (*oceano*), Azeviche, Cianita, Labradorita, Lápis-lazúli, Larimar, Lepidolita, Magnetita, Pedra da Lua, Morganita, Obsidiana (*brilho dourado*), Opala, Quartzo, Quartzo Rosa, Safira, Selenita, Sodalita, Estaurolita, Sugilita,Topázio (*azul*), Turmalina (*preto, azul, rosa, melancia*), Tsavorita, Turquesa, Zircônia (*azul*)

Metais: Cobre, Mercúrio, Prata	*Do Mar:* Coral, Madrepérola, Pérola

Deusas: Anfitrite, Afrodite, Badb, Boann, Brigantia, Chalchiuhtlicue, Coventina, Ísis, Kupala, Ran, Sarasvati, Sedna, Tiamat

Deuses: Aegir, Belenus, Ea, Khnum, Mabon, Manannán, Mimir, Netuno, Njord, Osíris, Posêidon, Prometeu

Seres Mágicos: Sereias, Nórnias, Ondinas	*Anjo:* Rafael

Animais: Morcego, Castor, Bovinos (*vaca*), Cão, Lebre, Hipopótamo, Cavalo, Alce, Lontra, Urso Polar, Guaxinim

Insetos diversos: Libélula	*Seres Míticos:* Dragão, Selkies

Aves: Albatroz, Melro, Cormorão, Grua, Pomba-branca, Pato, Garça-real, Martim-pescador, Gaivota, Cegonha, Cisne, Andorinhão-preto, Abutre

Répteis e Anfíbios: Crocodilo, Rã, Salamandra, Cobra, Sapo

Vida Marinha: Golfinho, Peixe-boi, Toninha, Baleia

Instrumentos Rituais: Caldeirão, Cálice, Taça

Sentidos: Paladar	*Princípio:* Ousar
Questões, Intenções e Poderes: adaptabilidade, agricultura, equilíbrio, começos, mudança /s, clarividência, compaixão, consagrar/abençoar, consciência (subconsciente), criatividade, desejo, adivinhação, trabalho com sonhos, emoções, empatia, energia (em geral, psíquica, receptiva), fertilidade, amigo/amizade, graça, crescimento, cura, mágoa, influência, introspecção, intuição, vida, magia (animal, com dragões, lunar), memória/s, cuidados, paciência, energia, gravidez/ parto, proteção, capacidade psíquica, purificação, pureza, renascimento/renovação, reconciliação, reverter, segredos, sensibilidade, sensualidade, trabalho xamânico, sono, tristeza, espiritualidade, força (interior), estresse, transformação, clima (em geral, tempestades), bem-estar, sabedoria	

AR 🜁

Símbolo: 🜁	*Signos:* Aquário, Gêmeos, Libra
Sistema Solar: Júpiter, Mercúrio, Urano	*Estação:* Primavera
Horas do dia: Amanhecer	*Celebração:* Ostara
Ogham: Onn	*Runas:* Beorc, Hagal, Thorn
Direção: Leste	*Energia:* Yang
Cores: Azul (*claro*), Cinza, Lavanda, Cor-de-rosa, Vermelho, Prateado, Branco, Amarelo (*vivo, claro*)	
Chakras: Coroa, Coração, Garganta	*Número:* 5
Tarô: O Louco, Espadas, Paus	
Árvores: Acácia, Amieiro, Macieira, Freixo, Álamo, Cedro, Castanheira, Sabugueiro, Olmo, Abeto, Pilriteiro, Aveleira, Azevinho, Castanheiro-da-índia, Loureiro, Tília, Bordo, Algarobeira, Carvalho, Oliveira, Palmeira, Pinheiro, Plátano, Nogueira, Teixo	
Ervas e Jardim: Agrimônia, Anêmona, Bergamota, Borragem, Giesta, Trevo, Confrei, Dente-de-leão, Samambaia, Hera, Lavanda, Lírio-do-vale, Manjerona, Cravo-de-defunto, Artemísia, Hortelã-Pimenta, Prímula, Sálvia, Hortelã-verde, Tomilho, Verbena, Violeta, Milefólio	
Plantas: Anis, Bambu, Dulcamara, Eufrásia, Olíbano, Solidago, Marroio-branco, Filipêndula, Visco, Mirra, Noz-moscada, Junco, Sândalo, Anis-estrelado, Absinto	
Gemas e Minerais: Ágata (árvore), Ametrina, Angelita, Aragonita, Aventurina, Ágata Rendada Azul, Celestita, Crisoberilo, Rosa do Deserto, Moldavita, Opala, Quartzo (*transparente*), Sodalita, Esfeno, Estaurolita, Topázio (*azul*), Turmalina (*azul*)	
Metais: Alumínio, Mercúrio, Estanho	*Do Mar:* Asa-de-anjo, Anômia
Deusas: Amaterasu, Atena, Arianrhod, Hera, Nut, Febe	

Deuses: Hermes, Khnum, Mimir, Mercúrio, Quetzalcoatl, Thoth, Zeus	
Seres Mágicos: Elfos, Fadas, Pixies, Sílfides	*Anjos:* Miguel, Rafael
Animal: Gazela	*Inseto:* Vaga-lume
Aves: Albatroz, Condor, Águia, Falcão, Gavião, Gaivota	
Seres Míticos: Dragão, Esfinge, Pássaro-trovão	*Sentidos:* Olfato
Instrumentos Rituais: Athame, Olíbano, Espada	*Princípio:* Conhecer
Questões, Intenções e Poderes: aceitação, ação, reino astral, começos, negócios, clarividência, clareza, comunicação, concentração/foco, consagrar/abençoar, criatividade, adivinhação, encantamento, energia, iluminação, imparcialidade, liberdade, harmonia, cura, imaginação, inspiração, inteligência, intuição, justiça, conhecimento, aprendizagem, vida, luz, perda, magia (animal, com dragões), memória/s, mente, dinheiro, motivação, ordenar/organizar, poder, proteção, capacidade psíquica, purificação, relacionamentos, liberar, sentidos (audição, olfato, tato), trabalho xamânico, espíritos, espiritualidade, viagem, visões, clima (em geral, raios, tempestades), força de vontade, sabedoria	

FOGO △

Símbolo: △	*Signos:* Áries, Leão, Sagitário
Sistema Solar: Júpiter, Marte, Sol	*Estação:* Verão
Horas do dia: Meio-dia	*Celebrações:* Beltane, Imbolc, Litha
Ogham: UR	*Runas:* Dag, Ken, Rad, Sigel
Direção: Sul	*Energia:* Yang
Cores: Vinho, Dourado, Laranja, Cor-de-rosa, Vermelho, Branco, Amarelo	
Chakra: Plexo Solar	*Números:* 1, 3, 9
Tarô: O Julgamento, Espadas, Paus	
Árvores: Amieiro, Freixo, Faia, Abrunheiro, Cedro, Cerejeira, Castanheira, Sabugueiro, Pilriteiro, Azevinho, Castanheira-da-índia, Junípero, Loureiro, Algarobeira, Carvalho, Oliveira, Palmeira (*sangue-de-dragão*), Pinheiro, Romãzeira, Sorveira-brava, Nogueira, Salgueiro, Hamamélis, Teixo	
Ervas e Jardim: Amaranto, Anêmona, Angélica, Manjericão, Craveiro, Crisântemo, Endro, Erva-doce, Alho, Hidraste, Carqueja, Heliotrópio, Hibisco, Manjericão-sagrado, Ligústica, Cravo-de-defunto, Poejo, Peônia, Hortelã-pimenta, Papoula, Prímula, Alecrim, Arruda, Erva-de-são-joão, Boca-de-leão, Girassol, Aspérula, Verbena	
Plantas: Pimenta-da-jamaica, Assa-fétida, Betônica, Erva-de-são-cristovão, Cardo-bento, Sanguinária-do-canadá, Canela, Potentilha, Cravo-da-índia, Coentro, Cominho, Genciana-verde, Linho, Olíbano, Galanga, Gengibre, Ginseng, Jalapa, Mandrágora, Verbasco, Mostarda, Urtiga, noz-moscada, Pimenta, Cardo, Absinto	

Do Mar: Coral (*vermelho*)	
Gemas e Minerais: Ágata (*com bandas, preta, marrom, fogo, vermelha, com bandas vermelhas, pele de cobra*), Âmbar, Ametrina, Lágrimas de Apache, Berilo (ouro), Heliotrópio, Calcita (*laranja, vermelha*), Cornalina, Citrino, Diamante, Granada, Hematita, Diamante de Herkimer, Jaspe (*vermelho*), Obsidiana, Ônix, Opala (*fogo*), Peridoto, Pirita, Quartzo, Rodocrosita, Rodonita, Rubi, Sárdio, Sardônix, Serpentina, Quartzo-enfumaçado, Espinélio, Estaurolita, Pedra do Sol, Olho de Tigre, Topázio, Turmalina (*vermelha*), Tsavorita, Zircônia (*vermelha*)	
Metais: Antimônio, Bronze, Ouro, Ferro, Aço	*Anjo:* Miguel
Deusas: Aine, Amaterasu, Berta, Brígida, Danu, Durga, Freya, Héstia, Kupala, Pele, Febe, Sekhmet, Mulher-Aranha, Vesta	
Seres Mágicos: Sereias, Salamandras	*Répteis:* Lagarto, Salamandra, Cobra
Deuses: Agni, Belenus, Brahma, Dionísio, Hefésto, Hórus, Inari, Indra, Khnum, Mimir, Nergal, Njord, Perun, Prometeu, Vulcano	
Animais: Bode/Cabra, Ouriço, Cavalo, Leão, Porco-espinho, Ovinos (*carneiro*), Tigre	
Aves: Grou, Águia, Falcão, Garça, Arara, Pavão, Codorna, Pintarroxo, Andorinha, Pica-pau, Carriça	
Insetos diversos: Abelha, Cigarra, Vaga-lume, Joaninha, Louva-a-deus, Escorpião	
Seres Míticos: Dragão, Fênix	*Instrumentos Rituais:* Incensário, Varinha
Sentido: Visão	*Princípio:* Querer
Questões, Intenções e Poderes: ação, ativar/despertar, ambição, raiva, autoridade, batalha/guerra, alegria, comunicação, concentração/foco, certeza, consagrar/abençoar, coragem, criatividade, defesa, desejo, destruição, adivinhação, energia, fé, liberdade, cura, honra, elucidação, influência, inspiração, inteligência, intuição, justiça, liderança, vida, luz, amor, luxúria, magia (em geral, defensiva, com dragões, sexual), mente, motivação, paixão, poder, proteção, capacidade psíquica, purificação, pureza, propósito, liberar, vingança, sexo/sexualidade, estimulação, transformação, verdade, cordialidade, clima (em geral, com raios), força de vontade	

TERRA 🜃

Símbolos: 🜃	*Signos:* Capricórnio, Touro, Virgem
Sistema Solar: Terra, Saturno, Vênus	*Estação:* Inverno
Comemorações: Dia da Terra, Caça da Carriça, Yule	
Horas do dia: Meia-noite	*Ogham:* Ioho
Runas: É, Tyr, Ur	*Direção:* Norte
Cores: Preto, Marrom, Verde, Branco	*Energia:* Yin

Chakra: Raiz	*Números:* 4, 6, 8
Tarô: Ouros	
Árvores: Freixo, Abrunheiro, Cedro, Cipreste, Sabugueiro, Olmo, Azevinho, Junípero, Alfarrobeira, Magnólia, Bordo, Carvalho, Oliveira, Pinheiro, Romãzeira, Sorveira-brava, Abeto-vermelho, Hamamélis	
Ervas e Jardim: Confrei, Samambaia, Madressilva, Hera, Jasmim, Artemísia, Prímula, Sálvia, Verbena	
Plantas: Potentilha, Cravo-da-índia, Grãos, Meimendro, Jalapa, Marroio-branco, Mandrágora, Patchuli, Junco	
Gemas e Minerais: Ágata, Alexandrita, Amazonita, Âmbar, Andaluzita, Apofilita, Calcita (verde), Olho de Gato, Cerussita, Crisocola, Crisópraso, Diopsídio, Esmeralda, Fluorita, Hematita, Jade, Jaspe, Azeviche, Kunzita, Malaquita, Ágata Musgo, Peridoto, Madeira Petrificada, Quartzo (*rutilado*), Sal, Quartzo-enfumaçado, Estaurolita, Sugilita, Turmalina (*preta, marrom, verde, melancia*), Turquesa, Unakita	
Metais: Chumbo, Mercúrio	
Do Mar: Coral (*preto*)	*Anjos:* Gabriel, Uriel
Deusas: Anat, Ariadne, Ártemis, Asherah, Berta, Ceres, Deméter, Gaia, Koré, Néftis, Perséfone, Reia, Rhiannon	
Seres Mágicos: Brownies, Dríades, Elfos, Fadas, Gnomos, Pixies	
Deuses: Adônis, Arawn, Cernunos, Dionísio, Geb, Homem Verde, Khnum, Marduk, Mimir, Pan, Prometeu, Vishnu	
Animais: Antílope, Tatu, Texugo, Urso, Javali, Búfalo/Bisão, Bovinos, Cervo (*veado*), Cão, Elefante, Bode/Cabra, Marmota, Hipopótamo, Jaguar, Toupeira, Lontra, Porco, Cão-da-pradaria, Carcaju	
Aves: Gaio-azul, galináceos, Gralha, Ganso, Pardal, Cisne, Peru, Pica-pau	
Répteis e Anfíbio: Crocodilo, Cobra, Sapo, Tartaruga (terrrestre), Tartaruga (aquática)	
Insetos diversos: Libélula	
Seres Míticos: Dragão, Selkies	*Instrumento Ritual:* Pentáculo
Sentido: Tato	*Princípio:* Ficar em Silêncio
Questões, Intenções e Poderes: abundância, aceitação, agricultura, ansiedade, equilíbrio, começos, negócios, conforto, comunicação, consagrar/abençoar, consciência, criatividade, ciclos, morte, resistência, energia (em geral, receptiva), família, fertilidade, gentileza, aterramento, crescimento, cura, feitiços, lar, justiça, vida, magia (com dragões), manifestação, dinheiro, cuidados, o outro mundo /mundo inferior, paciência, paz, gravidez/parto, prosperidade, proteção, objetivo, renascimento/renovação, relacionamentos, sentidos (olfato, tato), sensualidade, sexo/sexualidade, espíritos (espíritos da natureza), estabilidade, força, sucesso, apoio, viagem, cordialidade, riqueza, clima, bem-estar, força de vontade, sabedoria	

AS DIREÇÕES

LESTE

<table>
<tr><td>Estação: Primavera</td><td>Horas do dia: Amanhecer</td></tr>
<tr><td>Runas: Beorc, Hagal, Thorn</td><td>Elemento: Ar</td></tr>
<tr><td>Cores: Verde, Cor-de-rosa, Branco, Amarelo</td><td>Tarô: Espadas</td></tr>
<tr><td>Árvores: Acácia, Pinheiro</td><td>Planta: Visco</td></tr>
<tr><td>Ervas e Jardim: Bergamota, Trevo, Lavanda</td><td>Do Mar: Coral</td></tr>
<tr><td colspan="2">Gemas e Minerais: Âmbar, Angelita, Apatita, Heliotrópio, Celestita, Caroíta, Citrino, Diamante, Diopsídio, Diamante de Herkimer, Jade, Jaspe, Azeviche, Madeira Petrificada, Quartzo, Rodonita, Sodalita</td></tr>
<tr><td>Deusas: Chalchiuhtlicue, Danu</td><td>Deus: Dagda</td></tr>
<tr><td>Anjo: Rafael</td><td>Aves: Azulão, Águia, Falcão, Corvo</td></tr>
<tr><td colspan="2">Questões, Intenções e Poderes: ativar/despertar, agressividade, começos, comunicação, comunidade, criatividade, adivinhação, família, cura, elucidação, inspiração, inteligência, justiça (questões jurídicas), vida, luz, magia (com dragões), mente, paixão, prosperidade, renascimento /renovação, sabedoria</td></tr>
</table>

NORDESTE

<table>
<tr><td>Estação: Inverno (final)</td><td>Cor: Azul</td></tr>
<tr><td colspan="2">Gemas e Minerais: Ágata, Amazonita, Âmbar, Ametista, Andaluzita, Angelita, Apofilita, Azurita, Ágata Rendada Azul, Calcita, Olho de Gato, Celestita, Caroíta, Crisocola, Danburita, Rosa do Deserto, Diopsídio, Olho de Falcão, Hematita, Diamante de Herkimer, Jade, Azeviche, Kunzita, Labradorita, Lápis-lazúli, Ágata Musgo, Ônix, Quartzo, Rodonita, Rubi, Safira, Sardônix, Quartzo-enfumaçado, Sodalita, Esfeno, Pedra do Sol, Tanzanita, Turmalina, Zircônia</td></tr>
<tr><td colspan="2">Do Mar: Abalone, Madrepérola, Pérola</td></tr>
<tr><td colspan="2">Questões, Intenções e Poderes: conhecimento, trabalho interior, sabedoria</td></tr>
</table>

NOROESTE

<table>
<tr><td>Estação: Outono (final)</td><td>Cor: Cinza</td></tr>
<tr><td colspan="2">Gemas e Minerais: Apatita, Azurita, Calcita, Crisocola, Crisópraso, Dioptásio, Granada, Olho de Falcão, Iolita, Pedra da Lua, Peridoto, Quartzo, Rodonita, Rubi, Safira, Estaurolita, Tanzanita</td></tr>
<tr><td colspan="2">Questões, Intenções e Poderes: realização, orientação (dos outros), influência</td></tr>
</table>

NORTE

Estação: Inverno	*Horas do dia:* Meia-noite
Runas: Is, Tyr, Ur	*Elemento:* Terra
Cores: Preto, Marrom, Verde, Branco, Amarelo	*Energia:* Yin
Tarô: Ouros	*Árvore:* Cipreste
Ervas e Jardim: Samambaia, Madressilva, Verbena	*Planta:* Grãos (*milho, trigo*)
Gemas e Minerais: Andaluzita, Água-marinha, Aragonita Aventurina, Berilo, Calcita, Olho de Gato, Caroíta, Crisoberilo, Crisocola, Citrino, Danburita, Diamante, Esmeralda, Fluorita, Granada, Olho de Falcão, Azeviche, Kunzita, Cianita, Lápis-lazúli, Larimar, Magnetita, Malaquita, Pedra da Lua, Morganita, Obsidiana, Opala, Peridoto, Madeira Petrificada, Quartzo, Safira, Selenita, Serpentina, Sodalita, Esfeno, Espinélio (*preto*), Pedra do Sol, Turmalina, Tsavorita, Zircônia	
Do Mar: Coral, Pérola	
Animais: Urso, Alce, lince, Urso Polar, Rena, Tigre, Lobo	
Aves: Azulão, Águia, Martim-pescador, Cisne	*Réptil:* Tartaruga (terrestre)
Questões, Intenções e Poderes: abundância, realização, equilíbrio batalha/guerra, clareza, empatia, inveja, fertilidade, gentileza, gratidão, cura, ciúme, magia, manifestação, o outro mundo/mundo inferior, poder, orgulho, purificação, pureza, renascimento/renovação, segredos, trabalho interior, força, sucesso, confiança, visão, riqueza, bem-estar, sabedoria	

OESTE

Estação: Outono	*Horas do dia:* Crepúsculo
Runas: Feoh, Jera, Peorth	*Elemento:* Água
Cores: Azul, Lavanda, Branco	*Tarô:* Copas
Árvores: Macieira, Sabugueiro	
Ervas e Jardim: Gatária, Narciso, Gardênia, Parreira, Urze, Hibisco, Jasmim	
Do Mar: Abalone, Madrepérola	
Gemas e Minerais: Âmbar, Apatita, Aventurina, Azurita, Calcita, Cornalina, Olho de Gato, Crisocola, Citrino, Jaspe, Cianita, Lápis-lazúli, Malaquita, Pedra da Lua, Opala, Quartzo (*branco*), Sardônix, Quartzo-enfumaçado, Turmalina	

Deusa: Dôn	*Anjo:* Gabriel
Aves: Águia, Cisne	*Vida Marinha:* Golfinho, Baleia
Questões, Intenções e Poderes: vida após a morte, equilíbrio, compaixão, criatividade, morte, destruição, trabalho com sonhos, emoções, términos, objetivos, imaginação, aprendizado, amor, paixão, capacidade psíquica, buscas, trabalho interior, força, viagem, visões	

SUDESTE

Estação: Primavera (*final*)	*Cor:* Roxo
Gemas e Minerais: Ágata, Alexandrita, Âmbar, Ametista, apatita, Aragonita, Heliotrópio, Ágata Rendada Azul, Calcita, Cornalina, Olho de Gato, Crisoberilo, Crisópraso, Citrino, Diamante, Dioptásio, Esmeralda, Hematita, Howlita, Iolita, Jaspe, Azeviche, Labradorita, Pedra da Lua, Opala, Madeira Petrificada, Quartzo, Rodocrosita, Rubi, Sárdio, Selenita, Espinélio, Tanzanita, Topázio, Zircônia	
Questões, Intenções e Poderes: bênçãos, prosperidade	

SUDOESTE

Estação: Verão (*final*)	*Cor:* Cor-de-rosa
Gemas e Minerais: Ágata, Amazonita, Âmbar, Andaluzita, Angelita, Apofilita, Água-marinha, Berilo, Heliotrópio, Ágata Rendada Azul, Cerussita, Crisoberilo, Crisocola, Crisópraso, Citrino, Rosa do Deserto, Diamante, Diopsídio, Dioptásio, Esmeralda, Granada, Diamante de Herkimer, Howlita, Jade, Jaspe, Kunzita, Larimar, Malaquita, Pedra da Lua, Morganita, Ágata Musgo, Peridoto, Quartzo, Rodocrosita, Rodonita, Quartzo Rosa, Rubi, Safira, Sárdio, Sardônix, Quartzo-enfumaçado, Sodalita, Espinélio, Topázio, Turmalina, Tsavorita	
Do Mar: Abalone, Coral, Madrepérola	
Questões, Intenções e Poderes: amor, relacionamentos, romance	

SUL

Estação: Verão	*Horas do dia:* Meio-dia
Runas: Dag, Rad, Sigel	*Elemento:* Fogo
Energia: Yang	*Cores:* Dourado, Vermelho
Tarô: Paus	*Árvores:* Cedro, Azevinho, Junípero
Ervas e Jardim: Craveiro, Crisântemo, Endro, Gengibre, Heliotrópio, Cravo-de-defunto, Hortelã-pimenta	

<table>
<tr><td colspan="2">Gemas e Minerais: Ágata, Alexandrita, Ágata Rendada Azul, Cornalina, Crisópraso, Fluorita, Granada, Azeviche, Labradorita, Magnetita, Obsidiana, Opala, Peridoto, Madeira Petrificada, Quartzo, Sárdio, Sodalita</td></tr>
<tr><td colspan="2">Anjo: Miguel</td></tr>
<tr><td>Deusas: Brígida, Macha, Rhiannon</td><td>Animal: Leão</td></tr>
<tr><td colspan="2">Aves: Azulão, Águia, Sabiá-do-campo, Codorna, Abutre</td></tr>
<tr><td>Réptil: Lagarto, Cobra</td><td>Ser Mítico: Fênix</td></tr>
<tr><td colspan="2">Questões, Intenções e Poderes: ambição, mudança/s, coragem, criatividade, energia, fé, fama, fertilidade, gentileza, elucidação, aumentar, inocência, conhecimento, luz, amor, obstáculos, paixão, orgulho, proteção, purificação, renascimento/renovação, respeito, sexo/sexualidade, espiritualidade, força, sucesso, confiança, cordialidade, força de vontade</td></tr>
</table>

AS CORES

AMARELO

<table>
<tr><td colspan="2">Signos: Aquário (pastel), Áries, Câncer, Gêmeos, Leão, Libra, Sagitário, Virgem</td></tr>
<tr><td>Sistema Solar: Mercúrio, Sol</td><td>Luas Cheias: Agosto, Julho</td></tr>
<tr><td colspan="2">Celebrações: Beltane, Imbolc, Lughnasadh, Mabon, Ostara</td></tr>
<tr><td>Dias: Domingo, Quarta-feira</td><td>Ogham: Onn (ouro)</td></tr>
<tr><td>Elementos: Ar (brilhante), Fogo</td><td>Direção: Leste, Norte</td></tr>
<tr><td>Chakra: Plexo Solar</td><td>Números: 1, 12</td></tr>
<tr><td colspan="2">Tarô: O Louco, Os Enamorados, O Mago, A Estrela, A Força, O Sol, Espadas</td></tr>
<tr><td>Planta: Grãos</td><td>Deus: Ganesha</td></tr>
<tr><td colspan="2">Deusas: Atena, Durga, Éos, Íris, Kali, Maeve, Sarasvati</td></tr>
<tr><td>Seres Mágicos: Fadas, Sílfides</td><td>Anjo: Raphael</td></tr>
<tr><td>Ave: Cuco</td><td>Insetos diversos: Libélula</td></tr>
<tr><td colspan="2">Questões, Intenções e Poderes: ação, reino astral, consciência, mudança/s, alegria, clarividência, clareza, conforto, comunicação, comunidade, concentração/foco, consagrar/abençoar, controle (raiva), criatividade, engano, dedicação/devoção, trabalho com sonhos, energia (em geral, solar), fé, amigo/amizade, gentileza (pastel), aterramento, felicidade, lar, imaginação, inspiração, inteligência, intuição, conhecimento, aprendizagem, luz, memória/s, mente, cuidados, otimismo, poder (superior), proteção, capacidade psíquica, purificação, trabalho interior, sentidos (em geral, olfato), timidez, habilidades, espíritos (contato), estimulação, apoio, visões, cordialidade, força de vontade, sabedoria, vontades</td></tr>
</table>

Amarelo-limão	
Questões, Intenções e Poderes: raiva, ciúme, prosperidade luz	
Amarelo-claro	
Signos: Aquário, Peixes, Touro	*Sistema Solar:* Saturno, Urano, Vênus
Elemento: Ar	

AZUL

Signos: Aquário, Gêmeos, Sagitário (*céu*), Escorpião	
Sistema Solar: Júpiter, Lua, Netuno	*Luas Cheias:* Fevereiro, Outubro
Dia: Sexta-feira	*Celebrações:* Litha, Mabon
Ogham: Gort	*Elemento:* Água
Instruções: Nordeste, Oeste	*Chakra:* Garganta
Números: 4, 6	*Tarô:* Copas, O Louco, A Estrela
Deusas: Brígida, Chalchiuhtlicue, Íris, Macha, Rhiannon	
Deus: Manannán	*Ser Mágico:* Ondinas
Anjo: Rafael (*céu*)	*Ave:* Martim-pescador
Questões, Intenções e Poderes: reino astral, consciência, negócios, mudança/s, clareza, comunicação, consagrar/abençoar, escuridão (*azul da meia-noite*), trabalho com sonhos, emoções, energia (em geral, receptiva), fidelidade, perdão, liberdade, amigo/amizade, bondade, lar, honra, esperança, inteligência, intuição, justiça, conhecimento, vida, luz, solidão, magia (com anjos), mente, pesadelos, obstáculos, otimismo, ordenar/organizar, gravidez/parto, problemas, prosperidade, proteção, purificação, relacionamentos, sentidos (em geral, audição), sensibilidade, habilidades, sono, espiritualidade, estresse, transformação, verdade, visões, sabedoria (superior)	
Azul-escuro	
Signos: Aquário, Sagitário	*Sistema Solar:* Júpiter
Número: 2	*Tarô:* A Roda da Fortuna
Deusa: Justitia	
Questões, Intenções e Poderes: fertilidade, guardar, orientação, harmonia, sorte, magia (noite), negatividade, poder (oculto), propósito	
Azul-claro	
Signos: Câncer, Libra, Touro	*Sistema Solar:* Vênus
Celebração: Ostara	*Ogham:* Ailm

Número: 10	*Elemento:* Ar
Questões, Intenções e Poderes: calma, dedicação/devoção, crescimento (emocional), felicidade, harmonia, inspiração, amabilidade, paciência, paz (atrair), bem-estar	
Azul-marinho	
Signos: Capricórnio, Virgem	*Sistema Solar:* Mercúrio, Saturno
Azul-pastel	
Signo: Peixes	*Luas Cheias:* Novembro
Dia: Segunda-feira	*Tarô:* Os Enamorados
Azul-real	
Signos: Capricórnio, Libra, Sagitário	*Dia:* Quinta-feira
Questões, Intenções e Poderes: certeza, felicidade, crescimento, influência, lealdade, capacidade psíquica, força	

AZUL-ESVERDEADO

Signos: Aquário, Gêmeos	*Sistema Solar:* Júpiter, Netuno
Elemento: Água	*Chakra:* Garganta
Questões, Intenções e Poderes: equilíbrio, criatividade, crescimento, cura, paz, prosperidade	

BRANCO

Signos: Áries, Câncer, Capricórnio, Gêmeos, Peixes, Virgem	
Sistema Solar: Terra, Lua, Vênus	*Luas Cheias:* Janeiro, Março
Dias: Segunda-feira, Domingo	*Celebração:* Imbolc
Ogham: Beithe, Ioho	*Elementos:* Ar, Terra, Fogo, Água
Energia: Yang	*Direções:* Leste, Oeste, Norte
Chakras: Terceiro Olho, Coroa	*Números:* 1, 2, 5, 7, 9
Tarô: O Carro, A Sacerdotisa, O Mago, A Lua, Espadas	
Deusas: Berta, Ceridwen, Chalchiuhtlicue, Danu, Epona, Ganga, Rhiannon	

Anjos: Uriel, Gabriel, Miguel, Rafael	*Deus:* Dagda
Ave: Galináceos (*galo*)	
Questões, Intenções e Poderes: ativar/despertar, reino astral, equilíbrio, batalha/guerra, começos, bênçãos, calma, mudança/s, clareza, compaixão, concentração/foco, consagrar/abençoar, consciência, criatividade, morte, adivinhação, encantamento, términos, energia (receptiva), iluminação, fidelidade, gratidão, aterramento, guardar, orientação, felicidade, harmonia, cura, esperança, inocência, inspiração, vida, luz, amor, magia (com anjos, lunar), pesadelos, otimismo, o outro mundo/mundo inferior, paixão, paz, poder (superior), problemas, proteção (em geral, espiritual), capacidade psíquica, purificação, pureza, trabalho interior, sentidos (em geral, visão), sexo/sexualidade, espíritos, espiritualidade, força, verdade, unidade, visão, força de vontade	

CASTANHO

Signo: Escorpião	*Sistema Solar:* Marte, Plutão
Celebração: Mabon	

CINZA

Signos: Câncer, Libra, Escorpião	*Sistema Solar:* Mercúrio, Lua
Luas Cheias: Janeiro, Março	*Dias:* Segunda-feira, Sábado
Ogham: Luis	*Elementos:* Ar, Água
Direção: Noroeste	*Números:* 4, 5
Tarô: O Diabo, O Mundo	
Questões, Intenções e Poderes: autoridade, equilíbrio, desafios, trabalho com sonhos, términos, energia, imaginação, influência, aprendizagem, solidão, perda, negatividade, o outro mundo/mundo inferior, paciência, paz, problemas, proteção (psíquica, espiritual), buscas, segredos, tristeza, espíritos, estabilidade, visões, sabedoria	
Cinza-escuro	
Signos: Capricórnio, Virgem	*Sistema Solar:* Saturno
Dia: Sábado	*Ogham:* Tinne
Questões, Intenções e Poderes: inimizade	

COBRE

Anjo: Miguel
Questões, Intenções e Poderes: negócios, energia, objetivos, crescimento (profissional), dinheiro

COR-DE-ROSA

Signos: Áries, Câncer, Gêmeos, Libra, Touro, Virgem	
Sistema Solar: Marte, Vênus	*Luas Cheias:* Maio
Dias: Sexta-feira, Domingo	*Celebrações:* Imbolc, Ostara
Elementos: Ar, Fogo	*Direções:* Leste, Sudoeste
Números: 6, 9	*Chakra:* Coração
Questões, Intenções e Poderes: aceitação, ativar/despertar, afeto, ansiedade, atração, equilíbrio, beleza, calma (*rosa pálido*), compaixão, criatividade, ciclos, emoções, fidelidade, amigo/amizade (atrair), generosidade, gentileza, felicidade, harmonia, cura, honra, aumentar, inspiração, intuição, vida, amor, magia (com os anjos), casamento, moralidade, cuidados, paixão, paz, romance, segurança, trabalho interior, sensualidade, tristeza, estresse, solidariedade, unidade, cordialidade, bem-estar, juventude	

DOURADO

Signos: Leão, Sagitário, Virgem	*Sistema Solar:* Sol
Celebrações: Litha, Lughnasadh, Mabon, Yule	*Dia:* Domingo
Elementos: Fogo	*Direção:* Sul
Números: 1, 6	*Chakra:* Coroa
Tarô: O Eremita, A Força, O Sol	*Anjos:* Rafael, Uriel
Questões, Intenções e Poderes: abundância, reino astral, atração, consciência (expandir), beleza, certeza, conexões (divinas), consagrar/abençoar, consciência, criatividade, escuridão (dissipar), adivinhação, energia (solar), amigo/amizade, felicidade, cura, lar, elucidação, aumentar, influência, intuição, conhecimento, luz, dinheiro, poder, prosperidade, proteção, segurança, força, habilidades, sucesso, riqueza, bem-estar, sabedoria (universal)	

ESCARLATE

Signo: Leão	*Dia:* Terça-feira
Anjo: Miguel	

ÍNDIGO

Signos: Aquário, Capricórnio, Peixes	*Dias:* Sexta-feira, Sábado, Quinta-feira
Sistema Solar: Júpiter, Netuno, Saturno, Urano, Vênus	
Elemento: Água	*Chakra:* Terceiro Olho
Tarô: Copas, O Mago	*Metal:* Prata
Deusas: Dôn, Íris	
Questões, Intenções e Poderes: ambição, percepção consciente, equilíbrio, (em geral, kármico, espiritual), clareza, clarividência, comunicação (com os espíritos), conexões (ancestrais), consciência, dignidade, disciplina, adivinhação, resistência, medo, honestidade, karma, casamento, paz (interior), purificação (espirituais), buscas, renascimento/renovação, relacionamentos, trabalho interior, sentidos (visão clara), espíritos (contato), sucesso, verdade	

LARANJA

Signos: Câncer, Gêmeos, Leão, Sagitário, Escorpião, Touro	
Sistema Solar: Marte, Mercúrio, Lua, Sol	*Luas Cheias:* Junho
Dias: Domingo, Terça-feira, Quarta-feira	*Estação:* Outono
Celebrações: Beltane, Lughnasadh, Mabon, Samhain	
Elemento: Fogo	*Chakra:* Sacro
Números: 1, 8	*Tarô:* O Eremita, Os Enamorados, Paus
Deusa: Íris	
Questões, Intenções e Poderes: abundância, ação, adaptabilidade, afeto, ambição, atração, autoridade, equilíbrio, começos, negócios, mudança/s, comunicação, certeza, controle, coragem, criatividade, disciplina, encorajamento, energia, medo, liberdade, objetivos, bondade, cura, lar, elucidação, inteligência, justiça, bondade, vida, sorte, memória/s, mente, dinheiro, necessidades, otimismo, ordenar/organizar, prazer, poder, orgulho, problemas, reconciliação, relacionamentos, reverter, estimulação, força, sucesso, apoio, transformação, viagem, cordialidade, bem-estar	

LAVANDA

Signos: Libra, Peixes	*Sistema Solar:* Netuno, Vênus
Elemento: Ar	*Direção:* Oeste
Questões, Intenções e Poderes: consagrar/abençoar, dignidade, adivinhação, trabalho com sonhos, gentileza, crescimento (espiritual), compreensão intuitiva, introspecção, inteligência, magia (sexual), casamento, o outro mundo/mundo inferior, paz, proteção (espiritual), capacidade psíquica, sensibilidade	

LILÁS

Número: 3	*Elemento:* Água
Questões, Intenções e Poderes: felicidade, espíritos	

MALVA

Signo: Touro	*Sistema Solar:* Vênus
Número: 3	
Questões, Intenções e Poderes: amor, sexo/sexualidade	

MARROM

Signos: Capricórnio, Gêmeos, Libra, Virgem (*escura*)	*Sistema Solar:* Terra, Plutão, Saturno
Luas Cheias: Abril, Setembro	*Celebrações:* Dia da Terra, Mabon
Ogham: Coll, Duir (*escuro*), Quert	*Elemento:* Terra
Direção: Norte	*Números:* 4, 8
Chakras: Sacro, Plexo Solar (*amarelo-marrom*)	*Tarô:* O Diabo, O Eremita, Ouros
Deusa: Aine	*Ser Mágico:* Brownies
Anjo: Uriel	
Questões, Intenções e Poderes: agricultura, equilíbrio, começos, concentração/foco, coragem, decisão/decisões, energia, família, medo, amigo/amizade, aterramento, guardar, orientação, cura, lar, honestidade, aumentar, influência, justiça, longevidade, perda, magia (animal), dinheiro, cuidados, ordenar/organizar, problemas, proteção (familiares, animais de estimação), renascimento/renovação, estabilidade, sucesso, viagem, verdade	
Marrom-avermelhado	
Signo: Escorpião	
Celebração: Lughnasadh	*Questões, Intenções e Poderes:* engano

PÊSSEGO

Questões, Intenções e Poderes: adaptabilidade, beleza, comunicação, certeza, encorajamento, felicidade, força

PRATEADO

Signos: Aquário, Câncer, Gêmeos	*Sistema Solar:* Lua, Mercúrio
Luas Cheias: Novembro	*Dias:* Segunda-feira, Quarta-feira
Celebração: Yule	*Elementos:* Ar, Água
Números: 5, 9	*Tarô:* O Carro, A Sacerdotisa, A Lua
Deusas: Aine, Ariadne, Arianrhod, Hécate, Luna, Nanna, Selene	
Deuses: Khensu, Shiva	
Questões, Intenções e Poderes: ambição, reino astral, percepção consciente, começos, desafios, clarividência, clareza, comunicação (com ancestrais), consciência, criatividade, defesa, adivinhação, trabalho com sonhos, encantamento, energia (em geral, psíquica), fama, cura, influência, compreensão intuitiva, inspiração, intuição, magia (lunar), dinheiro, negatividade, poder, proteção (psíquica, espiritual), capacidade psíquica, purificação, pureza, espiritualidade, estabilidade, sucesso	

PRETO

Signos: Capricórnio, Libra, Sagitário, Escorpião, Virgem	
Sistema Solar: Terra, Plutão, Saturno	*Fases da Lua:* Nova
Luas Cheias: Fevereiro, Outubro, Dezembro	*Dias:* Sábado, Terça-feira
Celebração: Samhain	*Ogham:* Duir
Elementos: Terra, Água	*Direção:* Norte
Energia: Yin	*Chakra:* Raiz
Números: 8, 13	*Tarô:* O Diabo, O Mundo
Deusas: Dôn, Epona, Hécate, Kali, Morrigan	
Animal: Urso	*Aves:* Galináceos (*galo*), Cuco

Insetos diversos: Libélula
Questões, Intenções e Poderes: aceitação, a vida após a morte, raiva, autoridade, banir, começos, compromisso, desafios, mudança/s, controle (auto), criatividade, encruzilhada, escuridão, morte, engano, defesa, determinação, dignidade, adivinhação, trabalho com sonhos, términos, energia (receptiva), inimizade, inveja, medo, fertilidade, luto, aterramento, feitiços (romper, lançar), justiça, karma, conhecimento, vida, limitações/limites, perda, magia (em geral, negra, antiga, noturna), mente, negatividade, pesadelos, o outro mundo/mundo inferior, poder (silencioso), problemas, proteção, capacidade psíquica, renascimento/renovação, liberar, vingança, reverter, segredos, segurança, sono, espiritualidade (aprofundamento), transformação, verdade, sabedoria, bruxas/bruxaria

ROSA-CLARO

Sistema Solar: Vênus	*Chakra:* Coração
Números: 6, 9	*Tarô:* Imperatriz, Hierofante
Questões, Intenções e Poderes: ativar/despertar, iluminação, amigo/amizade, honra, amor, moralidade, paixão, paciência, paz, romance, bem-estar, juventude	

ROXO

Signos: Sagitário, Virgem	*Sistema Solar:* Júpiter, Mercúrio, Netuno
Luas Cheias: Janeiro, Junho	*Dias:* Quinta-feira, Quarta-feira
Celebração: Lughnasadh	*Ogham:* Huath, Straif, Ur
Direção: Sudeste	*Elemento:* Água
Números:. 7, 8	*Chakra:* Coroa
Tarô: A Roda da Fortuna	*Deusas:* Éos, Fortuna, Justitia, Maeve
Questões, Intenções e Poderes: realização, reino astral, autoridade, consciência, banir, bênçãos, clarividência, consagrar /abençoar, consciência, dedicação /devoção, dignidade, disciplina, adivinhação, emoções, iluminação, liberdade, crescimento, cura, lar, independência, influência, inspiração, inteligência, intuição, justiça, sorte, magia (da anciã, sexual), manifestação, negatividade, otimismo, paixão, poder, problemas, profecia, proteção, capacidade psíquica, liberar, segurança, trabalho interior, sentidos (audição), habilidades, tristeza, espíritos (contato), espiritualidade (aprofundamento), sucesso, transformação, verdade, visões, riqueza, sabedoria	
Roxo-escuro	
Dia: Sábado	
Questões, Intenções e Poderes: morte, luto, magia (negra)	

VERDE

<table>
<tr><td colspan="2">Signos: Aquário, Gêmeos, Leão, Escorpião, Touro, Virgem</td></tr>
<tr><td>Sistema Solar: Terra, Mercúrio, Vênus</td><td>Fases da Lua: Cheia</td></tr>
<tr><td>Luas Cheias: Julho, Novembro</td><td>Dias: Sexta-feira, Quinta-feira</td></tr>
<tr><td colspan="2">Celebrações: Beltane, Dia da Terra, Imbolc, Litha, Ostara, Yule</td></tr>
<tr><td>Ogham: Quert, Ngetal</td><td>Elementos: Terra, Água (azul)</td></tr>
<tr><td>Direções: Leste, Norte</td><td>Chakra: Coração</td></tr>
<tr><td>Tarô: A Imperatriz, O Hierofante, A Justiça, Ouros</td><td>Números: 2, 3, 7</td></tr>
<tr><td>Deusa: Íris</td><td>Seres Mágicos: Fadas, Gnomos</td></tr>
<tr><td colspan="2">Anjo: Uriel</td></tr>
<tr><td colspan="2">Questões, Intenções e Poderes: abundância, aceitação, realização, ação, adaptabilidade, agricultura, atração, equilíbrio (em geral, emocional), banir, beleza, negócios, calma (azul), desafios, mudança/s, caridade, comunidade, compaixão, coragem, criatividade, engano, energia (em geral, receptiva), inveja, fé, favor/es, fertilidade, generosidade, bondade, aterramento, crescimento, cura, lar, independência, justiça, amabilidade, vida, longevidade, amor, sorte, magia (com dragões, fadas), casamento, dinheiro, cuidados, otimismo, paz, prosperidade, proteção, renascimento/renovação, relacionamentos, trabalho interior, sentidos (em geral, visão), sono, espíritos (espíritos da natureza), força, sucesso, solidariedade, confiança, riqueza, bem-estar, sabedoria, juventude</td></tr>
<tr><td colspan="2">Verde-escuro</td></tr>
<tr><td>Signo: Capricórnio</td><td>Sistema Solar: Saturno</td></tr>
<tr><td colspan="2">Luas Cheias: agosto</td></tr>
<tr><td colspan="2">Questões, Intenções e Poderes: ambição, inveja</td></tr>
<tr><td colspan="2">Verde-claro</td></tr>
<tr><td>Signo: Peixes</td><td>Sistema Solar: Júpiter, Netuno</td></tr>
<tr><td colspan="2">Luas Cheias: Abril</td></tr>
<tr><td colspan="2">Questões, Intenções e Poderes: emoções</td></tr>
<tr><td colspan="2">Verde-mar</td></tr>
<tr><td>Signos: Câncer, Peixes</td><td>Sistema Solar: Júpiter, Lua, Netuno</td></tr>
<tr><td>Elemento: Água</td><td>Anjo: Gabriel</td></tr>
<tr><td colspan="2">Questões, Intenções e Poderes: harmonia, influência</td></tr>
</table>

VERDE-ÁGUA

Signo: Peixes	*Sistema Solar:* Vênus
Dia: Sexta-feira	*Elemento:* Água
Chakra: Garganta	*Número:* 11
Anjo: Gabriel	
Questões, Intenções e Poderes: compaixão, gentileza, harmonia	

VERMELHO

Signos: Áries, Capricórnio, Gêmeos, Leão, Peixes, Sagitário, Escorpião, Touro	
Sistema Solar: Marte, Sol, Vênus	*Fases da Lua:* Cheia
Luas Cheias: Dezembro, Fevereiro, Junho	*Dia:* Terça-feira
Celebrações: Beltane, Litha, Yule	*Ogham:* Ruis, Eadha
Elementos: Ar, Fogo	*Direção:* Sul
Chakra: Raiz	*Números:* 5, 9
Tarô: O Diabo, O Imperador, Paus	*Metal:* Cobre
Deusas: Íris, Maeve, Morrigan	*Deuses:* Brahma, Ganesha, Hanuman
Ser Mágico: Salamandras	*Anjo:* Miguel
Ave: Galináceos (*galo*)	*Ser Mítico:* Fênix
Questões, Intenções e Poderes: ação, ambição, raiva (provocar), assertividade, ligações, batalha/guerra, mudança/s, concentração/foco, coragem, criatividade, encruzilhada, perigo, morte, desejo, destruição, determinação, emoções, encorajamento, energia (em geral, receptiva, sexual), inimizade, fertilidade, liberdade, orientação, cura, feitiços (desfazer), justiça, liderança, vida (vitalidade), longevidade, amor, lealdade, luxúria, magia (defensiva, sexual), casamento, mensagens/presságios, motivação, o outro mundo/mundo inferior, paixão, poder, gravidez/parto, problemas, proteção, renascimento/renovação, relacionamentos, reverter, romance, sentidos (paladar), sexo/sexualidade, estimulação, força, verdade, força de vontade, sabedoria, vontades	

VINHO

Signo: Escorpião	*Sistema Solar:* Marte, Plutão
Ogham: Fearn	*Elemento:* Fogo
Tarô: O Imperador	*Anjo:* Miguel
Questões, Intenções e Poderes: empatia, luto	

VIOLETA

Signos: Aquário, Capricórnio, Gêmeos, Libra, Peixes, Virgem	
Sistema Solar: Júpiter, Mercúrio	*Dia:* Quarta-feira
Celebração: Mabon	*Elemento:* Água
Número: 3	*Chakra:* Coroa
Tarô: O Mago	*Metal:* Ferro
Deusa: Íris	
Questões, Intenções e Poderes: raiva, reino astral, consciência, clareza, concentração/foco, conexões (Eu Superior), criatividade, cura, compreensão intuitiva, inspiração, introspecção, intuição, manifestação, motivação, paz, poder, proteção, capacidade psíquica, purificação, segurança, trabalho interior, sensibilidade, habilidades, tristeza, espiritualidade, estresse, sucesso, transformação, verdade, bem-estar, sabedoria	

ENERGIAS: YIN E YANG

YIN

Signos: Câncer, Peixes, Escorpião, Touro, Virgem	*Sistema Solar:* Lua, Netuno, Vênus
Estação: Inverno	*Elementos:* Terra, Água
Direção: Norte	*Cor:* Preto
Números: 1, 2, 4, 6, 7, 8, 10, 12	
Árvores: Macieira, Faia, Bétula, Cerejeira, Cipreste, Sabugueiro, Olmo, Castanheiro-da-índia, Loureiro, Magnólia, Algarobeira, Mimosa, Murta, Palmeira, Papoula, Evônimo, Abeto-vermelho, Plátano, Salgueiro, Teixo	
Ervas e Jardim: Amaranto, Áster, Amora- silvestre, Gatária, Aquilégia, Confrei, Narciso, Margarida, Dedaleira, Gardênia, Gerânio, Parreira, Urze, Hibisco, Jacinto, Íris, Hera, Jasmim, Alquemila, Erva-cidreira, Lilás, Lírio, Acônito, Artemísia, Passiflora, Pervinca, Papoula, Prímula, Framboesa, Rosa, Sálvia, Selo-de-salomão, Hortelã-verde, Morango, Tomilho, Valeriana, Verbena, Violeta, Milefólio	
Plantas: Babosa, Beladona, Erva-de-são-cristovão, Bardana, Cardamomo, Tussilagem, Prímula-silvestre, Ditamno, Solidago, Meimendro, Sapato-de-vênus, Lótus, Filipêndula, Lunária, Verbasco, Mirra, Raiz de Íris, Patchuli, Junco, Sândalo, Solidéu, Espicanardo, Estramônio, Baunilha	

Gemas e Minerais: Ágata (*preta com veios brancos, verde, pele de cobra, árvore*), Amazonita, Ametista, Ametrina, Andaluzita, Apofilita, Água-marinha, Azurita, Berilo, Ágata Rendada Azul, Calcita, Celestita, Cerussita, Crisocola, Crisópraso, Rosa do Deserto, Diopsídio, Esmeralda, Iolita, Jade, Jaspe (*marrom, verde, marinho, rosa*), Azeviche, Kunzita, Labradorita, Lápis-lazúli, Larimar, Lepidolita, Magnetita, Malaquita, Pedra da Lua, Morganita, Ágata Musgo, Opala, Peridoto, Madeira Petrificada, Quartzo (*azul, claro, verde, turmalinada*), Quartzo Rosa, Sal, Safira, Selenita, Quartzo-enfumaçado, Sodalita, Estaurolita, Sugilita, Turmalina (*melancia*), Tsavorita, Turquesa	
Do Mar: Coral, Cauri, Madrepérola, Pérola	
Metais: Cobre, Chumbo, Mercúrio, Prata	*Répteis:* Sapo, Tartaruga
Animais: Urso, Bovinos (*boi*), Raposa, Leopardo, Leão, Alce-americano, Lontra	
Aves: Gralha, Pomba-branca, Pato, Bicudo, Coruja, Codorna, Andorinha, Andorinhão-preto	
Insetos diversos: Borboleta, Aranha	*Seres Míticos:* Dragão, Unicórnio

YANG

Signos: Aquário, Áries, Capricórnio, Gêmeos, Leão, Libra, Sagitário	
Sistema Solar: Marte, Plutão, Sol	*Estação:* Verão
Elementos: Ar, Fogo	*Direção:* Sul
Cor: Branco	*Números:* 1, 3, 5, 7, 9, 11, 13
Árvores: Acácia, Amieiro, Freixo, Álamo, Abrunheiro, Cedro, Castanheira, Abeto, Pilriteiro, Aveleira, Azevinho, Junípero, Tília, Alfarrobeira, Bordo, Carvalho, Oliveira, Palmeira (*sangue-de-dragão*), Pinheiro, Romãzeira, Sorveira-brava, Nogueira, Hamamélis, Teixo	
Ervas e Jardim: Agrimônia, Anêmona, Angélica, Manjericão, Bergamota, Borragem, Giesta, Craveiro, Camomila, Crisântemo, Trevo, Dente-de-leão, Endro, Erva-doce, Samambaia, Matricária, Alho, Hidraste, Carqueja, Heliotrópio, Manjericão-sagrado, Madressilva, Lavanda, Lírio-do-vale, Ligústica, Cravo-de-defunto, Manjerona, Ipomeia, Poejo, Peônia, Hortelã-pimenta, Alecrim, Arruda, Açafrão, Erva-de-são-joão, Boca-de-leão, Girassol, Aspérula	
Plantas: Pimenta-da-jamaica, Anis, Assa-fétida, Bambu, Betônica, Dulcamara, Cardo-bento, Sanguinária-do-canadá, Canela, Potentilha, Cravo-da-índia, Coentro, Cominho, Genciana-verde, Eufrásia, Linho, Olíbano, Galanga, Gengibre, Ginseng, Jalapa, Marroio-branco, Mandrágora, Visco, Mostarda, Urtiga, Noz-moscada, Pimenta, Junco, Anis-estrelado, Cardo, Absinto	
Do Mar: Coral (*vermelho*)	

Gemas e Minerais: Ágata (*com bandas, preta, marrom, fogo, vermelha, com bandas vermelhas, pele de cobra*), Âmbar, Ametista, Ametrina, Andaluzita, Lágrimas de Apache, Aventurina, Berilo (*dourada*), Heliotrópio, Calcita (*laranja, vermelha*), Cornalina, Olho de Gato, Crisoberilo, Citrino, Diamante, Fluorita, Granada, Hematita, Diamante de Herkimer, Jaspe (*pele de leopardo, vermelho, amarelo*), Magnetita, Obsidiana, Ônix, Opala, Pirita, Quartzo (*transparente, rutilado*), Rodocrosita, Rodonita, Rubi, Sárdio, Sardônix, Serpentina, Esfeno, Espinélio, Estaurolita, Pedra do Sol, Tanzanita, Olho de Tigre, Topázio, Turmalina (*vermelho, melancia*), Zircônia	
Metais: Alumínio, Antimônio, Latão, Ouro, Ferro, Mercúrio, Aço, Estanho	
Animais: Urso, Javali, Cervo (*veado*), Tigre	*Seres Míticos:* Dragão, Fênix, Unicórnio
Aves: Gralha, Coruja, Faisão, Codorna, Andorinha, Cisne	

OS CHAKRAS

PRIMEIRO CHAKRA/DA RAIZ/ DA BASE

Nome Sânscrito: Muladhara	*Localização:* Períneo
Signos: Áries, Capricórnio, Sagitário, Escorpião, Touro	
Sistema Solar: Terra, Marte, Mercúrio, Saturno	*Fases da Lua:* Cheia
Cores: para ativar: Vermelho; para equilibrar: Preto	*Elemento:* Terra
Árvores: Cedro, Castanheira, Cipreste, Sabugueiro	*Ervas e Jardim:* Alecrim, Valeriana
Plantas: Cravo-da-índia, Gengibre, Mirra, Patchuli, Baunilha	
Gemas e Minerais: Ágata (*com bandas, preta, marrom, fogo, vermelha, com bandas vermelhas, árvore*), Ametrina, Andaluzita, Aragonita, Berilo, Heliotrópio, Calcita (*vermelha*), Cerussita, Diamante, Granada (*preta, vermelha, rodolita*), Hematita, Iolita, Jaspe (*marrom, pele de leopardo, vermelho*), Azeviche, Cianita, Ágata Musgo, Obsidiana (*brilho do ouro, arco-íris, floco de neve*), Ônix, Opala (*preta*), Madeira Petrificada, Pirita, Quartzo (*transparente, turmalinado*), Rodocrosita, Rodonita, Rubi, Sal, Sárdio, Serpentina, Quartzo-enfumaçado, Espinélio (*vermelho*), Estaurolita, Turmalina (*preta, marrom, laranja, rosa, vermelha*), Zircônia (*vermelha*), Zoisita	
Metais: Cobre, Ouro, Ferro, Chumbo	
Do Mar: Abalone, Amêijoa, Coral (*preto, vermelho*), Madrepérola	
Deus: Brahma	*Réptil:* Cobra
Sons: para ativar: Lam; para mover a energia: Oh	*Sentido:* Cheiro
Questões, Intenções e Poderes: ligações, conforto, resistência, aterramento, vida (vitalidade), manifestação, motivação, necessidades, segurança, estabilidade, apoio	

SEGUNDO CHAKRA/DO SACRO

Nome Sânscrito: Svadhisthana	*Localização*: Logo abaixo do umbigo
Signos: Câncer, Libra, Escorpião, Virgem	*Fases da Lua:* Crescente
Sistema Solar: Marte, Mercúrio, Lua, Plutão, Vênus	
Cores: para ativar: Laranja; para equilibrar: Marrom	*Elemento:* Água
Árvores: Carvalho, Oliveira, Pinheiro	*Ervas e Jardim:* Poejo, Milefólio
Plantas: Pimenta-da-jamaica, Mirra, Urtiga, Patchuli, Pimenta, Sândalo, Baunilha	
Metal: Cobre	
Gemas e Minerais: Ágata (*marrom, fogo*), Alexandrita, Amazonita, Ametrina, Lágrimas de Apache, Água-marinha, Aragonita, Aventurina, Azurita, Calcita (*laranja*), Cornalina, Citrino, Diamante, Granada (*hessonita, vermelho*), Iolita, Jaspe (*marrom, pele de leopardo, oceano*), Azeviche, Kunzita, Cianita, Labradorita, Larimar, Magnetita, Malaquita, Pedra da Lua, Obsidiana (*arco-íris*), Ônix, Opala (*fogo*), Peridoto, Quartzo (*transparente, rutilado*), Rodocrosita, Rodonita, Quartzo Rosa, Rubi, Sárdio, Sardônix, Selenita, Smithsonita, Quartzo-enfumaçado, Espinélio, Pedra do Sol, Tanzanita, Olho de Tigre, Turmalina (*preta, marrom, verde, laranja, vermelha, melancia*), Unakita, Wulfenita, Zircônia (*marrom*), Zoisita (*verde*)	
Do Mar: Abalone, Coral, Cauri, Madrepérola, Pérola	
Deus: Vishnu	*Réptil:* Cobra
Sentido: Paladar	
Sons: para ativar: Vam; para mover a energia: uu	
Questões, Intenções e Poderes: abundância, conexões, criatividade, desejo, emoções, fertilidade, liberdade, motivação, paixão, prazer, sexo/sexualidade	

TERCEIRO CHAKRA/PLEXO SOLAR

Nome Sânscrito: Manipura	*Localização:* Entre o umbigo e o esterno
Sistema Solar: Júpiter, Marte, Mercúrio, Sol	*Fases da Lua:* Crescente
Signos: Áries, Câncer, Leão, Sagitário, Virgem	*Elemento:* Fogo
Cores: para ativar: Amarelo; para equilibrar: Marrom (*amarelado*)	
Árvore: Junípero	
Plantas: Anis, Cardamomo, Canela	
Ervas e Jardim: Camomila, Erva-doce, Jasmim, Lavanda, Erva-cidreira, Poejo	

Gemas e Minerais: Ágata, Âmbar, Ametrina, Andaluzita, Apatita, Berilo (*dourado*), Heliotrópio, Cornalina, Cerussita, Caroíta, Crisoberilo, Crisocola, Crisópraso, Citrino, Danburita, Diamante, Howlita, Jaspe (*pele de leopardo, amarelo*), Azeviche, Malaquita, Pedra da Lua, Obsidiana (*brilho do ouro, arco-íris*), Opala (*fogo*), Peridoto, Pirita, Quartzo (*transparente, amarelo*), Rodonita, Rubi, Quartzo-enfumaçado, Espinélio, Pedra do Sol, Tanzanita, Olho de Tigre, Topázio, Turmalina (*azul*)	
Do Mar: Abalone, Coral (*vermelho*), Madrepérola	
Deus: Agni	*Animal:* Ovinos (*carneiro*)
Réptil: Cobra	*Sentido:* Visão
Sons: para ativar: Ram; para mover a energia: Ah (como em paz)	
Questões, Intenções e Poderes: autoridade, confiança, coragem, energia, poder (pessoal), orgulho, respeito, sensibilidade, transformação, força de vontade	

QUARTO CHAKRA/DO CORAÇÃO

Nome Sânscrito: Anahata	*Localização:* Centro do peito
Sistema Solar: Júpiter, Saturno, Sol, Vênus	*Fases da Lua:* Cheia, Nova
Signos: Câncer, Gêmeos, Leão, Libra, Touro	*Elemento:* Ar
Cores: para ativar: Verde; para equilibrar: Cor-de-rosa, Rosa-claro	
Árvores: Castanheira, Salgueiro	*Planta:* Açafrão
Ervas e Jardim: Gardênia, Jasmim, Lavanda, Rosa, Espicanardo, Tomilho	
Aves: Canárias, Pintarroxo	*Réptil:* Cobra
Gemas e Minerais: Ágata (*verde, árvore*), Alexandrita, Amazonita, Ametrina, Andaluzita, Apofilita (*verde*), Água-marinha, Aragonita (*azul*), Aventurina, Heliotrópio, Ágata Rendada Azul, Calcita (*verde, rosa*), Caroíta, Cornalina, Crisoberilo, Crisocola, Crisópraso, Danburita, Rosa do Deserto, Diamante, Diopsídio, Dioptásio, Esmeralda, Fluorita (*verde*), Granada (*preta, rodolita, espessartita*), Howlita, Jade, Jaspe (*verde, marinho, cor-de-rosa*), Kunzita, Cianita, Labradorita, Larimar, Lepidolita, Malaquita, Moldavita, Pedra da Lua, Morganita, Ágata Musgo, Obsidiana (*arco-íris, floco de neve*), Peridoto, Madeira Petrificada, Pirita, Quartzo (*transparente, verde*), Rodocrosita, Rodonita, Quartzo Rosa, Rubi, Selenita, Serpentina, Smithsonita, Estaurolita, Sugilita, Topázio, Turmalina (*marrom, verde, rosa, melancia*), Tsavorita, Turquesa, Unakita, Zircônia (*verde*), Zoisita (*verde*)	
Do Mar: Abalone, Berbigão, Coral, Madrepérola, Pérola	
Metais: Ouro	*Sentidos:* Toque
Sons: para ativar: Yam; para mover a energia: Aye (como em Ei)	
Questões, Intenções e Poderes: afeto, equilíbrio, beleza, compaixão, empatia, cura, amor, atenção, cuidados, relacionamentos	

QUINTO CHAKRA/DA GARGANTA

Nome Sânscrito: Vishuddha	*Localização:* Base do pescoço
Signos: Aquário, Gêmeos, Touro, Virgem	*Fases da Lua:* Minguante
Sistema Solar: Marte, Mercúrio, Saturno, Urano, Vênus	
Cores: para ativar: Azul, Azul-esverdeado; para equilibrar: Verde-água	
Elemento: Ar	*Árvore:* Loureiro
Ervas e Jardim: Agrimônia, Camomila, Hortelã, Sálvia	
Plantas: Cravo-da-índia, Tussilagem, Mirra, Anis-estrelado	
Metal: Prata	
Gemas e Minerais: Alexandrita, Amazonita, Ametrina, Angelita, Apatita (*azul*), Água-marinha, Aragonita (*azul*), Azurita, Berilo, Ágata Rendada Azul, Calcita (*azul*), Celestita, Caroíta, Crisocola, Crisópraso, Citrino, Diamante, Granada (*preta*), Olho de Falcão, Jaspe (*oceano*), Cianita, Labradorita, Lápis-lazúli, Larimar, Pedra da Lua, Obsidiana (*arco-íris, floco de neve*), Ônix, Opala (*azul*), Peridoto, Quartzo (*azul, claro*), Safira, Sardônix, Selenita, Sodalita, Espinélio, Olho do Tigre, Topázio (*azul*), Turmalina (*azul, verde, vermelho*), Turquesa, Zircônia (*azul*)	
Do Mar: Abalone, Madrepérola	*Deus:* Indra
Animal: Alce	*Réptil:* Cobra
Aves: Azulão, Canário, Pintassilgo, Pardal	*Ser Mítico:* Unicórnio
Sons: para ativar: Ham; para mover a energia: EE	*Sentidos:* Audição
Questões, Intenções e Poderes: comunicação, criatividade, inspiração, liberação, verdade	

SEXTO CHAKRA/DO TERCEIRO OLHO/DA SOBRANCELHA

Nome Sânscrito: Ajna	*Localização:* acima e entre as sobrancelhas
Signos: Aquário, Peixes, Sagitário	*Fases da Lua:* Minguante
Sistema Solar: Júpiter, Mercúrio, Netuno, Urano, Vênus	
Cores: para ativar: Índigo; para equilibrar: Branco	*Árvores:* Macieira, Mimosa, Abeto-vermelho, Nogueira
Ervas e Jardim: Madressilva, Artemísia, Erva-de-são-joão, Violeta	
Plantas: Genciana-verde, Eufrásia, Olíbano, Lótus, Noz-moscada, Patchuli, Sândalo, Anis-estrelado	
Do Mar: Abalone, Madrepérola	

Gemas e Minerais: Ametista, Ametrina, Angelita, Apatita, Apofilita, Aragonita (*azul*), Azurita, Ágata Rendada Azul, Calcita (*transparente*), Olho de Gato, Celestita, Caroíta, Danburita, Diamante, Diopsídio, Fluorita, Granada, Olho de Falcão, Hematita, Iolita, Jade (*lavanda*), Labradorita, Lápis-lazúli, Larimar, Lepidolita, Moldavita, Morganita, Opala, Fenacita, Quartzo (*transparente*), Rodonita, Safira, Sardônix, Sodalita, Esfeno, Sugilita, Tanzanita, Olho de Tigre, Topázio, Turmalina (azul)	
Animais: Antílope, Girafa, Alce-americano	*Ave:* Abutre
Répteis: Lagarto, Cobra	*Sentido:* Intuição
Sons: para ativar: Om; mover a energia: MM	
Questões, Intenções e Poderes: clariaudiência, clarividência, clareza, cura, elucidação, imaginação, introspecção, intuição, capacidade psíquica, visões, sabedoria	

SÉTIMO CHAKRA/DA COROA

Nome Sânscrito: Sahasrara	*Localização:* Topo da cabeça
Sistema Solar: Netuno, Saturno, Urano	*Fases da Lua:* Nova
Signos: Aquário, Capricórnio, Peixes	*Elemento:* Ar
Cores: para ativar: Violeta, Roxo; para equilibrar: Dourado, Branco	
Ervas e Jardim: Madressilva, Lavanda, Rosa	*Árvores:* Castanheira, Palmeira (*sangue-de-dragão*)
Plantas: Olíbano, Lótus, Mirra	*Metal:* Ouro
Gemas e Minerais: Ágata (*árvore*), Alexandrita, Ametista, Ametrina, Angelita, Apofilita, Aragonita, Berilo, Ágata Rendada Azul, Calcita (*transparente*), Celestita, Cerussita, Caroíta, Crisoberilo, Citrino, Danburita, Rosa do Deserto, Diamante (*transparente*), Fluorita (*violeta*), Granada, Jade, Labradorita, Larimar, Moldavita, Obsidiana (*arco-íris*), Opala, Fenacita, Quartzo (*transparente, turmalinado*), Safira, Selenita, Serpentina, Quartzo-enfumaçado, Sodalita, Esfeno, Estaurolita, Sugilita, Pedra do Sol, Olho de Tigre, Topázio, Turmalina (*azul*), Turquesa, Zircônia	
Do Mar: Abalone, Coral (*branco*), Madrepérola, Pérola	
Deus: Shiva	*Animais:* Antílope, Alce-americano
Réptil: Cobra	*Sentido:* Consciência Cósmica
Sons: para ativar: Om; mover a energia: Eng	
Questões, Intenções e Poderes: Conexões (divina), consciência, energia (cósmica), iluminação, elucidação, conhecimento, espiritualidade, sabedoria	

OS NÚMEROS

1 – UM

Signos: Áries, Leão	*Sistema Solar:* Mercúrio, Sol
Dia: Domingo	*Ogham:* Ailm
Runa: As	*Tarô:* O Mago
Cores: Dourado, Laranja, Branco, Amarelo	*Elemento:* Fogo
Energias: Yang, Yin	*Metal:* Ouro
Gemas e Minerais: Ágata (*vermelha*), Âmbar, Angelita, Água-marinha, Azurita, Berilo (*ouro*), Citrino, Jaspe (*verde*), Ágata Musgo, Obsidiana, Pedra do Sol, Topázio, Turquesa	
Deusas: Afrodite, Diana, Vesta	*Deuses:* Apolo, Freyr, Hefésto, Ptah
Ser Mítico: Unicórnio	*Anjo:* Rafael
Questões, Intenções e Poderes: realização, ação, ambição, assertividade, começos, negócios, coragem, criatividade, determinação, harmonia, cura, independência, inspiração, liderança, luz, sorte, dinheiro, otimismo, ordenar/organizar, paz, poder, trabalho interior, força de vontade	

2 – DOIS

Signos: Gêmeos, Touro	*Sistema Solar:* Marte, Lua
Dia: Segunda-feira	*Ogham:* Eadha
Runa: Hagal	*Elemento:* Água
Cores: Azul (*escuro*), Verde, Branco	*Energia:* Yin
Tarô: A Sacerdotisa	*Metal:* Prata
Gemas e Minerais: Ágata (*verde*), Granada, Jade, Pedra da Lua, Safira, Turmalina (*melancia*), Zircônia (*vermelha*)	
Do Mar: Pérola	
Deusas: Ceres, Frigga, Reia, Vênus	*Deuses:* Loki, Saturno
Anjo: Gabriel	
Questões, Intenções e Poderes: adaptabilidade, equilíbrio, desafios, mudança/s, engano, trabalho com sonhos, empatia, amigo/amizade, gentileza, imaginação, aumentar, compreensão intuitiva, inteligência, introspecção, intuição, amor, mensagens/presságios, mente, paciência, romance, segurança (emocional), apoio, visões	

3 – TRÊS

Signo: Gêmeos	*Sistema Solar:* Júpiter, Marte, Lua, Saturno
Dia: Quarta-feira	*Ogham:* Ioho
Runa: Ur	*Elemento:* Fogo
Cores: Verde, Lilás, Malva, Violeta	*Energia:* Yang
Tarô: Imperatriz	*Metal:* Estanho
Gemas e Minerais: Ágata (*árvore*), Âmbar, Ametista, Aventurina, Calcita (*azul, verde*), Crisópraso, Granada, Lápis-lazúli, Rubi, Sardônix, Espinélio, Sugilita, Turmalina (*preta*)	
Deusas: Hécate, Modron	*Deus:* Plutão
Questões, Intenções e Poderes: ação, ambição, autoridade, equilíbrio (mental), beleza, começos, comunicação, conexões, controle, criatividade, encruzilhada, ciclos, disciplina, términos, amigo/amizade, harmonia, cura, imaginação, vida, amor, sorte, magia (lunar), manifestação, mente, motivação, prazer, orgulho, proteção, capacidade psíquica, sucesso, unidade	

4 – QUATRO

Sistema Solar: Terra, Júpiter, Mercúrio, Urano	*Signo:* Leão
Ogham: Onn	*Runa:* Dag
Elemento: Terra	*Energia:* Yin
Cores: Azul, Marrom, Cinza	*Tarô:* O Imperador
Gemas e Minerais: Ametrina, Heliotrópio, Calcita (*cor-de-rosa*), Esmeralda, Pedra da Lua, Quartzo, Rodocrosita, Safira, Sodalita, Esfeno, Olho do Tigre, Topázio, Turmalina (*preta*), Zircônia	
Do Mar: Coral (*vermelho*)	*Deuses:* Júpiter, Odin, Zeus
Animal: Tatu	
Questões, Intenções e Poderes: realização, atração, negócios, calma, comunidade, compaixão, concentração/foco, consciência, criatividade, encruzilhada, desejo, justiça, liderança, limitações / limites, lealdade, manifestação, dinheiro, obstáculos, ordenar/organizar, paixão, paciência, poder, proteção, respeito, estabilidade, bem-estar	

5 – CINCO

Sistema Solar: Júpiter, Marte, Mercúrio, Vênus	*Signos:* Leão, Touro
Dia: Terça-feira	*Ogham:* Beithe, Ur
Runa: Rad	*Elemento:* Ar

Cores: Cinza, Vermelho, Prata, Branco	*Energia:* Yang
Tarô: O Hierofante	*Árvores:* Macieira, Sabugueiro, Salgueiro
Gemas e Minerais: Alexandrita, Amazonita, Ágata Rendada Azul, Calcita (*laranja*), Cornalina, Crisocola, Diamante, Estaurolita, Turmalina (*vermelha*)	
Metal: Mercúrio	*Deuses:* Dionísio, Marte, Thor
Deusas: Ceridwen, Ishtar, Kali, Minerva	*Ave:* Galináceos (*galo*)
Insetos diversos: Borboleta	
Questões, Intenções e Poderes: ação, atração, mudança/s, inteligência, comunicação, conexões, desejo, energia, medo, liberdade, inspiração, amor, oportunidades, otimismo, paixão, proteção, sentidos, sensualidade, sexo/sexualidade, sono, espíritos, espiritualidade, viagem	

6 – SEIS

Signos: Gêmeos, Virgem	*Sistema Solar:* Sol, Vênus
Dia: Sexta-feira	*Ogham:* Muin
Runa: Ken	*Elemento:* Terra
Cores: Azul, Dourado, Cor-de-rosa, Rosa-claro	*Energia:* Yin
Tarô: Os Enamorados	*Metal:* Cobre
Gemas e Minerais: Lágrimas de Apache, Olho de Gato, Crisoberilo, Citrino, Diamante, Esmeralda, Jaspe (*marrom, vermelho*), Ônix, Peridoto, Safira (*estrela*), Topázio, Turmalina (*azul, verde*), Turquesa	
Do Mar: Coral (*preto, branco*)	*Deusas:* Anfitrite, Atena, Freya
Deuses: Baco, Hermes	*Anjo:* Rafael
Questões, Intenções e Poderes: afeto, ansiedade, equilíbrio, conforto, compaixão, consciência, criatividade, emoções, família, amigo/amizade, felicidade, harmonia, lar, imaginação, inteligência, bondade, vida, amor, lealdade, sorte, mente, dinheiro, paz, relações, responsabilidade, simpatia, bem-estar, sabedoria	

7 – SETE

Signo: Libra	*Sistema Solar:* Netuno, Saturno, Vênus
Dia: Sábado	*Runa:* Ehwaz
Tarô: O Carro	*Elemento:* Água
Cores: Verde, Roxo, Branco	*Energias:* Yin, Yang

Do Mar: Pérola	
Gemas e Minerais: Andaluzita, Olho de Gato, Jade, Kunzita, Pedra da Lua, Quartzo Rosa, Turmalina (*rosa*), Zircônia (*vermelha*)	
Deusas: Atena, Frigga, Iduna, Minerva	*Deus:* Mitra
Ser Mágico: Fadas	*Anjo:* Gabriel
Animal: Cervo (veado)	*Ave:* Chapim
Questões, Intenções e Poderes: realização, afeto, negócios, mudança/s, clarividência, encantamento, fé, medo, fertilidade, bondade, dor, cura, imaginação, inteligência, introspecção, intuição, conhecimento, luz, amor, mente, dinheiro, otimismo, paixão, paz, poder, problemas, segredos, espiritualidade, sucesso, viagem, verdade, bem-estar, sabedoria	

8 – OITO

Signos: Leão, Escorpião	*Sistema Solar:* Mercúrio, Saturno
Dia: Quinta-feira	*Ogham:* Fearn
Runa: Elhaz	*Elemento:* Terra
Cores: Preto, Marrom, Laranja, Roxo	*Energia:* Yin
Árvore: Azevinho	*Tarô:* A Força
Metal: Chumbo	
Gemas e Minerais: Calcita, Celestita, Berilo, Azeviche, Lepidolita, Opala, Safira, Selenita, Serpentina	
Do Mar: Madrepérola	*Deuses:* Mercúrio, Posêidon
Deusas: Cibele, Gaia, Hera, Vênus	
Questões, Intenções e Poderes: abundância, realização, autoridade, ambição, negócios, dedicação/devoção, disciplina, fertilidade, crescimento, justiça, karma, solidão, dinheiro, ordenar/organizar, paciência, poder (interior), orgulho, proteção, segredos, espiritualidade, estabilidade, força, sucesso, bem-estar	

9 – NOVE

Signos: Sagitário, Escorpião, Virgem	*Sistema Solar:* Marte, Lua
Dias: Sexta-feira, Segunda-feira	*Ogham:* Coll
Runa: Jera	*Elemento:* Fogo

Cores: Cor-de-rosa, Vermelho, Rosa-claro, Prateado, Branco	*Energia:* Yang
Tarô: O Eremita	*Árvore:* Aveleira
Gemas e Minerais: Ágata, Heliotrópio, Granada, Hematita, Malaquita, Rodonita, Rubi	
Metal: Ferro	*Deuses:* Khensu, Odin, Shiva
Deusas: Aine, Ariadne, Arianrhod, Hécate, Hel, Juno, Luna, Nanna, Rhiannon, Selene	
Questões, Intenções e Poderes: realização, começos, compaixão, coragem, criatividade, encruzilhada, determinação, emoções, generosidade, cura, independência, inspiração, aprendizagem (ensino), luz, perda, amor, magia (lunar), mente, pesadelos, proteção, capacidade psíquica, simpatia, sabedoria	

10 – DEZ

Ogham: Gort	*Cor:* Azul (*claro*)
Energia: Yin	
Questões, Intenções e Poderes: realização, começos, ciclos, morte, fertilidade, vida, casamento, ordenar/organizar, unidade	

11 – ONZE

Signo: Aquário	*Ogham:* Tinne
Energia: Yang	*Cor:* Verde-água
Planta: Hera	*Deusa:* Tiamat
Deuses: Netuno, Njord, Posêidon	*Anjos:* Miguel
Animal: Lince	
Questões, Intenções e Poderes: escuridão, destino, fertilidade, compreensão intuitiva, inspiração, introspecção, intuição, magia (negra), poder (pessoal), espiritualidade	

12 – DOZE

Ogham: Duir	*Cor:* Amarelo
Energia: Yin	*Deuses:* Balder, Jano
Anjos: Uriel, Gabriel	
Questões, Intenções e Poderes: ciclos, conhecimento (arcano), manifestação, o outro mundo/mundo inferior, poder, profecia (sonhos), espiritualidade, visões	

13 – TREZE

Sistema Solar: Lua	*Ogham:* Nion
Cor: Preto	*Energia:* Yang
Árvore: Carvalho	*Deuses:* Hades, Plutão, Zeus
Anjos: Rafael	*Animal:* Gambá
Questões, Intenções e Poderes: ação, reino astral, ciclos, términos, magia (negra, lunar), manifestação, poder, unidade, sabedoria, bruxas/bruxaria	

O TARÔ – ARCANOS MAIORES

O CARRO

Signo: Câncer	*Sistema Solar:* Lua
Dia: Domingo	*Runa:* Ken
Cores: Prateado, Branco	*Árvores:* Cipreste, Oliveira
Planta: Lótus	*Gemas e Mineral:* Âmbar
Deus: Manannán	
Questões, Intenções e Poderes: batalha/guerra, mudança/s, concentrar /foco, vingança, força, sucesso, transformação	

O DIABO

Sistema Solar: Marte	*Signo:* Capricórnio
Runa: Nyd	*Cores:* Preto, Marrom, Cinza, Vermelho
Planta: Cardo	
Gemas e Minerais: Diamante (preto), Azeviche, Obsidiana	
Questões, Intenções e Poderes: raiva (expressar), consciência (subconsciente), resistência, influência (maléfica), limitações/limites, magia (negra)	

OS ENAMORADOS

Sistema Solar: Mercúrio	*Signo:* Gêmeos
Dia: Sexta-feira	*Runas:* Ehwaz, Gyfu

Cores: Azul (*claro*), Laranja, Amarelo	*Número:* 6
Gemas e Minerais: Ágata, Alexandrita, Calcita (*transparente*), Quartzo Rosa, Estaurolita	
Questões, Intenções e Poderes: atração, equilíbrio, beleza, emoções, harmonia, amor, relações, romance, sexo/sexualidade	

O ENFORCADO

Signo: Peixes	*Sistema Solar:* Netuno, Saturno
Runa: Eoh	*Elemento:* Água
Árvore: Freixo	*Planta:* Lótus
Gemas e Minerais: Água-marinha, Berilo, Crisocola	
Questões, Intenções e Poderes: mudanças/s, morte, aprimoramento (auto), intuição, perda, reverter	

O EREMITA

Sistema Solar: Mercúrio	*Signo:* Virgem
Runa: Is	*Cores:* Marrom, Dourado, Laranja
Número: 9	*Árvore:* Álamo
Gemas e Minerais: Heliotrópio, Peridoto, Safira, Turmalina (*azul*)	
Questões, Intenções e Poderes: elucidação, introspecção, conhecimento (não utilizado), poder (interior), sabedoria	

A ESTRELA

Signo: Aquário	*Sistema Solar:* Urano, Vênus
Runa: Lagu	*Cores:* Azul, Amarelo
Árvore: Abeto (*prateado*)	*Planta:* Solidéu
Gemas e Minerais: Quartzo (*transparente*), Turquesa, Zircônia	
Deusa: Maeve	
Questões, Intenções e Poderes: equilíbrio, clareza, fé, orientação (espiritual), esperança, influência, compreensão intuitiva, inspiração	

A FORÇA

Sistema Solar: Sol	*Signo:* Leão
Dia: Terça-feira	*Runa:* Wyn
Cores: Dourado, Amarelo	*Número:* 8
Ervas e Jardim: Girassol	*Deusas:* Artio, Brigantia
Gemas e Minerais: Olho de Gato, Diamante, Granada, Jaspe, Lápis-lazúli, Peridoto, Topázio	
Questões, Intenções e Poderes: ação, controle, coragem, energia, obstáculos, poder, força	

O HIEROFANTE

Signo: Touro	*Runa:* Rad
Cores: Verde, Rosa-claro	*Número:* 5
Ervas e Jardim: Sálvia	
Gemas e Minerais: Cornalina, Jade, Lápis-lazúli, Topázio	
Questões, Intenções e Poderes: autoridade, perdão, inspiração, intuição, manifestação, espiritualidade, sabedoria	

O IMPERADOR

Signo: Áries	*Sistema Solar:* Marte
Runa: Thorn	*Cores:* Vinho, Vermelho
Número: 4	*Árvore:* Carvalho
Ervas e Jardim: Gerânio	*Gemas e Minerais:* Heliotrópio, Diamante, Rubi
Questões, Intenções e Poderes: ambição, autoridade, batalha/guerra, certeza, controle, energia, poder, força	

A IMPERATRIZ

Signos: Libra, Touro	*Sistema Solar:* Vênus
Dia: Sexta-feira	*Runa:* Beorc
Cores: Verde, Rosa-claro	*Árvores:* Cipreste, Murta
Ervas e Jardim: Trevo, Rosa	*Planta:* Grãos (*milho*) 0

Gemas e Minerais: Esmeralda, Peridoto, Quartzo Rosa, Turquesa
Deusas: Brigid, Danu, Dôn
Questões, Intenções e Poderes: beleza, criatividade, fertilidade, felicidade, cuidados, prazer, gravidez/parto, sucesso

O JULGAMENTO

Sistema Solar: Plutão	*Runa:* Ing
Gemas e Minerais: Malaquita, Opala (*fogo*)	*Elemento:* Fogo
Questões, Intenções e Poderes: decisão/ões, determinação, introspecção (sobre o passado), justiça, renascimento/renovação	

A JUSTIÇA

Signo: Libra	*Sistema Solar:* Vênus
Runa: Tyr	*Cor:* Verde
Gemas e Minerais: Cornalina, Olho de Gato	
Questões, Intenções e Poderes: equilíbrio, equidade, justiça (questões jurídicas), força	

O LOUCO

Signo: Aquário	*Sistema Solar:* Urano
Runa: Jera	*Elemento:* Ar
Cores: Azul, Amarelo	*Árvore:* Álamo
Ervas e Jardim: Hortelã-pimenta	*Planta:* Ginseng
Gemas e Minerais: Ágata, Aventurina, Topázio, Turmalina, Turquesa	
Questões, Intenções e Poderes: começos, ciclos, disciplina (necessária), orientação (necessária), espiritualidade	

A LUA

Signo: Peixes	*Sistema Solar:* Lua
Dia: Segunda-feira	*Runas:* Elhaz, Odal
Elemento: Água	*Cores:* Prateado, Branco

Árvore: Aveleira	*Gemas e Minerais:* Pedra da Lua
Do Mar: Coral (*branco*), Pérola	*Vida Marinha:* Caranguejo
Questões, Intenções e Poderes: perigo, escuridão, engano (revelar), obstáculos, segredos, verdade	

O MAGO

Signos: Gêmeos, Virgem	*Sistema Solar:* Mercúrio
Dia: Quarta-feira	*Runa:* Man
Cores: Índigo, Violeta, Branco, Amarelo	*Número:* 1
Ervas e Jardim: Manjerona, Verbena	
Gemas e Minerais: Ágata, Citrino, Opala (*fogo*), Quartzo, Olho de Tigre	
Questões, Intenções e Poderes: comunicação, controle, criatividade, engano, inteligência, manifestação, poder, habilidades, força de vontade, sabedoria	

A MORTE

Signo: Escorpião	*Sistema Solar:* Saturno
Runa: As	*Árvores:* Álamo, Sabugueiro, Murta, Teixo
Gemas e Minerais: Âmbar, Heliotrópio	
Questões, Intenções e Poderes: mudança/s, términos, transformação	

O MUNDO

Sistema Solar: Saturno	*Runa:* Hagal
Cores: Preto, Cinza	*Árvores:* Cipreste, Teixo
Planta: Beladona	*Seres Mágicos:* Moiras, Nórnias
Gemas e Minerais: Hematita, Kunzita, Lápis-lazúli, Ônix, Opala	
Questões, Intenções e Poderes: realização, ciclos, manifestação, paciência, sucesso	

A RODA DA FORTUNA

Signo: Sagitário	*Sistema Solar:* Júpiter
Dia: Quarta-feira	*Runa:* Peorth
Cores: Azul (*escuro*), Roxo	*Árvores:* Olmo, Carvalho

Gemas e Minerais: Ametista, Lápis-lazúli, Opala (*preta*), Safira, Sardônica	
Deusa: Fortuna	*Seres Mágicos:* Moiras, Nórnias
Questões, Intenções e Poderes: mudança/s, destino, sorte, sucesso	

A SACERDOTISA

Signo: Câncer	*Sistema Solar:* Lua
Dia: Segunda-feira	*Cores:* Prateado, Branco
Runa: Ur	*Árvores:* Aveleira, Romãzeira
Planta: Lunária	*Do Mar:* Pérola
Gemas e Minerais: Esmeralda, Pedra da Lua	*Deus:* Dagda
Questões, Intenções e Poderes: mudança/s, clarividência, ciclos, elucidação, aumentar, intuição, segredos, sabedoria	

O SOL

Signo: Leão	*Sistema Solar:* Sol
Dia: Domingo	*Runa:* Sigel
Ervas e Jardim: Angélica, Heliotrópio, Girassol	
Cores: Dourado, Amarelo	
Gemas e Minerais: Diamante, Pedra do Sol, Olho de Tigre	
Questões, Intenções e Poderes: realização, iluminação, felicidade, cura, otimismo,	
prazer, sucesso, verdade	

A TEMPERANÇA

Signo: Sagitário	*Dia:* Sábado
Gemas e Minerais: Ametista, Zircônia (*vermelha*)	*Runa:* Dag
Questões, Intenções e Poderes: ação, adaptabilidade, harmonia, amor, paciência, unidade	

A TORRE

Sistema Solar: Marte, Urano	*Runa:* Feoh
Ervas e Jardim: Arruda	*Planta:* Absinto
Gemas e Minerais: Granada, Magnetita, Rubi	
Deusas: Badb, Macha	
Questões, Intenções e Poderes: ambição, batalha/guerra, mudança/s (inesperadas), coragem, perigo, destruição, inimizade	

O TARÔ – NAIPES DOS ARCANOS MENORES

COPAS/CALDEIRÕES/CÁLICES

Signo: Aquário	*Estação:* Outono
Dia: Sexta-feira (*2 de Copas*)	*Horas do dia:* Crepúsculo
Elemento: Água	*Direção:* Oeste
Cores: Azul, Índigo	*Ser Mágico:* Ondinas
Questões, Intenções e Poderes: compaixão, emoções, empatia, imaginação, cuidados, paciência, prazer, capacidade psíquica, relacionamentos, sensibilidade, estimulação, simpatia	

ESPADAS/ADAGAS/FACAS

Signo: Escorpião	*Estação:* Primavera
Dia: Sábado (*valete, 2 de Espadas*)	*Horas do dia:* Amanhecer
Elemento: Ar	*Direção:* Leste
Cores: Branco, Amarelo	*Ser Mágico:* Sílfides
Questões, Intenções e Poderes: controle, engano, defensiva, objetivos, crescimento, orientação (*interior*), inteligência, justiça, conhecimento, aprendizagem (e ensino), mente	

OUROS/MOEDAS/DISCOS/RODAS

Signo: Touro	*Estação:* Inverno
Horas do dia: Meia-noite	*Elemento:* Terra
Dias: Quinta-feira (*Ás, 9, 10 de Ouros*), Quarta-feira (*8 de Ouros*)	

Direção: Norte	*Cores:* Marrom, Verde
Ser Mágico: Gnomos	
Questões, Intenções e Poderes: ligações, negócios, resistência, conhecimento, memória/s, dinheiro, prosperidade, segurança, sentidos, estabilidade, sucesso	

PAUS/SETAS/CAJADOS

Signo: Leão	*Estação:* Verão
Horas do dia: Meio-dia	*Elemento:* Fogo
Dias: Domingo (*Ás de Paus*), Terça-feira (*5, 6 de Paus*)	
Direção: Sul	*Cores:* Laranja, Vermelho
Ser Mágico: Salamandras	
Questões, Intenções e Poderes: ação, confiança, consciência (subconsciente/equilíbrio), criatividade, desejo, fé, liberdade, honestidade, inspiração, intuição, motivação, poder	

Apêndice

Guia de Plantas

Apresento a seguir uma lista em ordem alfabética das plantas citadas neste livro para ajudá-lo a encontrar as suas entradas.

H

I

J

L

M

N

O

P

R

S

T

U

V

Bibliografia

Abbott, R. Tucker. *Kingdom of the Seashell.* Nova York: Crown Publishers, 1979.

Adkins, Lesley e Roy A. Adkins. *Handbook to Life in Ancient Rome.* Nova York: Facts on File, 2004.

Alessi, Justine A. e M. E. McMillan. *Rebirth of the Oracle: The Tarot for the Modern World.* Huntsville, AR: Ozark Mountain Publishers, 2005.

Andrews, Ted. *Animal Speak: The Spiritual and Magical Powers of Creatures Great and Small.* St. Paul, MN: Llewellyn, 2003.

Armitage, Allan M. *Armitage's Garden Annuals: A Color Encyclopedia.* Portland, OR: Timber Press, 2004.

Armstrong, Edward A. *The Life and Lore of the Bird in Nature, Art, Myth and Literature.* Nova York: Crown Publishers, 1975.

Atkins, Peter. *Memory and Liturgy.* Brookfield, VT: Ashgate Publishing, 2004.

Baggott, Andy. *Celtic Wisdom.* Londres: Judy Piatkus Publishers, 1999.

Bailey, Nancy, org. *Little Giant Encyclopedia: Magic & Spells.* Nova York: Sterling Publishing, 2007.

Becker, Udo. *The Continuum Encyclopedia of Symbols*. Nova York: The Continuum International Publishing Group, 2000.

Berger, Ruth. *The Secret Is in the Rainbow: Aura Interrelationships*. Nova York: Weiser Books, 1989.

Bierlein, J. F. *Living Myths: How Myth Gives Meaning to Human Experience*. Nova York: Random House, 2010.

Billing, Kelly e Paula Biles. *The Lotus: Know It and Grow It*. Churchville, NY: International Waterlily & Water Gardening Society, 2007.

Blum, Ralph. *The Book of Runes*. Londres: Headline Book Publishing, 1993.

Bonewits, Isaac. *Real Magic*. Boston, MA: Samuel Weiser, 1989.

Boxer, Arabella e Charlotte Parry-Crooke. *The Book of Herbs and Spices*. Londres: The Hamlyn Publishing Group, 1989.

Budge, E. A. Wallis. *Egyptian Magic*. Nova York: Dover Publications, 1971.

Bunning, Joan. *Learning the Tarot: A Tarot Book for Beginners*. York Beach, ME: Weiser Books, 1998.

Campbell, Joseph, with Bill Moyers. *The Power of Myth*. Nova York: Doubleday, 1988.

Carlyon, Richard. *A Guide to the Gods: An Essential Guide to World Mythology*. Nova York: William Morrow and Company, 1981.

Chevalier, Jean e Alain Gheerbrant. *The Penguin Dictionary of Symbols*. Nova York: Penguin, 1996.

Chevallier, Andrew. *The Encyclopedia of Medicinal Plants*. Londres: Dorling Kindersley Limited, 1996.

Chocron, Daya Sarai. *The Healing Power of Seashells*. Findhorn, Escócia: Earthdancer Books, 2005.

Cirlot, Juan Eduardo. *A Dictionary of Symbols*. Mineola, NY: Dover Publications, 2002.

Conway, D. J. *Animal Magick: The Art of Recognizing & Working with Familiars*. St. Paul, MN: Llewellyn, 1995.

________. *By Oak, Ash, & Thorn: Modern Celtic Shamanism*. St. Paul, MN: Llewellyn, 1997.

________. *Celtic Magic*. St. Paul, MN: Llewellyn, 2002.

________. *Crystal Enchantments: A Complete Guide to Stones and Their Magical Uses*. Berkeley, CA: The Crossing Press, 1999.

________. *Wicca: The Complete Craft.* Nova York: Ten Speed Press, 2001.

Coombes, Allen J., org. *Dictionary of Plant Names.* Portland, OR: Timber Press, 1985.

Cunningham, Scott. *Cunningham's Encyclopedia of Crystal, Gem & Metal Magic.* St. Paul, MN: Llewellyn, 2001.

________. *Cunningham's Encyclopedia of Magical Herbs.* St. Paul, MN: Llewellyn, 1998.

________. *Earth, Air, Fire & Water: More Techniques of Natural Magic.* Woodbury, MN: Llewellyn, 2005.

Cunningham, Scott, and David Harrington. *Spell Crafts: Creating Magical Objects.* St. Paul, MN: Llewellyn, 1993.

Daly, Kathleen N. e Marian Rengel. *Greek and Roman Mythology A to Z,* 3ª edição. Nova York: Chelsea House, 2009.

Daniel, Marilyn F. *Kitchen Witchery.* Newburyport, MA: Weiser Books, 2002.

Dawson, Michael R. W. *Minds and Machines: Connectionism and Psychological Modeling.* Malden, MA: Blackwell Publishing, 2004.

Dobelis, Inge, org. *Magic and Medicine of Plants.* Pleasantville, NY: Reader's Digest, 1986.

Dolfyn. *Crystal Wisdom: Spiritual Properties of Crystals and Gemstones.* Oakland, CA: Earthspirit, 1989.

Drew, A. J. *A Wiccan Formulary and Herbal.* Franklin Lakes, NJ: New Page Books, 2004.

Dugan, Ellen. *7 Days of Magic: Spells, Charms & Correspondences for the Bewitching Week.* St. Paul, MN: Llewellyn, 2004.

Dunwich, Gerina. *Dunwich's Guide to Gemstone Sorcery.* Franklin Lakes, NJ: Career Press, 2003.

________. *Exploring Spellcraft: How to Create and Cast Effective Spells.* Franklin Lakes, NJ: The Career Press, 2001.

________. *Magick Potions.* Secaucus, NJ: Carol Publishing Group, 1999.

Eason, Cassandra. *A Complete Guide to Faeries & Magical Beings.* York Beach, ME: Red Wheel/ Weiser, 2002.

Ellis, Normandi. *Feasts of Light.* Wheaton, IL: Quest Books, 1999.

Farmer, Steven D. *Animal Spirit Guides: An Easy-to-Use Handbook for Identifying and Understanding Your Power Animals and Animal Spirit Helpers.* Carlsbad, CA: Hay House, 2006.

Ferguson, Diana. *The Magickal Year: A Pagan Perspective on the Natural World.* Nova York: Labyrinth Books, 1996.

Folkard, Richard. *Plant Lore, Legends, and Lyrics.* London: Samspon, Low, Marston, Searle & Rivington, 1884.

Fontana, David. *The Secret Language of Symbols.* San Francisco: Chronicle Books, 2003.

Franklin, Anna. *The Celtic Animal Oracle.* Londres: Vega Books, 2003.

Gallagher, Ann-Marie. *The Wicca Bible: The Definitive Guide to Magic and the Craft.* Nova York: Sterling Publishing, 2005.

Gemondo, Millie e Trish MacGregor. *Animal Totems: The Power and Prophecy of Your Animal Guides.* Beverly, MA: Fair Winds Press, 2004.

Gibson, Clare. *Goddess Symbols: Universal Signs of the Divine Female.* Nova York: Barnes & Noble Books, 1998.

Gibson, Lynne e Pat Wootten. *Hinduism.* Oxford, UK: Heinemann Educational Publishers, 2002.

Gimbutas, Marija. *The Civilization of the Goddess: The World of Old Europe.* San Francisco: HarperSanFrancisco, 1991.

________. *The Language of the Goddess.* San Francisco: HarperSanFrancisco, 1991.

Graves, Robert. *The White Goddess: A Historical Grammar of Poetic Myth.* Nova York: Farrar, Straus and Giroux, 1975.

Greer, John Michael. *Encyclopedia of Natural Magic.* Woodbury, MN: Llewellyn, 2005.

________. *The New Encyclopedia of the Occult.* St. Paul, MN: Llewellyn, 2003.

Grimassi, Raven. *Encyclopedia of Wicca & Witchcraft.* St. Paul, MN: Llewellyn, 2000.

________.*Wiccan Magick: Inner Teachings of the Craft.* St. Paul, MN: Llewellyn, 1998.

Hageneder, Fred. *The Meaning of Trees: Botany, History, Healing, Lore.* San Francisco: Chronicle Books, 2005.

Hall, Judy. *The Crystal Bible.* Cincinnati, OH: Walking Stick Press, 2003.

________. *The Encyclopedia of Crystals.* Beverly, MA: Fair Winds Press, 2006.

Hanson, Michelle. *Ocean Oracle: What Seashells Reveal About Our True Nature*. Hillsboro, OR: Beyond Words Publishing, 2004.

Harding, Jennie. *Crystals*. Cincinnati, OH: Walking Stick Press, 2007.

Hart, George. *The Routledge Dictionary of Egyptian Gods and Goddesses*. Nova York: Routledge, 2005.

Holland, Eileen. *Holland's Grimoire of Magickal Correspondences*. Franklin Lakes, NJ: New Page Books, 2006.

_________. *The Wicca Handbook*. Boston, MA: Weiser Books, 2000.

Hulse, David Allen. *The Western Mysteries*. St. Paul, MN: Llewellyn, 2000.

Jackson, Janie. *Simply Crystals*. Nova York: Sterling Publishing, 2006.

Jobes, Gertrude. *Dictionary of Mythology Folklore and Symbols*. Nova York: The Scarecrow Press, 1962.

Jones, Julia e Barbara Deer. *Calendar of Garden Lore*. Londres: Dorling Kindersley, 1989.

Judith, Anodea. *Wheels of Life: A User's Guide to the Chakra System*. St. Paul, MN: Llewellyn, 1996.

Jung, Carl Gustav. *Man and His Symbols*. Nova York: Dell, 1968.

Kear, Katherine. *Flower Wisdom: The Definitive Guidebook to the Myth, Magic and Mystery of Flowers*. Londres: Thorsons, 2000.

Kenner, T. A. *Symbols and Their Hidden Meaning*. Emeryville, CA: Thunder's Mouth Press, 2006.

Kirkpatrick, Carrie. *Goddess Enchantment, Magic and Spells: Volume 2: Goddesses Love, Abundance and Transformation*. Nashville, TN: Grave Distractions Publications, 2011.

Knight, Sirona. *The Witch and Wizard Spellbook*. Nova York: Kensington Publishing, 2005.

Kunz, George Frederick. *The Curious Lore of Precious Stones*. Nova York: Dover Publications, 1971.

Leeming, David e Jake Page. *Goddess: Myths of the Female Divine*. Nova York: Oxford University Press, 1994.

Lewis, James R. e Murphy Pizza, orgs. *Handbook of Contemporary Paganism*. Leiden, The Netherlands: Koninklijke Brill, 2009.

Lilly, Sue e Simon Lilly. *Healing with Crystals and Chakra Energies*. Londres: Hermes House, 2004.

Lipp, Deborah. *The Way of Four: Create Elemental Balance in Your Life.* St. Paul, MN: Llewellyn, 2004.

Littleton, C. Scott. *Gods, Goddesses and Mythology.* Tarrytown, NY: Marshall Cavendish, 2005.

Loomis, Frederick Brewster. *Field Book of Common Rocks and Minerals.* Nova York: G. P. Putnam's Sons, 1948.

Mackillop, James. *Dictionary of Celtic Mythology.* Nova York: Oxford University Press, 1998.

Martin, Laura C. *Wildflower Folklore.* Nova York: McMillan Publishers, 1984.

Matthews, John e Caitlin Matthews. *The Winter Solstice: The Sacred Traditions of Christmas.* Wheaton, IL: Quest Books, 2003.

McCoy, Edain. *Celtic Myth & Magic.* St. Paul, MN: Llewellyn, 2000.

________. *The Sabbats: A New Approach to Living the Old Ways.* St. Paul, MN: Llewellyn, 2004.

Mercier, Patricia. *The Chakra Bible: The Definitive Guide to Working with Chakras.* Nova York: Sterling Publishing, 2007.

Mircea, Eliade e Philip Mairet. *Images and Symbols: Studies in Religious Symbolism.* Princeton, NJ: Princeton University Press, 1991.

Moorey, Teresa. *The Fairy Bible: The Definitive Guide to the World of Fairies.* Nova York: Sterling Publishing, 2008.

Moura, Ann. *Green Magic: The Sacred Connection to Nature.* St. Paul, MN: Llewellyn, 2004.

________. *Grimoire for the Green Witch: A Complete Book of Shadows.* St. Paul, MN: Llewellyn, 2004.

________. *Tarot for the Green Witch.* St. Paul, MN: Llewellyn, 2003.

Newcomb, Lawrence. *Newcomb's Wildflower Guide.* Boston, MA: Little, Brown and Co., 1977.

NicMhacha, Sharynne MacLeod. *Queen of the Night: Rediscovering the Celtic Moon Goddess.* York Beach, ME: Red Wheel/Weiser, 2005.

Noble, Vicki. *Motherpeace: A Way to the Goddess through Myth, Art and Tarot.* San Francisco: Harper & Row, 1983.

O'Hara, Gwydion. *Pagan Ways: Finding Your Spirituality in Nature.* St. Paul, MN: Llewellyn, 2004.

Oldershaw, Cally. *Firefly Guide to Gems.* Toronto: Firefly Books, 2003.

Pennick, Nigel. *The Pagan Book of Days: A Guide to the Festivals, Traditions and Sacred Days of the Year.* Rochester, VT: Destiny Books, 2001.

Pinch, Geraldine. *Egyptian Mythology: A Guide to the Gods, Goddesses, and Traditions of Ancient Egypt.* Nova York: Oxford University Press, 2002.

Pough, Frederick H. *A Field Guide to Rocks and Minerals.* Nova York: Houghton Mifflin, 1988.

Raedisch, Linda. *Night of the Witches.* Woodbury, MN: Llewellyn, 2011.

Rapp, George. *Archaeomineralogy.* Duluth, MN: University of Minnesota, 1965.

Richardson, Alan. *The Magician's Tables: A Complete Book of Correspondences.* Londres: Godsfield Press, 2007.

Riley, Jana. *The Tarot Book: Basic Instruction for Reading Cards.* York Beach, ME: Samuel Weiser, 1992.

Riske, Kris Brandt. *Llewellyn's Complete Book of Astrology.* Woodbury, MN: Llewellyn, 2007.

Robinson, George W. *Minerals: An Illustrated Exploration of the Dynamic World of Minerals and Their Properties.* Nova York: Simon and Schuster, 1994.

Rogers-Gallagher, Kim. "Magical Stones and Your Sun Signs," *Llewellyn's 1999 Magical Almanac.* St. Paul, MN: Llewellyn, 1999.

Sabrina, Lady. *The Witch's Master Grimoire: An Encyclopedia of Charms, Spells, Formulas, and Magical Rites.* Franklin Lakes, NJ: Career Press, 2001.

Schimmel, Annemarie. *The Mystery of Numbers.* Nova York: Oxford University Press, 1993.

Schumann, Walter. *Gemstones of the World.* Nova York: Sterling Publishing, 2006.

Shanddaramon. *Living Paganism: An Advanced Guide for the Solitary Practitioner.* Franklin Lakes, NJ: Career Press, 2006.

Simmons, Robert, and Naisha Ahsian. *The Book of Stones: Who They Are and What They Teach.* East Montpelier, VT: Heaven & Earth Publishing, 2007.

Starhawk. *The Spiral Dance: A Rebirth of the Ancient Religion of the Great Goddess.* Nova York: HarperSanFrancisco, 1989.

Sykes, Egerton. *Everyman's Dictionary of Non-Classical Mythology.* Nova York: E. P. Dutton & Company, 1965.

Telesco, Patricia. *Your Book of Shadows: How to Write Your Own Magickal Spells*. Nova York: Kensington Publishing, 1999.

Thomas, Arthur. *Gemstones: Properties, Identification and Use*. Londres: New Holland Publishers, 2008.

Tresidder, Jack. *The Complete Dictionary of Symbols*. San Francisco: Chronicle Books, 2005.

Trobe, Kala. *Invoke the Gods: Exploring the Power of Male Archetypes*. St. Paul, MN: Llewellyn, 2001.

Turner, Patricia e Charles Russell Coulter. *Dictionary of Ancient Deities*. Nova York: Oxford University Press, 2000.

Varner, Gary R. *Creatures in the Mist: Little People, Wild Men and Spirit Beings Around the World*. Nova York: Algora Publishing, 2007.

Vega, Phyllis e Debra Vega. *Your Magical Name: Using Astrology, Numerology, Myth and Meaning to Choose the Perfect One*. Franklin Lakes, NJ: Career Press, 2004.

Virtue, Doreen. *Goddesses & Angels*. Carlsbad, CA: Hay House, 2005.

Wansbury, Andrea. *Birds: Divine Messengers*. Forres, Escócia: Findhorn Press, 2006.

Ward, Bobby J. *A Contemplation upon Flowers: Garden Plants in Myth and Literature*. Portland, OR: Timber Press, 1999.

Werness, Hope B. *The Continuum Encyclopedia of Animal Symbolism in Art*. Nova York: The Continuum International Publishing Group, 2006.

Wheelwright, Edith Gray. *Medicinal Plants and Their History*. Nova York: Dover Publications, 1974.

Whitcomb, Bill. *The Magician's Companion: A Practical and Encyclopedic Guide to Magical and Religious Symbolism*. St. Paul, MN: Llewellyn, 2002.

White, John Sampson. *Minerals and Gems*. Washington, DC: Smithsonian Institution Press, 1991.

Wilkinson, Philip. *Myths & Legends*. Nova York: Penguin, 2009.

Woodward, Fred. *Identifying Shells*. Secaucus, NJ: Chartwell Books, 1993.

Zell-Ravenheart, Oberon. *Companion for the Apprentice Wizard*. Franklin Lakes, NJ: The Career Press, 2006.